우리말의 어원과 그 문화(下)

― 우리말의 어원사전

우리말의
어원과
그 문화
(下)

우리말의
어원사전

박갑수

역락

故 남천(南川) 박갑수 교수님 유고집(遺稿集)

실로 많은 연구자와 출판인이 선생님께 되갚을 수 없을 만큼
큰 글빚을 지고 있습니다.
국어교육의 큰 스승이신 선생님께서
저희 출판사에서 이 책을 출판하시기 위해 2차 교정을 진행 중에
소천하셨습니다. 유족의 동의를 얻어 선생님께서 마지막까지 교정을
보셨던 이 유고집을 세상에 내놓습니다.
삼가 고인의 명복을 빕니다.

● 차례

Ⅰ. 고유어(固有語)의 장(章)

"가말다"의 의미와 어원 ……………………………………………… 19

"가쁘다"의 어원 ……………………………………………………… 21

"가시버시"의 어원 …………………………………………………… 23

"가을"과 "겨울"의 어원 ……………………………………………… 25

가축과 그 새끼들의 이름 ……………………………………………… 29

"감(資)"의 실체 ………………………………………………………… 33

"감추다(藏)"의 어원과 의미 ………………………………………… 35

"같잖은" 녀석의 문화 ………………………………………………… 37

"걸음걸이"의 문화 …………………………………………………… 39

"고맙다"와 "감사하다"의 온도 ……………………………………… 42

"고무래"의 의미와 어원 ……………………………………………… 45

"곱다"와 "예쁘다"의 의미 세계 ……………………………………… 48

"곱돌"과 돌비늘의 어원 ……………………………………………… 51

귀고리의 어원문화 …………………………………………………… 54

"귀먹다"와 "코먹다"의 어원 주변 …………………………………… 56

"귀이개"와 "귀지"의 어원 …………………………………………… 58

"그위"와 "마슬"의 의미와 활용 ……………………………………… 61

"기다리다(待)"의 어원 ……………………………………………… 64

"기르다(育)"와 "치다"의 어원 ……………………………………… 66

"길쌈"의 어원문화 …………………………………………………… 68

"깃"과 "집"의 상관관계 ……………………………………………… 70

"꺼풀"과 "거푸집"의 어원 …………………………………………… 73

"꽃달임(花煎)"의 문화 ……………………………………………… 76

"꽃답다"의 어원과 의미 ·· 78

"꽃샘바람"과 "화신풍"의 문화 ·· 81

"꾸짖다"의 네 이형태(異形態) ·· 83

"끄집어내다"와 "꺼당기다" 계통의 말 ······························ 85

"나비"와 "나비질"의 어원 ·· 88

"나중"과 "내종"의 본적 ·· 91

"날(經)"과 "날다"의 어원 ·· 93

"냇내"와 맛맛의 어원 ·· 95

"냄새"와 "곳답다"의 향취 ·· 98

"노린내"의 어원과 의미 ·· 101

"눈살·콧살"의 정체와 어원 ·· 103

"달무리"와 "햇무리"의 어원 ·· 105

"덤"과 "에누리"의 어원 ·· 107

"데릴사위"의 어원과 문화 ·· 110

"동곳을 빼다"와 "뽐내다"의 어원 ···································· 112

"돛대"와 "돛단배"의 어원 ·· 114

"두절개"와 "대보름"의 문화 ·· 116

"마을"은 촌(村)과 관서(官署)의 두 말 ···························· 118

"맏이"와 "아우"의 어원과 형태적 변화 ···························· 120

"말뚝"과 "말목"의 어원 ·· 122

"모자라다"의 의미와 어원 ·· 124

"뫼(飯)"와 "모이(飼)"의 상관관계 ···································· 126

"무드럭 사려"와 "신기료" 장수의 어원 ···························· 128

"무자위"와 "자새"의 어원 ·· 131

"물볼기"와 태형의 문화 ·· 133

"물부리"와 "설대"의 어원 ·· 135

"물장사"와 "술장사"의 상관관계 ······································ 137

"바느질"과 그 주변 어휘 ·· 140

"박"과 "종구라기"의 어원 ·· 142

"바지"의 문화와 어원 ……………………………………… 144

벼슬아치와 구실아치의 구분 ……………………………… 147

"보리바둑"과 "흘떼기장기"의 의미 ……………………… 149

"보릿고개"와 "칠궁"의 어원문화 ………………………… 151

"봄"과 "여름"의 어원 ……………………………………… 153

"부뚜질"과 풍석의 언어문화 ……………………………… 157

"부시다(映)", "비치다"의 어원과 정체 …………………… 159

"부시다(湯)"의 의미와 어원 ……………………………… 161

"부심"과 "가심"과 "헹굼"의 세계 ………………………… 163

"북돋우다"와 "붓도도다"의 어원 ………………………… 166

"비탈"의 어원과 지명 "-골·-실" ………………………… 168

"사그릇"과 "사기(沙器)"의 관계 ………………………… 170

"사내"와 "가시내"의 어원 ………………………………… 172

"사람"과 "짐승"의 어원 …………………………………… 175

사립문과 살짜기문의 어원 ………………………………… 177

"새끼"와 인간(人間)의 어원과 의미 …………………… 180

"새벽"의 명명과 발상 ……………………………………… 182

속(內)·숩과 "소"의 상호관계 …………………………… 185

수저 문화와 젓가락 문화 …………………………………… 187

"식어지다"의 의미변화 …………………………………… 189

"시골"과 "골목"의 의미와 어원 ………………………… 191

"시앗 샘"의 어원과 문화 …………………………………… 193

"시치미"의 어원 …………………………………………… 196

"심부름"의 어원과 문화 …………………………………… 198

"싹"과 "엄"과 "움"의 생멸 ………………………………… 200

"쓰레기"와 "티끌"의 어원 ………………………………… 202

"아니꼽다"와 "우세"의 어원 ……………………………… 204

"아래(下)"와 "아래(先)"의 동음 충돌 …………………… 206

아침·낮·저녁의 삼원체계 문화 ………………………… 208

"안주"의 말뜻과 어종(語種) ·· 210

"어린이"와 "젊은이"의 구분 ·· 212

"어버이"의 어원문화 ··· 215

얼굴을 나타내는 어휘문화 ·· 218

업다(負)와 엎다(覆)의 어원 ·· 221

"업신여기다"의 어원 ··· 224

"없다"와 합성된 형용사의 실체 ·· 227

"영글다"와 특수한 활용의 말 ··· 229

"옆"과 "곁"의 어원과 의미 ·· 231

"오금"과 "오가리"의 어원 ··· 234

"오롯이"와 "오롯하다"의 어원 ··· 237

"이름(名)"의 어원 ·· 239

이바지와 바라지의 어원 ·· 241

이밥과 끼니의 어원 ·· 244

"익히다"의 어원과 의미 확장 ··· 246

"일어나다"의 문화와 "나그네" ··· 249

"자물쇠"와 "열쇠"의 어원 ··· 252

"자반"과 "좌반"의 상호관계 ·· 254

"잠"의 어원과 몇 가지 잠 ··· 256

"쟁기"의 어형과 의미 변화 ··· 259

"조금"과 "경(更)"의 의미연합 ·· 261

"졸음"의 어원과 자블음 ·· 263

"주름"과 "줄다(縮)"의 상관관계 ··· 265

"주비(矣)"와 육주비전의 어원 ··· 267

"죽음"의 완곡한 표현 ··· 270

"쥐다(握)"의 어원 ··· 273

"지름길"의 어원 ·· 275

채와 채찍, 그리고 편(鞭) ·· 277

"총채"와 "삿갓"의 재료 ·· 279

"춥다·추위"의 의외와 어원 ·· 282

"코뚜레"의 어원과 명명 ··· 285

"톱"과 "손톱"의 상호관계 ··· 288

"피다"와 "퍼지다"의 어원과 상호관계 ······························ 290

"하루·이틀·사흘·나흘…"의 어원 ·································· 292

해바라기와 바라보기의 어원 ·· 294

흰쌀밥과 이밥의 관계 ··· 297

II. 한자어(漢字語)의 장(章)

"감자"와 "토란"의 표현 문화 ·· 301

개천(開川)과 신작로의 어원 ··· 304

"고려공사삼일"과 "조선공사삼일"의 어원문화 ······················ 306

"곡학아세(曲學阿世)"의 문화적 배경 ································ 308

과하지욕(胯下之辱)의 교훈 ··· 310

교사·스승·선생의 어원과 의미 ····································· 312

내(內)·외명부(外命婦)의 문화 ····································· 315

"누비"와 "납의(衲衣)"의 상관관계 ································· 318

"단기지계(斷機之戒)"의 교훈 ······································ 320

단란(團欒)의 의미와 문화 ·· 322

"담요"의 어종과 음운변화 ·· 324

동냥과 구걸아치의 상관관계 ·· 327

"동산"과 "원두"의 실체 ·· 329

"동상복탄"의 어원과 "동상전" ······································ 331

"동생"과 "아우"의 실체 ·· 334

"맥고모자"와 "대팻밥모자"의 문화 ································· 336

무당과 단골의 어원문화 ·· 339

"물고(物故)"의 의미 ··· 342

물시어인(勿施於人)의 교훈 ·················· 344

"박수(拍手)"의 어원문화 ·················· 346

"방물(方物)"과 "토산(土産)"의 문화 ·················· 348

"방석"의 정체와 문화 ·················· 351

"배강(背講)"과 책상퇴물의 문화 ·················· 353

백정(白丁)과 포정의 어원문화 ·················· 355

"보부상"과 "도붓장사"의 문화 ·················· 357

부마(駙馬), 임금의 사위의 어원 ·················· 359

북망산(北邙山)과 미망인의 문화 ·················· 361

"비위(脾胃)"의 실체와 의미 ·················· 363

"사냥"과 "천렵"의 어원문화 ·················· 366

"삼물(三物)"과 "오맞이꾼"의 의미 ·················· 368

"삼질"과 "명일(名日)"의 어원 ·················· 370

"선반(懸盤)"의 어원 ·················· 373

"성공(成功)"이란 말의 의미변화 ·················· 376

"세수"와 "양치질"의 어원 ·················· 378

"속수(束脩)"에 얽힌 문화 ·················· 381

"시(寺)"와 사(寺)의 어휘 문화 ·················· 383

"안경(眼鏡)"의 어원과 문화 ·················· 386

"야심"과 "포식자"의 어원과 문화 ·················· 389

"억장(億丈)"의 어원과 의미 ·················· 392

"여관(女官)"과 "궁인(宮人)"의 문화 ·················· 394

"역린(逆鱗)"의 문화와 의미 ·················· 396

열강(列强)의 한자어 이름 ·················· 398

"예"와 "예 황제 팔자" ·················· 401

오곡(五穀)과 쌀의 실체 ·················· 403

오대양(五大洋)과 육대주의 한자어 이름 ·················· 407

"오징어"의 어원 오적어(烏賊魚) ·················· 410

"옥편(玉篇)"이란 말의 언어문화 ·················· 412

"왜"와 "예", 일본의 다른 이름 ································ 414

"우편(郵便)"과 우편문화 ································ 417

"월경(月經)"과 "생리"의 문화적 차이 ················ 419

월급(月給)과 녹봉의 문화 ································ 421

"유세(遊說)"의 발음과 의미 ······························ 423

인연(因緣)의 어원과 의미 ································ 425

"일부당관 만부막개(一夫當關 萬夫莫開)"의 의미 ········ 427

"일장공성(一將功成)"의 배후 ···························· 429

전각(殿閣)과 경칭(敬稱)의 문화 ······················ 432

전답(田畓)에 대한 인식 ································ 435

제상(祭床) 진설의 언어문화 ···························· 437

"조장(助長)"의 의미와 실체 ···························· 439

"주전자"와 약탕관의 문화 ································ 442

"지기(知己)"와 "열기(悅己)"의 문화 ·················· 444

"차(次)", 한국한자어의 의미 ···························· 446

"철옹성"과 "금성탕지"의 어원문화 ···················· 448

"추파(秋波)"의 문화 ···································· 450

"타작"과 한자의 병기 ···································· 453

"탄주지어(吞舟之魚)"의 현실과 문화 ·················· 455

"태두(泰斗)"의 어원문화 ································ 457

"파과(破瓜)"와 파천황의 어원 ·························· 459

판관사령과 파부(怕婦)의 문화 ·························· 461

"해우차(解憂次)"와 화대(花代) ························ 464

호색(好色)과 여색(女色)의 사회적 거리 ·············· 466

"혼인"의 몇 가지 이름 ································ 469

"후보(候補)"의 어원과 의미 ···························· 471

"훤화(喧譁)"와 "입씨름"의 문화 ························ 473

"휴서(休書)"와 "할금(割襟)"의 문화 ·················· 475

III. 혼종어(混種語)의 장(章)

"괜찮다"의 어원 신론 ·· 479

"권커니 잣거니"의 어원 ······································ 481

"다홍치마" 주변 이야기 ······································ 483

"대목"의 어원은 큰 목 ·· 485

"대수롭다"의 어원과 "일없다"의 의미 ················ 488

바람병과 중풍·뇌졸중의 어원 ······························ 490

"반보기"와 보름보기의 어원문화 ························ 493

"반소매"와 "개구멍바지"의 어원 ······················ 495

"사글세"와 "삭월세"의 정오 ······························ 497

사발통문의 어원과 의미 ······································ 500

살수청과 육병풍의 어원문화 ································ 502

"삿대"와 "상앗대질"의 어원문화 ······················ 504

"설빔"과 "빗다(梳)"의 어원 ······························ 506

"수박"과 "외"의 문화 ·· 508

"아우성"의 어원 ·· 510

"애꿎다"의 의미와 어원 ······································ 512

"애당초"와 아시팔자의 어원 ······························ 514

"옹기그릇"과 그 말의 문화 ································· 516

"을씨년스럽다"의 어원문화 ································· 518

"인두겁"과 "붓두껍"의 이동(異同) ···················· 520

"지키다"의 어원문화 ·· 522

"책상다리"와 "가부좌"의 상호관계 ···················· 524

"책씻이"와 "씻이" 문화 ······································ 526

척(隻)지다의 어원과 의미 ·································· 528

"치마양반"과 치마 주변 문화 ····························· 530

"팔찌"의 어휘 변화 ·· 532

"호랑이"와 범이란 말의 상호관계 ······················ 534

"화투"와 "하나부타"의 문화 ··· 536

"흘떼기장기"와 윷진아비의 발상과 명명 ························· 540

Ⅳ. 외래어(外來語)의 장(章)

"각본(脚本)", "각색"의 본적 ··· 545

"공처가(恐妻家)"의 생성 배경 ··· 547

"관록(貫祿)"의 문화적 배경 ··· 549

"꼭두각시"와 "꼭두각시놀음"의 어원 ································ 551

"넥타이"와 하돈(河豚)의 명명 ··· 553

"말(馬)·메(山)·뭇(衆)"의 형태와 의미 ······························· 555

"무명(木棉)"과 "명주"의 어원 ··· 558

바바리코트와 포크레인—제품과 제조회사 이름의 전용 ········· 560

"사돈"의 어원과 의미 ··· 563

"선입견"과 선입지어의 문화 ··· 566

"순대"와 "푸줏간"의 어원문화 ··· 568

외래어의 수용과 어원 ··· 570

"원(圓)"과 돈의 단위, 그리고 "회사(會社)" ···················· 572

"원탁회의"의 시말과 어원 ··· 574

인(引)·도(渡)·수(手), 일본 훈독어의 정체 ······················· 576

"장본인(張本人)"의 의미변화의 실체 ································ 578

절(切)·취(取)·하(荷)·합(合), 일본어 훈독어의 정체 ·········· 581

"초승·보름·그믐"의 어원 ··· 583

"초야(初夜)"와 "첫날밤"의 문화 ······································· 586

"출마(出馬)"라는 말의 본적 ··· 589

"타합(打合)"과 중절모(中折帽)의 어원 ···························· 591

"팁"의 어원과 문화 ··· 593

"파마·알바, 앙코르" 등의 어원 ··· 595

"팬데믹"과 코로나19 ·· 597

"팬티"와 쓰봉의 정체 ·· 599

"플러스-알파"와 파이팅의 정용(正用) ···················· 601

"피리"와 노구의 어원 ·· 604

"하마평"의 어원과 문화 ·· 606

화(靴)·혜(鞋)·기(屐)의 의미 번별 ······························ 608

"횡령"이란 일본어의 수용 ·· 610

"흑막(黑幕)"의 정체 ·· 612

I

고유어(固有語)의 장(章)

"가말다"의 의미와 어원

언더우드의 한영ᄌ뎐(1890)에는 "ᄀᆞ음아오"란 표제어가 보인다. "관장(管掌)하다"라는 말이다. 사전의 풀이는 "司 To govern, to direct, to administer"라 되어 있다. "사(司)"는 "주장(主掌)할 사"자이고, 영어풀이는 "다스리다, 관리 하다, 관장하다"를 의미하고 있다 하겠다. 역어유해에는 "穀食 ᄀᆞ음아는 庫 直(糧庫子)·馬草 ᄀᆞ음아는 庫直(草庫子)·馬料 ᄀᆞ음아는 庫直(料庫子)"이라고 곡 식·마초·말먹이를 관장하는 창고직이를 "ᄀᆞ음아는 庫直"이라 하고 있다. 이 렇게 "관장하다"를 뜻하는 말은 "ᄀᆞ음알다"라 쓰인다. 그리고 "가음하다", 곧 "가말다"라는 말은 "헤아려 처리하다"란 풀이와 함께 사전에만 실려 있 고, 세인들에게는 잊혀지고 있다.

"관장하다"를 뜻하는 말은 본래 "ᄀᆞ숨알다"라 하던 말이다. 이런 말이 "ᄀᆞ 음알다"로 바뀌고, 이어 "ᄀᆞ음알다> 가으말다> 가말다"로 바뀌었다. 이들 예를 보면 다음과 같다.

* 四天下를 ᄀᆞ숨아라시련마론 <석보상절>
  政事를 ᄀᆞ숨알에 ᄒᆞ리라 <삼강행실도>
* 졍승 位예 이셔 지릿權을 ᄀᆞ음아랏더니(掌) <소학언해>
  믈 님재 주름 갑슬 ᄀᆞ음아ᄂᆞ니(賣主管牙錢) <노걸대언해>
* 草馬 ᄀᆞ으마는 이(管草的) <역어유해보>
  허믈 ᄀᆞ으마는 신명이 이셔 <경신편언해>

　이러한 변화과정에는 "ᄀᆞ말다"와 같은 연철 내지, 축약의 이형태도 있다. 화어유초에 보이는 "各國일 가ᅌᅡ마는 마을(總理衙門)"과 같은 것이 그 예다. 이러한 말은 축약이 되며 [가 : 말다]와 같이 긴소리가 되었다.

　"가말다"의 어원은 일단 "ᄀᆞ숨알다"로 보기로 하였다. 그러면 또 "ᄀᆞ숨알다"의 어원은 어떻게 되는가? 이는 "ᄀᆞ숨"과 "알다"의 복합어로 볼 수 있다. "ᄀᆞ숨"은 자료를 의미하는 "감·가음"이다. "알다"는 "알 지(知)"자의 의미하는 "알다"이다. 소학언해는 이의 결정적 단서를 제공해 준다. "知: ᄀᆞ음아단 말이니"라고 "ᄀᆞ음아다"를 "知"의 의미로 보고 있는 것이 그것이다. 따라서 "ᄀᆞ숨알다"는 "자료를 안다"는 말이고, 이 말 자체가 "알다"를 뜻하게 된 말이라 하겠다. 따라서 이 말은 "알아서 처리하는 것", "주관하는 것", "주재하는 것"을 의미하는 말이라 하겠다.

　다음에 자료를 의미하는 "ᄀᆞ숨"과 "ᄀᆞ음", 및 "알 지(知)"를 의미하는 "알다"의 예를 두어 개씩 보이면 다음과 같다.

> ＊ ᄀᆞ숨 料 <사성통해>
> 　므스거스로 供養홀 ᄀᆞ숨 사ᄆᆞ리오(以何爲供具) <금강경삼가해>
> ＊ ᄀᆞ음 ᄎᆞ(次) <신증유합>
> 　ᄀᆞ음이 ᄀᆞᆮᄂᆞ니라(具備) <소학언해>
> ＊ 書冊을 혜텨 床애 ᄀᆞᄃᆞ기 호ᄆᆞᆯ 아ᄂᆞ다(擇書解滿床) <두시언해>
> 　出家成佛을 아ᅀᆞ오니 <월인천강지곡>

　"가암알다"는 주관하다·관장하다를 뜻하는 말이다. "주관·관장"이란 한자말도 좋으나, "가암알다"란 고유어도 함께 써 언어생활을 좀 더 풍요롭게 할 일이다.

(2022.1.25.)

"가쁘다"의 어원

　폐 한쪽을 들어낸 소령은 침대에서 내려서는 것만으로도 숨이 <u>가빠서</u> 네댓 번은 쉬어야 된다. <홍성원, 육이오>

　"몹시 숨이 차다"를 나타낼 때 위의 소설에서처럼 "숨이 가쁘다"라고 한다. "가쁘다"의 중세어는 "ᄀᆞᆺᄇ다, ᄀᆞᆺ브다, ᄀᆞᆮᄇ다, ᄀᆞᆺ부다" 등의 이형태를 보인다. 이들 가운데 가장 고형이라 할 것은 "ᄀᆞᆺᄇ다"이다. 그리고 이는 오늘날처럼 "몹시 숨이 차다"를 의미하기보다는 "힘이 들다, 피로하다"를 뜻하는 말이었다. 먼저 "ᄀᆞᆺᄇ다"의 용례를 보면 다음과 같다.

　　ᄀᆞᆺᄇ며 受苦ᄅᆞ외요믈 닐오디(告勞苦) <두시언해>
　　옷 디오믈 ᄀᆞᆺᄇ다 엇뎨 말리오(寧謝攬衣倦) <두시언해>
　　ᄀᆞᆺ볼 로(勞) <신증유합>

　"ᄀᆞᆺᄇ다"는 이렇게 "힘쓸 로(勞), 피로할 권(倦)"과 같은 한자의 풀이에 쓰이고 있는 것을 볼 수 있다. "ᄀᆞᆺᄇ다"는 "ᄀᆞᆺ브다> (ᄀᆞᆺ부다)> 가쁘다"로 변화하였다. 중간의 이형태의 예를 하나씩 보면 다음과 같다.

　　빅셩이 ᄀᆞᆺ브면 싱각ᄒᆞᄂᆞ니(民勞) <소학언해>
　　軍務에 ᄀᆞᆮᄇ메 모미 죽도다(身殲軍務勞) <두시 중간>

나모후며 믈길이에 ᄀᆞᆽ부몰 돕노니 <소학언해>

"ᄀᆞᆽᄇ다"에서는 "ᄀᆞᆽ비"라는 부사가 파생되어 쓰였다. 원각경언해의 "種種
ᄋᆞ로 ᄀᆞᆽ비 ᄒᆞ야도(披露)"와, 두시언해의 "ᄆᆞᅀᆞᆷ 져믄 제브터 ᄀᆞᆽ비 ᄒᆞ노라(心從
弱歲疲)"가 그 예다.

다음에는 "ᄀᆞᆽᄇ다"계의 형용사의 어원인 "ᄀᆞᆺ다"란 동사에 대해 살펴보기
로 한다. "ᄀᆞᆽᄇ다"는 "ᄀᆞᆽ('ᄀᆞᆺ'의 어근)-ᄇ(형용사화 접사)-다"로 분석된다. 따라
서 "가쁘다"의 어원은 "ᄀᆞᆺ다"가 된다.

"ᄀᆞᆺ다"는 "애쓰다, 힘들이다(勞)"를 의미하는 말이다. 이는 15세기의 문헌
에 많이 나타난다. 용례를 몇 개 보면 다음과 같다.

후롯 內예 다 도라오샤더 그 ᄆᆞ리 ᄀᆞᆺ디 아니ᄒᆞ며 <월인석보>
믈 기르며 방하 디오몰 ᄀᆞᆺ노니(疲井臼) <두시언해>
브즈러니 ᄀᆞᆺ그며 分別ᄒᆞ야 <내훈>

동사에는 이 밖에 "힘들게 하다, 애쓰게 하다, 괴롭게 하다"를 뜻하는 "ᄀᆞᆽ
기다, ᄀᆞᆽ고다"란 사동사가 있고, "힘들어하다"를 뜻하는 "ᄀᆞᆽ가ᄒᆞ다"란 자동
사도 있다. 그러나 이들 동사들은 모두 사어가 되었고, "ᄀᆞᆺ다"의 변화형인
형용사 "가쁘다"만이 남아 쓰인다. 동사류의 예를 보면 다음과 같다.

* 帝끠 ᄀᆞᆽ기시디 아니ᄒᆞ샤(不煩) <내훈>
  사ᄅᆞᆷ몰 ᄀᆞᆽ기며(勞人) <두시언해>
* 筋骨올 몬져 ᄀᆞᆽ고샤(酒先勞筋骨) <용비어천가 114장>
  이 菩薩올 ᄀᆞᆽ고아 오래 劫數 디내야 <월인석보>
* ᄀᆞᆽ가티 아니ᄒᆞ노니(不倦) <두시언해>
  사오나이 노메 ᄀᆞᆽ가타니(薄遊倦) <두시언해>　　　　　　(2022.1.10)

"가시버시"의 어원

　"같이 살면 <u>가시버시</u>지 어쩨 명색이 없느냐?" "<u>가시버시</u>니 무엇이니 하지 말고 분명히 말씀하오 나를 첩으로 삼으려고 생각했소 안해를 삼으려고 생각했소?" <홍명희, 林巨正>

　우리말에 부부를 "가시버시"라 한다. 표준국어대사전은 "가시버시"를 "부부를 낮잡아 이르는 말"이라 풀이하고 있다. "가시버시"의 "가시"는 물론 "각씨", 곧 아내를 이르는 말일 텐데, "버시"는 그 어원이 아리송하다. 그런데 이의 단서를 제공해 주는 자료가 있다. 그것은 1938년에 文世榮이 편찬하고, 조선어사전 간행회에서 간행한 "朝鮮語辭典"이다. 이 사전에서 "가시밧"을 "내외의 옛말"이라 하고 있는 것이다. 오늘날의 "밖(外)"은 고어에서 "밝(外)"이었으며, 이는 "밝·밧·밖" 등으로 실현되었다. 이의 예를 한두 개씩 들어보면 다음과 같다.

　* 밧ㄱ로 비취샤 <월인석보>
　　밧기 버므루미 업스실씩(外無所累) <능엄경언해>
　* 外道는 밧 道理니 <월인석보>
　　城郭 밧 뉘 지븨(郭外誰家) <두시언해>
　* 솟기 박ㄱ로 向ㅎ고 <가례언해>

"가시밧"의 "밧"은 이 "바깥(外)"을 의미하는 말이며, 부부를 뜻하는 "내외(內外)"의 "외(外)"를 의미한다. 그리고 나아가 "사내·남편"을 가리킨다. 이는 오늘날 남편을 "바깥·밖·사랑"이라 하는가 하면, "바깥양반, 사랑어른"과 같이 이르는 데서 확인된다. 내외는 또 방언에서 "안팟"이라고도 하는데, 이는 "않-밧"에 연유하는 말이다.

"가시버시"는 이 "가시밧"에 "접사" "-이"가 붙은 말이다. 이 "가시바시"의 "바시"는 중성모음 아래이어 음성모음 "가시버시"로 변한 것이다.

"가시버시"는 오늘날 표준국어사전의 풀이처럼 "부부를 낮잡아 이르는 말"로 보고 있으나 본래 비어는 아니었을 것이다. "부부"와 같이 유식한 양반의 점잖은 말이나, "내외"처럼 완곡한 말은 아닐지라도 비어(卑語)는 아니었을 것으로 보인다. 말하자면 언어학에서 말하는 중간항(middle term)에 속한 말이었을 것이다. 다음 김주영의 "객주(客主)"에 보이는 용례만 하더래도 비어의 냄새는 나지 않는다.

> "마님께서 아시다시피 애당초 금침을 갖추어 시집갈 가망이 없는 신세로 혼수인들 생각을 하였겠습니까? 한 번 한 방을 쓰고 나면 그것이 곧 가시버시가 아니겠습니까?"

부부를 이르는 말은 이밖에 "남진겨집"이란 말도 있다. 이는 한자어와 고유어가 결합된 복합어이다. "남진"은 본래 "남인(男人)"으로, 남자 내지 남편을 뜻하는 말이다. 이는 "남신(男人)"과 같이 중간에 "인(人)"자의 우리 한자음이 "신" 음으로 변하고, 나아가 "남진"과 같이 "진"으로 변하기도 하였다. 그래서 "남진(男人)"이 된 것이다. 삼강행실도의 "남진얼유커늘(시집보내려 하거늘)"이나, "남진어리(서방질)"가 이의 예에 속한다. (2022.1.20.)

"가을"과 "겨울"의 어원

추수동장(秋收冬藏)이라 한다. 가을에는 거둬들이고, 겨울에는 갈무리 한다는 말이다. 이렇게 가을은 거두어들이는 계절이다. 그래서 가을의 어원도 이 거두어들이는 쪽에 비중을 두고 몇 가지가 논의되었다.

거두어들이는 것은 방법과 대상의 두 가지를 생각할 수 있다. 그런데 종전의 논의는 방법에만 관심을 두고 있었다. "깎다(刈)"의 고어가 "ᄀᆞᆺ다"이어 이의 관형형 "ᄀᆞᆺ올"이 연철된 "ᄀᆞ술(>ᄀᆞ술)"을 "가을(秋)"의 어원이라 보고자 한 것이다. 그래서 "곡초(穀草)를 베는 계절"을 "가을"이라 한다고 부연 설명을 하였다. 하나의 세울 법한 가설이다.

그러나 이와는 달리 대상을 그 어원으로 보는 방법이 있을 수 있다. 그것은 대상으로서의 사물, 달리 말하면 자재(資材)나 자료를 어원으로 보는 것이다. 그것은 고려속요 처용가(處容歌)의 "이런 저긔 處容아비옷 보시면/ 熱病神이아 회ㅅ가시로다"의 "회ㅅ갓"의 "갓" 그것이다. "횟갓"은 "회(膾)의 대상", 달리 말하면 회의 자재라 할, "횟감"으로, "갓"은 "물건, 물품"을 의미하고, 나아가 "자재, 자료"인 "감"을 의미한다. "갓"은 물론 후대의 기록으로 보면 "ᄀᆞᆺ"에 해당한 것이다. 이는 "ᄀᆞᆺᄀᆞᆺ"이 각종 물품을 나아가 "여러 가지, 갖가지"를 의미하는 것이 그것이다. 자휼전칙(字恤典則)에 보이는 "ᄀᆞᆺᄀᆞᆺ 경책 ᄒᆞ오디(這這警責爲白乎矣)"도 이의 용례라 할 수 있다. 요즘 말로 하면 "갖가지, 각종(各種)"이란 말이 된다.

"가을"은 이 "ᄀᆞᆺ"에 접사 "올"이 붙어 "ᄀᆞ술"이 되고 이것이 "ᄀᆞ술> ᄀᆞ

올> 가알> 가을"로 변한 말이다. 이들 "ㄱ술"에서 "ㄱ올"에 이르는 용례를
보면 다음과 같다.

> 녀르메 길어 ㄱ술히 다 結實히와 겨스레 다 ㄱ초와 <칠대만법>
> 이 ㄸ ㄱ술와 겨슬왓 ㅅ싀로소다(是時秋冬交) <두시언해>
> 江湖에 ㄱ올이 드니 고기마다 살져 잇다 <청구영언>

추수하다를 "가실하다, 가을하다"라 한다. 이는 바로 추수, 곧 "추곡(秋穀)"
을 거둬들이는 것을 의미한다. "ㄱ술"은 추수의 대상으로서 특히 곡물을 거
둬들이는 철을 의미한다. 북에서는 "가살"을 "열매, 농작물"로 보기도 한다
(김인호, 조선어어원편람 하, 박이정, 2001). 그리고 "가을"을 나타내는 말은 "ㅎ"
종성을 지니고 있는 말이기도 하다.

끝으로 부기할 것은 처용가가 실려 있는 악학궤범은 구전되어 오던 속요
를 문자화하며 당시의 음운변화를 제대로 반영하고 있지 못하다. 위의 인용
문에서만 보더라도 당시의 표기라면 적어도 "저긔"는 "져긔", "熱病神이아"
는 "熱病神이사"가 되어야 하였다. 이런 점에서 "갓"과 "ㅈ"의 넘나듦도 용
인될 것이다.

다음에는 "겨울"의 어원을 살펴보기로 한다. 15세기에 "겨울"을 나타내던
말 "겨슬"과 이의 변화한 형태 "겨슬"의 용례는 이미 앞에서 살펴본 "가을"
의 용례에 같이 나와 있다.

앞에서 추수동장(秋收冬藏) 이야기를 하였거니와 겨울에는 날씨도 춥고, 농
사일도 할 것이 없으니 갈무리해 놓은 것을 먹으며 집에서 지내게 된다.
이렇게 집에 있는 것을 한자로는 흔히 "곳 처(處)"자를 써서 나타난다. 시집가
지 아니하고 집에 있는 젊은 여인을 "처녀(處女)"라 하고, 출사(出仕)하지 않은
선비를 "처사(處士)"라 하는 따위가 그것이다. 달리는 "거사(居士)"라고도 한
다. "거할 거(居)"자를 쓴다. 이렇듯, 고유어로 집에 있는 것은 "집에 있다"라

거나, "집에 계시다"라 한다. "계시다"는 일반적으로 "있다"의 존댓말이라
한다.

이 "계시다"를 옛말에서는 "겨시다"라 하였다. 규중의 여인을 "겨집(>계
집)"이라 하는 것은 바로 집에 있는 사람임을 나타내는 말이다. 이 말은 "겨
다(在)"의 어근 "겨"에 "집(家)"이 복합된 것이라 본다. 그러나 불행히도 "겨
다"라는 용언의 용례는 보이지 않는다. "겨시다"의 용례만이 보여 "겨다"는
이에서 추론하여 재구한 말이다. "겨시다"는 흔히 "있다"의 존대어라 하나
존대어만 있는 것은 아니다. 존대어가 아닌 경우도 있다. 그 예를 몇 개 보면
다음과 같다.

① 부텨라 혼 일후미 <u>겨시고</u> <석보상절>
② 나라히 <u>乾坤의 쿠믈 두 겨시니</u> 王이 이제 叔父ㅣ 尊ᄒ시도다(國有乾坤大
  王今叔父尊) <두시언해>
③ 처엄 道場애 안ᄌ시니 부톄라 혼 <u>일후미 겨시고</u> 傳法ᄒ야 涅槃ᄋᆞᆯ 니ᄅ
  시니 法이라 혼 일후미 잇고, … 僧 이라 혼 일후미 이시니라 <석보상
  절>

①의 "겨시고"는 "이름이 있고"의 뜻이고, ②의 "두 겨시니"는 "乾坤大를
두어 있다"는 뜻이며, ③의 "일후미 겨시고"는 "일후미 잇고", "일후미 이시
니라"로 보아 존대어가 아님이 분명하다. 따라서 "겨시다"는 존대의 접사
"시"가 삽입된 형태와 그렇지 않은 형태의 두 이형태가 있다 하겠다. 존대어
가 아닌 경우는 "겨 이시다"가 축약된 것이라 할 수 있다.

그리고 또 하나 유의할 것은 이두(吏讀)에서 "견"으로 읽고 있는 "있을 재
(在)"자의 문제다. 이는 "겨시다"의 뜻으로 해석해 왔는데, 이의 어근은 "겨"
만이란 것이다. "견"은 관형형으로 쓰이는 말이다(장지영 외, 이두사전, 정음사,
1976).

우리말에는 이렇게 "있다"의 동의어에 "겨다"가 있었던 것으로 볼 수 있다. 그리고 "겨다"의 이형태로 "겨시다"가 있었는데, 이는 "겨-이시다"가 복합된 것이다. "겻"은 "겨-이시다"가 준 형태로 "겨-잇다"의 어근 "겨-잇"이 준 것이라 하겠다. "있다"도 고어에 "잇다"와 "이시다"의 양형이 있다.

이제 끝으로 "겨울"의 어원을 밝힐 차례다. "겨울"의 고어 "겨슬"은 "있다 (在)"를 나타내는 "겨-이시다"의 준말인 "겻다"의 관형형인 "겻-을"이 연철된 것이다. 달리는 알타이어의 "-n(ㄹ) 명사형"이라 할 수 있다. 이 "겨슬"이 "겨슬> 겨을> 겨울"로 변해 오늘에 이른 것이다. 이의 이형태로는 "겨올, 겨울" 같은 말도 있고, "겨슬" 이후의 형태에 "ㅎ" 종성이 붙어 있기도 하다. 겨울은 "추수동장"의 "동장(冬藏)한 먹을거리를 먹으면서 집에 있는 계절"이란 말이다. 겨울에는 동장(冬藏)을 많이 해 두어야 하겠다.   (2021.10.20.)

가축과 그 새끼들의 이름

가축에는 개, 돼지, 소, 말, 닭 등이 있다. 그리고 개의 새끼는 강아지, 소의 새끼는 송아지, 말의 새끼는 망아지와 같이 "새끼", 또는 "아기(兒)"를 뜻하는 "아지"가 붙는 말로 나타내고 있는 것을 볼 수 있다. 다 자란 이들 가축과 함께 이들의 새끼를 뜻하는 말의 어원을 살펴보기로 한다.

"개(犬)"는 고어에서 "가히"라 하였다. 계림유사에도 "家稀"라 되어 있다. "가히"는 "ㅎ"이 약화·탈락되어 "가이"가 되고, 이것이 축약되어 오늘의 "개"가 되었다. "가히"의 용례를 두어 개 보면 다음과 같다.

시혹 집 일흔 가히도 곧호라(或似喪家狗) <두시언해>
가히 구(狗) <훈몽자회>

"개"의 새끼는 "강아지"라 한다. "가히삐" 혹은 "개야지"라고도 하였다. "강아지"는 아기·새끼를 뜻하는 "아지"가 붙은 것이고, "가희삐"는 "가히-의-삐"가 축약된 것으로, "삐"는 "종(種)", 곧 새끼를 뜻하는 말이다. "개야지"는 "개-아지"가 결합된 말이다. "개"는 "가희"가 "가이> 개"로 축약된 것이다. 개의 새끼를 이르는 말의 예를 보면 다음과 같다.

* 강아지와 둙과롤 아나(抱狗子若鷄) <구급방언해>
강아질 토호느니라(吐犬子) <구급간이방>

* 그 가히썌 모로리로다 어디 간고(那狗骨頭知他那裏去) <박통사언해>
* 셴 개야지 <계축일기>

"강아지"에 대해서는 좀 더 설명을 필요로 한다. 개의 새끼는 "개야지"가 되기 전에 "가야지"의 단계가 있었다. 이는 "가이-아지"가 축약된 것이다. 이 예는 "버들개지"의 고어 "버들가야지"가 실증해 준다. "버들개지"의 "개지"는 방언에서 "버들강아지"라 하듯 "강아지"를 뜻하는 말이다. 그래서 "가이-아지"라 한 말인데, 이 말이 축약되어 "가야지"가 된 것이다. 그런데 이러한 "가야지"의 경우와 달리 "가이(犬)"와 "아지(仔)"가 결합할 때 모음충돌이 일어나므로 이 사이에 자음 이응(ㅇ)을 삽입하여 "강아지"라 이르기도 하였다. 그래서 "버들가야지"의 형태와 "버들강아지"의 형태란 두 형태의 말이 생기기게 된 것이다. "버들개야지"는 다시 축약되어 "버들개지"가 된다. 견자(犬仔)를 지칭하는 "강아지"란 말은 이러한 과정을 겪고 태어난 말이다.

"돼지(豚)"는 "멧돝 잡으려다 집돝 잃었다"는 속담에서처럼 15세기의 문헌에 "돝"으로 나온다. 용비어천가의 "苑囿엣 도톨 티샤(斬豕苑囿)"가 그것이다. 이형태로는 "돗, 돗ㅎ, 돋" 등이 보인다. 돼지 새끼를 이르는 말은 개의 경우와 같이 "돝, 돗" 등에 "아지"가 결합하는 형태를 생각할 수 있다. 그런데 "돝-아지"는 이미 계축일기에서부터 "돼지새끼"가 아닌 돼지 일반을 나타내는 말로 쓰이고 있다. "박그로셔는 담향제 도다지 만히 들매"가 그것이다. 오늘날 쓰이고 있는 "돼지"는 "돝-의-아지"가 변한 "도야지"가 축약된 말이다. 윷의 "도개걸윷"처럼 "돝"의 전차어(前次語)로 "도"를 상정할 수도 있다. "돼지"는 돼지새끼를 의미하는 말이 돼지 일반을 가리키는 말로 의미가 확장된 것이다.

"소(牛)"는 계림유사에 "燒"로 되어 있고, 고어에서 "쇼"로 나타난다. "쇼"도 15세기 문헌인 용비어천가, 월인천강지곡, 두시언해 등에 보인다. 용비어천가에는 "싸호는 한쇼를 두 소내 자브시며(方鬪巨牛兩手執之)"가, 두시언해에는 "吳國ㅅ 쇠 히미 쉬우니(吳國牛力容易)"가 보인다. "쇼"에는 "아지"가 붙어 소의 새끼를 나타내는 말이 여럿 있다. "쇼야지·쇠아지·쇠야지·숑아지" 들이 그것이다. "쇼야지"는 "쇼"에 "아지"가 붙은 것으로, 모음충돌을 피하기 위해 반모음 "ㅣ"가 첨가된 것이다. "쇠아지"는 "쇼-이(속격)-아지"가 축약된 것이고, "쇠야지"는 "쇠"의 "ㅣ"모음이 "ㅣ"모음동화작용을 한 것이다. "숑아지"는 "강아지"의 경우와 마찬가지로, 모음충돌을 회피하기 위해 이응이 첨가된 것이다. 이들의 예를 하나씩 보면 다음과 같다.

* 누른 쇼야지 쓰리오 <백련초해>
* 엇던 쇠게 쇠아지 업고 <소아론>
* 누른 쇠야지(犢) <두시언해>
* 숑아지 독(犢) <훈몽자회>

"말(馬)"은 몽고어 morin을 차용한 말로, 고어에서는 "ᄆᆞᆯ"로 나타난다. 계림유사에도 "末"로 나타난다. "ᄆᆞᆯ"의 예를 보면 다음과 같다.

전 ᄆᆞ리 현 버늘 딘둘(爰有蹇馬雖則屢厥) <용비어천가>
象과 ᄆᆞᆯ과 술위와 七寶 宮殿 樓閣둘홀 주어 <석보상절>

말의 새끼는 옛말로 "ᄆᆞ야지·ᄆᆞ아지·ᄆᆞ야지" 등으로 나타난다. "ᄆᆞ야지"는 "ᄆᆞᆯ-아지"의 변음이거나, 한자어 "마(馬)"에 "아지"가 붙은 것으로 볼 수 있다. "ᄆᆞ아지·ᄆᆞ야지"는 "ᄆᆞ-의-아지"가 축약된 것이다. "ᄆᆞᆼ아지"는 "ᄆᆞ-아지"가 히아터스(hiatus) 회피현상으로 말미암아 이응이 붙은 말이다. 이들의 용례를 하나씩 보면 아래와 같다.

ᄆᆞ에 아랫 ᄆᆞ야지둘(轅下駒) <두시언해>

엇던 물게 미아지 업고 <小兒論>

미야지 구(駒) <신증유합>, <왜어유해>

뭉아지 구(駒) <시경언해>

끝으로 "닭(鷄)"을 보면 이는 고어에서 "둙"이라 하였다. 계림유사에는 "喙 (晉達)"로 되어 있다. 두시언해의 "하늜 들기 춤츠놋다(天鷄舞)"와 신증유합의 "둙 계(鷄)"가 그 예이다. 병아리는 고어로 "비육"이라 하였다. 훈민정음 해례 본의 "비육爲鷄雛"가 그 예이다. 이는 포유동물이 아니어서인지 "아기(仔)"의 복합어가 아닌, 단일어를 이루고 있다. "비육"은 단정할 수는 없으나, 병아리의 "삐약삐약"하는 소리를 그 어원으로 하는 것이 아닌가 한다. "꾀꼬리"나, "부엉이" 등 많은 새들이 그 이름을 의성어로 하고 있는 것이 바로 이런 예이다. 동문유해의 "꾀꼬리", 역어유해의 "부헝이"가 그 예이다.   (2022.2.11.)

"감(資)"의 실체

어떤 約婚한 총각이 제 아내 <u>가음</u>의
비밀 지키기 능력을 시험해 보려고
<서정주, 포르투갈의 '에스트렐라'山의 仙女께서 나오시어 말씀하기를>

우리 속담에 "감이 재간이라"라는 말이 있다. 자료, 감이 좋으면 일이 잘
된다는 말이다. 이는 자료가 좋으면 설령 재간(才幹)이 없더라도 좋은 결과가
빚어진다는 것을 의미한다. 자료가 우선이란 말이다.

자료나 도구를 의미하는 "감"은 어떻게 된 말인가? 그 어원은 무엇인가?
이는 많이 변화해 오늘에 이른 말이다. 고어에서는 "ᄀᆞᅀᆞᆷ"이라 하였다. 이러
한 말이 "ᄀᆞᅀᆞᆷ"을 거쳐, 서정주의 시에서 "가음"이 되는가 하면 "감"으로
축약되었다. 오늘날은 "감"을 표준어로 본다. 고어 "ᄀᆞᅀᆞᆷ"의 예를 몇 개 보면
다음과 같다.

　　* 즐길 ᄀᆞᅀᆞᆷ물 주ᄂᆞ니(與娛樂之具) <법화경언해>
　　　지성으로 길러셔 혼인 ᄀᆞᅀᆞᆷ 쟝만ᄒᆞ야 <동국신속삼강행실도>
　　* 치식 ᄀᆞᅀᆞᆷ: 顏料 <훈몽자회>
　　　ᄀᆞᅀᆞᆷ 료(料) <四聲通解> / ᄀᆞᅀᆞᆷ 자(資) <신증유합>

이러한 "ᄀᆞᅀᆞᆷ"이 "△> ㅇ"화 현상에 의해 "ᄀᆞᅀᆞᆷ"으로 변하였다. 이의 예

를 두어 개 보면 다음과 같다.

> ᄀᆞ음 차(次) <신증유합>, <석봉천자문>
> ᄀᆞ음이 업거든 <계축일기>

"ᄀᆞ음"은 아래 아(·)의 소실로 "가음"으로 변하고, 다시 축약현상이 빚어져 오늘날 "감"이 되었다. 그래서 "감(資料)"은 "오늘날 [감ː]이라 길게 발음한다. 역사적으로 그 말이 축약되었음을 장음(長音)으로써 나타낸다.

오늘날 "감"은 주로 옷의 바탕이 되는 피륙을 이르는데, "옷감, 이불감, 한복감, 양복감"과 같은 것이 그것이다. 이는 옷을 뜻하는 일부 명사 뒤에 붙어 옷을 만드는 재료를 의미하는가 하면, 일부 명사 뒤에 붙어 자격을 갖춘 사람을 뜻하기도 한다. "옷감, 치맛감, 마고자감ː 신랑감, 사윗감, 장군감"이 그 예다. 위에 인용한 "제 아내 가음의"의 "가음"도 물론 자격의 의미로 쓰인 것이다. 이밖에 역시 일부 명사 뒤에 붙어 대상이 되는 도구, 사물, 재료, 사람 등도 나타낸다. "놀림감, 땔감, 반찬감, 장난감, 횟감" 따위가 그것이다.

"ᄀᆞ음"과 같은 변화를 한 말은 여럿이 있다. 가을(秋)을 뜻하는 "ᄀᆞ슬"이 "ᄀᆞ올> 가을> 갈", 마음(心)을 뜻하는 "마음"이 "ᄆᆞ음> 마음> 맘", 다음(次)을 뜻하는 "다음"이 "다음> 다음> 담"으로 변한 것이 그 예이다. 마을(村)도 마찬가지다. "ᄆᆞ술> ᄆᆞ올> ᄆᆞ을> 마을"이 그것이다.　　　　　　(2021.3.15.)

"감추다(藏)"의 어원과 의미

한국사람 치고 "감추다"의 뜻을 모르는 사람은 없을 것이다. 그러나 그 어원을 아는 사람은 그리 많지 않을 것이다. 더구나 "감추다"에 "감출 장(藏)"이란 한자를 옆에 부기하면 더 아리송해 하지 않을까 한다.

표준국어대사전은 "감추다"의 뜻을 "숨기다(隱)"의 뜻만 세 가지 제시하고 있다. 참고로 이를 보면 다음과 같다.

① 남이 보거나 찾아보지 못하도록 가리거나 숨기다.
② 어떤 사실이나 감정 따위를 남이 모르게 하다.
③ 어떤 사물이나 현상 따위가 없어지거나 사라지다.

물론 이것이 주가 되는 의미일 것이다. 그러나 이런 뜻만 있는 것은 아니다. "갈무리하다"라는 또 다른 의미도 있다. 이는 "은야(隱也)"에 대해 "축야(蓄也)", 곧 "수장(收藏)" 내지 "비장(備藏)·소장(所藏)"의 의미를 지니기도 하는 말이다. 그래서 "장(藏)"은 "광·곳간"을 의미하기도 한다.

그러면 본론으로 돌아가기로 한다. "감추다"는 고어에서 "ㄱ초다"라 하였다. 그 뜻도 앞에서 좀 장황하게 설명한 "수장하다, 갈무리하다"라는 뜻으로 쓰였다. 이의 용례는 석보상절이나 두시언해와 같은 15세기 문헌에 보인다.

庫ᄂᆞᆫ 천량 ㄱ초아 뒷ᄂᆞᆫ 지비라 <석보상절>

날로 ᄒᆞ여 ᄀᆞ초더니(令我藏) <두시언해>

이 말은 뒤에 "ᄀᆞᆫ초다"와 "ᄀᆞᆷ초다", 또는 "ᄀᆞᆷ추다"로 변하였다. 이렇게 형태적인 변화를 하면서 그 의미도 "수장하다"라는 의미 외에 "숨기다(隱)"라는 의미를 지니게 되었다. 의미가 확장된 것이다. 이들의 예를 보면 다음과 같다.

* 軍士ᄅᆞᆯ ᄀᆞᆫ초고(伏士) <내훈>
  ᄒᆞᆫ 모딘 이ᄅᆞᆯ 숨겨 ᄀᆞᆫ출 ᄊᆡ 일후미 覆ㅣ오 <법화경언해>
* ᄒᆞ오ᅀᅡ ᄀᆞᆷ촌 줄 아니라 <내훈>
  아이게 노호옴ᄋᆞᆯ ᄀᆞᆷ초아 두디 아니ᄒᆞ며(不藏怒焉) <소학언해>
* ᄀᆞᆷ출 장(藏) <왜어유해>

"감추다"는 이렇게 "ᄀᆞ초다"에서 "ᄀᆞᆫ초다"를 거쳐 "ᄀᆞᆷ초다·ᄀᆞᆷ추다> 감추다"로 변형되었다. 그리고 그 의미도 "갈무리하다, 수장하다"에서 "숨기다"의 의미로 확장되었다.

그리고 덤으로 여기에 덧붙일 것은 고어에 "ᄀᆞ초다"란 동음이의어(同音異議語)가 있었는데, 이는 "갖추다(備)"의 의미의 말로, 두시언해에 "ᄀᆞ초"란 부사어가 쓰이고 있고, 소학언해 등에 "ᄀᆞᆫ초다·ᄀᆞᆺ초다" 등이 나타난다. 이는 물론 "구비하다"를 의미하는 "ᄀᆞᆽ다"<능엄경언해>에서 파생된 말로, 뒤에 "갖추다"로 형태적 변화가 일어나는 것을 보게 된다.   (2021.8.23.)

"같잖은" 녀석의 문화

우리 속담에 "같잖은 투전에 돈만 잃었다"는 말이 있다. 노름 같지도 않은 노름에 돈을 수월찮이 잃었다는 말이다.

"같잖다"는 "① 하는 짓이나 꼴이 제격에 맞지 않고 눈꼴사납다, ② (주로 '같잖은'의 꼴로 쓰여) 말하거나 생각할 거리도 못되다"라는 의미를 나타내는 말이다. 이러한 의미는 이 말이 "같지(同)-않다(不)"에서 온 말이기 때문이다. 이는 "제격"에 맞지 않는(不同) 것임을 의미한다. 달리 말하면 사실과 부합하지 않거나, 품격(品格)이 떨어짐을 의미한다 하겠다.

우선 "사실과 다르다"는 뜻을 나타내는 예로는 유명한 왕소군(王昭君)을 노래한 시구 "불사춘(不似春)"이 있다. 당나라 시인 동방규(東方叫)가 왕소군의 원망을 노래한 "소군원(昭君怨)"의 한 구절이다. 이 시는 이렇게 되었다.

북녘 흉노의 땅에는 꽃이 없어(胡地无花草)
봄이 와도 봄 같지 않네(春來不似春)
자연히 옷과 띠가 느슨해 지는데(自然衣帶緩)
이는 허리를 위함이 아니로세다(非是爲腰身).

왕소군은 한(漢) 나라 원제(元帝) 때의 궁녀로, 중국 4대 미인으로 일러진다. 그녀는 흉노와의 화친정책(和親政策)의 일환으로 흉노의 왕 선우(單于)에게 시집가게 되었고, 뒤에 자살을 하였다. 이에 그녀는 많은 동정을 받아 이백(李白)

등 많은 시인이 "소군원(昭君怨)" 등의 시를 읊었다. 이백은 "가진 돈이 없어 억울하게 그려진 초상화/ 죽어 남긴 무덤이 한숨을 자아내네."라 읊었다. 위에 인용된 "불사춘"은 봄이 왔으나 진짜 봄이 아니라고 노래한 것이다.

"같잖은 녀석"과 같이 "같잖은"이란 말이 사람이나 행동을 나타내는 말에 붙을 때에는 특히 품격이 떨어짐을 나타낸다. 이는 같고 다름의 기준을 사물에 두는 것이 아니라, 이상적 대상에 두는 것이다. "같잖은 짓"이나 "같잖은 투전(投錢)"은 이상적인 행동이나, 투전판이 못 됨을 이르는 예라 하겠다.

"덤"으로 덧붙일 것은 "같다"의 어원이 "곹ᄒ다"라는 것이다. 그리하여 "곱다~고와, 다르다~달라, 싫다~싫어"와 같이 종결어미가 "-아/어" 아닌, "같애"와 같이 "-애"로 나타난다. "모든 것이 다 시들해", "내게는 당신이 소중해."와 같이 "-하다" 따위 용언의 활용을 하는 것이다.

그리고 끝으로 왕소군에 대한 일화를 덧붙이기로 한다. 이백의 시에 "화공(畵工)"이란 말이 나오니 이에 대한 설명을 필요로 하기 때문이다. 왕소군은 억울하게 흉노에게 시집을 가게 되었고, 자살을 하였다고 하였다. 원제(元帝)는 화공(畵工)에게 초상화를 그리게 해 초상화를 보고 궁녀를 선택했다. 이에 못 생긴 궁녀들은 화공에게 다투어 뇌물을 주었다. 그러나 중국의 4대미인인 왕소군은 그럴 필요가 없었다. 그런데 이것이 화근이 되었다. 화공은 왕소군을 추녀로 그렸고, 이는 마침내 그녀를 선우(單于)에게 시집가게 한 것이다. 추녀로 그려진 왕소군이 미인계(美人計), 아닌 추인계(醜人計)에 걸린 것이다. 그러니 그녀의 원심(怨心)이 어떠했을까? 그래서 말하였듯, 이백 등의 많은 시인이 "왕소군"에 대한 시를 읊었다. 이 가운데 당나라의 시인 최국보(崔國輔)는 누구보다 섬뜩할 정도로 소군의 원심을 대변하고 있다. "어느 때면 한 나라 사신을 만나/ 날 위하여 화공을 참수해 달라 편지 전할까?(何時得見漢朝使 爲妾傳書斬畵師)"라 한 것이 그것이다.

(2021.3.12.)

"걸음걸이"의 문화

발을 옮겨 놓는 동작을 "걸음"이라 한다. 그런데 "걸음"은 반드시 보행(步行)과 관계가 있는 것은 어니다. 춤사위와 관련을 갖기도 한다. "까치걸음, 게걸음, 가재걸음, 껑충걸음, 울력걸음, 새우걸음, 황새걸음" 등은 봉산(鳳山) 탈춤 따위에 보이는 "걸음춤사위"이기도 하다.

우리말에는 다양한 걸음을 나타내는 말이 있다. 약 40개는 되는 것 같다. 그런데 이러한 "걸음"과 관련되는 말은 몇 가지 특징을 지닌다. 그것은 첫째 동물에 의한 비유의 말이 많고, 둘째 의성의태어와의 복합어가 많으며, 셋째 실사를 꾸밈말로 하는 말이 많다는 것이다.

첫째 유형의 예는 "가재걸음, 까치걸음, 씨암탉걸음, 황소걸음" 등이 그것이다. 둘째 유형은 "가탈걸음, 비틀걸음, 종종걸음, 통통걸음" 등이 그 예다. 셋째 유형의 예는 "뒷걸음, 잔걸음, 제자리걸음, 팔자걸음" 따위가 그것이다.

이러한 걸음을 나타내는 우리말에는 재미있는 말도 많다. 여기서는 이러한 재미있는 말을 몇 개 살펴 이들의 배후에 깃들어 있는 우리 문화를 보기로 한다. 살펴볼 어휘는 "가재걸음, 가탈걸음, 갈짓자걸음, 게걸음, 까치걸음, 무릎걸음, 씨암탉걸음, 양반걸음, 오리걸음, 우산걸음, 울력걸음, 팔자걸음, 휘장걸음" 등으로 하기로 한다.

가재는 움직일 때 주로 뒷걸음을 친다. 그래서 "가재걸음"이란 뒷걸음질 하는 걸음을 의미한다. 이는 일이 매우 더디고 앞으로 나아가지 못함을 비유적으로 이르기도 한다. "가탈걸음"은 말이 불안정하게 비틀거리며 걷는 걸음을 의미한다. 이는 사람이 타거나 짐을 싣기 불편할 정도로 말이 비틀거리며 걷는다는 의미의 말 "가탈거리다"의 어근 "가탈"과 합성된 말이다. 말을 바꾸면 의태어 "가탈가탈"의 "가탈"과 합성된 말이다. "갈지자걸음"은 갈지(之)자로 발을 좌우로 내디디며 의젓한 척 걷는 걸음이다. 따라서 이런 걸음을 걷게 되면 몸이 좌우로 쓰러질 듯 비틀대게 된다. 이의 용례는 김동인의 "젊은 그들"에 "나졸 무리는 네 사람으로서 술에 거나하게 취하여서 넷이 서로 팔을 겯고 무슨 소리를 하면서 갈지자걸음으로 이편으로 향하여 왔다."가 보인다.

가재와 달리 게는 옆으로 걷는다. 그래서 옆으로 걷는 걸음을 "게걸음"이라 한다. 이는 "게발걸음"이라고도 한다. 봉산탈춤 따위에서 발을 떼지 않고 무릎을 굽혔다 폈다 하며 나가는 춤사위를 이르기도 한다. 따라서 "게걸음"에는 옆으로 걷는 걸음만이 있는 것이 아니다. 까치처럼 두 발을 모아서 뛰는 종종걸음은 "까치걸음"이라 한다. 사실 "까치걸음"이라 하지만 이런 종종걸음은 참새에도 보인다. "무릎걸음"은 다리를 굽혀 무릎을 꿇고 걷는 걸음을 말한다. 어른을 뵈올 때 흔히 이런 자세를 취한다. 걸음이라기보다 몸을 끄는 동작이다.

"씨암탉걸음"은 씨암탉이 걷듯 아기작아기작 가만히 걷는 것을 말한다. 춘향전에 보면 춘향이가 이 도령의 부름을 받고 광한루로 갈 때 이런 걸음으로 건너갔다. "백모래 밭의 금자라걸음으로, 양지마당의 씨암탉걸음으로…" 이렇게 가만가만 사뿐사뿐 걸어서 광한루에 당도했다. "양반걸음"은 옛날 양반이 걷듯, 다리를 크게 떼어 놓으며 느릿느릿 걷는 걸음이다. 양반은 비를 맞더리도 뛰지 않았다. 체면을 중시해 느릿느릿 거드름을 피우면서 걸었다. "오리걸음"은 "씨암탉걸음"과는 다르다. 이는 오리가 걷는 것처럼 뒤뚱거리며 걷는 것을 말한다. 더러는 애를 밴 아낙의 걸음걸이에 이 "오리걸음"이 빗대진다. "우산걸음"은 익살스러운 명명을 한 걸음걸이다. 이는 걸을 때에 우산을 들었다 내렸다 하듯이 몸을 추썩거리며 걷는 걸음을 말한다. 걸을 때 보면 어깨를 유난히 추썩거리며 걷는 사람이 있는데, 이런 사람이 "우산 걸음"을 걷는 사람이다.

"팔자(八字)걸음"은 "여덟팔자걸음"이라고도 하는데, 이는 발끝을 바깥쪽으로 벌려 거드름을 피우며 느리게 걷는 걸음을 말한다, "양반걸음"과 대동소이하다. 박경리의 "토지"에는 "평산은 벌써 저만큼 부채 든 손을 저으며 팔자걸음으로 거만을 떨며 올라가고 있었다."란 용례가 그것이다. "울력걸음"은 춤사위로, 두 손을 들어 맞잡고 좌우로 흔들며 다리를 올려 딛고 엉덩이를 흔들면서 씩씩하게 나아가는 걸음이다. 이는 "울력걸음에 봉충다리"라는 속담에도 쓰인 것이 보인다. 이는 여러 사람이 함께 걷는 경우에는 절름발이도 걸을 수 있다는 뜻으로, 평소에 못하던 사람도 여럿이 함께 하게 되면 어떤 일을 할 수 있다는 것을 비유적으로 나타내는 말이다. "휘장(揮帳)걸음"은 마치 휘장을 치듯, 말을 동그랗게 몰아 달리게 하는 걸음을 의미한다. 그리고 이는 또 두 사람이 양쪽에서 한 사람의 허리와 팔죽지를 움켜잡고 휘몰아 걷는 걸음을 의미하기도 한다. 이는 그 모양이 휘장을 친 것 같다 하여 이런 이름이 붙은 걸음이다.

동물은 걷게 마련이고, 사람은 직립(直立) 보행하는 동물이다. 따라서 사람들은 걸음걸이에 대해 관심이 없을 수 없다. 그런 가운데 우리는 다른 민족에 비해 다양한 "걸음"이란 말을 만들어 이러한 걸음을 즐기는 것이 아닌가 한다.

(2021.3.24.)

"고맙다"와 "감사하다"의 온도

　우리는 우리나라를 언필칭 "동방예의지국(東方禮義之國)"이라 한다. 정말 그런가? 예의지국이라면 무엇보다 인사를 잘해야 한다. 그런데 그렇지 않은 것 같다. 특히 "고맙다", "감사하다"는 인사에 인색하다.

　감사의 예(禮)로 우리는 "고맙습니다"라 한다. 그러면 "고맙다"란 어떤 의미를 지니는 말이며, 그 어원은 어떻게 되는가? "고맙다", "고마워하다"의 어근은 "고마"이다. 이 말은 고어에서 "공경(恭敬)"을 뜻하는 말이다. 그 용례를 보면 다음과 같다.

　　敬 고마 경, 일심 경/ 虔 고마 건/ 欽 고마 흠 <신증유합>

　"공경 경(敬)"자를 "일심(一心) 경(敬)"이라고도 하는 것은 "고마 건(虔)"자를 오늘날 "정성 건(虔)"이라 하는 것과 관련된다 하겠다. "고마"는 이렇게 중세에 공경(恭敬)을 의미하는 고유어로 사용되던 말이다. 지금은 사어가 되어 쓰이지 않는다.

　남이 베풀어 준 호의나 도움 따위가 마음에 흐뭇하고 즐겁다는 뜻을 나타내는 형용사 "고맙다"는 이 공경을 의미하는 "고마"에 접미사 "-ㅂ다"가 붙어 파생된 말이다. 이의 용례는 다음과 같이 "존귀하다·공경할 만하다"와 "감사하다"의 두 가지 뜻으로 쓰인 것을 볼 수 있다. 이로써 "고맙다"는 "공경(恭敬)"을 의미하는 "고마"에서 "존귀하다"라는 의미를 거쳐, 이미 근세의

"한중록(閑中錄)"에 "감사하다"는 의미로 그 뜻이 바뀌어 쓰이고 있음을 확인하게 한다.

> * 君子의 모양은 ᄌᆞ녹ᄌᆞ녹ᄒᆞ니 고마온 바를 보고 공경ᄒᆞ야 조심ᄒᆞᄂᆞ니라
> (見所尊者ᄒᆞ고 齊遬이니라) <소학언해>
> 式 [술위 앏히 ᄀᆞ른 남글 고마온 일 잇거든 굽어 딥픔이라.] <소학언해>
> * 고마워 ᄒᆞ시도록 말을 음흉히 ᄒᆞ니 <한중록>

이러한 "고맙다"는 오늘날에도 "감사하다"는 의미로 변해 쓰이고 있다. 이에 대해 고어에는 "고마"에 접사 "ᄒᆞ다"가 붙은 동사 "고마ᄒᆞ다"도 있었다. 이는 "감사하다"라는 의미가 아니고, "고마" 본래의 의미에 충실한 "높이 여기다(敬)"를 뜻하는 말로 쓰였다. 이의 용례는 다음과 같다.

> * 孝道ㅣ라 혼 거슨… 그 고마ᄒᆞ시던 바롤 공경ᄒᆞ며= 夫孝者ᄂᆞᆫ… 敬其所
> 尊ᄒᆞ며 <내훈>
> * 그 고마ᄒᆞ야 례도ᄒᆞ샤미 이러ᄒᆞ더라= 其見敬禮ㅣ如此ᄒᆞ더라. <번역소
> 학>
> * 祗 고마홀 지 <신증유합>

동사 "고마ᄒᆞ다"는 "고맙다"라는 형용사와는 달리 "고마"와 같이 오늘날 사어가 되어 쓰이지 않는다.

이상 "감사(感謝)"와 "감사하다"를 나타내는 고유어 "고마"계의 말을 살펴보았다. 다음에는 한자어 "감사·감사하다"에 대해 살펴보기로 한다. 이는 기본적인 말이면서도 사실은 그 기본 구조를 쉽게 파악할 수 있는 말이 못 된다. "感謝"는 단일어가 아닌, 복합어로 그 구조가 복잡해 풀이를 어렵게 한다. 후지도우(藤堂明保)는 한어 복합어의 기본 구조를 다섯 가지로 나누고

있다. 주술관계, 수식관계, 병렬관계, 보족관계, 인정관계가 그것이다. "감사 (感謝)"는 이 가운데 병렬관계(補足關係)에 해당하는 구조의 말로 볼 수 있지 않을까 한다. "감사"란 "고맙게 느끼고 사의를 나타내는 것"이라 할 수 있기 때문이다. 곧 "感"은 "고맙게 생각하다, 은혜를 갚다"를 나타내는 말이고, "謝"는 "예를 말하다, 인사를 하다"를 나타내는 말이다. 그리하여 이의 뜻은 앞에서 언급한 바와 같이 "고맙게 생각하고 예를 표하는 것", 또는 "고맙게 생각하고 인사를 하는 것"이라 하겠다.

"고맙습니다"와 "감사합니다"라는 표현은 같은 뜻의 말이면서 온도 차이가 있는 것 같다. 구체적으로는 언중은 "고맙습니다"가 "감사합니다"에 비해 사의의 정도가 낮은 것으로 생각하는 것 같다. 그러나 이는 한자어에 대한 과거의 사대주의가 작용한 것으로, 사실은 "고마"가 경건(敬虔)을 의미하는 말이고 보면 오히려 "고맙습니다"를 좀 더 따끈따끈한 인사라 해야 할 것 같다.

(2021.12.21.)

"고무래"의 의미와 어원

서울의 서초구에는 "고무래길"이란 길이 있다. 그런데 이 주소를 대면 한두 번 말해서는 소통이 잘 안 된다. 우선 "길" 앞의 말이 2음절이 아니어서 그렇고, "고무래"라는 말이 유연성(有緣性)을 지니지 않아 이해가 안 되는 것이다.

그러면 "고무래"는 말은 어떤 의미를 지니는 말인가? 표준국어대사전은 다음과 같이 풀이하고 있다.

> 곡식을 그러모으고 펴거나, 밭의 흙을 고르거나, 아궁이의 재를 긁어모으는 데 쓰는 '정(丁)'자 모양의 기구. 장방형이나 반달형, 또는 사다리꼴의 널 조각에 긴 자루를 박아 만든다.= 노파(橧杷), 목궤(木机), 파로(杷橧)

이렇게 "고무래"는 곡식 등을 긁어모으거나 펴는 데 사용하는 농기구이다 그런데 이런 풀이와 뒤에 같은 말이라고 제시한 한자어 "노파(橧杷)", "파로(杷橧)는 짝이 맞지 않는다. 물론 같은 사전에서는 이들을 다 같이 "고무래"와 같은 뜻의 말로 보고 있다. 그러나 이들은 그런 뜻의 말이 아니다.

"노파(橧杷)"는 표준국어대사전에서 강원, 경상, 충청의 "고무래"의 방언으로 보고 있는 "곰배"를 이르는 말이다. 1909년 간행된 지석영의 "자전석요(字典釋要)"에 의하면 "노파(橧杷)"의 두 글자는 각각 "摩田器 번지 로"와 "田器破塊 쇠시랑 파"자로 풀이하고 있다. "번지"는 "번디"에 소급되는 말로, 훈몽자회에 "번디 록(轆)"이 그것이다. 이는 석곤(石輥), 곧 "돌곰배"를 말한다. 그리고 "쇠시랑"은 "쇼시랑"에 소급하는 말이며 오늘날의 "쇠스랑"으로 이는 잘못 풀이한 것이다. "파(杷)"자도 자전석요에 "平田器" 쇠시랑 파자로 잘못 풀이되어 있다. "곰배"는 흙덩이를 부수는 농기구다. 이에 대해 "고무래"는 "곰배"와 비슷하게 "정(丁)"자처럼 생긴 가구로, 곡식 등을 긁어모으거나 펼쳐 놓는 기구이다. "고무래"는 널조각에 자루가 달린 것이고, "곰배"는 둥글고 짤막한 나무토막에 자루가 달린 것이다. 평평하게 고르는 구실을 하는 "고무래"와 흙덩이를 깨는 기구인 "곰배"는 서로 다른 기구이다.

이렇게 서로 다른 기구가 기능이 같은 면이 있어 혼동 되었다. 이러한 혼란은 이미 鄭允容의 字類註釋(1956)에서부터 나타난다. 이 책에 보이는 "擾 고미리 우"가 그것이다. 이는 "摩田器 布種摩之土合覆種也"라 하여 흙을 부수고 씨를 덮는 것이니 "고미리"이기보다는 "곰배"의 기능을 수행하는 것인데, "고미리 우"자라 풀이하고 있다.

그러면 이제 본론으로 들어가 어원을 살펴보기로 한다. 우선 "고무래"의 용례를 보면 고어에서 "고미리", 또는 "고미레"로 나타난다.

> 古尾乃 고미리 使之準平穀物者也) <행용이문>
>
> 고미레(推扒) <한청문감>
>
> 고미레(扒) <物譜·耕農>

이상의 "고미리", 또는 "고미레"의 어원은 "골(谷)-밀(推)-개(접사)"에 소급하는 것으로 볼 수 있다. 이는 "밀-개"가 기본이 된다. "밀개"는 곡식이나, 흙, 또는 재를 밀거나 끌어 모으거나, 평평하게 너는 기구이다. 따라서 "밀다(推)"의 어근에 접사 "개"가 붙었다. 그리고 "ㄹ" 종성 아래에서 "ㄱ"이 탈락되었다. 현대어에 못자리를 고르는 데 쓰는 농기구에 "미래"가 있는데, 이말도 "밀개"가 변한 말이라 하겠다. 그리고 "고미래"의 "골"은 "고랑(谷)"의

"골"이다. 이는 방고래의 재를 긁어모으던 데서 생겨 난 말이다. "고밀개"는 다른 "밀개"에 비해 밀판이 작다.

 "고무래"와 "곰배"는 실물이 다르고, 의미가 다른 말이다. 그런데 이들이 의미상 부분적으로 일치하는 면이 있어 혼란이 빚어지게 되었다. 이는 구별하여 쓰는 것이 바람직하다. 그러기 위해서는 우선 "곰배"라는 말을 표준어로 승격시켜 인정해야 한다. "고무래 정(丁)"자는 최남선의 新字典에 이르기까지 보이지 않는 말이다. "丁"자는 그 형태로 보아 "고무래 정"자라거나, "곰배 정"자라 하는 것이니 어느 쪽을 택해도 무난하나, "곰배 정"자라 함이 쉽게 이해될 수 있어 어울린다 하겠다.   (2021.10.22.)

"곱다"와 "예쁘다"의 의미 세계

우리 세대보다 한 세대 전 사름들은 여인의 아름다움을 "곱다"고 하였다. "참 그 처녀 곱게도 생겼다.", "저 아낙은 곱기도 하다." 이렇게 말했다. "예쁘다"는 말은 잘하지 않는가 하면, 더구나 "아름답다"고는 하지 않았다.

"아름답다"를 나타내는 말의 대표적인 한자는 "아름다울 미(美)"자와 "고울 려(麗)"자라 할 것이다. "미(美)"의 자원은 "양(羊)-대(大)"의 형성자로 "양이 큰 것", 곧 "살이 찐 커다란 양"을 의미하고, "려(麗)"의 자원은 사슴이 나란히 서다를 뜻하는 형성자로, 나아가 나란히 가다를 나타낸다. 그리고 이는 음을 빌려 아름답다(玲)의 뜻을 나타내게 된 말이다.

우리말에는 "아름다울 미(美)"를 나타내는 말에 "아름답다, 곱다, 예쁘다"의 세 낱말이 있다. "아름답다"의 옛말은 "아름답다"라 하였다. 이의 어원은 몇 가지로 볼 수 있으나, "아름(私)"과 "답다(如)"가 결합한 "사물(私物) 같다", "내 소유의 물건 같다"로 보는 것이 가장 무난할 것이다. 남의 것이거나 공공의 것이 아닌, 내 것에 대한 애착이 미(美)의 개념이 된 것이다. 이러한 내 것에 대한 애착이, 시각이나 청각의 대상이 균형과 조화를 이루어 눈과 귀를 만족스럽게 해 줄만한 것을 곧 미(美)라 보게 한 것이다. 이의 고어의 용례를 두어 개 보면 다음과 같다.

미(美)는 아름다울 씨니 <석보상절>

그 명절을 아름다이 너겨 <소학언해>

"곱다"는 "모양, 생김새, 행동거지가 산뜻하고 아름다운 것"을 나타내는 말이다. 이는 색깔, 소리, 촉감에 이르기까지 많은 대상에 쓰인다. 그러나 이는 앞에서 선을 보인 바와 같이 여인의 미모(美貌)를 나타내는 말로 주로 쓰인다. 예를 몇 개 들어 보면 다음과 같다.

> 王이 곱다 듣고 욕심을 내야 <월인석보>
> 고혼 딸 얼니노라 <석보상절>
> 내 겨지비 고보미 딱 업스니 <월인석보>

이렇게 15세기 이래 "곱다"라는 말은 "미모"를 나타내는 말로 애용되었다. 한자로도 "여인(麗人)"이란 말이기도 하였다. 그런데 이 "곱다"가 근래에 와서 "예쁘다"로 대치되었다. "곱다"는 요사이 사람의 용모 아닌, 꽃의 아름다움, 화용(花容)을 나타내는 말로 주로 쓰이고 있다.

"예쁘다"는 모양이 작거나 섬세하여 눈으로 보기에 좋다는 의미를 나타낸다. 이와 달리 행동이나 동작이 사랑스럽거나, 귀엽다는 의미도 나타낸다. 이의 어원을 추정하는 데에는 문제가 있다. 형태적으로 볼 때는 "좋다, 선하다"를 뜻하는 "읻다"에 형용사화 접미사 "-브"가 붙는 "읻브다"로 보는 것이 가장 마뜩하다. 그런데 이 "읻브다"의 형태가 적어도 17세기의 문헌들에 이르기까지 보이지 않는다. 그리고 "잇브다"는 많은 용례를 보여 주나, 의미가 다르다. "고단하다, 피곤하다"를 뜻한다.

차선책으로 볼 수 있는 것이 "어엿브다"를 어원으로 보는 것이다. 이는 "불쌍하다, 가련하다"를 뜻하는 말로, 이 용례도 많이 보인다. 이를 "예쁘다"의 어원으로 보고자 하는 것은 측은지심(惻隱之心)이 작고 불쌍하고, 측은한 것에 애정을 쏟게 하며, 나아가 아름답게 보게 한다는 것이다. 이의 대표적인 것은 "묘할 묘(妙)"자이다. 이는 어린 것, 나아가 적은 것에 대한 아름다움을 나타내는 대표적인 말이다. 그리고 측은지심(惻隱之心) 자체가 또한 아름다운 심정이다. 게다가 우리는 "예쁘다"를 "어엿브다"라 표현하기도 한다. 사전은 "아여쁘다"를 "'예쁘다'의 예스럽게 하는 말"이라 풀이하고 있을 정도이다. 이렇게 언중은 "어엿브다"를 "예쁘다"의 옛말이라고 알고 있다. 일제말의 "봉선화"란 가요에는 "어여쁘신 아가씨들 너를 반겨 놀았도다"라고 "아여쁘신"이 "예쁜'의 의미로 쓰이고 있는 것을 볼 수 있다. "가엾다, 가련하다"를 뜻하는 고어 "어엿브다"의 예를 한두 개 제시하면 다음과 같다.

> 어엿븐 사ᄅ믈 쥐주어 <석보상절>
> 아비 너교더 아ᄃ리 어엿브다 <월인석보>

　이상 미(美)의 세계를 나타내는 우리의 고유어 셋에 대해 살펴보았다. "아름답다"는 "아롬답다"에 소급하는 말로, 이는 사적(私的)인 것이 아름다움을 나타낸 말이다. "곱다"는 15세기에도 "곱다"라 일러지던 말로, 이는 여인의 용모의 아름다움을 주로 나타내던 말이다. 그런데 이 말은 근자에 주로 꽃의 아름다움을 나타내는 표현 대상이 바뀌었다. "예쁘다"는 "읻브다"를 어원으로 보고 싶으나 17세기의 문헌에 이르도록 이의 용례가 보이지 않는다. 따라서 여기서는 차선책으로 "가련(可憐)"을 뜻하는 "어엿브다"를 그 어원으로 보기로 한다.

(2021.10.31.)

"곱돌"과 돌비늘의 어원

小倉進平博士著作集(四)(京都大学)에는 "조선어에 있어서의 외래어"란 글이 실려 있다. 여기에 "곱돌, 돌비늘, 무쇠, 한쇠" 등이 자국어화의 번역어로서 살펴지고 있다. 그런데 이에는 문제되는 것도 있어 검토를 필요로 한다.

"곱돌"은 번역어가 아닌 고유어일 가능성이 충분하다. 그러나 여기서는 번역어로서 살펴보기로 한다. 우리 국어사전은 "곱돌"에 대해 간단히 "=납석(蠟石). [곱돌(동의)<-곱-돓]"이라고 풀이하고 있다. 이것만으로는 "곱돌"의 실체를 제대로 알 수 없다. "납석"에 대해서는 좀 자상한 풀이가 되어 있다. "기름 같은 광택이 있고, 만지면 양초처럼 매끈매끈한 암석과 광물을 통틀어 이르는 말. 치밀한 비결정질로서 내화물이나 도자기 따위를 만드는 데 쓴다. =곱돌"이 풀이말이다. 지난날의 "곱돌"의 용례로는 동의보감과 제중신편(済衆新編)에 "곱돌(滑石)"이 보이고, 유희(柳僖)의 "물명고(物名攷)"에도 "곱돌"이 보인다.

사전풀이나 용례로 볼 때 "곱돌"은 "납석(蠟石)", 또는 "활석(滑石)"이란 말이 된다. 그런데 사전풀이에 의하면 이들은 같은 사물로 보이지 않는다. "활석"의 풀이를 보면 "마그네슘으로 이루어진 규산염 광물"이라 되어 있다. 그리고 "가장 부드러운 광물의 하나로 전기 절연재, 도료, 도자기, 제지, 내화(耐火)·보온재 따위로 쓰인다."고 부연하고 있다. 따라서 "곱돌"이란 "납석"과 "활석"의 둘을 의미하는 말이라 하겠다.

그러면 "곱돌"이란 말의 어원은 무엇인가? 오구라(小倉)는 "활석"이란 용례에 주목하여 "미려하다"를 의미하는 "곱다"의 "곱"에 "돌(石)"이 복합된 것으로 보았다. 그러나 이는 "납석"의 의미로 볼 때 "곱"을 "곱 지(脂)"<구급 방언해>, "곱 고(膏)"<훈몽자회>의 "곱"으로 보아 "기름"으로 보는 것이 옳을 것이다. 번역어 "곱돌"은 실체에 부합하게 "납석"도 "활석"도 아닌 색다른 번역을 한 말이다.

"무쇠"라는 말도 색다른 번역을 한 말이다. "무쇠"란 주철(鑄鉄)을 의미한다. "주철"이란 주조용(鑄造用)의 쇠라는 말로, 생수철(生水鉄)·생철(生鉄)·선철(銑鉄)·수철(水鉄)이라고도 하는 것이다. "무쇠"의 어원은 상대적으로 덜 단단한 "물(水)-쇠(鉄)"로, "ㅅ" 앞에서 "ㄹ"이 탈락한 말이다. 이는 "수철(水鉄)"의 번역어라 하겠다.

"돌비늘"은 운모(雲母)를 이르는 말이다. 운모란 화강암 가운데 많이 들어 있는 규산염 광물의 하나로, 단사 정계에 속하는 결정으로, 흔히 육각의 판(板) 모양을 띠며, 엷은 조각으로 갈라지는 성질이 있는 광물이다. 이를 고유어로는 "돌비늘"이라 하고, 영어로는 마이카(mca) 한다. 고어의 용례는 월인석보와 동의보감에서 운모(雲母)를 "돌비눌"이라 한 것이 보이고(小倉), 유희의 물명고(物名攷)에 "돌비늘"의 예가 보인다. 이에 대해 채취월령(採取月令)과 향약집성방에는 운모를 "석린(石鱗)"이라 하고 있고, 역어유해보에는 "雲母 셕난"이라 되어 있다. 이로 볼 때 "돌비늘"은 석린(石鱗)의 직역어라 할 것이다.

"한쇠"는 은(銀)을 나타내는 말이다. 계림유사에 "銀曰 漢歲"가 보인다. "漢歲"는 흰 쇠를 의미하는 말로, "백금(白金)"을 번역한 말이라 하겠다. 일본에서도 은을 "시로가네(흰 쇠)"라 하고, 구리(銅)를 "구로가네(검은 쇠)"라 한다. 참고가 된다.

같은 차원의 번역어라 할 "물외"를 하나 더 보기로 한다. "물외"는 오이를 말한다. 유희의 "물명고"에 "胡瓜 물외"라 보인다. 한어로는 "황과(黃瓜)"라 한다. 일본에서도 "기유리(黃瓜)"라 한다. 오이는 익으면 노래지는데 옛날에는 이런 오이를 먹어 "黃瓜"라 한 것이다.

그런데 우리는 이를 물이 많은 외(瓜)라 하여 "물외"라 한다. 물외를 직역
하면 "水瓜"가 된다. "수과"는 중국과 일본에서는 "수박"을 가리킨다. 우리
의 경우는 "水瓜"라 하면 "물외"를 가리키게 되므로 부득이 물이 많은 박과
같이 생겼다 하여 "수박"이라 한 것이겠다. "호박"은 한반도 북쪽, 만주지방
에서 전래된 박과 같이 생긴 것이어서 "되 호(胡)"자가 붙었다. 이를 중국에서
는 남쪽에서 전래되었다 하여 "남과(南瓜)"라 한다. 일본에서는 캄보디아에서
전래된 것이라 하여 이를 "가보챠"라 한다. "물외"라는 말은 "호과(胡瓜)"나
"황과(黃瓜)"의 번역어가 아닌, 우리 나름의 자국어화의 번역어라 하겠다.

(2022.6.22.)

귀고리의 어원문화

오늘날 귀고리는 주로 여성들이 한다. 귓불에 금이나 은, 또는 옥 등을 장식하는 이식문화(耳飾文化)는 전통문화라기보다는 외래문화라 할 수 있다. 그러나 이 외래문화의 역사는 참으로 오래되었다.

귀고리는 그 굵기에 따라 태환식(太環式)과 세환식(細環式)으로 나뉘는데, 이러한 귀고리 문화는 서구의 이집트, 아시리아 등 많은 고대 국가에서 행해졌다. 이는 서에서 동으로 퍼져 고대 중국과 우리나라에도 전파되었다. 그리하여 고구려, 백제, 신라 등의 삼국시대에는 이 문화가 이미 전래되어 그 유물들이 출토되고 있다. 이때에는 여자만이 아니라, 남녀 모두 귀고리를 하였다. 고려시대에는 귀에 구멍을 뚫고 귀고리를 다는 풍습이 유행하였다. 그러나 일반인들은 오랑캐의 풍습이라 하여 이를 꺼렸다. 조선시대에는 배불숭유(排佛崇儒) 정책에 따라 이를 오랑캐의 풍습이라 하여 금지하였다. 그래서 서민층의 부녀, 기생들만이 이 풍습을 즐겼다. 귀고리 문화는 이러한 역사적 과정을 지녔기에 오늘날에는 주로 여인들의 장식문화가 되었다.

그러면 "귀고리"의 어원은 어떻게 되는가? 이는 고어에서 "귀엿골회·귀옛골회, 귀엿골휘" 등으로 일러졌다. "귀에의 고리"라는 구조의 말이다. 분석을 하면 "귀-에-ㅅ-골회"가 된다. "귀(耳)"에 처소격 조사 "에"가 오고, 여기에 관형격 "ㅅ"이 이어져 "귀에의"란 말이 되었고, 여기에 다시 "고리(環)"를 뜻하는 "골회", 또는 "골회"가 이어진 것이다. 이의 예를 보면 다음과 같다.

* 혼 솽 귀엿골회와 혼 솽 풀쇠다가 호리라(把一對八珠環兒 一對釧兒) <번
역박통사>
珥 귀엿골회 싀, 璫 귀엿골회 당 俗呼耳墜兒 又呼耳環 <훈몽자회>
* 耳環 귀엣골회 <한창문감>
* 珥 귀엿골휘 싀, 璫 귀엿골휘 당 俗呼耳墜兒 又呼耳環 <훈몽자회>

그런데 "고리(環)"의 옛 형태는 "고리" 아닌, "골회·골희" 등으로 나타난
다. 이 "골회> 골희> 고리"로 "ㅎ"이 탈락되고, 중모음이 단모음화하여 오
늘의 "고리"가 된다. 이들의 용례를 몇 개 보면 아래와 같다.

* 連環은 두 골회 서르 니슬 씨라 <능엄경언해>
골회 환(環) <훈몽자회>, <신증유합>
* 골희(環子) <동문유해>
이 세 가지는 텬운이 골희쳐로 도라 둔눈지라 <경신록언해>

"고리(環)"는 고어에서 "골"로 축약되는 것을 볼 수 있다. 그것은 "귀고리"
를 가리키는 말에서 나타난다. "귀여ㅅ골, 귀엿골, 귀엣골"이 그 예다. 이밖
에 "귀역골, 귀엳골"의 형태도 보여 준다. "골"은 "이환(耳環)"을 의미하는
말 이외에는 거의 독립적으로 사용되는 예가 보이지 않는다. 日環에도 "히ㅅ
귀엣골" 등이 보인다.

* 耳墜 귀여ㅅ골 <한청문감> / 耳墜 귀엿골 <역어유해> / 單耳墜 외 진
쥬 믈린 귀엿골
* 墜子寶蓋 귀엣골쭈미개 <한청문감>
* 日環 히ㅅ귀엣골 <역어유해>
일이 히 귀엿골ㅎ다 <동문유해> / 日珥 히귀엿골 <한청문감> (2022.2.3.)

"귀먹다"와 "코먹다"의 어원 주변

본인이 듣지 못하는 데서 욕을 하거나 푸념을 하는 것을 "귀먹은 욕"이라 거나, "귀먹은 푸념"이라 한다. 이는 본인이 없는 데서 말을 하기 때문에 듣지 못하는 것이다. 그런데 이와는 달리 청각 기관에 이상이 생겨 듣지 못하는 경우도 있다. 이 때 그를 "귀먹었다"고 한다. 이러한 "귀먹다"의 어원 은 어떻게 되는가?

우리의 고어에서는 이러한 청각에 이상이 있는 사람을 "귀머거리, 귀먹어 리"라 하였다. 동문유해의 "귀머거리(耳聾的)", 한청문감의 "귀먹어리(聾子)"가 그 예다. 이와는 달리 월인석보에는 "먹뎡이"란 말도 보인다. "이러호므로 먹뎡이 곧ᄒ며 부워리 곧ᄒ야"가 그 예이다. 귀머거리 같고, 벙어리 같다는 말이다. 이렇게 이롱(耳聾) 현상은 이미 15세기부터 오늘날과 같이 "귀 먹다" 라 하였다. 아래의 예가 그것이다.

> 입 버우며 귀 머그며 <월인석보>
>
> 귀머그니 시러 듣게 ᄒ시고 <금강경삼가해>

그러면 이 "먹다"의 뜻은 무엇인가? 이는 "막다·막히다(防·塞)"의 의미를 지니는 말이다. "막다(防·塞)"도 15세기부터 쓰였는데 용비어천가에 "七代之 王을 뉘 마ᄀ리잇가" 등이 보인다. 이렇게 "막다"와 "먹다"는 모음을 달리하 며 15세기에 같이 쓰였다. 다만 "막다"가 보편적으로 쓰인 데 대해 "먹다"는

"귀 막힘(耳塞), 코 막힘(鼻塞)"과 같이 한정된 장면에서 쓰였다. "귀 먹다"의 예와 달리 "코 먹다"의 예를 보면 사성통해의 "고 머근 놈(齆鼻子)", 훈몽자회의 "고머글 옹(齆)" 등이 보인다. 그리고 현대어에서 "코 먹은 소리"라 하는 경우의 "코 먹은"도 마찬가지로 "비색(鼻塞)"을 의미한다.

"먹다"가 "막다·막히다"의 뜻으로 쓰이는 예는 "먹먹하다"에서도 볼 수 있다. 이는 "막히다"를 뜻하는 "먹다"의 어간 "먹"이 중첩되고, 여기에 접사 "하다"가 붙어 형용사가 된 말이라 하겠다. 이의 용례는 한청문감에 "귀 막질려 먹먹ㅎ다"가 보인다. "막질리다"는 "막지르다"의 피동사(被動詞)로, "앞질러 가로막다"를 뜻하는 말이다.

다음에는 앞에서 언급된 "먹뎡이"에 대한 풀이를 덧붙이기로 한다. 이는 "먹-뎡이"이라 분석될 말이다. "먹"은 물론 "방(防)·색(塞)"을 의미하는 "먹다"의 어간이다. "뎡이"는 "그런 사람"을 뜻하는 접사이다. 이는 오늘날 "멍청이·언청이" 등에 쓰이는 "청이"이다. "멍청이"는 "멍한 사람", 혹은 "멍청한 사람"을 의미하는 말이고, "언청이"는 "활순자(豁脣子)"를 이르는 말이다. "언청이"는 역어유해에 보이는 "엇-텽이"가 변한 말로, "엇"은 "어히다(刿)"의 "어히"가 절단(切斷)되어 "엏> 엇"으로 변화한 말이다.

안맹(眼盲)한 사람은 고어에서 고유어로 "눈머니", "쇼경", 혼종어로 "장님"이라 하였다. "눈머니"는 "눈-먼(멀은)-이"로 분석될 말이며, "쇼경"의 어원은 분명치 않다. "장님"은 "댱님"이 변한 말로, "杖-님"을 말한다. 소경을 "판수"라고도 하는데, 이는 운수(運輸)를 판정(判定)하는 사람이란 말에서 온 것이다. 점치는 사람을 말한다. 농아(聾啞)의 아자(啞者)를 "벙어리"라 하는데, 이는 월인석보와 훈몽자회에 보이는 "버워리"라 하던 말이다. 이는 "버우다"에서 파생된 말이다. 그러나 이는 방언에 "버버리"가 보이듯, "버브다"가 "버우다"의 전차어라 하겠다. 이 "버브다"는 만주어 "부부연(語不淸楚)"이 변한 외래어로 보인다. "벙어리"는 "버브어리> 버보어리> 버워리> 벙어리"로 변해 온 말이라 하겠다.

(2022.2.24.)

"귀이개"와 "귀지"의 어원

　　우리는 귀지를 파내는 기구를 "귀이개"라 한다. 이는 나무나 쇠붙이로 만든 것으로, 가늘고 긴 대 끝이 숟가락 모양으로 생긴 기구이다. 한자어로는 이자(耳子)라 한다. 이 "귀이개"는 방언(方言)에서 여러 가지로 일러지고 있다. "귀후비개"를 비롯하여 "귀개, 귀우비개, 귀후개, 귀후지개, 귀쑤시개, 귀지개" 등이 그것인데 이들은 모두 비표준어로 보는 말이다.

　　그러면 표준어 "귀이개"의 어원은 어떻게 되는가? 고어에서는 "귀우게·귀우개·귀쇼시게" 등이 쓰인 것을 볼 수 있다. 이들의 용례를 구체적으로 보면 다음과 같다.

　　　* 除耳中垢者 귀우게 亦曰 귀쇼시게 <華音方言字義解>
　　　* 耳挖子 귀우개 <역어유해>, <동문유해>
　　　　耳挖 귀우개 <한청문감> / 耳桃子 귀우개 <물보>

　　"귀우게"는 "귀-우-게"로 분석될 말이다. "귀"는 물론 "귀 이(耳)"에 해당한 말이고, "우"는 "후비다"를 뜻하는 "우븨다"의 변형(變形)인 "우의다"의 축약형 "우-"라 하겠다. "게"는 사물을 나타내는 접사이다.

　　우리말에는 "틈이나 구멍 속을 긁거나 돌려 파내다"를 뜻하는 말에 두 가지가 있다. 그 하나가 "우비다"이고, 다른 하나가 "후비다"이다. 그런데 이 "우비다"의 변형이라 할 "우의다"가 이미 15세기에 쓰이고 있다.

두 눈 ᄌᅀᆞᄅᆞᆯ 우의여 내니라 <석보상절>

造化의 굼글 工巧히 우의여 이 神俊ᄒᆞᆫ 양ᄌᆞᄅᆞᆯ 그려 <두시언해>

따라서 “우비다”라는 말은 한편으로는 “우븨다> 우의다”로 변하고, 다른 한편으로는 “우븨다> 우뷔다> 우비다”의 형태로 오늘에 이르렀다고 하겠다. “우븨다·우뷔다”의 용례는 역어유해보에 “우븨는 칼(剜刀)”, 한청문감에 “우뷔다(摳去)”가 보인다.

이에 대해 “후비다”는 옛 문헌에는 보이지 않는다. 따라서 “후비다”는 근대국어의 시기에 비로소 나타나는 것으로 보인다. 이러한 사실은 J. S. Gale의 “한영ᄌᆞ뎐”에 이들 두 형태가 보인다는 것이 그 증거이다.

움의칼 劊 To scoop out

홉이다 To scoop out / 홉이다 爬鑿 To scoop out; to dig out

“귀우개”를 달리 이르던 “귀쇼시게”는 “귀쑤시개”의 전차어로 비표준어로 본다. 어감도 좋지 않고, 의미도 마땅치 않다.

“귀이개”를 살펴보았으니, 다음에는 “귀지”의 어원을 보기로 한다. “귀지”란 귓구멍 에 긴 때, 이구(耳垢), 또는 정녕(耵聹)을 말한다. 이는 고어에서 “귀여지”라고 하였다. 역어유해와 동문유해의 “耳矢 귀여지”와 한청문감의 “耳塞 귀여지”가 그것이다. 이는 “귀-에-지”가 변한 것으로 “귀에 있는 지(矢)”라는 말이다. “지”는 “때, 똥”을 뜻하는 말이다. 이는 오늘날 “물찌, 물찌똥”과 같이 경음으로 변하였다. “별찌(별똥·降石), 찌(아동어·糞)”가 이런 예다. 궁중용어로 “지”가 요강을 의미하는 것은 완곡한 표현을 한 것이다. “똥찌”, 아동어 “지지”도 같은 말이다. “찌”는 속담에도 쓰인 것을 볼 수 있다.

아끼던 것이 찌로 간다.

강아지 물찌똥에 덤빈다.

다음에는 남의 귀에 가까이 대고 소곤거리는 말에 대해 덧붙이기로 한다. 이는 고어에서 한청문감에 보이듯 "귀엣말"이라 하였다. "귀-에-ㅅ-말"이 "ㅣ"모음 동화를 하여 "예"가 된 것이다. 이의 현대어도 "귀엣말"이다. 현기영의 "변방에 우짖는 새"의 "방에 들자마자 송대정은 홍정의 곁으로 바싹 다가앉아 귀엣말을 건네었다."가 그 예이다. "귓속말"도 표준어로 보고 있는데, 이는 근세에 와 신조된 것으로 보인다. 귓속에 대고 하는 말도 아니어 이 말은 개념과 형식이 부합되지 않는다. "귀엣말"이 바람직하다. (2022.3.12.)

"그위"와 "마술"의 의미와 활용

우리말의 대부분은 고유어와 한자어로 이루어져 있다. 그런데 이들 가운데는 고유어에 대체된 한자어도 있다. 과반수 이상이 한자어로 이루어져 있으므로 많은 어휘가 한자어에 의해 대체되었을 것으로 보인다. 관서(官署)를 의미하는 "그위"와 "마을"도 한자어로 대체되어 고유어가 소실된 경우이다.

언어는 생명체라 한다. 살고 죽는다. 살리고자 하여 반드시 살아나는 것도 아니다. 그러나 근자에는 매스컴의 발달로 사어(死語)를 살려낼 수도 있다. "그위"와 "마을"이란 말은 살려 내어 한자어와 같이 씀으로 언어생활을 좀 더 풍요하게 했으면 좋을 것 같다.

"관, 관서, 관청"을 뜻하는 고유어에 "그위"가 있다. 이는 "그위" 외에 "구위, 구의, 귀" 등으로도 쓰였다. 먼저 "그위"의 용례부터 보기로 한다.

> 그윗 버드리 ㄱ눌오(官柳細) <두시언해>
> 그위실 ᄒ리와 <능엄경언해>
> 그윗 금으로 어미를 주시니라(以公金賜母) <내훈>

이렇게 15세기의 자료에 "관(官), 관직(官職), 공금(公金)"에 이르기까지 "그위"라는 말이 쓰였다. 이는 "구위> 구의> 귀"로 변화하였다. 이들의 예를 하나씩만 보면 다음과 같다.

구윗ᄆᆞᄅᆞᆯ 구위예 도로 보ᄂᆡ요ᄆᆞ로브터(自從官馬送還官) <두시언해>

구윗자ᄒᆞ로ᄂᆞᆫ ᄉᆞᄆᆞᆯ 여ᄃᆞᆲ자히오(官尺裏二丈八) <노걸대언해>

귀예 가 숑ᄉᆞᄅᆞᆯ ᄒᆞ니 <태평광기>

두시언해에는 “그위”와 “구위”가 같이 쓰인 것을 볼 수 있고, 새김(訓) “귀”는 오늘날 “귀 공(公)”자라 하듯, 오늘날에도 남아 쓰이고 있는 말이다.

“마을”은 관서(官署)·관아(官衙)를 의미하는 “그위”의 유의어다. 이의 어원은 “마ᅀᆞᆯ”이다. 이는 “마ᄋᆞᆯ”을 거쳐 “마알”로 변하는 형태와, “마ᅀᅳᆯ”을 거쳐 “마을”로 변하는 형태의 두 유형이 있다. 먼저 “마ᅀᆞᆯ”의 예부터 보면 다음과 같다.

곳다온 ᄒᆡᆫ 칠흔 마ᅀᆞᄅᆞᆫ 고얫ᄂᆞ니라(馨香粉署妍) <두시언해>

마ᅀᆞᆯ 아(衙), 마ᅀᆞᆯ 부(府), 마ᅀᆞᆯ 시(寺) <신증유합>

다ᄅᆞᆫ ᄃᆡᆺ 마ᅀᆞᆯ이 ᄯᅩ 그 도적을 자바(別處官司却捉住那賊) <노걸대언해>

다음에는 “마ᅀᆞᆯ”(官署)이 “마ᄋᆞᆯ> 마알”로 변화하는 예를 살펴보기로 한다.

술위 ᄀᆞᄋᆞᆷ아ᄂᆞᆫ 마ᄋᆞᆯ(遞運所) <역어유해>

비ᄋᆞᆸ건ᄃᆡ 마알로 ᄒᆞ여금 벼ᄉᆞᄅᆞᆯ 튜증ᄒᆞ시고(今攸司追贈官爵) <동국삼강행실도>

이어서 “마ᅀᆞᆯ(官署)> 마ᅀᅳᆯ> 마을”로 변화하는 예를 보면 다음과 같다.

開封府ㅣ랏 마ᅀᅳᆯ 戶籍의 일흠을 <번역소학>

마ᅀᅳᆯ 부(府) <훈몽자회>

마을 부(府) <천자문>

　* 승샹 마을의 졍히 뵈려 호더 <삼한역어>

　그런데 위의 삼한역어의 “마을”의 용례는 관서(官署)가 아닌 촌락(村落)을
의미하는 말이다. 따라서 “마슐”(官署)의 “마을”(村落)로의 변화라 할 수 없다.
　관서(官署)를 의미하는 “마슐” 계통의 말과 촌락(村落)을 의미하는 “ᄆᆞᄉᆞᆯ”
계통의 말은 비교적 잘 구별된 것으로 보인다. “ᄆᆞᄉᆞᆯ” 계통의 말은 “ᄆᆞ을,
ᄆᆞᄋᆞᆶ”로 나타나거나, “ᄆᆞ올, ᄆᆞ욿”로 나타났다.
　그런데 관서(官署)를 의미하는 “마슐” 계통의 말은 용례의 혼란을 때때로
보인다. 고어사전에서도 “마슐”에 대해 “마을, 관청”이라 풀이한 사전도 보
인다. 이는 서로 다른 의미의 말을 잘못 같은 말로 본 것이다. 이러한 예로는
다음과 같은 것들이 있다. 이들은 관서(官署)가 아닌, 촌락(村落)을 의미하고
있는 경우이다.

　　茶園ㅅ 마ᅀᆞ리 茶蔬ㅅ 무슬 보너니 <두시언해>
　　믈읫 번딘 마ᄋᆞᆯ 다ᄉᆞᆯ임에 <소학언해>
　　승샹 마을의 졍히 뵈려 호더 <삼한역어>

　“그위”는 관·관서·관직을, “마슐”은 관서·관아를 의미하는 고유어다. “마
을”은 촌락을 의미하는 말과 의미충돌이 일어나기도 한다. 관·관서를 의미
하는 “그위”는 “역할”을 의미하는 “실”이 붙은 “그위-실”이 변한 말이기도
하다. 따라서 “그위”, 또는 “구위”라는 말은 “관(官)·관리·관서·관아”라는 한
자어와 함께 살려 씀으로 표현의 다양성을 추구하는 것이 좋을 것 같다.
어휘는 많을수록 좋은 법이다.
(2021.11.6.)

"기다리다(待)"의 어원

어떤 사람이나 때가 오기를 바란다는 뜻의 말을 "기다리다"라 한다. 그런데 이 말이 시에서는 "기두르다", "기둘리다", "기두룸" 등으로 쓰이고 있는 것을 볼 수 있다.

* 아, 안 올 사람 기두르는 나의 마음 <변영로, 봄비>
* 모란이 피기까지는/ 나는 아즉 나의 봄을 기둘리고 있을테요. <김영랑, 찬란한 슬픔>
* 기두룸에 지쳐 버들닢 휘여 뜯든 그 밤이여, 그 저녁이여 <김동환, 춘향각 앞에서>

그렇다면 이 말의 어원은 무엇인가? 15세기의 문헌에는 "기드리다"가 보이고, 그 뒤에 "기도르다·기도ᄅ다" 등이 나타난다.

* 쇠 한 도ᄌᆞᆨ 모ᄅᆞ샤 보리라 기드리시니(靡知黠賊 欲見以竢) <용비어천가 19장>
* 等者 기도라다 等候 <역어유해>
* 목숨이 죽기ᄂᆞᆯ 기도ᄅᆞ니라 <마경>

그리고 이들의 변형이요, 축약형이라 할 "기들다"의 형태가 나타나고, 이에 사동접사 "-이, -오, -우"가 결합된 사동사 "기들이다·기들오다·기들우다"가 쓰이게 된다.

* 기드디 아니ᄒᆞᄂᆞ니 <삼강행실도>
* 술위 메움을 기들이디 아니코 <소학언해>
* 네예셔 기들오라 <노걸대언해>
* 이운 麥을 기둘우거ᄂᆞᆯ(待枯麥) <두시언해>

이로 볼 때 "기다리다"는 "기드리다"를 그 어원으로 하고, "기도로다, 기도ᄅᆞ다"로 변형되었으며, "기드리-"의 변형인 "기들-"에 "-이, -오, -우" 등 사동접사가 삽입되는 등 많은 이형태가 나타나게 되었다.

두시언해 중간본 등에 "기ᄃᆞ리다"는 "기들오다"의 변형으로 보인다. 현대어 "기다리다"의 용례는 "증보삼략직해"에 보인다.

* 南記 波瀾을 기ᄃᆞ리도소니 <두시 重刊>
  나오믈 기ᄃᆞ려 <소학언해>
* 옴즈기거든 기다리고 <증보삼략직해>

이상 살펴본 바와 같이 "기다리다(待)"는 그 어원을 "기드리다"로 하고, "기도로다·기도ᄅᆞ다"를 거쳐, "기들다"란 축약형이 나타난다. 그리고 "기드리다"의 축약형인 "기들다"계의 말이 "ᄋᆞ/으"의 혼란으로, "기둘다"로 바뀌는가 하면, "기ᄃᆞ리다, 기둘오다" 등의 말도 자동, 사동의 구별도 없이 "기다리다·기달오다"로 쓰이게 되었다. 그리하여 마침내 "기ᄃᆞ리다"는 "기다리다"로 정착되어 오늘에 이르렀다.

(2021.8.25.)

"기르다(育)"와 "치다"의 어원

　동식물을 보살펴 자라게 하거나, 아이를 보살펴 키우는 것을 "기르다"라 한다. 육성(育成)·양육(養育)을 의미하는 말이다. "꽃과 새를 기르는 사람은 선량한 사람이다", "그는 자녀를 나라의 동량재로 잘 길렀다."와 같이 쓰이는 것이 그것이다.

　그러면 이 "기르다"란 말의 어원은 무엇인가? 이는 놀랍게도 "긴 장(長)"자를 의미하는 "길다"가 그 어원이다. "짧은 것을 길게 하는 것", 그것을 "기르다"라 본 것이다. 곧 작고 어린 초목이나, 사람을 크게 성장시키는 것을 의미한다. 하긴 "성장(成長)"이란 말에도 이미 "긴 장(長)"자가 쓰이고 있다.

　성장(成長), 곧 "자라다"를 의미하는 "길다"는 15세기 문헌에 많이 보인다. 그 예를 몇 개 보면 다음과 같다.

> 根塵을 브터 나 기ᄂ니라 <월인석보>
> 明妃ㅣ 기러난 村이 오히려 잇도다(生長明妃尙有村)　<두시언해>
> 보미 나아 기니(生長春)　<금강경삼가해>

　이 말이 양육(養育)을 의미하는 예는 석보상절의 "ᄯᄅᆞᆯ 길어 내니"에 보인다. 이는 "딸을 길러 내니"를 뜻하는 말로, "길다"가 양육, 곧 길러 내다를 나타내는 경우이다. "자라다"란 뜻의 "길다"란 자동사가 "기르다", 곧 양육하다란 의미의 타동사를 나타내기 위해서는 "길오다·길우다", 또는 "기르다·기르다" 등의 말을 썼다. "길오다·길우다"는 "길다"란 자동사에 사동(使

動) 접사 "오/우"가 삽입된 말이다. 이의 용례를 몇 개 보면 다음과 같다.

> * 삔롤 나하 길오니 <석보상절>
>
> 길온 功이(養功) <능엄경언해>
>
> * 竹笋 길우노라 門을 다룬 디로 여로니(長笋別開門) <두시언해>
>
> 聖胎 길우미니(養) <능엄경언해>

이와는 달리 "길다"에서 "기른다·기르다"와 같이 사동사를 만들기도 하였다. 이는 "살다(生)"에 대한 "사른다(使生)"와 같은 조어 형태의 말로 양육(養育)을 의미하는 말이다. 이의 예를 두어 개씩 보면 다음과 같다.

> * 어비 어미 날 기롤 져긔(父母養我時) <두시언해>
>
> 반드시 기른더시다(畜) <소학언해>
>
> * 삔니물 기르더니 <석보상절>
>
> 둘곯 해 기르놋다(多養鷄) <두시언해>

우리말에는 이렇게 "자라다·성장하다"를 의미하는 "길다"라는 말이 있었다. 그리고 이 말에 사동접사 "-오/-우"를 붙여 "기르다(養育)"를 나타내게 되었다. 그리고 또 하나의 이형태로 "기른다·기르다"가 쓰였다. 이들은 15세기에 다 같이 사용되기도 하였으나, 대세는 "길오다·길우다"의 형태가 먼저 쓰이고, 그 뒤에 "기른다·기르다"의 형태가 뒤를 이어 나타난 것으로 보인다. 따라서 오늘날의 "기르다"는 "길오다·길우다> 기른다·기르다"로 발전한 것이라 하겠다. "기르다"가 "길다"에서 파생된 사실은 나물 이름에서도 확인된다. "콩길음"이란 말이 오늘날에도 쓰이고 있거니와 고어에서는 "보리 길움 얼(蘖)"<신증유합>, "녹두기름(菉豆芽)"<역어유해보>도 쓰인 것을 볼 수 있다.

(2021.8.23.)

"길쌈"의 어원문화

삼국사기의 유리니사금(儒理尼師今)조에 의하면 신라의 육부(六部) 여인들은 두 패로 나뉘어 7월부터 한 달 동안 길쌈 시합을 하였다. 그리고 한가윗날 승부를 가려 진 쪽에서 이긴 쪽에 주식(酒食)을 대접하였다. 이는 여인들의 적공(績功)을 장려한 행사요, 문화라 하겠다.

"길쌈"이란 사전에 의하면 "실을 내어 옷감을 짜는 모든 일을 통틀어 이르는 말"이라 풀이되어 있다. 그러면 이 말의 어원은 어떻게 되는가? 이는 조금 복잡하다. 우선 이 말의 옛 형태부터 보면 "길쌈"이 아닌, "질삼"으로 되어 있다.

> 질삼ᄒᆞ며 고티 혀며(執麻怠 枲絲니) <삼강행실도>
> 질삼ᄒᆞ며 뵈 ᄧᅡ 사롤이를 ᄒᆞ고((紡績織紝) <번역 소학>
> 질삼 방(紡)·질삼 적(績) <석봉천자문> / 질삼 방(紡) <왜어유해>

"질삼"이 오늘날 "길쌈"이 된 것은 역구개음화현상(逆口蓋音化現象)이 작용한 것이다. 이러한 현상은 적어도 17세기의 문헌에까지는 나타나지 않는다.

그러면 또 이 "질삼"의 어원은 어떻게 볼 수 있는가? 이는 "질(馴)-삼(麻)"으로 분석된다. "질"은 "질들다, 질드리다"의 어근인 "질"로 오늘날 "길들다, 길들이다"의 "길"이다. 이는 쉽게 "길>질"의 구개음화를 생각할 수 있다. 그러나, 그런 것은 아니다. "길쌈"의 경우와 같이 역구개음화현상이 작용한 것이다. 이는 문헌상의 용례가 증명한다. "질들다, 질드리다"는 15세기의 문헌에 많이 나타난다. 그러나 "길드다, 길들이다"는 주로 18세기 이후의 문헌에 약간 나타날 뿐이다. "길>질"과 같은 구개음화현상은 주로 17~18세기의 교체기에 나타나는 현상이다. "질들다, 질드리다, 길들다·길드리다"의 예를 보면 다음과 같다.

> * 사르미게 질드느니(馴服於人) <능엄경언해>
>
> 　새 질드렛도다(鳥雀馴) <두시언해>
>
> * 질드려 降伏ㅎ디 어렵거늘 <월인석보>
>
> 　질드류미 맛당티 아니ㅎ도다(不宜馴) <두시언해>
>
> * 馴 길드다 <유씨 물명고>
>
> 　룡 길드리기롤 비화(學擾龍) <십구사략>

　그러면 다시 "질삼"의 어원 문제를 좀 더 구체적으로 살펴보기로 한다. "질"은 오늘날 방언에도 남아 쓰인다. "질이 잘 들었다"와 같이 쓰이는 것이 그것이다. "삼"은 "삼베"의 "삼"(麻)으로, 무명 이전의 대표적 방직은 "삼베"를 나는 것이다. "질삼"이란 "삼을 질드리는(길드리는) 것"이고, "삼베를 짜는 것"이다. "길삼"은 곧 "삼베를 짜는 것"이다. 고려속요 서경별곡의 "여히므론 질삼뵈 브리시고"의 "질삼뵈"란 바로 이 "삼베"(麻布)를 말한다. "삼이나 모시 따위의 섬유를 가늘게 찢어 그 끝을 맞대고 비벼 꼬아 잇는 것"을 뜻하는 "삼다"란 동사는 "삼(麻)"에 서술격 조사 "(이)다"기 붙은 말이다. 이렇게 방직·방적의 기본은 삼(麻)에 있고, 삼을 다루는 데 있다. 이에 "질삼"은 오늘의 "길쌈"의 의미를 나타내게 된 것이다.

　"길쌈"의 어원은 "질삼"이고 이는 "질드려진(길드려진) 삼"이며, 나아가 방직을 의미하는 "길쌈"의 의미로 그 의미가 확장된 말이다.　(2021.12.23.)

"깃"과 "집"의 상관관계

기는 여호도 窟 이 잇고/ 나는 새도 깃(巢)이 잇서요 <노자영, 저주>

　수많은 중생 가운데 집을 가진 생물은 많지 않다. 사람의 집은 "집"이라 하고, 새의 집은 "깃"이라 한다. 은신처를 "소굴(巢窟)·소혈(巢穴)"이라 하는 것도 우연이 아니라 하겠다. 원시인은 움집이나 동굴(窟窟)에서 살았기 때문이다. 그렇다면 "집"과 "깃"은 어떤 관계를 갖는 말일까?

　"집"의 어원은 밝혀지지 않고 있다. 혹 "집"과 "깃"은 어원을 같이 하는 것은 아닐까? 이들의 관계는 심상치 않다. "집"은 사람이 거처하는 곳이요, "깃"은 새가 깃들이는 곳이다. 다 같은 거처(居處)를 의미한다.

　옛말로도 우리는 "집"을 "집"이라 하였다. 때로 "깃"이라 하기도 하였다. 그런데 이 "깃"을 일반적으로, "집의 속격"이라 보고, 문제가 해결된 양 넘어가고 있다. 속격 "ㅅ"이 이어지며, "집"의 종성 "ㅂ"이 탈락되는 현상에 대해 납득할 만한 설명은 일체 없다.

　"깃"은 "집"의 속격이 맞는가? 많은 어휘에서 집의 속격이 "깃"으로 나타나고 있는 것은 사실이다. 그러나 여기서 주의할 것은 "집ㅅ", 또는 "집-의/의"의 속격을 상정하기 전에 기억해야 할 것이 있다. 우리말은 체언이 그대로 관형어로 쓰인다는 사실이다. 따라서 석보상절의 "그 짓 ᄯᆞ리"나, 월인석보의 "내 짓 極果롤"의 "짓"을, "깃" 아닌 "집"이라 하여도 아무런 문제가 없다는 것이다.

그러면 속격은 다 "짓"으로 쓰였는가? 그렇지 않다. 같은 석보상절이나, 월인석보 등에도 "집"으로 쓰인 곳이 있는가 하면, 두시언해에는 "짒"의 형 태까지 볼 수 있다. 예를 몇 개 보면 다음과 같다.

> * 종이며 집앳 사ᄅᆞ몰 다 眷屬이라 ᄒᆞᄂᆞ니라 <석보상절>
> 집지ᅀᅵ롤 처섬ᄒᆞ니 <월인천석보>
> 담과 집기슭 ᄉᆞᅀᅵ예(墻宇之間) <능엄경언해>
> * 그딋 짒 兄弟의 功名이 <두시언해>

여기서 제기되는 문제가 "집", 또는 "짓"과 "깃"의 관계다. "깃"은 옛말로, 보금자리란 말이고, 이는 새끼를 기르는 곳이란 말이며, 포대기의 옛말이기 도 하다. 우리는 이 "깃"을 "집"이라고도 하여 "새 깃", 아닌 "새 집"이라 한다. 그뿐이 아니다. "깃 소(巢)"자처럼 나무 위에 깃을 틀고 산 것만이 아니 다. 개미처럼 땅 속에도, 벌처럼 벽 등 다른 곳에 집을 짓기도 한다. 이러한 것을 한자어로 의소(蟻巢), 또는 봉소(蜂巢)라 하는데 우리는 이들도 "개미깃", "벌깃"이라 하지 않고, "개미집", "벌집"이라 한다. "깃", 아닌 "집"이라 하는 것이다. 더 나아가 요즘의 옥편은 "깃 소(巢)"자를 "깃 소"라 하지 않고, "새집 소(巢)"라 풀이하고 있다. 이렇게 "깃"은 "집"을 달리 이르는 말이다. 그리고 "깃 소(巢)"자의 풀이를 아베(阿部)의 漢和辭典은 "① 깃 ㉠나무 위의 새 깃, ㉡동물의 주거, ㉢고대인의 수상의 거처, ② 도적 등의 은신처" 등등을 들고 있다. 이렇게 "깃 소(巢)"는 새만이 아닌 동물과 사람의 집까지 가리킨다.

"집(家)"과 "깃(巢)"은 15세기의 문헌에 다 같이 보인다. "집"의 용례는 이미 앞에서 살펴보았으므로 "깃"의 15세기 용례를 두어 개 보면 다음과 같다.

> 깃爲巢 <훈민정음해례>
> 깃 기섯는 곳고리(巢鶯) <두시언해>

이 "깃"은 17세기 문헌에서는 대부분 "짓"으로 나타난다. 뒤에 구개음화하는 것이다.

이상 "집"과 "짓"의 관계를 살펴보았다. "짓"을 집의 속격으로 보는 것이 오늘날 학계의 일반적인 현상이다. 그러나 이는 그렇게 볼 것이 아니다. "깃"이나, "巢"는 "집"이나 "家"의 다른 말이다. "깃·짓(巢)"은 "집"의 이형태로 보아야 한다. "집"과 "깃"은 이미 15세기에 두 형태가 존재하던 말이고, "깃"과 "짓"은 오늘날 "집"으로 바뀌어 쓰이는 것을 볼 수 있는 말이다. "집"의 어원은 혹 "짚(稻藁)"의 옛말 "집"에서 연유하는 것이라 볼 수도 있다는 것을 덧붙여 둔다.

(2022.1.7.)

"꺼풀"과 "거푸집"의 어원

"방학 동안에 쌍꺼풀 수술을 하였다."

이렇게 겹으로 된 눈꺼풀, 또는 그런 눈을 "쌍꺼풀·쌍꺼풀 눈"이라 한다. "쌍꺼풀"은 "쌍까풀"이라고도 한다. 그리고 사람들은 "쌍꺼풀"보다는 "쌍까풀"이란 말을 더 쓰기 좋아하는 것 같다. "까풀"과 "꺼풀"은 동의어로 어감을 달리 하는 말로 받아드리기 때문이다.

"꺼풀"은 사전에서 "여러 겹으로 된 껍질이나 껍데기의 층"이라 풀이하고 있다. "꺼풀"의 어원은 "거풀"이다. 그런데 우리의 옛말에는 "가플"이란 이형태(異形態)가 있는데, 흔히 동의어로 보고 있다. 먼저 "거플"의 용례를 보기로 한다.

粳米 나디 한 됴호 마시 다 것더니 거플 업고 기리 닐굽치러니 <월인석보>
불휘롤 버혀 거프를 갓ㄱ니(斬根削皮) <두시언해>

이 "거플"은 동화현상(원순음 아래 횡순음의 원순음화)에 의해 "거풀"이 된다. 그리고 어두음의 경음화에 의해 "꺼풀(>꺼풀)"이 된다. "거풀"의 예를 보면 다음과 같다.

나모 거풀(樹皮) <동문유해>

과실 거풀 <한청문감>

이상의 예에서 드러나는 바와 같이 "거플·거풀"은 "피질(皮質)"을 의미한다. 오늘날의 "꺼풀"의 의미와 같다. 이에 대해 "까풀" 계통의 고어로는 "가풀·가플" 등이 있다. 이들의 예를 보면 다음과 같다.

* 헌함(軒檻)을 비겨서 가프래 싸혀니(憑軒發鞘) <두시언해>
  가프리 다 ᄀ자 잇고(鞘兒都全) <박통사언해>
* 실 도티고 화류 가프레 록각 부리예(起線 花梨木鞘兒鹿角口子) <박통사
  언해>
  가플 쇼(鞘)<훈몽자회>

"까풀" 계통의 말은 흔히 같은 뜻의 말로 보나 그 성격을 달리 한다. 이는 실제 내용물이 아닌, 껍데기, 곧 표층(表層)인 "꺼풀"을 의미한다. 다시 말하면 피질(皮質)이 아닌, 칼에 대한 칼집(鞘), 붓두껍 따위를 의미한다. 실제로 "가풀"이나 "가플"은 적어도 17세기의 문헌을 포함하여 피질(皮質)을 의미하는 것은 보이지 않고, 모두가 "칼집 초(鞘)"자에 대응되고 있다. 칼을 넣는 집이다. 따라서 고어의 "가플"계의 말과 "거플"계의 말은 같은 뜻의 동의어(同義語)라기보다, 비슷한 뜻의 유의어(類義語)라 할 수 있다. 이는 오늘날의 양자의 관계와 다른 점이다. 이는 위의 용례 외에 다른 "가플"계의 말도 마찬가지다. 예를 들면 노걸대언해의 "쌍가플(雙鞘刀子)", 역어유해의 "칼가플(刀鞘)", 신증유합의 "칼가플 쵸(鞘)"가 다 이러한 것이다.

이러한 "꺼풀"과 "까풀"계 어휘의 어원은 일단 "거플"과 "가풀"로 볼 수 있으나, 이는 좀 더 그 어원을 소급해 올라갈 수 있다. 그것은 "겁"과 "갑"으로 보는 것이다. 이는 "갑플"<박통사언해 중간>, "겁풀"<왜어유해> 등의 용례가 보이기도 하나, "겁-질·껍-데기", 또는 "깝-대기·깝-질" 등의 말이 있는

것으로 보아 확인된다.

다음에는 "거푸집"의 어원을 살펴보기로 한다. 이는 "거풀"과 관계가 있는 말이기 때문이다. "거푸집"은 쇠붙이를 녹여 붓도록 되어 있는 틀, 곧 주형(鑄型)을 의미한다. "거푸집"은 선가귀감(禪家龜鑑)에 "模는 鑄物ᄒᆞᆫ 거플이오 範는 법ㅣ라"와 같이 "거플"이라 한 용례가 보인다. 이는 앞에서 본 "가풀"계의 말이 의미가 확장되어 쓰인 것이라 할 수 있다. 쇳물을 담는 외형, 곧 쇳물의 집을 의미하기 때문이다. 달리는 "거풀"계의 말이 피질(皮質) 아닌, 외형(外型)을 의미하는 말로 의미가 확장된 것이라 하여도 좋다.

"거푸집"의 구조는 "거풀-집"이 변한 말이다. 유씨물명고(柳氏物名攷)에는 "겁푸집(型)"의 용례가 보인다. "거푸집"은 "거풀"의 "ㄹ" 받침이 "ㅈ" 앞에서 탈락한 것이다. 우리말에는 "ㄹ" 종성이 "ㅅ, ㅈ, ㄷ" 초성 앞에서 탈락하는 음운변화현상이 있다.   (2021.9.29.)

"꽃달임(花煎)"의 문화

꽃이 피는 봄이 다가오고 있다. 봄이 되면 사람들은 봄놀이를 한다. 꽃구경도 하고 "꽃달임"도 한다. 이런 때 중국에서는 "상화(賞花)"를 하고, "춘유(春遊)"를 한다. 지난날 우리도 즐겨 썼던 말 "답청(踏靑)"을 한다고도 한다. 일본에서는 "꽃구경"이란 의미로 "하나미(花見)"를 한다. 그런데 우리는 보는 "꽃구경"으로 만족하지 아니하고, "꽃놀이"를 하는가 하면 마침내는 "꽃달임"이란 축제를 벌인다. 참으로 놀고, 먹고, 마시기를 좋아하는 민족이다.

"꽃달임"이란 말은 오늘날의 국어사전에는 표제어로 올라 있지 않다. 그러나 고어사전에는 "곳달힘", 또는 "꼿달힘"이라 하여 엄연히 올라 있는 "화전(花煎)"을 의미하는 말이다. 이들의 용례는 시조에 쓰이고 있는 것이 보이는데, 청구영언의 "趙同甲 곳달힘 ᄒ세", 해동가요의 "崔行首 쑥달힘 ᄒ새, 趙同甲 꼿달힘 ᄒ새"가 그것이다. 여기서 "달힘"이란 달인 것, 곧 "탕(湯)"을 의미한다. 오늘날 "전(煎)"은 기름에 지진 것을 의미하고, "화전"은 "꽃전"을 의미하는 말로 보나, 여기에서의 의미는 "진달래 지지미"와 같은 "지지미"가 아니고, 꽃 탕이라 할 것이다. "쑥달힘"은 물론 "쑥탕(艾湯)"이다. 이는 "복달임"이란 말이 증명해 준다. "복달임"이란 복날(伏日) 그 해의 더위를 물리친다는 뜻으로, 고깃국을 끓여 먹는 것을 뜻하는 민속 행사이기 때문이다. 흔히 이날 보신탕(補身湯)이라 하여 "개장"을 먹는다.

사전에서는 "액체 따위를 끓여서 진하게 만들다"를 의미하는 "달이다"의 어원을 "닳다"의 사동사로 보고 있다(표준국어대사전). 따라서 "꽃달임"이나,

"복달임", "약 달임" 등의 "달임"은 "닳다"의 사동사 "달이다"의 명사형, 내지는 전성명사로 보게 한다. 그러나 이렇게 보는 것은 옳지 않다.

위에서 본 바와 같이 "꽃달힘, 쑥달힘"과 같이 고어에서는 "달히다"로 쓰고 있는데, 이는 "달다"의 사동사이다. "달다"는 "물기가 많은 음식이나 탕약 따위에 열을 가하여 물이 졸아 들다"를 뜻하는 말로, "닳다"의 유의어다. "꽃달힘, 쑥달힘"이 "꽃달임, 쑥달임"이 된 것은 "ㅎ"이 약화 탈락된 것이라 볼 수 있다.

이들의 어원을 이렇게 보려는 것은 사동사 이전의 기본이 되는 "닳다"의 경우에는 "-게, -고, -다" 등이 연결되면 [달케, 달코, 달태와 같이 발음된다. 그런데 "복달임"이나, "약 달임"의 경우에는 [달케, 달코, 달태로 실현되지 않고, [달게, 달고, 달대로 실현된다. 따라서 "닳다", 아닌 "달다"로 보아야 한다는 것이다. 이는 또 "닳다"로 보게 되면 방언에서 그 발음이 [딸태와 같이 경음으로 실현되는데, "꽃달임, 쑥달임"의 뜻을 나타내는 경우에는 [달대로 실현되고, [딸태로 경음화하지 않는다는 것이 또 다른 이유이다. 따라서 "꽃달임"이나 "쑥달임", "복달임", 및 "약 달임"의 "달임"의 어원은 "달다"가 사동사가 되어 "달히다> 달이다"가 되고, 이의 파생명사는 고어에서 "달힘", 현대어서 "달임"으로 실현된 것이라 할 것이다.

끝으로 "달임"의 용례로서 문학작품에서 "꽃달임"의 예를 박종화의 "다저불심"에서 인용하기로 한다.

> "꽃전을 부치고 화채를 타고 생선국을 끓이고 담백한 꽃달임이 소담하게
> 벌어졌다."

(2021.3.19.)

"꽃답다"의 어원과 의미

"꽃다운 처녀/ 꽃다운 청춘/ 꽃다운 나이/ 꽃다운 인생…"

이렇게 "꽃다운"이란 말은 "아름답다"는 의미로 쓰인다. 사전에서는 "꽃답다"를 형용사로, "꽃과 같은 아름다움이 있다"라 풀이하고 있다. 이것이 오늘의 의미다. 지난날의 의미는 이것이 아니었다. "꽃답다"는 "아름답다"가 아니라, 오히려 "향기롭다"란 의미를 지니는 말이었다.

"꽃답다"의 고어는 "곳답다"와 "곳쌉다", 그리고 "곧답다"의 세 형태로 나타난다. "꽃답다"의 어원은 특히 "곳답다"에 있는 것으로 보인다. 이는 곧 "꽃"을 의미하는 "곳(花)"에 "같다(如)"를 의미하는 접사 "답다"가 이어진 것이다 "꽃과 같다"는 말이다.

고어에서 "꽃"을 나타내는 말은 "곧, 곳, 곶, 꼿, 꼿, 꽃" 등 다양한 형태로 나타난다. 그러나 여기에 "답다"가 붙는 형태는 "곳답다"와 "곧답다"의 두 형태가 있을 뿐이다. 이의 예를 보면 다음과 같다.

> ① 비 저즌 불근 蓮ㅅ고존 염염히 곳답도다(雨裏紅蕖冉冉香) <두시언해>
>   곳다올 향(香), 곳다올 형(馨) <훈몽자회>
> ② 모름즉 셜워 말고 곳짜온 빼롤 원ᄒ노라(不須惆悵怨芳時) <태평광기>
> ③ 경도의 곧다오믈 듣고져 호몰 오래 ᄒ노라(行聞粳稻香) <두시 중간>
>   機心을 닛고 곧다온 프를 相對ᄒ야 이쇼믈 疑心ᄒ노라(忘機對芳草) <두

시 중간>

위의 보기에서 ①, ③이 그것이다. ②의 예는 "곳답다"의 형태에 속하는 것으로, "곳답다"가 "곳쌉다"로 경음화되기 때문에 "곳답다"를 "곳쌉다"로 표기한 것이다

이 "곳답다"나 "곧답다"는 위에 제시한 예의 한문에서 드러나듯 "향기 향(香), 향기 형(馨)"과 같이 "향기"를 의미한다. 위의 보기에는 "꽃다울 방(芳)" 자의 용례도 두 개나 보이는데, 이 말도 오늘날 "꽃다울 방(芳)"자라 하나, 선조(宣祖) 때의 신증유합에만 하더라도 이는 "향긔 방(芳)"자로 풀이되어 있다. "방(芳)"자도 향기를 의미하는 말이었던 것이다. 따라서 오늘날 "아름답다"를 의미하는 "곳답다"라는 말은 "향기롭다"가 "아름답다"로 그 의미가 변한 말이다.

그러면 "꽃답다"를 "곳(花)-답다(如)"로 보는 데 이의는 없는가? 문제가 되는 것에 "향기롭다·고소하다"를 의미하는 말에 "고亽다", 혹은 "고소다"라는 말이 있다. 우선 그 예를 보면 다음과 같다.

* 고亽 수리 뿔ㄱ티 드닐 노티 아니호리라(不放香醪如蜜甛) <두시언해>
  회홧 고즐 디새 우희 고亽게 봇가(槐花 회홧곳 瓦上炒令香) <구급간이방>
* 고소다(香) <역어유해>, <동문유해>

"고소하다"의 어원이라 할 "고亽다"는 이미 15세기에 쓰이고 있고, 이것이 "고소다> 고소ᄒ다"를 거쳐 오늘날 "고소하다"가 되었다. 그리고 중간 두시언해에는 "곳고亽 벼논(香稻)"이라고 향기롭다는 뜻으로 "곳고亽"이란 말이 쓰이고 있다. 그런가 하면, 내훈(內訓)에 "바라다, 욕구하다"란 의미의 "닙곳다"가 쓰이고 있는데, 여기에 쓰인 "곳"도 향기와 관계가 있는 말로

보인다. "닙(口)-곳다(향기롭다)"로 분석되어 "입에 향기롭다"가 "바라다, 욕구
하다"의 의미로 확대된 것이라 하겠다. 이런 예들로 볼 때 "곳"이 "향기"를
뜻하는 말, 내지는 어근(語根)이었을 가능성이 크다.

　"곳"이 향기를 의미하는 말로 볼 때 "곳-답다"는 "향기롭다"는 의미가
된다. 이 경우의 "답다"는 비유적인 의미보다는 "참-답다, 실-답다"의 경우
와 같이 그런 성질이나 특성이 있다는 의미의 접사 "답다"가 이어진 것이라
하겠다. "곳"이 "향, 향기, 향내"를 나타내 는 실례가 안 보여서 그렇지, "곳
(花)-답다(如)"와 함께 "곳(香)-답다"의 어원설도 충분히 고려해 볼 수 있을
것이다.
(2021.10.14.)

"꽃샘바람"과 "화신풍"의 문화

　"봄!"하면 "꽃샘"과 "꽃샘추위", "화신(花信)", "화신풍(花信風)"이란 말이 떠오른다. "봄"과 꽃은 불가분리의 표리 관계에 있다. 머지않아 저 남쪽 나라에서 꽃소식이 전해지리라.

　"꽃샘"이란 이른 봄, 꽃이 필 무렵의 추위를 말한다. 춘한(春寒)을 말한다. 꽃이 예쁘게 피는 것을 시샘하는 추위다. 구체적으로 "꽃샘추위"라고도 한다. 이때 부는 바람은 "꽃샘바람"이라 한다. 추위만이 아니고 바람도 시샘하여 분다고 보는 것이다. 추위나 바람은 "꽃샘잎샘"이라고 꽃만이 아니고 새로 피어나는 잎도 시샘을 한다(화투연(花妬娟)).

　한어(漢語)의 세계에서는 이런 경우 "시샘한다·투기한다"고 부정적으로 보는 것이 아니라 "화신(花信)", 또는 "화신풍(花信風)"이라 긍정적으로 본다. "화신"이란 "꽃소식"이란 말로, "꽃이 핌을 알리는 소식"을 뜻한다. "화신풍(花信風)"은 꽃이 피려고 함을 알리는 바람이라는 뜻으로, 꽃이 필 무렵 부는 바람을 말한다. 우리의 "꽃샘바람"이다. 발상을 달리 하므로 하나는 오들오들 떨어야 하고, 하나는 봄의 축제를 즐긴다. 우리는 샘을 내는 바람, 추위에 초점이 맞추어져 있는데, 한어(漢語)의 세계에서는 꽃이 피는 "화신(花信)"에 초점이 맞추어져 있다.

　"화신풍"은 또 "이십사번화신풍(二十四番花信風)"이라고 좀 운치 있는 표현을 하기도 한다. 이는 소한(小寒)에서 곡우(穀雨)까지의 24후(候)에 닷새마다(一候·二候·三候) 새로운 꽃을 차례로 피게 한다는 봄바람을 말한다. 이십사후

동안 피는 꽃은 다음과 같이 도표화할 수 있다.

소한	일후	매화(梅花)	우수	일후	채화(茱花)	청명	일후	동화(桐花)
	이후	산다(山茶)		이후	행화(杏花)		이후	맥화(麥花)
	삼후	수선(水仙)		삼후	이화(李花)		삼후	유화(柳花)
대한	일후	서향(瑞香)	경칩	일후	도화(桃花)	곡우	일후	목단(牧丹)
	이후	난화(蘭花)		이후	강당(棣棠)		이후	도미(酴釄)
	삼후	산반(山礬)		삼후	장미(薔薇)		삼후	동화(棟花)
입춘	일후	영춘(迎春)	춘분	일후	해당(海棠)			
	이후	앵도(櫻桃)		이후	이화(梨花)			
	삼후	망춘(望春)		삼후	목란(木蘭)			

좀 억지도 있겠지만 과연 한족(漢族)다운 발상이구나 하는 생각이 든다.

아름다움을 투기하는 것이긴 하나 추워서 꽃을 못 피게 하는 "꽃샘추위"나 "꽃샘바람"과, 따뜻한 봄바람에 꽃소식이라는 "화신(花信)"이나 "화신풍(花信風)"은 천양지판으로 발상이 다르다. 세상을 긍정적으로 보느냐, 부정적으로 보느냐는 삶의 질을 달리 하게 한다. 지난날 우리 삶이 각박해서 그리된 것일까? 좀 여유를 가지고 세상을 살아가는 안목을 가지는 것이 좋겠다. 끝으로 "꽃사태"가 노래 불려진 조지훈의 "유곡(幽谷)"의 일절과 김수장(金壽長)의 꽃의 품명을 읊은 시조를 옮겨 놓기로 한다.

* 꾀꼬리 새목청 트이자/ 뒷골에 쏟아지는/ 진달래 꽃사태.

* 牧丹은 花中王이요, 向日花는 忠孝로다.

  梅花는 隱逸士요, 杏花는 小人이요, 蓮花는 婦女요, 菊花는 君子요, 冬栢花
  는 寒士요, 朴꽃은 老人이요, 石竹花는 少年이요, 海棠花는 간나희로다.

  이 中에 梨花는 詩客이요, 紅桃碧桃 三色桃는 風流郎인가 하노라.

(2022.2.23.)

"꾸짖다"의 네 이형태(異形態)

조선조의 초기 15세기에는 국시(國是)를 다잡기 위해 그러했던가? 이때에는 아랫사람의 잘못을 나무라는 말이 적어도 네 가지나 있었다. "구죵ᄒ다(> 꾸중하다), 구지람ᄒ다(>꾸지람하다), 구짓다(>꾸짖다), 나므라다(>나무라다)"가 그것이다.

"구죵"은 본디 "구숑"이라 하던 말이다. 이의 예를 두어 개 보면 다음과 같다.

> 미리 구숑 니보물 젼ᄂ니(預畏被呵) <永嘉集諺解>
> 구숑ᄒ물 要求티 아니ᄒ리오(要謗) <杜詩諺解>

이것이 "구죵ᄒ다, ᄭ죵ᄒ다"로 변하고, 마침내 "꾸중하다"가 되었다.

> 힌 갈ᄒᆞᆯ 구죵ᄒ야 해티디 몯호라(反叱白刃散) <두시언해 중간>
> 구죵ᄒ야 무너 나가라 ᄒ더 <삼강행실도>
> 萬石君이 ᄭ죵ᄒ야 ᄭ오더 <소학언해>

"구숑"이나 "구죵"은 고유어로 보인다.

"구지람ᄒ다"는 "구지람"에 접사 "ᄒ다"가 붙은 것으로, 이는 "구짇다"에서 "구지람"이라는 명사가 파생된 것이다. 따라서 이는 "묻다(問)"와 같이

"구진다"가 "ㄷ" 불규칙활용을 하는 말이라 하겠다. 그러나 이는 15세기에 반드시 "ㄷ" 불규칙활용을 한 것은 아니다. 그것은 월인천강지곡에 "慈悲心 으로 구지돔 모릭시니"라고 "구지돔"을 보여 주기 때문이다. "꾸지람"의 고어는 "구지람" 외에 "구지럼"이란 용례도 보여 준다. "구지람"은 인조 때 간행된 두시언해 중간본에서 이미 "쑤지람"으로 경음화한 것을 보여 준다.

    * 구지라믈 드로더 <월인석보>
      상녜 구지럼 드로더 <석보상절>
    * 쑤지람 마고미 어렵도다(難塞責) <두시언해 중간본>

 "구진다"와 달리 조선조 초기부터 "구짖다"란 이형태도 쓰였다. 이는 세종 때의 석보상절 및 성종 때의 두시언해에 그 용례가 보인다.

    이브로 구지져 <석보상절>
    그제 구지져(時呵) <두시언해>

 "구짖다"는 "구지조믈 내디 아니ᄒ야"<금강삼가해>나, "븨를 가져 니거든 쑤지즈미니"<가례언해>와 같이 "ㅈ"이 연철되는 명사형을 보여 준다. 이는 "구진다"의 "구지럼"과 다른 형태다. 이의 명사형은 오늘날의 "꾸짖음"과 같이 "구지좀"으로 나타난다.(예: 구지조믈 내디 아니ᄒ야 <금강경삼가해>)
 "당신이 속으로 나물이면/ '무척 그리다가 잊었노라"<김소월, 먼 後日>와 같이 쓰이는 "나무라다"는 조선조 초기에는 "나므라다"라 하였고, "나모라 다>나무라다"로 변화하였다. 월인천강지곡의 "衰老를 나므 라고"와 한중록의 "그 사룸이 나모라면"이 그 예다. "나무라다"의 이형태로는 "나므라다, 나므래다"도 보인다.

(2021.9.27.)

"끄집어내다"와 "꺼당기다" 계통의 말

　우리의 표준국어대사전에서는 "끄집다"와 "끄잡다"를 표준어로 보고, 이의 어원을 [<끌-+집-]과 [<끌-+잡-]으로 보고 있다. 이에 대해 앞으로 끄어 당기다를 뜻하는 "끄당기다"는 방언으로 보아 "꺼당기다"를 표준어로 보고 있다. 그리고 "꺼당기다"의 어원을 [끗-+-어+당기대로 본다. 이들의 어원은 과연 이렇게 "끌다"와 "끗다"로 달리 보아야 하는 것인가? 저자는 이와 견해를 달리한다.

　국어대사전은 "견(牽)·예(曳)"를 뜻하는 말을 "끗다"로 보고 "그스다"를 그 어원으로 본다. 그리고 이를 "자리를 다른 곳으로 옮기도록 힘을 가하다"를 뜻하는 말로 본다. "끌다"는 참고하도록 되어 있다. "그스다"의 용례는 다음과 같이 나타난다.

　　四天王 술위 그스ᅀᆞᆸ고 梵天이 길 자바 <월인석보>
　　玉을 그스며 金을 허리예 ᄯᅴ여(拖玉腰金) <두시언해>

　이는 "ᄭᅳᅀᅳ다> ᄭᅳ으다> 끄다"로 변화한다. "그스다"의 전차어는 비록 후대의 문헌이나 선가구감의 "그스다"일 것으로 추정된다. "猪鼻를 자바 두루 그스며"가 그것이다. 이는 음운변화의 원칙이나, 방언의 "그스다, 그실다(牽)"의 예로 보아 분명한 사실이다.

　"그스다"는 "그스-"와 "긋-"의 두 형태로 활용한다, "그스-"의 형태는

"그으-> 쓰으-> 쓰-"로 변화하여 "끄다(牽)"가 된다.

　　薛羅롤 쓰서다가 <두시언해>
　　숨엇거늘 쓰어내야(曳出之) <소학언해>

　"꺼당기다"를 위시하여 "꺼내다, 꺼내리다, 꺼두르다, 꺼둘다" 계통의 "꺼
-"는 "끄어-"가 준 말임은 물론이다.
　"긋-" 계의 활용은 "긋어·긍어"와 같이 "ㅅ", 또는 "△"을 받침으로 하거
나 연철한다. 그리하여 표준국어대사전은 "긋-"이 경음화한 "끗다"를 현대
어의 기본형으로 상정한 것이다. 그러나 현대어에서 "끗다"의 용례는 거의
보이지 않는다. "ㅅ"이 유성음 사이에서 약화·탈락하기 때문이다. 쉽게 말해
"ㅅ"불규칙활용을 하기 때문이다.

　　一萬 쇠 긋어가노라. <두시언해>
　　구틔여 그서오거늘 <삼감행실도>
　　行者ㅣ 바로 쓰어 王의 앏픠 드리더니 <박통사언해>

　다음에는 "끌다(引)"를 보기로 한다. 고어에서 "끌다(引)"는 오히려 "혀다"
라 하였다. "끌다"는 뒤에 "그스다> 쓰스다> 쓰으다> 쓰을다> 쓸다"로
변화하여 생성되는 것으로 보인다. 따라서 "끄집다"나 "끄잡다"의 어원도
"끌-집다"나 "끌-잡다"로 볼 것이 아니라, "쓰으-집다"나, "쓰으-잡다"로
보는 것이 옳다. 이들에 쓰인 "쓰-"는 "쓰으-"가 준 말이어 이들은 장음으로
실현된다. 고어에 "쓰으집다"나 "쓰으잡다"의 용례는 보이지 않는다.
　끝으로 여기 덧붙일 것은, "끌다"의 어원 문제다. 이는 "그스다> 쓰으다"
계통의 말이 "쓰을다> 쓸다> 끌다"라는 이형태로 어휘변화를 한 것이다.
이는 방언에 "끄슬고 오다"나 "끄실고 가다"란 용례가 보이듯, 고어에 "쓰슬

다”가 쓰였을 것이고, 이 말이 “ᄭᅳᅀᅳᆯ다> 끄을다> 끌다”로 변화했을 것이다. “끌다”의 용례는 많이 보이지 않는다. 17세기 초 인조 때의 마경언해(馬經諺解)에 “다리ᄅᆞᆯ ᄭᅳᄋᆞᆯ고 허리ᄅᆞᆯ ᄭᅳ으ᄂᆞ니”가 보이며, 18세게 초의 왜어유해에 “ᄭᅳᆯᄋᆞᆯ 예(曳)”가 보인다. 이렇게 “끌다”는 17세기에 쓰인 것이 확인된다. 그러나 번역소학의 “바횟굼긔 숨엇거ᄂᆞᆯ ᄭᅳᅀᅥ내여(曳出之)”가 16세기말의 소학언해에는 “ᄭᅳ어내여”로 쓰이고 있어 아직 “ᄭᅳᆯ어내여”가 쓰이지 않고 있음을 보여 준다. 17세기에는 많은 “ᄭᅳ으다”가 쓰이고 있는데 이들은 모두 “ᄭᅳᆯ다”가 아닌 “ᄭᅳᅀᅳ다” 계통의 말로 보인다. 따라서 “끄집다·끄잡다”의 어원은 “끌-” 아닌, “끄-” 계통의 말이라 해야 한다.

이상 “끄다(牽)”와 “끌다(引)” 계통의 말, “끄-”와 “끌-”에 대해 살펴보았다. “꺼-”는 “끄어-(牽)”가 준말이다. “ᄭᅳᆯ다”는 후대에 “ᄭᅳᅀᅳ다”에서 파생된 말이다. “끄다”와 “끌다”는 다 같이 “견(牽)·예(曳)” 등을 나타내는 말로, 하나는 “그스다> 그ᅀᅳ다> ᄭᅳ으다> ᄭᅳ다> 끄다”로, 다른 하나는 “그ᅀᅳ다> 그으다> ᄭᅳ을다> ᄭᅳᆯ다> 끌다”로 변화한 말이다. 현대어에서 “끗다”를 기본형으로 설정하고 있는 것은 재고되어야 한다. 오히려 “끄다”를 기본형으로 함이 바람직할 것이다. 그리고 이 “끄다<그ᅀᅳ다”에 해당한 한자 “견(牽)·예(曳)·예(拽)·타(拖)·인(引)” 등은 오늘날 모두 “끌다”로 풀이하고 있어 “끄다”와 “끌다”는 구분되지 않고 동의어가 되어 있다는 것을 부언해 둔다.

(2021.6.30.)

"나비"와 "나비질"의 어원

높은 시멘트 콘크리트담과/ 완강한 철창 사이를/ 나르는 저 <u>나비</u>는/ 환상인 가/ 하얀 불꽃 한 점으로/ 여름 한낮의 뙤약볕 속을 날고 있는/ 저 <u>나비</u>는 환 상인가/

나비는 흔히 기쁨과 환희의 세계를 상징한다. 그래서 김진경 시인은 "나 비"에서 암흑의 현실을 나비를 통해 "환상"이냐고 절규하고 있다.

나비는 전 세계에 2만여 종이 있고, 우리나라에는 250여 종이 있다 한다. 한자말로는 접아(蝶兒)·협접(蛺蝶)·호접(胡蝶)이라 한다. 나비의 옛말은 "나비· 나뵈"라 하였고 이 말이 "나븨·나븨" 등을 거쳐 "나비"가 되었다. "나비"와 "나뵈"의 용례를 보면 다음과 같다.

* 나비 브레 드듯ᄒ야 <석보상절>
  벌에 나비 ᄃᆞ외면 거루몰 올마 ᄂᆞ로미 ᄃᆞ외오(如虫爲蝶 則轉行爲飛) <능 엄경언해>
* 미햇 받 이러믄 나뵈 ᄂᆞᆫ는더 니셋거늘(野畦連蛺蝶) <두시언해>
  몰애 더우니 바ᄅᆞ맷 나뵈 ᄂᆞ족ᄒ고(沙暖低風蝶) <두시언해>

"나비·나뵈"는 각각 "납(蝶)-이/외(접사)"로 분석될 말이다. 이는 "나븨·나 븨" 등의 후대어(後代語)를 포함하여 여러 형태의 말이 있다는 것이 "납(蝶)"에 여러 접사(接辭)가 붙은 것임을 단적으로 말해 주는 것이다. 그리고 나비와 비슷하며, 몸이 좀 더 통통한 나방아목의 곤충을 통틀어 "나방"이라 하는 것이 결정적 증거가 된다. "나방"은 "납(蝶)-앙(접사)"의 파생어라 하겠기 때문이다. "나방"은 또 "나방"이란 말 외에 "불나방"을 의미 하는 "부납이·부나븨"라는 복합어도 여럿 보여 주고 있어 더욱 그러하다. ("나방"은 근현대어라 할 것으로, 이의 용례는 고어에 보이지 않는다.)

撲燈蛾 부납이 鬼蛾 <역어유해 보>
撲燈蛾 부나븨 <동문유해>, <한청문감>

"나비"와 복합어를 이루거나, 파생된 말은 많다. 이들은 대체로 그 생긴 모양이나, 나는 동작과 관련된 말이 많다. "나비경첩, 나비꽃(蝶形花), 나비꽃부리, 나비넥타이, 나비삼작(三作), 나비수염, 나비잠" 따위는 생긴 모양과 관련된 말이다. 이에 대해 "나비물, 나비상(狀), 나비질, 나비춤, 나비치다"는 나비의 나는 동작과 관련이 있는 말이다. 다음에는 나비의 나는 동작과 관련이 있는 "나비질"이란 말을 하나 더 살펴보기로 한다.

"나비질"은 타작을 한 뒤 이어지는 작업 과정이다. 이는 사전에 "곡식의 검부러기, 먼지 따위를 날리려고 키 따위로 부쳐 바람을 일으키는 일"이라 풀이하고 있다. 낟알을 정제하기 위해 "바람을 일으키는 동작"을 말한다. 그런데 그 동작이 마치 나비가 나는 모양을 닮아 "나비질"이라 한 것이다.

낟알을 정제하는 작업으로서의 "나비질"은 넉가래질, 부뚜질, 풍구질의 세 가지가 있다. 이들 가운데 나비의 나는 동작과 유사한 것은 넉가래질과 부뚜질이다. 이 가운데도 "나비질"이란 말을 태어나게 한 것은 무엇보다 "부뚜질"이라 하겠다. "부뚜질"은 곡식에 섞인 티끌이나 죽정이, 검부러기 따위를 날려버리기 위해 부뚜(風席)를 흔들어 바람을 일으키는 일을 뜻한다. 그런데 부뚜의 중간을 한 발로 밟고 양손으로 부뚜를 잡아 펄럭이며 바람을 일으키는 동작이 마치 나비가 펄럭펄럭 나는 동작과 닮아 이를 "나비질"이라 한 것이다.

"넉가래질"은 넉가래로 곡식을 떠서 높이 공중에서 흩뿌리면, 옆에서 나비가 날개 치듯 키질을 하여 잡것이 날아가게 하는 것을 말한다. 이것은 키질하는 것이 마치 나비가 나는 것 같다 하여 "나비질"이라 한 것이다. "풍구질"은 선풍기의 원리를 이용한 풍구(風具)를 사용해 곡물을 정제하는 작업이다. 따라서 이는 "곡물을 정제하는 것"이란 의미의 "나비질"로, 구체적으로 "나비의 나는 모양"과는 관련이 있는 것은 아니다.

이상 곤충 "나비"의 어원과 곡물을 정제하는 작업으로서의 "나비질"에 대해 살펴보았다. 문명의 이기가 발달하여 오늘날 "나비질"은 지난날의 문화가 되고 말았다.   (2022.3.27.)

"나중"과 "내종"의 본적

눈매까지 매섭게 생긴 식주인과 맞닥뜨리는 순간 잘못 투족(投足)한 게 아닌가 싶기도 하였다. 그러나 <u>나중</u>에야 삼수갑산을 갈망정 당장 찔끔할 도치가 아니었다. <김주영, 활빈도>

우리 속담에 "나중에야 삼수갑산을 갈지라도"라는 말이 있다. 이는 나중에 일이 잘 안 되어 최악의 상태에 이를지라도 우선은 내가 하고 싶은 대로 하겠다는 것을 비유적으로 나타내는 말이다. 여기 "삼수갑산(三水甲山)"은 함경북도의 지명으로 지난날에는 귀양을 가던 외딴 곳이다. 따라서 최악의 경우 귀양 가는 한이 있더라도 우선은 내가 하고 싶은 대로 하겠다는 말이다. 위의 용례도 이러한 도치의 심경을 표현한 것이다.

이 속담에는 "나중에야"라고 "나중"이라는 말이 쓰이고 있다. 이는 우리가 흔히 쓰는 말이다. 이 말의 사전풀이는 두 가지로 되어 있다. "① 얼마의 시간이 지난 뒤, ② 다른 일을 먼저 한 뒤의 차례 =내종(乃終)"이 그것이다. "나중"은 이렇게 "내종(乃終)"과 같은 뜻의 말로, 시간적으로 뒤이거나 차례가 뒤인 것을 나타내는 말이다. 그런데 "내중"은 여러 형태의 말로 쓰인다. "나중"을 비롯하여 "낭중, 내종, 냉중"과 같이 쓰이는 것이 그것이다.

이는 고어에서도 두어 가지 다른 형태로 나타난다. "내종"과 "나종"이 그것이다.

* 내죵애 法華애 니르르사(終至法華) <능엄경언해>

처엄 업스시며 내죵 업스사(無始無終) <법화경언해>

* 회 처엄 나죵이 업다 흐리오 <신속삼강행실도>

우리도 새님 거러두고 나죵 몰라 흐노라 <청구영언>

용비어천가에는 "酒終내 赤心이시니"와 같이 "酒終"이라 "이에 내(乃)"자의 속자가 쓰이고 있다. 이에 대해 세종어제훈민정음에는 "乃終(냉즁)ㄱ소리는 다시 첫소리를 쓰느니라"와 같이 다른 "이에 내(乃)"자가 쓰이고 있다. "내종"이란 본래 한자어가 아니요, 고유어로 한자를 차자하여 쓴 말이다. "나중"이란 한어나 일어에는 없는, 한자어와 같은 우리의 고유어로 "내죵> 나죵> 나중"으로 변화해 온 말이다.

지역 방언에서는 "얼마 후에"라는 뜻으로, "낭중"이 쓰이기도 하는데, 이는 고어의 "낭죵"이 남아 쓰이는 것이라 하겠다. "낭죵"의 예는 "내내, 끝끝내"를 의미하는 신속삼강행실도의 "낭죵내"에서 그 예를 볼 수 있다. "쟝만흐야 낭죵내 게으르디 아니흐더라"가 그것이다. "내내, 끝끝내"를 의미하는 말에는 "내죵내"라는 말도 있다. 석보상절의 "乃終내 달옳 주리 업스시니이다"나, 원각경언해의 "내죵내 삭디 아니흐야"가 그 예이다. "내죵내"는 "내죵(乃終·酒終)"에 "내내"를 의미 하는 부사가 접사로 쓰인 것이다. "내"의 예로는 "그 가개는 일년 내 쉬는 일이 없다."를 들 수 있다. "나중"은 한자어 아닌 고유어요, 한국한자어이다.

(2021.11.25.)

"날(經)"과 "날다"의 어원

* 그의 어머니는 마루 끝에서 물레를 돌려 실을 <u>날다</u>가 팔을 쉬고 담배를 붙여 물면서 며느리와 하는 이야기– "얘야, 그애 한테서 편지 온 지가 보름이 넘었는데 어째 소식이 없다니? <심훈, 탈춤>
* 심의는 누워 있고 갖바치는 신창을 <u>날고</u> 있다. <홍명희, 林巨正>

위의 두 소설에는 "날다"라는 말이 쓰이고 있다. 세상이 많이 바뀌어 "날다(經)"라는 말의 뜻을 잘 모르는 세상이 되었다. "날다"의 사전 풀이는 다음과 같이 되어 있다.

① 명주 베 무명 따위를 길게 늘여서 실을 만들다.
② 베 돗자리 가마니 따위를 짜려고 베틀에 날을 걸다.

"날다"는 이렇게 실을 만들거나, 베·돗자리·가마니 따위를 짜려고 틀에 날을 거는 것을 의미하는 말이다. 심훈의 "날다"는 고치를 늘여 실을 만들고 있는 것이고, 홍명희의 "날다"는 신을 삼기 위해 신창의 날을 걸고 있는 것이다. "날다"는 주로 피륙, 곧 직물(織物)을 짤 때 날실을 새의 수에 따라 길게 늘이는 것을 의미한다. 이는 "날(經)"에서 파생된 말로 "날(經)"에 서술격 조사 "이다"가 붙어 이루어진 동사이다.

그러면 "날(經)"이란 어떤 말인가? "날"은 "천, 돗자리, 짚신 따위를 짤 때

세로로 놓는 실, 노끈, 새끼 따위"를 이르는 말로 "날 경(經)"자에 해당하는 말이다. 무명은 실, 돗자리는 노끈, 짚신이나 가마니는 새끼가 날이 된다. "날"과 합성어를 이루는 말에는 "날실, 날줄" 등이 있다. "날실"은 피륙을 짤 때에 세로 방향으로 놓인 실을 이르는 말이고, "날줄"은 "경선(經線)"을 이르는 말이다.

이 "날(經)"의 반대말은 "씨(緯)"라 한다. 그래서 천, 돗자리, 짚신 따위를 짤 때에 가로로 놓는 실, 노끈, 새끼 따위를 "씨"라 하고, 이렇게 가로로 놓인 실을 "씨실", 가로로 놓인 줄을 "씨줄", 위선(緯線)이라 한다. 이 날줄과 씨줄, 곧 경선과 위선은 경도(經度)와 위도(緯度)를 나타내는 선이다. 서울의 위치를 말할 때 동경 몇도, 북위 몇 도라 하는 것이 그것이다.

"날"은 바탕이 되는 실, 노, 새끼를 가리킨다. 이에 대해 "씨"는 짜이는 물품에 따라 재질이 달라진다. 명주실을 사용하면 비단이, 면을 사용하면 무명(木棉)베가, 삼(麻)을 사용하면 삼베가 되고, 짚을 사용하면 가마니가 된다. 담요는 씨실로 동물의 털을 사용한 것이다. 그래서 "담요 담(毯)"자에는 부수자에 "털 모(毛)"자가 쓰인 것을 볼 수 있다.

끝으로 "날"과 "씨"를 좀 더 잘 이해할 수 있게 하기 위해 한자 "경(經)"자와 "위(緯)"자의 자원(字源)에 대해 부언하기로 한다. "날 경(經)"자는 "실 사(糸)"와 베틀의 세로 줄을 의미하는 "경(巠)"자로 이루어진 글자다. 그래서 세로로 된 실, 종사(縱絲)를 의미하고, 종(縱), 상하 남북을 의미한다. 이에 대해 "씨 위(緯)"자는 "실 사(糸)"와 둘러싸다를 의미하는(圍) "위(韋)"자로 이루어져, 베틀에서 날실(經絲)을 에워싸는 횡사(橫絲)를 의미하고, 횡(橫), 동서의 방향을 의미한다.   (2021.8.24.)

"냇내"와 맛맛의 어원

고산(高山) 이이(李珥)의 "고산구곡가(高山九曲歌)"의 첫째 노래 일곡(一曲)은 이렇게 되어 있다.

一曲은 어드미고 冠巖에 히빗췬다
平蕪에 닉거든이 遠近이 글림이로다.
松間에 綠樽을 녹코 벗 온 양 보노라.

불이 탈 때에 일어나는 부옇고 매운 기운 연기를 전에는 "닉"라 하였다. 고유어를 썼다. 그런데 이 말이 "연기(煙氣)"란 한자어로 바뀌었다. 물론 사전에는 "내(烟)"라는 고유어도 실려 있다. 그러나 젊은이들은 이 "내"라는 말을 잊은 지 오래 되지 않았는가 한다. 아예 젊은이들에게는 이 말이 사어(死語)가 되지 않았는가, 여겨지기까지 한다. 이의 용례를 몇 개 보면 다음과 같다.

머리 닉룰 보고 블 잇는 둘 아로미 곧흐니 <월인석보>
다봇門을 새뱃 닉예 여ᄂ다(蓬門啓曙烟) <두시언해>
닉 연(烟) <유합>, <훈몽자회>

형편이 이런 터라 "냇내"라는 말을 하면 그런 말도 있느냐, 무슨 뜻의 말이냐, 역습을 당하기 십상이다. "냇내"의 앞의 "내"는 이미 설명한 "연기"

를 이르는 말이요, 이어지는 동음어 "내(臭)"는 "냄새"를 뜻하는 말이다. 따라서 이는 "연기의의 냄새"라는 말이요, 알싸한 냄새를 뜻하는 말이다. 비라도 오려는지 흐린 날에는 굴뚝의 연기가 땅에 좍 깔리며, 그것이 매캐한 냄새를 풍긴다. 그 냄새가 "냇내"인 것이다. 이는 표준국어대사전에도 실려 있고, 고어사전에도 실려 있다. 고어의 예는 두창경험방(痘瘡經驗方)에 "넛내(烟臭)"의 용례를 보여 준다.

"냄새"의 어원은 "냄새"가 아닌, "내(臭)"이다. 이의 용례는 15세기의 석보상절 및 원각경언해 등에 보인다.

　　　香내 머리 나ᄂ니 <석보상절>
　　　내 더러우며(臭) <원각경언해>
　　　내 취(臭) <훈몽자회>

그러면 "내"와 "냄새"의 관계는 어떻게 되는가? "냄새"는 후대에 발달한 말이다. 이는 고어에 "내옴"과 "내옴새"의 두 형태를 보여 준다. "내옴"은 광해군 때의 "신속삼강행실도"와 숙종 때의 "박통사언해" 중간본에 보인다. 이는 "내"에 "곰", 또는 "옴"이란 접사가 붙어서 이루어진 말이다. 또한 "내옴새"는 영조말의 한청문감에 보이는 말로, 이는 접사 "옴새"가 붙어 이루어진 말이다. 따라서 오늘날의 "냄새"는 이 "내옴새"가 축약된 말이라 하겠다.

　　　내옴 나는 것 아니 머거 <신속삼강행실도>
　　　내옴이 더러워(氣息臭) <박통사언해 중간>
　　　내옴새(氣臭) <한청문감>

다음에는 속언에 이르는 "맛맛(飮食-味)"의 어원을 살펴보기로 한다. "맛"은 "음식"을 의미하는 말에서 "맛(味·味覺)"의 의미로 변한 것으로 보인다.

다음의 "맛(飮食)"의 용례는 "맛(味)"이라기보다 "음식(飮食)"을 의미하는 말로 보인다.

> 처서믜 사르미 쌋마술 먹다가 <석보상절>
> 그 뼈애 쌋마시 뿔ㄱ티 달오 비치 히더니 <월인석보>
> 貴호 차반 우 업슨 됴호 마술 만하 노쑵고(廣設珍羞無上妙味) <능엄경언해>
> 丸과 麋와는 마시類 라 <능엄경언해>

이에 대해 다음의 용례는 분명이 "맛(味)"을 의미한다. 이로 볼 때 "맛"은 음식물(飮食物)에서 미각(味覺)의 의미로 확장된 말이라 하겠다.

> 마순 뜻마시라(味意味也) <능엄경언해>
> 맛 이름과 모매 다홈과 <석보상절>
> 맛 미(味) <훈몽자회>

우리말에 "입맛으로 먹는 것이 아니라, 맛맛으로 먹는다."는 말이 있다. 이는 음식물을 먹을 때 입에서 느끼는 감각, 구미(口味)가, 아닌 "음식물"의 맛으로 먹을 수도 있을 것이다. "처음에 맛본 땅맛"이 꿀같이 단 갓이 그것이다. 이니 "모진 년의 시어미 밥내 맡고 들어온다"는 속담도 나갔던 시어미가 "구수한 밥 냄새"를 맡고 들어온다는 말이니 여기 쓰인 "밥내", "맛맛" 곧 "음식물의 냄새"를 의미한다 하겠다.

"냄새"와 "곳답다"의 향취

밥이 제풀에 잦혀지다 못해 밥 탄 내가 흥건히 풍긴다. <채만식, 암소를 팔아서>

요사이는 잘 쓰이지 않으나, 냄새를 나타내는 말에 "내"라는 말이 있다. 위의 소설에 쓰인 "밥 탄 내"가 그것이다. 이는 "냄새"의 어원이 되는 말이다. 이 말은 독립된 실사로도 쓰이지만, 현대어에서는 복합어로 많이 쓰인다. 먼저 고어의 용례를 보면 15세기의 문헌에서부터 나타난다.

> 이 고지 만히 이셔 香내 머리 나누니 <석보상절>
> 네 性이 내 나는 나물홀 먹디 아니ᄒᆞᄂᆞ니(汝性不茹葷) <두시언해>
> 내 더러브며(臭) <원각경언래>
> 내 취(臭) <훈몽자회>, <신증유합>

이밖에 "내"와의 복합어를 보면 "닛내(煙臭), 누린내(羶), 비린내(腥臭), 암니(孤臊), 픗내(草氣)"란 고유어가 고전에 보이며, "녹내, 잡내, 향내, 화독내" 따위의 혼종어도 보인다. 이 밖에 현대어에도 복합어가 많이 쓰인다. "고린내, 구린내, 군내, 기름내, 단내, 땀내, 땅내, 밥내, 비린내, 숯내, 쉰내, 자릿내, 젖비린내, 지린내, 피비린내, 흙내" 따위가 그것이다. 현대어에서의 이들 "내"는 오히려 독립적으로 쓰이는 실사라기보다 "냄새"를 뜻하는 접사라는 느낌이 짙다.

이 "내"에서 "내옴" 내지 "내옴새"라는 파생어가 생성된다. "내옴"은 "내"에 접사 "옴"이, "내옴새"는 "내옴"이란 파생명사가 이루어지고, 여기에 접사 "새"가 붙은 것으로 볼 수 있다. 그것은 방언에 "내암"이 쓰이기 때문이다. 따라서 오늘날의 "냄새"는 "내옴> 내옴> 내옴새"를 거쳐 "냄새"로 축약된 것이라 하겠다. 그런데 여기에 하나 고려할 것이 있다. 그것은 방언에 "내금, 내금새"란 말이 쓰인다는 것이다. 이로 볼 때 "내옴, 내옴" 계통의 말은 "내곰, 내금"에서 "ㅣ"모음 아래 "ㄱ"이 묵음화한 것이라 볼 수 있다.

* 氣 내암시 <한청문감>
* 내옴이 더러워 당티 못ᄒᆞ니(氣息臭的當不的) <박통사언해 중간>
  내옴 나는 걸 아니 머거(不茹葷) <신속삼강행실도>

우리의 "내·냄새"계의 말은 "취(臭)"와 "향(香)"을 다 같이 나타낸다. 그러나 고어에서는 그렇지 않았던 것으로 보인다. "香"과 "臭"를 구분한 것이다. "향기롭다"는 "고소다·고소다"라 하거나, "곳답다"라 하였다. 예를 들어보면 다음과 같다.

* 고소 수리 꿀ᄀᆞ티 ᄃᆞ닐 노티 아니호리라(不放香醪如蜜甛) <두시언해>
  쓴 우웡 ᄶᅵ 조히 질오 봇가 고소니 <구급간이방>
* 香 고소다 <역어유해>, <동문유해>
  香 고소다 <한청문감>

이들은 "향기롭다·고소하다"를 의미하는 말이다. 이에 대해 "곳답다·곳쌉다"는 "향기롭다·꽃답다"를 의미한다. 이의 용례를 보면 다음과 같다.

* 粳稻이 곳다오몰 듣고져 호몰(竹聞粳稻香) <두시언해>

　 봄 蘭과 ᄀᆞᅀᆞᆳ 菊花ㅣ 제여곰 곳다오니(自馨香) <금강삼가해>

　 곳다올 향(香), 곳다올 형(馨) <훈몽자회>

* 모롬족 셜위 말고 곳짜올 째롤 원ᄒᆞ노라 <태평광기>

　 곳짜올 형(馨) <석봉천자문>

　위의 예에 보듯 이들은 주로 "향기롭다"를 의미한다. "곳답다"는 그 조어 구조로 볼 때 "곳-답다(如)"로 구성된 말이다. 따라서 "곳"은 꽃이거나 그 밖의 향기로운 사물이어야 한다. 그런데 이 "곳"이 만약 "꽃(花)"이라면 꽃과 가장 관계가 있을 것으로 생각되는 "꽃다울 방(芳)"자가 있는데, 이의 새김을 "향긔 방(芳)"<신증유합>이라 하고 있다.

　"곳"에 해당할 구체적 대상이 현재로서는 보이지 않는다. 겨우 생각할 수 있는 것이 향초 "고수"다. "곳"에 접사 "이/의"가 붙어 "고시·고싀"가 되고, 이것이 "고수"로 변했다고 볼 수 있다. "고수"는 고수풀, 향채(香荣)·향유(香葇)·호유(胡葇)라고도 한다. 이의 잎과 줄기는 식용하고, 열매는 향초로 이용하거나 약용한다. "고시·고싀"는 다음과 같은 용례를 보인다.

* 芫 고시 원, 葇 고시 슈 俗呼芫葇 <훈몽자회>

　 고시(胡葇) <동의탕액>, <物譜>

* 芫葇 고싀 <역어유해>

　 시근치 고싀(赤根荣 園葇) <박통사언해>

　"냄새"는 "내> 내옴/내옴> 내옴새> 냄새"로 변해 냄새(臭) 일반을 이르고, "곳·곳답다"는 한자어 "향(香)·향기(香氣)"와 "향기롭다"에 대치됨으로 말미암아 사어(死語)가 되었다.

(2021.11.21.)

"노린내"의 어원과 의미

"노린내가 나고 헤프게 타 버리는 '단풍'이라도 명색은 권련이다." <채만식, 얼어 죽은 모나리자>

좋은 담배가 못 되는 "단풍"은 노린내가 나고 헤프게 타버린다고 빙허(憑虛)는 묘사하였다. "노린내"란 짐승의 고기에서 나는 기름 냄새거나, 고기 또는 털을 태울 때 단백질이 타는 냄새처럼 역겨운 냄새를 말한다. 이는 한자어로 전취(羶臭)라 한다. "전취(羶臭)"의 "전(羶)"자는 "누린내 전, 양의 냄새 전, 비린내 전"자이다. 이는 "양(羊)자와, 음과 날고기를 뜻하는 "전(亶)"자로 이루어진 형성자로 비린내를 뜻하는 말이다. "취(臭)"자는 "냄새 취(臭)"자로 특히 나쁜 냄새를 의미한다. 따라서 "전취"란 "양이나 여우 등에서 나는 좋지 못한 냄새", 곧 "노린내"를 뜻한다.

그러면 우리의 "노린내"의 어원은 무엇인가? 한자어 "전(羶)"자처럼 "양(羊)"과 관련이 있을까? 그렇지 않다. 오히려 "노루(獐)"와 관련이 있다. "노린내"란 "노루의 냄새"란 말이다. 그렇다면 "노린내"란 구조적으로 어떻게 된 말인가?

"노루"의 고어는 "노로", 또는 "노ᄅ"라 하였다. 이의 용례를 보면 다음과 같다.

　　* 노로爲獐 <훈민정음해례본> / 노로 쟝(獐) <신증유합>, <왜어유해>

* 노르 쟝(獐) <훈몽자회>

　"노루"는 역사적으로 "노로> 노르> 노루"로 변한 말이다. 그런데 이는 고어에서 특수한 곡용(曲用)을 하던 말로, 주격·소유격·목적격 등에서 "놀, 놀ㄴ, 놀ㄹ"의 형태를 취하던 말이다. "놀"의 예를 각각 하나씩 들어보면 다음과 같다.

　　졸익山 두 놀이 혼 사레 뻬니(照浦二麞一箭俱斃) <용비어천가 43장>
　　놀늬 삿기 獐羔兒 <역어유해>
　　峻阪앤 놀을 쏘샤(殪麞峻阪) <용비어천가 65장>

　"노린내"는 "놀-익-ㅅ-내"에 소급하는 말로, 이는 특수한 곡용의 형태 "놀(獐)"에, 소유격 "익"에, 사이시옷이 이어지고, 여기에 "내(臭)"가 결합된 말이다. 곧 "놀익"가 "놀이"로 변하고, 사이시옷이 자음접변에 의해 "ㄴ"소리로 변한 것을 연철한 것이다. 표준국어대사전에서는 이의 어원을 "노리-ㄴ-내"로 분석하고 있는데 이는 "놀잇내"가 "노린내"로 변한 과정은 줄이고, "노리다"라는 형용사를 전제로 한 관형형으로 본 것이다. "놀잇내"로 분석할 경우 "노리다"란 형용사의 어원은 "놀(獐)-이다(서술격 조사)"로 보게 된다.
　"노린내"의 의미는 한청문감에 "노린내 又 즈린내(臊)"라고 "즈린내(> 지린내)"를 의미하기도 하였고, 역어유해의 "노린내(臊氣)"처럼 "비릿한 기운"이 주된 뜻의 하나이기도 하였다. 이는 박통사언해의 "내 노린내롤 맛투니 아닛고오미 올라"와 같이 역겨운 냄새다.
　"노린내"의 유의어에는 "누린내"가 있다. 이는 "노린내"보다 어감이 큰 것을 나타낸다. 유음어 "누른내"는 의미가 다른 말로, 이는 "눋다(燋)"를 어원으로 하는 말이다. 이는 "눋는 냄새", 곧 "타는 냄새"를 뜻한다. "노린내"는 "노루의 냄새"로 그 어원을 달리하는 말이다.

(2021.10.5.)

"눈살·콧살"의 정체와 어원

"살"의 주된 뜻은 "육질(肉質)"을 의미한다. 그런데 이 "살"은 "고기"와 동의어로 쓰인다. 이때 "살"은 생물의 객관적인 육질을 의미하고, "고기"는 식용과 관련된다는 것이 다르다.

다음에는 "살"이 붙는 말로, 그 어원이 아리송한 말을 살펴보기로 한다. 먼저 "눈살·콧살·이맛살"의 어원을 살펴보기로 한다. 이들의 사전풀이는 다음과 같이 되어 있다.

> 눈살: 두 눈썹 사이에 잡히는 주름
> 콧살: 기분이 나쁘거나 아파서 코를 찡그릴 때 주름이 생기는 부분
> 이맛살: ① 이마에 잡힌 주름살 ② 이마의 살

이들 복합어에 쓰인 "살"은 살(肉)인가, 아니면 주름인가? "눈살"은 "주름", "콧살"은 "주름이 생기는 부분"으로 달리 풀이되어 구별이 제대로 되지 않는다. 이에 대해 "이맛살"은 "주름"과 "살"의 두 가지 의미로 풀이되어 있다. 그런가 하면 표준국어대사전은 "살"이란 동음이의의 표제어를 여섯 가지 제시하고 있다. 그러면서 "눈살, 이맛살"에 해당한 풀이를 "주름"을 다룬 "살2"에서 하고 있다. "살(肉)1"과 "살2"는 다른 말이다. 따라서 표준국어대사전은 "눈살" 등의 "살"을 "육(肉)"을 의미하는 "살"과는 다른 말로 보는 셈이다. "이맛살"의 풀이에서는 "주름"과 "살(肉)"을 함께 다루고 있다. 따라

서 이들은 모순된다. "눈살" 등의 "살"은 "육(肉)"을 주의(主義)로 하고, 여기서 "주름"의 뜻이 파생된 것이라 보아야 한다. 인접(隣接)에 의한 의미 변화로 보는 것이다. "주름"을 뜻하는 대표적인 말로는 "구김살·주름살"이 있다. "육질"의 의미의 말로는 "갈매기살·멱살"이 있다. 이들의 사전의 풀이는 다음과 같다.

* 구김살: 구겨져서 생긴 잔금.
  주름살: ① 얼굴 피부가 노화하여 생긴 잔줄.
         ② 옷이나 종이 따위에 주름이 잡힌 금.
* 갈매기살: 돼지의 가로막 부위에 있는 살.
  멱살: 사람의 멱 부분의 살. 또는 그 부분.

"살2"의 또 하나의 뜻은 "햇볕·불, 또는 흐르는 물 따위의 내비치는 기운"을 의미하기도 한다는 것이다. "볕살·빗살(光線)·햇살·물살"과 같은 말이 그 것이다. 이밖에 "살"은 "화살"과 동의어로 쓰인다. 이의 용례는 속담에서 많이 볼 수 있는데, "살은 쏘고 주워도 말은 하고 못 줍는다", "쏜 살 같다", "조조(曹操)의 살이 조조를 쏜다" 등이 그것이다. "화살"은 "활(弓)-살(矢)"로 분석될 수 있는 말이다. "활-살"이 "화-살"이 된 것은 활"의 "ㄹ"받침이 "ㅅ" 앞에서 "ㄹ"이 탈락된 예이다.

끝으로 덧붙일 것은 몹시 피로하여 일어나는 병을 "몸살"이라 하는데, 이를 표준국어대사전은 단일어로 보고 있다. 그러나 "몸"이 자립형태소이므로 그렇게 볼 수는 없다. "몸"에 "병"을 뜻하는 "살"을 인정하는 것이 바람직할 것이다. "몸살"의 예는 또 "젖몸살"이 있다.   (2021.5.3.)

"달무리"와 "햇무리"의 어원

달 주변에 둥그렇게 생기는 허여스름한 테를 "달무리"라 한다. 이는 한 폭의 수묵화처럼 어스름한 정취를 자아낸다. 木月은 이러한 달무리를 읊은 시를 몇 편 보여 준다. "달무리"라는 시는 다음과 같이 되어 있다.

> 달무리 뜨는/ 달무리 뜨는/
> 외줄기 길을/ 홀로 가노라/ 나 홀로 가노라

구름에 달 가듯이 시인은 달무리진 밤, 홀로 길을 가고 있다. 그러나 외로 워 보이지 않는다. 달을 동무 삼아 끝없는 대화를 나누며 걷고 있을 것이다. "달무리"란 말의 어원은 무엇일까? 옛말로는 "둘모로"라 하였다. 훈몽자 회의 "暈 모로 운. 日暈 힛모로 月暈 둘모로 日月旁氣"가 그것이다. 역어유해 에도 "月暈 둘모로"가 보인다. "무리"는 "모로"가 변한 말이다. "暈"을 "모 로"로 새긴다. 훈몽자회의 "모로 운(暈)"이 그것이다. 이렇게 "모로"는 훈(暈) 의 새김으로 쓰이고 있다. 그러면 暈의 자원(字源)은 어떻게 되었는가? 이는 형성자로, 日과 돌리다를 뜻하는 軍으로 이루어져, 해와 달의 주위를 감싸는 관을 의미한다. 따라서 "모로"는 해와 달 주변을 둘러 싸고 있는, 빛의 테라 할 수 있다. 우리의 국어사전이 "무리"에 대해 "구름이 태양이나 달의 표면 을 가릴 때, 태양이나 달의 둘레에 생기는 불그스름한 빛의 둥근 테. =광관 (光冠), 광환(光環)"이라 풀이하고 있는 것은 이러한 맥락에서의 풀이라 하겠다.

이 "무리"는 대기 가운데 떠 있는 물방울에 의한 빛의 굴절이나 반사 때문에 생겨난다. "광관(光冠)"과 "광환(光環)"은 근대에 들어서 천문학 용어로 만든 신어이다. 훈(暈)은 동양화에서 바림(暈瀚), 또는 선염(渲染, 번짐법)의 의미도 지닌다. 달무리의 시취(詩趣)는 공연한 것이 아니라 하겠다.

"달무리"와 더불어 해 주변에 생기는 무리를 "햇무리"라 한다. 이는 훈몽자회의 풀이에서 이미 드러난 바와 같이 고어에서는 "햇모로"라 하였다. 역어유해에는 "日暈 해ㅅ모로"가, 동문유해에는 "日暈 히ㅅ모로 ㅎ다"란 용례가 보인다. 그리고 역어유해에 "日環 히ㅅ귀엣골"이란 용례가 보이는데, 이것 역시 햇무리(日暈)를 의미하는 말이다. 이는 "햇귀에의 고리"라는 말로, 광환(光環)을 의미한다. "햇귀"는 해가 처음 솟을 때의 빛을 의미하는 말로, 훈몽자회에 "힛귀 욱(旭)", 남명집언해에 "더운 힛귀 잇고(炎暉)"의 용례가 그것이다.

"햇무리"의 현대 용례를 시에서 보면 오탁번의 "마흔아홉의 까마귀에"에 다음과 같은 싯귀가 보인다.

손이 따뜻한 어린 간호원이/ 청량리 쪽 아침 해무리 가리킨다/
너무 너무 곱지요?/ 아침 노을이 멋있죠?

"달무리"와 "햇무리"는 한어로는 "월훈(月暈)", 또는 "일훈(日暈)"이라 한다. 일본어로는 "게쓰운(月暈)·니치운(日暈)"이라 하는 외에 "쓰키가사·히가사"라 한다. "가사"란 "관(冠)"을 의미하는 말로, 주위를 감싼 햇빛을 이렇게 표현한 것이다. 이는 "광관(光冠)"의 "관(冠)"과 발상을 같이 하는 말이다.   (2022.2.9.)

"덤"과 "에누리"의 어원

현재의 아내가 <u>덤받이</u>로 데려왔던 둘째딸 명희는 인물은 볼 거 없어도 큰 키에 몸매가 보기 드물게 균형잡힌 여자였다. <조동수, 토인부락>

시장에서 과일이라도 사게 되면 인심 좋은 장수는 한 두개를 더 얹어 준다. 이를 우리는 "덤"이라 한다. 이 "덤"이란 어떻게 된 말인가? 그 어원은 무엇인가?

"덤"의 옛말은 "더음"이라 하였다. 동문유해의 "더음(補錠)"과 한청문감의 "더음 又 우넘기(貼頭)"가 그것이다. 이는 "더하다(增)"를 뜻하는 고어 "더으다"에서 파생된 명사이다. 어간 "더으-"에 접사 "ㅁ"이 결합된 것이다. 그리고 "덤"은 이 "더음"이 축약된 말이다. "더하다"를 뜻하는 말은 "더으다" 이전에 "더ᄒ다"가 있었고, 이것이 "더ᄒ다"를 거쳐 "더으다"가 된 것이다. "더ᄒ다"의 용례는 월인석보, 월인천강지곡 등에 보인다. 월인석보의 예를 보면 "ᄒᆡᆼ뎌글 더ᄒ야 聖人ㅅ 지위에 들리라"가 그것이다.

"더음"은 언더우드의 한영ᄌᆞ뎐(1890)에 표제어로 나와 있고, 이광수의 "사랑(1930)"에도 용례가 보인다. 그러나 이는 오늘날 "더음" 아닌 "덤"을 표준어로 본다. 서두에 제시한 예문의 "덤받이"는 "덤"의 예이고, 이광수의 "사랑(1939)"은 "더음"의 예이다. "덤바디"는 "전 남편에게서 배거나 낳아서 데리고 들어온 자식"을 말한다.

"누가 두 귀밑이 허연 영감한테루 간담. 게다가 전실 자식이 셋씩이나 있구. 게다가 <u>더읍받이</u> 애인이 있구. 하하하하." <이광수, 사랑>

다음에는 더하기도 하고 줄이기도 하는 것을 뜻하는 말, "에누리"의 어원을 살펴보기로 한다. 이 말은 그 형태가 일본어의 냄새가 난다. 그러나 그렇지는 않다. 이는 순수한 고유어이다. 옛 기록에 "에누리"의 용례는 보이지 않는다. 이는 "에노리"가 변화한 말로 보이며, 또한 "에(刻)-놀(遊)-이(접사)"로 분석될 것으로 보인다. "에"는 도려내듯 베다를 뜻하는 "에다"의 어간이다. 이 말은 "어히다(刻)> 어이다> 에다"로 변화하였다. "어히다"의 용례로는 15세기의 금강경삼가해에 "빈 어혀 갈 어두미며(刻舟求劍)"가 보인다.

"놀"은 "놀다(遊)"의 어간이며, "이"는 명사를 만들어 주는 접사이다. 따라서 "놀이"는 노는 것을 의미한다. 여기서의 "놀다(遊)"는 기본적인 의미 "놀이나 재미있는 일을 하며 즐겁게 지내다"를 뜻한다. 따라서 "에놀이"는 "더 받겠다느니 값을 깎겠다느니 하며 논다"는 것이 주된 의미이고, 그런 수작을 "에놀이"라 한 것이다. 다른 뜻은 "놀이"를 확장된 뜻으로 보는 것이다. "노릇"은 "놀다"에서 파생된 명사이다. 이는 일부 명사에 붙어 어떤 구실을 나타낸다. "임금 노릇, 장군 노릇"의 노릇이 그것이다. 이렇게 "에-놀이"는 "가격을 증감하는 구실, 역할"을 의미하는 것으로 볼 수 있다.

이는 또 다른 해석도 가능하다. 우리말에 "돈놀이"라는 말이 있는데, 이는 남에게 돈을 빌려 주고 이자를 받는 일을 의미한다. 달리 "변놀이"라고도 한다. "빚놀이"라고도 한다. 돈을 시장(死藏)하는 것이 아니라 "돈을 놀리"는 것이다. "돈을 활용하는 것"이다. 곧 "에놀이"의 "놀이"는 "활용(活用)"을 의미한다. "가격을 증감하는 동작의 활용"을 의미한다. 이렇게 "에누리"는 "놀다"의 다양한 의미가 녹아 있는 말이라 하겠다.

그리고 여기 덧붙일 것은 "어히다"는 그 어간이 축약되어 "엏"로 실현되어 여러 파생명사를 만들어내기도 한다는 것이다. 그 중 대표적인 것은 수표

(手票)를 의미하는 "어음"이 "어험> 어흠> 어음"이란 변화과정을 통해 만들어지고, 결순(缺脣)을 의미하는 "언청이"가 "엏-뎡이> 어청이> 언청이"란 변화과정을 통해 생성된다는 것이다. 이는 어음(手票)이나, 언청이(缺脣)가 다 "어히다(刻)"란 동사와 인과관계가 있는 말이기 때문에 이러한 명사가 생겨났다. "어음"은 또 줄어 "엄"이 되어 어음을 적은 종이 "엄지"와, 어음을 나눈 한 쪽을 의미하는 "엄쪽"이란 말을 새로 생산해 내기도 한다. 이들 고어의 예로는 신증유합의 "어험 계(契)", 역어유해의 "엏뎡이(豁脣子)", 동문유해와 한청문감의 "언청이(豁脣)" 등이 보인다.   (2022.1.24.)

"데릴사위"의 어원과 문화

"내쫓는다? 제기 아니꼬워 데릴사위 노릇 못하겠군." <홍명희, 林巨正>

결혼제도의 하나에 예서제(豫壻制)라는 것이 있다. 이는 딸을 시집으로 보내지 않고, 나이 어린 사내아이를 미리 데려다가 길러서 사위를 삼거나, 또는 데리고 있기로 하고 사위를 삼는 제도를 말한다. 이의 대가 되는 제도가 민며느리제, 곧 예부제(豫婦制)이다.

예서제의 재미있는 용례가 하나 김유정의 "봄봄"에 보인다.

> 우리 장인님 딸이 셋이 있는데 맏딸은 재작년 가을에 시집을 갔다. 정말은 시집을 간 것이 아니라, 그 딸도 데릴사위를 해 가지고 있다가 내보냈다. 그런데 딸이 열 살 때부터 열아홉, 즉 십년 동안에 데릴사위를 갈아들이기를, 동리에선 사위 부자라고 이름이 났지마는 열 놈이란 참 너무 많다. 장인님이 아들은 없고 딸만 있는 고로 그 담 딸을 데릴사위를 해 올 때까지는 부려 먹지 않으면 안 된다. 물론 머슴을 두면 좋겠지만 그건 돈이 드니까. 일 잘하는 놈을 고르느라고 연방 바뀌었다.

우리의 예서제는 고구려-고려-조선조에 이어진다. 그러나 고려시대에는 이름이 좋아 예서지이지 이미 봉사혼(奉仕婚) 제도로 바뀌었다(박갑수, 2021). 그러면 "데릴사위"의 어원은 어떻게 되는가? 이는 "데릴-사위"로 분석되는 말이나, 고어에서는 역어유해, 동문유해, 한청문감 등에 보이는 바와 같이 "ᄃ린-사회"라 하였다. "贅壻 ᄃ린사회"가 그것이다. 이는 "ᄃ린-사회(壻)"로 분석된다. "ᄃ린"은 "ᄃ리다"의 관형형으로, "ᄃ리다"는 오늘날의 "데리다"에 해당한 말이다. "데리다"는 사전에서 "아랫사람이나 동물 따위를 자기 몸 가까이 있게 하다"로 풀이하고 있다. 그러나 이의 주된 의미는 "거느리다(率)"에 있다 할 것이다. "사회"는 물론 "ㅎ"이 약화되어 "사위"가 된 말로, "사위"의 어원이 되는 말이다. 따라서 "ᄃ린-사회"란 "데리고 온 사위", 또는 "데리고 있는 사위"란 의미를 지니는 말이라 하겠다. 다음에 "ᄃ리다"의 용례를 몇 개 보기로 한다.

> 네 사ᄅᆞᆷ ᄃ리샤 기ᄅᆞᆺ말 밧기시니(遂率四人按轡而行) <용비어천가, 제58장>
> 나ᄅᆞᆯ ᄃ려 耆婆王ᄋᆞᆯ 뵈ᅀᆞᄫᅩᆯ 제(携我謁耆婆天) <능엄경언해>
> 삿기ᄅᆞᆯ ᄃ려(挾子) <두시언해>

"사회"의 용례는 중세국어에서 근세국어에 이르기까지 일반적으로 나타나는 형태다. 이밖에 "싸회, 사휘" 등의 이형태도 보인다.

> 사회 녀기셔 며느리 녁 지블 혼이라 니ᄅᆞ고 <석보상절>
> 사회 셔(壻) <훈몽자회>
> 사회(女壻) <동문유해>, <한청문감>

끝으로 "민며느리"에 대해 한두 마디 덧붙이기로 한다. 이의 고어 형태는 "민며느리·민며ᄂᆞ리"로 나타난다. 역어유해의 "豚養媳婦 민며느리", 한청문감의 "童養媳婦 민며ᄂᆞ리"가 그 예이다. "민"은 "미리(豫)"를 뜻하는 관형어로, 미리 며느리로 정한 사람이란 뜻을 나타낸다.   (2021.12.25.)

"동곳을 빼다"와 "뽐내다"의 어원

재봉이는 그 이상 깊이 들어가서 완전히 설명할 자신이 없어 이내 <u>동곳을
빼고</u> 만다.

위의 글은 채만식의 소설 "탁류"의 일절이다. 여기에 쓰인 "동곳을 빼다"
란 관용어로, 힘이 모자라서 복종하거나 항복하는 것을 비유적으로 나타내
는 말이다. 이 말이 이러한 뜻을 나타내는 것은 "동곳"의 의미부터 알아보아
야 한다.

"동곳"이란 지난날 상투를 튼 뒤에 그것이 풀어지지 않게 꽂는 물건이다.
이는 금·은·옥·산호·밀화·나무 등으로 만들었으며, 대가리는 반구형(半球形)
이고, 끝은 뾰족하게 생긴 것이었다. 이기영의 "봄"에는 "새로 산 산호
<u>동곳</u>을 꽂고 망건을 씌운 후에 새 옷을 갈아 입고…"라는 용례가 보인다.

지난날 우리는 남에게 항복한다, 복종한다는 뜻을 나타낼 때 남자의 상징
인 상투를 풀고 산발(散髮)을 하였다. 산발을 하자면 동곳부터 빼야 한다. 이
에 "동곳을 빼다"가 "복종하다"를 의미하게 되었다. 사극을 보면 지난날의
죄수들은 모두 산발을 하고 있는 것을 보게 되는데, 이도 "동곳을 빼는 것"과
무관하지 않을 것이다.

고어에서의 "동곳"의 용례는 훈몽자회에 "동곳 비(鎞)"가 보이고, 역어유
해보에 "串子 동곳"이 보인다. 이렇게 "동곳"은 고어에서도 "동곳"이라 하였
다. 그렇다면 "동곳"을 꽂는 "상투"란 어떻게 된 말인가? 이는 16세기의 문

헌에 "샹토", 또는 "샹투"로 나타나는데, 이는 근대 한음 "shangtou"를 반영하고 있는 것이다. 이의 용례는 다음과 같다.

　髻 샹투 계 <훈몽자회>
　縱: 검은 깁으로 머리 털을 빠 샹토홈이라 <소학언해>

　중국에서의 "上頭"는 계관(笄冠)과 가관(加冠)을 뜻하고, 처녀인 창기(娼妓)가 처음으로 손님과 관계를 맺는 것 등을 의미한다. 이는 우리말에서 "머리를 올리다"의 의미를 나타내는 것과 같다. 창녀의 첫 천침(薦寢)의 의미는 위항총담(委巷叢談) 등에 용례가 보인다(娼女初薦寢於人 亦曰上頭). 모로바시(諸橋)에는 "상투"의 예는 보이지 않는다. "상두(上頭)"는 한국한자어라 본다.

　다음에는 자신의 능력을 자랑하거나, 우쭐대는 것을 뜻하는 "뽐내다"의 어원을 살펴보기로 한다. 이는 앞에서 살펴본 "동곳을 빼다"의 "빼다"와 관련이 있는 말이기 때문이다. "동곳을 빼다"의 "빼다"는 "빠히다"가 변한 말이다. 이는 인출(引出)을 의미한다. "뽐내다"는 "뽑다"와 "내다"가 결합된 복합어로, "뽑-내다"가 변한 말이다. "내다"는 물론 "나다(出)"의 사동사이다. 이의 용례는 동문유해와 역어유해보 등에 "풀 쏍내다(攘臂)"가 보인다.

　"뽑내다"는 "발출(拔出)", 곧 골라 뽑는 것, 달리 말하면 "선발(選拔)"을 의미한다. 따라서 골라 뽑아낸 것이니, 우수한 것이겠고, 나아가 자랑할 만한 것이라 하겠다. "뽑내다"가 "뽐내다"로 변하는 것은 일종의 동화현상으로 비음화현상이 일어난 것이다. "뽐내다"의 용례는 윤흥길의 "완장"에 "아가씨들 앞에서 용기를 <u>뽐내면서</u> 청년들은 코웃음을 쳤다."가 보인다.　(2022.2.2.)

"돛대"와 "돛단배"의 어원

　　나모도 바히돌도 업슨 뫼헤 매게 쪼친 가토릐 안과

　　大川바다 한가온대 一千石 시른 빈에 노도 일코 닷도 일코 뇽총도 근코 돛
대도 것고 치도 빠지고 브람 부러 물결치고 안개 뒤섯계 주자진 날에 갈 길은
千里萬里 나믄듸 四面이 거머어득 져뭇 天地寂寞 가치노을 쩟눈듸 水賊 만난
都沙工의 안과

　　엊그제 님 여흰 내 안히야 엇다가 フ을 호리오

　　청구영언에 보이는 무명씨의 시조다. 님을 여흰 마음이 어디 비교할 수
없을 정도로 망연함을 읊은 것이다. 여기에는 "돛대도 꺾이고"란 의미의 "돛
대도 것고"란 말이 쓰이고 있다. "돛대"란 "돛대(檣)"란 말이다. "돛대"나 "돛
단배"의 어원은 "돗대"와 "돗단배"에 거슬러 올라간다. 그러면 "돗대"와 "돗
단배"의 어원은 무엇인가? 문제가 되는 것은 "돗"이다.

　　"돗"은 현대어의 "돛"이다. "돛"은 배 바닥에 세운 기둥에 매어 펴서 올리
고 내리고 하도록 만든 넓은 천을 말한다. 이는 바람을 받아 배를 가게 하는
구실을 한다. "돛단배", 혹은 "돛배"는 한자말로 "범선(帆船)"이라 한다. "범
(帆)"자는 "돛 범(帆)"자이다. 이의 자원(字源)은 천을 나타내는 건(巾)과 바람
풍(風)자의 생략형인 범(凡)자로 이루어진 형성자다. 바람을 받기 위한 천, 나
아가 "돛"을 의미하는 말이다.

　　"돛단배"는 돛을 단 배라는 말이다. 이는 줄여 "돛배"라고도 한다. 이문재

의 "검은 돛배"에 쓰인 "돛배"가 그것이다. 시구(詩句)는 "먼지/ 나는 길에 떠 있는 돛배 아지랑이라도/ 지나가는가"라고 읊고 있다.

"돛"의 옛말은 "돗", "돍"으로 나타난다. 이의 용례를 보면 다음과 같다.

* 빗돗 マ을히로다(帆秋) <두시언해>
  빗 돗대(桅竿) <역어유해>
* 帆은 비옛 돗기라 <금강경삼가해>
  훈 돗マ로 洞庭湖롤 느라 디나라= 一帆飛過洞庭湖호라 <남명집>

"돛"은 "범(帆)"자의 자원이 밝혀 주듯 피륙, 곧 천으로 이루어져 있다. 우리의 대중가요에 보이는 "황포(黃布) 돛대"나, 바람을 담뿍 먹은 하얀 천의 범선(帆船)이 그 예다. 그러나 돛은 천만으로 이루어지는 것이 아니다. 지난날의 돛은 거적으로 이루어지기도 하고, 포석(蒲席)·포천(蒲薦), 죽석(竹席·簟)과 같은 돗자리, 양석(凉席)으로 이루어지기도 하였다. 본초강목(本草綱目)의 유장초괘범석(維長綃挂帆席)은 이러한 저간의 사정을 말해준다. 그리하여 돛(帆)은 "돗자리"의 "돗"이 전용되었다. 옛 문헌에는 "돛"이 "돗, 돍"으로 쓰였다. 이는 "돗 석(席)"과 동음이의(同音異義)의 말이란 의미가 아니라, "돗 석(席)"이 "돛"을 의미하는 "돗(帆)"으로 전용된 것임을 의미한다. "돛"은 "돗 석(席)"의 "돗"이 전용된 말이다. 그리고 "돗"이 "돛"으로 형태적 변화를 한 것이다.

끝으로 "돛대"와 "돛단배"의 구조에 대해 살펴보기로 한다. "돛대"는 "돛(<돗)-대"의 복합어이다. "대"는 가늘고 긴 막대를 이르는 말이다. "깃대, 장대, 횃대"의 "대"가 그것이다. 이에 대해 "돛단배"는 "돛(<돗)-단('달다'의 관형형: 懸)-배(船)"가 복합된 말이다. "돛을 단 배", 곧 범선(帆船)을 의미한다. 동요의 "돛대도 아니 달고 삿대도 없이 가기도 잘도 간다 서쪽 나라로"의 "돛대"가 그것이다.

(2021.11.24.)

"두절개"와 "대보름"의 문화

요즘 문화가 많이 바뀌고 있다. 전에는 보지 못하던 "반려견", "애완묘(猫)"라며 동식물을 반려자로, 애완 동식물로 기르는 문화가 새로 생겨났다.

"두절개"라는 좀 생소한 명사가 있다. 이는 "두 절 개 같다"는 속담을 떠올리면 이 말의의 개념이 희미하게는 떠오를 것이다. 이는 "두 절(兩寺) 개 같다"라는 속담을 어원으로 하는 말이다. 따라서 "두절개"를 살피기 위해서는 "두 절 개 같다"는 속담부터 살펴보아야 한다.

"두 절 개 같다"는 속담은 개가 두 절에 속해 있어 이 절로 가면 저쪽 절에서, 저 절로 가면 이쪽 절에서 얻어먹었겠거니 하고 밥을 주지 않아 결국은 얻어먹지 못하고 굶는다는 뜻을 나타내는 말이다. 그래서 이는 첫째, 돌보아 주는 사람이 많으면 도리어 도움을 받지 못한다는 뜻을 나타내고, 둘째 사람이 마음씨가 굳지 못하면 갈팡질팡하다가 마침내 아무 일도 이루지 못한다는 뜻을 나타낸다.

송남잡지(松南雜識)에는 "상하사불급(上下寺不及)"이란 표제 아래 이 속담의 배경이 소개되고 있다. 충주(忠州)에 상사(上寺)와 하사(下寺)가 있는데, 개 한 마리를 길렀다. 그래서 개가 아랫 절로 내려오거나, 윗 절로 올라가면 서로 다른 절에서 먹이를 주었겠거니 하고 먹이를 주지 않았다. 그래서 마침내 개는 아무것도 먹지 못했다는 것이다. 그래서 주인이 많은 손이 두 절의 개를 탄식하게 되었다 한다. 곧 "주인 많은 나그네 밥 굶는다"는 또 다른 속담이 만들어졌다고 한다.

"두절개"는 이러한 속담을 배경으로 하여 생겨난 말이다. 그래서 이는 "두 절로 얻어먹으러 다니던 개가 두 절에서 모두 얻어먹지 못하였다는 뜻으로, 두 가지 일을 해나가다가 한 가지 일도 제대로 이루지 못한다."는 것을 비유적으로 나타낸다. 섣불리 두 가지 일을 경영하지 말 일이다.

중국이나 일본에서는 우리의 경우와는 달리 "상가지구(喪家之狗)", 곧 상가의 개가 이렇게 밥을 얻어먹지 못한다는 것을 나타낸다. 이는 주인이 많아서가 아니라 상중이라 슬픈 나머지 개에게 신경을 쓰지 못해 굶주려, 개가마르고 쇠약해졌다는 뜻으로, 사람이 심히 굶주려 있는 상태를 비유적으로 나타낸다. 이는 사기(史記) 공자세가(孔子世家) 등에 보이는데 공자(孔子)가 찾은 정(鄭)이란 사람이 공자를 평한 말에 보인다. "그의 턱은 옛 성군 요(堯)와 같고, 목은 옛 현인 고도(皐陶) 같고, 어깨는 정(鄭)나라 대신 자산(子産)과 닮았다. 허리 아래는 성군 우왕에 미치지 못함이 겨우 삼촌(三寸)이고, 그의 피로한 모습은 마치 상가의 개(喪家之狗) 같았다"고 한 것이 그것이다. 중국이나 일본에서는 이 정 씨의 "상가지구"란 말이 일반화한 것이다.

우리말에는 "두절개"나, "두 절 개 같다"는 말과는 달리, 개의 굶주림을 나타내는 말에 "개 보름 쇠듯"이란 속담의 문화도 있다. 이는 명절이나 잘먹고 지내야 할 때에 먹지 못하고 지내거나, 굶어서 배가 고프다는 것을 비유적으로 나타내는 속담이다. 우리나라 풍속에 정월 보름(上元)에 개에게 음식을 먹이면 여름에 파리가 성한다고 하여, 개를 매어 두고 일체 음식을 주지 않았다. 그래서 정월 대보름날 개는 명절인데도 굶게 마련이었다. 이렇게 우리는 정월 보름에 개를 굶기는 문화가 있었다. 이런 문화가 빚어낸 속담이 "개 보름 쇠듯"이고, "상원의 개 같다"요, "상원견(上元犬)"이란 말이다.

"두절개"는 "두 절 개 같다"를 어원으로 하는 말로, 주인이 여럿일 때 일이 제대로 이루어지지 않음을 나타내는 말이다. 이에 대해 "개 보름 쇠듯"은 이와는 다른 문화, 민속을 반영하는 말이다. "상가지구"는 굶주려 피로한 모습을 나타내는 말로, 공자의 고사와 관련된 말이다. (2021.12.29.)

"마을"은 촌(村)과 관서(官署)의 두 말

고대의 3대문명의 발상지는 다 큰 강 유역에 있다. 중동의 유프라테스 강, 인도의 인더스 강, 중국의 황화 유역이 그것이다. 생물은 물이 있어야 살 수 있기 때문에 사람들은 강가나, 물이 흐르는 골짜기를 중심으로 마을을 형성하고 살았다.

15세기의 우리말에는 "마술"과 "ᄆᆞ술"이란 유음(類音)의 두 단어가 있었다. "마술"은 관서(官署)를 뜻하고, "ᄆᆞ술"은 마을(村)을 뜻하는 말이다. 그런데 사서(辭書)들이나 연구자들은 이를 분명히 구별하고 있지 않다. 이들은 각각 "마올"과 "ᄆᆞ올"로 변한 뒤에도 그 의미가 구별되었다. 그런데 일부 사전은 "마술·마올"을 "관부(官府)·관서(官署)"와 "마을(村落)"을 의미하는 말이라 동일시하고 있다. "마술·마올"은 관서(官署)를 뜻하는 말로, "마을(村)"의 뜻으로는 원칙적으로 쓰이지 않았다. "마을(村)"의 뜻으로는 유음어라 할 "ᄆᆞ술·ᄆᆞ올"이 쓰였다. 따라서 후대의 변음에 의한 의미충돌은 별개의 표제어로 처리했어야 했다. "마올"계과 "마술"계의 예를 두어 개씩 보면 다음과 같다.

    * 마술: 일즉 마ᅀᆞ래 브텻디 아니ᄒᆞ고(未曾寄官曹) <두시언해>

     마올: 일즉 자 안히며 마올애 들어가디 아니ᄒᆞ고(未嘗入城府) <소학언해>

    * ᄆᆞ술: 나모 지는 놀애는 져기 ᄆᆞ술ᄒᆞ로 나오놋다(樵歌稍出村) <두시언해>

ᄆᆞ올: 향 ᄆᆞ올히 도라가(歸鄕里) <소학언해>

이렇게 구별되었다. 그런데 이 말이 뒤에 "·"음의 소실로 같이 "마을"이
되며, 관서(官署)를 의미하는 말과 촌락(村落)을 의미하는 말이 변별성을 상실
하게 되었다. 따라서 "마을"은 관서(官署)와 촌락(村落)을 아울러 이르는 다의
어가 되었다. 이들은 본래부터 같은 말이 아니었다.

관서를 이르는 "마ᄉᆞᆯ"은 "마알"을 거쳐 "마을(官署)"로 변하였고, 촌락을
이르는 "ᄆᆞᄉᆞᆯ"은 "ᄆᆞ올"을 거쳐 "마을"로 변하였다. 오늘날 "마을(村落)"은
"말", "마"로까지 축약된 형태를 보여 준다. "아랫말, 윗말, 아랫마, 윗마"라
할 뿐 아니라, 지명으로 굳어 있기도 한다. 오늘날 "이웃에 놀러 가다"는
"마을(=말) 가다"라는 관용어가 되어 쓰이고 있다. 그런데 지난날에는 "관청
에 출근하다"라는 의미로도 쓰였다. 이는 "마ᄉᆞᆯ"이 "마을"로 바뀌는가 하면,
"ᄆᆞᄉᆞᆯ" 또한 "마을"로 바뀐 뒤에 나타나게 된 현상이다. "마ᄉᆞᆯ"과 "ᄆᆞᄉᆞᆯ"이
음운변화에 의해 동음어가 되므로, 다의성을 지니게 된 것이다.

방언에 "마을 간다"를 "마실(村) 간다"고도 한다. 이는 "ᄆᆞᄉᆞᆯ> ᄆᆞᄉᆞᆯ> ᄆᆞ
올> ᄆᆞ을> 마을"의 변화와는 달리 "ㅅ"이 유지된 형태라 하겠다. 이는 방언
에서 "ᄆᆞᄉᆞᆯ> 마슬> 마슬> 마실"로 변화한 형태라 할 것이다. 방언에 "마을
간다"를 "마실 간다"고 하는 것을 많이 들게 되었는데, "마실"의 전단계인
"마슬"은 홍명희릐 "林巨正"에도 보인다. "오늘 저녁에 마슬을 좀 가야 할
텐데."가 그것이다.

"마ᄉᆞᆯ"과 "ᄆᆞᄉᆞᆯ"은 관서와 촌락을 이르는 다른 말이었다. 관서(官署) 주변
에는 마을이 형성되게 한다. 이들은 이웃사촌인 말이다. 그런데 이들이 "·"
음의 소실로 동음어 "마을"이 되면서 의미충돌이 일어나게 되었다. 그리하
여 마침내 관서를 의미하는 "마을"은 사어가 되어 한자말로 바뀌고, 촌락을
의미하는 "마을"만 남게 되었다. 이것이 오늘의 언어현실이다.　　　(2021.3.12.)

"맏이"와 "아우"의 어원과 형태적 변화

형제가 여럿 있을 때 첫째를 "맏이"라 하고, 마지막을 "막내"라 한다. "막내"라는 말은 "막-나(出)-이"라 분석되고 있다.

물론 이렇게 풀이할 수도 있다. 그러나 "막내"가 분명히 마지막 "생산·출산"을 의미하는 말이고 보면, "막-나(出)-이"로 보기보다는 "막-낳(産)-이"로 보아야 한다. "막내"의 "내"를 "낳-이", "낳은 것"으로 보는 것이다. "낳이"가 "나이> 내"로 변한 것은 "낳다"의 종성 "ㅎ"이 약화·탈락한 것이다. 이는 "낳다(産)"의 "낳이"가 변화한 말이다. 피륙을 짜는 것을 "낳이"라 하고, "봄낳이·한산낳이"와 같은 말이 "봄나이·한산나이"가 되는 것도 이러한 예이다.

형제들 가운데 제일 손위인 사람은 "맏이"라 한다. 고어에서 "맏이(伯)"는 "묻"이라 하였다. "묻"은 Gale이나 Underwood의 "한영즈뎐"에는 "맛(昆)"으로 표기되어 있다. 오늘날의 "맏-이"는 "묻"에 접사 "이"가 붙은 "묻-이"가 "맏-이"로 변화된 형태이다. 이의 용례를 보면 다음과 같다.

> * 묻 分 일훔이 智積이러시니 <월인석보>
>
>   ᄆᆞ든 나히 열아홉이오 <소학언해>
>
> * 맛 昆 The eldest - among children <Gale>
>
>   맛 昆 The eldest <Underwood>

"묻"은 고어에서 "묻-아기, 묻-며느리, 묻-아들, 묻-오라비, 묻-자식, 묻-

형"과 같은 말이 쓰였다. 이밖에 초지(初地)의 "처음"이란 뜻으로 신증유합에 "몬- 뜯- 지(志)"라 쓰인 것도 볼 수 있다. 현대어에서 "맏"은 접사로 보며, 첫째, 친족 관계에서 "맏이"라는 의미를 나타내고, 둘째, "그 해에 처음 나온"의 뜻을 나타낸다. 둘째 뜻의 용례로는 "맏-나물, 맏-물, 맏-배" 따위가 있다. 이들의 용례를 하나씩 보면 다음과 같다.

> * 이미 처자가 있고 나이가 열한 살이나 맏인 제호와 윤희는 연애가 어울려서, 제호는 본처를 이혼하고, 윤희는 개업할 자금을 내어 놓고… <채만식, 탁류>
> * 무명에다 홍물감을 들여 도탑게 다듬잇살을 올린 댕긴 흡사 맏물 고추를 물려 놓은 것처럼 소박하고도 선연했다. <박완서, 미망>

우리는 같은 항렬의 사람을 나이에 따라 형(兄)과 아우(弟)라 한다. "형(兄)"이란 한자말로, 고유어를 일찍 소실한 것으로 보인다. "제(弟)"는 고유어로, 이의 옛말은 "앗·아ᅀᆞ"라 하였다. 이의 용례를 보면 다음과 같다.

> * 優樓頻羅 迦葉의 앗이라 <석보상절>
>   또 兄 주기고 앗올 사ᄅᆞ면 <내훈>
> * 아ᅀᆞ 兄弟 <훈민정음해례본>
>   어딘 아ᅀᆞᆫ 軍도오몰 雄壯히 ᄒᆞᄂᆞ다(슈弟雄軍佐)

"아우"란 "앗> 아ᅀᆞ> 아ᅌᆞ> 아우"로 변해 온 말이다. "아ᅀᆞ"는 "앗"이 접사 "ᄋᆞ"와 결합되며 "ᄉ> ᅀ"이 된 것이고, "아ᅌᆞ"는 "ᅀ> ᄋ"화한 것이다. "아ᅌᆞ"의 용례는 소학언해에 "太后의 아ᅌᆞ 오라비", 석봉천자문에 "아ᅌᆞ 뎨(弟)"가 보인다. "아우"의 고형은 오늘날에도 아우 보는 것을 뜻하는 "아수 본다"라는 방언에서 볼 수 있다.

"말뚝"과 "말목"의 어원

장터 마당에는 지푸라기와 휴지들이 널려 있었고, 장날이면 포장을 치기 위한 말뚝들도 여기저기 박혀 있었다. <김원일, 불의 제전>

사전에는 "말뚝"을 "땅에 두드려 박는 기둥이나 몽둥이"라고 풀이하고 있다. 이 풀이를 보면 그것이 꽤 굵고 클 것으로 생각된다. 그러나 위 소설의 "말뚝"처럼 작달막한 것도 있다. 그리고 이는 땅에 잘 들어가게 끝을 뾰족하게 다듬어 깎는다. 그래서 끝이 뾰족한 모양을 "말뚝"이라 하기도 한다. "말뚝댕기"나 "말뚝잠(簪)"의 "말뚝"은 끝이 뾰족한 삼각형의 댕기나, 말뚝 같이 생긴 비녀를 말한다.

"말뚝"은 "말"과 "둑"이 합성된 말이다. "말"은 다음의 "말목"에서 자세한 논의를 하겠지만 이를 한자로 보기도 하고, 고유어로 보기도 한다. 결론부터 말하면 이는 고유어로 보아야 한다. 이는 고어에서 "말", 또는 "말ㅎ"의 형태를 지니던 말이다. 고어의 용례를 보면 다음과 같다.

* 나모 버혀 말 박고 <두시언해>

　말 익(杙) <훈몽자회>

* 나귀 밀 말히라 ᄒᆞ야 ᄡᅳ디 몯 ᄒᆞ리라 <몽상법어>

　橛은 말히라 <능엄경언해>

이에 대해 "독"은 접미사이다. "말뚝"은 고어에서 "말독"과 "말쏙"의 예가 보인다. "말독"은 역어유해에 "믈 말독(馬椿子)"이, "말쏙"은 왜어유해에 "말쏙 말(抹)"의 예가 보인다. 이 "말독"이 "말둑"으로 변하고, 경음화하여 오늘의 "말뚝"이 된 것이다.

"말뚝"과 유의어라 할 말에 "말목"이 있다. "말목"의 사전 풀이는 "가늘게 다듬어 깎아서 무슨 표가 되도록 박는 나무토막 =말장"이라 하고 있다. 이 말이 "말뚝"의 뜻으로 쓰이는 것은 전남방언이라 본다. 그러나 언어현실은 오히려 이들을 동의어로 보고 있는 것 같다.

그런데 "말목"과 "말장"의 어종(語種)이 문제다 표준국어대사전은 "말목"의 표제어를 "말목(-木)"이라 하고 있고, "말장"도 "말장(-杖)"이라 하고 있다. 그런데 민중서관의 국어대사전(1997)이나 금성판 국어대사전(1991)은 이들의 표제어를 다 "말목(抹木)", "말장(抹杖)"이라 한자를 병기하고 있다. 그것도 "바를 말(抹)"자를 쓰고 있다. "말"은 이미 "말뚝"을 설명하며 밝힌 바와 같이 "ㅎ"말음을 지닌 고유어다. 표준국어대사전은 이를 감안하여 교정한 것이라 하겠다.

그렇다면 다른 사전에서 한자를 병기한 것은 어찌된 일인가? 그것은 종전에 한국한자어로 쓰였기 때문이다. "말목"은 "末木·末乙木·抹木" 등의 한자로 표기하였다. 조선성종실록에는 도로를 다스리고 교량을 만들기 위해 "지어장말목(至於長抹木)"이라고 "말목(抹木)"이 쓰인 것을 볼 수 있다. 이밖에 육전조례(六典條例)에 말목 감이란 의미로 "말목차(抹木次眞長木一百介)"라는 말이 쓰인 것도 볼 수 있다. 한자의 적용은 이러한 한국한자어를 습용한 것이라 하겠다. 그러니 잘못되었다고만은 할 수 없다. 이는 역사적 사실을 반영한 것이기 때문이다.

(2021.11.26.)

"모자라다"의 의미와 어원

우리말에 "모자라다"라는 동사가 있다. 이는 사전풀이에 의하면 두어 가지 의미를 지닌다. 그 하나는 "기준이 되는 양이나 정도에 미치지 못한다"는 것이고, 다른 하나는 "지능이 정상적인 사람에게 미치지 못한다"는 것이다. 이들의 예를 각각 소설 작품에서 보면 다음과 같은 것이 있다.

* 아이들이 나날이 커가거니 사실 두 애를 먹이기에 젖이 모자라기도 하였다. <염상섭, 부성애>
* 그는 좀 모자라는 사람처럼 히물 웃으며 천연덕스레 말했다. <김원일, 노을>

"모자라다"는 "못(不)-자라다(足)"를 그 어원으로 하기 때문에 이런 의미를 가지게 되었다. "못"은 설명할 것도 없는 부정 부사이다. 이는 "동사, 형용사 앞에 쓰여 그 용언이 나타내는 동작을 할 수 없거나, 어떤 상태에 미치지 않는다는 부정"의 뜻을 나타내는 말이다. "자라다"는 형용사로, 고어에서 "ᄌᆞ라다"라 하던 말이며, "족(足)하다"를 뜻하는 말이다. 이의 용례는 두시언해에 "프른 믌겨리 뻠겨 尺度ㅣ ᄌᆞ라도다(蒼波噴浸尺度足)"와, 노걸대언해에 "조브면 옷 지으매 ᄌᆞ라디 못ᄒᆞ여"가 보인다. 이런 두 개의 낱말이 결합하여 이는 "부족(不足)하다"란 부정의 의미를 지니게 된 말이다.

"모자라다"는 "못-자라다"의 복합어다. 부사 "못"의 "ㅅ"이 탈락되어 그 형태를 추정하기가 어렵게 되었다. 부사 "못"에는 동사나 형용사가 결합된 복합어가 몇 개 더 있다. 그러나 이렇게 "못"의 "ㅅ"이 탈락한 변형은 보이지 않는다. 혹 이는 매우 특이한 음운변화를 한 말이다. 방언 "모하다"와 관계가 있을는지 모른다.

"모자라다"와 같이 "못"과 복합된 동사로 유의어라 할 것에 "못하다"가 있다. 이는 부사 "못"에 동사 "하다"가 결합된 말이다. "못하다"는 동사와 형용사의 양쪽으로 쓰인다. 동사로 쓰일 때는 "일정한 수준에 미치지 못하거나 할 능력이 없다"를 나타낸다. "노래를 못한다"가 그 예다. 형용사로 쓰이는 경우는 "비교 대상에 미치지 못한다"거나, "아무리 적게 잡아도"의 의미를 나타낸다. "맛이 전보다 못하다"는 전자의 예이고, "못해도 80점은 될 것이다"는 후자의 예다. 그런데 "우리 애가 누구만 못해서…"의 경우는 "비교하여 부족"하다기 보다 "더 우수하다"는 의미를 나타낸다. 이는 "누구"라는 말이 "부정칭(不定稱)"의 의문 대명사이기 때문에 이런 의미를 지니는 것이라 할 수 있다. 곧 이중부정(二重否定)으로 긍정을 나타내는 경우라 하겠다.

"못"과 동사가 결합된 것으로 품사가 형용사로 바뀐 말은 "못하다" 외에도 더 있다. "못-나다, 못-되다, 못-살다, 못-생기다" 따위가 그것이다. "못나다"는 "① 얼굴이 잘나거나 예쁘지 않다, ② 능력이 모자라거나 어리석다"를 뜻하는 말로, "모자라다"의 유의어라 할 수 있는 말이다. "못되다"는 "① 성질이나 품행 따위가 좋지 않거나 고약하다, ② 일이 되지 않은 상태에 있다"를 의미한다. "못살다"는 "① 가난하게 살다, ② 성가시고 견디기 어렵게 하다"의 의미를 나타낸다. "못생기다"는 "못생겨서 미안해."란 조크처럼 "생김새가 보통 사람보다 못하다"를 뜻하는 말이다.

동사와 형용사는 넘나듦이 있다 이에 동사와 형용사를 구별하는 법을 제시하기로 한다. 동사에는 "-는"이 붙을 수 있는데, 형용사에는 "-는"이 붙을 수 없다. 형용사에는 "-는" 대신 "-(으)ㄴ"이 붙는다. "술을 못하는 사람"의 "못하는"은 동사이고, "맛이 예전보다 못한"의 "못한"은 형용사다.(2021.11.3.)

"뫼(飯)"와 "모이(飼)"의 상관관계

　최남선의 신자전(新字典)은 "목(牧)"자에 대해 "[목]畜養 기를 ○칠"이라 풀이하고 있다. 이는 오늘날의 玉篇도 마찬가지다. 그런데 훈몽자회에는 "牧 모실 목 指牧童 俗稱放牧"이라 풀이하고 있다. "牧"자는 방목(放牧)을 의미하는 말로, "모싀다"라 한다는 것이다. 이에 대해 유창돈의 고어사전은 "먹이다", 한글학회의 우리말 큰사전 4(옛말과 이두)는 "모이 주다, 기르다"라 풀이하고 있다.

　옛말 "모싀다"는 오늘날 남아 쓰이지도 않고, 변화된 말도 보여 주지 않는다. 따라서 그 풀이를 하기도 곤란할 것이다. 그래서 위의 고어사전들에서는 "먹이다", 또는 "모이 주다, 기르다"라 하고 있다. 훈몽자회의 설명이나, 사전의 풀이로 보아 우선 "기르다"로 풀이해 둔다.

　그런데 "모싀다"란 동사는 본래 "모싀다"가 아니고, "모시다"가 변음된 것이라 하겠다. 모음 사이에서 시옷이 반치음(△)으로 약화된 것이다. 그리고 이는 "모시(飼)"에 서술격 조사 "이다"가 붙어 "모시다"가 되고, 이것이 "모싀다"로 변음된 것이라 하겠다. 의미는 유창돈의 풀이처럼 "먹이다"에서 "기르다"는 의미로 확대된 것이다. 이렇게 해석해야 "모싀다"의 형태와 의미가 비로소 살아난다.

　이와 같은 해석을 하는 것은 단순히 "모싀다"의 형태와 의미만을 고려한 것이 아니다. 이는 또 다른 어휘 변화를 고려한 것이다. 그것은 "모시(飼)"의 의미 및 형태 변화다.

　"모시"는 한글학회의 사전 풀이처럼 "모이 주다"의 "모이"라는 좁은 의미의 사료를 의미하는 말이 아니다. 그렇게 되면 축양(畜養), 내지 방목(放牧)이 될 수 없다. 말·소·양·닭·개·돼지와 같은 칠축(七畜)을 기르자면 "모이" 아 닌, "먹이"를 주어야 한다. 따라서 "모싀다"는 "모이를 주다"가 아닌 "먹이를 주다"라는 의미가 돼야 하고, 이것이 나아가 "기르다"라는 의미로 확대되는 것으로 보아야 한다.

그리고 "먹이"를 의미하는 "모싀"는 밥, 진지를 의미하는 "뫼"를 어원으로 한다고 볼 수 있다. "모시"가 변한 말이 "모싀"이다. 그리고 이는 다시 "모이"로 변하고, 또 축약되어 "뫼"가 된다. "뫼"가 "진지"를 의미하는 용례는 다음과 같이 소학언해 등에 보인다.

文王이 혼번 뫼 자셔든 <소학언해>

饌믈은 고기며 싱션이며 麵이며 편이며 羹이며 뫼를 各 혼 그르스로써 호 디 <가례언해>

供飯 뫼들이다 供獻 祭物들이다 <역어유해>

그리고 "뫼"가 다시 "메"로 변한다. 이의 용례는 제사 때 신위 앞에 놓이는 밥을 "메"라 하거나, 궁중에서 밥을 "메"라 하는 데서 볼 수 있다. "모시(飼)"는 "뭉이"라는 형태로 고어에 나타나는 것도 볼 수 있다(동문유해·한청문감).

이상 밥을 의미하는 "뫼"와 사료를 의미하는 "모이"의 관계를 살펴보았 다. "모이"는 "모시>모싀>모이>뫼>메"로 변화한 말이다. 이는 "모이(飼)" 라는 좁은 의미의 말이 아니며, "먹이"를 의미한다. "먹이"를 의미하는 "모 싀"와 밥·진지를 의미하는 "뫼"나 "메"는 다른 말이 아니다. 이들은 어원을 같이 하는 말로, "뫼(飯)"는 "모싀"에 소급하는 말이라 하겠다.   (2022.1.8.)

"무드렁 사려"와 "신기료" 장수의 어원

전에는 행상(行商)이 많았다. 큰 가위를 철컥거리는 엿장수가 있었고, 딸랑 딸랑 요령을 흔드는 두부장수도 있었다. 이렇게 상징적인 기구를 사용하는 장수 외에 물론 소리를 높이 외치는 장수도 있었다. 찹쌀떡장수는 겨울 밤 "찹싸~ㄹ 떡"을 외쳤고, 무배추 장수는 김장철에 "무드렁 사려!"라 외쳤다.

엿장수의 가위 소리나 두부장수의 요령 소리를 들으면 뭐라 외치지 않더라도 엿장수나 두부장수가 왔다는 사실을 알고 당장 반응을 일으켰다. 그래서 "엿장수!", "두부장수!"하고 불렀다. 이러한 기구를 사용하지 않고 말로 외치는 경우에는 물론 알아듣고 반응을 일으킨다. 그런데 경우에 따라서는 그 말소리가 변하거나, 특수한 말을 써서 그 본래의 말뜻을 잘 알 수 없는 경우도 있다. 예를 들면 위에 예를 든 "무드렁 사려"나, 점을 치라는 "무에리 수에" 같은 말이 그러한 것이다. 이는 그가 어떤 장수라는 것은 알게 하나, 말뜻은 정확히 알 수 없다. 이에 이들 장수의 몇 개 외치는 말의 어원을 설펴보기로 한다.

"무드렁 사려"라는 말은 사전에 올라 있지 않다. 그러나 이는 얼마 전까지만 하여도 서울 거리에서 곧잘 들을 수 있는 말이었다. 이는 "배추나 무따위를 사겠느냐?"는 질문 형식의 표현으로, 사실은 이들을 "사시라"라는 권유의 말이었다. 이는 "무(蘿卜)- 드렁(等)- 사(買入)- 려(의문의 어미)"로 분석될 말이다. "무"는 "무 배추"의 "무(蘿卜)"이다. "드렁"은 복수를 나타내는 "들"의 변형으로, 여기서는 "무나 배추 등"의 "등"에 해당할 말이다. 이 "드

렁”은 김소운의 수필 “일본의 두 얼굴”을 통해 저간의 사정을 좀 더 잘 살필
수 있다.

> 첫새벽 베갯머리에 들려오는 삐걱삐걱하는 물지게 소리 “무드렁!”, “생선
> 비웃드렁!” 하는 장사꾼들의 외치는 소리…

“사려”는 “매입(買入)하겠느냐?”는 의문을 나타내는 말로, “사리오?”, 또는
“사려오”의 준말인 “사료” 또는 “사려”로, 이 말이 “사시오”라는 권유의 의
미를 나타내게 된 것이다. “사료”는 다음에 살펴볼 “신기료장수”나, “매죄료
장수”에서 자세히 논하게 된다.

“무에리수에”는 “장님 점쟁이가 거리로 다니며 점을 치라고 외치는 소리”
다. 이는 쉽게 말해 “문수(問數)하겠느냐, 문수하라?”의 뜻을 나타내는 말이
다. 그런데 이 말이 많이 변해 그 구체적인 표현은 알 수 없고, 다만 그런
말이라는 뜻만 나타내게 된 말이다. 이는 “무어라는 수(數)에(해당하는지 알아보
시라”는 말이 축약된 것이라 할 수 있다. 춘향전에서는 판수가 “문복하오”라
외치고 있는데, 서울 판수라면 “문수하오”라 한다고 하고 있다.

다음엔 “신기료장수”를 보기로 한다. “신기료장수”란 “헌 신을 꿰매어 고
치는 일을 직업으로 하는 사람”을 말한다. 요샛말로 하면 “신발수선공”쯤
될 말이다. 이들도 행상으로, “신기료?”라고 외치고 다녀 “신기료-장수”라
하였다. “신기료”는 “신(鞋)-기(補修)-리(접사)-오(의문 종결어미)”로 분석될 말
이다. “기”는 “기우다(補修)”의 생략형이고. “리”는 미래를 나태는 접사이며,
“오”는 의문의 종결어미다. 따라서 “신기료”는 “신발을 깁겠느냐?”고 외치
고 다니는 것이 된다. 그러면서 “신발을 기우라”고 권유하고 있는 것이다.

끝으로 “매죄료장수”를 보기로 한다. 이는 좀 생소한 말일 것이다. “매”는
곡식을 가는 기구인 목마(木磨)와 마석(磨石)을 아울러 이르는 말이다. 그리고
“매죄료 장수”는 “매의 닳은 이(齒)를 정으로 쪼아서 날카롭게 만드는 일을

업으로 하는 사람"이다. 이는 "매(磨石)- 죄(彫琢)-리(접사)- 오(의문 종결어미)"가 축약된 말이다. "죄"는 "쪼이다(彫琢)"를 뜻하는 말로, 고어에서는 "좃다(琢)"라 하던 말이다. 이 말이 피동사가 되며 "좃이다> 조싀다> 조이다> 죄다"가 된 말이다. "리오"는 앞에서 본 바와 같이 미래를 나타내는 의문종결어미이다. 따라서 "매죄료"는 "매를 쪼이겠느냐?"는 말이며, 나아가 "매를 쪼이시라"고 권하는 말이다.

이상 행상(行商)의 외는 소리의 어원을 몇 가지 살펴보았다. "무드렁사려"를 비롯하여 "무에리수에, 신기료, 매죄료" 등은 각각 질문을 통해 무·배추를 사라, 문수를 하라, 신을 기워라, 매를 죄라고 권유하는 말이다. 이들 청원, 내지 권유는 의문의 형식을 빈 일종의 완곡한 청유의 표현이라 하겠다.

(2022.2.17.)

"무자위"와 "자새"의 어원

물을 높은 곳으로 퍼 올리는 기계, 수차(水車)를 "무자위"라 한다. 그리고 새끼나 바 따위를 꼬거나, 실 따위를 감았다 풀었다 하도록 되어 있는 작은 얼개, 곧 양승기(揚繩機)를 "자새"라 한다. 이들에 쓰이고 있는 "자위"와 "자새"라는 말은 한마디로 같은 말이다. 그러면 그 왜 형태가 서로 다른가?

"무자위"는 고어에서 "무자의"라 하였다. 유희의 물명고에 보이는 "水車 무자의"가 그 예다. 이는 "무(水)-자의(汲器)"로 분석된다. "무"는 "물"이 "ㅈ" 앞에서 "ㄹ"이 탈락된 것이고, "자의"는 "잣(汲)-의(접사)"의 "ㅅ" 받침이 약화 탈락한 것이다. "잣"은 "잣다"의 어간으로 보는 "물을 퍼 올리다"의 뜻을 나타내는 말이다. 따라서 "무자위"는 양수기(揚水機)라는 말이다. 이는 양수자(揚水者)를 고어에서 "水尺 무자이 外邑汲水漢也"<行吏>에서 확인된다. 그리고 "무자위"는 달리 "ᄌ애", 또는 "ᄌ애"라고도 하였다. 번역 노걸대의 "믈 기를 자새 잇ᄂ녀 업ᄂ녀(有轆轤那沒)"와 노걸대언해의 "믈 기를 ᄌ애 잇ᄂ냐(有轆轤)", 및 역어유해의 "ᄌ애(轆轤)"가 그 예이다. "자위"는 "자새> 자애> 자의> 자위"로 변한 말이며, 그 의미 또한 "도르래"가 변하여 급수기를 의미하게 된 것이다.

이에 대해 "자새"는 "잣('잣다'의 어간)- 애(접사)"로 분석될 말이다. "잣다"란 양수기나 펌프 따위로 물을 끌어 올리다를 뜻하는 말이다. 그리고 "자새"란 이러한 기구, 곧 도르래를 의미한다. 그래서 이미 앞에서 본 바와 같이 "자새·ᄌ애·자애" 계통의 말에는 도르래를 의미하는 한자어 "녹로(轆轤)"가 쓰인 것을 볼 수 있다. "자새"는 "자애" 계통의 시옷이 약화 탈락하는 계통의 말과, 시옷이 유지되는 "자새" 계통의 양형으로 발달하였다. 그리하여 오늘날 "무자위(자애)" 계통의 말과 "자새" 계통의 말로 분화하여 남아 쓰인다.

여기에 하나 덧붙일 것은 "실을 뽑다"를 의미하는 "잣다(紡)"와 "자새"와의 관계다. "잣다(紡)"는 "물레 따위로 섬유에서 실을 뽑다"를 뜻하는 말이다. 이는 물레를 돌려 고치에서 실을 뽑아 살꾸리에 감는 작업을 말한다. 따라서 이는 "자새"를 이용하여 물을 길어 올리는 원리와 비슷하다. 이는 훈몽자회에 "ᄌ술 방(紡)"<훈몽자회>이라 보이듯 16세기에 "잣다" 아닌, "줏다"의 형태를 취하고 있었다. 그래서 일단은 차이를 보인다. 그러나 "잣다(汲)"는 16세기 초의 번역노걸대에는 "자애"로, 17세기 후반에 나온 노걸대언해에는 "ᄌ애"로 나타나 "자애> ᄌ애"의 변화를 보게 한다. 이로 보아 "줏다(紡)"도 실은 "잣다"에서 변화된 것이 아닌가 추정할 수 있다. "汲"이나 "紡"을 의미하는 "잣다"는 "잣다> 줏다"로 변화를 하였고, "자새"는 본래의 형태를 유지하거나, "자새> ᄌ애"로 변화한 것이라 할 수 있다.

그리고 여기 덧붙일 말은 동사 "잣다"는 "ㅅ 불규칙활용"을 하는 말이란 것이다. 그래서 "잣-아, 잣-을"의 경우는 "자아, 자을"이 된다. 이의 용례를 이영선의 "여음(餘音)"이란 시에서 보면, "물고 있는 벌레들이/ 자아내는/ 물결소리/ 높이 걸린 하늘/ 面積에"의 "자아내는"과 같이 쓰인 것을 볼 수 있다.

(2021.6.19.)

"물볼기"와 태형의 문화

"아주머니 얼굴 봐선 고추장 맛이 괜찮아." "야, 볼기 맞을 소리 말아." "으하하…" 한동안 식당 안이 떠들썩했다. <북한 소설 생명수>

위의 소설에는 "볼기"가 신체부위인 둔부(臀部)를 가리키는 말로 쓰였다. 그런데 우리말의 "자볼기"라는 말은 태형(笞刑)을 의미한다. 표준국어대사전은 "자막대기로 때리는 볼기"라 풀이하고 있다. 이는 어떻게 된 것인가? 이는 "볼기치기"의 "치기"가 생략된 것으로, 이 말이 생략되었음에도 전염(傳染)에 의해 "치기"가 있을 때처럼 "볼기를 치는 것"을 의미하고 있어 "자볼기"가 태형을 의미한다. 이는 형(五刑)의 하나로서 치는 것이 아니다. 남편이 아내에게 잘 못한 일이 있어 아내가 남편에게 매를 들게 되었음을 농조로 하는 말이다. 염상섭의 "삼대"에는 "(…) 보너스 푼이나 타서 돈 십원 남았다고 이렇게 쓰다가는 자볼기 맞으시리다."라 하고 있는 것이 그 예다. "자볼기 맞겠다"는 남편이 잘못한 일이 있어 아내에게 꾸지람을 듣게 되는 경우를 이르는 말이다.

"볼기"는 둔부만을 의미하는 말이 아니다. 태형을 의미하기도 한다. "자볼기" 외에 "물볼기"라는 말도 있다. 조선시대에는 여자의 볼기를 칠 때 옷에 물을 끼얹어 옷이 살에 달라붙게 한 뒤에 볼기를 쳤다. 이를 "물볼기"라 하였다, "볼기"는 예전에 "태형(笞刑)"을 속되게 이르던 말로, 앞에서 말한 바와 같이 전염(傳染)에 의한 의미변화를 한 것이다. "볼기"는 옛말로도 "볼기"라 하였다. "볼기"와 "볼기티다"의 용례를 보면 다음과 같다.

> * 볼기 둔(臀) <왜어유해>, <역어유해>, <한청문감>
>   히여곰 그 볼기롤 버히라 <동국신속삼강행실도>
> * 刑獄… 볼기티다(打尻骨) <동문유해>
>   볼기티다(打臀) <역어유해>

　다음에는 태형(笞刑)의 문화적 배경을 알아보기로 한다. 태형이란 태(笞)·장(杖)·도(徒)·유(流)·사(死)의 오형(五刑)의 하나로 "태(笞)"자는 볼기칠 "태(笞)"자이다. 가벼운 죄인을 작은 형장으로 볼기를 치던 형벌이다. 중국에서는 한(漢)나라의 문제(文帝)때 어사대부(御史大夫) 풍경(馮敬)의 건의를 받아들여 고래의 제도인 의형(劓刑·코를 베는 형벌) 및 참좌지(斬左趾·왼쪽 발굽을 베는 형벌)를 바꾸어 처음으로 태형을 실시하기 시작하였다.

　우리나라에서는 고려사(高麗史)에 의하면 고려 때부터 시행한 것으로 보인다. 이는 장형(杖刑)보다는 훨씬 가벼운 체형(體刑)이었다. 이는 체형 아닌, 면포나 돈을 바치고, 형을 면제 받을 수도 있었다. 고종 때의 "형법대전(刑法大典)"에 의하면 태형의 제식(制式)·형량·수속(收贖)·집행방법 등이 법제상 처음으로 통일을 보았다 그러나 집행기관에 따라 임의로 집행되었다. 그 뒤 이 제도는 1912년에 제령(制令) 13호로서 신태형령(新笞刑令)이 공포되며 없어지게 되었다. 그리고 이는 1920년에 와서는 폐지령이 내려 역사의 뒤안길로 사라졌다. 이렇게 태형(笞刑) 제도는 시종되었다.

　"볼기"는 신체부위 둔부를 가리키는 말이다. 그런데 이는 "볼기치다"의 "치다"가 생략됨에도 전염에 의해 "태형"을 의미하게 되었다. 우리나라의 태형은 고려시대 이래 시행되다가 20세기 초에 완전히 폐지되었다.

(2021.10.1.)

"물부리"와 "설대"의 어원

우리는 술과 담배를 기호식품으로 즐긴다. 이들은 사교의 한 수단이기도 하다. 술은 친분관계를 강화하고 담배는 "대객초인사(對客初人事)"로 말을 트는 구실을 한다. 술 담배는 이렇게 대인 관계에 중요한 구실을 한다.

담배에는 대담배와 만 담배 궐련(卷煙)이 있다. 대담배는 담뱃대가 있어야 담배를 피울 수 있는데, 이는 물부리와 설대와 대통의 세 부분으로 이루어져 있다.

"물부리"는 담배를 피울 때 입에 물고 연기를 빨아들이는 구실을 하는 것이다. 이는 대부분의 경우 쇠로 되어 있으나, 옥(玉)이나 에보나이트 등으로 만들기도 한다.

그러면 "물부리"의 어원부터 살펴보기로 한다. 이는 "물(咬)-부리(嘴)"로 분석될 말이다. "물"은 "물다(咬)"의 어간이다. "부리"는 본래 새나 일부 짐승의 주둥이를 뜻하는 말이다. 이는 각질로 되어 있고, 길고 뾰족하게 생겼다. 그래서 물건의 끝이 뾰족한 부분을 나타내기도 한다. "물-부리"의 "부리"는 이 비유적인 의미로 쓰인 것이다. "물-부리"란 "무는 주둥이"란 말로, 담뱃대에서 "무는 부분"을 의미한다.

"물부리"는 고어에서도 "물부리"라 하였다. 유희의 물명고에 보이는 "烟嘴 물부리"가 그것이다. 그러나 "물다(咬)"는 그 전차어가 "믈다"이므로 그 어원은 "믈부리"로 소급해 올라 갈 것이다. "믈다"는 15세기의 용비어천가, 두시언해 등에 보인다. 용비어천가의 "블근 새 그를 므러(赤爵衝書)"가 그 예다. "부리"는 오늘날에도 "부리"라 하는 말로, 이의 용례도 15세기의 문헌에서부터 보인다. 월인석보의 "불구미 그 부리 걷홀 씨라"가 그것이다.

"물부리"는 또 "빨부리"라고도 한다. "빠는(吸入)-부리(嘴)"라는 말이다. "빨다(吸)"는 고어에서 "샐다"라 하였다. 이의 예도 15세기의 문헌에 나타난다. 월인천강지곡의 "효근 벌에 나아 모믈 샐씨"가 그 예이다.

"설대"는 "담배설대"와 같은 뜻의 말로, 이는 담배통과 물부리 사이를 이어주는 가느다란 대를 의미한다. 한자말로는 "간죽(竿竹)"이라 한다. 이는 물론 "설-대"의 복합어이나, 고어에서는 "혈-대"라 하던 말이다. "혈-대"의 "혈"은 "혀다(引)"의 관형어로, 여기서는 "흡인(吸引)"을 의미한다. 곧 담배 연기를 빨아들인다는 말이다. "대"는 긴 막대를 의미한다. 혹 "설대"의 재질이 대(竹)이기도 하고, 담뱃대를 "연죽(煙竹)", 긴담뱃대를 "장죽(長竹)"이라 하므로 "대"는 "대(竹)"로 볼 수도 있다. "설대"는 이렇게 "흡인하는 대", 곧 "담배 연기를 빨아들이는 대"라는 말이다.

"설대"의 용례도 유희의 물명고에 보인다. "烟竿子 혈대"가 그것이다. "혀다"는 "혀다> 서다> 써다/켜다(引)"로 발전해 온 말이다. 이들의 용례를 하나씩 보이면 다음과 같다.

> 燈 혀 불고물 닛스오며(然燈續明) <법화경언해>
>
> 蛟龍은 삿기롤 혀 디느가고(蛟龍引子過) <두시언해>
>
> 나그네 켜오라(引將… 客人來) <노걸대언해>

끝으로 "담배통"에 대해 덧붙이기로 한다. 이는 설대 아래 붙어 있는 것으로 담배를 담는 통이다. "대통"이라고도 한다. 흔히 방언에서 "대꼬바리"라 하는 것이다. 이는 "대(煙竹)-곱(曲)-아리(접사)"라 분석될 말로, "대의 굽은 것"이란 말로, 그 형태에 초점을 맞추어 명명한 말이다. 장죽(長竹)인 "긴담뱃대", 곧 "긴대"에 대해 짧은 대는 "곰방대"라 한다. "곰방듸"의 예는 청구영언에 "곰방듸를 톡톡 써라 닙담비 퓌여 물고"가 보인다. (2022.2.19.)

"물장사"와 "술장사"의 상관관계

우리말에는 "물장사"라는 두어 가지 뜻을 갖는 말이 있다. 요즘 사람들은 생수(生水) 장사를 떠올리겠지만 그런 것이 아니다. 그 하나는 문자 그대로 물을 길어다 파는 장사를 의미하고, 다른 하나는 한마디로 "술장사"를 의미한다.

우선 "물장사"의 사전풀이를 보면 다음과 같다.

① 물을 길어다 파는 일. 또는 집으로 물을 길어다 주는 일.
② 술, 음료수, 차 따위를 파는 영업을 속되게 이르는 말.

①은 먹을 물이나 허드렛물을 대어 주고 물값을 받는 장사를 말한다. 이는 박완서의 "그 많던 상아는 누가 다 먹었을까"에 "엄마도 물지게를 질 줄 몰라 하루 한 지게씩 물장수 물을 대 먹고 있었다."와 같이 집으로 배달해 먹는 물이었다. 이는 지난날의 서울의 한 풍속도(風俗圖)로, 이런 물장사는 함경도의 북청(北靑) 사람들이 많이 하였다. 그래서 "북청물장수"라는 말도 따로 있을 정도이다.

②는 위에서 한마디로 "술장사"라고 한 말의 풀이에 해당하는 것이다. 이는 송기숙의 "녹두 장군"의 "이것이면 되기는 되겠소마는, 물장사 10년에 술값 선불받기는 처음일세."의 "물장사"가 그 예다. 그러나 둘째의 "물장사"는 이렇게 건전한 영업만을 의미하는 것이 아니었다. 여기에는 여인이 있다.

웃음을 팔고 몸을 팔기도 하였다. "물장수 삼년에 궁둥이짓만 남았다"는 속
담은 저간의 사정을 단적으로 말해 준다.

그러면 주색(酒色)을 파는 이러한 "물장사"란 비유적인 표현의 어원은 어
디 있는가? 이는 한 마디로 "미즈쇼바이(水商賣)"라는 일본어에 기원한다. "미
즈(水)"는 "물"이란 일본말이고, "쇼바이(商賣)"는 장사를 뜻하는 말이다. 우리
의 "물장사"란 이 "미즈쇼바이"라는 말을 직역하여 우리말에 수용한 것이다.
그렇다면 이 "미즈쇼바이(水商賣)"라는 말은 또 어떻게 된 말인가?

"미즈쇼바이"라는 말의 의미는 우리가 비유적인 의미로 쓰는 "물장사"와
똑 같다고 할 수 있다. 아니 여색(女色)에 좀 더 비중이 놓인다. 이와나미(岩波)
의 國語辭典에는 이 말의 풀이를 "손님의 인기에 따라 크게 수입이 지배되는
성질의 장사(商賣). 불견실·불안정한 장사. 접객업 및 요리점류 등"이라 하고
있다.

"미즈쇼바이"의 어원에 대해서는 여러 가지 설이 있다. 이를 정리 해 보면
대체로 다음과 같이 서너 가지가 된다.

첫째, 흐르는 물의 양이 일정하지 않듯, 수입이 일정치 않은 데서.

둘째, 게이샤(藝者: 藝妓)들의 직업을 "이수가업(泥水稼業)", "이수상매(泥水商
賣)"라 하는 "흙탕물(泥水)"이라는 말에서.

셋째, 에도(江戶)시대에 비롯된 "미즈자야(水茶屋)"라는 찻집에서.

동경에는 에도시대에 "水茶屋"란 찻집이 19곳이 있었다. 젊은 여성을 두
고 차보다 사랑을 파는 것이 본업이었다. 그리하여 누구라 할 것 없이 이를
물장사(水商賣)라 하게 되어 확실한 수입이 없는 장사, 마치아이(待合: 예기를
불러노는 곳), 요리점, 가시자시키(貸座敷: 요금을 받고 방을 빌려주는 영업) 등을
이르게 되었다.

넷째, "미즈텐(不見轉)"이란 말에서.

화투 노름에서 패를 보지 않고 승부를 내는 것을 미즈텐(不見点)이라 하는
데, 이는 "불견출(不見出)"을 의미하였다. "미즈(不見)"는 "보지 않는다"는 불견

(不見)을 나타내는 말이다. 화투의 "미즈텐"은 게이샤(藝者:藝妓)가 상대방이 원하면 손님이 누구이든 가리지 않고 바로 눕는다(轉)는 의미의 "미즈텐(不見轉)"에 전용되었다. 그리고 이 "미즈텐(不見轉)"을 두고 영업을 하는 요리점이나, 마치아이(待合)를 "미즈쇼바이(水商賣)", 곧 물장사라 하였다.

이상이 "미즈쇼바이", 곧 "물장사"의 일본어 어원설이다. 다 각각 의미가 있으나, 셋째와 넷째의 설이 좀 더 구체적이다. 셋째는 사실에, 넷째는 말(言語)에 보다 초점이 놓인 설이다. 이러한 "미즈쇼바이(水商賣)"가 우리말에 들어온 것이 "물장사"이다. 우리의 "물장사"는 이러한 일본의 "미즈쇼바이"라는 말을 번역·차용하고, 그 속된 문화까지 차용한 것이라 하겠다. 언어와 문화는 이렇게 교류되는 것이다.   (2021.5.18.)

"바느질"과 그 주변 어휘

"바늘 가는 데 실 가고, 바람 가는데 구름 간다"고 한다. 서로 붙어 있어야 한다는 말이다. 유식한 말로는 "운종룡 풍종호(雲從龍 風從虎)"라 한다. 구름은 용을 따르고, 바람은 호랑이를 따른다는 말이다. 춘향이도 이 도령과 헤어질 때 이런 말을 하였다. "바늘"과 "실"은 떨어질 때 그 존재 가치를 상실한다.

"바늘"은 바느질하는 도구이다. 바늘에 실을 꿰어 옷 따위를 짓거나 꿰매는 일, 곧 침선(針線)을 "바느질"이라 한다. 고어에서는 "바ᄂ질"이라 하였다. "바늘"을 고어에서는 "바늘"이라 하였기 때문이다. 용비어천가의 "바늘 아니 마치시면(若不中針)"이나, 두시언해의 "바ᄂ롤 두드려(敲針)"가 그 예다. "바ᄂ질"은 "바늘-질"이 변한 말이다. "질" 앞에서 "바늘"의 "ㄹ"이 탈락한 것이다. 우리말에는 이렇게 "ㅈ" 앞에서 "ㄹ"이 탈락되는 현상이 있다. 오늘날의 "바느질"은 "바늘-질"이 변한 말이다. "바ᄂ질"의 예는 동문유해에 "바ᄂ질(裁縫)"이 보인다.

재봉, 침선(針線)의 솜씨를 방언에서 "반질"이라 한다. "바느질을 잘 한다", "바느질 솜씨가 좋다"를 "반질을 잘 한다", "반질 솜씨가 좋다"라 하는 것이 그것이다. "바느질"은 아무래도 "바늘"과의 유연성 때문에 "바느질 솜씨"를 나타내기에는 부족하다. 이런 의미에서는 "반질"이 더 어울린다. "반질"을 복수 표준어로 함이 바람직할 것이다.

"반느질" 할 때의 연모를 넣어 두는 고리를 "반짇고리"라 한다. 이 말은 "반짓고리"라 할 말을 잘못 사정한 말이다. 이는 "반질-ㅅ-고리"가 변한 말로, 사이시옷이 삽입되며, "ㄹ"이 탈락하여 "반짓고리"가 된 것이다. 그런데 이를 우리 선배들이 "ㄷ~ㄹ호전현상(互轉現象)"이라 잘못 보아 "반짇고리"란 엉뚱한 말을 만들어 놓았다.

부녀자들이 바늘을 꽂아 두기 위해 만든 수공예품을 "바늘겨레"라 한다. 이는 고어에서 "바늘걸이", 또는 "바늘거례"라 하던 말이다.

바늘 걸이(針扎子) <역어유해보>

바늘거례(針扎) <한창문감>

"바늘거례"에는 두 가지 형태가 있는데, 안경집형과 호리병형은 바늘을 속에 넣게 만든 것이고, 거북형과 원형, 장방형은 양쪽에 바늘을 꽂게 되어 있는 것이다. 좌불안석(坐不安席)을 이르는 "바늘방석"도 바로 이 바늘거례를 이르는 말이다. 이는 앉을 때 궁둥이 아래 까는 물건이 아니다. 날바늘이 꽂혀 있는 바늘거례이다. 그렇기 때문에 불안한 좌석이다.

"바늘귀"는 바늘구멍, 곧 침공(針孔)을 달리 이르는 말이다. 우리의 "바늘귀"라는 말은 서양과는 발상을 달리한 명명이다. 서양에서는 침공을 "needl's eye", 바늘의 "눈"이라고 하는데 우리는 "귀"라 한다. 그리고 여기 덧붙일 것은 "바늘"이라면 흔히 작고 가는 것을 생각하게 마련인데, 우리말에는 이와는 달리 매우 크고 굵은 바늘, 대침(大針)을 이르는 말이 따로 있다. "돗바늘"이 그것이다. 이는 특히 가마니를 치고 난 뒤, 이에 곡식 따위를 넣기 위해 부대 모양의 용기를 만들 때 꿰매는 기구이나, 오늘날은 대침(大針)이란 의미로 일반화하여 쓰고 있다. 고어의 용례로는 역어유해와 물보(物譜) 등에 "돗바늘(鈠針)"이 보인다. 이는 "돗(席)-바늘(針)"이 복합된 말이다.   (2021.11.20.)

"박"과 "종구라기"의 어원

요즘의 대표적인 유행어는 "대박"이라 하겠다. 무슨 좋은 일만 있으면 "대박, 대박!"이라고 외쳐 댄다. 이는 도박 용어에서 비롯된 것이라 본다. 크게 이겼다는 뜻으로 "대박이 났다"고 하는 말에서 비롯됐다는 것이다. "피바가지를 썼다"를 "피박"이라 하는 것과 같다.

그런데 "박(匏)"이란 말은 문제가 있는 말이다. 박은 한해살이 덩굴식물로, 커다란 둥근 열매가 지붕 위에 허옇게 주렁주렁 열린다. 우리는 이 "박"에 한자 "등걸 박(朴)"자를 적용한다. 그러나 한자 "박(朴)"자는 본래 포과(匏瓜), 포로(匏蘆)와는 아무런 관련이 없는 말이다. "박(朴)"과 포과(匏瓜)를 관련시키는 것은 삼국유사에 의해 비롯되었다 하겠다. 신라의 최초의 왕 "혁거세(赫居世)는 붉은 알에서 깨어났다. 향인(鄕人)들은 "박"을 "박(朴)"이라 하였으므로, 혁거세의 성을 "박(朴)"이라 하였다.고 하는 것이 그것이다.

한자 "박(朴)"자는 형성자로, 목(木)과, 음과 함께 "덮다"를 뜻하는 "복(卜)"자로 이루어져, 원래 나무의 표면을 감싸는 껍질을 의미하는 말이다. 그래서 "박(朴)"자는 한어(漢語)에서 "① 나무의 껍질(木皮), ② 소박하다, 겉을 꾸미지 아니하다, ③ 목련과의 후박나무, ④ 크다, ⑤ 휘추리" 등의 뜻을 지닌다. 우리는 흔히 이를 "등걸 박(朴)"자라 하여 "줄기를 잘라 낸 밑둥"과 "박(匏)"이란 의미로 주로 쓰고, 한어와 같이 "순박하다, 꾸밈이 없다"는 뜻으로도 사용한다. 따라서 "박(匏蘆)"은 우리와 한어(漢語)의 주의(主意)에 차이를 보인다.

"박"과 비슷한 뜻을 가진 말에 "바가지"가 있다. 이는 박을 두 쪽으로 갈라서 속을 파낸 다음 물을 푸거나 물건을 담게 된 그릇을 말한다. 이를 "바가지"라 하는 것은 "박(匏)-아지(指小辭)"로 분석되어, 박을 둘로 쪼개어 작은 바가지라는 의미를 나타내기 때문이다. 지소사 "아지"는 "송아지, 망아지, 강아지" 등, 그 용례를 많이 볼 수 있다. 이는 물론 소아(小兒)를 이르는 "아지·아기"에 소급되는 말이다.

바가지 가운데 아주 작은 것을 "종구라기"라 한다. 이는 조그맣다의 고어 "종고랗다"에서 파생된 말이다. "종고랗다"의 용례는 청구영언에 "나라든다 떠든다 가마케 종고러케"가 보인다. 북에서는 우리의 "종구라기"와는 달리 "종고래기"를 문화어로 보고 있다. "ㅣ"모음의 역행동화를 인정한 것이다. 그 예로는 <현대조선문학선집, 선대>에 "그들은 잡곡을 뒤섞은 데다가 무우를 짓찧어 넣은 밥을 종고래기와 상사발에 퍼 놓고 앉았다"가 보인다. "종고래기"라는 말은 우리의 방언에도 보이고 시어(詩語)에도 보인다.

"박"은 포로(匏蘆)를 의미하는 외에 야채 "호박"도 "박"이라 하는 것을 볼 수 있다. 이는 중국 북방에서 들어온 "박"이라 하여 "되 호(胡)"자를 써서 "호박(胡-)"이라 한 것이다. "박·호박"은 같은 덩굴식물로, "호박"은 그 형태가 "박"과 같이 둥근 데서 같이 "박"이라 한 것이라 하겠다. "수박"의 경우도 마찬가지로 "수(水)-박(匏)"이라 한다. 이는 다른 것에 비해 물기가 많아 "수(水)-박"이라 한 것이다. "박·호박·수박" 등은 다 덩굴식물의 둥근 열매이다. 중국에서는 이들 "박·수박·호박"을 다 같이 "외 과(瓜)"자를 써서 과류(瓜類)로 본다. 그래서 박은 "포과(匏瓜)"라 하고, 수박은 "수과(水瓜)", 또는 서쪽에서 온 외라 하여 "서과(西瓜)"라 한다. 호박은 남쪽에서 온 오이라 하여 "남과(南瓜)"라 한다. 우리도 한자어로는 이들을 차용하여 "외 과(瓜)"자를 쓴다. 그러나 이들 명명의 큰 차이는 우리는 이들을 모두 "박"이라 한다는 것이고, 중국에서는 이들에 모두 "외(오이) 과(瓜)"자를 써서 "박"이 아닌 "과류(瓜類)"로 본다는 것이다. 일본어는 박을 유우가노(夕顔), 수박은 스이카(西瓜·水瓜) 호박은 가보챠(南瓜)·도우나스(唐茄子)라 하여 차이를 보인다. (2021.6.20.)

"바지"의 문화와 어원

옷은 한자말로 의상(衣裳), 또는 의복(衣服)이라 한다. 의상이란 의복 일반을 뜻하기에 앞서 상하의(上下衣)를 의미한다. 위에는 저고리를 입고, 아래에는 치마를 입는 문화다. 중국을 비롯한 서양 일반의 문화다. "의복(衣服)"의 "복(服)"자는 본래 옷을 의미하는 말이 아니었다. 이는 형성자로, 물건을 얹어 놓는 대(臺)와, "엎드리다"를 뜻하는 글자로 이루어져, 엎드려 일하다를 뜻하며, 나아가 "일에 종사하다"를 의미하게 된 말이다. 그런데 차용에 의해 몸에 걸치는 "옷"을 의미하게 되었다.

"의상(衣裳)" 문화로 글의 서두를 장식 하였다. 이러한 의상문화와 달리 "의고(衣袴)" 문화라 할 것도 있다. 이는 "저고리와 바지"를 입는 문화다. 이러한 문화는 기마민족(騎馬民族)에 보이는 문화로, 북유라시아의 초원지대와 남러시아에서부터 중앙아시아, 동북아시아에 이르는 일대의 문화다. 이는 흔히 좁은 의미로 "호복(胡服) 문화"라 한다. 우리의 문화는 바로 이 바지 저고리를 입는 호복(胡服) 문화에 속한다.

"바지"의 대표적인 것에 "홑바지"와 "겹바지", 및 "핫바지"가 있다. "홑바지"는 홑겹으로 지은 바지이고, "겹바지"는 겹(複)으로 지은 바지다. "홑바지"의 예는 고어에 그 용례가 보이지 않는다. "홑"의 어원은 "ᄒᆞ옷", 또는 "ᄒᆞ옺·ᄒᆞ옻"이라 하던 말이다. 이는 "ᄒᆞ옷> ᄒᆞ옻> ᄒᆞ옻> 홋> 홑"으로 변해 왔다. 이들의 예를 하나씩 보면 다음과 같다.

獨은 늘구디 子息 업서 <u>호옷</u> 모민 사른미라 <석보상절>

單은 <u>호오지</u>오 複은 겨비라 <능엄경언해>

내 眞實로 옷 고의 <u>호오치</u>로다(我實衣裳單) <두시언해, 중간>

"ᄒᆞ옷"계의 말은 주로 "홋"으로 변화하였으며, "홑"으로 변화한 용례는 고어에 보이지 않는다. 옷과 관련된 "홋"의 예를 보면 다음과 같다.

오시 홋과 겹이 ᄀᆞ즈믈 굴온 稱이니 <가례언해>

대한의 홋오슬 니버도 쏨이 나ᄂᆞ니라 <구황촬요보>

홋옷 삼(衫) <신증유합>

單袴 홋고의 <역어유해>

"바지"의 어원은 "바디"에 있다. "바디"의 용례는 신증유합의 "바디 고 (袴)", 및 가례언해의 "袴는 바디오" 등이 보인다. "바지"는 "바디"가 구개음화한 것이다. "겹바지"의 용례는 역어유해에 "겹바디(甲袴)"가 보인다.

"핫바지"는 솜을 둔 바지를 의미한다. 이는 "핫(접두사)-바지(袴)"의 결합으로, "핫"은 일부 명사 앞에 붙어 "솜을 둔"을 의미하는 말이다. 접두사 "핫"이 붙는 말에는 "핫것, 핫옷, 핫이불" 등이 있다. "핫바디"를 위시하여 접두사 "핫"이 붙는 옷의 고어 용례는 다음과 같은 것이 보인다.

* 핫바디(縣袴兒) <역어유해>

* 핫옷 오(襖) <신증유합>

ᄉᆞ화문호 비단 핫옷과 <노걸대언해>

우리말에는 이밖에 많은 "바지"란 말이 있다. "개구멍바지, 깨끼바지, 너른바지, 양복바지, 옹구바지, 유바지, 중동바지, 차렵바지, 풍차바지, 홀태바지" 따위가 그것이다. "개구멍바지"란 오줌이나 똥을 누기 편하도록 밑을 탄 어린이의 바지를 말한다. 이는 "개구멍-바지"의 복합어로 바지 밑의 튼 구멍을 "개구멍"이라 비유적으로 표현을 한 것이다. "깨끼바지"는 "깨끼-바지"의 복합어로, "깨끼"란 옷을 짓는 방법을 나타내는 말이다. 이는 인뜻 솔기를 발이 얇고 성긴 깁을 써서 곱솔로 박아 옷을 짓는 것을 의미한다. "깨끼-바지"란 이렇게 지은 바지이다. "너른바지"는 "넓은 바지"란 의미의 말로, 여자의 한복 차림에서 단속곳 위에 입는 속옷을 이른다. "옹구바지"는 대님을 맨 윗부분의 바지통이 농구(農具)인 옹구의 불처럼 축 쳐진 한복 바지를 말한다. 이는 바지의 형태가 "옹구"처럼 생겼다 하여 비유적 명명을 한 것이다.

"유(油)바지"는 쉽게 말해 "기름 바지"로 우의(雨衣)를 말한다. 이는 기름에 걸어서 빗물이 스며들지 않게 만든 것으로, 마부들이 입던 옷이다. 한자어로 "유고(油袴)"라 한다. "중동바지"는 위는 홑으로, 아래는 겹으로 만든 여자의 바지이다. 중간을 의미하는 "중동"에 바지가 복합된 말이다. "차렵바지"는 "차렵-바지"의 복합어로, 솜을 얇게 두어 지은 바지다. "차렵"의 어원은 분명치 않다. "풍차바지"는 "풍차(風遮)-바지"의 복합어이다. "풍차(風遮)"란 바람막이란 말이다. 이는 개구멍바지와 비슷한 것으로, 뒤가 길게 터지고 그 터진 자리에 마치 저고리에 섶을 단 것처럼 헝겊 조각을 댄 바지를 말한다. "홀태바지"는 통이 좁은 바지이다. "홀태"란 뱃속에 알이나 이리가 들어 있지 않아 홀쭉한 생선을 말한다. 따라서 "홀태바지"란 홀태처럼 홀쭉한 바지란 말이다. 우리문화를 호복(胡服) 문화, 곧 "의고(衣袴) 문화"라 하였거니와 바지의 종류가 많기도 하다.

(2021.11.5.)

벼슬아치와 구실아치의 구분

관리(官吏)를 우리 고유어로 "벼슬아치", 또는 "구실아치"라 한다. 이들은 같은 말이 아니다. 다른 말이다. 우리의 고유어만이 아니라, "관리"의 관(官)과 이(吏)도 구별된다.

우리말에서 "관(官)", 또는 "관청(官廳)"은 고유어인 옛말로 "그위"라 하였다. "그위"가 "구위"로 바뀌고, 마침내는 "귀"로까지 변한다. 이들 예를 하나씩 보면 다음과 같다.

* 그위에 決ᄒ라 가려 ᄒ더니 <석보상절>
* 구윗ᄆᆞᆯ 그위에 도로 보내요ᄆᆞ로브터(自從官馬送還官) <두시언해>
* 귀에 가 숑ᄉᆞᆯ ᄒ니 <태평광기>

"구실아치"의 "구실"은 이들 "그위"와 "구위"에 "직(職)"을 뜻하는 접사 "실"이 붙어 "관직, 관리"를 의미하게 된 말로, "그위실> 구위실> 구실"로 변한 말이다. "구실아치"의 "아치"는 "장인(匠人)", 또는 어떤 일에 종사하는 사람(職人)을 뜻한다. 이는 "바지> 바치> 아치"로 변하는 말이다. "구실아치"는 이렇게 "관(官)"과 직접 연계된 말이다. 그러나 이는 상위직(上位職) 관원이 아닌 하위직 관원을 의미했다. "관리(官吏)"의 "이(吏)"에 해당한 직, 아전(衙前)을 가리킨다. 이에 대해 상위직인 "관(官)"은 "벼슬아치"라 하였다. "벼슬"은 "관직"을 의미하고, "아치"는 "구실아치"와 마찬가지로 직인(職人)을 의미한다. 곧 벼슬아치는 출사자(出仕者)를 의미한다.

다음에는 "관리(官吏)", 또는 "벼슬아치"와 "구실아치"의 의미상의 차이를 좀 더 구체적으로 살펴보기로 한다. 중국이나 우리나라에서는 고급 관리, 곧 벼슬아치는 과거(科擧)를 보아 등용하였다. 외직(外職)의 경우 서울에서 지방에 파견되었다. 수령(守令) 이상이 이에 해당한다. 이들은 "입신양명(立身揚名) 이현부모(以顯父母)"라고 조상과 가문을 위해 벼슬길에 나아갔다. "삼년청관(三年淸官)에 십만금(十萬金)"이라는 중국의 경우처럼 우리도 노략질을 하지 않더라도 벼슬덤은 있게 마련이었다.

"이(吏)", 곧 "구실아치"는 옛날 관아(官衙)에서 벼슬아치(官) 밑에서 일을 하던 아전(衙前), 이속(吏屬)과 같은 관직을 말한다. 이들에게는 일정한 봉급이 지급되지 아니하였다. 관(官), 곧 벼슬아치가 알아서 적당히 처리해 주었다. 그리하여 이들은 탐관오리와 작당하여 가렴주구(苛斂誅求)를 하여 백성을 괴롭히기도 하였다. 춘향전의 변학도 같은 수령이 그러한 인물이다. 동양문고 본 "춘향전"에는 길방자(軍奴)와의 대화에서 이들의 구실, 곧 봉급이 드러난다. "소인의 원구실이라 ㅎ옵는 거시 일년의 황죠(黃粟) 넉 섬뿐이로소이다." 하는 것이 그것이다. 그리고 변사또가 제일 많이 받는 구실이 얼마나 되느냐고 묻자 방자는 "수삼천 쓰는 방임이 서너 ᄌ리 되옵ᄂ이다"라 답한다. 변사또는 즉시 그 자리를 모두 길방자에게 시키겠다고 한다. 웃기는 대목이기도 하고, 벼슬아치가 구실아치의 구실을 임의로 결정하였음을 보여 주는 장면이기도 하다.

벼슬아치와 구실아치는 "관리(官吏)"를 의미한다. "벼슬아치"는 관(官), 구실아치는 이(吏)로 구별된다. 전자는 정부에서 파견하는 고급 관리이고, 후자는 하급 관리로 아전(衙前)에 속하는 사람이다. (2021.3.28.)

"보리바둑"과 "흘떼기장기"의 의미

옥도끼로 찍어내고/ 금도끼로 다듬어서

삼칸 초당 지어 놓고/ 한 칸에는 금녀 두고

한 칸에는 선녀 두고/ 또 한 칸에는 옥녀 두고

선녀 옥녀 잠들이고/ 금녀 방에 들어가니

장기판 바둑판 쌍륙판/ 다 놓였구나.

이는 엮음수심가의 일절이다. 여기에는 장기, 바둑, 쌍륙과 같은 실내에서의 놀이가 읊어져 있다. 장기와 바둑은 실내의 놀이 가운데 대표적인 것이다. 이들은 재미가 있어 "도끼 자루 썩는 줄 모른다"고 하는가 하면, "장이야, 멍이야"하며 밤을 새우기도 한다.

"보리바둑"이란 말이 있다. 이는 법식(法式)도 없이 아무렇게나 두는, 서툰 바둑을 낮잡아 하는 말이다. 이런 바둑은 두는 사람이나, 상대방이나 다 별로 재미가 없을 것이다.

"보리바둑"의 어원은 어떻게 되는가? 우리는 변변치 못한 것을 "보리개떡"이라 한다. "보리"는 입쌀에 비해 변변치 못한 존재다. "보리동지(同知)"란 말도 마찬가지다. 이는 곡식을 바치고 벼슬을 한 사람이란 의미 외에, "보리"가 둔하고 숫된 사람이란 이미지를 드러낸다. "보리바둑"의 "보리"에는 이런 이미지들이 투영되어 "서툰 바둑"을 의미하게 된 말이다.

"보리바둑"의 용례는 김성동의 "국수"에 다음과 같은 것이 보인다.

그런 바둑으로는 두메의 <u>보리바둑</u>이나 어찌 어거할 수 있을까? 한양은 그만 두고 과천만 올라가도 추풍낙엽이라… 언감생심 국수리오.

"보리"가 이렇게 "서툴고 변변치 않은 것"을 의미하는 말에는 또 "보리윷"과 "보리장기"라는 말도 있다. "보리윷"은 법식도 없이 아무렇게나 던져서 노는 윷을 낮잡아 이르는 말이다. 이에 대해 "보리장기"란 "보리바둑"과 마찬가지로 법식도 없이 아무렇게나 두는 서투른 장기를 낮잡아 하는 말이다.

"홀떼기장기"란 이렇게 서툰 장기를 뜻하는 말이 아니라, 떼를 쓰는 장기를 말한다. 이는 "뻔히 질 것을 알면서 지지 않으려고 떼를 써 가며 끈질기게 두는 장기"를 뜻한다. 흔히 지기 싫어하는 성격의 소유자에게 이런 자세가 나타난다.

그러면 "홀떼기장기"의 "홀떼기"란 어떤 뜻을 지닌 말이기에 이러한 뜻을 나타내는가? "홀떼기"란 짐승의 고기를 이르는 말이다. "짐승의 힘줄이나 근육 사이에 박힌 고기"다. 그래서 이는 얇은 껍질이 많이 섞여 있어 고기가 질기다. "홀떼기장기"란 이러한 고기 "홀떼기"의 질긴 성질을 장기에 비유한 것이다. 곧 고기 "홀떼기"의 "질긴" 성질을 장기를 두는 태도에 비유적으로 적용한 것이다. 이런 "홀떼기장기"를 두는 사람을 만나면 짜증이 날 것이다. 물론 끈질긴 성질은 장점이 되기도 하나, 승부의 세계에서는 그 정도가 심할 때 대체로 짜증이 나게 되어있다.

우리는 즐기기 위해 오락을 한다. "보리바둑"은 초보자라 재미가 덜할 것이고, "홀떼기장기"는 지지 않겠다는 그 끈질긴 성질에 정이 떨어질 것 같다. 이런 바둑이나 장기라면 두고 싶은 생각이 나지 않을는지도 모른다.

(2022.2.19.)

"보릿고개"와 "칠궁"의 어원문화

사월이면 여느 때에도 춘궁이니 <u>보릿고개</u>니 하여 넘기가 어려운 고비인데… <채만식, 민족의 죄인>

지금은 단군 이래 가장 풍요를 누리며 사는 시대라 한다. 그러나 지난날에는 위에 인용한 채만식의 소설에서처럼, "춘궁이니 보릿고개니"하여 식량이 부족하여 살기가 무척이나 힘들었다. 오죽하면 어려운 생활을 나타내는 대표적인 말인 "보릿고개"가 우리말에만 있겠는가?

"보릿고개"란 묵은 곡식은 떨어지고, 보리는 아직 여물지 아니하여 농촌의 식량 사정이 가장 어려운 음력 4월을 이르는 말이다. 그래서 우리 속담에는 "보릿고개가 태산보다 높다"는 말까지 있다. 한 해 동안 농사를 지어 다음 해에 보리가 나올 때까지 견뎌 내기가 힘들다는 것을 비유적으로 나타내는 말이다.

"보릿고개"는 "보리-ㅅ-고개"의 복합어이다. 이는 "보리를 먹기 위한 고개", 곧 보리가 익어 그것을 먹을 때까지 참고 견뎌야 할 높고 험한 고개"라는 말이다. 이는 한자어로 "맥령(麥嶺)"이라 하는데, "보릿고개"를 직역한 말이다. "보릿고개"라는 말이 우리말에만 있듯, "맥령(麥嶺)"이란 한자말도 우리말에만 있는 것임은 물론이다. 따라서 이는 한국 고유의 한자어이다. 이의 용례는 정약용(丁若鏞)의 여유당전서(與猶堂全書)에 보인다. "맥령은 험하기가 중국의 태행산(太行山)과 같다. 단오(端午)가 지난 뒤에 시작된다(麥嶺崎嶇似太行

天中過後始登場"가 그것이다. 여유당(與猶堂)은 이에 "사월에 민간에서는 먹고 살기가 어렵다. 이를 속에 맥령이라 한다(四月民間艱食 俗謂之麥嶺)"고 보충하고 있다.

음력 4월은 보리가 익는 시절이다. 그래서 이 때 가난한 집에서는 보리가 익기를 기다릴 수 없어 설익은 보리를 "풋바심"해 보리떡을 해서 먹으며 연명을 하였다. "풋바심"이란 채 익기 전의 벼나 보리를 미리 베어 떨거나 훑는 일을 뜻한다. 이는 "풋-바심"으로 분석되는 말로, "풋"은 "덜 익은"을 뜻하는 접두사이고, "바심"은 "바수다"의 전성명사 "바숨"이 변한 말로, 두드려 깨뜨리는 것을 의미하는 말이다. 같은 용례로 "조바심(<조바숨"이 있다. 보리가 누렇게 익는 것은 "보리누름"이라 하고, "보리누름"의 서늘한 철, 곧 음력 4월은 한자말로 "맥량(麥凉)"이라 한다. 따라서 "맥량(麥凉)"은 보릿고개인 셈이다.

보릿고개 "맥령(麥嶺)"과 함께 식량의 곤궁한 때를 나타내는 말이 또 하나 있다. 그것은 "칠궁(七窮)"이란 말이다. 이는 "보릿고개"나, "맥령"에 비하면 잘 알려지지 않은 말이나, 이도 우리말에만 있는 한국한자어이다. 이는 음력 7월의 식량난, 궁핍상을 나타내는 말이다. 곧 묵은 곡식은 다 떨어지고, 햇곡식, 벼는 아직 익지 않아 농가에서 겪는 어려운 고비 음력 7월을 이르는 말이다. 사실 "칠궁(七窮)"은 7월의 궁핍상을 이르는 말이니, 시절로 보아 "맥령(麥嶺)"에 비해 더욱 어려운 때라 하겠다.

"보릿고개"와 이의 직역어인 "맥령(麥嶺)"의 어원 문화를 살펴보았다. 이는 곡식이 다 떨어진 4월의, 우리 농촌의 어려운 시절을 나타내던 말이다. 이에 대해 "칠궁(七窮)"이란 이보다 더 어려운 때라 할 음력 7월의, 식량난을 겪는 어려운 고비를 이르는 말이다. 그런 우리 민족이 십대의 경제대국이 되었다니 스스로도 놀랄 일이다.

(2022.4.6.)

"봄"과 "여름"의 어원

한 해는 사계절로 나뉜다. 그러나 전 세계가 사계절로 나누는 것은 아니다. 게르만 민족은 본래 여름과 겨울의 두 계절로 구분하고, 필요한 경우 "수확의 계절(Harvest)"과 같이 이를 채웠다. 독일어는 지금도 가을을 Hervst(수확)라 한다. 우리는 비교적 사계절을 즐기며 살고 있다.

한 해는 봄으로부터 시작된다. 그래서 일일지계(一日之計)는 재어신(在於晨)이요, 일년지계(一年之計)는 재어춘(在於春)이라 한다. 그런데 이 "봄"의 어원은 대체로 미상이라 본다. 혹 터키어 barhar에 소급하는 것으로 보기도 하고, "보다(見)"의 명시형 "봄"을 그 어원으로 보고자 하기도 한다. 그러나 이들은 "봄"의 어원으로 보이지 않는다. 여기서는 "봄놀다"계의 합성어에서 그 어원을 찾기로 한다.

우리말에 "뛰놀다, 약동하다"를 뜻하는 말에 "봄놀다"라는 말이 있다. 그리고 유의어에 비슷한 형태의 여러 형태의 말이 있다. "봄놀이다, 봄놋다, 봄노솟다, 쏨노솟다, 봄뇌다" 등이 그 예들이다. 이들은 모두 "봄놀다"계의 말이라 할 수 있다. 이제 그 예를 들어보면 다음과 같다.

> * 봄놀다: 봄놀 고(翱), 봄놀 상(翔), 봄놀 등(騰), 봄놀 양(驤), 봄놀 용(踊), 봄놀 약(躍) <훈몽자회>
>
> 믌겨리 드위부치니 거믄 龍ㅣ 봄놀오(濤翻黑蛟躍) <두시언해 중간>

* 봄놀이다: 似量이 나비 ᄆᅀᆞ몰 봄놀이고(=似量이 騰於猿心이오) <원각경
  언해>
* 봄놋다: 봄노술 용(踊), 봄노술 약(躍) <신증유합>
* 봄노솟다: 봄노소ᄉᆞ며 달고 다아(踊躍築埋) <소학언해>
* 쏨노솟다: 믈결 가온대셔 쏨노솟는듯 ᄒᆞ거늘 <이륜행실도 중간본>
* 봄뇌다: 뉘 이 봄뇌는 난이라 너기리오(誰謂是翔鸞) <금강경삼가해>
  踊은 봄뇔 씨오 <능엄경언해>

이상의 예에 보이는 바와 같이 "봄놀다"계의 말은 "봄-놀다"이거나, "봄-
뇌다"의 복합동사라 할 것이다 이들은 한자 "고(翶), 등(騰), 상(翔), 약(躍), 양
(驤), 용(踊)" 등의 새김으로 쓰이고 있다. "봄놀다"의 "놀다"는 "움직이다(動)"
를 뜻하는 말이다. "봄뇌다"도 "봄놀다"와 관련이 있는 말로, 문헌상으로는
"봄놀다"의 전 시대 어형이다. "봄놀다"는 "뛰놀다, 약동하다, 비상하다" 등
의 의미를 나타낸다. 따라서 분석적으로 볼 때 "봄"은 "뛰다, 솟다"의 의미를
지니는 어근이라 할 수 있다.

"봄놀다"계의 어휘를 살펴보았다. 이로 볼 때 "봄"은 "뜀, 약동, 비등(飛騰),
비상"의 의미를 지니는 말이다. 이러한 "봄"이 계절 이름 "봄"의 어원이라
하겠다. "봄"은 "약동"을 의미한다. 이는 영어 "도약, 샘, 용수철, 봄"을 의미
하는 Spring과도, 만물이 발생하고(發る), 초목의 싹이 피는 "하루(張る)를 어원
으로 하는 일본어 "하루(春)"와도 발상을 같이 하는 것으로 보인다.

다음에는 "여름"의 어원을 보기로 한다. "여름"의 어원은 "녀름"으로 보
나 그 전차어(前次語)는 알 수 없다. 이의 어원을 일부에서 결실을 의미하는
"여름(<열음)"으로 보고자 하기도 하나, 이는 "녀름"과 "여름"을 혼동한 데서
오는 잘못된 견해이다. "녀름(夏)"과 "여름(結實)"은 분명히 구별되는 말이다.
우선 "녀름"의 예는 15세기 문헌에서부터 나타난다.

ᄇᄅᆷ비 시절(時節)에 마초ᄒᆞ야 녀르미 ᄃᆞ외야 <석보상절>

괴외히 녀르메 나조히 먼저 ᄃᆞ외오(寂寂夏先晚) <두시언해>

녀름 하(夏) <훈몽자회>

녀름 <동문유해>, <한청문감>

"녀름"의 이형태로 "녀롬"이 소학언해, 신증유합 등에 보이기도 한다. 이는 모음조화가 깨진 것으로 바람직한 형태는 못 된다.

결실을 의미하는 "여름"도 15세기 문헌에서부터 나타나며, "여롬"이란 이형태도 보인다.

* 곳 됴코 여름 하ᄂᆞ니 <용비어천가>

됴ᄒᆞᆫ ᄣᅵ 심거든 됴ᄒᆞᆫ 여름 여루미… ᄀᆞ톨ᄊᆡ <월인석보>

여름 과(果) <훈몽자회>, <신증유합>

* 미화 여롬(梅實) <동의보감>

쥐염나모 여롬을 구어 <벽온방>

이와 같이 하(夏)를 이르는 "녀름"과 결실을 뜻하는 "여름"은 같은 책에서 구별, 표기되기도 한다. 그런데 15세기에는 농사를 "녀름지ᅀᅵ"라 하고, 농부를 "녀름지슬아비", 농사하다를 "녀름짓다"라 하였으며, 그 후대에도 이들을 각각 "녀름지이", "녀름지으리", "녀름짓다" 등으로 "녀름"이란 말이 계속 사용되었다. 그 뒤 이는 "농사, 농부" 등 한자어로 바뀐다.

농사를 이르는 말의 "녀름"이란 하(夏)를 의미하는 말로 봄에 파종하고, 여름에 재배하는 것을 의미한다. 그런데 이 "녀름"이 형태적으로 결실을 의미하는 "여름"과 비슷하여 일부에서는 "여름(결실)"과 동일시하여 어원을 속해하기도 한다. 그러나 "녀름"과 "여름"은 17세기의 문헌에 이르기까지 주류에 변함이 없다. 특히 "녀름 둏다"를 예로 들어 "녀름"이 "열음"에 틀림없다고 보기도 하나, 이는 "농사가 잘 되었다"는 의미로, "결실이 좋다"는 말은 아니다. "결실하다"를 "녈다"라 한 용례는 보이지 않는다.

"녀름"을 "열음"으로 해석하게 되면 "녀름지싀, 녀름지을아비, 녀름짓다"도 다 "열음"과 관계를 지어야 할 것이다. 특히 "녀름드외다"는 "농사가 잘 되다"를 의미하는데, 이것이야 말로 "결실이 되다"라 해석해야 할 것이다. 그러나 앞에서 언급한 바와 같이 고어에서 "열다(結實)"를 "녈다"라 한 기록은 보이지 않는다. 그리고 "여름(實)"이 "녀름(夏)"을 나타내는 경우도 거의 보이지 않는다. 18세기에 나온 염불보권문의 "여름짓다"와 이륜행실도의 "여름옷"이 보이는 정도이다. "녀름"과 "여름"은 엄격히 구별되는 말이었다. 따라서 결실을 의미하는 "여름(<열음)"을 "녀름 하(夏)"의 어원으로 보려는 것은 고려할 여지가 없다. 근세에 접어들어 두음법칙이 적용되어 "녀름"과 "열음"은 동음어가 되어 동음충돌을 피하기 위해 "열음(實)"은 "열매"가 된다.

> 녀름 됴타(年成好) <역어유해>
> 훈번 녀름 됴티 아닌 저글 만나면 <경민편>
> 열음과 닙도 됴흐니라 <구황촬요>

이상 여름(夏)의 어원을 살펴보았다. 현재로선 "여름"의 어원은 "녀름"으로, 이는 "농사(農事)"를 의미하는 말이 계절 이름으로 전의되었다고 보아야 하겠다. 그리고 그 형태도 두음법칙에 따라 "녀름> 여름"으로 변하였다고 할 것이다.

(2021.10.19.)

"부뚜질"과 풍석의 언어문화

가을걷이가 끝나고 부뚜질하기 무섭게 눈이 왔다. 진눈깨빌 흩뿌리는 적이 많았지만, 한번 제대로 오면 주먹만한 눈송이가 까맣게 떨어졌다. <김남일, 海東奇文>

위의 예문에는 "부뚜질"이란 말이 쓰이고 있다. 이는 "풍석(風席)질"이라는 말이다. 타작마당 풍습이 달라져 "부뚜질"이라 하나, "풍석질"이라 하나, 이런 문화를 접하지 못한 사람이 이해할 수 없기는 매한가지일 것 같다.

"부뚜질"이나 "풍석질"이란 곡식에 섞인 티끌이나 쭉정이 검부러기 따위를 날려 없애려고 부뚜(風席)를 흔들어 바람을 일으키는 작업을 말한다. 한 사람은 곡식을 그릇에 담아 높이 들어 쏟아 내리고, 다른 사람은 부뚜를 펴서 중간을 밟고, 두 끝을 쥐고 흔들어 바람을 일으켜 알곡을 선별한다.

그러면 풍석(風席)의 고유어 "부뚜"란 말의 어원은 어떻게 되는가? 이는 "붓돗"을 그 어원으로 한다. 이의 예는 역어유해 등에 보인다.

揚穀子 붓돗 티다 <역어유해>
颺颺 붓돗질ᄒᆞ다 <역어유해보> / 颺場 붓돗질ᄒᆞ다 <한청문감>

"부뚜질"을 나타내는 말은 위의 역어유해보와 한청문감의 "붓돗질ᄒᆞ다" 외에, 이의 변형인 "붓도딜ᄒᆞ다"<동문유해>, "붓도질ᄒᆞᄂᆞᆫ 것(扇車)"<物譜>이 보인다.

그러면 "붓돗"의 어원은 어떻게 된 말인가? 이는 "붓-돗"으로 분석된다. "붓"은 "붓다"의 어간이다. 이는 삼강행실도의 "부채 붓고"와, 한청문감의 "날리 붓다(搧翅)"가 그 예로, 앞의 예는 "부치고"의, 뒤의 예는 "(날개를) 치다"를 뜻하는 말이다. 곧 "붓돗"의 "붓-"은 "(부채를) 부치다(扇)"를 의미하는 말이다. "부채"는 이 "붓다"의 이형태인 "붖다"에서 파생된 말이다.

"붓돗"의 "돗"은 "자리(席)"를 의미한다. "풍석"의 "석(席)"이다. 훈몽자회나 신증유합의 "돗 셕(席)"의 "돗"이 이것이다. "돗"은 "돗"과 "돐"의 두 형태로 나타나, 뒤에 모음이 올 때는 "돐"으로 실현된다. 예를 들면 다음과 같다.

* 筵 돗 연 俗謂宴曰筵席 官話稱筵宴席 돗셕 俗謂凉席 <훈몽자회>

  凉席 돗… 蓆邊 돗ᄀ… 蓆心 돗가온더 <한청문감>

* 프른 줄퓌 돗기셔 주금 니부믈 둘히 너규니(青蒲甘受戮) <두시언해>

  시논 돗골 둗가이 덥게 ᄒ노라 =鷹席을 厚暖케 ᄒ노라 <법화경언해>

이렇게 "돗"은 자리다. 따라서 왕골이나 골풀의 줄기를 재료로 하여 만든 자리를 이르는 "돗자리"라는 말은 사실은 동의반복의 말이다. 돗 석(席)자는 오늘날 "자리 석(席)"자라 하는 데서 확인 된다. 그러나 이는 달리 해석할 수도 있다. 원래 "돗 석(席)"자의 자원은 까는 것을 의미하는 말(庶)과 천(巾)을 의미하는 말의 형성자이다. "돗자리"는 천의 자리(布席)가 아닌 포석(蒲席)과 같은 초석(草席)을 의미한다. 포석(布席)이 난석(暖席)이라면 포석(蒲席)은 양석(凉席)이다. "돗자리"는 이러한 변별성을 나타내기 위한 복합어라 할 수 있다.

추수의 문화는 완전히 바뀌었다. 지난날의 추수가 인력에 의한 원시적인 것이라면, 오늘날은 기계화한 것이다. 베고, 탈곡하고 갈무리하는 것을 한 대의 기계가 다 해 낸다. "부뚜질"이나 "풍석질"은 작품 속에서나 만나 볼 수 있는 추억의 언어문화가 되었다.

(2021.11.24.)

"부시다(映)", "비치다"의 어원과 정체

그 아이는 눈이 <u>부시게</u> 흰 스웨터에 눈이 <u>부시게</u> 흰 바지를 입고 있었다.
<조세희, 궤도 회전>

빛이나 색채가 강렬하여 마주 보기가 어려운 상태에 있을 때 우리는 "눈이 부시다"라 한다. 위에 인용한 소설에 쓰인 예가 그것이다. 그런데 이 "부시다"는 그 어원을 단정하기가 좀 어려운 말이다. 우선 그 어원은 "ㅂ슷다"로 본다.

고어에서 "ㅂ슷다" 계의 용례는 여러 가지로 나타난다. "ㅂ삿다·ㅂ싀다" 계의 말과 "ㅂ이다·ㅂ이다·ㅂ의다" 계통의 말이 그것이다. 이들의 용례를 보면 다음과 같다.

* ㅂ슷다: ㅂ술 영(映) <훈몽자회>
* ㅂ싀다: 서로 應ᄒᆞ야 ㅂ싀야 ᄂᆞ려오니 <남명집언해>

　　　　ㅂ싈 죠(照) <신증유합>, <훈몽자회>

　　　　暎 ㅂ싈 영 俗作映 明相照也 <훈몽자회>

　　　　曜 ㅂ싈 요 又曰曜靈 又十一曜 通作 耀耀 <훈몽자회>

* ㅂ이다: ㅂ일 영(映) <신증유합>, <왜어유해>

　　　　耀目 ㅂ이다 <동문유해>

　　　　晃眼 히 눈에 ㅂ이다… 耀眼 광치 눈에 ㅂ이다 <한청문감>

* ㅂ싀다: 흿ㅅ빗 눈에 ㅂ싀다(日晃眼) <역어유해보>

　　　흿 눈에 ㅂ싀다 <동문유해>

* ㅂ싀다: 光風霽月이 부는 듯 ㅂ싀는 듯 <노계, 독락당>

　이들 "ㅂ싀다"계의 말은 후대의 용례로 보아 "부시다"를 뜻하는 말임이 확인된다. 그러나 "영(映)·조(照)"의 새김으로 보아서는 "부시다"란 형용사가 아니고, 오히려 동사일 가능성이 짙은 말이다. 최남선의 新字典에도 이들은 "映 明相照 빗칠 영, 照 明所燭 빗칠 조"자로 풀이하고 있다. 이로 볼 때 "ㅂ싀다"계의 말은 동사이거나, 아니면 동사와 형용사로 다 같이 쓰이던 말이라 하겠다. 그것은 "밝다"가 동사와 형용사로 아울러 쓰이는 것과 같다. "ㅂ싀다"계의 말은 추단하건대 "비치다"에서 뒤에 "부시다"의 의미가 파생되었을 것으로 보인다.

　그러면 이들의 형태적 변화를 살펴보기로 한다. 출전을 보면 남명집언해(1482)가 가장 오래된 것이어 "ㅂ싀다"를 어원으로 볼 수도 있으나 음운변화 현상으로 볼 때, 훈몽자회(1527)의 "ㅂ싀다"를 어원으로 보는 것이 바람직할 것이다. 그리하여 "ㅂ싀다> ㅂ싀다> ㅂ싀다"의 변화 과정을 겪는 것으로 본다. 그리고 이것이 "부시다"로 변한다.

　여기서 문제가 되는 것이 조선조 말의 哲宗 때 나온 노계집(盧溪集)의 "ㅂ싀다"를 어떻게 보느냐 하는 것이다. 이는 시대적으로는 근세의 어휘이다. 그러나 음운변화의 과정으로 볼 때는 "ㅂ싀다"의 전차어(前次語)로 보아야 한다. 따라서 "부시다"는 많은 문제성을 안고 있으나 "부시다"란 말의 어원상 중간 단계라 보는 것이 무난할 것이다.

　끝으로 "비치다"의 어원에 관해 일언을 덧붙이기로 한다. 이는 "빛(光)"이란 명사에 서술격 조사가 결합된 용언이다. 명사에 서술격 조사가 붙어 용언화하는 것이 우리말의 하나의 특징이란 사실은 본서의 도처에서 언급한 바 있다.

(2021.11.19.)

"부시다(湯)"의 의미와 어원

벽 저쪽에서 그릇을 <u>부시는</u> 달그락 소리가 오래 전에 잊어버렸던 아늑한
가정의 조반 때라는 것을 일시에 상기시켜 주었다. <북한 소설, 평양 시간>

우리말에는 "씻다"라는 뜻의 "부시다"라는 말이 있다. 표준국어대사전은 이
말을 "그릇 따위를 씻어 깨끗하게 하다"라 풀이하고 있다. 위의 소설에서도
이러한 뜻으로 쓰고 있다. 그런데 "부시다"에는 정말 이러한 뜻만 있는 것일까?
"그는 뚝딱하고 밥 한 그릇을 부시었다."
이는 역어유해보의 "부쉰드시 먹다: 喫的淨光"과 같이 비유적인 표현일
까? 결과적으로는 같은 말이나 이는 "밥을 깨끗이 다 먹었다"는 직접적 표현
이다. 이게 어떻게 된 것인가?
"부시다"의 옛말은 "보쇠다"라 하였다. 이의 용례는 신증유합에 한자 새
김으로 두 개의 용례가 보인다. "보쇨 탕(湯)"과 "보쇨 갈(竭)"이 그것이다.
"보쇨 탕(湯)"은 의외로 생각될는지 모른다. 그것은 이 한자는 흔히 "물끓을
탕(湯)"자로 알아 "온탕(溫湯)·열탕(熱湯)"의 "탕(湯)"이거나, 곰탕·설렁탕의 "탕
(湯)"으로 받아들여질 것이기 때문이다. 그러나 이는 "씻다"의 의미를 지니는
말이다. 이 글자는 "탕(蕩), 탕(盪)"과 통하는 한자다 "탕(盪)"자는 형성자로,
이는 물을 흘리다란 뜻의 "탕(湯)"과 그릇을 뜻하는 "명(皿)"으로 이루어져
"물을 흘려 그릇을 씻다", 나아가 "씻다"를 의미하는 글자다. 모로바시(1965)
는 "湯"자가 "씻을 탕(盪)"자와 통하는 자임을 전제하고, 한서(漢書)의 "주(注)"

를 인용하고 있다. "사고가 말하기를 탕(湯)은 오히려 씻는다는 말이다(師古曰
湯猶盪滌也)"라 한다. 이렇게 "탕(湯)"자는 "씻다·세척(洗滌)하다"를 뜻하는 말
이다. 따라서 "보쇠다"는 오늘날의 "부시다"와 마찬가지로 "씻다"란 뜻의
말임을 알 수 있다.

다음 "보쇨 갈(竭)"자를 보기로 한다. 이는 오늘날의 옥편에도 "盡也 다할
갈"이라고 풀이하고 있는 한자다. "갈(竭)"자가 들어가 "다하다"를 뜻하는
말을 몇 개 보면 "갈력(竭力)·갈진(竭盡)·빈갈(貧竭)"과 같은 말이 있다. "갈력"
은 있는 힘을 다하다, 곧 진력(盡力)을 뜻하는 말이고, "갈진"은 바닥이 드러
날 정도로 다 없어짐을 뜻하는 말이며, "빈갈"은 가난하여 아무것도 없는
것을 뜻하는 말이다. 이로 볼 때 "보쇠다"는 "다하다"의 뜻도 지닌 말임을
알 수 있다.

"보쇠다"는 "씻다"와 함께 "다하다"의 의미도 지닌 말이다. 위에서 예로
든 "뚝딱 밥그릇을 부시었다"는 "밥을 다 먹었다", 바꾸어 말하면 "밥 그릇
을 다 비웠다"는 말이다. 이렇게 "보쇠다", 곧 "부시다"는 "씻다"라는 의미
외에 "다하다"의 의미를 지니는 말이다. 따라서 우리의 사전은 "부시다"의
의미로 "다하다(盡竭)"의 의미를 추가할 것이고, 언중은 "다하다"는 의미로
"부시다"를 부지런히 사용함으로 이 말에 생명을 불어넣어야 하겠다.

다음에는 "보쇠다"가 "부시다"로 변화하는 과정을 살펴보기로 한다. "보
쇠다"는 일단 "부쇠다> 부쇡다"로 변한다. 우선 모음조화가 깨지고, 마침내
양모음에서 음모음의 어휘로 바뀐다. 그리고 "부쇡다"의 중모음 "쇡"는 단
모음 "시"로 바뀐다. 그래서 마침내 오늘날의 "부시다"가 되는 것이다. "부
쇠다"와 "부쇡다"의 용례를 보면 다음과 같다.

* 부쇠기를 건정히 ᄒᆞ야(壺瓶汕的) <박통사언해>
* 가마 부쇡는 구기(鐵鑷子) <한청문감> / 그릇 부쇡다(滌器) <동문유해>

(2021.10.28.)

"부심"과 "가심"과 "헹굼"의 세계

　우리말에는 "씻다"와 관련된 말에 "가시다·부시다·헹구다" 따위가 있다. 이들의 명사나 명사형은 "가심", "부심", "헹굼"이다. "씻다"는 "씻이"라고도 한다. "씻다"계의 명사형 "씻이"에 대해서는 이미 자세한 논의를 하였기에(박갑수, 2021), 이에 대한 논의는 줄이고, 주로 나머지 "가심·부심·헹굼"에 대해 보기로 한다.

　어휘는 명명 과정에서 일반화하기도 하고 세분화하기도 한다. 예를 들어 우리말의 "씻다"는 "손을 씻다, 옷을 빨다, 이를 닦다"와 같이 세분된다. 그런데 영어에서는 이들을 다 "wash"라 한다. 우리는 또 "밥, 쌀, 벼"라 구분한다. 영어에서는 이들을 모두 "rice"라 한다. 그래서 우리말은 의미 영역을 세분하므로 조밀도(稠密度)가 높고, 영어는 일반화하는 경향이 있어 조밀도가 낮다고 한다. "부심·가심·헹굼"도 이러한 조밀도와 관계가 있는 말이다. 이들은 다 "씻다", "wash"계의 말이다.

　"가시다"의 사전적 의미는 "① 어떤 상태가 없어지거나 달라지다. ② (…을) 물 따위로 깨끗하게 씻다. ③ (북) 누명, 허물, 과오 따위를 깨끗이 벗다"로 되어 있다. 이들을 한자로 나타낸다면 "소(消)·세(洗)·설(雪)"로 대치할 수 있을 것이다. 사실 이 "가시다"의 본래의 의미는 "변(變)·소(消)"의 의미를 지니는 말이다. 충무공의 시조 "일성호가(一聲胡笳)는 가실 줄이 이시랴"의 "가시다"가 그것이다. 이는 "가시다> 가싀다> 가시다"로 변한 말이다.

* 싯가시기를 일즈기 말라(不可澡浴太早) <언해두창집요>

* 洗漱 부싀다… 洗淨 가싀다 <한청문감>

　祭器롤 싯가싀며 <가례언해>

　위의 용례 가운데 "싯가시며"는 "싯다-가시다"의, "싯가싀며"는 "싯다-가싀다"의 복합동사이다. 이들 복합동사는 "싯다(洗)"와 "가시다", 또는 "가싀다"가 복합된 말로, 이는 "싯다"와 "가시다·가싀다"가 의미상 차이가 있음을 보여 주는 단적인 사례라 하겠다.

　그러면 다음에 "가심"과 복합된 명사를 보기로 한다. 이러한 말에는 "볼-가심, 약-가심, 입-가심, 진부정-가심, 집-가심" 등이 있다. "볼-가심"은 볼의 안쪽, 곧 입속을 가시는 것을 의미하는 말로, 이는 아주 적은 양의 음식으로 시장기를 달래는 일을 뜻한다. "약가심"은 약을 먹은 뒤 다른 음식을 먹어 입을 가시는 것을 의미하고, "입가심"은 입안을 개운하게 가시어 내는 것을 의미한다. 이에 대해 "진부정-가심"은 초상집에서 무당을 불러 굿을 하여 부정(不淨)한 기운을 없애는 것을 말한다. "집-가심"은 "진부정-가심"과 비슷한 말로, 초상집에서 상여가 나간 뒤에 무당을 불러 집안의 악한 기운이 가시도록 물리치는 일을 의미한다. 이상 "가심"과의 복합어는 사전적 의미로 볼 때 "볼가심, 약가심, 입가심"은 ②의 "세(洗)"의 의미로, "진부정가심, 집가심"은 ①의 "소(消)"의미로 쓰인 것이라 할 수 있다. 그러나 "가시다"는 무엇보다 "가시다"가 "고치다, 다시(更)"의 의미도 지녀 "다시 썻다, 다시 빨다"의 의미를 지닌다. 쉽게 말해 "헹구다"의 의미를 지닌다.

　"부심"과의 복합어는 "인부심"과 "개부심"이 있다. "인부심"은 "인부정(人不淨)", 곧 사람으로 말미암아 부정을 타는 것을 막기 위해 출산 후 이레째 되는 날 수수떡을 만들어 앞뒷문에 놓고 지나가는 사람에게 나누어 먹이는 풍습을 말한다. 이에 대해 "개부심"이란 장마로 큰물이 난 뒤 한동안 쉬었다가 다시 퍼붓는 비가 명개를 부시어 내는 것, 또는 그 비를 이른다. 이는 개(浦)를 부신다는 말이다. 따라서 여기 "인부심"은 ①의 뜻, 개부심은 ②의 뜻으로 쓰는 말이라 하겠다. "부시다"는 본래 "씻다"와 "다하다(盡)"의 의미를 지니는 말이다. 이 말도 애벌 씻는다기보다 흔히 다시 씻을 때 쓰는 말이다.

"헹구다"는 빨거나 씻은 것을 다시 맑은 물에 넣어 흔들어 씻다를 의미한다. 그리고 "헹굼"은 이의 명사형이다. 따라서 "헹구는 동작"이야 말로 씻은 다음에 행해지는 세척행위다.

이상 살펴본 바와 같이 "가심, 부심, 헹굼"은 모두 일단은 "씻이(洗滌)"가 이루어지고, 그 다음에 다시 이 씻는 행위를 할 때, 다시 하는 이 행위가 주된 의미다. 그러나 이들 세 말 사이에는 분명한 차이가 드러나지 않는다. 세척(洗滌) 대상에 따라 약간 구별될 뿐이다. "가심"은 입 안이나 볼을 개운하게 씻는 것을, "부심"은 그릇 따위를 깨끗하게 하는 것을, "헹굼"은 신체, 기명(器皿), 세탁물 등을 씻고 빼는 것에 비교적 폭넓게 쓰인다고 할 수 있다. 이러한 구별은 일본어에도 나타난다. "씻다"를 뜻하는 일본어 "아라우(洗う)"에 대한 하위 영역의 구별은 일본어에서도 마찬가지로 그 구별이 분명하지 않다. "가심·부심·헹굼"을 나타내는 동사로는 "스스구(濯ぐ·漱ぐ), 소소구(濯ぐ·雪ぐ), 유스구(濯ぐ)" 등이 쓰인다.   (2021.10.30.)

"북돋우다"와 "붓도도다"의 어원

"전수의 비명이 울화를 더 <u>북돋운</u> 듯…" <안수길, 북간도>
"옥분이는 마늘 포기에 <u>북을 돋우며</u> 호미질로 잡초를 뽑아 나가고 있었다.
<김원일, 불의 제전>

"북돋우다"의 사전풀이는 "기운이나 정신 따위를 더욱 높여주다"로 되어 있다. 앞에 제시한 안수길의 "북간도"의 용례가 이런 것이다. 그러나 "북돋우다"의 원래의 뜻은 이런 것이 아니다. "북을 돋우는 것"이다. "북"은 "식물의 뿌리를 싸고 있는 흙"이다. 따라서 "북돋우다"는 "식물의 뿌리를 싸고 있는 흙을 돋우는 것"을 의미한다. 위 김원일의 "불의 제전"의 용례가 이런 것이다. "기운이나 정신 따위를 더욱 높여 주다"란 사전의 의미는 기본적 의미를 추상화한 것이다. "북돋다"는 "북돋우다"의 준말이다.

그런데 이 "북돋우다"는 사실은 본래의 말이 아니요, 변한 말이다. 이는 고어에서 "붓도도다"라 하였다. 그 용례를 두어 개 보면 다음과 같다.

그 불휘룰 붓도도와든 枝葉이 茂셩호미 ᄀ트니 <가례언해>
붓도돌 비(培) <신증유합>
붓도들 즈(耔) <신증유합>

"붓도도다"는 "북돋울 배(培)"자나, "북돋울 자(耔)"자의 새김이다. "培"자의 자원은 형성자로 "흙 토(土)와, 음과 '덧붙이다'를 뜻하는 부(付)"로 이루어져, 초목에 흙을 끼얹는 것을 의미한다. 그리고 여기서 나아가 초목을 기른다는 의미를 나타낸다. "籽"는 쟁기를 뜻하는 뇌(耒)와 음을 나타내는 자(子)로 이루어져 작물의 뿌리에 흙을 더하는 것을 의미한다. 이렇게 "붓도도다"는 작물의 뿌리에 흙을 더하는 것이다. 이 "붓도도다"가 "북돋우다"로 변하였다. 이러한 변화는 物名攷에 "북돋우다"를 뜻하는 "북킈다 墳 土脈起者 흙 북킈다"<물명>가 보여 그 변화를 확인해 준다.

"도도다"나 "돋우다"는 타동사이다. 그렇다면 "붓"이나 "북"은 목적어일 가능성이 크다.

그렇다면 이 "붓"과 "북돋우다"의 "북"은 구체적으로 무엇을 의미하는가? "북"을 "흙"이라 한 것은 결과적인 추론이다. "북돋울 배(培)"자는 "붇돋는다"는 의미만이 아니고, 이는 "흙무더기, 둔덕", 또는 "낮으막한 언덕"을 의미하기도 한다. 따라서 "붓(>북)"은 지금은 사어(死語)가 된 말로, "흙무더기·작은 언덕"을 뜻하는 말이었던 것으로 볼 수 있다. "붓도도다"는 작물의 뿌리에 흙의 둔덕, 흙의 언덕을 만드는 것이다. 앞에서 인용한 "북킈다"(墳 土脈起者 흙 북긔다)는 "북(土脈)을 일으키다"는 뜻을 나타내는 말로, "토분(土墳)"을 크게 한다는 말이다.

"붓도도다"는 "북을 돋우다"라는 말로, 이는 결국 흙무더기, 또는 흙 둔덕(土脈)을 생물이 잘 자라게 높이 만들어 준다는 말이다.　　　　　(2021.9.26.)

"비탈"의 어원과 지명 "-골·-실"

생물은 모두 햇볕을 받고 물을 섭취해야 산다. 사람도 마찬가지다. 그래서 우리의 삶의 터전은 물가의 양지 바른 골짜기에 마련하였다. 소위 남향집, 동향 대문을 달고 살았다.

양지 바른 땅을 우리는 "양달"이라 하고, 그렇지 않고 그늘진 곳을 "음달"이라 한다. "양달"이나 "음달"은 "양지(陽地)"와 "음지(陰地)"와 같은 말이다. "양달"이나 "음달"의 "음양"은 한자어 "음양(陰陽)"에 해당한 한자말이다. 그리고 "달"은 "산지", 또는 "고지(高地)"를 의미하는 고유어이기 때문이다. 예를 들면 단군(檀君)이 고조선을 개국할 때의 수도 "아사달(阿斯達)"의 "달(達)"이 그것이다. "아사달(阿斯達)"의 "아사(阿斯)"는 오늘날의 "아시"에 해당한 말로, 이는 "처음, 시초"란 말이어 이 "아사달(阿斯達)"이란 지명은 "시초의 땅", 또는 "시초의 산"이란 의미의 말이 된다. "아사달(阿斯達)"은 오늘날 황해도의 구월산(九月山), 또는 평양 근처의 "백악산"으로 추정한다. "달(達)"의 용례는 아래 용례에 보이듯 옛 지명에 많이 보인다.

우리말로 비스듬한 산이나 언덕을 "비탈"이라 한다. 이는 동문유해나, 한청문감에 "비탈"로 나타난다(뫼ㅅ 비탈(山坡); 고기 아리 비탈(山嶺下坡處)). 이 말은 옛말도 "비탈"로 되어 있어 단일어로 보이나, 사실은 "빗-달"로 분석될 복합어이다. "빗"은 "빗기다(斜)"의 어근으로 "비스듬한 것"을 의미하고, "달"은 "산(山)·고지(高地)" 등을 의미하는 말이니, "빗달"은 "경사진 땅", 또는 "비스듬한 산"이란 뜻의 말이다. "비탈"은 [빗달> 비딸]을 거쳐 [비탈]로 그 음이 변한 말로, "경사면(傾斜面)의 땅"이란 말이다. "달"의 용례는 삼국사기(三國史記)의 지명표기에 많이 나타나는데, 그 용례를 몇 개 보면 다음과 같다.

> 산(山): 송산현 본래 고구려의 부사달현(松山縣 本高句麗夫斯達縣)
>
> 예산현 본래 고구려의 매을달현(蒜山縣 本高句麗買乙達縣)
>
> 고(高): 고봉현 본래 고구려의 달성현(高峰縣 本高句麗達省縣)
>
> 고성현 본래 고구려의 달홀(高城縣 本高句麗達忽)

"양달"이란 앞에서 말한 바와 같이 양지(陽地)를 말한다. 이는 "볕 양(陽)"자와 산과 고지를 뜻하는 "달"이 결합된 말이다. 이에 대해 "음달"은 "그늘 음(陰)"과 "달(山·高)"이 복합된 말이다. 그런데 오늘날 음지(陰地)를 "음달" 아닌, "응달"로 보고 있다. "음달"을 "응달"의 원말로 보고, "응달"을 표준어로 보는 것이다. 이는 표준어를 잘못 사정한 것이다. "음달"이 표준어가 돼야 한다. 볕이 드는 것을 "양달지다"라 하고, 그늘이 지는 것을 "응달지다"라 하는 것도 "음달지다"라 해야 한다. 현재는 "응달지다"를 표준어로 보고 있다.

지명에 "밤실(栗谷)", "달밝골(月明洞)"과 같이 "-실, -골"이 많이 쓰인다. 오늘날 "골 곡(谷), 골 동(洞)"과 같이 한자 "곡(谷)"과 "동(洞)"은 "골"로 풀이한다. "골"이란 "골짜기"를 의미하는 말이다. 앞에서 말하였듯 마을은 물가의 양지바른 골짜기에 형성된다. 산등성이에 형성되는 것이 아니라, 골짜기에 들어선다. 그래서 마을 이름에 "골"이란 이름이 많이 쓰이고 있는 것이다.

"실"이란 이 골(洞)을 뜻하는 이음(異音)의 동의어(同義語)이다. 그러기에 "실"이 마을 이름에 많이 쓰였다. 그리고 여기 덧붙일 것은 "시내(川)"란 말도 실은 실과 같은 내 "실내(絲川)"거나 세천(細川)을 뜻하는 말이 아니다. 이는 "곡천(谷川)"을 의미한다. 이들 지명에 쓰인 "실"은 "실 곡(谷)"자의 훈으로 쓰인 것이다. 이러한 예는 많이 볼 수 있는데, "율곡(栗谷)"을 "밤실", "예곡(禮谷)"을 "예실"이라 하는 것이 그것이다.

(2021.3.10.)

"사그릇"과 "사기(沙器)"의 관계

　사전에서 그릇을 뜻하는 "사기"를 찾으면 "사기(沙器/砂器)= 사기그릇"이라 되어 있고, "사기그릇"을 찾으면 "흙을 원료로 하여서 구워 만든 그릇. 사그릇·사기(沙器)·자기(瓷器)"라 되어 있다. 사기는 모래와 관계가 없다. 그런데 우리의 "사기그릇"은 언제나 "모래 사(沙·砂)"자가 쓰이고 있다. 이는 어찌 된 일인가?

　"사기"는 고령토(白土)를 곱게 빻아 이를 원료로 하며, 600~1200도로 애벌구이를 하고, 유약을 발라 1,100~1,450도의 고온으로 다시 굽는다. 이들은 흔히 식기나 장식품 등으로 사용된다. 예로부터 사기(沙器)는 자기(瓷器)와 같은 뜻의 말이었다. 그래서 재물보(才物譜)에도 자기를 사기라 하고 있다. 고려와 조선조에서는 청자(靑瓷)는 청사기, 백자(白瓷)는 백사기, 분청자(粉靑瓷)는 분청사기, 청화(靑華)백자는 화사기(華沙器)라 하였다. 사기(沙器)와 자기(瓷器)는 구별이 없었다. 그러나 오늘날엔 이들을 구별한다. 사기가 자기보다 굽는 온도나, 순도가 낮은 것으로 본다.

　자기(瓷器)는 자기(磁器)라고도 한다. 조선조에는 두 말이 같이 쓰였고, 고려시대에는 자기(瓷器)라 했다. 중국에서는 도자기(陶瓷器)를 널리 자기(瓷器)라 하였고, 일본에서는 오래 전부터 도자기(陶瓷器), 자기(磁器)라 하였다.

　사기(沙器)의 실체와 이름, 특히 사기(沙器)와 자기(瓷器)의 관계를 살펴보았다. "사기(沙器)"는 모래와는 관계가 없는 것이다. 백토를 구워서 만드는 그릇이다. 이는 "사그릇"이라고도 한다. 표준국어대사전은 "사그릇"을 "=사기그릇"과 같은 말로 보며 표제어를 "사그릇(沙~)"으로 내걸고 있다. 이렇게 되면 정말 "모래로 만든 그릇"이 되어 실체와는 전연 관계가 없는 이름이 된다. "사기(沙器)"는 "사그릇"의 "사"를 "모래 사(沙)"자로 보고, 여기에 "그릇 기(器)"자를 대입한 말이다. 그러나 그런 것이 아니다. "사기(沙器)"의 "사(沙)"는 "모래"를 나타내기 위해 쓰인 것이 아니고, "사그릇"의 "사"음과 같은 음의 "사(沙·砂)"자를 가차(假借)한 것이다. 이렇게 해석하는 것은 "모래 사(沙)"를 쓰게 되면 "사기"의 실체와 부합이 되지 않기 때문이다. 그리고 "사기(沙器)"란 한자어는 중국이나 일본에는 없는 말이다. 이는 한국한자어이다. 일본에서는 사기를 "도키(陶器)·지키(磁器)·세토모노(瀬戶物)"라 하고, 중국에서는 "치취(瓷器)"라 한다.

"사기"가 한국한자어라는 것을 증명하기 위해 이의 용례를 보면 조선왕조실록을 위시하여 여러 역사서에 쓰인 것을 볼 수 있다.

> * 사옹원 제조 유자광이 흙으로써 사기를 만들었다(司饔院提調 柳子光 以土作砂器) <조선성종실록>
> * 사기장인 삼백팔십명(沙器匠三百八十) <경국대전>

그리고 우리의 역사서에는 위의 "사기장(沙器匠)" 외에 "사기계(沙器契)·사기막(沙器幕)·사기봉사(沙器奉事)·사기색(沙器色)·사기소(沙器所)·사기전(沙器廛)·사기점(沙器店)" 등의 용어가 쓰인 것도 볼 수 있다. 이밖에 오늘날 "모래 사(沙)"자가 들어가는 기구로, "사발(沙鉢), 사발시계(沙鉢時計), 사완(沙碗), 사자완(沙磁碗)" 등의 말도 있다.

"사기(沙器)"계의 말에 쓰인 "모래 사(沙)"자는 모두 고유어 "사그릇"의 "사" 음을 가차(假借)한 것이다. 진짜 모래를 뜻하는 말이 아니다. "사그릇"의 "사"자와 동음의 말로 "모래 사(沙)"자를 차용한 것뿐이다. 비록 오늘날 "사"의 어원은 모른다고 하더라도.

(2021.11.26.)

"사내"와 "가시내"의 어원

남녀를 고유어로 "사내·계집", 또는 "사내·가시내"라 한다. 형태적인 면에서 볼 때 "사내" "계집"보다 "사내"와 "가시내(방언으로 보나)" 쪽이 훨씬 짝이 잘 맞는다. "계집"은 집에 있는 사람이란 뜻으로 "계(<겨: 在·處)-집(家)"을 그 어원으로 하는 말이다.

"사내"와 "가시내", 달리 말해 "ㅅ나히"와 "갓나히·가시나히"는 그 어원을 대체로 "손-아히"와 "갓-ㄴ(첨가음)-아히"로 보고 있다. 그러나 여기에는 문제가 있다.

첫째, 형태적으로 "갓나히"의 경우 "ㄴ" 첨가를 이론적으로 제대로 설명할 수 없다는 것이 문제이고, 둘째, 형태가 일반적으로 "아히" 아닌, "나히"로 나타나며, 셋째, 의미면에서 "사나히"나 "간나히"나 그 대상이 어린 "아이(兒孩)"가 아니고, 다 성숙한 성인(成人)을 일반적으로 의미한다는 것이 문제다. 따라서 이는 재고돼야 한다.

"사내"는 그 어원을 "손"으로 본다. 훈몽자회의 장정을 의미하는 "손 뎡(丁)"이 그 예다. 그리고 남자를 의미하는 "사나이"는 15세기의 두시언해에 "ㅅ나히"로 나타나는가 하면 "ㅅ나희·ㅅ나히"로 나타난다는 것이다.

　　　ㅅ나히둘히 다 東녀그로 征伐 가니라 <두시언해>
　　　ㅅ나희와 겨집이(男女) <경민편언해>
　　　ㅅ나희(男兒) <훈몽자회>

이밖에 "ㅅ나히" 아닌 "싸히"가 보이는가 하면, 남자 아이(男兒)를 의미하는 "손-아히"가 보인다.

> * 싸히 소리 갓나히 소리 <석보상절>
> 싸히 香 갓나히 香 <석보상절>
> * 손 아히 오좀(男兒尿) <구급간이방>

"싸히"는 "ㅅ나히"를 의미하는 말로, "ㅅ"은 glide(過渡音)현상을 표기한 것으로, 독립적으로 "아히" 아닌 "나히"가 쓰인 예다. 이는 "손-아히"설을 부정하게 한다. 그리고 "손 아히"는 "사내" 일반을 가리키는 "ㅅ나히·ㅅ나희"와 남자 아이(男兒)를 구별해 표기한 것으로 보게 한다.

"갓나히·갓나희"는 여자, 처를 의미하는 "갓"을 그 어원으로 한다. "갓"의 용례를 보면 다음과 같다.

> 그딋 가시 ᄃᆞ외아지라 <월인천강지곡>
> 하마 갓 얼이고 <석보상절>

"갓ᄂᆞ히"와 "갓나희"도 "갓"과 마찬가지로 여자와 처를 의미하는 말로, "갓나히"는 "ㅅ나히"와 같이 15세기 문헌에 나타난다. 그리고 이는 "갇나히"란 이형태 외에, 자음접변에 의한 "간나히·간나희"의 용례도 보여 준다.

> * 싸히 소리 갓나히 소리 <석보상절>
> * 海棠花 갓나희로다 <해동가요>
> * 숟 간나히가 니믈리기가(女孩兒那後婚) <박통사언해>
> * ㅅ나히와 간나히(男女) <소학언해>
> 간나희 가는 길흘 <청구영언>

이상 "갓나히"와 "갓나희"의 형태를 살펴보았다. 그러면 "갓"에 이어지는 문제의 "나히·나회"를 살펴보기로 한다. 결론적으로 이는 "낳다(生産)"에서 파생된 명사라 할 수 있다. 곧 "낳(生)-이(접사)"와 "낳(生)-의(접사)"라는 구조의 말이다. "이·의"접사는 "노러·노픠" 등의 예에서 볼 수 있다. 따라서 "나히·나회"는 "낳은 것"을 의미하고, 나아가 "손나히·갓나히"는 각각 남자와 여자를 의미한다. "나히/나회"는 "내"로 축약된다. "나히/나회"의 어원을 "낳다(生)"로 보는 것은 G. J. Ramsted의 "Studies in Korean Etymology"(1949)에서도 볼 수 있다.

sanahi, sana 'man, masculine' <(?) sa, su 'masuline' and nahi 'born' from v. nattha (:naha) 'to produce, to bear'

그리고 "손"의 어원은 람스테트의 추론에서도 볼 수 있듯, "수(雄)"에 거슬러 올라갈 수도 있을 것이다.

이상 "사내"와 "가시내"의 어원을 살펴보았다. 따라서 "사내"는 "손(丁)+낳(生産)-+이/의(접사)"가 그 어원이고, "가시내"는 "갓(女·妻)-낳(生産)-+-이/의(접사)"가 그 어원이라 할 수 있다. "손나히·손나희"의 경우는 "ㄴ"이 중첩되어 그 중 하나가 탈락되었다.

끝으로 덧붙일 것은 "아히·아희"의 문제다. 이는 한자어 "兒孩"가 본디 말이 아니다. 오히려 "아이"에 해당한 "아히"에 한자를 대입한 것이다. "兒孩"는 한국한자어이다. "아히"는 15세기의 석보상절에 "즉자히 쉰 아히 몯거늘"이, 두시언해에 "아히돌히 俗客 혀 드료믈(休怪兒童延俗客)" 등이 보인다. "아희"는 16세기의 소학언해(1586)에 "얼운과 아희 추례롤 볼키니라" 등을 볼 수 있다.

(2021.8.26.)

"사람"과 "짐승"의 어원

사람은 만물의 영장이라 한다. 그렇다면 이 "사람"이란 말은 어떻게 명명된 것인가? 그리고 상대적인 "짐승"은? 이들의 어원은 무엇인가? "사람"은 적어도 15세기에 "사룸"이라고 하였다. 그 예는 다음과 같다.

> 사룸마다 히여 수비 니겨 <어제훈민정음>
> 사르미 므레 사니고도 <석보상절>

이는 "살다"란 동사에서 파생된 말이다. "살다"의 어간 "살"에 매개모음 아래아(·)가 오고 그 뒤에 명사를 만들어 주는 접사 "-ㅁ"이 연결된 것이다. 그리하여 "사룸"은 "살아 있는 것"을 의미한다. 중세국어에서는 이렇게 용언(用言)에 "(♀/으)ㅁ"이 붙어 파생명사를 만들었다. "걷다·얼다·그리다"에서 파생된 "거름(步)·어름(氷)·그림(畵)"이 이러한 예다.

"-(♀/으)ㅁ"이 붙어 파생명사를 이루는 경우는 "-옴/움"이 붙어 동명사를 이루는 경우와는 구별된다. "살다"가 동명사형 "-옴"이 붙어 동명사가 될 때에는 이는 "사람(人)"이 아니라, "살옴/사룸"이 되어 "살림"을 의미한다. "사룸사리아 어느 시러곰 니르리오(生理焉得說)<두시언해 중간>"가 그 예이다. "살림살이"는 어찌하겠느냐는 말이다.

"사룸"은 그 표기가 "사룸"과는 달리 "살옴", 또는 "사롬"으로 표기된 것도 보인다.

사르미 쳐자식과 화동ᄒ며(人能和於妻子) <正俗諺解>

이 ᄀ튼 살음이 디장 일훔을 듯거니 <지장경언해>

앞에서 파생명사와 동명사형은 구별된다고 하였다. 그러나 동명사형 "사름"은 "살림"이나, "사람"을 나타내는 경우도 있다. "내 엇디 돗 가히와 ᄒ더 비브를 사로미리오 ᄒ고 피 흘려 ᄂ치 가례써늘(我豈生與犬豕均飽者 流血被面)<삼강행실도>이 그 예다.

다음에는 사람과 구별되는 "짐승"의 어원을 보기로 한다. 짐승이 사람과 구별된다고 하였으나, 짐승의 어원인 "중생(衆生)"은 사람도 포함하였다. 월인천강지곡에는 사람이나 주수(走獸), 비금(飛禽), 수륙의 생물 등 목숨을 가진 것은 모두 "중생"이라 한다고 하고 있다. "衆生"이 사람과 구별되는 존재로서의 예는 같은 15세기의 "석보상절"에 보인다. "비록 사ᄅ미 무레 사니고도 즁싱마도 몯호이다"가 그것이다. 여기서는 "즁싱"이 "사ᄅᆷ만도 못하다"고 하여 사람과 구별되는 짐승의 의미로 쓰인 것이 확인된다.

이 "즁싱(衆生)"은 일단 "즘싱"이 되고, 이것이 "즘승"을 거쳐 "짐승"으로 바뀌게 되었다. 이들의 용례는 다음과 같다.

* 새와 즘싱이 굿브렛ᄂᆞ니(鳥獸伏) <두시언해>
  獸 즘싱 슈 <훈몽자회>, <신증유합>
* 즘승 향ᄒ야ᅀᅮᆷ 빨리 호몰 말라(莫作向禽急) <두시언해>
  庖: 즘승 죽이는 짜히라 <소학언해>

"즘싱"과 "즘승"은 15·16세기 문헌에 다 같이 나타나나 17세기 문헌만 하여도 "즘싱"이 높은 빈도를 보인다. "생(生)"의 "승"으로의 변음은 "이승(此生)·저승(彼生)"과 같이 중고 이전의 한음 "siʌŋ"에 따른 것이다. 그리고 "즘승> 짐승"의 변화는 전설자음의 동화에 의한 것이다. (2022.3.22.)

사립문과 살짜기문의 어원

　지금은 시골엘 가도 "사립문"을 구경하기가 힘들게 생겼다. 도시에 아파트가 선 것은 말할 것도 없고, 농촌에도 불쑥불쑥 아파트가 솟아 있다. 아파트엔 현관문이 있을 뿐, 사립문은 볼 수 없다. 재래의 농촌 주택도 이제는 "사립문"이 아닌, 판자나 양철로 된 지게문을 달고 있다.

　"사립문"이란 사립짝을 달아서 만든 문을 이른다. 이는 "사립, 사립짝, 사립짝문, 시문(柴門), 시비(柴扉)"를 이르는 말이다. "사립짝"은 "나뭇가지를 엮어서 만든 문짝"을 의미한다. 이는 흔히 "삽짝"이라고 하는데 이는 "사립짝"의 준말로 본다.

　그러면 "사립문"의 어원은 어떻게 되는가? 우선 이의 용례부터 보면 다음과 같다.

　　새집과 살짜기門 별 흗드시 사느니(草閣柴扉星散居) <두시언해>
　　나날 살짜깃門올 바라셔 놀쑨니리오 <두시언해 중간>
　　사립짜 <語錄解>
　　살입문(稍門) <역어유해>

　이의 어원은 두시언해 초간본에 보이는 바와 같이 "살짜기문"이었던 것으로 보인다. "사립문"이나, "살입문"은 그 뒤에 변한 형태로 간략화한 것이다. 이는 "사립짝"의 오늘날의 풀이 "나뭇가지를 엮어서 만든 문짝"이란 것을 확인해 준다. "사립문"이란 "살짜기를 한 문"을 의미하기 때문이다. 이는 "살(輻)-짜기(組)-門" 또는 "살(輻)-짜기(組)-ㅅ(사이시옷)- 문(門)"으로 분석된다. 흔히 "살(輻)"이란 "바큇살"을 의미하지만, 여기서는, 창살, 문살의 "살"을 의미함은 물론이다. 특히 여기서는 "문살(門輻)"을 의미한다. 그래서 "문살을 짜기한 문(門)", 곧 "문살을 조립(組立)한 문"을 "살짜기문"이라 한 것이다. 여기서의 "나뭇가지"는 다 "문살"이 된다. 이와는 달리 가로 세로로 걸치거나, X자형으로 걸친 굵은 나무를 "문살"이라 해도 좋다. "시비(柴扉)"는 "살짜기문"이다.

그러면 시비(柴扉)를 이르는 "사립짝", "사립짝문"의 어원은 어떻게 되는가? 이는 "살(輻)-입(戶)-문(門)"의 복합어로 분석된다. 이는 역어유해가 구체적으로 보이고 있는 "살입문(梢門)"에서 "입"을 확인할 수 있다. 이는 "문호(門戶)"를 의미하는 말이다.

梵天의 이브로셔 나라 <월인석보>
입 여러셔 기드류리라 호고(開戶) <삼강행실도>
강당이 입과 창괘 여러 훤홀 씨(講堂戶窓開豁) <능엄경언해>

이렇게 "입"은 문호(門戶), 특히 지게(戶)를 의미하는 말이다. "호(戶)"는 옥편에도 "일비왈 호, 양비왈 문(一扉曰 戶, 兩扉曰 門)"과 같이 외짝 문을 가리킨다. "사립문"은 외짝으로 이루어져 있다. 그리고 집의 경우도 방의 입구(室之入口)는 호(戶), 집의 입구(堂之入口)는 문(門)이라 한다. "살입문"이란 "살로 짜서 만든 출입문"이란 말이다. 여기에는 "입"과 "문"이란 동의어가 겹쳐 쓰이고 있다. 이것은 "지게 호(戶)"자를 흔히 "집 호(戶)"자라 하기 때문에 그리 된 것이라 하겠다.

그리고 여기 덧붙일 것은 "사립문"의 어원을 "싸리(荊條)"에 관련시키기도 하는데, 이는 잘못 본 것이다. 싸리로 사립문을 많이 엮어서 만든다. 그러나 그런 것과는 상관이 없다. "싸리"의 고어는 "아래 ᄋ"자를 쓰는 말로, "사립문"의 "사리"와는 구별된다. "싸리(荊條)"의 용례를 보면 다음과 같다.(ᄡᆞ리> 싸리)

　　쓰리　荊條　<동문유해>
　　ᄇᄉ리 남게는 혼 몰 치고, 검부 남게는 닷되를 쳐서 <청구영언>
　　밋난편 廣州ᄇᄉ리뷔 쟝ᄉ 쇼디 난편 삭녕 닛비 쟝ᄉ <청구영언>
　　荊條　ᄇᄉ리　<사성통해>
　　ᄇᄉ리븨(掃帚) <역어유해>　　　　　　　　　　　　　　　(2022.2.5.)

"새끼"와 인간(人間)의 어원과 의미

"아이구, 귀여운 내 새끼!"

여인들은 제 자식이 더 할 수 없이 귀여울 때 곧 잘 이렇게 말하며 아이를 끌어안는다. 그런데 "새끼"라는 말의 사전풀이는 그리 좋은 뜻이 아니다.

"새끼"는 본래 낳은 지 얼마 안 되는 어린 짐승을 말한다. 사람에게 쓰일 때는 낮잡아 하는 말이다. 그런데 이런 비하하는 말은 흔히 애정 어린 말, 또는 애칭(愛稱)으로 쓰이기도 한다. "우리 집 강아지, 똥개, 우리 멍청이" 등이 이런 것이다. "새끼"도 이런 유형에 속한다.

"새끼"의 어원은 재미있다. 이는 "샅기"를 중간 어원으로 하여, "샅(股)-기(접사)"로 분석된다. "샅"의 사전풀이는 "① 두 다리 사이. 고간(股間) ② 두 물건의 틈"으로 되어 있다. "고간(股間)"이란 넓적다리 사이, 곧 사타구니를 뜻한다. "샅-기"의 "기"는 사물을 뜻하는 접미사다. "샅기"란 동물의 암컷 두 다리 사이, 곧 사타구니에서 태어난 것이란 말이다. 어른들이 농담으로 아이들에게 "저 아래 다리 밑에서 주어 왔다"고 하는 것과 같은 표현이다.

"샅"의 옛말은 "삿"으로 이는 본래 "사이"를 뜻하는 말이다. 내훈(內訓)의 "닛삿"이 치간(齒間)을 의미하는 것도 같다. "새끼"의 경우는 고어에서 "삿기"라 하던 말이다.

羊과 廐馬ㅣ 삿기 나ᄒ며 <월인천강지곡>

삿기 비 골하 ᄒ거든 <석보상절>

삿기 추(雛) <신증유합>

"삳"의 합성어로는 "삳기" 외에 "고샅·손샅·발샅"이 있다. "고샅"은 "① 시골 마을의 좁은 골목길. 또는 골목 사이. =고샅길. ② 좁은 골짜기의 사이. ③ 사타구니를 비유적으로 이르는 말"이다. "손샅"은 손가락과 손가락 사이, "발샅"은 발가락과 발가락 사이를 이르는 말이다. 이들로써 "샅", "삿"의 본래의 의미가 "사이"라는 것이 좀 더 분명히 드러났을 것이다. "샅"이 들어가는 말에는 또 우리가 잘 아는 씨름용어 "샅바"가 있다. 이는 역사적으로는 죄인의 다리를 얽어 묶던 바를 이르던 말이기도 하였다.

그리고 여기서 분명히 할 것이 하나 있다. 그것은 "인간(人間)"이란 말이다. 우리는 "인간(人間)"이라면 으레 "사람(人)"을 떠올린다. 표준국어대사전에도 "인간(人間)"의 첫 번째 뜻으로, "고등동물로서의 사람"을 들고 있다. 그러나 "인간(人間)"은 본래 "사람"을 뜻하는 말이 아니다. 사전에 둘째 풀이, 곧 "사람이 사는 세상"이 본래의 뜻이다. 한어(漢語)에서는 "인간(人間)"이 사람이 사는 세상, 세간(世間), 속계(俗界)를 의미한다. 이백의 시 "산중문답시(山中問答詩)"에 보이는 "별유천지 비인간(別有天地 非人間)"이 바로 이의 예다.

속계(俗界)를 의미하는 말에 "인간(人間)"이 아닌 고유어도 하나 보인다. "사룸서리"라고 인간(人間)을 직역한 것 같은 말이다. 이의 용례는 월인석보에 "人間ᄋᆞᆫ 사룸 서리라"라 한 것이 보인다. "서리"란 "사이·많은 것 가운데(叢中)"를 뜻하는 말이다. 이렇게 "인간(人間)"은 세간(世間)·속계(俗界)를 의미하는 말이다. 사람이 사는 세상이다. 그런데 이 말이 일본에서 분화한 의미 "사람"이란 뜻도 나타내게 되었다. 우리는 이를 수용하였다. 그래서 우리도 "인간"으로 "사람"이란 뜻을 나타내게 되었다. 그러나 중국에는 "인간"에 아직 "사람"이란 뜻이 없다. "사람"은 "런(人)"으로 나타낸다.   (2021.3.7.)

"새벽"의 명명과 발상

어둠을 뚫고 새벽이 솟아오른다/ 햇불을 들고 일어선다/
멀리 가까이 산이 들이/ 한빛에 태어나고 강물이 흐르며//

김광섭 시인의 "새벽"이란 시의 일절이다. "새벽"은 "먼동이 트려 할 무렵"을 뜻한다. 그래서 위의 시에서도 어둠 속에 파묻혀 있던 산과 들이 새로운 광명에 모습을 드러내고, 저 멀리 흐르는 강물이 눈에 들어온다.

"새벽"이란 멋진 시어(詩語)다. 그렇다면 이 말의 어원은 어떻게 되는가? 말을 바꾸면 이 말의 명명(命名)과 발상(發想)은 어떻게 된 것인가?

우리말 "새벽"의 고어는 "새박"과 "새배"로 나타난다. 15세기의 문헌에 이 두 형태가 같이 쓰이고 있다. 그러나 그 어원은 "새박" 쪽에 좀 더 무게가 실릴 것으로 보인다. 먼저 "새박"의 용례부터 보기로 한다.

    믄득 새바기 거우루로 ᄂᆞ출 비취오(忽於晨朝以鏡照面) <원각경언해>
    어을미어든 定ᄒᆞ고 새박이어든 살피며(昏定이 晨省ᄒᆞ며) <소학언해>

이렇게 "새벽 신(晨)"자가 "새박"으로 번역되어 있다. 그러면 "새박"의 어원은 무엇인가? 이는 "새(東)-ᄇᆞᆰ(明)"에 소급할 것으로 보인다. "새박"의 "새"는 동쪽을 의미하고, "박"은 "붉다(明)"의 어근인 "ᄇᆞᆰ"의 대표음을 나타낸 것이다. 그것은 "아래 ㅇ"가 "아~오"의 사잇소리(間音)이고, 중자음 "ㄹㄱ" 종성은 어말에서 단자음 [ㄱ]으로 실현되기 때문이다. "새벽"의 방언 "새박"과 "새복"이 있다는 것은 이를 실증이라도 해 주는 것 같다. 이는 "새박"의 "박"이 "붉"과 같은 "아래 ㅇ"음이라는 사실을 웅변으로 말해 주는 것이다.

"새박"의 "새"는 동쪽을 의미하는 "새(東)"라고 하였다. "새박"을 "먼동이 트려 할 무렵"이라 한 사전 풀이는 "먼동, 곧 먼 동쪽이 밝아오는 때(時間)"를 의미한다. "새다(曉·曙)"라는 말의 어원은 이러한 사실을 잘 말해 준다. 이는 "새(東)"에 서술격 조사 "이다"가 붙어 "날이 밝다"라는 뜻을 나타내는 동사가 된 말이다. 체언에 서술격 조사가 붙어 용언화하는 것은 우리말의 특징 가운데 하나다. 이에 대해서는 여기저기서 언급하였기에 중언을 피한다.

"새다"라는 말은 15세기에도 "새다"라 하였다. 이의 용례를 두어 개 보면 다음과 같다.

> 언제 새어든 부텨를 가 보스보려뇨 흐더니 <석보상절>
> 쏘 바미 쎌리 새느니 明日 還別이 슬프도다 흐니라 <두시언해>

"새"가 "동(東)"을 나타내는 구체적 용례는 고어에 잘 드러나지 않는다. 그러나 "새다"에 앞서 "새(東)"라는 말이 쓰였을 것이다. 그것은 "새"가 아니어도 상관없다. 해가 뜨는 쪽을 가리키는 말이 먼저 필요했을 것이고, 그쪽을 "새"라 한 것이다. 그리고 이는 "새다"라는 말을 파생하였다. "새(東)"는 "해"가 구개음화한 것이며, 나아가 한어 "해 세(歲)"의 "세(歲)"로, 그리고 원단(元旦) "설(元旦)"로까지 그 어원이 소급하는 것으로 볼 수도 있다(박갑수, 2021: "설"항 참조).

다음에는 15세기에 "새박"과 같이 쓰인 "새배"를 살펴보기로 한다. "새배"의 용례는 대부분 "새벽에"라는 부사적 용법으로 쓰이고 있다. 이로 보아 이는 "새박애"가 생략되고 축약된 말이라 하겠다. 이는 "새볘"라는 말도 있어 더욱 이러한 추단을 하게 한다. "새배"의 용례를 보면 다음과 같다.

새배 華 보다가 <원각경언해>

어르누근 남ㄱᆫ 새배 프르도다(錦樹曉來靑) <두시언해>

이러한 사실은 소학언해의 "다 씌 씌여 中門 뒤희 가 <u>새바긔</u> 省ᄒ더라"가
이보다 먼저 간행된 번역소학에서는 "다 씌 쓰여 <u>새배</u> 듕문 뒤희 가 문안ᄒ
더라"로 번역되어 있는 것에서 구체적으로 확인된다.

끝으로 중·일어의 "새벽"에 관한 자원 내지 어원을 살펴봄으로 명명상의
발상 관계를 보기로 한다. 먼저 중국의 "새벽 효(曉)"자의 자원은 "日"과 함께,
음과 분명하다는 뜻의 "堯"로 이루어진 형성자로, 이는 "밝아지는 시각"을
의미한다. 우리의 "새박"과 발상을 같이 한다. 일본어의 새벽을 이르는 "아
까쓰키(曉)"는 만요슈(萬葉集)의 장가(長歌)에 보이는 "아카도키(安香等吉)"에 소
급하는 말로, 이는 "아카(明)-도키(時)"로 역시 "밝는 때"를 뜻해 발상을 같이
한다. 그리고 "아카쓰키"의 "쓰키"는 달(月)을 의미하는 말로 "도키(時)"와 어
원을 같이 하는 것으로 본다. 달의 출입은 그대로 연월일시(年月日時)와 관련
된다. 이는 우리도 마찬가지 생각이다. 영어의 경우도 month는 moonth의
뜻이고, 달과 관련이 있는 time은 tide와 어원을 같이 한다. 이로 보면 고대인
들은 민족의 구별 없이 서로 발상을 같이하는 면이 많았던 것으로 보인다.

(2021.10.11.)

속(內)·솝과 "소"의 상호관계

　우리는 거죽이 아닌 내면을 "속"이라 한다. 붉은 수박 "속"이라든가, 따뜻한 이불 "속"이라든가 하는 "속(內·裏)"이 그것이다. 그런데 이는 지난날 "속"이라고만 하지 않고, "솝"이라고도 하였다. 이들은 15세기의 문헌에 다 같이 나타난다.

　　* 甁ㄱ 소배 갓초아 뒤더시니 <월인석보>
　　　　 ᄂᆞᄆᆞᆺ 소배 이시며(囊中) <능엄경언해>
　　* 骨髓는 ᄲᅧㅅ 소개 잇ᄂᆞᆫ 기르미라 <월인석보>
　　　　 소리 프른 虛空 소ᄀᆞ로셔 ᄂᆞ리놋다(響下靑虛裏) <두시언해>

　"솝"과 "속"의 관계는 "솝"에서 "속"으로 음운변화가 일어난 것으로 보인다. "솝"의 원순모음 "ㅗ"와 같은 원순자음 "ㅂ"의 연음을 피하기 위해 "솝"이 "속"의 폐쇄음 "ㄱ"으로 바뀐 것이다. "거붑> 거북(龜)"의 변화와 비슷하다. "황금(黃芩)"을 구급간이방에서 "솝서근플"이라 하였는데 동의보감에서 "속서근플"이라 하고 있는 것은 이의 구체적인 변화를 보여 주는 예라 하겠다. 오늘날 "솝"은 거의 들을 수 없고 다 "속"으로 바뀌었다. 다만 전라북도의 지명 "이리(裡里)"는 지금도 "속리" 아닌, "솝리"라 하고 있는 것을 들을 수 있다.

　그런데 이 "솝", 또는 "속"과 같은 어원의 말이 또 하나 있다. 그것은 "소"

라는 말이다. "소"의 사전풀이는 다음과 같이 되어 있다.

> ① 송편이나 만두 따위의 속에 넣는 재료. 송편에는 팥이나 콩·대추·밤 따
>   위를 사용하고, 만두에는 고기·두부·채소 따위를 사용한다.
> ② 통김치나 오이소박이 따위의 속에 넣는 여러 가지 고명

　이들 풀이는 "속에 넣는 재료", 또는 "속에 넣는 고명"이라 하고 있으나, 이들은 다 "속"이란 말이고, 좀 더 잘 이해할 수 있게, "재료"나 "고명"이란 말을 덧붙인 것뿐이다. 이는 고어에 "욧소"라는 말이 이러한 사정을 잘 설명해 준다. 이는 "요의 속"으로 솜이나 부들 따위를 의미할 것이기 때문이다. "욧소"의 예는 한청문감에 "요ㅅ소(褥托子)"가 보인다.

　그러면 "속"과 "소"의 관계는 어떻게 되는가? 이는 "속> 솛> 소"로 변해 온 것이라 하겠다. 우리말의 음운변화에는 "ㄱ(k)> ㅎ(h)> o(제로)", 곧 "k> h> o"화하는 현상이 있는데 "속"이 이러한 예에 해당한 말이다. "우(上)"도 이러한 예에 속하는 것으로 볼 수 있다. "속"과 "소"의 예는 앞에서 보았으니 "솛"와 "소"의 예를 보면 다음과 같다.

> * 쏘 엇디 흔 뒷다리 업스뇨 샹홧 소해 쓰다(饅頭餡兒裏了)
>   오는 눈믈은 벼깃 소흐로 흐르도다 <가곡원류>, <교시조>
> * 軟肉 소 녀흔 薄餠을 먹고 <중간 박통사언해>
>   고기소 녀흔 샹화(肉包) <역어유해>

　위에서 살펴본 바와 같이 "내(內)·리(裏)"를 뜻하는 고유어는 "솝"에서 "속"으로 바뀌고, "소"는 "솛> 소"로 변하였다. "속> 솛> 소"의 변화는 종성이 "k> h> o"화한 것이다. "소"의 용례는 "만두-소, 팥-소, 김칫-소, 오이-소-박이" 따위를 들 수 있다.

(2022.1.10.)

수저 문화와 젓가락 문화

생물은 먹어야 산다. 원시인은 손으로 음식을 먹었다. 수식(手食)이 그것이다. 지금도 수식을 하는 민족이 있다. 인도인이 그들이다. 그러나 대부분은 도구를 사용하여 식사한다. 수저와 포크가 그것이다. 우리는 이 가운데 수저를 사용하는 민족이다.

"수저"란 숟가락과 젓가락을 말한다. 이를 한자말로는 "시저(匙箸)"라 한다. 시저문화는 동양 삼국, 중국과 한국, 일본에 분포한다. 중국에서는 숟가락이 은(殷)나라 유적에서 발견되어 그 역사가 7500여 년 되었을 것으로 본다. 젓가락은 이보다 늦어 춘추시대(春秋時代)에 사용하기 시작해 한(漢)나라 때 일반화한 것으로 추정한다. 이에 대해 우리나라는 낙랑(樂浪)시대의 유적에서 숟가락이 출토되어 2000여 년 전부터 사용한 것으로 보인다. 젓가락은 청동으로 만든 것이 무령왕릉(武寧王陵)에서 출토된 바 있다. 이로 보아 나무 젓가락은 그 이전부터 사용하였을 것이라 추정된다.

"수저"를 우리는 한자말로 "수저(壽箸)"라 하기도 한다. "수저(壽箸)"의 "목숨 수(壽)"자는 한자를 빌어 적은 것이다. 곧 차자(借字)한 것이다. "수저"는 본래 한자어가 아니고, "술져"란 말이었고, 이는 "수져> 수저"로 변화해 온 말이다. "술져"의 "술"은 "숟가락"의 원말이다. "술"은 숟가락을 의미하는 말이다. 오늘날 "밥을 한 술 뜬다."거나, "밥 한 술 얻어먹었다"고 할 때의 "술"이 그것이다. 이는 오늘날의 "숟가락"을 의미하는 말이다. "술"이 "숟갈"을 의미하는 고어의 용례는 여럿 보인다.

正히 믯믯ᄒ야 수레 흐르믈 스치노라.(正想滑流匙) <두시언해>

能히 술 자ᄇ며 져 놀ᄂ니(能점匙放筋) <금강경삼가해>

　　"숟가락"의 "가락"은 긴 토막을 이르는 말이다. "숟가락"은 "술(匙)-ㅅ(사이시옷)-가락(長條)"이 합성된 말로, 사이시옷이 쓰이며 "술"의 "ㄹ"받침이 탈락된 것이다. 우리말에는 "믌결> 믓결", "밠등> 밧등"과 같이 사이시옷이 올 때 앞의 "ㄹ" 받침소리가 탈락되는 음운변화현상이 있다. 이는 "숟-갈"이 원말이 아니다. "술-ㅅ-갈"이 변한 말이다.

　　"져"는 "젓가락"의 "저"로, 이는 훈몽자회에 "져 뎌(筋)"로 나타나듯, "져"는 고유어로 볼 수도 있고, 한자음 "뎌> 져> 저"로 변해 온 것이라 할 수도 있다. "저"를 고유어로 볼 때 이는 방언 "절가락"이 있어 "절"이 변화한 것이라 볼 수 있다.

　　"수저"는 이렇게 "술져"를 어원으로 하는 말이다, "술져"가 "수저"가 된 것은 "술"의 "ㄹ" 받침이 "ㅈ" 앞에서 탈락된 것으로, 우리말에는 "ㅈ" 앞에서 "ㄹ"이 탈락되는 현상이 있다. "불집게"를 "부집게", "물지게"를 "무지게·무지개"라 하는 것이 그것이다. "져"의 중모음은 단모음화 하였다.

　　져 저(筋) <七類>

　　져롤 正케 ᄒ고 <가례(가례언해)>

　　수저문화는 오늘날 수저를 다 사용하는 수저문화와 젓가락을 주로 사용하는 젓가락문화로 나뉜다. 우리는 수저문화형이고, 중국과 일본은 젓가락문화형이다. 수저문화는 그릇을 바닥에 놓고 떠먹는 문화인데, 젓가락 문화는 그릇을 들고 마시는 문화다. 이는 "거지 문화"와 "개 문화"라고 상대 문화를 비하하게도 하는 차이를 빚어낸다.

(2021.3.13.)

"싀어지다"의 의미변화

청구영언에 전해지는 작자 미상의 시조에 다음과 같은 것이 있다.

이 몸이 <u>싀어져셔</u> 접동새 넉시 되야
梨花 픤 柯枝 속닙헤 <u>쩌엿다가</u>
밤중만 슬하져 우리 님의 귀를 들리리라.

이 노래를 현대어로 바꾸면 대체로 이런 뜻이 된다. "이 몸이 죽어서 접동새(두견새)의 넋이 되어/ 배꽃이 핀 가지의 속닢에 싸여 있다가/ 밤중만치 사라져 우리 님의 귀에 울어 들리게 하리라."

위의 시조에는 "싀여져"라는 시어(詩語)가 쓰이고 있다. 문맥으로 보아 "죽어서"라 번역될 자못 시적인 어휘다. 이 말은 다른 시조에도 용례가 보인다. "이 몸이 <u>싀어져셔</u> 江界甲山 접이 되야/ 님 자는 窓밧 츈혀 곳마다 죵죵 즈로 집을 지어 두고/ 그 집의 든은 체ᄒ고 님의 房에 들리라."란 것이 그것이다. 노래의 뜻은 이 몸이 죽어서 제비가 되어 님이 자는 방 추녀에 집을 지어 두고 그 집에 드는 체하고 님의 방으로 들어가 사랑을 나누겠다는 것이다.

이들 시조에 쓰인 "싀어지다"는 어원을 "싀여디다"라 하는 말로, 그 뜻은 "물이 스미다", 곧 "스미어 형체가 없어지다"를 뜻하는 말이다. "싀다"가 "스미다·새다(漏水)"의 뜻이고, "디다"가 "떨어지다(落)", 또는 피동의 조동사로 쓰인 것이다. 그리고 "싀어지다"가 "죽다"를 의미하는 것은 "물이 스미거나 잦아 없어지는 것"에 "숨이 끊어지는 것"을 비유한 것이다. 이는 성삼문(成三問)의 시조 "이 몸이 죽어가서 무어시 될쏘 ㅎ니"의 "죽어가서"를 "싀어져셔"로 바꾼 것이라 할 수 있다. 성삼문은 "이 몸이 죽어 가서"라 직설법(直說法)을 쓴 데 대하여, 다른 두 시조는 "싀여져셔"란 비유법을 쓴 것이다.

그러면 다음에는 "싀다", 또는 "싀여디다"가 "물이 스미다"나, "물이 잦아 들어 형체를 감추다"를 의미하는 말이란 것을 밝혀야 할 차례다. 신증유합에는 "스밀 삼(滲)"자에 대해 "믈 슬 삼"이라 하여 "물이 스미다"의 용례를 구체적으로 보여 주고 있고, 또 "망할 민(泯)"자에 대해 "싀여딜 민"이라 하고 있다. "민(泯)"자는 "잦아 없어지다(沒)"를 의미하는 말이다. 이밖에 "싀여지다"가 "스미다·물새다"의 의미를 나타내는 것으로는 다음과 같은 용례를 볼 수 있다. 특히 아래의 예는 춘광(春光)에 비유되어 쓰인 것이다.

ㄱ마니 므리 싀어디놋다(潛洩瀨) <두시언해 중간본>
봄비츨 싀여딜 것은(漏洩春光) <두시언해 중간본>

이밖에 "잦아 없어지다, 새어 형체를 감추다, 죽다"의 의미로 쓰인 용례로는 다음과 같은 것들이 보인다.

고대셔 싀어딜 내 모미/ 내 님 두읍고 년 뫼롤 거로리 <履霜曲>
출ㅎ리 싀여디여 범나븨 되오리라. <松江歌辭>
출히 싀여뎌 듯디 말고져 ㅎ오나 <계축일기>

"싀어지다"는 사어가 되었다. 따라서 장면에 따라 어울리는 말을 써야 한다.

(2021.9.30.)

"시골"과 "골목"의 의미와 어원

　　여기는 어쩌면 하늘나라일 것이다. 연한 풀밭에 벳쟁이도 우는 서러운 서
러운 <u>시굴</u>일 것이다.

　이는 서정주 시인의 "무제(無題)"라는 시의 일절이다. 이 시에는 도시생활
에 찌든 사람이 아니라, "벳쟁이가 우는", 어쩌면 서럽기도 한 시골의 자연이
노래 불리고 있다. 시에서는 이곳을 "시굴"이라 하고 있다. 그러기에 좀 더
자연의 신선함, "시골"이 가슴에 와 닿는다.
　"시골"의 어원은 무엇인가? 우리의 옛말은 시골을 "스ᄀᆞᄫᆞᆯ"이라 하였다.
그리고 이 "스ᄀᆞᄫᆞᆯ"이 "스ᄀᆞ올"로 변하였다. 이들의 용례를 보면 다음과 같
은 것이 보인다.

　　스ᄀᆞᄫᆞᆯ 군마룰 이길씨(克彼鄕兵) <용비어천가>
　　먼 스ᄀᆞ올 소니 ᄭᅮ믈 ᄭᅮ엣거늘(遠鄕客作夢) <금강경삼가해>

　"스ᄀᆞᄫᆞᆯ"은 "스-ᄀᆞᄫᆞᆯ"로 분석된다. "스"는 벽지를 의미하는 "시메산골"
의 "시"에 해당되는 말이며, "ᄀᆞᄫᆞᆯ"은 "촌(村)"에 해당되는 말이다. 이는 용비
어천가의 "粟村 조ᄏᆞᄫᆞᆯ"의 "ᄀᆞᄫᆞᆯ"이 그것이다. "ᄏᆞᄫᆞᆯ"은 "조(粟)"가 "ㅎ"말음
을 지닌 말이어서 "ᄀᆞᄫᆞᆯ"이 "ᄏᆞᄫᆞᆯ"이 되었다. "ᄀᆞᄫᆞᆯ"은 "스ᄀᆞ올"의 경우처럼
"ᄀᆞ올"로 변하였고, 이는 축약이 되어 "골"이 되었다. 따라서 "스ᄀᆞ올"은

"시골"이 되고, 이는 "하향(遐鄕)"을 의미하는 말이라 되었다.

"골"은 또한 의미가 확장되어 "골ㅎ"의 형태로 "邑·州"를 나타낸다. 번역소학의 "골해 이셔(在州)"나, 불설대보부모은중경의 "다론 골해 가 부모를 여희어도(外郡他鄕)"의 "골해"가 그 예이다.

이 "골"은 "마을"의 의미에서 그 의미가 축소되어 "골목(街)"의 의미를 나타내기도 한다. 역어유해에 보이는 "스뭇는 골(沽衕衚)"과 "막드론 골(死衕衚)", 및 역어유해보에 보이는 "골목어귀(衚衕口)"가 그것이다. "스뭇는 골"이나 "막드론 골"이란 막다른 골목이란 말이고, "골목어귀"란 골목 입구란 말이다. "호동(衚衕)"이란 골목이고 거리를 의미하는 말이다. 정윤용의 자류주석(字類註釋, 1856)에는 이들 한자에 대해 각각 "衕 골목 호 京師街道曰 衚衕"이라 하고, "衚 골목 동 下也 通街"라 하고 있다. 이렇게 "호동(衚衕)"은 골목이란 말이고 나아가 "골(巷)"을 뜻하는 말이다. 같은 자류주석에는 "거리 항(巷)"자에 대해 "골목 항. 항소 邑中道街"라 하고 있다. 지석영의 자전석요(字典釋要)의 풀이도 자류주석과 대동소이하다(衕 街也 衚衕 골목 호, 衚 通街 통한 골목 동, 巷 里中道路 거리 항 又 골목 항, 又 구렁 항同). "골목"은 마을 가운데 난 길을 의미한다. 이 말의 어원도 좀 더 분석해 보면 "골(村)", 곧 마을로 들어가는 "목(頸)"이란 의미 구조를 보인다.

이상 향촌(鄕村)을 의미하는 "시골"의 어원 "스ᄀᆞᄫᆞᆯ", 곧 하향(遐鄕)과 "골목"의 어원에 대해 살펴보았다. "시골"은 "스(遐)-ᄀᆞᄫᆞᆯ(村)"이 그 어원으로 "스ᄀᆞ올> 스골> 시골"로 변해 온 말이다. "골목"은 "ᄀᆞᄫᆞᆯ> ᄀᆞ올> 골(村)"에 "목(頸)"이 복합된 말로, 이는 골(村), 곧 마을로 들어가는 길목이란 의미를 지닌다.

(2022.1.22.)

"시앗 샘"의 어원과 문화

저 건너 월인(月印) 바화 우희 밤중마치 부헝이 울면

넷사룸 니른 말이 늡의 싀앗 되야 곳픕고 얄믜와 백반교사(百般巧邪)ᄒᆞᆫ

져믄 쳡(妾)년이 급살(急殺) 마자 죽는다 하데

쳡(妾)이 대답(對答)ᄒᆞ되 안해님겨오셔 망년된 말 마오, 나는 듣ᄌᆞ오니 가옹

(家翁)을 박대(薄待)ᄒᆞ고 쳡(妾)새옴 심(甚)히 ᄒᆞ시는 늘근 안힌님 몬져 죽는다

ᄒᆞ데

남편의 첩을 "시앗"이라 한다. 처첩 사이는 언제나 아옹다옹 시샘을 한다. 위 무명씨의 시조에는 이런 처첩의 논란이 읊어져 있다. "시앗을 보면 길가의 돌부처도 돌아 앉는다"는 속담이 있을 정도로 시앗을 보게 되면 인자하던 아내도 시기하고 증오하게 된다. 이것이 인지상정(人之常情)이다.

그러면 아내의 질시의 대상인 "시앗"이란 말의 어원은 어떻게 되는가? 이는 위의 시조에 보이듯 고어에서는 "싀앗"이라 하였다. 이는 "싀갓"이 변한 말이다. 그리고 "싀갓"은 또한 "시갓"이 변한 말이다. "시갓"이란 "시(新)-갓(女·妻)"의 복합어다. "갓"은 본래 "계집(女)"을 뜻하는 말이었다. "갓-나히", 또는 "갓-나희"가 그것이다. 이들의 용례는 석보상절의 "싸희 소리 갓나히 소리"와, 해동가요의 "海棠花 갓나희로다"가 그것이다.

"갓"은 여인의 의미에서 "아내, 처(妻)"의 의미로 변하였다. 고어에 보이는 대부분의 "갓"은 이 "아내", 또는 "처(妻)"를 의미하는 말이다. 이들의 용례를

몇 개 보면 다음과 같다.

> 八萬 四千 婇女와 臣下이 갓돌히 다 모다 <월인석보>
> 남지니 甲을 니버 가시나 겨지븐 무촘애 지비 잇도다(丈夫則帶甲 婦女終在
> 家) <두시 중간>
> 훈 겨지비 갓 두외아지라커늘 <삼강행실도>

"시앗"의 "앗"은 "시갓"의 "갓"이 "시"의 "ㅣ"모음으로 말미암아 "ㄱ"이
묵음이 된 것이다. "시앗"은 본처 외에 두는 것이니 "신첩(新妾)"이요, 본처에
비해 젊은 여인이게 마련이니 "새-갓"이라 하겠다. 시앗을 얻는 일은 고어에
서 "시앗질"이라 하였다.

다음엔 "시앗-샘"의 "샘"의 어원에 대해 살펴보기로 한다. "시앗-샘"에
해당한 옛말은 "싀앗-새옴", 또는 "싀얏-새옴"이라 하였다. 이들은 모두 시
조에 보인다. "싀앗새옴"의 용례를 보면 "아모나 이 놈을 두려다가 百年同住
호거나 永永 아니 온들 어니 개쌀년이 싀앗새옴호리오"라 되어 있다. 고어에
서는 "시샘하다, 투기하다, 질투하다"라는 의미의 말을 "새오다", 또는 "시
오다"라 하였는데 주로 "새오다"라 하였다. 이들의 용례를 한 두 개 보면
다음과 같다.

> * 大臣이 이쇼디 性이 모디러 太子롤 새와 호더라 <석보상절>
> 敬亭ㅅ 그를 새오디 말라(莫妬敬亭詩) <두시언해>
> * 貧寒을 눔이 웃꼬 富貴를 시오는디 <악장가사>

"새옴"이란 이 "새오다"에서 전성된 명사임은 말할 것도 없다. 오늘날 이
"새옴"이란 말은 쓰이지 않는다. 쓰인다면 "샘"이란 말이 쓰인다. 이는 "새
옴"의 준말이라 하겠다. "시앗 샘"을 제목으로 내걸었지만 이는 하나의 단어

가 아니다. 그냥 속어(俗語)로 쓰이고 있는 말이다. 이 말과 같이 시앗을 시샘하는 것을 나타내는 말의 어원은 "시앗-새옴"이다. "싀얏-새옴"은 "싀앗-새옴"의 "싀앗"이 "ㅣ" 모음동화를 해서 변형된 형태이다.

"새오다, 싀오다"는 사어(死語)가 된 말이다. 오늘날엔 "새우다"라 한다. 그러나 잘 쓰이지 않는다. "투기, 질투, 시기"라는 한자말이 오히려 많이 쓰인다. 그래서 "새우다"의 파생명사 "새움"도 표준어로 인정을 받고 있지 못하다. 오히려 이의 준말이라 할 "샘"이 표준어가 되어 있다. "샘"의 고유어 동의어로는 "시샘"이란 말이 있고, 방언에 "새암"이 있다. "시앗 샘"이 심해지면 싸움을 하게 될 것이다. 이런 싸움은 "시앗싸움"이라 한다.

(2021.11.18.)

"시치미"의 어원

지난날 매사냥은 선비들의 대표적인 외입이었다. 오죽하면 고려와 조선조의 궁중에는 응방(鷹坊)이란 기구가 있어 여기서 매를 길렀겠는가?

일찍이 삼국시대에는 매사냥이 널리 행해졌던 것으로 보인다. 그것은 안악(安岳) 제1호분과 삼실총(三室塚)에 매사냥하는 그림이 보이는가 하면, 일본서기(日本書紀)에 백제 사람이 일본인에게 매사냥을 가르쳤다는 기록이 보이기 때문이다. 조선조의 태종은 매사냥을 자주하므로 사간(司諫)이 이를 간했다는 기록이 보이고, 꼭두각시놀음에는 평양감사의 매사냥 이야기가 나온다. 선비의 매사냥 이야기는 삼봉 정도전의 말로 확인할 수 있다.

서거정(徐居正)의 태평한화골계전(太平閑話滑稽傳)에는 정도전(鄭道傳), 이숭인(李崇仁), 권근(權近)의 세 사람이 평생에 자기들이 제일 즐겁다고 여기는 것을 이야기하는 장면이 나온다. 이때 삼봉(三峯) 정도전이 말하고 있는 것이 매사냥이다. 그는 "겨울에 눈이 처음 내릴 때 돈피(獤皮) 갖옷을 입고 준마를 타고 누런 개를 몰며 푸른 매를 끼고 평원에서 사냥하는 것이 가장 즐겁다."고 하고 있다. 혁명가다운 기질이 반영된 말이다.

"매사냥"의 "매"는 물론 고유어이고, "사냥"은 "산행(山行)"이란 한자어로, "산영"을 거쳐 오늘의 "사냥"이 된 말이다. 이들의 예를 보면 다음과 같다.

* 山行가 이셔 하나빌 미드니잇가 <용비어천가>
　산힝 슈(狩) <훈몽자회> / 산힝 녑(獵) <신증유합>

哨鹿韋 사슴산힝 … 韋底 산힝터 <한청문감>
* 莊王이 卽位ᄒᆞ샤 산영을 됴히 너기시거늘 <어제내훈>
샹해 고기 자ᄇᆞ며 산영ᄒᆞ야(常漁獵) <신속삼강행실도>
산영개(香狗) <동문유해>

　매의 주인을 나타내는 신표(信標)인 "시치미"에 대해 살펴보기로 한다. 매가 대표적인 놀이의 수단이 되며 매는 귀한 존재가 되었다. 이에 매의 꼬리털 속에 주인의 이름과 주소를 적은 네모꼴의 뿔을 달게 되었다. 이것이 이른바 "시치미"다. 우리의 관용어에 "시치미를 떼다"라는 말이 있는데 이 "시치미"가 바로 매의 꽁지에 단 신표 "시치미"다. "시치미를 떼다"라는 말은 "자기가 하고도 하지 않은 체하거나, 알고 있으면서도 모르는 체하는 것"을 의미한다. 이 말이 이러한 의미를 나타내는 것은 매의 "시치미"를 떼면 그 매가 어디 사는 누구의 매인지 알 수 없어 이러한 비유적 의미가 생겨났다. "시치미"는 줄여서 "시침"이라고도 한다. 그래서 "시치미를 떼다"를 "시침을 떼다"라고도 한다. "시치미"는 한자어로 "단장판(丹粧板)"이라 한다. "시치미"의 어원은 현재로서는 알 수 없어 고유어로 보기로 한다.

　그리고 여기 덧붙일 것은 "매사냥"이란 특수한 어휘구조의 말이다. 일반적인 어휘구조는 "꿩사냥, 노루사냥"과 같이 사냥의 대상을 앞세우는데, "매사냥"의 경우는 주체가 앞에 나와 있다는 것이다. 이는 독특한 조어구조로 되어 있어 "메를 사냥하는 것"으로 오해할 수도 있는 말이다.

　이상 매사냥을 중심하여 "사냥"의 어원과 "시치미"에 대해 살펴보았다. "사냥"은 "산행(山行) > 산영 > 사냥"으로 변한 말이며, "시치미"란 매의 주인을 표시하기 위해 매의 꼬리털에 매단 신표(信標)를 가리키는 말이다. 이는 고유어이거나 몽고어일 가능성이 높다.　　　　　　　　　　　　(2021.12.6.)

"심부름"의 어원과 문화

"심부름을 가다", "심부름을 보내다" 이렇게 남이 시키는 일을 하는 것을 "심부름"이라 한다. 그런데 이는 그 의미와 형태가 많이 변해 어원을 가늠하기 힘든 말이다.

이 말은 고어에서 "심부림"이라 하였다. 계축일기에 "훈번 심브림 훈매"기 보인다. "심브림"은 "심(힘:力)- 브림(시킴:使)"으로 분석된다. "남의 힘을 부림", 곧 "남에게 일을 시킴"을 의미한다. 남을 시켜 하는 일인 "심부름"을 "남이 나의 힘을 부리는(사용하는) 것"으로 생각한 것이다. "심부름하다"는 "내가 상대방이 힘쓰는 것을 덜어 주고, 나의 힘을 들여 그의 일을 하여 주다"란 의미를 나타낸다. 좀 까다로운 구조의 완곡한 표현이다.

"심"은 물론 "힘"이 구개음화한 말이다. 본래 "힘"은 "심줄"을 의미하는 말이었다. 훈민정음해례의 "힘爲筋"이 그것이다. "근(筋)"은 힘줄로, 이는 나아가 근육을 나타내고, 마침내 근육작용인 "힘(力)"을 나타내게 되었다. 우리말에는 "힘> 심"과 같이 변하는, 구개음화하는 말이 많다. "등심, 안심, 심줄(筋)"을 비롯하여 "세다(算), 서까래, 썰물, 심심하다(閑)" 따위가 이런 예이다. "힘브림"의 "브림"이 "부림"으로 변한 것은 원순자음 "ㅂ" 아래에서 횡순모음이 원순모음으로 변화한 것이다. 이는 일종의 동화작용에 속한다.

"심부름" 아닌 "심부림"의 용례는 계축일기와 같은 고어에만 보이는 것이 아니다.

1890년 출판된 언더우드의 "한영ᄌᆞ뎐"에도 "심부림ᄒᆞ오"가 보인다. "심부림ᄒᆞ오 目民事 To go on an errand, do a commission"이 그것이다. 뿐만 아니라 채만식의 소설 "興甫氏"에도 보인다. "육장 이렇게 <u>심부림</u>을 해서 미안해어떡하우!"가 그것이다. 여기에서는 사동(使動)의 표현이어 더욱 어울린다. 심부름 값으로 주는 돈은 "신발값", 또는 "신발차"라고 비유적 표현을 하기도 한다.

  "신발차(次)"의 "차(次)"는 한국한자어요, 이두로 쓰이는 말이다. 이는 감(資)을 의미하고, 값이나 그에 상당한 물건을 의미한다. "의복차(衣服次)"가 의복감을 의미하고, 병풍차(屏風次)가 병풍 감을 의미하는 것은 앞의 의미로 쓰인것이다. 하인에게 요기하라고 주는 돈인 "요기차(療飢次)"나, 창기(娼妓) 따위와 관계를 갖고 그 대가로 건네는 "해우차(解憂次)"는 뒤의 예에 속하는 것이다. "신발차"는 이렇게 심부름을 시키고 "신발값"이라고 주는 돈이다. 완곡한 표현이다. 따라서 이는 "신발을 살 돈"이요, 달리 말하면 "신발을 만들자료를 구입할 돈"이란 말이다. "감(資料)"이란, 곧 "갓(材料)"의 다른 말이다. "횟감"은 회를 칠 생선 "횟갓"에 다름 아니다. 이렇게 "감"과 "값", 그리고 "갓"에 대해 장황한 설명을 한 것은 "신부름"과 동의어인 방언 "심바람"의어원에 대해 논의를 하기 위함이다.

  "심부름"은 방언에 "신바람"이라고도 한다. 이는 경상, 충청, 제주방언에속한 말이다. 조정래의 "태백산맥"에 보이는 "아니구만요. 그냥 <u>심바람</u>만했구먼요."가 바로 이의 예이다. 이는 신발값이요 신발 감을 의미하는 "신발차"의 다른 말이라 할 것이다. "신바람"은 "신발차"의 "신발감"이 변한 말이라 보고자 하는 것이다. 그것은 "신발감"의 "감"이 "신발"의 "ㄹ" 받침 아래에서 묵음화(默音化)하여 "신바람"이 되었다고 보는 것이다. 그리고 이것이다시 동화작용에 의해 변한 것이 "심부름"이라 할 수 있다.

  이상 "심부름"에 관한 어원과 문화를 살펴보았다. "심부름"의 어원은 "힘부림> 심부림> 심부름"으로 변화된 말이고, 방언 "심바람"이란 심부름 값을 의미하는 "신발감"이 변화한 말이라 할 수 있다.   (2021.11.8.)

"싹"과 "엄"과 "움"의 생멸

봄에는 새싹이 돋아난다. 이렇게 돋아나는 새싹을 "엄"이라거나, "움"이라 한다. 사전은 "움"에 대해 "풀이나 나무에 새로 돋아나오는 싹"이라 풀이하고 있고, "엄"에 대해서는 "움"의 옛말이라 하고 있다. 그렇다면 이들 "엄"과 "움"과 "싹"의 관계는 어떻게 되는가?

우선 "엄·움·싹"을 나타내는 한자어를 보면 "싹 아(芽)", "싹 맹(萌)"자로 나타난다. 이들 한자의 훈(訓)은 대체로 "엄> 움> 싹"으로 변화하고 있는 것으로 본다(신경철, 1993). 그러나 이런 변화는 어휘사(語彙史)와는 부합되지 않는다. 이에 이들 어휘의 어원, 곧 생멸(生滅)에 대해 살펴보기로 한다.

싹(芽)을 의미하는 "엄"은 15세기의 자료에 나타난다. 그 예를 보면 다음과 같다.

> 픐 어미 ᄒᆞ마 퍼러히 나고(草芽旣靑出) <두시언해>
> 萌은 픐 어미니 <법화경언해>
> 엄을 시서내야(洗出萌芽) <남명집언해>

"엄"은 이렇게 15세기의 자료에 나타나고, 16세기의 훈몽자회에 "萌 움 맹 草初生曰萌芽 芽 엄 아"가 나타난다. "엄"은 그 뒤의 17세기 자료에도 많이 보인다.

"움"은 아래의 예에 보이듯 15세기의 구급방언해에 처음 나타나고, 주로

16세기 이후의 자료에 많이 보인다. 이는 오늘날에도 쓰이고 있다.

움 앗고(去苗) <구급방언해, 1466>

움 밍(萌) <훈몽자회, 1527> / 움 묘(苗) <신증유합, 1576>

寒食 비긴 後에 菊花 움이 반가왜라 <해동가요, 1763>

"싹(芽)"의 고어는 "삭", 또는 "삯"이라 하였다. 그런데 그 용례를 보면 아래에 보이듯, 15세기의 원각경언해에서부터 나타난다. 먼저 "삭"의 예를 보면 다음과 같다.

神足은 삭 남곳고(芽) <원각경언해, 1465>

곡식 삭 망(芒) <신증유합, 1576>

삭 나다(發芽) <역어유해, 1775>

"삭"과는 달리 "삯"이란 용례도 더러 보인다.

삯과 삯괘 삐롤 브터 나고(芽芽從種生) <원각경언해, 1465>

다 삭술 뼈야 내분는 공이아 잇거늘(皆當用茸 有發出之功) <언해두창집요, 1608>

삭시 나서 짜를 들치다(苗拱土) <한청문감, 18세기>

이상 살펴본 바와 같이 "싹(芽)"을 나타내는 말은 훈(訓)의 변화(엄> 움> 싹)와는 달리, 15세기에 "엄"과 "삭·삯"이 같이 쓰였다. "엄"은 적어도 17세기까지는 쓰였다. 오늘날은 "움"과 "싹"이 같이 쓰인다. "삯"은 사어가 되었고, 일부 방언에서만 쓰인다. "삭"은 경음화하여 오늘날 "맹아(萌芽)"를 의미하는 대표적인 말이 되어 있다.   (2022.1.17.)

"쓰레기"와 "티끌"의 어원

횅뎅그렁한 교무실 바닥을 <u>쓰레질하던</u> 급사가 인사를 한다. <김원일, 불의 제전>

비로 쓸어내는 먼지나 내다버릴 물건을 통틀어 우리는 "쓰레기"라 한다. 그러면 이 "쓰레기"라는 말의 어원은 어떻게 되는가?

이는 크게 두 가지 관점에서 살필 수 있다. 쓸어내는 대상과 쓸어내는 동작에 초점을 맞추는 것이다. 전자는 부스러기나 먼지 따위에 주목하게 되는데, 이는 "슬다(消)"를 어원으로 보는 것이 있다. 그러나 이는 음운변화현상과 부합되지 않는다. "슬다(消)"는 경음화의 예를 보지 않는다.

이에 대해 "쓸다(掃)"라는 동작과 관련지어 보면 같은 마찰음의 경음으로 서로 부합된다. 게다가 Underwood의 "한영ᄌ뎐(1890)"은 이러한 동작과 관련지을 결정적 단서를 제공해 준다. 그것은 "쓰레"를 표제어로 내걸고 대역어로 "Sweeping, Sweepings"를 제시하고 있기 때문이다. 이로 볼 때 "쓰레"는 "쓸다(掃)"의 어간에 접사 "에"가 붙은 것으로 볼 수 있다. 경신록언해(1880)의 "쓸어기로 부역을 향ᄒ여"의 "쓸어기"는 이 "쓸다"의 용례라 하겠다.

"쓸다(掃)"는 옛글에서 "ᄡᆞᆯ다"와 "쓸다"의 두 형태가 보이는데, "ᄡᆞᆯ다"에서 "쓸다"로 변화한 것이다. "ᄡᆞᆯ다"의 용례는 15세기 문헌에 보이며, "쓸다"의 예는 선조 이후에 타난다.

   * 듯온 쁘들 못 쁘러브리느니 <석보상절>

      煩惱 쁘러 브료러 히니 <월인천강지곡>

   * 옥계를 다시 쓸며 <松江>

쓰는 동작은 서두의 김원일의 소설에 "쓰레질"로 나타나 옛글의 "쁠에질·
쁘레딜·쁘레질"과 대응된다. 연철된 것은 후대의 기록이다.

      쁠에질 ᄒ거늘 <삼강행실도, 1481>

      일즉이 드러와 쁘레딜 ᄒᆞᆫᄃᆡ <오륜행실도, 1917>

진애(塵埃)를 이르는 "티끌(塵)"은 16세기에 "틔"와 "틧글"로 나타난다.
"틔"로 쓰이다가 여기에 접사 "글"이 붙었다.

   * 귓구무 닷가 틔 업게 ᄒᆞ라 <박통사언해>

   * 물 빗가족에 틧글이 석자히나 무텻고(馬肚皮塵埋三尺) <박통사언해>

"티끌"은 유희(柳僖)의 물명고에는 "塵 씌글"로도 나온다. "먼지"는 15세기
에 "몬지"라 하였고, 18세기까지 쓰인다. 뒤에 "먼지"로 변화한다.

   * 몬지 무티시고 <석보상절> / 쏭 몬지 무더 <월인석보>

   * 몬지 애(埃.) <왜어유해> / 몬지 니다 <역어유해보>

이상 "쓰레기"와 "티끌"에 대해 살펴보았다. "쓰레기"는 진애(塵埃)를 쓸어
내는 행동에 초점을 맞춘 것이고, 티끌은 대상에 초점을 맞춘 것이다. 일본어
"ごみ"나 한어 "라즈(垃圾)"는 대상에 초점이 맞추어진 말이라 할 것이다.

"아니꼽다"와 "우세"의 어원

　　"나는 상호의 대답하는 내용이나 태도가 여간 <u>아니꼽지</u> 않았지만 지그시
　　참았다." <김동리, 까치 소리>

　　세상을 살다보면 남의 하는 말이나 행동이 못 마땅해 불쾌하거나, 비위가
상해 구역이 날 것 같은 경우가 있다. 이를 우리는 "아니꼽다"고 한다. 그렇
다면 이 "아니꼽다"의 어원은 어떻게 되는가?
　　"아니꼽다"를 뜻하는 말은 박통사언해에 보이는 "아닛곱다"를 위시하여
영정조(英正祖) 때의 문헌에 "아니꼽다·아닉곱다·아닉쏩다" 등 너덧 가지 이
형태가 보인다. 이들의 예를 하나씩 들어보면 다음과 같다.

　　　　니 거동이 아니꼽스오시던지 엄식이 아니 겨오셔 <한중록>
　　　　아닛고오미 올라(惡心上來) <박통사언해>
　　　　아닉곱다(惡心) <역어유해>, <동문유해>
　　　　아닉쏩다(惡心) <한청문감>

　　"아니꼽다"는 "아니 곱다", 달리 말하면 "곱지 아니하다", 곧 "불미(不美)",
"비려(非麗)"를 나타내는 말이다. 그리고 위의 이형태들은 이 "아니 곱다"를
달리 표기한 것이다. 이들은 "아니" 다음에 오는 "곱다"의 "고"음이 된소리
로 나는 것을 이렇게 달리 표기한 것이다. "아닛고오미"나 "아닉곱다"는 "곱

다(麗)”의 형태를 살린 것이고, “아니꼽스오시던”이나, “아닉꼽다”는 “고”의 된소리를 직접 표기한 것이다. 그리고 “아닉”의 형태는 뒤에 오는 “꼽”의 “ㄱ” 소리에 동화된 현상을 반영한 것이다.

사람들은 어떤 대상이 “아니꼽게” 생각되면 이를 낮추보거나, 하찮게 여기는 경향이 있다. 그리고 이를 비웃기도 한다. 이렇게 “남에게 비웃음을 당하거나, 또는 그 비웃음”을 “우세”라고 한다. 송기숙의 “자랏골의 비가”에는 “동네 사람 앞에서 우세를 한번 시켜보자는 배짱인 것 같은데…”와 같이 “우세”의 용례가 보인다.

그러면 “우세”의 어원은 어떻게 되는가? 이는 “웃-에”로 분석된다. “웃”은 “웃다”의 어간이고, “에”는 명사를 만들어 주는 접사이다. 따라서 “우세”는 “웃을 만한 것”, 웃음거리란 의미를 나타낸다. 달리 말하면 남의 “웃음가마리”가 됨을 말한다.

우리말에는 “우세”에서 파생된 “남우세”라는 명사가 있는가 하면, “남세스럽다”란 형용사도 있다. “남우세”란 사전에 “남에게 비웃음과 놀림을 받게 됨. 그 비웃음의 놀림”이라 풀이하고 있다. “남-우세”란 남의 웃음거리가 됨을 뜻한다. 그리고 “남세스럽다”의 “남세”는 “남우세스럽다”의 “남-우세”가 준 말이다. 이는 “우세”에 비해 남(他人)에게 웃음을 산다는 의미를 보다 분명히 나타내는 말이다. 따라서 보다 투명성(透明性)을 지니는 말이라 하겠다. “남우세스럽다”의 용례는 김주영의 “객주”에 “조성준은 말이 없었다. 최가와 마주 앉아 지청구를 주고받아 봤자 남우세스러울 뿐 아무런 소득이 있을 수가 없었다.”가 보인다. “남세스럽다”는 “남새스럽다”, “남새시럽다” 라고도 많이 일러지는데, 이는 방언으로 바른 말이 아니다.　　　(2021.10.6.)

"아래(下)"와 "아래(先)"의 동음 충돌

"내장사가 불에 탔다고 한다. 그것도 어제 <u>아래</u>가 아닌, 오늘 탔단다."

2021년 3월 5일, 단풍으로 유명한 호남의 대사찰 내장사가 소실되었다. 그것도 방화에 의한 것이라니 안타깝기 그지없다.

위의 예문에는 "아래"라는 말이 쓰이고 있다. "아래"는 "어제·그저께·접때"의 방언, 및 "예전"의 옛말이라고 사전은 풀이하고 있다. 이는 경상도와 충청도에서 "그저께"의 뜻으로 쓰이고 있는 말이기도 하다. "아래"는 "아래" 아닌, "아레"라고도 한다. 이 말은 고어에서 "아래"와 "아러"의 두 형태로 나타난다.

> 아래: 천재 아래 성덕을 슬ᄫᅵ니(故維千載) <용비어천가>
>
> 이런 고지 아래 업더니라 ᄒ시고 <석보상절>
>
> 아러: 如來 法供養 ᄠᅳ들 아러 묻ᄌᆞ온ᄃᆡ <능엄경언해>
>
> 아러 보디 몯ᄒ얫다니 <법화경언해>

이렇게 "아래"는 고어에서 "선(先), 전(前), 고(故), 일찍, 접때" 등의 뜻을 나타내었다. 그런데 이 말이 "아래 하(下)"와 동음어이기 때문에 같은 말로 다루기도 한다. 그러나 그렇게는 볼 수 없다. 이들은 성조(聲調)가 다르다. "전(前)"을 의미하는 "아래"는 ":아·래"와 같이 앞의 "아"는 상성(上聲)이고,

뒤의 "래"는 거성(去聲)이다. 이에 대해 "하(下)"를 의미하는 "아래"는 "아·래"로 "평성- 거성"의 구조로 되어 있다. 그래서 오늘날에도 "전(前)"과 선(先)을 의미하는 말은 "아ː-래"라고 "아"소리를 길게 내고 있다. 어원을 살필 때는 성조도 변별적 특성을 지니는 것이니 중시하지 않으면 안 된다. "아래(先)"는 오늘날 흔히 "아레"로 실현된다. "아래(下)"와의 혼동을 피하기 위한 현상이라 하겠다.

　우리말에는 명일(明日)을 뜻하는 고유어가 없다. 계림유사(鷄林類事)에는 "할재(割載)"라 하고 있어 "그재"쯤으로 재구하고 있다. 작일(昨日)은 "어제·어저끠"로 나타난다. "어"에 때를 나타내는 "제", 혹은 "적"이 붙은 말이다. 재작일은 "그제·그젓긔"로 나타난다. "그젓긔"는 "그-적-끠(時)"로 분석되겠다.

　"아래"는 오늘날 방언으로 보는 것과는 달리, 15세기에는 중요한 공용어이었고, 오늘날 시어로도 쓰인다. 김숙의 "눈 마챴다꼬예?"에 "기집이 사나하고 눈만 마차도 서방질이러꼬?/ 우짜꼬! 아래 화전놀이에서 깔쌈해서/ 뚝기생오라버이겉은 장구쟁이하고 눈마차뺏는데"라고 "아래 화전놀이에서"와 같이 "아래"가 쓰인 것을 볼 수 있다. 그리고 일상어에서는 "그 사건은 먼 옛날 이야기가 아니라 어제 아레의 일이다"와 같이 흔히 쓰인다. 따라서 어휘란 많을수록 좋은 것이고 보면 "아래·아레"라는 말은 "전일·선일" 등의 복수 표준으로 사용하는 것이 바림직하겠다. 동음을 회피하기 위해 "아레"를 쓰는 것이 더 좋다. 더구나 "지난날"을 건뜻하면 "옛날"이라 하고 있는 언어 현실을 위해서도 "아레"는 버릴 것이 아니라, 살려 쓰는 것이 바림직하겠다. "내가 옛날에 본 것은"을 "내가 아레 본 것은"이라 하는 것이 훨씬 듣기 좋지 않은가? 어린이도 "옛날에는 …" 하고 대화를 하고 있는데 이는 듣기에 민망스럽다.

아침·낮·저녁의 삼원체계 문화

우리는 하루를 "아침·낮·저녁"으로 나누기도 하고, "아침·낮·밤"으로 나누기도 한다. 이러한 삼원체계(三元體系)와는 달리 "아침·저녁", 또는 "밤·낮"의 이원체계(二元體系)로 구분하기도 한다. 그러면 이러한 구분은 일반적이고, 보편적인 것인가? 아니면 차이를 보이는가? 이는 언어 또는 문화에 따라 차이를 보인다. 다음에는 이들의 구분을 일본어와 한어(중국어), 그리고 영어의 세계에서 어떻게 나타나는가 살펴보기로 한다.

우리는 우선 하루를 "밤"과 "낮"으로 구분한다. "낮"은 해가 뜰 때부터 질 때까지를, "밤"은 해가 져서 어두워진 때로부터 다음날 해가 떠서 밝기 전까지를 말한다. 이에 대해 "아침·저녁"으로 나누는 것은 "낮"을 둘로 나눈 것이다. 이에 대해 "아침·낮·저녁"은 넓은 의미의 "낮(晝間)"을 삼원(三元)으로 구분한 것이다. 이에 대해 "아침·낮·밤"은 온전한 하루를 삼분(三分)한 것이다. 우리는 이렇게 하루를 삼분하는 체계로 다루고 있다.

어침과 낮, 밤은 우리 고어에서 "아츰, 낮, 밤"이라 하였다. "아츰"의 용례는 석보상절에 "ㅎ룻 아ᄎ미 命終ᄒ야", 월인석보에 "아춤 뷔여든 쏘 ᄂ조히 닉고"가 보인다. "낮"의 용례는 용비어천가에 "새별이 나지 도ᄃ니", 월인천강지곡에 "밤 나줄 分別ᄒ더시니"가 보인다. "밤"의 용례는 앞에 보인 월인천강지곡에 보이고 두시언해에 "星橋ㅅ 바미셔 ᄒ번 여희유니(一別星橋夜)"에 보인다.

"아츰"은 "아침"으로 동화현상에 의해 변음되었고, "낮"과 "밤"은 15세기의 형태가 그대로 유지되고 있다. 저녁을 의미하는 "나죄"는 월인석보에 "나죄 주구물 둘히 너기니"와 훈몽자회에 "夕 나죄 셕" 등이 보인다. "나죄"는 사어가 되었다.

이러한 삼분체계는 일본어에도 나타난다. "아사(朝)·히루(晝)·요루(夜)"가 그것이다. 일본어에는 우리가 하루 낮을 "아침·낮·저녁"으로 삼분하는 체계도 보여 준다. "아사(朝)·히루(晝)·방(晩)"이 그것이다. "방(晩)"은 "유우(夕)·유우베(夕べ)·유우가다(夕方)"라고도 한다. 우리도 고어에서 "나죄·나좋"라 한 것을 볼 수 있다. 우리말과 일본어는 삼원체계 외에 우리의 이원체계도 나타난다. 주야(晝夜)도 "밤낮"과 같이 "요루·히루"라 한다.

한어(漢語)는 우리와 다르다. 한어는 "조·만(朝晩)", "주·야(晝夜)"의 이원체계라 본다. "만(晩)"은 "석(夕)·모(暮)"와 유의관계를 보인다. 그래서 "조문석사(朝聞夕死), 조령모개(朝令暮改)"와 "조삼모사(朝三暮四), 조운모우(朝雲暮雨)"와 같은 성어를 보여 준다. 현대 중국어에서는 하루 낮을 "조상(早上)·조신(朝晨)"과, "일중(日中)·백천(白天)"과, "만상(晩上)"이라 하는 삼원체계로 나누는 것도 볼 수 있다.

영어의 경우는 이원체계로 되어 있다. 하루는 낮인 day와 밤인 night로 나뉘고, 하루 낮도 정오(noon)을 중심으로 아침(morning)과 저녁(evening)으로 나뉜다. 낮인 day도 정오(noon)를 중심으로 오전(forenoon)과 오후(afternoon)로 나눈다. "오전", "오후"로 나누는 것은 우리도 마찬가지다.

하루의 구분은 이렇게 우리와 일본어가 유사한 체계를 보이고, 한어나 영어와는 차이를 보인다. 같은 사실을 놓고도 문화가 다르면 이들을 달리 보고, 달리 규정하게 된다.

(2021.3.8.)

"안주"의 말뜻과 어종(語種)

* 그는 가게 안에 선 채로 <u>안주</u>도 없이 병나발을 불었다. <윤흥길, 완장>
* 별일이네. <u>술안주</u>로 소금 먹는 사람도 있나. <한수산, 부초>

우리는 술을 마실 때 안주를 같이 시킨다. 안주를 안 먹으면 손자를 늦게 본다는 속설도 있다. 사전에서 "안주"를 찾으면 "=술안주"라 되어 있고, "술안주"를 찾으면 "술을 마실 때에 곁들여 먹는 음식"이라 되어 있다. 기술적(記述的) 풀이를 하고 있다. 그러나 많은 사람은 그것이 사람들의 속을 달래 주는, 다시 말해 "속을 편안하게 해 주는 음식"이라 생각하는 것이 아닌가 한다. 그래서 그런지 사전의 "안주"라는 말에는 "누를 안(按), 술 주(酒)"자가 병기되어 있다. 한자어로 보는 것이다.

"안주"의 용례를 고어에서 찾으면, "안쥬"라 되어 있고 그 용례는 훈몽자회와 박통사언해 등에 보인다.

　　　안쥬 효(餚) <훈몽자회>
　　　므론 안쥬 가져오라(將些乾按酒來) <번역박통사>
　　　안쥬 자오(請膳), (請菜) <역어유해>
　　　헛튼 안쥬로 디졉ᄒ시미 됴홀까 시프외 <첩해신어>

이렇게 "안쥬"는 대체로 "반찬"이란 의미의 한자가 쓰이고 있고, 번역박통사에 "안쥬(按酒)"가 번역문과 한문에 각각 한글과 한자로 쓰이고 있다. 또 박통사언해에는 "져기 무른 按酒을 가져 오고"와 같이 국한혼용으로 한자를 쓴 것까지 볼 수 있다. 이렇게 박통사에 한자어 "按酒"가 쓰여 오늘날의 사전에는 한자가 병기되게 된 것으로 보인다.

그러나 문제는 여기서 끝나지 않는다. 동양학연구소의 한국한자어사전에는 "按酒"가 표제어로 올라 있지 않고, 오히려 "안주(案酒)"와 "안주(安酒)"가 표제어로 나와 있다. "案酒"는 경도잡지(京都雜誌)에 보이는데 전립모(氈笠套)란 냄비를 설명하며, "씻은 채소는 가운데 구운 고기는 가장자리에 안주와 밥을 함께 갖추었다(瀹蔬於中 燒肉於沿 按酒下飯俱美)"고 한 것이 그것이다. "安酒"는 쇄미록(瑣尾錄)에 보이는데 "실과와 안주 세 상자(實果及安酒三笥)"가 그것이다. 이로 보아 "안주"란 일정한 형태의 한자로 쓰이는 한자어가 아니었음을 알 수 있다. 반찬을 이르는 고유어였다. 이에 한자를 차자하여 쓰자니 필자의 구미에 맞게 이것저것이 쓰이게 된 것이다. 사전에 병기되어 있는 "按酒"는 이러한 차자의 하나일 뿐이다. 따라서 반드시 그렇게 적어야 하는 것이 아니다. 모로바시(諸橋)에도 이들 한자어는 보이지 않는다.

그러면 중국이나 일본에서는 "안주"를 무어라 하는가? 중국에서는 "주효(酒肴)", 또는 "하주채(下酒菜)"라 하며, 일본에서는 "사카나(さかな·肴)", 또는 "사카나(さかな·酒肴)"라 한다. "오쓰마미(おつまみ)"라도 하는데, 이는 젓가락이 아닌 "손가락으로 집는 것"이란 의미의 말이다. 생선을 "사카나(魚)"라 하는 것도 사실은 이 술안주를 의미하는 말로, [さか(酒)-な(菜)를 그 어원으로 한다.

이상 우리말 "안주"에 대해 살펴보았다. "술을 마실 때에 곁들여 먹는 음식"인 "안주"는 비록 한자 "按酒"라 적고 있으나 이는 한자어가 아니다. 이는 반찬을 이르는 고유어로 "按酒"는 "按酒·案酒·安酒" 등 여러 차자 표기 가운데 하나로 쓰인 것뿐이다. (2021.12.3.)

"어린이"와 "젊은이"의 구분

주자(朱子)의 권학시(勸學詩)에 "소년이로 학난성(少年易老 學難成)"이란 구절이 있다. 소년은 쉬 늙고 학문은 이루어지기 어렵다는 말이다. 이 "소년(少年)"은 어떤 연령대를 가리킬까? 문자 그대로 "소년"일까, 아니면 젊은이, 곧 청소년(靑少年)일까?

중국에서는 원칙적으로 사람을 소년(少年)과 노년(老年)으로 구분한다. 청년(靑年)은 명대(明代) 이후 생긴 말이다. 우리도 흔히 "젊은이"와 "늙은이"로 구별한다. 권학시의 "소년(少年)"은 "젊은이", 곧 "청소년"을 말한다.

우리말의 "어리다"는 본래 "어리석다(愚)"를 뜻하는 말이었다. 훈민정음 서문에 "어린 빅셩이 니르고자 홀비 이셔도(愚民有所欲言)"의 "어린"이 바로 그것이다. "어리다"는 의미의 인접(隣接)에 의해 "유(幼)"의 뜻도 지니게 되었다. "어리다"는 분화하여 "우(愚)"와 "유(幼)"의 의미로 한동안 같이 쓰이다가, "어리다"는 "유(幼)"의 뜻을, 새로운 형태 "어리석다"는 "우(愚)"의 뜻을 나타내게 되었다. 이때가 18세기다. 17세기 문헌에는 "어리다"가 동음이의어(同音異議語)로 씌어 이러한 예가 많이 보인다.

> * 사룸 먹여 어리게 ᄒᆞᄂᆞᆫ 약 <역어유해>
>   貴ᄒᆞ며 賤ᄒᆞ며 어딜며 어리며 <가례언해>
> * 닐온 어려셔 졋 머긴이룰 유뫼라 ᄒᆞ니 <가례언해>
>   스스로 뻐 나히 어려셔 <동국신속삼강행실도>

“어리다”가 “유(幼)”의 뜻을 나타내기 전에는 “졈다”가 “어리다”의 의미를 나타내었다. 이는 “졈다”와 “졂다”로 실현되었는데 “ㄹ”이 첨가된 형태가 후대의 어형이다.

* 나 져믄 學 잇ᄂᆞᆫ 聲聞ᄯᆞᄅᆞ미리 잇고(年少有學聲聞) <능엄경언해>
  羅雲이 져머 노ᄅᆞᄉᆞᆯ 즐겨 <석보상절>
* 年靑者 졀므니 <역어유해보>
  졀믈 쇼(少) <칠장사판 천자문>

“졈다·졂다”는 본래 “어리다·졂다”를 의미하는 말이었다. 그런데 “어리다”가 유소(幼少)를 의미하게 됨으로 “졈다·졂다”는 “어리다(幼)”의 뜻을 “어리다”에 넘기고, “졂다(年少)”의 의미만 나타내게 된다. 이렇게 돼서 우리말의 “어리다~졂다”, 곧 “어린이(幼少年)·졂은이(靑年)”가 구별되게 되었다.

“어린이”의 어원을 보기로 한다. “어린이”는 어린 아이를 대접하거나 격식을 갖추어 말할 때 쓰는 말이다. 이 말은 1930년대에 소파 방정환(方定煥)의 주재로 간행된 아동잡지 “어린이”에 쓰이고, 1923년 방정환을 비롯한 일본 유학생 모임인 “색동회”가 5월 1일을 “어린이날”로 정해 행사를 함으로 일반화하게 되었다. 그래서 흔히 “어린이”라는 말을 방정환에서 비롯된 것으로 아나, 그것은 사실이 아니다. 17세기에 이미 “어리니·어린이”라는 말이 씌었다. 용례를 보면 다음과 같다.

* 어른이 맛당히 어리니ᄅᆞᆯ 사랑ᄒᆞ며 <경신편언해 중간>
* 얼운은 어린이ᄅᆞᆯ 어엿비 너기디 덧덧ᄒᆞᆫ 거시라 아니ᄒᆞ며 <경민편언해 중간>
  仁人 義士ㅣ 어린이ᄅᆞᆯ ᄋᆡ矜이 너겨 <가례언해>

이렇게 17세기의 문헌에 "어리니·어린이"가 쓰였고, 방정환은 이를 이어 받은 것이라 하겠다.

그리고 연소자 아닌 젊은이를 뜻하는 "져므니"는 이미 15세기 문헌에 나타나고 있으며, "졀므니"는 18세기의 문헌에 보인다. 이의 용례를 보면 다음과 같다.

* 늘그니며 져므니며 귀ᄒᆞ니 놀아ᄇᆞᆮ니며 <월인석보>

    경상이 져므니 하니(卿相多少年) <두시언해>

* 年靑者 졀믄이 <역어유해보>

한어(漢語)의 "청년"은 "소년"과 동의어이다. 소년은 계절로는 "봄(春)", 색채로는 "청(靑)"에 해당된다. 그래서 봄을 "청양(靑陽)"이라고도 한다. 이에 소년을 "청년(靑年)"이라고도 하게 되었고, 청춘(靑春)이란 말도 생겨났다.

이에 대해 우리는 "청년(靑年)"의 의미를 달리 본다. 청년은 소년보다 약간 나이가 많은 20대를 가리킨다. 따라서 한어(漢語)와 우리의 "청년"은 동자이의(同字異義)의 다른 말이라 하겠다. 우리의 "청년"은 일본어 "세이넨(靑年)"을 차용한 말이기 때문이다. (2022.4.8.)

"어버이"의 어원문화

낳았다고 어버이가 아니다/ 티없이 맑고 훌륭하게/
자식을 기르고 싶은 마음을/ 어찌 지란을 기르는 사랑에 견주랴

손기섭 시인의 "어버이"란 시다. 여기에는 더 없이 훌륭하게 자식을 기르
고 싶어 하는 부모의 사랑이 그려져 있다. 그렇다면 이렇게 자식을 사랑하는
부모를 이르는 고유어 "어버이"는 어떻게 된 말인가? 그 어원은 무엇인가?
양친(兩親)을 이르는 "어버이"란 말은 고어에서 "어버시", 또는 "어버싀"로
나타난다. 그 용례를 보면 다음과 같다.

어버싯 든 차바눌 아리 充足게 몯ᄒ더니(吾親甘旨未嘗充也) <내훈>
어버싀 일후믈 더러빅ᄂ다 ᄒᄂ니 <월인석보>

이들 "어버시", 또는 "어버싀"는 어떻게 된 말인가? 결론적으로 말해 이는
부모(父母)를 이르는 고유어, 곧 "업"과 "어시"가 복합된 말이다. 이 "업-어
시"가 "업-어싀"를 거쳐 "어버이"가 된 것이다. 다음에 이러한 "어버이"의
형성과정을 밝혀 보기로 한다.
"어버시"의 업"이란 "아비(父)"를 뜻하는 "압"이 변한 말이다. 우리말에
"아비·어미"와 같이 어말음이 "ㅣ"로 끝난 말은 복합어 등을 이룰 때 어말음
"ㅣ"가 탈락되는 경향이 있다. 그래서 "압", 또는 "엄"이 된다. "아비"의 경

우는 "압"으로 나타나는 외에 "업"으로도 실현되었다. 이러한 용례가 부자(父子)를 이르는 "어비ᄋ둘", 족장(族長)을 이르는 "어비믿"과 같은 말이다. 이의 예를 보면 다음과 같다.

> 바ᄂᆞᆯ 아니 마치시면 어비아ᄃ리 사ᄅ시리잇가(若不中針 父子其生) <용비어천가>
> 즉자히 나랏 어비믇내ᄅᆞᆯ 모도아 니ᄅ샤ᄃᆡ(卽集國中豪族而告之言) <석보상절>

"어버시", 곧 "업-어시"의 "어시"는 어미(母)를 뜻하는 "어시"가 변한 말이다. "어시"는 아직 문헌상의 기록이 발견되지 않고 있다. 그러나 시용향악보에서 "思母曲 속칭 엇노래"라 하고 있는 것으로 보아 "어미"의 옛말로 "어시"는 무난히 재구할 수 있다. 이 "어시"의 "ㅅ"이 약화·탈락한 것이 "어ᅀᅵ>어이"이다. "어ᅀᅵ·어이"의 용례는 다음과 같이 보인다(다만 "어이"의 용례는 양친의 의미로 쓰인 것이다).

> 우리 어ᅀᅵ 어ᄃ리 외롭고 입게 ᄃ외야 <석보상절>
> 아바님도 어이어신마ᄅᆞᆫ <악장가사·사모곡>

이렇게 아비(父)를 뜻하는 "압"과 어미(母)를 뜻하는 "어이"가 복합된 것이 "업-어이"이며, 이것이 연철된 것이 오늘날의 "어버이"다. 따라서 "어버이"란 말은 부모(父母)라는 말을 합해 양친을 나타내고 있으니, 구조적으로 보아 어떤 말보다 형태와 의미가 부합되는 말이라 할 것이다.

그런데 고어에서는 어미(母)를 뜻하는 "어ᅀᅵ·어이"가 양친을 나타내고 있는 것도 볼 수 있다. 이의 예를 보면 다음과 같다.

아바님도 어싀언머른 <사모곡>

눈먼 어싀논 淨飯王과 摩耶夫人이시니라 <월인석보>

가마괴도 어이를 도로 머겨 <경민편>

   이는 어머니가 양친을 대표하는 중요한 존재일 뿐 아니라, 고대 모계중심(母系中心) 사회의 흔적을 드러내고 있는 것이라 하겠다. 이에 대하여 "어버이"는 부계중심(父系中心) 사회가 형성된 뒤에 부모를 구체적으로 양친이라 하며 조어된 것이라 할 것이다.

(2022.3.23.)

얼굴을 나타내는 어휘문화

우리 속언(俗言)에 "얼굴 보아 가며 이름 짓는다"는 말이 있다. 이는 사물의 생김새를 보아 거기에 어울리는 이름을 짓는다는 말이다.

그런데 여기에 쓰인 "얼굴"이란 무엇을 뜻하는 말일까? 모르는 사람은 무슨 말을 하느냐고 할는지 모른다. 그것은 "얼굴"이 고어에서는 "안면(顔面)"을 의미하는 말이 아니고, 형(形), "형체(形體)"를 의미하는 말이었기 때문이다. 위의 속언의 "얼굴"은 안면(顔面)이라기보다 형체(形體), 곧 생긴 모양으로, 이 속언은 생긴 모양을 보아 가며, 거기에 어울리는 이름을 짓는다고 풀이해야 할 말이다. "얼굴"은 안면이 아닌, 형체, 모습을 뜻하는 말이다.

이렇게 "얼굴"이 안면인지. 형체인지 문제가 되는 대표격인 한자의 새김이 하나 있다. "용(容)"자의 새김이 그것이다. 이 한자를 사람들은 누구나 "얼굴 용(容)"자라 한다. 그리고 "얼굴", 곧 안면(顔面)을 의미한다고 생각한다. 이를 의심하는 사람도 거의 없다. 과연 그럴까?

"얼굴 용(容)"자는 형성자로, 많다는 의미의 "집 면(宀)"자와 "막다"(谷)를 뜻하는 말로 이루어져, 그릇에 물건을 넣다, 수용하다를 뜻하는 말이다. 그리고 이는 여러 가지 뜻을 지닌 가운데 "형태"를 의미하는 말로, 모습(容姿), 행동거지(容儀), 상태(容態) 등을 나타낸다. 이는 "얼굴 안(顔)"이나, "낯 면(面)"이 아닌, 광의의 형태를 의미하는 말이다. 그래서 16세기의 "훈몽자회(訓蒙字會)"에도 "형(形)"자를 "얼굴 형(形)"이라 풀이하고 있다. 이렇게 우리의 고어 "얼굴"이나 "얼굴 용(容)"자는 "형태·용자·용태"의 의미를 나타내는 말로

"얼굴 안(顔)"자와 구별된다.

그러면 "안면(顔面)"을 뜻하는 우리말은 무엇이라 하였는가? "낯"이라 하였다. 석보상절의 "十一面은 열훈 느치니"가 그 예다. 한자로는 "안(顔)"과 "면(面)"이 "낯"을 의미했다. "안(顔)"자는 형성자로, 얼굴을 나타내는 "혈(頁)"과 아름다운 이마를 뜻하는 "언(彦)"자로 이루어져 이마가 예쁜 얼굴, 나아가 얼굴을 의미하게 되었다. "면(面)"자는 회의자로, 이는 눈 또는 머리를 뜻하는 글자와 얼굴에 쓴 "면(面)"의 형태로 이루어진 글자로, 쓰는 가면(假面), 나아가 얼굴에 관한 것을 나타내게 된 글자다. 얼굴을 뜻하는 "안면(顔面)", 얼굴 모양을 뜻하는 "가면(假面)"이 그 예이다.

다음에는 얼굴의 일부를 이루는 "볼"과 "뺨"을 살펴보기로 한다. 그것은 우리말의 "뺨"과 "볼"이 특이하게 의미영역을 달리하기 때문이다. 우리는 "눈 코 입 따위가 있는 얼굴의 바닥"을 "뺨"이라 한다. 그리고 이 "뺨"의 한 복판을 "볼"이라 한다. 대부분의 언어는 이렇게 뺨과 볼을 구분하지 않는다. 우리말은 독특한 의미구분을 하고 있다.

고어에서 이들은 각각 "뺨·쌤", 또는 "볼"이라 하였다. "뺨"은 "쌤> 뺨> 뺨"으로 변해 오늘에 이르렀다. "볼"은 고어에서도 "볼"이라 하였다. 이들 용례를 보면 다음과 같다.

* 쌔믈 티디 말며<두시언해>

  쌤 싀(顋) <훈몽자회>

  대개 뺨 티디 말고(大家休打臉) <박통사언해>
* 볼이 브으며 <벽온신방>

뺨과 볼은 한자로 "시(顋)·시(腮)·협(頰)·검(臉)"이라 쓴다. "시(顋)"는 오늘날 옥편에는 "볼다구니 시"라 되어 있으나, 일반적으로 "뺨 시(顋)"자라 한다. "시(腮)"는 "뺨 시(腮)"자로 "시(顋)"의 속자다. 이는 본래 얼굴의 아래 쪽 가늘어진 부분을 의미하는 말로, 턱을 의미하던 말이다. "협(頰)"은 "뺨 협(頰)"자로, 설문해자에도 "면방야(面旁也)"라 되어 있다. 이를 湯可敬(2004)은 "뺨의 양쪽으로 눈에서 턱까지의 부분(指臉的兩側 從眼到下頜的部分)"이라 주석하고 있다. "검(臉)"자는 "뺨 검(臉)"자라 한다. 이는 눈 아래 얼굴의 윗부분을 의미하는 말이다. 그런데 중국에서는 흔히 "화렴(花臉), 옥렴(玉臉)" 등과 같이 "얼굴"을 의미하고, 여기서 나아가 "면목, 체면"을 의미한다. 이렇게 우리가 "뺨·볼"을 의미한다고 보는 이들 한자들은 주로 "뺨"을 의미한다. 그리고 한어(漢語)에서는 "볼"과 "뺨"이 구별되지 않는다. 한어에서는 "뺨 검(臉)"자를 우리와 달리 "렴[liǎn]"으로 발음한다.

이는 일본어의 경우도 마찬가지다. "뺨"은 일본어로 "호오(ほお)"라 한다. 따로 "볼"을 나타내는 말이 없다. 영어의 경우도 마찬가지다. Cheep 하나로 뺨과 볼을 다 나타낸다. 따라서 뺨을 나타내는 말은 우리말이 이들 중·일·영어에 비해 분석적이라 하겠다. 언어는 변한다. 그리고 문화에 따라 같은 말도 의미의 차이를 보인다.

(2021.3.28.)

업다(負)와 엎다(覆)의 어원

우리말은 알타이어에 속하는 것으로 본다. 본래 알타이조어(祖語)에는 폐
쇄음(閉鎖音)에 유성음과 무성음이 대립되어 있었다. 우리 국어는 그 뒤 무성
음 체계로 바뀌었고, 다시 평음과 유기음 및 경음의 삼지적(三肢的) 상관관계
의 음운체계로 바뀌었다. 따라서 유기음과 경음의 체계는 상대적으로 발달
되지 못하였다. 이는 유기음과 경음을 어두음(語頭音)으로 하는 어휘가 발달
되지 않은 데서 확인할 수 있다.

할머니는 "어부바, 어부바!"하며 손자를 업는다. 이렇게 사람이나 동물을
등에 붙어 있게 하는 것을 "업다"라 한다. 남자는 등에 지고, 여자는 머리에
인다는 "남부여대(男負女戴)"의 "업을 부(負)"가 이에 해당한다. 그렇다면 "업
다"와 "엎다(顚覆)"는 어떤 관계를 갖는가? 관계가 있는가, 없는가? 먼저 "업
다(負)"부터 살펴보기로 한다. "업다"는 고어에서도 "업다"라 하였다. "업다"
의 용례를 한두 개 보면 다음과 같다.

  ᄒᆞᆫ 아기란 업고 새 나ᄒᆞ니란 치마에 다마 <월인석보>
  一切 有情을 어버 ᄃᆞ녀 <월인석보>

이밖에 배를 바닥에 붙이고 눕다를 뜻하는 "엎드리다" 계통의 "업데다·업
듸다·업티다·업더눕다" 등도 다 고어에서 "업-"으로 나타난다.

摩耶ㅣ 짜해 업데샤 <석보상절>

업듸다(附着) <한청문감>

호병엣 몰 업튜미라와 甚ᄒᆞ도다 <두시언해>

업더눕다(負臥) <동문유해>

이들은 등을 위로 하고, 배를 바닥에 붙인 상태, 곧 "앙(卬)"의 대가 되는 "부(俯)"의 상태를 말한다. 달리 말하면 오늘날의 "엎다(覆)·엎치다(被覆)"의 상태를 말한다. 따라서 이는 "엎다"와 같이 오늘날에는 "업-"이 아닌, "엎-"으로 "ㅍ" 받침을 써야 할 말이다.

그러면 물건 따위를 위가 밑을 향하게 뒤집는 것을 고어에서는 무엇이라 하였는가? 사실은 이것도 "업다"라 하였다고 할 수 있다. 그것은 "업더지다·업디ᄅᆞ다·업더디다" 등 전도, 또는 전복되는 상태를 "업-"으로 나타내고 있기 때문이다. 이 예를 보면 다음과 같다.

* 부텨 智力으로 魔王이 업더디니 <월인천강지곡>

　업더디거든 더위자보미 기리 蕭條히 ᄃᆞ외니 <두시언해>

* 업더지다(倒了) <역어유해 보>

* 金ㅅ사ᄅᆞ미 긓어 내야 ᄂᆞ치 헐에 티니 셜워 업디러디니라 <삼강행실도>

이렇게 전도(顚倒)를 의미하는 "업더디다"계의 말이 "업-"으로 되어 있다. "부대(負戴)"를 의미하는 "업다"나, "전도(顚倒)"를 뜻히는 "엎다"가 다 같이 고어에서는 "업-"으로 되어 있다. 후대에 와서 "업-"이 "엎-"으로 바뀐다. "엎다"의 예를 보면 다음과 같다.

어픈 손과(伏手) <금강경삼가해>

디새 마고 어픈 안해(一仰一合瓦內) <구급간이방>

　이렇게 “아기를 업다”의 “업다(負)”나 “전도”를 의미하는 “엎다(覆)”는 다 같은 어원에서 분화된 말이다. 사실 아이를 업는다는 것은 “아이를 등에 엎어 놓는 것”이다. 하늘을 바라보고 눕는 상태가 정상상태이고, 땅을 보는 상태, 다시 말해 등을 위로 한 상태는 뒤집어진 상태, 곧 비정상적 상태라 본 것이다. 그래서 이런 상태를 “엎인 상태·뒤엎인 상태”로 본 것이다. 이런 상태가 “업힌 상태”, 곧 “엎인 상태”이다. 따라서 “부(負)”의 상태나, “전복·전도”의 상태는 오늘날의 말로는 다 같이 “엎인 상태·뒤엎인 상태”라 할 수 있다.

　“업다(負)”와 “엎다(顚覆)”는 동일한 어원 “업다”에서 나온 말이다. 그런데 “아기를 업다”의 “업다(負)”는 전복의 의미와 멀어져 “업다(負)”의 형태를 유지하고, “상황을 엎어 놓다·상황을 뒤엎어 놓다”의 “엎다(顚覆)”는 의미가 바뀌며 형태도 “업다”에서 “엎다”로 바뀐 것이다. 이는 다 같은 어원에서 분화된 말로, 동음이의의 말이라 하겠다. 따라서 “업다(負)”와 “엎다(覆)”는 서로 관계가 있는 말이다.

(2022.5.30.)

"업신여기다"의 어원

툭하면 여자니 남자니 가재가 게 편을 드는 것은 다 무어야. 그게 다 여자라고 <u>업신여기는</u> 말씀이지. <한용운, 흑풍>

사람을 능멸하거나 멸시하는 것을 우리는 "업신여기다"라 한다. 이는 오만(傲慢)과 홀대(忽待)라는 상반된 입장에 놓이는 묘한 말이다. 그래서 사전의 풀이도 "교만한 마음에서 남을 낮추어 보거나 하찮게 여기다"라 풀이하고 있다. 위의 "흑풍"의 경우도 남존여비의 입장에서 여자를 능멸하는 입장에 항변하고 있는 것이다.

그러면 능멸, 멸시, 홀대를 의미하는 이 "업신여기다"의 어원은 어떻게 되는가? 이는 고어에서는 "업시너기다"라 하던 말이다. 그 용례를 보면 다음과 같다.

哥舒翰을 셤기니 뜨데 流沙磧ㅅ 녀글 <u>업시너기더라</u>(服事哥舒翰 意無流沙磧)
<두시언해>

이는 "업시"와 "너기다"로 분석될 말이다. "업시"는 "없-이"로 다시 분석되는, "없다"가 부사로 파생된 말이다. "너기다"는 "여기다"의 고어로, 마음으로 그러하다고 인정하거나 생각하다를 뜻하는 말이다. 따라서 "업시너기다"는 "없이 여기다", 곧 "없는 것으로 생각하다"를 뜻하는 말이다. 다시

말하면 오만한 생각에 상대방이 아무런 능력도 갖지 못한 것으로 생각한다
는 말이다. 그래서 그를 능멸하고, 멸시한다는 말이다.

이 "업시너기다"는 그 뒤 "업시-너기다"로 형태적 변화를 한다. 여훈(女訓)
의 "國政을 干예ᄒ며 陰敎를 <u>업시너기미</u> 엇디 婦人의 儀리오"가 그 예이다.
그뿐 아니라, "너기다"란 동사는 "녀기다"로 변하고, 이는 다시 "여기다"로
음운변화를 한다. 이들의 용례를 보면 다음과 같다.

> * 기특히 너기ᅀᆞᆸ논 ᄆᆞᅀᆞᄆᆞᆯ 니르와다 <월인석보>
>   ᄠᅳᆫ 人生ᄋᆞᆯ 므던히 너굘디로다(任浮生) <두시언해>
> * ᄆᆞᄋᆞᆯ 사ᄅᆞᆷ이 영화로이 녀기거늘 <소학언해>
>   녀길 샹(想) <신증유합>

오늘의 "업신여기다"는 이 "업시-너기다"가 변한 말이다. "업신여기다"
의 "업신"은 "녀기다"의 첫소리가 앞의 말 "업시"의 종성으로 올라 붙어
"업시"가 "업신"이 된 것이다. 이는 일종의 연음이 된 것이라 할 수 있다.
따라서 "업신여기다"는 "업시-너기다> 업시-녀기다> 업신-여기다"로 변
화한 말이라 하겠다.

다음에는 "능멸하다, 멸시하다"를 뜻하는 동사 "업시보다"에 대해 살펴보
기로 한다. 먼저 이의 용례를 보면 다음과 같다.

> 즁이 오나든 매로 텨 조차 三寶를 업시보니 <월인석보>
> 舍利弗을 업시바 집 지실 몯게 ᄒᆞ려터니 <월인천강지곡>

이 "업시보다"는 순경음 "ᄫ"이 "오/우"로 변화하여 "업시오다·업시우다"
로 변화한다. 이의 용례는 다음과 같다.

* 恭敬ᄒ야 업시오ᄆᆞᆯ 아니ᄒ노니 <석보상절>

　傲ᄂᆞᆫ 눔 업시올 씨라 <능언경언해>

* 너희둘홀 업시우디 아니ᄒ노니 <석보상절>

　업시울 홀(忽) <신증유합>

　이러한 동사의 어간 "업시오-·업시우-"는 "업쇼-·업슈-"의 형태로 축약 되기도 한다. 그래서 이 동사는 "업슈의다·업슈이다"가 생성되고, 부사로 "업슈이·업수이"가 파생되었다. 이로 인해 능멸하다·멸시하다를 의미하는 "업시우다"계의 말은 "업시보다> 업시오/우다> 업슈의/이다> 업수의/이 다"로 발전·변화하는 것으로 볼 수 있다.

　이상 능멸, 멸시를 의미하는 "업신여기다"와 "업시우다"의 어원을 살펴보 았다. "업신여기다"는 "업시너기다> 업시녀기다> 업신여기다"로, "업시우 다"계의 말은 "업시보다> 업시오/우다> 업슈의/이다"와 같이 변화·발전하 여 왔다.

(2021.12.9.)

"없다"와 합성된 형용사의 실체

우리말에는 "없다"와 결합된 파생어가 많다. 고유어 내지 혼종어의 경우만 하더라도 80여 개는 되는 것 같다. 이러한 말들은 어휘 구조상 "하욤-없다, 분수-없다"와 같이 "없다" 앞에 오는 대상이 "없다(無)"는 것을 나타내는 주술(主述) 구조의 말이 대부분이다. 이밖에 "느닷-없다, 꿈쩍-없다"와 같이 앞에 오는 말이 한정어인 경우도 있다. 또 다른 구조는 "가뭇-없다, 부질-없다"와 같이 형태는 주술 구조, 내지 한정 구조를 보이나, 사실은 "없다"가 접사처럼 쓰이는 경우이다.

"없다"계의 어휘 가운데 가장 재미있는 말은 "분수-없다, 엉터리-없다, 주책-없다" 같은 말이다. 이는 주술구조의 말이다. 이들은 "분수, 엉터리, 주책"이 "없다"는 뜻을 나타낸다. 그런데 이들은 "없다"는 말을 쓰지 않고, "분수, 엉터리, 주책"만으로도 같은 뜻을 나타낸다. "그 사람은 분수가 없다"나, "그 사람은 분수다"는 같은 뜻의 말이다. 이는 언어학에서 "전염(傳染)"이라 이르는 것으로, "분수"가 "없다"와 함께 자주 쓰임으로 말미암아 본래 부정적 의미를 지니지 않던 "분수"에 부정적 의미가 전염되었다고 해석하는 것이다. 이에 대해서는 박갑수(2021)에서 자세히 논의한 바 있다.

"시름-없다, 일없다"도 의미를 좀 살펴보아야 할 말이다. "시름-없다"는 외형상 "시름이 없다"는 말이다. 그러나 사전풀이는 그렇게 되어 있지 않다. "① 근심과 걱정으로 맥이 없다, ② 아무런 생각이 없다"라 되어 있다. 따라서 이는 오히려 고어의 "시름-겹다"<松江>나 "시름하다"<악장가사>에 어울릴 말이다. 이는 "시름(시룸)업다"를 "시름없다"로 잘못 활용함으로 말미암아 이렇게 굳은 것으로 보인다. 이와 유사한 예가 있다. 그것은 "잔약하다·고달 프다"를 뜻하는 "시드럽다(시드러울 피(疲))<훈몽자회>"라는 말이 있는데, 이를 종전의 국어사전은 "시들없다"로 표제어를 내건 바 있다. 지금의 표준국어 사전은 고어만 싣고 현대어 "시들없다"는 표제어를 내걸고 있지 않다.

"일-없다"는 "별일"이 없다는 말로 별고(別故)가 없다는 말이라 하겠다. 그래서 "① 소용이나 필요가 없다, ② 걱정하거나 개의할 필요가 없다"를 나타낸다. 중국 동포들은 한어 "메이스알(沒事兒)"의 간섭으로 "괜찮다"는 의 미로 써 우리와의 소통에 장애를 빚기도 한다. 그러나 무엇보다 큰 의미상의 차이는 고어의 용례다. 15세기에 이는 "초연하다"를 뜻했다. 월인석보의 "善 惠 對答ᄒᆞ샤ᄃᆡ 내 조ᄒᆞᆫ ᄒᆡᆼ뎌글 닷가 <u>일업슨</u> 道理를 救ᄒᆞ노니"가 그 예다.

다음에는 "없다"가 접사처럼 쓰인 예를 보기로 한다. 이는 무엇보다 주술 (主述) 관계의 의미를 나타내지 않는다는 것이 특징이다. 이러한 예로는 "가 뭇-없다, 부질-없다, 속절-없다, 어처구니-없다" 등이 있다.

"가뭇-없다"는 "보이던 것이 전연 보이지 않아 찾을 곳이 감감하다"를 뜻 하는데, "가뭇"의 의미가 분명치 않아 "없다"의 주체가 드러나지 않는다. 북쪽 에서는 "가뭇"을 "감감하게"를 뜻하는 부사로 보고 있다, 이렇게 보면 주술관 계가 아닌 한정구조로 보는 것이 된다. "부질-없다"의 의미도 분명치 않다. 고어에서는 "부절-없다"라 하였다. 이는 "대수롭지 아니하거나, 쓸모가 없다" 를 뜻하는데, "부질"의 의미를 알 수 없다. "속절-업다"는 단념할 수밖에 다른 방법이 없다를 의미하는 말인데, 고어에서는 "쇽졀-없다"로 나온다. 그런데 "쇽졀"의 의미가 무엇인지 알 수 없다. "어처구니-없다"는 "어이-없다"와 같 은 뜻의 말로, "일이 너무 뜻밖이어서 기가 막히다"를 뜻한다. "어처구니"는 "상상 밖의 엄청나게 큰 사람이나 사물"을 의미한다. 그래도 "어처구니-없다" 의 말뜻은 해석이 안 된다. "없다"가 접사처럼 쓰이는 말 가운데 현재는 그 어원을 밝히기에 문제가 있는 말이 적잖이 보인다.   (2021.12.9.)

"영글다"와 특수한 활용의 말

이기영의 소설 "고향"에는 좀 색다른 의미로 "영글다"란 말이 쓰이고 있다. "아이 따가워! 모기가 영글어서 꽤 따가운데."가 그것이다. "영글다"는 본래 "과일이나 곡식 따위가 알이 들어 단단하게 잘 익다"를 뜻하는 말이다. 따라서 "모기가 영글었다"는 것은 비유적인 표현이라 하겠다. 그리고 이 말은 1988년 표준어가 개정되기 전까지는 "여물다"의 방언으로 보던 말이다. 표준어의 재사정에 의해 지금은 복수 표준어가 되어 있다.

"영글다"는 "여물다"의 이형태(異形態)이다. "여물다"는 역사적으로 볼 때 일찍부터 자동적인 교체가 아닌, 비자동적 교체를 하는 말이었다. 쉽게 말해 일반적인 활용을 하는 것이 아니라 특수한 활용을 하는 말이었다. 이는 자음 앞에서는 "여믈-"의 형태를 취해 "여믈고, 여믈게"와 같이 쓰이며, 모음 앞에서는 "엶을-"의 형태를 취해 "엶을어, 엶을오"와 같이 쓰인다. 그리고 이 "엶을다"가 연철된 것이 "엷글다"이고, 이 말이 자음접변에 의해 변음된 것이 "영글다"이다. 따라서 "영글다"의 어원은 "여믈다"에 있다. 이는 특수한 활용을 하여 다른 형태의 말이 된, "여믈다"와 같은 뿌리의 말이다.

우리말에는 이 "엷글다"와 같은 특수한 활용을 하는 말이 또 하나 있다. 그것은 "해가 져서 어두워지다"를 뜻하는 "저물다"라는 말이다. 이 말의 중세어는 "져믈다"인데, "졈을다"로도 활용한다. 이 "졈을다"는 고어에서 연철되기 때문에 흔히 "졈글다"로 실현된다. 이의 보기는 유명한 백제 가요 "정읍사(井邑詞)"에 "내 가논 딕 졈그룰셰라"가 보인다.

다음에는 이들과 비슷한 활용을 하는 특수한 용언 몇 개를 더 살펴보기로 한다. 그것은 "심다(植), 담그다(浸), 잠기다(浸), 잠그다(鎖)"에 해당한 말이다.

꽃을 심다, 나무를 심다의 "심다(植)"는 고어에서 "시므다"라 하던 말이다. 이는 "시므-"와 함께 "슴-"을 어간으로 하여 활용하는 말이다. 이제 이들의 예를 하나씩만 보면 "이제 시므고져 호야(今欲裁)<두시언해>와, "구은 밤 닷 되를 심고이다"<악정가사, 정석가>가 그것이다.

김치를 담그다, 장을 담그다의 "담그다(浸)"의 고어는 "ᄃᆞᄆᆞ다(>ᄃᆞ무다)"였다. 이는 활용할 때 "ᄃᆞᄆᆞ-"와 함께 "ᄃᆞᆷ-"이 쓰였다. 이들의 예도 하나씩 보면, "두ᅀᅥ번 ᄃᆞᄆᆞ고(浸)"<구급간이방>와 "그릇 안해 ᄃᆞᆷ가 두면(浸盤裏)"<박통사언해>이 그것이다. 현대어에서는 이들 두 형태 가운데 "담그다"를 표준어로 보고, "담다"는 비표준어로 본다. "장을 담그다"라 하는 것이 그 예다.

몸이 물에 잠겼다와 같이 쓰이는 "잠기다"는 고어에서 "ᄌᆞᄆᆞ다(浸)"라 하였다. 이 말도 활용할 때 "ᄌᆞᄆᆞ-", 또는 "ᄌᆞᆷ-"을 어간으로 하여 활용하는 특수한 동사다. "ᄌᆞᄆᆞ-"의 예로는 "오시 ᄌᆞᄆᆞ미 우르시고"<월인석보>가 있고, "ᄌᆞᆷ-"의 예로는 "ᄌᆞᆷ가 우러는 즙(浸汁)"<구급간이방>이 있다.

끝으로 문을 잠그다의 "잠그다"를 보기로 한다. 이의 고어는 "ᄌᆞᄆᆞ다(鎖)"이다. 이는 "ᄌᆞᄆᆞ-"와 함께 "ᄌᆞᆷ-"이 어간이 되어 활용한다. 이들 활용은 현대어에서도 쉽게 확인할 수 있다. "자물쇠를 잠근다"고 할 때의 "자물쇠"의 "자물-"은 "ᄌᆞᄆᆞ-(> 자물-)"의 활용을, "잠근다"는 "ᄌᆞᆷ-은다(> 잠근다)"의 활용을 하고 있는 것이 그것이다.

이상 몇 가지 용언의 특수한 활용, 곧 비자동적 교체에 대해 살펴보았다. 이들의 특징은 모두가 "X-ᄅᆞ다", 혹은 "X-ᄆᆞ/므다"의 형태를 취하고 있으며, 본래의 어간이 자음과, 특수한 형태의 어간이 모음과 연결된다는 것이다. 이들 활용형은 또 "나모(木)"와 "구무(穴)"의 곡용(曲用) 형태와 짝을 이루는 것으로 볼 수 있다. "나모-낡", "구무-굵"이 그것이다.　　　(2021.12.25.)

"옆"과 "곁"의 어원과 의미

* 큰길을 따라 흘러내리는 강의 계곡 <u>옆</u>으로 펼쳐진 울창한 숲이 퍼붓는 빗줄기에 잎을 활짝 펼쳐 너울거렸다. <전상국, 하늘 아래 그 자리>
* 지금 이 눈길을 걸어서 여기까지 찾아오는 것도 <u>곁</u>에 둔 자식이 없는 탓이라고 종구는 고개를 끄떡였다. <힌수산, 유민>

우리말에는 공간적으로, 또는 심리적으로 가까이 있는 것을 나타내는 말이 둘 있다. "옆"과 "곁"이 그것이다. 그러면 이 말의 어원은 어떻게 되기 때문에 이런 의미를 나타내게 된 것일까?

"옆"은 우리 고어에서 "녑"이라 하였다. 이 말은 처음부터 "사물의 오른쪽이나 왼쪽의 면. 또는 그 근처"를 의미하는 말이 아니었다. 이는 오히려 신체의 한 부분인 "옆구리"를 의미하는 말이었다. 이는 뒤에 "녑> 옆"으로 변화한다. 그 용례를 보면 다음과 같다.

* 녑爲脅 <훈민정음해례> / 菩薩이 올훈 녀브로 나샤 <월인석보> / 엇게와 녑괘 다 充實ᄒ샤미 <법화경언해> / 녑 익(腋) <신증유합>
* 예 도적을 만나 녀플 븥드러(遇倭賊扶腋) <동국신속삼강행실도> / 왼 녀픠 흰 털이 바ᄅ 올나 이시면 <마경언해>

이 "녑"은 또 "녑구레", 또는 "녑당이"라고도 하였다. 훈몽자회의 "녑구레

협(脇)"과 언해두창집요의 "가슴이며 녑당이며(胸脇)"가 그 예이다. 옆구리를
의미하는 "녑"은 제유(提喩)에 의해 "옆, 가까운 곳"을 뜻하는 말로 의미변화
를 한다. 이러한 의미변화는 17세기의 문헌자료에 많이 나타난다. 이로 보아
이러한 의미변화는 17세기에 일반화하는 것으로 볼 수 있다. 그 예를 보면
다음과 같다.

> 그 기리 녑픠 디나가고 <가례>
> 긴 므지게 무덤 녀픠셔 니러나 비치 슈상ᄒᆞ니 <동국신속삼강행실도>
> 머리ᄅᆞᆯ 두루혀 왼 녑프로 보ᄂᆞ닌는 담긔로 알폼이오 <마경언해>

다음에는 "곁"에 대해 살펴보기로 한다. "곁"은 "어떤 대상의 옆. 또는
공간적·심리적으로 가까운 곳"을 의미한다. 그러나 이 말도 본래는 이런
뜻의 말이 아니었다. 이는 오히려 "겨드랑이"를 뜻하는 말이었다. 이는 "겯,
겻, 곁"이라 하였다. 물론 표기는 이와 다른 이형태가 많이 보인다. 그러면
우선 "겨드랑이"를 뜻하는 용례부터 보기로 한다.

> 왼녁 겯ᄐᆞ로 잡고 올ᄒᆞᆫ 녁 겯ᄐᆞ로 <소학언해>
> ᄒᆞᆫ 겨틀 몯 쓰며 말사미 저주브며(半身不遂 語言蹇澁) <구급간이방>
> 護脇 갑옷 겻으랑 <한청문감>

"겯, 겻, 곁"은 "겨드랑"을 의미하는 말이었다. 그런데 이러한 말이 이미
15세기의 용비어천가 및 석보상절, 월인천강지곡 등의 문헌에 "가까운 곳,
측근(側近)"을 의미하는 말로 많이 바뀌어 쓰이고 있는 것을 볼 수 있다. 이것
도 제유(提喩)에 의한 의미변화다. 이들의 용례를 보면 다음과 같다.

> * 君命엣 바ᅌᅩ어늘 믈 겨틔 엇마ᄀᆞ시니(馬外橫防) <용비어천가> / 히 돌

겨틔 사느니라 <석보상절> / 술 곳다오닐 안잣는 겨틔셔 기우리느니(酒
香傾座側) <두시언해>

* 恒河는… 精舍ㅅ 겯 갓가온 河ㅣ니 <금강경삼가해> / 겯 방(傍) <신증
유합>

* 便門 겻문 <한청문감> / 겻호로(從勞邊) <동문유해>

이상 "옆"과 "곁"의 어원과 의미를 살펴보았다. 이들은 다 공간적·심리적
으로 가까운 거리를 의미하는 말이다. "옆"의 어원 "녑·넢"은 본래 "옆구리"
를 의미하던 말로, 이것이 오늘날의 "옆", 또는 "가까운 거리"를 의미하는
말이 되었다. 그리고 "곁"은 겯, 겻, 곁 등에 소급하는 말로, 이 말은 본래
"겨드랑이"를 의미하던 것이 의미변화를 하여 "가까운 거리, 측근(側近)"을
의미하게 된 말이다.

우리말 외에 중·일어는 이렇게 옆구리나 겨드랑이를 의미하는 말이 "옆"
이나 "곁"과 같이 지근한 거리를 의미하는 것 같지 않다. 일본의 "와키(脇)"나
"와키바라(脇腹)"는 직접 옆이나 곁을 의미하지는 않는다. 그런가 하면 "요코
(橫)"도 "가로(橫)"가 주된 뜻이다. 중국의 "腋"이나 "횡복(橫腹)·협복(脇腹)"도
직접 옆이나 곁을 의미하지 않는다. "액문(掖門)" 등의 표현은 비유적 표현으
로 "옆(橫)"을 의미한다. 이렇게 볼 때 우리말의 "옆"과 "곁"은 독특한 발상에
의한 의미변화를 한 말이라 하겠다.

(2021.11.3.)

"오금"과 "오가리"의 어원

강가 처남 매부 두 사람은 이 세상을 영결하고, 강가의 외사촌 두 사람은 오금아 살려라 하는 격으로 오가의 집에서 멀리 나왔다. <홍명희, 林巨正>

우리 속담에 "오금아 날 사려라"하는 말이 있다. 이는 도망할 때 마음이 급하여 다리가 빨리 움직여 주기를 바라는 뜻을 나타낸다. 위의 "林巨正"의 "오금아 살려라"도 같은 심정을 표현한 것이다.

"오금"은 "무릎의 구부러지는 오목한 안쪽 부분"을 뜻한다. 한자어로는 "곡추(曲瞅)"라 한다. "오금"은 무릎의 오금만이 아닌, "팔오금"과, 활의 "한오금"을 의미하기도 한다. 그렇다면 이 "오금"의 어원은 어디 있는가?

"오금"의 고어는 "오곰"이다. 훈몽자회의 "오곰 곡(胴)"이 그 예다. 이는 "옥(曲)-옴(접사)"으로 분석된다. "옥-"은 "안쪽으로 조금 오그라져 있다"를 뜻하는 형용사 "옥다"의 어간이다. "오금"이란 이 "오곰"이 변한 말이다. "오금"은 이렇게 신체 부위 가운데 "오목하게 안쪽으로 구부러진 부분"을 나타낸다. 그래서 무릎의 "오금"과 팔의 "오금"을 의미한다. "한오금"은 활 몸의 중심을 기준으로 활 몸이 안쪽으로 구부러진 좌우 양쪽 부분을 가리킨다. "한오금"의 "한"은 "큰" 오금임을 의미한다. 활에는 "한오금" 외에 활의 휘어진 정도가 덜한 "먼오금"과 "밭은오금"이란 "오금"이 더 있다.

"오금"과 달리 어간 "옥"에 접사 "-아리"가 붙어 "옥은 것"을 나타내기도 한다. "오가리"가 그것이다. 이는 무나 호박 따위의 살을 오리거나 썰어서 말린 것이거나, 잎이 병들거나 말라서 오글쪼글하게 된 것을 나타낸다. "오가리-솥"의 "오가리"도 이런 것이다. 우리는 손을 입에 대고 나팔 부는 것처럼 소리를 내는 것을 "손나발"이라 한다. 북에서는 이를 "손-오가리"라 한다. "손을 오그리는 것"이란 말로 이런 동작을 나타내고 있는 것이다.

형용사 "옥다"의 어간 "옥"과 결합한 파생어에는 "옥니, 옥다리, 옥생각, 옥셈, 옥은종아리, 옥자귀"와 같은 명사와, "옥조이다, 옥쥐다"와 같은 동사가 있다. 이들은 다 "안으로 옥아 있는 것"을 의미한다.

"옥다"는 또 "오그리다, 오그라뜨리다, 오그라트리다"와 같은 사동사와, "오그라지다, 오그라들다"란 피동사로 파생되기도 한다. 이밖에 "옥"에 접사 "-으랑"이 붙은 "오그랑"과 복합어를 이루는 말도 많다. "오그랑-망태, 오그랑-바가지, 오그랑-벙거지, 오그랑-장사, 오그랑-쪽박"과 같은 명사와, "오그랑-하다"란 형용사, "오그랑-오그랑"과 같은 부사가 그것이다. 고어 "오곳하다(略收些)"<한청>의 변화 형태인 "오옷하다"도 "옥다"를 어근으로 하는 말이다. 이밖에 "오글조글, 오글쪼글, 오글쪼글하다"와 같은 의태어도 있다.

"옥다"에 비해 어감이나 어의를 좀 더 세게 나타내는 말은 "욱다"라 한다. "옥다"는 "옥-니"계통의 말이 많은데, "욱다"계의 "욱-" 복합어는 보이지 않는다. 그 대신 "욱은-박공, 욱은-지붕, 욱은-골"과 같은 관형형과의 복합어가 많다. "우그리다, 우그러들다, 우그러지다, 우그러뜨리다"라는 "우그-"형과, "우그렁하다, 우그렁-찌그렁, 우그렁-쪽박"과 같은 "우그렁"형은 "오그-, 오그랑-"형과 짝을 이룬다. "우굿하다, 우굿우굿, 우굿쭈굿하다"의 "우굿-"도 "오옷하다"의 "오옷-"과 대를 이루는 형태의 말이다.

"오금"과 "오가리"를 중심하여 이들의 어원을 살펴보았다. 이들은 "안으로 굽다"라는 의미의 "옥다"에서 파생된 말이다. "옥다"는 다양한 말을 파생한다. "욱다"는 "옥다"와 음상(音相)을 달리하여 어의와 어감을 강화하는 말로 "옥다"와 대조된다.

"오금"은 많은 관용어를 이룬다. "오금아 날 살려라"를 비롯하여 "오금을 못 쓰다", "오금이 저리다"와 같은 말은 문자 그대로 관용적으로 쓰는 말이다. 다음에 이 중 몇 개 관용어를 살펴보기로 한다.

"오금아 날 살려라"는 몹시 급하게 도망칠 때 온 힘을 다하여 빨리 뛰어감을 이르는 말이다. "오금을 못 쓰다"는 몹시 마음에 끌리거나, 두려워 꼼짝 못하는 상황을 나타낸다. "오금을 박다"는 다른 사람에게 함부로 말이나 행동을 하지 못하게 단단히 이르거나, 으르는 것을 의미한다. "오금이 쑤시다"는 무슨 일이 하고 싶어 가만히 있지 못하는 것을 나타낸다. "오금이 저리다"는 저지른 잘못이 들통이 나거나, 그 때문에 좋지 못한 결과가 있지 않을까 하여 마음을 졸이는 것을 나타낸다.

"오금"은 무릎이 구부러지는 오목한 안쪽 부분, 곧 곡추(曲瞅)를 나타내는 말일 뿐인데, 이 말이 활용되는 관용어는 실로 이렇게 놀라운 의미 영역을 나타내는 것을 볼 수 있다. 말이란 놀라운 것이다.   (2021.12.20.)

"오롯이"와 "오롯하다"의 어원

　먼 옛날에 이미 잃어버렸던 귀중한 것이 아직 한 점 남아 있다가 <u>오롯이</u> 가슴에서 타오르는 느낌이었다. <황순원, 카인의 후예>

　위의 소설에는 "오롯이"라는 부사가 쓰이고 있다. 이는 물론 "오롯하게", 달리 말하면 "모자람이 없이 온전하게"의 뜻을 나타내는 말이다. 그러면 이 말은 어떻게 돼서 이런 의미를 나타내는가? 그 뜻을 바로 알기 위해서는 그 어원을 알 필요가 있다.

　"오롯이"는 "오롯하다"란 형용사에서 파생된 말이다. "오롯하다"는 "모자람이 없이 온전하다"를 뜻하는 말이다. 이의 용례도 소설 작품에서 보면 김원우의 "짐승의 시간"에 "반환지점에 도달했을 때에야 시야가 점차 분명해지면서 흐릿한 새벽길이 <u>오롯하게</u> 떠오르고 있었다."란 것이 보인다. 이 "오롯하다"를 표준국어대사전은 신증유합의 "오록홀 혼(渾)"을 그 어원으로 보고 이를 "오올-+-옥+ᄒ-"로 분석하고 있다. 일단 온전하다(全)를 뜻하는 "오올다"에 접사 "-옥"이 붙고, 여기에 다시 "하다"란 접사가 붙은 것으로 본 것이다. 이의 형태로 보아 이렇게 볼 수도 있을 것이다.

　그러나 이는 풀이를 자연스럽게 하기 위해서 온전하게를 뜻하는 부사 "오ᄋ로"에 "ᄒ다"란 접사가 붙은 것으로 보는 것이 더 나을 것이다. "오ᄋ로"는 "오올"이란 어근에 부사를 만드는 접사 "-오"가 붙은 것이다. 그리고 여기에 강세 첨사 "-ㄱ"이 붙은 것이 "오ᄋ록"이고, 다시 접사 "ᄒ다"가 붙은 것이 "오ᄋ록ᄒ다"이다. "오ᄋ록ᄒ다"는 줄어 "오록ᄒ다"가 된다. 그리고 "오롯ᄒ다"는 "오ᄋ록ᄒ다"가 "오ᄋ롯ᄒ다"를 거쳐 축약된 것이다. "오롯이"는 "오롯ᄒ다"의 어근 "오롯"에 접사 "-이"가 붙은 것임은 물론이다. "오롯이"의 용례는 18세기, 영조 21년에 나온 "어제상훈언해(御製常訓諺解)"에 보인다. "그 本은 오롯이 誠홈애 이시니(本專在于誠事)"가 그것이다.

그리고 온전히, 온통을 의미하는 "오ᄋ로"는 일찍이 15세기부터 축약형인 "오로"가 같이 쓰였다. "오올은"의 축약 형태인 관형사 "오온"도 15세기에 쓰인 것을 보여 준다. 전신(全身)을 의미하는 "오온 몸"은 뒤에 "온 몸"으로 축약된다.

* 쏘 初禪으로셔 오ᄋ로 거르 뛰여 <석보상절>

  이 모미 주근 後ㄱ에 오ᄋ로 滅ᄒᄂ다 호몰 혀ᄂ다 <능엄경언해>

* 오작 오로 體ᄒ야 뭐워 쓸 ᄯᄅᄆ이라 <월인석보>

  鴻寶롤 엇뎨 오로 秘密히 ᄒ리오 <두시언해해>

* 敬心이 몬 오ᄋ더시니 <월인천강지곡>

  오온 ᄆ린 겨리 샹녜 믈 아뇸 ᄀᆮ듯 ᄒ니 <영가잡언해>

그리고 덧붙일 것은 형용사는 "오올다", 동사는 "오올오다"라 한다는 것이다. "오올다"는 온전하다를 뜻하는 말로, 이의 관형형은 "오온"이고, 이는 줄여 "온"이 된다. 오늘날 전신을 "온몸"이라 하거니와 이 "온"이 바로 이 "오온"이 변한 관형사 "온"이다. (2021.8.21.)

"이름(名)"의 어원

　"이름"의 어원에 대해 말하기에 앞서 한자 "이름 명(名)"자의 자원(字源)부터 보기로 한다. 이는 "저녁 석(夕)"자와 "입 구(口)"자로 이루어진 형성자이다. 어두운 데서는 사물이 전혀 식별되지 않는다. 따라서 이때에는 누구라고 이름을 대야 상대방을 알 수 있다. 이것이 "이름 명(名)"자의 자원이다.

　우리말 "이름"은 15세기에는 "일훔"이라 하였다. 그 예를 보면 다음과 같다.

　　　아바님 지흐신 일훔 엇더흐시니 <용비어천가 제90장>
　　　부텻 일후므로 들여 씨둗긔 호리이다 <석보상절>
　　　일훔 명(名) <신증유합>

　"일훔"이라 하던 이 말은 "일홈"을 거쳐 "이름"이 되었다. 그러면 "일훔"의 어원은 어떻게 되는가? "일훔" 자체를 어원으로 볼 수도 있고, 동사에서 파생되었다고 볼 수도 있다. 동사에서 파생된 것으로 보면 "옴/움"이 동명사형이므로 "일흐다/ 일흐다"에서 파생된 것으로 보아야 한다. 그런데 이런 형태는 옛 문헌에 보이지 않는다. 용언형이 나타날 법한 형태에는 "일훔흐다·일훔짓다·일훔짛다·일훔나다"와 같이 명사 내지 동명사형이라 할 "일훔"이 앞에 오고 있다. 따라서 우선은 "이름"의 어원은 "호칭하다·명명하다"란 의미의 "일흐다"의 동명사형 "일훔"이 파생명사가 된 것이라 결론을 내려 둔다.

그런데 여기 덧붙일 것으로 "운위(云謂)하다"를 의미하는 "이르다"를 그 어원으로 생각할 수 있다. 그러나 이는 모르는 소리다. 15세기의 "운위하다"를 뜻하는 말은 "니른다·니르다"였기 때문이다. 월인석보의 "니른거나 쓰거나"나, 훈민정음언해의 "니르고져 홇빈 이셔도"가 그 예다. 이는 어두에 "ㄴ" 소리를 가진 말로, 아주 다른 말이다. 따라서 "이름"이 "이르다(謂)"에서 온 말이라고는 꿈에도 생각할 수 없다.

우리말에 "이름 지어 부르다", 또는 "가리켜 말하다"를 뜻하는 말에 "일컫다"가 있다. 이는 고어에서 "일콛다", 또는 "잃곧다"라 하였다. 이들 용례를 보면 다음과 같다.

> * 經ㅅ 일훔 일콛르면 蓮花ㅣ 이베 나고 <월인석보>
>   어마님 뇺므를 左右ㅣ 슬쓰바 아버님 일콛르시니(父王稱謂) <용비어천가>
>   平居에ᄂᆞᆫ 孝義ᄅᆞᆯ 일콛ᄂᆞ니(平居孝義稱) <두시언해>
> * 한 妾이 두려이 滅ᄒᆞ시ᄂᆞ라 잃콛ᄌᆞ오나(稱諸妾圓滅) <능엄경>

"일콛다(稱)"는 오늘날 "일컫다"로 이어져 오는 말로, "일-콛다"로 분석될 말이다. "콛다"는 "ᄀᆞᄅᆞ다(日)"를 뜻하는 말이다. 이는 "ᄀᆞ로디, ᄀᆞ론"의 기본형이 되는 말로, "ㄷ"불규칙 변화를 하는 용언이다. "일"은 "일훔"을 의미하는 원형일 것으로 추정된다. 그러나 분명치는 않다. 분명한 것은 능엄경언해에서 "잃"이라 표기하고 있다는 것은 이름과 "ᄀᆞᄅᆞ다"의 두 말 사이에 어휘 경계가 있다는 것을 나타내는 증거라 하겠다. "일훔"의 어원은 분명치 않다. 이의 어원을 "일ᄒᆞ다"에서 파생된 동명사이거나, "일"일 것이라 아쉬운 대로 결론을 내려 둔다.

(2021.3.7.)

이바지와 바라지의 어원

외손자 외손녀가 신세를 진다 하여 일부러 천일의 집에 보내온 <u>이바지</u>였다. <박경리, 토지>

위의 예문은 박경리의 "토지"에 나오는 일절이다. 여기에서는 "이바지"가 "보내진 음식물"의 의미로 쓰이고 있다. 흔히 "이바지"라면 이와는 달리 "① 도움이 되게 함. ② 물건을 갖추어 바라지함"의 의미를 지니는 것으로 본다. 다른 말로 바꾸면 "공헌(貢獻)·기여(寄與)"를 의미한다. "조국의 광복을 위해 이바지를 한 애국지사", "사회발전에 이바지한 기업인"과 같이 쓰이는 것이 그것이다. 사전은 위의 두 가지 의미의 말을 각각 다른 말로 보아 표제어를 따로 제시하고 있다. "이바지1"은 "공헌·기여"를, "이바지2"는 "힘들여 음식 같은 것을 보내 줌. 또는 그 음식"을 의미하는 말이라 보는 것이다.

그러나 이들은 본래 같은 말로, 의미가 분화한 것이다. "이바지"의 옛말, "이바디"는 본래 "잔치·연회(宴會)"를 의미하던 말이다. 그 용례를 두어 개 보면 다음과 같다.

간 고디 禮貌 없더니 蓋天英氣실씨 이바디에 머리를 좃스봉니 <용비어천가 제95장>

노폰 이바디 호야 諸侯ㅣ 禮接호느니(高宴諸侯禮) <두시언해>

이바디 연(宴) <훈몽자회>, <신증유합>

이러한 말이 "음식" 나아가 "공헌·기여"로 연쇄적 의미변화를 하였다. "이바디"는 "대접하다·공궤(供饋)하다"를 의미하는 "이받다"의 어간 "이받"에 명사를 만들어주는 접사 "-이"가 결합된 것이다. 이 "이받-이"가 연철되고, 구개음화한 것이 오늘의 "이바지"다.

다음에는 "이바지"와 밀접한 관련이 있는 "바라지"의 어원을 살펴보기로 한다. "바라지"라는 말은 너덧 개 있는데, "이바지"와 관련이 있는 말은 이 가운데 세 개이다.

① 바라지1: 음식이나 옷을 대어 주거나 온갖 일을 돌보아 주는 일.
② 바라지2: (불) 죽은 사람을 위하여 시식(施食)을 할 때 법사(法師)가 경문을 읽으면 그 다음의 송구(頌句)를 받아 읽거나 시식을 거들어 주는 사람.
③ 바라지3: (음) 경상도 강원도 제주도 등지의 무당노래에서 으뜸 무당이 부르는 노래 사이사이에 뜻 없는 말을 받는 소리 ＝받는소리2

이는 불교용어로서의 "바라지2"에서 "바라지1, 3"이 파생된 것이라 하겠다. "바리지1"이 일반화한 것이라면, "바라지3"은 무가(巫歌)란 특수 영역에 전용된 것이다. "바라지1"의 옛 용례는 헌종 때 정학유의 "농가월령가"에 보인다. "들 바라지 點心ᄒ소"가 그것이다.

"바라지"의 어원이 시식(施食)을 할 때 곁에서 법사를 도와주는 사람을 의미하므로 이는 "곁"을 의미하는 "바라(傍)", 또는 "따르다, 의지하다"를 의미하는 "바라다·받다(傍)"와 관련이 있을 것으로 추정된다. 이들의 용례를 고어에서 보면 다음과 같은 것이 보인다.

* 돐비츤 九霄애 바라 하도다(月傍九霄多) <두시언해>
* 鬼物은 어스르메 바라 든니ᄂ다(鬼物傍黃昏) <두시언해>

몰애 우흿 올히 삿기는 어미롤 바라셔 ᄌ오ᄂ다(沙上鳧雛傍母眠) <두시
언해>

"바라지"는 이 "따르다·의지하다"를 의미하는 "바라다/밭다(傍)"에, 명사
를 만드는 접사 "아지"가 붙은 합성어이다. 이는 옆에서 시중드는 사람이란
의미에서 "음식이나 옷가지를 대어 주거나, 온갖 일을 돌보아 주는 일"을
뜻하는 말이 되었다.

"바라지"는 몇 개의 복합어를 이룬다. 이러한 말에는 "뒷바라지, 들바라
지, 번바라지, 옥바라지, 해산바라지" 따위가 그것이다. "뒷바라지"는 뒤를
보살피며 도와주는 것이고, "번바라지"는 "번(番)을 든 사람에게 먹을 것을
대주며 치다꺼리하는 것"을 의미한다. "옥바라지"와 "해산바라지"는 각각
옥에 갇힌 사람과, 임산부의 뒷바라지를 하는 것임은 물론이다.   (2022.5.29.)

이밥과 끼니의 어원

  우리는 지난날 양식이 부족하였다. 늘 보릿고개에 시달려야 했고, 흉년이라도 들면 초근목피(草根木皮)로 연명해야 했다. 그래서 "이밥과 고깃국"을 먹는 것이 소원이었다.

  지금은 단군(檀君) 이래 최고의 풍요를 누리며, "이밥과 고깃국"을 원 없이 먹고 있다. 그러면서도 그 정체(正體)를 잘 모른다. "이밥"의 "이"의 실체를 잘 모르는 것이다. 이에 대해서는 국어학자의 논의도 별로 보이지 않는다.

  국립국어연구원의 "표준국어대사전"에 의면 "이밥"은 "입쌀로 지은 밥"이라 되어 있고, 또 "입쌀"은 "멥쌀을 보리쌀 따위의 잡곡이나, 찹쌀에 상대하여 이르는 말 =稻米"라 하고 있다. "이밥"이나 "입쌀"의 "이"는 과연 사전의 풀이처럼 "멥쌀"인가?

  "이밥"이나 "입쌀"의 "이"는 변화과정으로 볼 때 고어 "니"가 변한 말이다. "이밥"의 고형인 "니밥"의 용례는 가례언해에 "니밥 머그며 비단옷 니브리오"가 보인다. "입쌀"의 경우는 두시언해나 역어유해의 "니ᄡᆞᆯ(稻米)"과 한청문감의 "니ᄡᆞᆯ(粳米)" 등이 보인다. 이들의 용례를 보면 다음과 같다.

> * 니ᄡᆞ리 밥 지스니 能히 ᄒᆡ니(稻米炊能白) <두시언해>
>
>   니ᄡᆞᆯ(稻米) <역어유해>
>
> * 니ᄡᆞᆯ(粳米) 江南 니ᄡᆞᆯ(秈米) <한청문감>

"입쌀밥"을 뜻하는 옛말 "니뿔밥"의 예는 역어유해에 "니뿔밥(大米飯)"이, 동국신속삼강행실도에 "니뿔밥 먹디 아니ᄒ며"가 보인다. 이 밖에 "니"의 용례로 "닛딥, 닛딮, 닛뷔, 닛븨" 등도 보인다. 이들은 "볏짚(稻藁)", 혹은 볏짚으로 만든 비, "화추(禾帚)"를 의미한다. 따라서 이들 용례에서의 "니"는 "벼"를 나타내는 말임을 알 수 있다. 다시 말하면 "니"는 "화(禾)·도(稻)"를 나타내는 말이다.

그런데 여기에 하나의 문제가 제기된다. 그것은 "끼니"라는 말이 있다는 것이다. 사전에서 "끼니"란 "아침 점심 저녁과 같이 날마다 일정한 시간에 먹는 밥"이라 풀이하고 있다. 이 말은 고어에서 "ᄢᅵ니"라 하던 말이다. 이는 구조적으로 "ᄢᅵ(때·時)-의(관형격)-니(밥·飯)"로 분석된다. "끼니"는 사전의 풀이에 보이듯, 아침 점심 저녁과 같이 일정한 때에 먹는 밥이다. 노동 시간 중간에 먹는 "새참"이나, "곁두리", "주전부리"와 구별된다. 그래서 부모님들은 객지에 나간 자녀의 건강을 위하여, "끼니는 꼭 거르지 말아라.", "삼시 세 끼니를 꼭 찾아 먹어라."라 당부하였다. "끼니"는 이렇게 "일정한 때에 맞추어 먹는 밥"을 의미한다. 특히 "니"가 "밥(飯)"을 뜻한다.

그렇다면 앞에서 규정한 "니"의 의미 "벼(禾·稻)"와 "밥(飯)"의 의미관계는 어떻게 되는가? 그것은 "벼"에서 "밥"으로 의미가 변한 것이다. "벼(볍쌀)로 "밥"을 짓기 때문에 연쇄적(連鎖的) 의미변화를 한 것이다. 이러한 의미변화는 영어 "rice"가 잘 설명해 준다. "rice"는 "벼"에서 "쌀"로, 그리고 다시 "밥"으로 변화되며, 오늘날 이 세 가지 의미를 지니게 된 말이다. "니(> 이)"의 경우도 "벼(닛딥)> 쌀(니밥)> 밥(끼니)"으로 변한 것이다. "니뿔"은 "떡쌀"이 아닌, "밥쌀"이라 할 수 있다. "이밥"을 먹으려면 그 의미를 제대로 알고 먹어야 하겠다.

(2018.11.12)

"익히다"의 어원과 의미 확장

　　논어 학이편(學而篇)의 서두에는 공자의 말로, "학이시습지(學而時習之) 불역열호(不亦說乎)"라는 말이 보인다. 배우고 때로 이를 익히면 즐겁지 않겠느냐는 것이다. 새로운 것을 배운 다음에는 이를 익혀야 한다. 그렇지 않으면 잊게 된다. 이에 "시습(時習)"이란 말이 따로 생겼다. 배운 것을 때때로 익힘, 곧 "복습(復習)"을 뜻하는 말이다. 복습을 하지 않으면 잊게 된다.

　　"학습(學習)", "복습(復習)"의 "습(習)"자를 "익힐 습"자라 한다. "익히다(習)"는 "여러 번 겪어 설지 않게 하다"를 의미한다. 그렇다면 이 말의 어원은 무엇인가? 고어에서는 "니기다·닉이다·니키다"로 나타난다. 이들의 예를 보면 다음과 같다.

> * 글 닉이다(溫習) <동문유해>
> 　금 여러번 닉이다(練熟金) <한청문감>
> * 習은 니길 씨라<훈민정음 언해본> / 니길 습(習) <신증유합>
> 　소티 녀허 ᄀ장 니규믈 資賴ᄒ야(入鼎資過熱) <두시언해>
> * 반ᄃ시 닉켜서 제 ᄒ시고 <소학언해>

　　"익히다"는 다음에 보듯 "익다(熟)"의 옛말 "닉다"에서 파생된 말이다. 곧 "닉다"에 사동 접사 "이"가 붙어 사동사가 된 것이 위의 보기 가운데 "닉이다"이다. 그리고 이를 연철한 것이 "니기다"이며, "닉키다"는 사동접사 "히"

가 연결된 것이다. 이렇게 "익히다(習)"는 "익다< 닉다"의 사동사인데, 그 의미가 "여러 번 겪어 설지 않게 하다"란 비유적 의미를 나타내게 되며 "익다(熟)"와 의미상 차이를 보이게 되었다. 그래서 "닉다(熟)"와의 관계를 쉽게 추정할 수 없게 된 말이다. "닉이다(習)"계의 말은 "닉다(熟)"에서 파생된 말이다.

"익다"는 "닉다"가 두음법칙이 작용해 변한 말로, 날것이 열을 받아 숙성하는 것을 뜻하는 말이다. 그러나 이 말은 의미가 여러 가지로 분화하였다. 그 대표적인 의미가 가열해 익히는 것이고, 열매 따위가 성숙(成熟)하는 것이다. 그리고 또 다른 의미가 "관습(慣習)·관행(慣行)"의 의미를 지니는 것이다. 끝의 대표적인 말이 "낯-익다: 낯-설다"이다. "닉다"의 이러한 용례를 구체적으로 분류해 제시해 보면 다음과 같다.

① 반만 닉고 반만 서니 잇다(牛黃半生的有) <박통사언해>
   니글 숙(熟) <훈몽자회>, <신증유합> / 설며 니고몰(生熟) <영가집언해>
② 果實의 서룸과 니곰괘 <원각경언해>
   말와면 時節을 디니오는 비예 니겟고(菱熟經時雨) <두시언해>
③ 發心이 니거 淸淨혼 法을 어루 비호리어며 <월인석보>
   工夫ㅣ 니거 씨ㄷ롤 時節이니 <몽어유해>

이밖에 "닉다"에서 파생된 "니기(> 익히)"라는 부사도 있다. 이도 "익을 숙(熟)"과, "관행(慣行)·관습(慣習)"의 의미를 지닌다.

지용을 니기 아슳아(熟知智勇) <용비어천가>
漢ㅅ짜히 니기 돈니디 못ᄒ엿노니(漢兒地面裏 不慣行) <노걸대언해>

여기 덧붙일 것이 하나 있다. 그것은 옛말에 "익숙하다"란 뜻의 "닉숙다"란 말이있다는 것이다. 이는 "닉-숙-ᄒ다"가 아닌 "닉숙다"의 형태를 취하고 있으며, "닉다(熟)"의 어간 "닉"에, 한자어 "숙(熟)"이 결합된 혼종어(混種語)이다. 좀 묘한 구조의 말로, 15세기의 문헌에 보인다. 두시언해의 "譁驕馬ㅣ 닉숙디 아니ᄒ야 시러곰 가져 가디 못ᄒ더니라(譁驕不慣不得將)"와, 소학언해의 "威儀ㅣ 棣棣(만코 닉숙은 양이라) ᄒ다라"가 그 예이다.

끝으로 "관습·관행"의 생숙(生熟)의 정도를 나타내는 대표적인 말, "낯-설다"와 "낯-익다"를 보기로 한다. 우선 "낯(面)"은 고어에서 "늧·늧·늧ㅊ·늧" 등 여러 형태로 나타난다. 그리고 "낯설다"는 고어에 용례가 보이는데, "낯익다"는 용례가 쉽게 보이지 않는다. 이에 "낯설다"는 고어의 용례를, "낯익다"는 익숙함을 뜻하는 "닉다"의 예를 보기로 한다.

* 늧설고 疑心져은 사ᄅᆞᆷ을 재오지 아니케 ᄒ엿더니 <노걸대언해>
  늧선 잡사ᄅᆞᆷ을 브리오디 못ᄒ게 ᄒ엿ᄂᆞ니 <노걸대언해>
* 흥졍ᄒ기 니근 사ᄅᆞᆷ이 <노걸대언해>
  우리 ᄒᆞᆫ가지 닉디 못ᄒᆞᆫ 사ᄅᆞᆷ의게 만히 소기ᄂᆞ니 <노걸대언해>

(2021.11.22.)

"일어나다"의 문화와 "나그네"

언어는 문화의 화석(化石)이다. 언어를 보면 그 사회의 지난날을 알 수 있고, 오늘의 모습을 알 수 있다. 언어는 그 사회의 문화와 제도를 반영한다. "골품제도(骨品制度)"가 신라의 문화를, "혼인(婚姻)"이 중근세의 사돈 문화를 반영한다. "민주화"와 "QR코드"는 오늘의 시회를 반영한다.

우리는 Srand up을 "일어나다", 또는 "일어서다"라 한다. "일다"라 하지 않고, "일다"와 "나다", 또는 "서다"의 복합어로 나타낸다. 중국어에서는 "치라이(起來)", 또는 "치리(起立)"라 한다. 일본어로는 "오키루(起ゐ)·다쓰(立つ)", 또는 "오키아가루(起上ゐ)·다치아가루(立上ゐ)"라 한다. 한국어와 중·일어를 비교할 때 중국어와 보다 잘 대응된다.

한국어의 "일어나다·일어서다"가 이렇게 복합어를 이루는 것은 원시 주거생활인 혈거생활(穴居生活)을 반영하는 것으로 볼 수 있다. 원시인이 생활하던 굴은 그리 높지 않아 일단 "일어(起)"서는 나가야 설(立) 수 있었던 것이다. 그래서 "일다(起)"에 "나다(出)", 또는 "서다(立)"가 복합된 것이다. 중국어의 "치라이"나, 치리"도 이런 면에서 마찬가지라 하겠다. 이에 대해 일본어는 그렇지 않다. 이는 반드시 혈거생활을 하지 않았다는 말이 아니다. 이는 오히려 발상의 차이로 이러한 표현을 하지 않고 있다고 하겠다. 이에 대해 우리와 중국은 혈거생활의 흔적을 언어에 남기고 있는 것이다. 우리 주변에서는 오늘날 혈거생활을 볼 수 없다. 그러나 그 흔적은 남아 있다. 중국에는 오늘날에도 혈거생활을 하고 있는 것을 곳곳에서 볼 수 있다.

이러한 혈거생활의 흔적은 "나가다"에서도 볼 수 있다. 이는 일단 굴을 벗어나야 "걸을" 수 있음을 의미한다. 말을 바꾸면 "걸어갈(出去)" 수 있음을 의미한다. 이는 중국어의 "추취(出去)"도 마찬가지다. 굴에서는 구부리고 있어야지 일어설 수가 없으니 걷는다는 것은 엄두도 못 낸다. 이는 "들어 눕다"라는 말이 방증이 된다. 이는 물론 앉을 수도 없다는 말이라기보다 굴에 들어서는 눕는 것이 자연스럽다. 이에 해당한 일본어는 "데루(出る)·데가케루(出掛る)"라 하여 역시 대응이 되지 않는다. "데테 이쿠(出て 行く)"가 있으나, 이는 복합어가 아니다.

"나가다"라는 말을 살펴보았으니 이와 관련이 있을 것으로 보이는 "나그네"에 대에 언급하기로 한다. "나그네"란 자기네 고장을 떠나 다른 곳에 가거나, 머물고 있는 사람, 곧 여인(旅人)을 말한다. 이의 용례는 청록파 시인 박목월의 시 "나그네"로 대표할 수 있다.

江 나루 건너서/ 밀밭 길을// 구름에 달 가듯이/ 가는 나그네//
길은 외줄기/ 南道 三百里// 술 익는 마을마다/ 타는 저녁 놀//
구름에 달 가듯이/ 가는 나그네.

이 "나그네"는 15세기의 문헌에 "나ㄱ내"로 나타난다. 그리고 이는 뒤에 "나그니", 또는 "나그내"를 거쳐 "나그네"로 바뀐다. 이들의 예를 보면 다음과 같다.

* 世間이 **나ㄱ내**론둘 아라(旅泊) <능엄경언해>
　일표(一瓢)와 일납(一衲)으로 **나ㄱ내** 븓듯 ᄒ야 걸온디 업셔(旅泊無累) <선가구감>
* 물ᄀ 그ᄅ미 **나그내** 시르믈 스로미 잇도더(澄江銷客愁) <두시언해>
　나그내네 네 블 디디 ᄒ눈다 블 디디 못ᄒ눈다(客人們你打火 那不打火)

<번역노걸대>

* 아춤의 집의 <u>나그닉</u> 왓거늘(早起家裏有客人來) <박통사언해>

　나그닉(賓友) <한청문감>

　"나그네"는 그 의미로 볼 때 "나간 사람"일 것으로 추단된다. 그러나 그렇게 쉽게 단정할 수는 없다. "나가다(出去)"의 옛 형태가 "나ㄱ다" 아닌, "나가다"이기 때문이다. 월인석보 등의 "出은 날 씨오 家는 지비니 집 브리고 나가 머리 갓골 씨라"가 그 예다. 따라서 "나ㄱ내"의 "나ㄱ-"를 "나가다(出去)"로 볼 수가 없다. 그리고 "나ㄱ내"의 "내"도 번역노걸대의 "나그내네"의 예로 보아 "나그내"의 "-내"를 복수의 접사로 보기도 곤란하다. 따라서 현재로서는 "나ㄱ내"의 어원은 미상(未詳)이라고 처리할 수밖에 없다. 다만 "나가다(出去)"와, "나ㄱ내"는 상관이 없고, "내" 또한 복수의 접사와 관계가 없다는 것만은 확인된 셈이다.　　　　　　　　　　　　　　(2022.1.9.)

"자물쇠"와 "열쇠"의 어원

여닫게 되어 있는 장치를 열거나 잠그는 기구를 "열쇠", 또는 "자물쇠"라한다. 열쇠는 흔히 외래어로 "키(key)"라 한다. 이에 대해 자물쇠를 "럭(lock)"이라 하는 것은 거의 들을 수 없다. 다만 전철역 등의 사물함은 "로커(locker)"로 정착된 것 같다. 이는 잠금장치의 상자, 또는 함이란 말이겠다.

그러면 "자물쇠"란 어떻게 된 말인가? 이는 여닫는 물건을 열지 못하도록 잠그는 장치를 말한다. "자물쇠"란 "잠그다"를 뜻하는 고어 "ᄌᆞᄆᆞ다"의 관형형인 "ᄌᆞ물"에 "쇠(鐵)"가 복합된 형태로 나타난다. 이의 예를 보면 다음과 같다.

* 자디 아니ᄒᆞ야셔 門ㅅ ᄌᆞ물쇠 여로ᄆᆞᆯ 듣고 <번역박통사언해>
* 鍵은 ᄌᆞᄆᆞᆳ쇠라 <법화경언해>

이는 "ᄌᆞ물쇠> ᄌᆞᄆᆞᆳ쇠> ᄌᆞ믈쇠> 자물쇠"로 발달하였다.

"잠그다"는 고어에서 그 어근을 "ᄌᆞᄆᆞ-"와 "ᄌᆞᆷ-"으로 하는 비자동적 교체의 활용어이다. 이러한 활용의 결과 이는 "자무다"와 "잠그다"의 두 형태로 분화하였다. 그리고 우리는 이 두 형태 가운데 "잠그다"를 표준어로 받아들이기로 하였다. 그리하여 "문을 잠그다, 잠가 놓은 설합"과 같이 말하고, "문을 자무다, 자마 놓은 설합"이라고는 하지 않는다.

그런데 "자물쇠"의 경우는 예외이다. 이는 "ᄌᆞᄆᆞ다"의 "ᄌᆞᄆᆞ-" 계통의 활용을 하는, "ᄌᆞᄆᆞ다"의 관형형인 "ᄌᆞ물-"에 "쇠"가 결합된 말이다. 이는 우리의 전통적 용법에 따르면 "잠글-쇠"가 되어야 하나, 아무도 "잠글쇠"라고는 하지 않는다. "자물쇠"는 "잠글쇠"가 아닌, "자물쇠"가 표준어이다.

"열쇠"의 경우는 물론 "열다(開)"의 어간 "열"에 "쇠(鐵)"가 결합된 말이다. 옛말 "열쇠"의 예는 몽산화상법어약록, 훈몽자회 등에 보인다.

* 鍉 열쇠시 俗称鑰鍉 通作匙…鑰열쇠약 <훈몽자회>
* 鑰匙엸쇠 <역어유해>

"자물쇠"나 "열쇠"의 "쇠"는 이미 드러난 바와 같이 "쇠 철(鐵)"의 철(鐵)을 의미한다. 그것은 자물쇠나 열쇠의 재질이 쇠붙이로 되어 있기 때문이다. 그리고 열쇠나 자물쇠는 "열대"나, "자물대"라고도 하는데, 이는 지난날 자물쇠와 열쇠가 긴 대처럼 생겼기 때문에 "열-", "자물-"에 "대"가 붙었던 것이다.

열쇠와 자물쇠는 아울러 한자어로는 "관건(關鍵)"이라 한다. "관(關)"이란 "빗장"을 의미하는 말이요, "건(鍵)"이란 열쇠를 의미하는 말이다. 요사이 매스컴에서 "열쇠"라는 의미로 "관건(關鍵)"이란 말을 많이 쓰고 있는데, 이는 "관건"의 다른 뜻으로 잘못 쓰는 것이다. "관건"의 다른 뜻은 "어떤 사물이나 문제 해결의 가장 중요한 부분"을 이르는 말로, 그것 자체가 "열쇠"의 의미를 지니는 말은 아니다. 유주현의 "대한제국"에 보이는 "전쟁에는 용맹도 중요하지만 작전의 우열이 그처럼 승패의 관건이 된다."가 그 예다.

(2021.6.21.)

"자반"과 "좌반"의 상호관계

우리네 반찬에 "자반"이란 것이 있다. "콩자반"을 비롯하여 "고등어자반·자반조기" 등이 그 예다. "자반"의 사전풀이는 다음과 같이 되어 있다.

① 생선을 소금에 절여서 만든 반찬감. 또는 그것을 굽거나 쪄서 만든 반찬.
② 조금 짭짤하게 졸이거나 무쳐서 만든 반찬
③ 나물이나 해산물 따위에 간장이나 찹쌀풀 따위 양념을 발라 말린 것을 굽거나 기름 따위 양념을 발라 말린 것을 굽거나 기름에 튀겨서 만든 반찬. <u>한자를 빌려 '佐飯'으로 적기도 함.</u>

위의 풀이에 "한자를 빌려 '佐飯'으로 적기도 함"이라 하고 있듯, "자반"은 "좌반(佐飯)"이라 한자로 쓰기도 한다. 그 정도가 아니다. 금성판 국어대사전이나, 민중서관의 국어대사전은 표제어로 "자반(佐飯)"이라 내걸고 있다. 그렇다면 이 "자반"이란 말은 고유어인가, 아니면 한자어인가?

결론부터 말해 고유어라 본다. 이 고유어를 한문에서 한자로 표기하기 위해 유음이면서 뜻이 어울리게 한자를 차자(借字)한 것이다. 곧 "밥을 먹는 데 도움을 주는 것"이란 의미로 "좌반(佐飯)"이라 차자한 것이다. 이는 "자반"과 "좌반"으로 발음이 같은 것도 아니다. 따라서 한국한자어라는 차원의 것도 못 된다. "좌반(佐飯)"의 용례는 만기요람(萬機要覽)과 평양지(平壤志) 등에 보인다.

만기요람(萬機要覽)의 예는 과장(科場)에서의 식사 장면으로, 조석반(朝夕飯)을 정해진 수에 따라 제공하였는데, 그 가운데 "좌반(佐飯)"이 들어 있다(飯·湯·炙·佐飯·羹·醢·菜·沈菜·醬). 평양지(平壤志)의 예는 학교의 규정에 관한 것으로 "자반콩 30섬(末醬太 三十石, 佐飯太 三十石)"이란 기록이 그것이다. 이렇게 고유어를 한문에 기록하자니 부득이 한자를 차자한 것이다. 그것도 비록 발음이 좀 다르더라도 대상물을 상기할 수 있는 글자를 빌어 적은 것이다.

"자반"이 고유어요, 자반(佐飯)이 한자어가 아니라는 것은 이 말이 중국어나 일본어에는 보이지 않는다는 데서 확인할 수 있다. 중국에서는 물고기 자반은 "xingyu(鹹魚·咸魚)"라 한다. 그래서 자반고등어는 "咸靑老魚"라 한다. 졸이거나 무친 채소는 따로 말이 없고 풀어서 말한다. 일본어의 경우는 "시오모노(鹽物)"라 하거나, 풀어서 말한다. 음식문화가 달라 "자반"에 딱 부합하는 대상이 없기 때문이다.

우리말에는 이 "자반"과 합성된 복합어가 많다. "자반"이 어두에 오는 말은 대부분이 그 뒤에 생선 이름이 붙는다. "자반갈치, 자반민어, 자반방어, 자반밴댕이, 자반비웃, 자반삼치, 자반전어, 자반조기, 자반준치" 같은 것이 그것이다. 자반이 어두에 오는 생선 이름 외의 말에는 "자반뒤지기, 자반뒤집기"란 독특한 말도 있다. "자반뒤지기"는 농악에서 소고재비가 뱅글뱅글 도는 동작과, 씨름에서 뒤로 몸을 젖히면서 상대편을 넘어뜨리는 기술을 의미한다. "자반뒤집기"란 몹시 아플 때 엎치락뒤치락하는 짓을 비유적으로 이르는 말이다. "자반"이 뒤에 오는 말은 "콩자반, 뱃자반, 매듭자반" 등의 말이 있다. "뱃자반"은 배에서 만든 자반을, "매듭자반"은 다시마에 통후추를 싸매어 기름에 튀긴 반찬을 말한다.

"자반"은 고유어로, 이를 좌반(佐飯)이라 한자를 쓰는 것은 한자를 차자하여 쓰는 것이다. 이는 바람직한 것이 못 된다.

(2021.12.2.)

“잠”의 어원과 몇 가지 잠

우리의 인생은 끊임없는 삶의 투쟁이다. 따라서 휴식이 필요하다. 그래서 삶의 3분의 1을 잠을 통해 휴식을 취한다. 우리는 눈을 감은 채 의식 활동이 쉬는 상태를 “잠”이라 한다. 우리말에는 “잠”이란 말이 참으로 많다. 영어, 일어, 중국어 등 다른 나라 말과 비교할 때 상대적으로 많은 것이 아닌가 한다.

“잠”은 잠자는 때, 잠이 든 정도, 잠자는 모습 등을 나타내는 말이 있다. 이 가운데 잠자는 모습을 나타내는 말에는 비유적인 표현이 많다. 그 가운데도 동물과 관련된 것이 여럿 있다. “개잠, 나비잠, 노루잠, 괭이잠, 새우잠” 등이 그것이다. 이번에는 이들 “잠”의 어원을 살펴보기로 한다. 그러자면 우선 “잠”이란 말부터 살펴보아야 할 것이다.

“잠”은 옛말로 “ᄌᆞᆷ”이라 하였다. 먼저 그 용례를 보면 다음과 같다.

> <u>ᄌᆞᆷ</u> <u>자ᄉᆞᆶ</u> 제 風流ㅣ ᄀᆞ바ᄉᆞᆸ더니 <월인천강지곡>
> ᄌᆞᆷ 드로미 ᄒᆞ마 기프니(寢已熟) <두시언해>
> ᄒᆞᆫ번 ᄌᆞᆷ ᄭᅵ요미 ᄀᆞᆮᄒᆞ니(如一覺睡) <금강경삼가해>

이렇게 잠(睡眠)을 의미하는 명사는 15세기의 문헌에 “ᄌᆞᆷ”으로 나타난다. 그런데 수면을 의미하는 동사는 “자다”로 나타나 차이를 보인다. 그 예를 보면 다음과 같다.

섬 안히 자싫제(宿于島嶼) <용비어천가>

처섬 出家ᄒ야 좀 잘 자거시늘 <남명집언해>

수픐 그테 안자 이트를 자더 <두시언해>

이들은 한 책 나아가서는 한 문장 속에서도 구별 사용되고 있다. 위에 예를 든 월인천강지곡과 남명잡언해의 밑줄 친 부분이 그러한 예다. 곧 "좀"에 대해 "자싫"과 "자거시늘"이 서로 다른 예이다. 그러면 이러한 표기의 차이는 어디서 온 것일까? 그것은 파생명사가 되며 그 형태가 달라진 것이다. 곧 "자다"의 명사형이라면 "잠(<자옴"이 되었을 텐데, 파생명사가 되며 "좀(<자-옴"이 된 것이라 하겠다. 다음에는 각 어휘의 의미와 어원을 보기로 한다.

"개잠"은 개처럼 머리와 팔 다리를 오그리고 옆으로 누워 자는 것이거나, 개와 같이 깊이 자지 못하고 설치는 잠을 비유적으로 이른다. "개"의 어원은 본서에서 밝힌 바 있다.

"나비잠"은 갓난아이가 두 팔을 머리 위로 벌리고 자는 것을 비유적으로 이르는 말이다. "나비"의 어원은 "납"이다. 이는 석보상절의 "나비 브레 드ᄃᆞᆺ ᄒ야"나 역어유해보의 "납이(粉蝶)"와 같이 접사 "-이"가 붙어 "나비"가 되고, 물보(物譜) 등의 "나븨"를 거쳐 "나비"가 된 말이다. "나비"의 어원이 "납"이란 사실은 "나방"을 통해서도 확인된다. 이는 "납-앙(접사)"으로 분석될 말이기 때문이다.

"노루잠"은 깊이 들지 못하고 자꾸 놀라 깨는 잠을 말한다. 노루는 고어에서 "노로"라 하였다. 이는 비자동적 교체를 하는 말로, "노로" 외에 "놀, 놀ㄹ"로 곡용하는 말이다. 이들의 용례는 다음과 같다.

노로爲獐 <훈민정음 해례본>

峻阪앳 놀올 쏘샤(殪瘴峻阪) <용비어천가>

　　　　놀릭 고기를 먹고져 흐니 <신속삼강행실도>

　"괭이잠"은 고양이(猫)의 잠으로 깊이 들지 못하고 자주 깨면서 자는 잠을 의미한다. 고양이는 15세기에는 "괴"라 하였다. 능엄경언해의 "괴 가히(猫犬)"가 그것이다. 이 "괴"에 접사 "-앙이"가 붙어 "괴양이"가 되고, 이것이 축약된 것이 "괭이"라고 하겠다. "괴"가 단모음화한 것이 현대어 "고양이" 다.

　"새우잠"은 새우처럼 등을 굽으리고 자는 잠을 비유적으로 이른 말이다. 가곡원류의 "어제ㄷ 밤도 혼자 곱송그려 시오줌 자고"가 그 예다. "새우"는 15세기에는 "사븨"라 하였다. 훈민정음해례본의 "사븨爲蝦"가 그것이다. 이 는 화어유초 등의 "시오 깐 것(蝦米)" 등의 "시오"를 거쳐 "새우"가 되어 오늘 에 이르고 있다.

　　　　　　　　　　　　　　　　　　　　　　　　　　　(2022.2.14.)

"쟁기"의 어형과 의미 변화

밤이 지나면 쟁깃날에/ 논물이 갈린다/

달과 별이 갈린다.

이성선의 시 "길"의 한 구절이다. 여기에는 "쟁깃날"이란 시어가 쓰이고 있다. "쟁기"란 논밭을 가는 농기구이고, "쟁깃날"이란 이 쟁기의 술 끝에 끼게 된 쇠붙이로, 흙을 가는 보습을 말한다. 가뜩이나 보기 힘든 도시인에게, 요사이는 더구나 논밭을 가는 일도 트랙터가 하고 있어 쟁기는 더욱 보기 어렵게 되었다. 쟁기를 부려 논밭을 가는 사람은 "쟁기꾼", 이렇게 가는 일은 "쟁기질"이라 한다.

"쟁기"란 말은 이 정도로만 쓰이는 것이 아니다. 좀 더 복잡하다. 사전의 풀이를 보면 "①(농)논밭을 가는 농기구, ②(북)(농) 보습, ③(북) 도구를 비유적으로 이르는 말, ④(북)무기를 비유적으로 이르는 말. [<잠개(월곡)]"로 되어 있다. 그러나 어휘사를 보면 사전의 풀이와는 거리가 있다.

"쟁기"는 본래 "잠개"라 하던 말로, 이는 병기구(兵器具)를 이르던 말이다.

鬼兵 모딘 잠개 나ᅀᅡ 드디 못게 ᄃᆞ외니 <월인천강지곡>

兵은 잠개 자본 사ᄅᆞ미오 <월인석보>

모든 디 이셔 다토면 눌잠개로 ᄒᆞᄂᆞ다(爭則兵) <내훈>

병잠개며 귓거슬(兵及鬼) <분문온역이해방>

이 말의 형태는 "잠기"로 변한다. 그러면서 날(刀)을 가진 농기구를 이르게 된다. 윤선도의 고산유고(孤山遺稿)에 보이는 "마히 미양이랴 잠기 연장 다스려라"나, 물보(物譜)의 "잠기(犁)"나, 은중경언해의 "잠기로 가라(鐵犁耕之)"의 "잠기"가 그것이다. 고려속요 청산별곡에 보이는 "잉 무든 장글란 가지고 물 아래 가던 새 본다"의 "쟝"도 이 "잠기"다. "잠개"는 이렇게 "눌잠개(刀器)"임으로 해서 "병잠개(兵器具)"에서 "농잠개(農器具)"로 의미변화를 하였다. 이러한 의미변화는 단순한 의미변화만이 아니고, 사물의 전용으로도 나타난다. 오늘날은 병기를 의미하는 "잠개"나 "잠기"란 말은 거의 들을 수 없다.

"잠개", "잠기"는 여기서 변화가 끝나는 것이 아니다. 이는 다시 "장기"로 변한다. 이러한 변화는 "잠기"가 자음접변에 의해 형태적인 변화를 하는 것이다. 이의 용례를 두어개 들어 보면 다음과 같다.

> 손에 장기 업거든 <삼역총해>
> 장기 연장 다스려라 <청구영언>

이때는 병기의 냄새는 사라지고 순전히 농기구를 의미하게 된다. 그리고 이 "참기"가 "ㅣ" 모음동화에 의해 "쟁기"가 된다. 이것이 "잠개"의 형태적 변화의 종착역이다. 따라서 오늘의 농기구 "쟁기"는 병기구에서 시작하여 온기구를 의미하기 까지 "잠개> 잠기> 장기> 쟁기"의 형태적인 변화를 해 온 말이다.

(2021.6.18.)

"조금"과 "경(更)"의 의미연합

조수는 밀물과 썰물로 나뉜다. 밀물과 썰물은 통틀어, 좀 낯선 말로 "미세기"라 한다. 이는 "밀다(推)"와 "세다(<혀다·引)"가 복합되고, 여기에 명사를 만드는 접사 "-기"가 붙은 말이다. 이 "미세기"는 달의 인력(引力)과 관련이 있다. 그래서 바닷물은 "조금"과 "사리"를 반복하며 철썩인다.

"조금"은 조수가 가장 낮은 때를 이르는 말이다. 음력으로 매월 7, 8일과 22, 23일이 대체로 조금 때가 된다. 이와 달리 밀물이 가장 높은 때는 "사리"라 한다. 음력으로 매월 보름과 그믐께 사리가 든다.

그런데 우리의 옛 문헌을 보면 이 "조금"에 해당할 말이 오늘날과 다른 의미로 기록된 것이 보인다. "조금"이 조수(潮水)가 아닌, 달의 형태를 나타내고 있는 것이다. 이러한 예는 역어유해와 동문유해에 보인다.

> 上弦 첫조금 <역어유해>
> 下弦 훗조금 <역어유해> / 下弦 후ㅅ조금 <동문유해>

역어유해는 조선 숙종 때(1690) 사역원(司譯院)에서 펴낸 한어 어휘집으로 한학(漢學)의 교재로 사용된 것이고, 동문유해는 영조 때(1748) 편찬된 만주어 어휘집이다. 그런데 이러한 책에서 "상현(上弦)"과 "하현(下弦)"을 각각 "첫조금"과 "훗조금"이라 하고 있다. 이들은 달의 형태, 달리 말하면 달이 이우는 시기를 나타낸다. 말을 바꾸면 조수의 변화를 야기하는 원인으로서의 달의 상태를 나타내고 있다.

썰물과 관련시켜 볼 때 "조금"이 상하현(上下弦)을 의미하는 것은 원인과 결과가 뒤바뀌었다는 생각이 든다. 역어유해와 동문유해의 기록을 중심으로 볼 때 "조금"은 상하현의 달의 상태, 곧 그 시기를 나타내는 말에서 오늘날 그 의미가 조수의 간만(干滿), 곧 간조(干潮)를 뜻하는 말로 그 의미가 바뀌었다. "조금"이란 동일 형태가 "상하현"의 의미에서 "간조"와의 의미연합(意味聯合) 으로 달라진 것이다.

이러한 의미연합의 변화는 "경을 치다"라는 타경(打更)이란 말에서도 볼 수 있다. "타경"이란 경점(更點)을 친다는 말이다. 이의 용례도 역어유해와 동문유해에 보인다. "打更 경뎜 티다 攢点 上소"<역어유해>, "打更 경뎜 티 다"<동문유해>가 그것이다.

경(更)이란 일몰부터 일출까지의 밤을 다섯으로 등분한 시간대의 이름이 다. 지난날에는 하룻밤을 오경(五更)으로 나누고, 초경·이경·삼경이라 하였 다. 매 경점(更點)에는 경점을 쳐서 사람들에게 알렸다. 이의 대표적인 것이 "인정(人定)"과 "바라(罷漏)"다. 조선시대에는 2경에서 5경 사이가 통행을 금지 하는 인정(人定)의 시간대였다. 인정이 시작되는 밤 10시에는 28수(宿)를 상징 하여 종을 28번을 쳤고, "바라"가 시작되는 6시에는 종을 33번 쳤다.

경점(更點)이란 시간을 나타내는 말인데, 이러한 시간을 알리기 위해 종을 쳤다. 이로 말미암아 "경점"은 시간에서 "경점을 티다"와 같이 "종을 치다" 라는 의미를 가지게 되었다 "경점을 치다"는 나아가 "경을 치다"로까지 확 장되었다. 그리하여 "경점 치고 문지른다.", 또는 "경 치고 문지른다."는 속 담까지 생겨났다. 이는 잘못 경점을 치고 소리가 나지 않게 하기 위해 종을 문지른다는 말이다. 이렇게 "경점", 또는 "경"이란 시간을 나타내는 말인데, 이때 종을 쳤기 때문에 경은 종이라는 의미까지 지니게 되었다. "경점"과 "경"은 "조금"과 같이 인과관계에 의해 의미연합에 변화가 일어난 말이다.

(2022.2.5.)

"졸음"의 어원과 자블음

"조는 집에 자는 며느리 온다."는 속담이 있다. 유유상종으로 모여 든다는 말이다. 잠을 자려고 하지 않으나 잠이 드는 상태를 "졸다"라 하고, 자고 싶은 느낌이 드는 것을 "졸리다"라고 한다. "잠이 오는 느낌이나 상태"는 "졸음"이라 한다.

"졸다"의 용례를 문학작품에서 하나 보면 이청준의 "소문의 벽"에 "출입구 쪽에서 사환 애 녀석이 나를 기다리느라 꾸벅꾸벅 졸고 앉아 있었다."가 보인다. 그리고 "졸음"의 예는 송기원의 "월행"에 다음과 같은 것이 보인다.

추위에 떨다가 몸이 녹자 졸음에 겨웠던 모양으로, 아이는 어느새 사내 곁에서 새우잠을 자고 있었다.

그러면 이 "졸다"나, "조름"은 어떻게 된 말인가? 그 어원은 어떻게 되는가? "졸다"의 어원을 표준국어대사전은 [<ᄌᆞ올다(석상)]라 제시하고 있다. "ᄌᆞ올다"의 용례는 석보상절 외에도 15세기 문헌에 많이 보인다.

ᄌᆞᆲ 저기라도 이 부텻 일후므로 들여 씨둔긔 ᄒᆞ리이다 <석보상절>
멋 디위롤 ᄌᆞ오ᄂᆞ뇨(眠幾回) <두시언해>
困ᄒᆞ면 ᄌᆞ오놋다 <금강경삼가해>

그러나 "졸다"의 어원을 좀 더 거슬러 올라 갈 수 있다. 음운변화 과정으로 볼 때 "ᄌᆞ올다"의 전차어(前次語)는 "자블다"라 할 수 있기 때문이다. 이는 오늘날 경상, 함경 방언 등에 쓰이는 말이다. 이로 볼 때 "졸다"는 "*ᄌᆞᄫᅳᆯ다> ᄌᆞᄫᅩᆯ다> 자올다> 졸다"의 변화 과정을 겪은 것이라 할 수 있다. "조름"의 경우도 역시 방언의 "자블음"이 고형(古形)이라 하겠다. "*ᄌᆞᄫᅳᆯ옴> ᄌᆞᄇᆞ롬> ᄌᆞᄫᅩ롬> ᄌᆞ오롬> 조름"으로 변화한 말이다. 이의 문헌상의 최고의 용례는 15세기의 불경 등에 보이는 "ᄌᆞ오롬"이다.

> ᄌᆞ오로몰 ᄇᆞ리게 ᄒᆞ시고 <월인천강지곡>
> 내 샹녜 ᄌᆞ오로몰 즐기다니(我常樂睡眠) <능엄경언해>

방언 "자브름"의 용례는 시에 많이 쓰이고 있는 것을 볼 수 있다.

> 웃는 듯 자브름 하신가 하면/ 조는 듯이 웃으셨네. <박종화, 십일면관음보살>
> 새야/ 그런 危險한 곳에서도/ 너는 / 잠시 자불음에 겨운 눈을 붙인다. <김춘수, 裸木과 詩>

"졸음", 또는 "졸다"는 오늘날 방언에 쓰이고 있는 "자불음" 또는 "자불다"를 그 어원으로 하는 말이다. 방언은 옛말이 많이 남아 쓰여 어휘 연구의 소중한 자산이 된다.   (2021.6.22.)

"주름"과 "줄다(縮)"의 상관관계

"주름"은 두 가지 대표적인 의미로 쓰인다. 그 하나는 "피부가 쇠하여 생긴 잔 줄"이란 것이고, 다른 하나는 "옷의 가닥을 접어서 줄이 지게 한 것"을 의미한다. 이밖에 "종이나 옷감 따위의 구김살"을 "주름"이라 하기도 한다.

사람들은 이 피부의 "주름"과 옷의 "주름"을 어떻게 생각할까? 같은 어원의 말이라 생각할까, 아니면 다른 말이라 생각할까? 아마도 다른 말이라 생각하는 사람이 많지 않을까 한다. 그러나 이는 어원을 같이 하는 말이다. 결론부터 말하면 축소(縮小)를 의미하는 "줄다(縮)"에서 파생된 말이다.

"주름"이 축소(縮小)를 의미하는 "줄다(縮)"에서 나왔다면 다소 의아해 하는 사람이 있을는지도 모른다. 그러나 이는 사실이다. 피부의 "주름"은 피부가 노화하여 주름살이 생긴 것으로, 이는 팽팽하던 피부가 쭈그러들어 겉 면적이 줄어든 것이다. 초기에는 자잘한 잔주름이 생기다가 마침내는 깊은 골이 생겨 피부는 더욱 굴곡이 심해져 탄력을 잃게 된다. 그러면 겉의 면적이 줄어든다. 표면적(表面的)이 줄게 되는 것이다. 이는 주름치마를 생각해 보면 쉽게 이해된다. 주름치마는 통치마에 비해 주름이 접혀 들어간 만큼 치마의 폭이 좁아지게 마련이다. 이렇게 "주름"이란 "줄다(縮)"란 동사에서 파생된 "줄음"이 연철된 말이다. 그리고 이는 "줄어들다"의 의미에서 "접혀 생긴 줄"을 의미해 어원에서 멀어져 오늘날 어원을 밝히지 않고, 그냥 발음되는 대로 "주름"이라 적는다. 어원을 밝힌다면 "줄음"이 된다.

그러면 "주름"의 고어는 어떤 형태로 나타나고 있는가? 이는 "주룸, 주름, 주룸, 줄움, 줄음" 등 다양한 형태로 나타나나 연철한 것이 주종을 이룬다. 용례를 보면 다음과 같다.

* 주룸: 주룸 벽(襞)·주룸 적(襀)·주름 간(襇) <훈몽자회>
* 주롬: 鐵絲로 주롬 바고이다 <악장가사, 정석가>
* 주름: 은빗채 비단 너븐 주름 털릭과(紵絲板褶兒) <노걸대언해>

* 조롬: 만일 그 허리 가온대를 조롬 잡디 아니흐면 <가례언해>
* 줄움: 프론 뉴청 노 フ는 줄움텰릭이오(柳綠羅細褶兒) <노걸대언해>
* 줄음: 幅애 세 裯를 흐라(구는 줄음 자브미라) <가례언해>

이들의 형태를 역사적으로 살펴보면 이는 두 가지 형태로 나누어 볼 수 있다. 그 하나는 "줄다"란 동사의 어간에 동명사형 "-움/ 옴"이 붙은 것이다(주룸·주롬). 그리고 다른 하나는 동사 "줄다"의 어간에 조모음 "으"에 명사를 만드는 접사 "-ㅁ"이 붙어 전성명사를 만든 것이다(주름). 따라서 "주룸·주롬"이란 명사가 아닌 동명사형이다. 이에 대해 오늘의 "주름"에 해당한 말은 같은 형태의 "주름/줄음"뿐이라 하겠다.

그리고 용례 가운데 보이는 "조롬" 계통의 말은 어감(語感)을 달리 나타내기 위한 말이다. 이들은 동사 "줄다" 아닌 "졸다"를 사용함으로 "작고(小) 귀여운" 느낌을 나타내려 한 것이다. "조롬·졸옴"이 명사형, "졸음"이 전성명사임은 "줄다"계 동사의 경우와 마찬가지다.   (2021.6.27.)

"주비(矣)"와 육주비전의 어원

우리는 상품을 사고파는 곳을 "가게"라 한다. 이는 가가(假家)가 변한 말이다. 달리는 "전(廛)", 또는 "전방(廛房)"이라 하였다. 그 뒤에 점방(店房), 상점(商店)이라 하였고, 스토어(store)나 마켓(market)은 영어에서 들어온 외래어다.

"가게"가 언제부터 있었는지는 분명치 않다. 그러나 "전(廛)", 또는 "시전(市廛)"은 역사적으로 볼 때 이미 고려 문종 때 시전을 관장하는 경시서(京市署)가 설치된 것으로 보아 그 이전부터 있었을 것임에 틀림없다. 조선조에 들어와 이들 초기의 시전은 규모나 경영 및 자본 등에 있어 큰 차이가 없었다. 그러나 점차 도시가 번영하고 상업이 발달하며, 경영방식에 차이가 나고, 관청에 대한 대응 관계 등이 달라지면서 차이가 나게 되었다. 그래서 그 중 가장 많은 국역(國役)을 담당하는 전을 추려 육의전(六矣廛), 또는 육주비전(六注比廛)이라 하게 되었다.

"주비"는 "행리(行吏)"에 따르면 통수(統首)를 의미한다. 이는 관아에서 쓰던 이두(吏讀)로, "관물을 염산할 때 통수를 주비라 한다(官物斂散之時 統首謂之矣)"는 "주비(矣)"가 바로 그 예이다. 관물을 수렴하고 처분할 때의 통수(統首)를 일러 "주비(矣)"라 한다는 것이다. 관물 처분의 수장을 통수(統首)라 한 것이다. 이 통수(統首)라는 말은 조선시대에 군대 조직과 민가(民家) 조직인 통(統)의 수장을 의미하는 말이기도 하였다.

역사적으로 볼 때 고려시대에 개경(開京)에 시전(市廛)을 관장하던 경시서(京市署)가 있었다. 11대의 문종 때에는 영(令: 정7품), 승(丞: 정8품)을 두었다 하니,

이로 볼 때 고려 초에는 시전이 형성되었을 것으로 보인다.

조선조에 와서는 태조 원년(1392)에 설치한 경시서(京市署)를 세조때 평시서(平市署)로 개칭하였다. 서울의 각 전은 평시서에서 관할하였는데 이들 각 전을 백각전(百各廛)이라 하였다. 그리고 백각전 가운데 대표적인 시전을 육의전(六矣廛), 또는 육주비전(六注比廛)이라 하였다. 이는 서울 종로에 있던 여섯 종류의 상품을 거래하던 어용상점(御用商店)을 말한다. 이들은 정부로부터 강력한 특권을 부여 받아 주로 왕실과 국가 의식(儀式)에 소요되는 수요(需要)를 도맡아 거래하는 등 상품의 독점과 전매권을 행사하며 상업 경제를 지배하였다. 육주비전이 언제부터 발생하였는지 그 시기는 분명치 않다. 대략 조선조 중기에는 형성된 것으로 본다. 그리고 자유롭게 장사를 하게 되며, 1894년 갑오경장이 일어나던 해에는 평시서가 폐지되었다. 육의전은 시대의 변화에 따라 칠의전(七矣廛), 혹은 팔의전(八矣廛)이 되기도 하였다.

그러면 구체적으로 여섯 시전(市廛)을 이르는 육주비전(六矣廛·六注比廛)에는 어떤 것이 있었는가? 순조때 발간된 "만기요람(萬機要覽)"에 의하면 선전(縇廛), 면포전(綿布廛), 면주전(綿紬廛), 지전(紙廛), 저포전(紵布廛), 내외어물전(內外魚物廛) 등이 있었다고 되어 있다. "선전(縇廛)"은 비단을 팔던 가게로, 한양이 도읍이 된 뒤 제일 먼저 생긴 전으로, 육주비전 가운데 규모와 자본이 가장 우세하였고, 국역(國役)의 십분의 일을 부담하였다. "면포전(綿布廛)"은 무명을 팔던 가게다. 한때 은을 겸하여 팔았으므로 은목전(銀木廛)이라고도 하였고, 뒤에 백목전(白木廛)이라고도 하였다. "면주전(綿紬廛)"은 명주를 팔던 가게를 말한다. "지전(紙廛)"에서는 종이와 가공품을 팔았다. "저포전"은 모시를 팔던 가게로, 순조 원년(1801)에 포전(布廛)과 합쳐 하나의 주비로 하였다. "내외어물전(內外魚物廛)"은 순조 원년에 내어물전과 외어물전을 합친 주비전이다. 내어물전은 종로에서 어물을 팔던 가게이고, 외어물전은 서소문 밖에서 어물을 팔던 가게이다. 이들은 나뉘어 팔주비전에 속하기도 하였다. 포전(布廛)은 팔주비전의 하나로 삼베를 팔던 가게를 말한다. 따라서 주비전은 포목전

(布木廛)이 주가되었다.

대표적인 시전인 선전(縇廛)은 "선전 시정 통비단 감듯"이란 속담을 이루기도 하였다. 이의 용례는 최남선의 "고본 춘향전"에 보이는데, 나졸들이 변 사또의 명을 받아 춘향을 잡아 끌고 갈 때의 장면을 묘사한 것이다. "벌떼 같은 나졸이 왈확 달려들어 춘향의 머리채를 선전 시정 통비단 감듯, 상전 시정 연줄 감듯, 제주 메역 머리 감듯 감쳐 풀쳐, 풀쳐 감쳐 휘휘 츤츤 감아…"가 그것이다. "선전 시정" 등의 "시정"은 "시전(市廛)"의 오기라 하겠고, "상전 시정"의 "상전(床廛)"은 잡화(雜貨)를 팔던 가게를 말한다. 춘향전의 이 장면은 춘향의 머리채를 사정없이 연줄감듯 감아쥐는 것을 비유적으로 묘사한 것이다.

(2021.4.10.)

"죽음"의 완곡한 표현

죽음을 희화(戲畵)한 대표적인 표현을 저자는 "유유정정화화(柳柳井井花)"라 생각한다. 이는 우리의 대표적인 가면극 "봉산탈춤"에 보이는 말이다. 동음어에 의한 곁말인데 이는 단순한 곁말이 아니고, 한자를 풀어야 곁말이 된다. "유(柳)"는 버들 유(柳)자이고, "정(井)"은 우물 정(井)지이며, "화(花)"는 꽃 화(花)자이다. 따라서 "유유정정화화"를 새김으로 읽으면 "버들버들 우물우물 꽂꽂"이 된다. 사람이 죽을 때의 모습을 "버들버들하다가 동작이 느려져 우물우물하게 되고 마침내 꼿꼿하게 굳는다"고 한 것이다. 따라서 이는 사람이 죽었다는 말이다. 우물과 버들의 조화도 조화려니와, "꼿꼿"을 "화화(花花)"라 한 것이 걸작이다. 이는 "곧 즉(卽)"를 겹쳐 "곧곧"이라 할 수도 있었다. 그런데 여기서는 "꽃 화(花)"자를 겹쳐 "화화(花花)"라 함으로 죽음을 미화하였다. 어쩌면 노장 스님의 죽음이기도 하여 산화공덕(散花功德)의 의미까지 염두에 둔 곁말인지도 모른다. 그렇지는 않아 보이나…

"죽음"은 두려운 존재다. 그래서 여기에는 넓은 의미의 타부(taboo), 곧 금기(禁忌)가 작용한다. 우리는 "죽다"라는 말을 직접 나타내려 하지 않는다. "돌아가셨다, 저 세상 갔다, 천당 갔다"와 같이 돌려서 표현한다. 이런 말 가운데는 조금 고차원의 완곡한 표현도 있다. "북망산 갔다, 수구문 차례, 칠성판을 졌다, 콩 팔러 갔다"와 같은 것이 그것이다. 이번에는 이런 완곡한 표현을 살펴보기로 한다.

"북망산 갔다"는 흔히 "북망산"을 단순한 공동묘지 정도로 생각하고, 죽었다는 의미로 해석한다. 그러나 "북망산(北邙山)"은 대단한 문화적 배경을 지닌 말이다. 이는 아홉 나라의 수도였던 낙양(洛陽)의 북쪽에 있는 "망산(邙山)"으로, 명당으로 알려져 유명 인사들이 다투어 여기에 묻히기를 원하던 곳이다. 지금은 이곳에 "고묘박물관(古墓博物館)"이 마련되어 있어 옛 무덤들의 내부를 관람할 수 있게 되어 있다. "북망산"은 이렇게 명당의 묘지이다. 그래서 "북망산"은 이국의 낯선 땅임에도 이 말이 묘지에 비유되어 "죽었다"는 말을 "북망산 갔다"라 하게 된 것이다.

"수구문 차례"는 죽을 때가 되었다는 말이다. "수구문(水口門)"은 성안의 물이 밖으로 나가도록 수구에 만든 문을 이르는 말이나, 특히 서울 중구 광희동에 있는 광희문(光熙門)을 이르는 말이다. 이 문은 사소문(四小門) 가운데 하나로, 서소문(西小門)과 함께 백성들의 시신(屍身)을 성 밖으로 내보내던 문이다. 그래서 이 문은 시구문(屍口門)이라고도 했다. "수구문"은 이렇게 죽음, 또는 주검과 밀접한 관계를 갖는다. 그래서 "수구문 차례"라는 말은 늙고 병들어 죽을 때가 가까워졌음을 나타내는 말이 되었다. "수구문 차례"란 나이가 많아 죽을 때가 가까워졌음을 나타내는 말이다.

"칠성판(七星板)을 졌다"는 말은 죽었다는 말을 에둘러 표현하는 말이다. 이 말이 이러한 의미를 지니는 것은 "칠성판(七星板)"이 관의 바닥에 까는 얇은 널조각을 의미하는 말이기 때문이다. 곧 시신을 뉘는 판때기가 칠성판이다. 그러니 칠성판에 누웠다는 것은 곧 죽었다는 말이다. 이를 "칠성판"이라 하는 것은 이 판에 북두칠성을 본떠서 일곱 개의 구멍을 뚫어 놓았기 때문이다.

끝으로 "콩 팔러 갔다"는 말도 마찬가지로 "죽었다"는 말이다. 이말도 곁말로, 몇 번 에둘러 표현한 말이라 음미에 음미를 해 보아야 그런 말이구나 하는 것을 알게 된다.

"콩 팔러 갔다"는 우선 콩을 "매출(賣出)"하는 것인지 "매입(買入)"하는 것인지부터 제대로 알아야 한다. 이는 파는(賣出) 것이 아니라, "매입", 곧 사러 가는 것을 뜻한다. 그러면 "죽음"과 "콩"은 무슨 관계가 있어 "콩을 사러" 가는 것인가? "콩"은 장(醬)을 담그는 재료다. 사람이 죽으면 "장례(葬禮)"를 치른다. "장(醬)"과 "장(葬)"은 동음어다. 여기서 동음어에 의한 곁말을 하게 된 것이다. 장례(葬禮)의 "장(葬)"을 치르기 위해서는 콩을 사다가 동음어인 "장(醬)"을 담가 장례(葬禮), 아닌 장례(醬禮)를 치르는 것으로 생각한 것이다. 동음이의어를 활용해 곁말을 한 것이다. "콩 팔러 갔다"는 이렇게 하여 사람이 "죽었다"는 의미를 나타내게 된 말이다.

"사람이 죽었다"는 표현은 하고 싶지 않은 말이다. 두렵고 기분 나쁜 말이다. 그리하여 우리는 "죽었다"는 표현 대신 "북망산 갔다, 칠성판을 졌다, 콩 팔러 갔다"라 하였다. 그리고 "죽음이 가까이 다가왔다"는 표현을 "수구문 차례"라 하였다. 이렇게 돌려 말함으로 이 두렵거나, 혐오스러운 감정을 떨어버리고자 한 것이다. 그래서 완곡한 표현을 한 것이다. 말이란 이렇게 신통한 조화(造化)를 부리고 마력(魔力)을 지닌 존재이다.　　　　(2021.3.22.)

"쥐다(握)"의 어원

"쥐면 꺼질까, 불면 날까"라는 속담이 있다. 매우 소중하게 여김을 비유적으로 나타내는 말이다. 흔히 자식을 사랑하는 마음을 이렇게 표현한다.

"쥐다"라는 말은 "주먹을 쥐다"와 같이 손가락을 오므리거나, 손가락을 오므려 손에 잡는 것을 말한다. 손을 잡는 것을 뜻하는 "악수(握手)"의 "쥘 악(握)"도 같은 뜻의 말이다.

그런데 이 "쥐다"는 고어에서 "쥐다"와 "주다"가 다 같이 쓰인 것을 볼 수 있다. 그것도 같은 능엄경언해에 같이 쓰이고 있다. 그 예를 보면 다음과 같다.

> 처엄 폄과 쥐욤과롤 무르샤(初問開合)
> 다숫 輪指ㅅ 그틀 구펴 주여(握)

그러면 이들의 관계는 어떻게 볼 수 있는가? 그것은 "주다"에서 "쥐다"로 형태적 변화를 한 것이라 볼 수 있다. 이미 15세기에 "주다"는 사용빈도가 줄고, "쥐다"가 많이 쓰였다. 이들 용례를 보면 다음과 같다.

> * 내 손 모글 주여이다. <악장가사, 雙花店>
> * 하야로비는 니서 발 쥐여 ᄀ마니 잇고(鷺聯拳靜) <두시언해>
>   내 소니 衆中에 펴락 쥐락 호몰 네 보느니 <능엄경언해>

소니 ᄂᆞᆷ미게 줘요니 <삼강행실도>

　"주다~줘다" 양형의 사용은 오늘날에도 그 흔적을 남기고 있다. "줌"은 "한 줌, 두 줌"의 "줌"이나, "주먹구구, 주먹다짐"과 같이 "주먹(拳)"에 그 자취를 남기고 있다. "줌"은 "주다(握)"의 파생명사이며, "주먹(拳)" 역시 "주다"의 파생명사인 "줌"에 접사 "억"이 붙은 말이다. 이는 고어에서 "주머괴", 또는 "주머귀"라 하던 말이다. 박통사언해의 "주머괴로 더 하야ᄇᆞ리되(用拳打破)"와 훈몽자회와 신증유합의 "주머귀 권(拳)"이 그것이다. "주먹"은 이 "주머괴·주머귀"의 준말이라 볼 수도 있을 것이다. "줌"은 어감을 달리하는 말로, "좀"이라 쓰이기도 하였다. 내훈의 "거상 니버셔 每日 아ᄎ미 두 좀 ᄡᆞ를 바티게 ᄒᆞ고(每日令進二溢米)"가 그 예이다.

　그런데 이 "주다"가 "줘다"로 바뀐다. 이는 음운변화 현상이라기보다 "주다"에 사동접사 "이"가 첨가된 것이라 볼 수 있다. "주게하다"라는 형태로 바뀐 것이다. 또 하나는 의미충돌에 의한 변화라 할 수도 있다. 일용어에서 "주다(握)"와 "주다(與)"가 의미충돌을 일으켜 이를 회피하기 위해 "주다(握)"가 "줘다"로 바뀐 것이다. 그래서 의미충돌을 피하게 하였다.

　그리고 여기 덧붙일 것은 "주다(與)"라는 말은 남에게 주는 것과 나, 곧 자신에게 주는 것을 구분해 나타내는 특수한 어휘란 것이다, 곧 남에게 줄 때는 "주다(與)"라 하는데, 자신에게 주는 것을 나타낼 때에는 "달라다"라 한다. "그것을 내게 다오"라 하는 것이 그것이다. "달라다"는 "달라고 하다"의 준말로 볼 수도 있다. 그러나 "내게 주는 것"을 나타내는 "달라"라는 말이 따로 있는 것은 분명하다. "주다·달라다"의 구별은 우리말만이 아닌 한어(漢語)에서도 "yu(與)"와 "gei(給)"로 나타나고, 일본어에서도 "야루(遣る)"와 "구레루(吳れる)"에 이런 의미의 구별을 볼 수 있다.

(2021.6.24.)

"지름길"의 어원

멀리 돌지 않고 가깝게 질러 통하는 길을 "지름길", 곧 첩경(捷徑)이라 한다. 북에는 "자름길이 종종길이다"라는 말이 있다. 대체로 큰 길은 돌아가게 되어 있는데, 지름길은 질러 빨리 가자니 자연 종종걸음을 걷게 된다는 말이다. 박종화의 "금삼의 피"에는 다음과 같은 "지름길"의 용례가 보인다.

> 장순손은 금부도사가 일어선 뒤에 서울을 가려면 큰 길보다 지름길이 한결 수월하니 지름길로 가자고 졸랐다.

"지름길(徑)"은 "지름"과 "길"로 분석된다. "지름"은 물론 "지름길"로 가까이 가다를 뜻하는 "지르다"의 명사형이다. 그런데 이 "지름길"을 고어에서는 "즈름길, 즈름쎌, 즈룺길"이라 하였다. 이들 예를 보면 다음과 같다.

* 徑 즈름길 <사성통해>
* 즈름쎌 <훈몽자회>
* 즈룺길호로 玉冊을 傳ᄒ몰(間道傳玉冊) <두시언해>

이렇게 "지름길"을 고어에서 {즈름길}이라 하였다. 이로 보아 "즈름"은 "즈르다"란 동사에서 파생된 말임을 알 수 있다. 그래서 표준국어대사전은 그 어원으로 [< 즈르다(월석)]를 제시하고 있다.

"지르다"의 의미는 "① 지름길로 가깝게 가다, ② 식물의 겉순 따위를 자르다, ③ 말이나 움직임 따위를 미리 잘라서 막다, ④ 힘찬 기세를 꺾다, ⑤ 갈라서 나누다"와 같이 다의어로 본다. 그리고 이는 "지르다"와 같이 "즈르다"는 "르"불규칙활용을 해 "즐ㄹ-, 즐-"로 변칙활용을 하는 말이라 본다. 따라서 이는 형태적으로 "즐러-", 혹은 "즐어-"의 두 형태로 나타나는 것을 볼 수 있다. "즐러"는 "질러가다"의 "질러"를 뜻하는 말이다.

* 近間애 家□홀 맛나 몯아ᄃ리 즐어 업스니 <월인석보>
  큰 길흐로 ᄒ고 즐어 아니 하며 <소학언해>
* 즐러 몬져 블을 긋치면 염초 긔력이 뎌ᄅ며 녈ᄒ고 <煮硝方諺解>
  젼법은 지련ᄒ 믈이 심히 흐리매 안초와 그 ᄆ≥ᆯᄀᆫ 거슬 즐러 퍼 ᄡᅳ고 <煮硝方諺解>

"즈르다"가 "지르다"로 바뀌는 현상은 우리말에 매우 보편적으로 나타나는 음운변화현상이다. 이는 전설자음(ㅅ, ㅈ, ㅊ, ㅉ) 아래의 후설모음이 전설모음화하는 동화현상이다. "부슬부슬> 부실부실, 으스대다> 으시대다" 따위가 이런 것이다. 그리고 "요절하다"를 의미하는 "즐어-죽다, 즐어-디다"나, "지레"를 의미하는 고어 "즐에"는 "지름길로 가까이 가다"를 뜻하는 "즈르다"의 의미가 확대된 것으로, "일찍"의 의미를 지니게 된 것이다.

起復 거상 즐에 벗기다 <역어유해>
지레 겁을 먹다 <현대어>
지레짐작 <현대어>

(2021.6.25.)

채와 채찍, 그리고 편(鞭)

벌로 사람을 때리는 기구에 "채"와 "채찍"이란 말이 있다. 이들은 같고 다름이 어떻게 되는 말인가?

"채"의 사전풀이를 보면 "① 팽이 공 따위의 대상을 치는 데 쓰는 기구. ② 벌로 사람을 때리는 데 쓰는 나뭇가지. ③ 채찍. ④ 타악기를 치거나 현악기를 타서 소리를 내게 하는 도구"로 되어 있다. 이에 대해 "채찍"은 "말이나 소 따위를 때려 모는 데 쓰기 위하여, 가는 나무 막대나 댓가지 끝에 노끈이나 가죽 오리 따위를 달아 만든 물건"이다. 카우보이 영화에서, 막대에 긴 줄이 달린 채가 그것이다. 사전은 이렇게 "채"와 "채찍"을 구별하고 있다. 물론 "채"의 풀이에는 "③ 채찍"이 들어 있기는 하다.

그러나 역사적으로 보면 딱 그렇지는 않다. 용례를 보면 다음과 같다.

* ᄆᆞᄅᆞᆯ 채 텨 뵈시니(策馬以示) <용비어천가>
  채 편(鞭) <훈몽자회>, <신증유합>
* 챗딕(鞭竿) <역어유해>

이렇게 "채"나 "채찍"이나 다 "채 편(鞭)"에 대응하는 것으로 되어 있다. 그리고 한어(漢語)의 "편(鞭)"은 사람을 벌하는 것에나, 말을 달리게 하는 것에 다 같이 쓰인다. 설문(說文)의 "段注"에는 "채 편(鞭)"자가 경전(經典)에는 사람에게만 쓰이고, 말에는 쓰이지 않았다(經典之鞭 皆施於人 不謂施於馬)고 한다. 그리고 "편(鞭)"에 "가죽 혁(革)"자가 쓰이고 있듯, 편(鞭)은 "쇠좇매"란 말도 있듯 본래 우신(牛腎)으로 만든 피혁질(皮革質)의 것이었다.

"채"의 용례를 하나 더 보면 용비어천가에 "채찍" 아닌 "물채"가 쓰인 것을 볼 수 있다. "백보앳 물채 쏘사(射鞭百步)"가 그 예이다. "물채"는 현대어에서 "말채"와 "말채찍(馬鞭)"이라고 "채"와 "채찍"을 다 같이 이르는 말이다.

"채·채찍"과 "편(鞭)"에 관해 살펴보았다. 이들은 체벌(體罰)을 가하는 기구다. 이렇게 체벌을 가하는 기구를 뜻하는 말이 또 하나 있다. "매"다. "매"를 사전에서는 "사람이나 짐승을 때리는 막대기, 몽둥이, 회초리, 곤장, 방망이 따위를 통틀어 이르는 말. 또는 그것으로 때리는 일."이라 풀이하고 있다. 따라서 "매"는 "채·채찍·편"과는 동의어인 동시에 체벌 자체도 의미하는 말임을 알 수 있다.

"매"는 옛말도 "매"였다. 15세기 석보상절의 "매 마자 獄애 가도아 罪니블 마디며"나, 16세기 소학언해의 "매 마좀애 니르러는(至被毆杖)"이나, 18세기 역어유해 보의 "맷자곡(鞭根痕)" 등이 그 예이다. "매"는 이렇게 한자 "편(鞭)·피구장(被毆杖)"에 대응되고 있다. 따라서 "매"는 체벌 도구에서 체벌의 의미로 의미변화가 일어났다고 하겠다. 그러나 "매"의 어원은 현재까지는 잘 알 수 없다.

체벌을 가하는 경우로, 체벌 대상과 체벌 사이에 의미변화가 일어나는 말도 있다. "귀싸대기를 때리다"라는 말이다. "귀싸대기"는 귀와 뺨의 어름으로, "귀싸대기를 때리다"는 이 귀와 뺨의 언저리를 때린다는 말이다. 그런데 흔히 "귀싸대기"를 대상아 아닌, 치는 동작으로 생각한다.

다음의 윤흥길의 "완장"에 쓰인 "귀싸대기"도 그것이 대상인지, 가투행위인지 아리송하다.

> 운암댁은 그래도 여자의 몸이라서 귀싸대기 몇 대 얻어맞고 구둣발길에 몇 번 걸어차인 다음 풀려날 수 있었으나…
>
> (2021.3.10)

"총채"와 "삿갓"의 재료

노파가 우선 <u>총채</u>와 비를 들고 나서는 것을 붙들어 앉히고 그 동안 일을 물어보았다. <염상섭, 무화과>

사람들은 새해를 맞기 위해 섣달 그믐날 대청소를 한다. 비를 들어 쓸고, 걸레를 들어 닦고, 총채를 들어 먼지를 털어낸다.

먼지떨이를 "총채"라 한다. "총채"란 말의 어원은 무엇인가? 우선 "총채"의 사전풀이를 보면 "말총이나 헝겊 따위로 만든 먼지떨이"라 되어 있다. "총채"는 그 구조를 볼 때 "총-채"로 분석될 말이다. "총"은 "말의 갈기와 꼬리의 털"이라 풀이한다. "말총"의 풀이도 마찬가지다. 다만 이에는 "=마미(馬尾)"라는 말이 덧붙어 있다. 그리고 표제어 "마미(馬尾)"는 "=말총"이라 하고 있다. 이로 보면 "말총"이란 본래 "말 꼬리의 털", 곧 "마미모(馬尾毛)"를 뜻하는 말로, 그 의미가 확장되어 "말의 갈기(馬鬣)"까지 의미하게 된 것이라 하겠다. 이에 대해 "채"는 가는 나무오리나, 껍질을 벗긴 싸릿개비를 이르는 말이다. "총채"란 "말의 털을 재료로 하는, 가는 나무오리"이다. 따라서 "말총"을 사용하지 않은 "총채"란 실은 "총채"가 아니고 "먼지떨이"일 뿐이다. 헝겊으로 된 먼지떨이는 더구나 "총채"가 아니다.

"총채"와 같이 말총을 재료로 하는 기구를 나타내는 말에는 "말총갓"과 "말총체"가 있다. "말총갓"은 한자말로는 "마미립(馬尾笠)", 혹은 "마모립(馬毛笠)"이라 한다. 이는 앞의 "말총"의 풀이에서 밝혀졌듯, 마미(馬尾)만이 아닌,

말의 갈기(馬鬃)도 활용한다. 그래서 사전은 "말총갓"을 "말의 갈기와 꼬리의 털로 만든 갓"이라 풀이하고 있다.

"말총체"는 말총으로 만든 체(篩)다. 박통사언해에는 구체적으로 "물총-체 (馬尾羅兒)"란 용례가 보인다. 이는 "마미사(馬尾篩)"를 의미하는 말이다. 우리 말에는 "마미(馬尾)"가 들어가는 한자어에 앞에서 논의한 말 이외에 "마미망 건(馬尾網巾), 마미군(馬尾裙)"과 같은 말이 있다. 이들은 말총으로 만든 망건과 바지를 가리키는 말이다.

다음에는 "삿갓(笠)"의 어원을 보기로 한다. "삿갓"의 사전풀이는 "비나 햇볕을 가리기 위해 대오리나 갈대를 엮어서 만든 갓"이라 되어 있다. "삿 갓"은 "삿-갓"이 합성된 복합어로, "삿"은 갓의 재료를 나타내는 말이다. "삿"은 고어에서 "산, 산ㄱ, 삿, 삿ㄱ" 등으로 나타난다. 그런데 이들은 대부 분이 "자리 석(席)"자에 대응 되고 있다. "삿자리"를 의미한다. 따라서 이들은 제외하고, "자료"와 관련이 있을 것만을 보면 다음과 같은 예가 보인다.

산 뎜(簟) <훈몽자회> / 笠 갇 립 俗呼蒻笠 산갇 又曰斗蓬 <훈몽자회>

벼개와 삳글 것으며(斂枕簟) <소학언해>

이렇게 "산, 산ㄱ"은 한자 "점(簟)·약(蒻)"에 대응되고 있다. "점(簟)"은 흔히 "삿자리 점·대자리 점"자라고 "자리"를 뜻하나, 이는 큰 대나무, 점죽(簟竹)을 가리키기도 한다. 중국의 남월지(南越志)에 의하면 이는 "큰 대나무로 얇고 가운데가 비어 있으며, 마디의 길이가 길다"고 하고 있다. 그리고 이와 달리 우리의 해행총재(海行摠載)에는 "혹착점립(或着簟笠)"이라 하여 대오리로 만든 삿갓을 "점립(簟笠)"이라 하는가 하면, 경국대전에는 대자리를 만드는 장인을 "점장(簟匠)"이라 하고 있다. 이로 볼 때 "삿", 또는 "점(簟)"은 "점죽(簟竹)"이거 나, 대 일반을 가리키는 말이다. 이에 대해 훈몽자회는 부들 갓 "약립(蒻笠)" 도 속어로 "산갇"이라 한다고 하였다. 이로 볼 때 "산"이란 "점죽(簟竹)"이나,

대오리를 의미하는 동시에, 뒤에는 "부들"에 전용되었음을 볼 수 있다.

"삳, 삿"은 위에서 살펴본 바와 같이 점죽(簟竹)이거나, 대오리 일반을 재료로 하여 만든 제품을 가리켰다. 따라서 앞에서 살펴본 "삿갓"의 사전풀이 "비나 햇볕을 가리기 위해 대오리나 갈대를 엮어서 만든 갓"이라 한 것은 자의대로 풀이한 것이 아니라 하겠다. 이는 "약립(蒻笠)", "부들갓"을 "삿갓"이라 하는 것과 마찬가지로 형식과 개념이 부합되는 말이 아니다. 풀이에 "갈대"가 들어간 것은 뒤에 "갈대갓(蘆笠)"이 생겨 이를 포함시켜 풀이하느라고 "삿갓"의 의미가 변한 것이다.

이러한 의미의 변화는 "삿광주리"에도 나타난다. "삿광주리"는 사전에서 "갈대 따위로 만든 광주리"라 하고 있는데, 이는 오히려 "대오리 따위로 만든 광주리"라고 해야 한다. 그래야 "삿"과 "대오리"가 대응되어 제대로 풀이한 것이 된다. 역어유해의 "席籠子 삿광조리"도 "삿자리"에 이끌려 "삿"을 "자리 석(席)"자에 대응시키고 있는 것이다. "삿광주리"는 삿자리로 만든 광주리가 아니다. 대오리로 만든 광주리다.

"삿"은 재료로서의 대오리를 의미한다. 그런데 사실은 후대의 사물의 변화로 말미암아 우리는 "삿광주리"의 경우와 같이 "삿"으로 "갈대"를 의미하기도 한다. "삿갓"이 "노립(蘆笠)"을 의미하는 것이나, "삿부채·삿자리" 따위가 "갈대 따위를 쪼개어 결어 만든 부채"와 "갈대를 엮어서 만든 자리"라 하는 것은 후대에 "갈대" 따위로 이들을 만든 것을 말하는 것이다. 이는 설문(說文)의 "점 죽석야(簟 竹席也)"에 예기(禮記)의 주석 "점 세위석야(簟 細葦席也)"라 한 것과 같은 의미변화를 한 것이다. 이는 사물의 변화에 의해 본래의 의미 "대오리"가 "갈대"로 의미변화를 한 것이다.   (2022.2.16.)

"춥다·추위"의 의외와 어원

　속담에 "추운 소한은 있어도 추운 대한은 없다."고 한다. 이는 "대한(大寒)"이 더 추울 것으로 생각되나 오히려 "소한(小寒)" 때가 더 춥다는 말이다.

　그런데 "춥다"의 어원은 의외로 "춥다"가 아닌 "칩다"이고, 이의 명사는 "추위"가 아닌 "치위"이다. 우리말의 일반적인 음운변화현상에 배치된다. 일반적인 변화는 "춤(唾)>침)"과 같이 전설자음에 동화되어 원순모음이 전설모음으로 바뀌는 것이다. 그런데 이는 역으로 "춥다"는 "칩다"으로 변하는 예다. "칩다"와 "치뷔·치위"의 예를 보면 다음과 같다.

　　* 치버 므리 어렛다가 더보면 노가 <월인석보>
　　　주리며 치우메 기리 서르 ㅂ라노라(飢寒永相望) <두시언해>
　　* 더뷔 치뷔로 설버ᄒ다가 <석보상절>
　　　치위 다ᄋ고 보미 나놋다(寒盡春生) <두시언해>

　"춥다"의 고어 "칩다"는 어중의 "ㅂ"이 유성음 사이에서 약화 탈락된다. 그래서 "칩다"의 파생명사는 "칩-의/이(접사)"의 연철로 "치뷔"가 되고, 이것이 다시 "치위"로 되었다. 15세기의 이의 표기는 "치뷔"와 "치위"로 나타난다.

　"칩다"와 "치뷔·치위"는 근세에 와서 "춥다"와 "추위"로 변한다. 15세기 문헌은 물론, 17세기 문헌만 하여도 "춥다"나 "추위"의 예는 보이지 않는다. 이러한 변화는 근현대에 와서 나타난다고 할 수 있다. 1920년에 간행된 조선

총독부의 "朝鮮語辭典"에는 "치웁다"와 "추웁다"의 양형을 표제어로 내걸고
있는데, 이는 "치웁다"에 좀 더 비중을 둔 교체기를 반영하고 있는 것이라
하겠다. 조선어사전의 풀이를 보면 다음과 같다.

추웁다(추위·추운)[活] "치웁다"に同じ
치웁다(치위·치운)[活] 寒し(추웁다·춥다·칩다)
치위[名] 寒氣(추위)
치위타다(치위타·치위탄)[活] 寒氣に堪へず

　이러한 사실은 "조선어사전"보다 20여 년 앞서 나온 게일(James S. Gale)의
"한영ㅈ뎐(1897)"에는 표제어에 "춥다·추위"가 보이지 않고, "칩다·치위"만
보이는 것으로 보아 확인된다. 게일의 사전의 표제어 "칩다·치위"를 보면
다음과 같다.

칩다 s 寒 (찰- *한) 치위; 치운 To be cold- as the wether: to feel cold
치위 s 寒(찰- *한) The cold
치위ㅌ다 s 畏寒 (두려울-*외)(찰-*한) 틱; 톤 To feel the cold; to be
susceptible to cole

　"춥다·덥다"는 전신감각이고, "차다·뜨겁다"는 부분감각이라 할 수 있다.
부분감각인 "차다"는 15세기 이래 "차다"이다. 이에 대해 "뜨겁다"는 고어에
서 "ᄃᆞᆺ다·ᄃᆞᆺᄒᆞ다"라 하였다. 오늘날의 "따스하다"는 "ᄃᆞᆺ다·ᄃᆞᆺᄒᆞ
다"가 형태적으로 변한 말이다. 이의 용례는 두시언해의 "그듸는 ᄃᆞ손 딜
좃는 그려기롤 보라(君看隨陽雁)"가 그것이다. "뜨겁다"는 "ᄃᆞᆺ다"가 "ᄯᅳ시
다"로 변하면서 파생된 말이라 하겠다.

창밖에서는/ <u>추운</u> 나뭇가지에서 떨어지는 / 눈덩이/ 시린 나무 밑둥을 덮어
준다.

김완하 시인의 "아내의 손"의 일절이다. "춥다·추위"는 "칩다·치위"가 근
대에 와서 음운 변화의 일반적 경향에도 어긋나는, 의외의 음운변화를 한
말이다.

끝으로 "손이 시리다", "이가 시리다"와 같이 쓰이는 부분감각을 나타내
는 말을 살펴보기로 한다. 이는 몸의 한 부분이 한기를 느끼는 것을 뜻하는
말이다. 그런데 이 말은 고어에는 용례가 보이지 않는다. J. S. Gale의 "한영ㅈ
뎐"(1897)과 총독부의 "조선어사전"(1920)에 용례가 보인다.

* 시리다s 寒 (찰-한) 시려: 린 To be cold-of the hands, feet, ears, nose ets,
See 츳다
* 시리다(시려·시린) 냉(冷) 冷たし

따라서 이는 근대어로 보인다. 그리고 이는 "시렵다"란 이 형태를 보여
준다. "졸리다"에 대한 "졸립다"와 같이 이는 표준어로 보지 않는다.

(2022.2.26.)

"코뚜레"의 어원과 명명

"코뚜레", 또는 "쇠코뚜레"라는 말이 있다. 송아지가 좀 자라면 코청을 뚫어 끼는 나무다. 이때부터 소는 자유를 잃는다. 자유로운 삶에 종지부가 찍힌다. 거구가 조그마한 어린애에게도 끌려 다녀야만 한다. 코뚜레란 소를 속박하는 기구다.

송아지가 자라면 농사일에 부리기 위해 "코뚜레"를 한다. 이는 두 콧구멍 사이를 뚫어서 멍에와 연결시킨다. 잘 휘어지는, 손가락만한 굵기의 나무를 휘어서 만든다.

"코뚜레"의 사전풀이는 코를 뚫는다는데 초점이 놓여 있다. 그래서 표준 국어대사전은 그 어원을 "코(鼻)-뚫(穿)-에(접사)"라 보고 있다. "코를 뚫은 것", 곧 우비환(牛扉鐶)을 의미하는 것으로 본다. 그런데 이의 옛말은 "코도 리", 혹은 "콧도래"로 나타난다. 그 구체적인 예는 유희의 물명고의 "鼻鉤 코도리"와 역어유해의 "鼻鉤 코ㅅ도래"가 그것이다. "코도래·코ㅅ도래"는 코에 꿴 갈고랑이다. 이들은 조어상 "코-뚫(穿鑿)-애(접서)"가 아닌 "코-돌 (廻)-익(접사)"로 보게 한다. "코도리"는 코에 꿰어 돌린 갈고리란 말이다.

그렇다면 "코뚜레"의 어원은 어떻게 볼 것인가? 이의 어원은 이 말의 발달 과정으로 볼 때 "소의 코 주변에 돌린 갈고리"라 보는 것이 이치에 맞는다. 이는 소의 코청(鼻膜)을 뚫어 끼운 "동그란 갈고리 모양의 나무"다. "코뚜레" 는 코를 뚫었다는 데 초점이 놓이는 것이 아니라, 갈고리 모양의 둥근 형태 에 초점이 놓인 말이다.

이는 무엇보다 "코도리·코ㅅ도래"라는 옛 형태의 말이 존재하고, "뚫다(穿鑿)"라는 의미의 어형이 고어에 존재하지 않는다는 사실이 이러한 주장을 하게 한다. 천착을 의미하는 말은 고어에서 "듧다"이고, 뒤에 "둛다·둚다"로 변한다. 이는 오늘날 방언에 "뜳다·뚧다"로 남아 쓰이고 있는 말이기까지 하다. "듧다·둚다" 등의 용례를 보면 다음과 같다.

* 누니 들올ㄷ시 브라노라(眼欲穿) <두시언해>
  들올 쳔(穿) <신증유합>
* 귀 둘온 되즁이(穿耳胡僧) <남명집언해>
  누니 둛게 브라오믈 디ᄂᆞᆫ 히를 當ᄒᆞ니(眼穿當落日) <두시언해 중간>
* 둚긔 알해 죠그만 구멍을 둛고(鷄卵開一竅) <언해두창집요>

"듧다"계가 아닌, "뚫다"계의 말은 고어에 보이지 않는다. 이로 볼 때 "천비(穿鼻)"에 해당한 말을 "코뚜레"라고 하였다고는 볼 수 없다. "코뚜레"라는 말이나, 이를 "코를 뚫는 것(穿鼻)"으로 보려는 것은 이 말이 "코뚜레(穿鼻)"라 인식되면서 나타난 현상이라 하겠다. "코뚤에"의 용례는 1920년의 조선어사전에 보이기 시작한다. "코뚤에: '쇠코뚤에'의 略語"와 "쇠코뚤에: 牛의 鼻木(略 코뚤에)"가 그것이다. Gale과 Underwood의 "한영ᄌᆞ뎐"의 穿鼻도 각각 "코쑤레"와 "코두레"로 되어 있다.

천착을 의미하는 "뚫다"계의 말은 조선총독부의 "조선어사전"에 "뚤타(뚤허·뚤흔) 뚤오다に同じ"에 처음 보인다. "뚤오다(뚤어·뚤은): 穴を穿つ. 貫く(뚤타)"와 같이 아직 "뚫다"로는 쓰이지 않은 초기 상태의 표기이다. 조선어사전과 Gale 및 Underwood의 "한영ᄌᆞ뎐"의 이들 항목도 "뚤다·뚫다"의 표기로는 되어 있지 않다. "뚫다"는 한글학회의 "큰사전"에서부터 나타난다.

조선어사전(1920): 뚤오다(쑤러·쑤른)(活) 穴を穿つ. 貫く. (뚤타)

Gale, 한영ᄌᆞ뎐(1897): 쑤ᄅ다 s. 穿(쑤롤- * 쳔) 쑤러; 른 To bore; to pierce. See 쑤러지다

쏠타 s 穿(쑤롤- * 쳔) 쑤러; 른 To pierce, to bore through. Also 쑤ᄅ다. See 쮀다

Underwood, 한영ᄌᆞ뎐(1890): 쑤ᄅ오 穿 To bore, to pierce, perfornate

"코뚜레"는 "천비(穿鼻)"라는 "코-뚫-에"에서 온 말이 아니다. 이는 오히려 "회비(回鼻)"라는 의미의 "코(鼻)-돌(迴)-애(접사)"를 어원으로 하는 말이다.

꿈과 야망과는 주소가 다른 생업의 코뚜레에/

길들만치 이미 길든 가을 나이부터는/

별뜻없이 되고만 개살구빛 가장 감투가/

버리기엔 아까운 축복인가 족쇄인가를/

깃세워 입으며 자분하게 되는 출퇴근복 겉옷/

(2021.3.4.)

"톱"과 "손톱"의 상호관계

　나무나 쇠붙이를 자르는 데 쓰는 연장을 톱이라 한다. "톱"은 우리의 고전 소설 "흥부전"이나 판소리 "흥부가"를 빼어 놓고는 말을 할 수 없다. 흥부와 놀부가 톱으로 박을 타고 있기 때문이다. 흥부가 첫째 박통을 타는 장면은 "슬근슬근 톱질이야. 툭 탁 노흐니 오운(五雲)이 이러느며 청의동ᄌᆞ(靑衣童子) 한 쌍이 나오니 져 동ᄌᆞ 거동 보소."<25장본 흥부전>라 되어 있다.

　"톱"은 15세기의 훈민정음 해례본에 보인다. "톱爲鉅"가 그것이다. 이 밖에 두어 예를 보면 다음과 같다.

　　톱 우희 흔 됴흔 고즐 섭흐고(鉅兒上 鈒一箇花樣兒) <번역박통사언해>
　　톱 거(鉅) <훈몽자회>, <신증유합>

　이렇게 "톱(鉅)"은 15세기 이래 "톱"이라 일러지고 있다.

　"톱"은 우리 몸에도 있다. "손톱"과 "발톱이 그것이다. 그러면 자르는 기구 "톱(鉅)"과 손발의 각질 손톱과 발톱의 "톱(爪)"은 단순한 동음어일까, 아니면 상호 관련이 있는 말일까? 우선 이의 용례부터 보기로 한다. 이 말도 15세기 문헌에 나타난다. 그 예는 다음과 같다.

　　톱과 엄괘 놀캅고 <석보상절>
　　토비 赤銅葉 ᄀᆞ티시며 <월인석보>

톱 조(爪) <신증유합>

그런데 이 말은 같은 15세기의 문헌(능엄경언해) 등에 "톱"이 아닌, "돕"으로 나타나기도 한다. "손돕, 손ㅅ돕, 손똡"과, "발돕, 발똡" 등이 그것이다. 이 가운데 시옷이 쓰인 것은 물론 사이시옷이다. 따라서 이들은 사이시옷이 쓰였느냐, 아니냐가 다를 뿐 같은 말이다. 그 예를 보면 다음과 같다.

두 손똡 相을 取ᄒ려(爲取雙爪之相) <능엄경언해>
손돕으로 쓰더 헌 디는(爪破者) <두창집언해>
발똡 다듬다(修脚) <역어유해>

"톱(爪)"과 "돕(爪)"의 선후 관계는 음운현상을 고려할 때 평음이 유기음으로 변하는 것이 일반적인 현상이다. 오늘날 무기음 초성에 비해 유기음 초성의 어휘가 적은 것도 이런 현상을 반영하는 것이다. 그뿐 아니라 단일어가 아닌 복합어에 고어의 형태가 남아 있는 법이다. 따라서 톱(爪)은 "돕> 톱"으로 음운변화를 한 것이 틀림없다.

본론으로 돌아가 "톱(鉅)"과 "톱(爪)"의 관계를 보기로 한다. 톱과 톱날의 형태와, 손톱과 발톱의 형태적인 유사성으로 볼 때 우연히 동음어가 된 것이 아니다. 이러한 추론은 훈몽자회의 "계거(鷄距)"의 풀이가 실증한다. 훈몽자회는 "距 톱 거 鷄距 凡刀劍間倒刺 皆曰距"라 하고 있다. "톱은 며느리발톱(距·鷄距)이다. 모든 도검 사이에 날(가시)이 어긋나 있는 것(倒刺)은 다 거(距)라 한다"고 한 것이 그것이다. 톱(鉅)과 톱(距)은 다같이 날과 발톱이 어긋나 있는 것으로 볼 수 있어, 이들은 같은 "돕"이 변화된 것이다. 다시 말하면 "돕"은 "톱(距)"과 "톱(鉅)"을 같이 이르는 말로서, 이는 "돕"이 "톱"이 된 것을 뜻한다. "톱(距)"이 "톱(鉅)"에 전용된 것이다. 따라서 "톱(鉅)"의 어원은 "돕"이며, 이는 "톱"으로 음운변화를 한 말이라 할 수 있다.

(2022.2.1.)

"피다"와 "퍼지다"의 어원과 상호관계

　우리는 "꽃이 피었다"고 한다. "코로나가 전국적으로 퍼졌다."고도 한다. 이들 "피다"와 "퍼지다"는 어원을 같이 하는 말인가, 아니면 달리 하는 말인가? 많은 사람은 무슨 뚱딴지 같은 소리냐고 할는지 모른다. 이들은 관련이 있는 말이다. 이에 그 어원을 살펴보기로 한다.

　개화(開花)를 의미하는 "피다"의 어원은 복잡하다. 이는 많은 변화를 겪은 말이다. 결론부터 말하면 이는 "프다> 퓌다> 픠다> 피다"와 같이 변화해 온 말이다. 그렇다면 이의 어원이라 할 "프다"의 용례부터 보기로 한다. "프다"는 "필 발(發)·열 개(開)·펼 전(展)" 등의 의미를 나타낸다.

　　　고지 <u>프고</u> 여름 여슈붓니 <월인석보>
　　　<u>퍼</u> 漸漸 펴덧도다(開析漸漸離披) <두시언해>
　　　몸 <u>픠</u> 혼 아롬이나 혼디라(圍一丈) <태평광기>

　위의 보기에서 밑줄을 친 "프고·퍼"는 꽃이 피고, 잎이 피는 "개화(開花)"와 "발엽(發葉)"의 의미를, "픠"는 "전개(展開)"의 의미를 나타내는 말이라 하겠다. 이 "프다"는 원순모음화현상에 의해 "푸다"가 되고, 여기에 다시 "ㅣ" 모음이 삽입되어 "퓌다"가 된다. "퓌다"의 용례를 두어 개 보면 다음과 같다.

　　　三同이 퓌거시아 <악장·정석가>

수울 이시며 고지 퓌여신 저기어든(有酒有花) <박통사언해>

"퓌다"는 다시 "픠다"로 음운이 변하고 이것이 단모음화하여 오늘의 "피다"가 된다. "픠다"는 두시언해 중간본에 "고즌 디고 쏘 픠놋다"와, 박통사언해 중간본에 "비 오면 곳 픠고(下雨開花)" 등의 예를 볼 수 있다.

다음엔 "프다"의 전개(展開)란 의미와 관련이 있는 "퍼지다"와의 관계를 살펴보기로 한다. "퍼지다"는 어떤 물질이나 현상 따위가 넓은 범위에 미치다 따위를 의미하는 말이다. 그런데 이 "퍼지다"의 어원은 "피다(開·發)"를 의미하는 고어 "프다"에서 파생된 말이다. 이는 지금까지 논의된 바 없는 사실로, 이는 틀림없는 사실이기도 하다.

그러면 이들의 관계는 어떻게 되는가? 이는 고어에서 "퍼디다·퍼지다"의 형태로 나타나는데 "퍼디다"에서 "퍼지다"로 형태가 바뀐 말이다. "퍼디다"는 "프다"의 부사형 "프어"에 피동의 접사 "디다"가 복합되어 "프어-디다"가 되고, 이것이 축약되어 "퍼디다"가 된 말이다.

법 다녀 후세에 퍼디게 호미 <석보상절>
퍼딜 번(蕃)/ 퍼딜 파(播) <신증유합>

그리고 이것이 구개음화하여 "퍼지다"가 되었다. 이의 예는 한청문감에 "퍼져가다(開廣)", 역어유해에 "구름 퍼지다"가 보인다.

여기 덧붙일 것은 "퍼지다"와 유의 관계에 있는 "펴다"라는 말이다. "펴다"는 월인천강지곡에 "妙法을 펴거늘", 두시언해에 "어르미 펴며 누니 몰군 둣힉(氷翼雪淡)"와 같이 15세기의 문헌에 쓰이고 있다. 이는 광의의 "전개(展開)"를 의미하는 말로, "퍼다"와 유의관계를 갖는다. 그러나 "프다"와는 관계가 지어지지 않는다. 다른 말로 보인다. 따라서 이들은 일찍이 15세기부터 이음동의어(異音同義語)로 같이 쓰인 말이라 해야 하겠다.   (2022.2.21.)

"하루·이틀·사흘·나흘…"의 어원

<u>하루</u> 화근은 식전에 취한 술이요, 일년 화근은 발에 끼는 갖신이요, 일생 화근은 성품 고약한 안해라.

우리의 생애에 있어 화근이 되는 것이 해정술, 볼이 좁은 신, 고약한 성품의 아내에게 있음을 말한 속담이다. 이 속담은 인생을 하루, 일년, 일생이라 구분짓고 이의 문제점을 지적하고 있다. 고유어로 날짜를 구분할 때는 "하루, 이틀, 사흘, 나흘…"이라 한다.

그런데 이들 말의 어원은 잘 알 수 없다. "일일, 이일, 삼일"과 같이 수사, 혹은 수량 관형사와 "날(日)"을 가리키는 말이 합성되었을 텐데 이게 분명치 않다. 이런 말은 세상에 드물 것이다.

우리의 십일(十日)까지의 고유어는 중세어, 그것도 15세기의 말은 "ㅎ〮ᄅᆞ, 이틀, 사ᄋᆞᆯ, 나ᄋᆞᆯ, 닷쇄, 여쇄·여ᄊᆡ, 닐웨, 여드래, 아ᄒᆞ래, 열흘"이라 하였다. 이들은 수량 관형사에 날(日)을 가리키는 말이 합성된 말로 볼 수 있다. 이들은 오늘날 "하루, 이틀, 사흘, 나흘, 닷새, 엿새, 이레, 여드레, 아흐래, 열흘"이라 하고 있다.

이들 15세기의 합성어에서 "날(日)"의 의미를 나타내는 부분을 보면 세 가지 유형으로 나뉜다. 첫째, "올·을·흘"형, 둘째 "쇄"형, 셋째 "애"형이 그것이다. 이들 유형의 어원은 각각 다음과 같이 풀이할 수 있을 것이다.

첫째 유형 "올·을·흘"형은 모음조화에 의해 "올·을"이 구분되고, 언어변화 과정으로 볼 때 "홀·흘"의 "ㅎ"이 약화·탈락하여 "올·을"로 바뀐 것이라 할 수 있을 것이다. "홀·흘"은 "히(日)"와 관계가 있을 것으로 보인다. "이틀· 열흘"이 "홀·흘"형에 속하는데, "이틀"은 "읻-흘"이 음운 축약된 것이다. "사올, 나올"은 "사홀·나홀"의 "홀"의 "ㅎ"이 탈락된 것이다. 이는 오늘날 "사흘·나흘"이라 일러지는 데서 "ㅎ"의 탈락이 인정된다. "하ᄅ"는 "하롤" 로 재구(再構)되는데, 이는 "한(一)-올(日)"의 "ㄷ"이 "ㄹ"로 바뀐 것이다. "올" 은 물론 "홀"의 "ㅎ"이 약화·탈락된 것이다.

둘째 유형 "쇄"형은 한자어 "햇 세(歲)"의 "세(歲)"가 변음된 것이다. "세"의 상고음은 [hiuad]이고, 중고음이 [siuɛi]이다. 이 중고음에서 고유어 "설(元旦)" 과 "살(歲)"도 나오는 것으로 보이는데 "쇄"는 이 중고음 내지 근고음 [suəi]에 서 나온 것으로 보인다. "햇 세(歲)"의 "해"가 "날(日)"임은 물론이다. 이는 고어의 "날빛(日光)"이 오늘날 "햇빛"으로 바뀐 데서 쉽게 확인된다. 따라서 "닷쇄, 엿쇄"는 5일, 6일이란 말이 된다.

셋째 유형 "애"형은 "해"가 변음된 것으로 볼 수 있다. 이는 형태상 "닐웨, 여드래, 아흐래,"로 되어 있으나, "여드래"가 "여들-애"로, "아흐래"가 "아홀 -애"로 분석되듯, 이들 "애"는 "해(日)"가 "애"로 "ㅎ"이 약화 탈락한 것이라 하겠다. "닐웨"는 "닐에"가 변화된 형태로, 이 "에"도 "해"가 변화된 것이라 하겠다.

이상 살펴본 바와 같이 날짜를 세는 말은 수량 관형사에 날(日)을 의미하는 "홀, 쇄, 해"가 결합된 말로, 이들이 "흘·새·애(에)" 등으로 변해 오늘에 이르 고 있는 것이다. 이들 유형의 용례를 보면 다음과 같다.

　　　사흘 바믈 ᄌᆞ조 그디를 ᄭᅮ메 보니 <두시언해>
　　　닷쇄예 흔 둘 그리니 <두시언해>
　　　ㅅ日은 여드러니 <월인석보>

해바라기와 바라보기의 어원

　"해바라기"라는 꽃이 있다. 국화과의 한해살이풀로, 줄기는 2m가량 자라고, 여름에 해처럼 동그란 노란꽃이 핀다. 한자말로는 "규화(葵花), 규곽(葵藿), 향일화(向日花)"라 한다. 영어로는 "Sun flower"라 하고, 일본어로는 "히마와리(向日葵)"라 한다. 영어 "Sun flower"란 그 꽃의 생김새가 태양을 닮았기 때문이요, 일본어로 "히마와리"라 하는 것은 그 꽃이 해를 따라 돈다고 보기 때문에 그렇게 명명한 갓이다. 한어 "향일규(向日葵)"도 해를 향해 피는 꽃이란 말이다.

　그러면 "해바라기"란 말의 어원은 어떻게 되는가? "해바라기"의 고어는 19세기에 이익(李瀷)의 종손인 이가환(李嘉煥, 1722-1826)과 그의 아들 이재위(李載威: 1745-1826)에 의해 지어진 "물보(物譜)"에 보인다. "히ᄇ라기(向日蓮)"가 그것이다. "ᄇ라다"는 "바라다(望), 기원하다, 희망하다"를 뜻하는 말이다. 17세기 언어 자료에는 "ᄇ라다"의 용례가 많이 보인다.

　　사름 오리 잇거든 ᄇ라건대 글을 부텨 보내쇼셔. <박통사언해>
　　풀 님재 갑슬 만히 ᄇ라면 ᄯ 파디 못ᄒ리라. <노걸대언해>
　　임진왜난 사름이 다 ᄇ람을 ᄇ라며 <동국신속삼강행실도>

　이들은 모두 "바라다(望), 원하더, 기원하다, 희망하다"의 의미를 나타내는 말이다. "히ᄇ라기"의 경우도 해바라기가 그 이름을 "향일화(向日花)"라 하듯,

"햇볕을 소망(所望)하기", "햇볕 받기를 소망하기", "햇볕 쬐기를 소망하기"를 뜻하는 말이라 하겠다. 그래서 "牧丹은 花中王이오, 向日花는 忠孝로다"의 시조에서 "향일화를 충효로다"라 노래하고 있는 것도 "해바리기"가 해를 일념으로 사모하는 것으로 보기 때문이다.

"ᄇᆞ라기"는 오늘날 "아래 ᄋᆞ"의 소실로 "바라기"가 되었다. "해바라기" 외에 "바라기"의 용례는 현대어에 여럿이 있다. 먼저 고어의 예부터 보면 역어유해에 "天上 ᄇᆞ라기 (仰子)"가 있다. 이는 한쪽만 보도록 목이 곧은 사람을 지칭하는 말이다. 현대어의 용례로는 "개밥바라기, 맞바라기, 맞은바라기, 먼산바라기, 해바라기" 등이 있다. "개밥바라기"는 대백성(太白星)을 이르는 말로, 개밥 줄 때 쯤 떠오른다 하여 붙여진 이름이다. 이는 개가 저녁 줄 때쯤 되었을 때를 뜻해 "소망"을 뜻하는 말이다. "맞바라기"와 "맞은 바라기"는 앞으로 마주 바라보이는 곳을 이르는 말이다. "먼산바라기"는 "눈동자가 늘 먼 곳을 먼 곳을 바라보는 것같이 보이는 사람"이거나 "한눈을 파는 것"을 이르는 말이다. "해바라기"라는 말은 동음이의어도 있다. 이는 양지 바른 곳에서 햇볕을 쬐는 것을 의미한다. 이는 접사 "-하다"가 붙어 동사로 쓰이기도 한다. 양지에서 햇볕을 쬐는 동작을 나타내는 말은 일본어에도 있다. "히나타(日向)봇고(우)기" 그것이다. 이들 "바라기"의 현대어의 용례는 대부분 "소망하기", "바라기"의 의미가 아니다. 이들은 현대어에서 그 의미가 확장되어 쓰인다. 표준국어대사전은 "바라다(望)"의 종래의 의미에 "③ 어떤 것을 향하여 보다"란 의미를 추가하고 있다.

여기서 논의해야 할 것이 "바라보다"의 문제이다. Gale은 그의 "한영ᄌᆞ뎐"(1897)에서 "ᄇᆞ라보다"를 표제어로 내걸고 있다. 그리고 그 풀이를 "望見 (ᄇᆞ랄 망)(볼 견) -아; 본. To look towards, to look up to"라 하고 있다. 풀이에 비록 "望見, 바랄 망"을 쓰고 있기는 하나, "ᄇᆞ라다"의 "희망(hope)"이나, "기대(expectation)"라는 의미는 풀이에서 빠져 있다. 조선총독부의 "조선어사전"(1920)은 "바라보다 (바라보다, 바라본) 望見す"라고 풀이에서 "望"자를 덧붙이

고 있다. 그러나 이미 "바라기"의 풀이에서 본 바와 같이 "희망"이나 "기대"의 의미는 사라진 것으로 보아야 한다.

　"보다"는 기본 시각을 나타내는 말이다. 그것은 "듣다"가 기본 청각을 나타내는 것과 마찬가지다. 따라서 기본적으로 "보고 듣는 것"은 "보다, 듣다" 외에 어떤 말이 덧붙을 수 없다. "바라보다"란 복합어는 본래의 "ㅂ라다"가 "바랄 망(望)"의 의미를 지니다가 "망견(望見)"이란 의미를 상실했음에도 같은 형태의 "ㅂ라다"의 형태인, "바라보다"란 복합어를 사용하고 있어 이러한 의미상의 상치가 굳어진 것이라 하겠다.　　　　　　　　　　(2022.1.30.)

흰쌀밥과 이밥의 관계

지난날 보릿고개가 있었을 때에는 "흰 쌀밥에 고깃국" 먹는 것이 소원이었다. 오늘날은 단군(檀君) 이래 제일 잘 먹고 잘 사는 세상이라 한다. "흰 쌀밥에 고깃국"을 바라는 것이 아니라, 오히려 건강을 위해 잡곡밥과 나물국을 찾는 사람이 많은 세상이다.

그런데 "쌀밥"이란 말이 잘못 알려져 있다. 아니 "쌀밥"이라기보다 "쌀"이란 말을 잘못 알고 있다. "쌀"은 누구나 "볍쌀"로 벼를 도정한 알맹이로 받아드린다. 물론 이런 의미도 있다. 이는 본래 도정한 곡물(穀物)의 낟알을 의미하는 말이었다. 그래서 벼, 보리, 조 등의 낟알을 "볍쌀, 보리쌀, 좁쌀"이라 한다. 도정한 곡식의 알맹이를 "쌀"이라 하는 것이다. 그래서 "쌀"에는 "멥쌀, 찹쌀, 흰쌀"과 같은 도곡류(稻穀類) 외에 "기장쌀, 수수쌀, 율무쌀, 핍쌀, 생동쌀(靑粱)"도 있다. 심하게는 곡물이 아닌 "상수리쌀"까지 있다.

이렇게 "쌀"은 곡식의 껍질을 벗긴 알(仁)을 통틀어 이르는 말이다. 이러한 말이 "볍쌀(稻米)"만을 의미하게 된 것은 "볍쌀"이 대표적인 쌀이기 때문에 의미가 축소된 것이다.

"쌀"이 이러한 뜻을 나타내는 것은 우리말만이 아니다. 한어(漢語) "쌀 미(米)"자도 마찬가지다. 허신(許愼)의 "설문(說文)"에 "미 속실야(米 粟實也)"라 되어 있는데 이는 "쌀"이란 가곡(嘉穀)의 열매란 말이다. 그래서 단주(段注)에는 "벼·조·보리·줄(稻稷麥苽)"도 역시 쌀(米)이라 한다고 하고 있다. 한자어에는 이밖에 쌀 미(米)자 들어가는 말에 "속미(粟米)·옥미(玉米)·소미(小米)·황미(黃

米)”와 같은 말도 있다. 곡물의 알맹이(仁)를 쌀(米)이라 하는 것은 이렇게 우리만이 아닌, 한어(漢語)의 세계도 마찬가지다.

그러면 “쌀밥”과 “이밥”의 관계는 어떻게 되는가?. 사전에서는 “입쌀”을 “멥쌀”로 보아 “이밥”을 멥쌀밥으로 보고 있다. 그러나 반드시 그런 것은 아니다. 설문에는 “도 도야(稻稌也)”라 하여 “도(稻)”가 찰벼를 의미하는가 하면, 주례(周禮) 식의조(食醫條)에는 육곡(六穀)에 도(稻) 아닌 도(稌)를 들고 있다. 그리고 우리말의 “이밥”은 “니밥”이 변한 말로 “니”는 “닛딥(稻草)·닛뷔(答箒)” 등의 예와 같이 일단은 “벼(稻)”를 의미하는 말로 되어 있다.

그런데 우리말의 “끼니”의 경우는 말이 다르다. 이의 옛말은 “뼈니”로, 이는 “뼈(때·時)-의(관형격 조사)-니(밥·飯)”로 분석되는 말이다. “끼니”란 아침·점심·저녁과 같이 날마다 일정한 시간에 먹는 밥을 의미한다. 여기서의 “니”는 “벼(稻)” 아닌, “밥(飯)”을 가리킨다. 노동하는 중간에 먹는 음식은 “새참”이라거나, “곁두리”, “주전부리”라 한다. 그래서 어른들은 객지에 나간 자식들에게 “끼니는 거르지 마라”거나, “삼시 세 끼를 꼭 찾아먹어라”, 이렇게 당부한다. “끼니”는 이렇게 일정한 때(時間)에 맞추어 먹는 밥이다. “니”는 밥을 의미한다. 아침·점심·저녁을 의미한다.

이렇게 되면 “이밥”이나 “끼니”의 “니(>이)”의 문제가 복잡해지는 것으로 보인다. 그러나 그렇게 복잡하게 생각할 것이 없다. 그것은 “벼(稻)”를 의미하던 “니”가 “닙쌀”, 곧 “볍쌀”로 나아가 “밥”의 의미로 변한 것이다. 연쇄적(連鎖的) 의미변화를 한 것이다. 이러한 의미변화는 영어 “rice”가 잘 설명해 준다. Rice는 “벼”에서 “쌀”로, 그리고 다시 “밥”으로 변한 말이기 때문이다.

이상 “쌀·니·벼·밥”의 관계를 살펴보았다. “쌀”은 곡식을 도정한 낟알(仁) 전체를 가리키는 말이다. 이는 한자 “쌀 미(米)”자의 경우도 마찬 가지다. 그리고 “니(>이)”는 벼(稻)를 뜻하기도 한다. 그런데 “끼니(뼈니)”의 경우처럼 이 “니”는 밥을 의미하기도 한다. 이는 영어 Rice의 경우처럼 연쇄적 의미변화를 한 것이다.

(2021.3.12.)

II

한자어(漢字語)의 장(章)

"감자"와 "토란"의 표현 문화

겨울에는 서민의 음식으로 감자탕이 인기다. 그런데 이 "감자탕"은 아직 표준국어대사전에 표제어로 올라 있지 않다. "감자"는 남아메리카 칠레 원산으로, 우리나라에는 조선조 순조(純祖) 때 중국에서 함경도를 거쳐 들어온 것으로 알려진다. 그래서 이는 "북저(北藷)"라는 별칭이 붙어 있다.

"감자"는 "북저" 외에도 여러 가지 이름으로 불린다. 마령서(馬鈴薯), 번서(蕃薯), 북감저 따위가 그것이다. 그러면 "감자"를 비롯하여 이들 이름의 어원을 살펴보기로 한다.

"감자"는 한자말로, "감저(甘藷)"라 하던 말이다. 이의 용례는 황석영의 "張吉山"에 다음과 같은 것이 보인다.

> "말리는 것두 필요합니다만, 그 전에 쪄야 합니다. 감저를 쪄서 말리던 것에서 생각이 났습니다. 쪄서 말리면 감저의 단맛도 변하지 않았고 곰팡이가 슬거나 썩지도 않았거든요. 김에 쏘이기만 할 뿐 우려내지를 않으니 약효는 간직되는 셈이지요"

위의 인용문에는 "감저"란 말이 두 번이나 쓰이고 있다. 이렇게 "감저"라 하던 말이 "감자"로 변하였다. "감저(甘藷)"란 "달 감(甘)", "감자 저(藷)", 또는 "마 저(藷)"자라고 하는 한자를 쓴다.

"마령서(馬鈴薯)"라는 말은 감자의 생김새가 말방울 같이 생겼다 하여 붙여

진 이름이다. 원래 말방울은 평평한 것이었는데 뒤에 동글동글한 것으로
바뀌었다. 그리고 감자는 이런 동글동글한 말방울 같이 생겼다 하여 "마령(馬
鈴)"이란 말이 쓰이고, 여기에 "서(薯)"자가 붙었다. "서(薯)"자는 "감자 서"자
이기도 하고, "서여(薯蕷)"라고 "마 서"자이기도 하여 감자를 "마"의 일종으
로 보기도 한다. "마"는 일식집에서 흔히 전채로 나오는 "이모(芋)"라 하는
것이다. "마, 맣"을 한어로는 "서(薯)", 또는 "서여(薯蕷)"라 한다. 백제 무왕(武
王) 서동(薯童)이 선화공주를 유인해 내기 위해 불렀다는 "서동요(薯童謠)"란
바로 이 "마, 맣"을 노래한 것으로 "서동요(薯童謠)"의 "서(薯)"는 이 "마, 맣"를
뜻하는 "서(薯)"이다. 고어에서 "마, 맣"의 용례를 보면 다음과 같다.

> * 마爲薯 <훈민정음해례>
> 마 셔(薯) <훈몽자회>, <신증유합>
> * 薯蕷 마 <사성통해>
> 마흘 키야 쪄 먹고(薯蕷取根蒸熟含之) <구황보>

"감자 저(藷)"와 "마 서(薯)"는 이렇게 한어(漢語)의 세계에서는 동일시되고
있다. 일본어에서는 이 정도가 아니다. 감자와 고구마, 토란 등을 다 "이모(い
も: 芋・藷・薯)"라 한다.

일본어에서 "이모"를 대표한다고 할 한자 "우(芋)"자에 대해 우리는 "土芝
토란 우"자라 한다. 감자나 고구마 계의 말과 구별한다. 중국에서는 토란(土
卵)을 "토우(土芋)"의 이칭이라 한다. 후산시화(後山詩話)에는 구체적으로 강동
(江東)에서는 토우(土芋)라 하고, 강서(江西)에서는 토란(土卵)이라 한다고 하고
있다. 따라서 우리의 "토란(土卵)"이란 말은 이 중국 강서 지방의 말이 들어와
쓰이는 것이라 하겠다.

고구마는 중국에서 번서(蕃薯), 또는 감저(甘藷)라 한다. 우리의 경우는 감저
(甘藷)가 마령서로 지시대상이 바뀌었고, 번서(蕃薯)는 일본어의 "고코이모(孝

行芋)”에서 “고구마”로 수용되었다. “이모(芋)”가 “맣”가 되었다. “마령서(馬鈴薯)”의 “서(薯)”를 “마”로 받아들인 것이다. 일본에서는 “고구마”를 또 “사쓰마이모”라고도 한다. 이는 고구마가 일본에 처음 유입되어 “사쓰마한(薩摩藩)”에서 재배되었기 때문에 이런 이름이 붙은 것이다(박갑수, 2021). “감자”는 “자가이모”라 하는데, 이는 “자카르타”, 혹은 자바섬에서 건너온 “이모(芋)”라 하여 이렇게 명명한 것이다. 소종래(所從來)를 밝히고 있는 명명이다.

　일본에서는 “저(藷)·서(薯)·우(芋)” 등의 구근(球根)을 총칭하여 “이모(芋)”라 한다. 중국에서는 이들이 넘나들고 있음이 앞의 논의에서 이미 들어난 바와 같다. “번서(蕃薯)”의 본명을 “감저(甘藷)”라 하고, 이를 속칭 “산우(山芋)”라 한다고 하는 것도 이러한 것이다. 그런데 우리는 이들을 구분한다. 감자는 “저(藷)”로, 고구마는 “서(薯)”의 일종인 “마·맣”로, 토란은 “토우(土芋)”의 “우(芋)”로 본다. 일본어와 한어의 종합적 표현과 달리, 우리말은 분석적 표현을 하고 있다. 언어문화는 이렇게 서로 다른 면을 보여 준다.

　그리고 여기 덧붙일 것은 “감자(柑子)”라는 이름의 또 하나의 식품이 있다는 것이다. 홍귤(紅橘)나무 열매를 말한다.

　　柑子 감ᄌ <박통사언해>
　　감ᄌ 감(柑) <훈몽자회>, <신증유합>

　“감자”는 밀감류(蜜柑類)에 속한 과실로, 김인겸의 “일동장유가(日東壯遊歌)”에도 보인다. 밀감, 곧 귤을 대접받고 있는 것이다. 감자(柑子)를 “감저(甘藷)”로 받아들이면 안 된다.

(2021.11.9.)

개천(開川)과 신작로의 어원

"개천"의 어원이 무엇일까? 이 말의 역사는 얼마나 오래 되었을까? 이의 어원은 "개 천"의 "개"를 "개 포(浦)"자의 고유어 "개"로 보느냐, 아니면 "열 개(開)"자의 한자 "開"자로 보느냐에 따라 그 역사가 달라진다.

그러면 우선 사전에서 그 풀이부터 보기로 한다. 표준국어대사전은 표제어를 "개천(-川)"으로 내걸고, 그 뜻을 두 가지로 보고 있다. "① 개골창 물이 흘러 나가도록 길게 판 내. =굴강(掘江) ¶. 장마가 져서 개천이 불었다. ② 내. ¶. 맑은 개천에 발을 담그다./ 정 더우면 골짜기 개천 웅덩이에 들어가 몸을 식히리라.<전상국, 지빠귀 둥지 속의 뻐꾸기>"

표준국어대사전은 일단 "개천"을 "개"라는 고유어와 "천(川)"이란 한자어로 된 혼종어로 보고 있다. 그리고 "길게 판 내"라고 자연 하천이 아닌 인공이 가해진 것으로 본다. 그래서 "굴강(掘江)"과 동의어로 다루고 있다. "굴강"은 "① =개천(開川)①, 해자(垓字)②"로 풀이하고 있다. 이는 앞뒤가 짝이 맞지 않는 기술이다. "개천"의 표제어는 "개천(-川)"이라 혼종어로 보고 있는데, "굴강"의 풀이에서는 "개천"을 한자어로 보아 "개천(開川)"과 동의어로 보아 한자어로 처리하고 있으니 모순된다.

"개천"의 어원은 혼종어 "개천(-川)"이 아닌, 한자어 "개천(開川)"으로 보아야 한다. 이는 물론 중국의 한자어가 아닌 한국한자어이다. 태종실록(太宗實錄)에 의하면 태종 11년(1411)에 한양에 개거도감(開渠都監)을 설치하였다고 한다. 한양의 도랑과 개천의 물길을 정비하기 위한 임시 관아를 설치한 것이다.

이는 개천도감(開川都監)이라고도 하였다. 대신을 파견하여 도랑을 개척하였
는데, 경상 전라 충청의 삼도(三道) 군인 5만 2천8백 명이 동원되었다고 실록
은 기록하고 있다. 그래서 "개천(開川)"이란 말은 다음과 같은 세 가지 뜻을
지니는 것으로 볼 수 있다(한국한자어사전, 단대 동양학연구소).

① 땅을 파서 내를 만듦. (용례) 내의 개척이 이미 끝나 내 마음이 편안하다
   (開川已畢 我心卽平) <태종실록>
② 땅에 길게 골이 져서 물이 흐르는 좁은 내. (용례) 본조에서 속칭 도랑을
   개천이라 한더(本朝 俗稱 溝渠曰開川) <고금석림>
③ 청계천을 달리 이르는 말. (용례) 큰 비가 내려 서울 개천의 물이 넘치
   고, 교량이 뜨고 잠겼다(大雨 京都開川水溢 橋梁漂沒) <태종실록>

다음에는 "개천(開川)"에 비해 신어라 할 "신작로(新作路)"의 어원을 살펴보
기로 한다. 이는 "새로 만든 길"이란 뜻으로 자동차가 다닐 수 있을 정도로
새로이 넓게 낸 길을 말한다. 이는 개화기, 그것도 왜정시대에 조어된 신어(新
語)라 하겠다.

길이란 사람들이 자주 다님으로 자연히 형성된다. 그러나 문명개화(文明開
化)하면서 차량도 다녀야 하고, 꼬불꼬불한 도로도 정비할 필요가 있어 새로
운 길이 만들어지게 되었다. 그리하여 신작로(新作路)는 정다운 이웃도 갈라
놓고, 문전옥답(門前沃畓)에 길을 내어 우리 민족에 한과 슬픔을 안겨 주기도
하였다. 아리랑이나, 길쌈노래 등에 보이는 "치마끈 졸라 매고 논 사노니
신작로 복판에 다 들어가네."나, "밭은 헐려서 신작로가 되고, 집은 헐려서
정거장 되네"라는 가사가 이런 것이다. "신작로"는 조선총독부의 "조선어사
전"이나, 게일과, 언더우드의 "한영ᄌ뎐"에도 표제어로 수록되어 있지 않은
말이다. "개천"은 한국한자어로 본다.   (2022.5.27.)

"고려공사삼일"과 "조선공사삼일"의 어원문화

　우리말에 "고려공사삼일(高麗公事三日)"이라거나, "조선공사삼일(朝鮮公事三日)"이라는 말이 있다. "고려공사 사흘"이라고도 한다. 이는 고려나 조선조의 정령(政令)이 자주 바뀐 데 연유하는 말로, 우리나라의 정령(政令)이 오래 가지 않고 자주 바뀐다는 것을 풍자한 속담이다. 이는 국어사전에 "고려공사(高麗公事)"라 표제어로 나와 있기도 하다. 김동인의 "운현궁의 봄"에는 "공사삼일"의 용례가 다음과 같이 보인다.

　　아무리 공사삼일의 속담이 있기로 이즈음은 너무 심한가 봅니다. 지방 수령은 그 곳에 오래 머물러서 그 땅 지리 인정 풍속을 다 안 뒤에야 비로소 선정을 베풀 수가 있는데, 이즈음같이 천전이 빈번하면 백성은 다만 맞고 보내기에만 바쁜 것이 아니오니까?

　"고려공사삼일(高麗公事三日)"의 용례는 세종실록 18년조에 다음과 같이 보인다.

　　대저 처음에 부지런하고 마침내 게을러지는 것이 인지상정이다. 특히 동인에게는 이것이 심한 병이다. 고로 속언에 고려공사삼일이라 한다. 이는 진실로 헛된 말이 아니다(大抵始勤終怠 人之常情 尤是東人之深病 故諺曰高麗公事三日 此語誠不虛矣)

세종실록에 보이는 "고려공사삼일"은 반드시 "정령이 자주 바뀜"을 뜻한 말은 아니다. 이는 "처음에 부지런하다가 마침내 게을러지는" 인지상정(人之常情)을 의미하는 말이라 하겠다. 그리고 이것이 동인(東人), 곧 우리나라 사람의 큰 병통이란 것이 "고려공사삼일"의 주된 취지이다.

"조선공사"란 말은 세종실록 16년조에 보인다. 여기에는 조선 공사(公事)가 사흘도 못 가서 바뀐다는 내용이 담겨 있다. 이 기사는 다음과 같다.

> 입법을 하고는 얼마 가지 않아 고치니, 이것이 곧 <u>조선공사</u>가 불과 삼일을 가지 않는다는 것이다(立法未幾 而尋又更改 則所謂朝鮮公事不過三日也).

"조선공사", 곧 조선의 법령은 사흘을 못 가서 바꾸게 되니, "조선공사는 불과 삼일"이라 이르게 되었다는 것이다. 따라서 세종실록의 "고려공사삼일"이 인지상정의 변화를 말하고 있는 것이라면, "조선공서삼일"은 조령모개의 정령의 변개를 말하고 있는 것이라 하겠다. 다시 말하면 이는 "고려공사삼일"이나 "조선공사삼일"은 인지상정의 무쌍한 변화에서 정령의 변개가 빈번함을 의미하는 말로 의미가 바뀌었다 하겠다. 정령의 변화가 사흘이 멀다하고 꾀해졌음은 어우야담(於于野談)에 보이는 서애(西厓) 유성룡(柳成龍)의 일화에서 확인할 수 있다.

> 도체찰사가 된 서애는 열읍(列邑)에 이문(移文)을 발송하기 위해 역리(驛吏)에게 넘겼다. 삼일 지난 뒤 문서를 고칠 일이 있어 찾으니 역리가 그저 가지고 있었다.
> "네 어찌하여 문서를 그냥 가지고 있느냐?" 대답해 가로되,
> "속담에 <u>조선공사삼일</u>이라 하여 3일 뒤에 찾으실 줄 알고, 오늘까지 가지고 있었삽나이다."   (2022.3.26.)

"곡학아세(曲學阿世)"의 문화적 배경

위안부(慰安婦)의 문제를 다룬 하버드대학의 모 교수의 논문이 문제가 되어 화제가 되고 있다. 한국과 관련이 있어 그러한지 모르나, 국내에서의 반응만이 아니라, 국제적인 반향도 만만치 않아 연일 매스컴을 달구고 있다. 사실에 입각한 객관적 논문이 아니라, 문자 그대로 곡학아세(曲學阿世)의 논문으로 보인다.

"곡학아세(曲學阿世)"란 옳지 않은 학문으로 세상 사람에게 아첨하는 것을 이르는 말이다. "곡학(曲學)"이란 사곡(邪曲)하다는 말이요, "아세(阿世)"란 세상에 아첨한다는 말이다. 이 말은 전고가 있는 말로, 그 어원은 중국의 원고(轅固)가 공손자(公孫子)에게 한 말에서 비롯된 것이라 한다. 사기(史記)의 "유림전(儒林傳)"에 전하는 말로, "원고가 공손자에게 일러 가로되 정학에 힘써 곡학아세함이 없이 말하라(務正學而 言無曲學以阿世)"고 한 것이 그것이다.

이 말이 나온 배경을 좀 보기로 한다. 사기(史記)에는 이 말의 배경이 전한다. 전한(前漢)의 제4대 천자 효혜(孝惠)는 즉위와 함께 천하의 선량한 선비를 구하여, 원고(轅固)와 같은 사람을 초빙하여 박사(博士)를 삼았다. 그는 90세의 나이로, 직언(直言)만을 하였다. 거짓된 학자들은 원고의 직언을 말리려 하였으나 허사였다. 이때 원고와 함께 초빙된 소장학자에 공손홍(公孫弘)이란 사람이 있었다. '이 늙은이' 하며 자기를 흘겨보는 공손홍을 향하여, 원고는 그의 태도에 구애하지 않고 이렇게 말했다.

　　지금 학문의 도가 혼란스러워져, 속설이 유행하고 있다. 이대로 두면 유서 있는 학문의 전통은 사설(邪說) 때문에 자취를 감추게 될 것이다. 그대는 다행히 젊고 호학(好學)하는 선비라 들었다. 부디 바른 학문을 착실히 연구하여 세상에 펴 주기 바란다. 결코 자기가 믿는 학설을 굽혀 세상의 속물들과 같이 세상에 아첨하지 않기를 바란다.

　　공손홍은 원고의 훌륭한 인격과 풍부한 학식에 감동을 받아 스스로 크게 부끄러워하고 무례를 사죄한 뒤 그의 제자가 되었다.

　　이상이 사기(史記)에 보이는 곡학아세(曲學阿世)란 말이 나오게 된 배경이다. 요즈음의 세상은 입신출세를 위해 곡학아세하는 속물들이 들끓는다. 출세를 위해 나라와 사회가 어떻게 되든지 그것에는 관심이 없다. 나라와 사회가 바로 서자면 원고(轅固)와 같이 직언을 하는 선비와 정치가가 더 없이 아쉬운 세상이다. 원고를 받아들인 공손홍도 멋진 사람이다. 요사이 세상이 돌아가는 것을 보며, 새 정부에는 원고나 공손홍 같은 인물이 많이 기용되기를 바라는 마음이 간절하다.

　　다음에 '곡학아세'의 예문을 하나 문학작품에서 소개하기로 한다. 서기원의 "마록열전"의 일절이다.

　　고리타분한 한자를 뒤섞어 중국 놈 밀가루 반죽하듯 짓이겨 놓은 글이란 대체로 혹세무민 아니면 곡학아세의 무리들이 지은 걸로 보아 무방할 것입니다.
(2021.5.10.)

과하지욕(胯下之辱)의 교훈

　　사람들 가운데는 조그만 일에도 파르르 성을 내는 사람이 있고, 제법 큰 망신을 당하고도 내일을 위해 참는 사람이 있다. 한신(韓信)은 후자에 속하는 사람이다.

　　한신은 BC 2세기경 중국 전한(前漢)의 유명한 장군이다. 그는 한 고조 유방(劉邦)을 도와 조(趙)·위(魏)·연(燕)·제(齊)나라를 멸망시키고, 항우(項羽)를 공격하여 큰 공을 세우기도 하였다. 한(漢)나라가 통일된 뒤에는 초왕(楚王)에 봉해졌다. 그 뒤 그는 한 고조의 부인인 여후(呂后)에게 살해됨으로 비운의 생을 마쳤다.

　　한신이 젊었을 때는 별 볼 일없는 인물에 불과하였다. 한서(漢書) 회음후열전(淮陰候列伝)에는 그가 남의 "사타구니 아래를 기어가는 욕"을 당해 "과하지욕(胯下之辱)"이라는 사자성어에 실려 전한다. 이의 어원을 살펴보면 다음과 같다.

　　한신은 포의지사로 가난한데다가 특별한 행적도 없어 관리로 선발되지 못하였다. 그는 시골의 남창(南昌) 정장(亭長)에게 의탁해 먹고 자냈는데, 얼마 뒤 정장의 아내는 자기들끼리 식사를 하고 신(信)에게는 밥도 주지 않았다. 이에 신은 정장과 절교를 하고 그곳을 떠났다.

　　그 뒤 신은 물고기를 낚아 연명하였으나 그것도 여의치 않았다. 이때 신은 표모(漂母)에게 수십일 간 밥을 얻어먹고 굶주린 배를 달래기도 하였다. 그래서 반드시 뒤에 보답하겠다고 하니 그녀는 "왕손(王孫)"이 굶주려 주었을 뿐이라고 오히려 화를 내었다.

하루는 회음(淮陰)의 젊은 백정(白丁)이 장대한 체구에 칼을 차고 있는 한신을 업신여겨 그를 "겁쟁이"라고 욕을 보였다. "한신아, 죽기를 두려워하지 않는다면 나를 찔러라. 죽는 것이 두렵다면 내 사타구니 아래로 기어나가라!"라 하였다. 신은 한동안 숙시한 뒤에 사타구니 아래로 기어 나갔다. 이를 본 시장 사람들은 모두 한신을 겁쟁이라고 비웃었다.

그렇다면 한신(韓信)은 왜 "과하지욕(胯下之辱)"을 택한 것일까? 정말 겁쟁이여서 그랬을까? 천하의 명장(名將)이 될 신이니 그럴 이가 없다. 그는 기개(氣槪)가 남다른 인물이었다. 한 순간의 분노로 일생을 망치고 싶지 않았던 것이다. 분을 참은 것이다. 살인자라는 누명을 쓰고 피해 다니는 사람이 되고 싶지 않았던 것이다. 그래서 마침내 그는 뒤에 명장이 되고, 초왕(楚王)에 봉해지게까지 되었다.

소하(蕭何)는 한신의 기개를 꿰뚫어 보았다. 그래서 그는 신을 적극적으로 추천하였을 뿐 아니라, 대장군에 임명하도록 천거하였다. 이에 한신은 중앙 무대에 등장하게 되고 출세를 하게 되었다. 그러나 "과하지욕(胯下之辱)", 곧 "겁쟁이"란 오명은 곳곳에서 그의 인생길을 가로막기도 하였다. 그는 항우(項羽)를 찾아갔으나 천하의 비겁한 놈이라 무시당하였고, 유방(劉邦)에게도 두어 차례 수모를 당하였다. 그러한 그가 문무백관에게 일갈하였다. "나는 한 명의 장사였다. 그가 나를 모욕했을 때 왜 내가 그를 죽일 수 없었는가? 그를 죽이는 것은 조금도 가치가 없는 일이었다. 그래서 나는 그것을 참았고, 그래서 오늘의 업적을 이룰 수 있었다."라고. 얼마나 멋진 "과하지욕(胯下之辱)"의 변(辯)인가, 아니 어원인가?

그리고 덤의 말, 한신은 남창 정장에게는 일백 전을 내리고, 일침을 가했다. "은혜를 베풀려면 끝까지 베풀어야 하는 것 아니오?"라고. 표모에게는 훗날 그녀를 찾아가 음식을 대접하고 천금을 내렸다. 그래서 "일반천금(一飯千金)"이란 사자성어까지 생기게 하였다. 또 "과하지욕"을 베풀게 한 장본인에게는 중위(中尉) 벼슬을 내렸다. 한신은 멋진 사나이다.　　(2022.7.16.)

교사·스승·선생의 어원과 의미

　　"교사는 있어도 스승은 없다."

　　우리는 언제부터인가 이런 말을 자주 뇌이고 있다. 이는 흔히 직업적인 "교사"는 있으나, 인격적으로 존경할 "스승"은 없다는 의미로 해석한다. 이에 학교에서 학생을 가르치는 "교사·스승·선생"이란 말의 어원에 대해 살펴보기로 한다.

　　"교사(教師)"는 학생들의 학업(學業)을 지도하는 사람이다. 그런데 우리 사전은 이런 일반적인 설명은 하지 않고, 구체적인 풀이만 하고 있다. "주로 초등학교, 중학교, 고등학교 따위에서 일정한 자격을 가지고 학생을 가르치는 사람"이라 하고 있는 것이 그것이다. 중국의 현대한어사전은 "교학(教學)의 업무를 담당하는 전문인원(擔任敎學工作的 專業人員)"이라 하고 있다. "교사"에 대한 풀이는 한·중·일이 대체로 직업적인 학문 전수자로 규정하고 있는 편이다. 그도 그럴 것이 이는 근대 일본어를 바탕으로 한 한자어로 한국과 중국에 퍼진 것으로 보이기 때문이다. 우리는 이에 해당한 말을 전통적으로 훈도(訓導), 훈장(訓長)이라 하였고, 중국에서는 도사(導師)나 사부(師傅)라 하였다.

　　이에 대해 "스승"이란 말은 우리의 고유어이다. "스승"의 사전 풀이는 "자기를 가르쳐서 인도하는 사람. 사부(師傅)"라 하고 있다. "교사"에 비해 한 단계 높은 차원으로 풀이되었다. 이 말은 고어에서 두 가지 의미를 지니고

있다. 그 하나는 "무당(巫)"의 뜻이고, 다른 하나는 "스승(師)"의 뜻이다. "무
(巫)"를 뜻하는 "스승"은 고대의 "자충(慈充)", 내지 "차차웅(次次雄)"에 소급해
올라가는 말이다. 삼국사기에는 이런 기사가 보인다. "차차웅을 자충이라고
도 한다. 김대문이 말하기를 방언으로 무를 이른다. 세인이 무당으로 하여금
귀신을 섬기고 제사를 숭상하였으므로 그를 두려워하였다. 이에 존장자를
자충이라 하게 되었다(次次雄或云慈充 金大問云 方言謂巫也. 世人巫事鬼神尚祭祀 故畏
敬之 稱尊長者爲慈充)." 이렇게 "자충(慈充)"은 무당으로 귀신을 섬기고 제사를
받드는 존재여서 그를 두려워하였고, 존장자를 자충, 곧 스승이라 하게 되었
다는 것이다. 그래서 마침내는 "남해차차웅(南解次次雄)"과 같이 왕의 호칭으
로까지 쓰이게 되었다. 이는 제정일치(祭政一致)의 제도를 반영하는 것이다.
"스승"이란 말의 용례를 두어 개 보면 다음과 같다.

넷 님그미 스승 사로몰 삼가시고(前聖愼焚巫) <두시언해>
셰쇼개 스승이 간대로 비셔원호미 미츄미 심흐아(世俗巫禱 狂妄尤甚) <正
俗諺解>

스승, 곧 사부(師傅)는 15세기 이래 "스승"이라고 하였다. 이의 용례를 두어
개 보면 다음과 같다.

六部ᄂᆞᆫ 外道이 스승 여스시라 <석보상절>
師 스승 스 <훈몽자회>, <신증유합>

다음에는 "선생(先生)"에 대해 살펴보기로 한다. "선생"은 여러 가지 뜻을
지니는데 우리 사전의 대표적인 의미는 "① 학생을 가르치는 사람, ② 학예
가 뛰어난 사람"이라 하겠다. 이에 대해 한어(漢語) 사전의 대표적인 의미는
세 가지를 들 수 있다. "① 먼저 태어나다, ② 부형을 이른다, ③ 자기보다

일찍 도(道)를 깨달은 사람, 또는 덕업(德業)이 있는 서람. 선배(先輩)"가 그것이다. 이 가운데 가장 비중이 있는 의미는 ③으로, "한시외전(韓詩外傳)"에 이 말의 풀이가 보인다. "옛날에 도를 깨달은 자를 선생(先生)이라 하였는데, 선성(先醒)과 같은 말이다(古謂知道者曰先生 猶言先醒也)." 따라서 "선생"이란 학예가 뛰어난 사람이거나, 먼저 도를 깨친 자를 의미한다 하겠다.

이상 내게 가르침을 베풀어 주는 "교사, 스승, 선생"이란 삼자의 어원에 대해 살펴보았다. "교사"란 그 성격상 직업적 특성을 지닌다. "스승"이나 "선생"은 제도를 벗어나 나의 인격을 도야해 주는 사람들이다. 그러니 아무래도 교사에 비해 좀 더 존경의 대상이 되게 마련이다. 그러나 교사란 학생들의 지덕체(智德體)를 연마해 주는 사명을 지닌 사람이고 보면 "스승"이나 "선생"처럼 닥압(德業)도 많이 베풀어 좀 더 존경의 대상이 되는 것이 교사의 정도(正道)라 하겠다. (2022.3.31.)

내(內)·외명부(外命婦)의 문화

부인으로서 봉작(封爵)을 받은 사람을 내외(內外) 명부(命婦)라 한다. 내명부(內命婦)와 외명부(外命婦)가 그들이다. 명부(命婦)란 잘 알려지지 않은 말이나, 이 말이 바로 "봉작을 받은 부인"을 이르는 말이다. 내명부, 외명부란 여기에 내(內)와 외(外)가 붙은 말이다.

내명부(內命婦)란 지난날 궁중에서 봉직하던 품계(品階)가 있는 여관(女官)과 궁인직(宮人職)을 말한다. 궁녀 가운데 임금과 가까운 여자들로서 정1품인 빈(嬪)을 위시하여 종1품인 귀인(貴人), 정2품인 소의(昭儀), 종2품인 숙의(淑儀), 정3품인 소용(昭容), 종3품인 숙용(淑容), 정4품인 소원(昭媛), 종4품인 숙원(淑媛) 등이 있었다. 이들은 쉽게 말해 임금의 후궁(後宮), 곧 부실(副室)에 해당한 부인들이다. "빈(嬪)"은 정1품의 내명부 외에 왕세자의 정부인을 이르는 말이기도 하다. "비빈(妃嬪)"의 경우는 국어사전에서 "비와 빈을 아울러 이르는 말"이라고 풀이하고 있어 "빈"의 지시대상이 분명치 않은데, 이 경우는 비와 첩을 의미한다고 보아야 할 것이다. 석명(釈名)의 "천자의 첩을 빈이라 한다. 여러 첩 가운데 손님처럼 존경받는 받는다(天子妾有嬪 嬪賓也 諸妾之中見 賓敬也)"고 한 기록이나, 화엄경음의(華厳経音義)에서 "첩어왈빈(妾御曰嬪)"이 그것이다.

정5품인 궁녀에는 상궁(尚宮)·상의(尚儀)가 있었다. 종5품인 상복(尚服)·상식(尚食), 정6품인 상침(尚寢)·상공(尚功), 종6품인 상정(尚正)·상기(尚記), 정7품인 전빈(典賓)·전의(典衣)·전선(典膳), 종7품인 전설(典設)·전제(典製)·전언(典言), 정8품인 전찬(典賛)·전식(典飾)·전약(典薬), 종8품인 전등(典灯)·전채(典彩)·전정

(典正), 정9품인 주궁(奏宮)·주상(奏商)·주각(奏角), 종9품인 주변치(奏変徵)·주치 (奏徵)·주우(奏羽)·주변궁(奏変宮) 등이 있었다.

종4품인 숙원(淑媛) 이상과 종5품인 소훈(昭訓) 등은 여관(女官)이라 하여 일 정한 직분이 따로 없었고, 그 이하는 궁인(宮人)이라 하여 맡은 바 직분이 있었다.

이에 대해 왕족·종친의 딸과 아내 및 문무관의 아내로서 남편의 품계에 따라 봉작(封爵)된 여자는 외명부(外命婦)라 하였다.

정경부인(貞敬夫人)은 조선시대에 종1품 이상의 품계에 해당한 문무관의 아내에게 주던 칭호였다. 정숙부인(貞淑夫人)이라고도 했다. 뒤에 정1품의 왕 손의 아내나 제군(諸君)의 아내에게도 같은 칭호를 내렸다. 정부인(貞夫人)은 정·종 2품의 문무관의 아내에게 주던 칭호로, 26대 고종 때 종친의 아내에게 도 같은 칭호를 내렸다. 숙부인(淑夫人)은 정3품 당상의 문무관의 아내에게 주던 칭호이고, 숙인(淑人)은 종3품의 당하관을 지칭함으로 태조 때 당상관과 구별하였다. 영인(令人)은 정·종 4품, 공인(恭人)은 정·종 5품, 의인(宜人)은 정· 종 6품, 안인(安人)은 정·종 7품, 단인(端人)은 정·종 8품, 유인(孺人)은 정종 9품의 아내에게 주던 칭호이다. 흔히 지방에 "현비유인(顯妣孺人) 모 씨(某氏)" 라 쓰는 "유인(孺人)"은 이 유인으로 "학생(学生)"의 아내를 승격시켜 유인(孺人) 이라 한 것이다.

우리의 명부(命婦)제도는 중국의 영향을 받은 것이다. 주례(周礼)에는 이 내 외명부에 대한 기록이 보인다. 그리고 예기(禮記)에는 이에 대한 자세한 설명 이 나온다. 옛날 천자의 후(后), 곧 황후(皇后)는 "육궁(六宮)을 세우고 3부인(夫 人), 9빈(嬪), 27세부(世婦), 81어처(御妻)로부터 내치(內治)를 들었으며, 이로써 부순(婦順)을 밝혔으므로" 천하가 화목하고 집안이 다스려졌다 한다. 이는 곧 황후가 "3부인(夫人)과 9빈(嬪), 27세부(世婦), 81어처(御妻)"라는 내명부를 거 느렸음을 말하는 것이다. 그리고 같은 예기(禮記)에서 "천자(天子)는 6관(官)을 세우고, 3공(三公), 9경(九卿), 27대부(大夫), 81원사(元士)에게 천하의 외치(外治)

를 들어 천하의 남교(男敎)를 밝혀" 밖으로 화목하고, 나라가 잘 다스려졌다고 하고 있다. 여기 보이는 "3공(三公), 9경(九卿), 27대부(大夫), 81원사(元士)"의 부인이 외명부임은 물론이다.

명부(命婦), 또는 내명부, 외명부라는 말은 일찍이 중국의 주례(周礼)에 보이는 말이다. "내명부란 곧 삼부인 아랫사람이라(內命婦即三夫人已下也)"와, "외명부란 경대부의 아내이다(外命婦総卿大夫之妻也)"라 한 것이 그것이다.

중국에서는 "3부인(夫人)과 9빈(嬪), 27세부(世婦), 81어처(御妻)"를 내명부라 하고, "3공(三公), 9경(九卿), 27대부(大夫), 81원사(元士)"의 부인을 외명부라 하였다고 할 수 있다. 따라서 명부(命婦)의 내용이 우리와 똑같은 것은 아니다. 이는 문화가 달라 언어도 차이가 나게 된 것이다. 한국한자어사전에서 "내명부"와 "외명부"를 한국한자어로 보는 것은 이러한 의미연합(意味聯合)이 다르기 때문에 취한 조치라 할 것이다.

(2022.6.10.)

"누비"와 "납의(衲衣)"의 상관관계

"그는 여름 방학 내내 동해안의 관광 명소를 <u>누비고</u> 다녔다."

이렇게 쓰이는 "누비다"란 어떻게 된 말일까?

"누비다"는 기본적으로 "바느질"의 한 방법을 의미한다. 이는 "천과 천 사이에 솜을 넣고 줄이 죽죽 지게 박다."를 나타낸다. 위 예문의 "누비다"는 비유적 의미로 "이리저리 거리낌 없이 다니다"를 의미한다. "누비다"는 "누비"에 서술격(敍述格) 조사 "이다"가 붙어 용언(庸言)이 된 말이다. 그러면 "누비"의 의미는 무엇인가?

"누비"는 "누비는 바느질. 또는 누벼서 만든 물건"을 가리킨다. 사전은 "누비"를 고유어로 보고 있다. 그리고 이를 "두 겹의 천 사이에 솜을 넣고 줄이 죽죽 지게 박는 바느질. 또는 그렇게 만든 물건"이라 풀이하고 있다. 누빈 물건의 대표적인 것으로는 "누비옷, 누비이불, 누비처네" 따위가 있다. 처네란 어린 아이를 업을 때 두르는 포대기를 말한다. 이의 용례를 보면 채만식의 "탁류"에 "서서히 자줏빛 누비처네를 끌어다가 홑껍데기 하나만 입은 아랫도리를 가리고 앉는다."가 보인다.

"누비"는 이렇게 고유어로 보는 것과는 달리 "납의(衲衣)"가 "눕의> 누비"로 변한 말이라 보기도 한다. 그리고 그렇게 보는 것이 옳은 것 같다. "누비"를 의미하는 "납의"는 "納衣", 또는 "衲衣"라고 서로 다른 한자를 쓰고 있다. 그것은 "들일 납(納)"자와 "기울 납(衲)"자가 통용되는 말이기 때문이다. 그런데 여기에 한 특성이 나타나는 것을 볼 수 있는데, 우리나라에서는 "납의(納衣)"라 적고, 중국과 일본에서는 즐겨 "납의(納衣)"라 쓴다는 것이다. 이로 볼 때 우리는 "納"자가 "기울 납(納)"자이니 "깁다(補)"에, 중국에서는 "납(納)"자가 "주름질 납(納)"자이니 "누비다"의 뜻에 좀 더 초점을 맞추어 표현한 것이 아닌가 한다.

중국에서는 모로바시(諸橋) 등에 의하면 "납의(納衣)"란 ① 무명의 축직(縮織)으로 만든 의복. ② 사람들이 버리고 돌아보지 않는 헝겊을 기워서 만든 승복이라 하고 있다(大衆義章: 言納衣者 朽故破弊縫納供身). 이에 대해 우리의 표준국어대사전은 "납의(納衣)"에 대해 "① 중이 입는 검은색 옷. ② 낡은 헝겊을 모아 기워 입었다는 뜻으로 '가사'를 달리 이르는 말"이라 풀이하고 있다.

"누비"가 줄이 죽죽 지게 박는 것을 의미하고, "납의(納衣)"가 승복을 의미한다. 그리고 우리의 고어에 "누비옷, 누비 長衫, 누비 중"이라는 말이 있는 것을 볼 때 "누비"는 확실히 "납의(納衣)"가 변한 말이라 보인다. "納"의 중고음(隋·唐音)은 [nəp]이고, "衣"는 [Iəi]이다. 따라서 이러한 음이 누비로 변한 것이라 하겠다.

끝으로 "누비"와 합성된 복합어를 고어에서 몇 개 더 보면 "누비바디(누비바지), 누비줄(누비줄), 누비쳥(누비버선)" 등이 보인다. 그리고 현대어에는 비유적인 재미있는 복합어로 "누비혼인"이라는 말도 보인다. 이는 두 성 사이에 여러 대에 걸쳐서 하는 혼인을 말한다. 예를 들면 증조부가 이(李) 씨인 부인하고 혼인을 했는데, 조부도 같은 이씨와, 아버지도 이씨 부인과 혼인하는 따위가 그것이다. 이러한 현상은 지방의 세가(勢家)에서 흔히 볼 수 있는 현상이다. 마치 바느질할 때 누비질하듯 혼인을 했다 해서 하는 말이다. 유의어에 "겹혼인, 덤불혼인"이란 말이 있다.

(2021.3.21.)

"단기지계(斷機之戒)"의 교훈

5월은 감사의 달이다. 감사할 대표적인 사람은 누구보다 어머님이다. 나를 낳고 키워주신 분이기 때문이다. 이러한 어머님들 가운데는 아들의 생애에 커다란 영향을 미친, 좋은 가르침을 베풀어 주신 분들이 많다. 예를 들면 신라의 김유신(金庾信) 장군, 명필가 한석봉(韓石峯), 그리고 중국의 성인 맹자(孟子)의 어머님 같으신 분들이 이런 분들이다.

맹자의 어머니는 아들의 교육을 위해 세 번씩이나 이사를 하였다는 것으로 유명하다. 이른바 맹모삼천(孟母三遷)이 그것이다. 맹자가 어렸을 때는 집이 묘지 근처에 있어 맹자가 장의(葬儀) 놀이만 하였다. 그래서 시장 근처로 이사를 하였더니 늘 팔고사는 놀이만 한다. 이를 걱정해 학교 근처로 옮겼더니 이제는 예의작법(禮儀作法) 놀이만을 계속한다. 이에 그녀는 크게 기뻐해 거기에 살기로 하였다 한다.

이러한 삼천지교(三遷之敎)와는 달리 맹자가 어렸을 때 그의 어머니는 배우는 것을 중도에 그만 두는 것은 짜던 베의 날을 끊는 것과 같다고 맹자를 훈계하였다. 이는 "삼천지교"와는 달리 그리 잘 알려져 있지 않다. "단기지계(斷機之戒)라 하는 것이 그것이다. 이 이야기는 "열녀전(列女傳)"에 전한다.

맹자가 어릴 때 유학을 갔다가 집에 돌아왔다. 어머니는 이때 베를 짜고 있었다. 어머니는 맹자에게 학문의 진척에 대해 물었다. 맹자는 그저 그렇다고 대답했다. 그러자 어머니는 짜던 베틀의 날줄을 칼로 잘랐다. 맹자가 두려위 그 까닭을 물으니 '네가 학문을 그만두는 것은 내가 짜던 베를 자르는 것과 같다'고 하였다. 학문을 하여 이름을 내야지(立名), 그렇지 않으면 하인의 신세를 면치 못하고, 화환(禍患)을 벗어날 수 없다. 그리 되면 베를 짜서 먹고 사는 것과 무엇이 다르겠느냐? 중도에 이를 폐하면 남편과 자식의 옷도 해 입히지 못하고, 양식 또한 대지 못한다. 여자가 먹을거리를 마련하지 못하면 남자는 도적질을 하고, 노략질(虜役)을 할 수밖에 없다. 맹자는 이 말을 듣고 두려워하고, 밤낮 학문에 힘을 써서 쉬지 않았다. 그리고 마침내 천하의 명유(名儒)가 되었다. 맹자의 어머니는 사람들을 위한 어머니의 도를 안 것이다.

이것이 열녀전의 "단기지계"의 내용이다. 이마도 이러한 맹모의 훈계가 없었다면 맹자는 오늘의 맹자가 되지 못했을 것이다. 맹자 어머니의 "단기지계"가 맹자를 천하의 명유로 만들었다. 어머니의 힘은 참으로 위대하다.

유명한 "단기지계"의 고사가 또 하나 있다. 이는 어머니 이야기가 아니라, 아내 이야기다. 이는 후한서(後漢書) "열녀전(列女傳)"에 전하는 이야기로, 낙양자(樂羊子)의 부인 이야기다. 양자(羊子)가 멀리 학문을 닦으러 나갔다가 1년만에 돌아왔다. 아내는 칼을 잡아 베틀의 베를 자르면서 말하였다. 이 천은 한 올, 한 올 올이 쌓여 비단을 이룹니다. 이 베틀의 날을 자르면 그것은 이루어질 수 없습니다. 지아비의 적학(積學)도 이 베틀의 날과 무엇이 다르겠습니까? 양자(羊子)는 그 말에 감동을 받아 바로 돌아가 학업을 마치었다. 어머니가 아닌, 아내가 "단기지계(斷機之戒)"로 남편을 훈계한다는 것은 쉽지 않은 일이다. 그것을 양공의 아내는 단행하였다해 내었다. 그러기에 오늘날까지 이 이야기가 전해져 우리도 교훈을 삼는 것이다.

"단기지계(斷機之戒)"라는 고사성어를 통해 큰 교훈을 얻고, 여인들에게 감사하는 계기가 마련되었다. 이 세상의 남성들이어, 중도(中途)에 파의(罷意)하지 말고, 끝까지 뜻을 펼쳐 유종의 미를 거둘지어다.   (2021.5.14.)

단란(團欒)의 의미와 문화

　"단란(團欒)"이란 말은 "단란한 가정", "단란한 가족"과 같이 "가정·가족"과 떼어서 생각할 수 없는 말이다. 이는 "한 가족의 생활이 원만하고 즐거움"을 나타낸다. 그래서 표준국어대사전은 그 예로 이런 것을 들고 있다. "각자 일이 바빠 가족이 함께 모일 시간이 부족하지만 우리 가족은 그런대로 단란하게 지내고 있다."

　그렇다면 "단란"은 어떻게 돼서 이렇게 특히 "가정·가족"과 불가불리의 관계를 나타내는 것일까?

　"단(團)"이라면 흔히 "단체"를 떠올리고, "란(欒)"은 생소한 한자라는 느낌만이 들 것이다. 이는 우리가 한자의 뜻을 배우지 않고, 낱말로서만 인식한 데 말미암는 흠이라 하겠다.

　한자 "단(團)"자는 둥글다는 뜻을 나타내는 "口"자와 음을 나타내는 "專"자로 이루어진 형성자이다. 이의 대표적인 뜻은 "둥글다"와 "모이다"이다 설문(說文)의 "단 원야(團圓也)"라나, 증운(增韻)의 "단 취야(團聚也)"라 한 것이 그것이다. 둥근 달을 의미하는 "단월(團月)", 둥근 부채를 의미하는 "단선(團扇)", 둥근 모양을 뜻하는 "단단(團團)"은 전자의 예이고, "단결(團結), 단체(團體)"는 후자의 예이다. 여러 사람이 둥글게 모여 앉는 것을 의미하는 "단좌(團坐)"는 양쪽에 걸치는 의미의 말이라 하겠다.

　"난(欒)"자는 자몽 등 나무 이름이 본래의 뜻이나, 이도 또한 "둥글다"와 "모이다"를 뜻하는 말이다. "단란(團欒)"의 "난(欒)"은 둥글다는 뜻으로 쓰인 것이고, "단란(團欒)"은 모이다, 둘러 앉다의 뜻으로 쓰인 말이다.

가정의 화목을 뜻하는 "단란(團欒)"은 이렇게 사실은 "둥글고 둥글다"를 뜻하는 말로 원만(圓滿)을 뜻한다. 모나지 아니하고, 두루 화합하여 즐겁게 지내는 것을 의미한다. "단란"의 어원은 이렇게 "둥글다. 원만하다"에 있다. "단란(團欒)"의 "난(欒)"자는 또 "난(圞)·난(闤)"이라고도 쓰는데, "난(闤)"은 "난(圞)"의 속자로, 이는 광운(廣韻)이나, 집운(集韻)에 다 같이 "원야(圓也)"라 풀이되어 있어 "단란"이 "둥글다"의 의미임을 더욱 분명히 한다. 그러나 "단(團)"에 "모이다"의 의미가 있는 것도 사실이므로, 한 가족이 모여 화목하게 지내는 것도 아울러 나타낸다고 해야 할 것이다.

모여 화목하게 지낸다는 의미에서의 "단란"의 대표적인 문화는 우리의 경우는 추석(秋夕)이 될 것이다. 추석에는 고향을 찾고 귀성(歸省)을 한다. 중국에서는 춘절(春節)을 가족 단란의 명절로 중시한다. 무려 연인원 30억의 민족 대이동을 한다고 하니 그 어마어마한 규모는 상상을 초월한다. 이때 중국인은 모처럼 단란지락(團欒之樂)을 느끼지 아니할까 한다. 일본의 경우는 오주겐(中元)에 민족 대이동이 일어난다. 주겐(中元)은 중국의 도교(道教)의 영향으로 망혼공양(亡魂供養)의 행사로 비롯되어 우란분회(盂蘭盆會)와 결합하며 존명(存命) 양친(兩親)에게 생선을 선물하는 풍습으로 바뀌었다. 살아계신 부모님께 생선을 선물하는 것이다. 그리고 오늘날은 신세를 진 분이나 윗분에게 선물을 하는 의례의 날로 확대되었다.

한·중·일은 이렇게 오늘날 모두가 그들 나름의 다른 단란(團欒)의 풍습을 지키고 있다.

(2021.3.14.)

"담요"의 어종과 음운변화

"짐승의 털이나, 털에 솜을 섞은 것을 굵게 짜든가 두껍게 눌러서 만든 요"를 "담요"라 한다. 그런데 이 말은 한자말 같기도 하고, 고유어 같기도 한 정체가 아리송한 말이다. "담"은 고유어 같은데 사전에서는 한자어로 보고 있고, "요"는 오히려 한자어 같은데 고유어로 보고 있다. 이에 "담요"의 어원을 밝혀 보기로 한다.

"담"을 고유어 같다고 한 것은 "담요" 외에 "담자리, 담방석, 담보선" 같은 말이 있는가 하면 고어에는 "담밀다"라는 동사까지 있기 때문이다. 그러나 이 "담"은 한자말이다. 이는 "담자리 담(毯)", 또는 "담요 담(毯)"자라 하는 한자어이다. "담자리"는 "털로 만든 자리" 곧 모성(毛席)을 의미한다. 그러나 "담"의 시전풀이는 담요 따위의 재료로, "짐승의 털을 물에 빨아 짓이겨 평평하고 두툼하게 만든 조각"이라 되어 있다. 재료가 그것으로 이루어진 "모석(毛席), 담요"를 의미하게 된 것이라 하겠다. 그래서 고어에서는 "담자리, 담요"라는 복합어가 아닌, "담" 단일어로도 이들을 나타내고 있다. 그 예를 보면 다음과 같다.

> 가슴미 둣둣ᄒ니란 담으로 입과 고흘 둡고(心下尙溫者氈絁(卽毛席也)覆口鼻)
> <구급방언해>
> 삿과 돗과 담과 요와 니블과 벼개와 帳둘흘 <가례언해>
> 닶 담(毛席) <훈몽자회>

이렇게 "모석(毛席)", 또는 "담요"를 의미하는 "담"은 위의 훈몽자회에 예가 보이듯, "담자리 담, 담요 담"자라 하는 한자말이다.

이에 대해 "담요"의 "요"는 고유어로 보고 있다. 그래서 사전의 표제어 "담요"는 "담요(毯-)"라 내걸고 있다. 사람이 앉거나 누울 때 바닥에 까는 침구 "요"의 표제어에도 한자가 없다.

그런데 이렇게 볼 것이 아니다. 표준국어대사전도 사실은 이를 한자어로 보고 있다 하겠다. 그것은 "요"의 어원 표시를 "[<용<숗(월곡)<(중)褥]"라 보아 "요"의 어원을 "요 욕(褥)"자로 보고 있기 때문이다. 따라서 "요"를 고유어로 보는 것은 앞뒤가 맞지 않는 모순된 풀이다. 한자어로 보고 표제어를 "요(<욕<褥)"라 함이 바람직할 것이다.

"요"의 고어는 "숗"이고 이것이 "숗> 요"로 변한 말이다. "숗"의 용례로는 다음과 같은 것이 보인다. "숗"는 반치음의 음가가 제로화한 것이다.

> 지블 비싀샤디 七寶(칠보)로 꾸미시며 錦繡(금슈) 쇼홀 펴고 앉더시니 <월인천강지곡>
>
> 지비며 니블 쇼히며 모맷 骨髓 니르리 뼈 호미 이러ᄒ니 <석보상절 중간본>
>
> 帳이며 니블 쇼히 빗난 거슬 거더 아ᄉᆞᆯ디니라= 撤去帷帳衾褥華麗之物이니라 <내훈>

이렇게 "요"의 고어는 "쇽(褥)"으로 나타난다. 이는 후내(喉內) 입성운미(入聲韻尾) [k']가 [g>ɣ]로 약화·탈락하는 과정을 보여 주는 것으로, 이기문(1972)에서는 [쇽]의 [ㅎ]이 중국의 [ɣ]를 반영하는 것으로 보고 있다. 후내입성 "쇽"은 "숗> 요"와 같이 우리말에서 "ㅎ"으로 쓰이다가 약화·탈락한다. 곧 "k> g> 0"화 한다. 이러한 변화는 다른 예서도 확인된다. 곧 "뎧(笛), 숗(俗), 잫(尺)" 따위가 그것이다. 이는 오늘날 "저, 소, 자"가 되었다. 따라서 우리말 "요"는 한자어 "욕(褥)"을 어원으로 하는 것으로 보는 것이 바람직하다. 그것은 "저, 소, 자"가 "뎧(笛), 슓(俗), 챳(尺)"를 어원으로 하는 것과 같다.

　그리고 여기 부기할 것은 "담요"와 관련이 있는 말로 고어에 "시욱, 젼툐" 라는 말도 있다는 것이다. "시욱"은 "모젼(毛氈)", 곧 털로 짠 양탄자를 의미하고, "젼툐"는 젼죠(氈條)의 다른 말이다. 이들은 다 털로 짠 깔개를 의미한다. "젼 젼(氈)"자는 담자리 모셕(毛席), 또는 전 방석을 의미하는 말이다. 다음에 이들 용례를 하나씩만 제시하기로 한다.

　　길헤 브드텟는 버듧고즌 흰 시우기 펫는 둣ᄒ고(糝徑楊花鋪白氈) <두시언해>

　　미틔 지즑 실오 쏘 젼툐 실오(低下鋪蒲席 又鋪氈子) <번역박통사>

(2021.10.8.)

동냥과 구걸아치의 상관관계

비렁뱅이 거지 하나가 대문 앞에 와서 <u>동냥</u>을 좀 달라고 구걸을 청했다.

박종화의 소설 "금삼의 피"의 일절이다. 여기에는 "동냥"이란 말이 쓰이고 있다. "동냥"이란 사전에 의하면 두 가지 뜻이 있는 것으로 되어 있다. 그 하나가 "거지나 동냥아치가 돌아다니며 돈이나 물건 따위를 거저 달라고 비는 일. 또는 그렇게 얻은 돈이나 물건"을 뜻한다. 다른 하나는 불교용어로, "중이 시주를 얻으려고 돌아다니는 일. 또는 그렇게 얻은 곡식"을 뜻한다. 그렇다면 이 두 가지 의미의 상호관계는 어떻게 되는가?

"동냥"이란 말은 불교 용어로 쓰인 것이 먼저이고, 이것이 일반화하여 비렁뱅이의 구걸 행태 일반을 나타내게 되었다고 할 수 있다. 이는 "동냥"의 어원이 "동령(動鈴)"이라는 것이 결정적 증거가 된다. 절에서는 의식을 행할 때 놋쇠로 만든 방울을 흔든다. 이를 "동령(動鈴)"이라 한다. "움지길 동(動), 방울 령(鈴)"자를 써 방울을 흔든다는 말이다. 이 방울은 "금강령(金剛鈴)"을 가리킨다. 금강령은 번뇌를 깨뜨리는 보리심(菩提心)을 상징한다. 탁발승(托鉢僧)은 인가(人家)의 사립문에 와 이 방울을 흔들어 시주를 받으러 왔음을 알린다. 그러면 인가에서는 탁발승의 동냥자루에 곡물을 쏟아 주었다. 이러한 것이 동냥의 수순이다. 어떤 비렁뱅이나 구걸아치가 밥이나 물건을 구걸(求乞)하면서 방울을 흔들겠는가? "동냥"은 탁발승의 "동령(動鈴)"의 구걸 단계를 거친 다음, 구걸아치들의 구걸 행태 일반을 의미하게 된 것이다. 그래서 오늘날 사람들은 탁발승의 구걸은 생각지 않고, 비렁뱅이나 구걸아치들의 구걸행각만 머리에 떠올리게 된 것이다.

그러면 여기서 구걸행각의 주체에 대해 좀 살펴보기로 한다. 동냥을 다니는 중은 "탁발승(托鉢僧)"이라 한다. "탁발승"의 "탁발(托鉢)"이란 "도를 닦는 중이 경문을 외면서 집집마다 다니며 동냥하는 일"을 말한다. 이는 "밀 탁(托), 바리때 발(鉢)"자를 쓰는 말로, 중의 밥그릇인 "바리때를 내민다"는 말이다. 이는 시주를 받는데 목적이 있는 것이 아니다. 바리때를 내밀어 "동냥"을 하게 함으로 자비의 기회를 제공하는 것이다. 곧 잘못을 용서받고, 공덕을 쌓게 하는 것이다. 쉽게 말해 선행의 기회를 주는 것이다.

이에 대해 "비렁뱅이"나 구걸아치가 행하는 "동냥"은 이타(利他)가 아닌 자기의 생존을 위한 수단으로써 행하는 것이다. "비렁뱅이"는 "빌(乞)-엉(명사화 접사)-방(남자)-이(접사)"가 결합된 말로 "비는 남자"를 의미한다. 따라서 이는 "비는 주체"를 뜻한다. 그리고 "구걸아치"는 "구걸('求乞하다'의 어간)-바치(사람)"가 결합된 말로, "구걸하는 사람", 곧 "구걸의 주체"를 의미한다. "바치"는 장인(匠人), 또는 어떤 분야에 종사하는 사람을 뜻하는 말이다. 이는 "바치> 봐차> 와치> 아치> 치"로 변하는 말이다.

여기 덧붙일 것은 "동령(動鈴)"이 한국한자어로도 쓰였다는 것이다. 이는 "동량(動糧)"과 동의어로 쓰였다. "동량(動糧)"은 동냥, 구걸을 의미하는 외에, 고을의 아전들이 백성들로부터 착취한 세금을 빗대어 이르는 말이었다. "동령(動鈴)"의 예는 목민심서에 "혹 동령이라 하고(맨손으로 구걸하는 것이다), 혹 조곤이라 한다(술을 차고 구걸하는 것이다)(或稱動鈴(卽白手求乞之名) 或稱釣鯤(卽佩酒求乞之名))"라 한 것이 그것이다. "동량(動糧)"의 예는 경세유표(經世遺表)에 보인다. "나거, 조곤, 비렴, 동량으로 비치에 따라 달랐다(羅家 釣鯤 費斂 動糧 各色不一)"가 그것이다. 여기 "각색(各色)"이라 한 것은 앞에서 조예(皁隷)의 예로 "일수(日守), 사령(使令), 군뢰(軍牢), 나장(羅將)" 등을 들었기 때문이다.　　　(2022.5.16.)

"동산"과 "원두"의 실체

　지난날 여름철에 사람들은 원두막에 올라 참외나 수박을 먹으며 더위를 식혔다. "원두막"이란 오이·참외·수박 따위를 심은 밭을 지키기 위해 밭머리에 지은 막(幕)을 말한다. 사전에는 "원두막(園頭幕)"이라 한자가 병기되어 있다. "원(園)"자는 "동산 원"자다. "꽃동산, 뒷동산"이라 하는 "동산"이다. 이 "동산"을 표준국어대사전은 이렇게 풀이하고 있다.

　　① 마을 부근에 있는 작은 산이나 언덕. ② 큰 집의 정원에 만들어 놓은 작은 산이나 숲. ③ 행복하고 평화로운 곳을 비유적으로 이르는 말. 웃음 동산 [<동산<석상><東山]

　"동산"은 마을 부근의 작은 산이거나 언덕, 또는 큰 집 정원의 인조 산, 곧 석가산(石假山)을 말한다. 그런데 어원을 "東山"으로 본 것은 어찌 된 것인가.

　우리네 마을은 전통적으로 배산임수(背山臨水)를 원칙으로 한다. 그리고 마을이나 집이나 남향(南向)을 하고 있다. "동산"은 "뒷동산"이란 말도 있듯 마을 뒤에 있게 마련이다. 이를 방위로 말하면 북쪽이 된다. 따라서 이치를 따져 볼 때 "동산"이 동쪽 산, "동산(東山)"이란 것은 말이 안 된다. 이는 우리의 고유한 말로 보아야 한다.

　그러면 사전에서 "동산(東山)"을 어원으로 본 것은 어떻게 된 것인가. 이는 "동"에 "동녘 동(東)"자를 차자해 넣은 것이다. 단국대학 동양학연구소의 한국한자어사전에서는 "동산"을 한국한자어로 보고 있지 않다. 그 이유는 알 수 없다. 그리고 "동산색(東山色)"과 "동산직(東山直)" 같은 말만 한국한자어로 보고 있다. 이는 역사적 사실을 나타내는 말이기도 하고, "색(色)"이 "빗", "직(直)"이 "지기"를 나타내기 위해 차자한 말이니 당연하다. 그러나 "동산(東山)" 자체도 한국한자어로 보는 것이 마땅하다. 모로바시(諸橋)에는 "동산(東山)"에 대해 여러 가지 뜻을 제시하고 있으나, 우리말에 쓰이는 독특한 뜻은 제시하고 있지 않다. 그리고 고어의 용례를 보아도 "원(園), 원(苑)"의 풀이로 "동산"이 쓰였지 "東山"이라고 한자가 쓰이지 않았다. 훈몽자회의 "동산 원(園)", 석봉천자문의 "동산 원(苑)"이 그것이다.

그러면 "원두막"의 "원두(園頭)"란 어떻게 된 것인가? 앞에서 살펴본 바와 같이 "원(園)"자는 "동산 원(園)"자이다. 따라서 "원두(園頭)"라면 "동산 머리", 또는 "동산의 입구"라는 말이 되어야 한다. 한청문감의 "園戶 동산직이"가 이런 용례다.

"원두(園頭)"는 두어 가지 뜻으로 쓰이는데 기본적 의미는 "밭에서 심어 기르는 오이, 참외, 수박, 호박 따위를 통틀어 이르는 말"이다. 따라서 이는 "동산 머리", "원두(園頭)"라는 한자어가 아니다. 그러면 어찌하여 이렇게 한자어가 쓰였는가? 한자를 차자한 것이다. "원두"라는 고유어에 "園頭"를 가차한 것이다. "원두(園頭)"의 용례는 반계수록에 보이는 "듣자니 원두의 일이 심히 고통스럽다(聞受園頭之役 甚苦)"라 한 것이 그것이다. "園頭"란 "채마밭 일"을 뜻한다. 이밖에 "園頭"란 한자가 쓰인 옛 기록으로는 "원두군(園頭軍), 원두노(園頭奴), 원두막(園頭幕), 원두한(園頭干), 원두한(園頭漢)" 등이 있다.

"원두"가 고유어임은 원두한을 한청문감에서 "원두한이(園頭)", 두시언해에서 "원두ᄒ리(老圃)"라 한 것으로 확인된다. 이들은 "원두ᄒ다"의 어간에 사람을 나타내는 불완전 명사 "이"가 붙은 말이기 때문이다. "원두ᄒ다"는 "밭에서 오이 참외 수박을 기르다"의 의미를 지닌 말이라 하겠다. "동산"과 "원두"는 고유어요, 한국한자어이다.

(2021.11.29.)

"동상복탄"의 어원과 "동상전"

　동물은 암수가 짝을 지어 살게 되어 있다. 동물의 세계를 보면 이들은 온통 "짝짓기"를 위해 세상에 태어난 것이 아닌가 하는 느낌마자 든다. 짐승은 짝짓기를 위해 죽기살기로 싸운다. 새나 곤충은 구애(求愛)를 위해 일생 노래한다. 사람도 크게 다르지 않다. 남혼여가(男婚女嫁), 짝을 지어 일생을 살아간다.

　우리는 여서(女壻)를 "사위"라 한다. 고어에서는 "사회"라 하였다. "사위"는 이 "사회"의 "ㅎ"이 약화·탈락된 말이다. 사위는 한자말로는 "여서(女壻)"라 한다. 남의 사위는 "서랑(壻郞)·영서(令婿)·교서(嬌壻)·귀서(貴壻)" 등으로 이른다. "동상(東床)"이란 색다른 말도 쓰인다. 이는 "동상복탄(東床腹坦)"의 준말이라 할 수 있다. 이 말은 초서와 예서(隸書)의 고금의 제일인자인 왕희지(王羲之)와 관련된 고사에서 비롯된 말이다. "진서 왕희지전(晉書, 王羲之傳)"에는 이런 이야기가 전한다.

　　왕희지는 진나라 왕광(王曠)의 아들이고, 사도(司徒) 왕도(王導)의 조카이다. 어려서는 말을 더듬었고, 별다른 특징이 없었다. 13세 때 상서복야(尙書僕射) 주의(周顗)를 배알하게 되는데, 주의는 그를 관찰한 다음 그의 기이함을 알아차렸다. 그리고 술안주로 굽고 있던 소의 염통을 베어 그에게 맨처음 먹게 하였다. 이때부터 그는 알려지기 시작하였다. 왕희지는 원제(元帝)때 벼슬이 우장군(右將軍)에 올라 그를 우장군이라 부른다.

진(晉)나라의 태위(太尉) 치감(郗鑒)이 문생(門生)을 왕도(王導)의 집에 보내어 사윗감을 물색하게 하였다. 왕도가 동상(東廂)으로 가 자제들의 상을 보게 하였다. 뒤에 치감(郗鑒)이 말하기를 "왕 씨의 젊은이가 다 훌륭하나, 듣자니 자긍심을 가진 유일한 사람이 있는데 그는 동상(東牀)에 배를 깔고 음식을 먹으며 들은 체도 않는 사람이다. 이 사람이 좋은 사윗감이다."라 하였다. 이 사람이 왕희지였다, 그는 드디어 치감의 사위가 되었다.

이렇게 왕희지는 선을 본다는데도 자긍심을 가진, 오불관언의 젊은이였다. 그래서 마침내 태위 치감(郗鑒)의 사위가 되었다. 이 고사로 말미암아 "배를 땅에 깔고 엎드려 있음"을 뜻하는 "동상복탄(東牀腹坦)"은 여서(女壻), 사위라는 의미를 지니게 되었다. 그리고 "동상"이란 이의 준말이라 할 "東牀", 또는 "東床"이란 말도 서랑(壻郎)을 의미하는 말이 되었다. "상(牀)"은 평상, 마루를 뜻하는 말이며 "상(床)"은 "평상 상(牀)"자의 속자이다. 그리고 "동상복탄(東牀腹坦)"과는 달리 "탄복(坦腹)"이란 말도 "자다. 엎드리다"의 의미와 함께 "사위"를 의미하는 말이기도 하다. 이는 한어(漢語)에서만이 아니고 우리말에서도 "예전에 사위를 달리 이르던 말"이라고 사전에 풀이되어 있다.

다음에는 한국한자어라고 할 "동상례(東床禮)"와 "동상전(東床廛)"을 살펴보기로 한다. "동상례(東床禮)"는 앞에서 살펴본 사위를 뜻하는 "동상(東床)"과 관계가 있는 말이다. 다만 이 말은 한어에는 없는 말로, 우리말에만 있다는 것이 다른 점이다. "동상례"는 혼인을 치른 뒤에 신랑이 신부 집에서 마을 사람이나, 친구들에게 음식을 대접하는 것을 말한다. 소위 신랑을 달고, 한턱 내는 것이 이것이다. 명종실록(明宗實錄)에는 "윤준공이 말하기를 … 전년 6월 동상례(東床禮)를 청파동 처가에서 하였는데(尹浚供 曰 … 前年六月 責辦東床禮於靑坡妻家)"라는 용례가 보인다.

"동상전(東床廛)"은 사위와는 관련이 없는 말이다. 이는 조선시대 서울의 종각(鐘閣) 뒤에서 잡화를 팔던 가게 이름이다. 이는 철종실록(哲宗實錄)에 "동상전(東床廛) 돈 일천오백량 포목 다섯 동(東床廛 錢一千五百兩 木五同)"이란 예가 보인다. 그리고 동상전(東床廛)은 "동상전에 들어갔나?"란 속담이 있어 오히려 그 이름이 좀 더 알려지게 되었다고 하겠다.

"동상전에 들어갔나?"란 속담은 말을 먼저 해야 할 사람이 말은 하지 않고 웃기만 하는 것을 의미한다. "동상전"은 잡화를 팔던 가게다. 이는 오늘날의 "섹스 숍"도 겸하였다. 그리하여 궁중의 나인(內人)도 출입하였다. 나인들은 금남(禁男)의 궁궐에서 일생을 보내야 하는 사람들이다. 춘정(春情)을 발산할 길이 없다. 그래서 암 나인 수 나인이 되어 동성애를 하거나, 성 기구를 이용해 스스로 성문제를 해결해야 했다. 이들은 뿔이나 가죽으로 만든 남성의 상징인 "각좆"을 사기 위해 동상전을 찾았다. 그러나 동상전에 와서는 부끄러워 차마 "각좆"이란 말을 꺼낼 수가 없었다. 그래서 그저 웃기만 하였다. 그러면 눈치 빠른 주인은 알아차리고 그 물건을 건네주었다. 이것이 이 속담 형성의 배경이다. 이로 말미암아 잡화점을 의미하는 "동상전"은 핑크빛도 아울러 지니는 말이 되게 되었다.

(2022.5.5.)

"동생"과 "아우"의 실체

　우리는 "동생(同生)"과 "아우"를 같은 의미로 받아 드린다. 정말 그렇게 수용할 수 있는 것일까? 사전풀이는 약간의 차이를 보인다. 사전풀이는 다음과 같이 되어 있다.

> 　동생(同生): ① 같은 부모에게서 태어난 사이거나, 일가친척 가운데 (항렬이 같은) 손아랫사람을 이르는 말. ② 혼인한 (항렬이 같은) 손아랫사람에게 이름 대신 부르는 말.
> 　아우: 같은 부모에게서 태어난 사이거나, 일가친척 가운데 항렬이 같은 남자들 사이에서 손아랫사람을 아르는 말. 주로 남동생을 이를 때 쓴다.

　주된 풀이는 같다. 차이가 있다면 "동생"과 달리 "아우"는 남자들 사이에서 쓰인다는 것이다.

　"동생(同生)"의 본래의 의미는 "아우(弟)"가 아니다. 이는 바뀐 의미다. "동생"은 본래 같은 부모에게서 태어났음을 의미한다. 글자 그대로 "같이(한 배에서) 태어난 것(同腹)"을 의미한다. "동생"이 "아우"라는 의미를 지니게 된 것은 뒤에 그 의미가 변한 것이다. 한어(漢語)에서는 ① 아버지를 같이 하는 사람, 곧 형제(兄弟), 동부(同父), ② 같은 해에 태어남을 의미한다. "아우"라는 의미로는 쓰이지 않는다. "아우"라는 의미는 우리말에만 있다. "동생(同生)"이 "아우"라는 의미로 쓰이는 경우는 한국한자어가 된다. "동생(同生)"이 형제, 동포(同胞)를 뜻하는 동기(同氣)의 의미로 쓰인 중국의 예와, "아우(弟)"라는 의미로 쓰인 우리말의 한문의 예를 보면 다음과 같다.

> 중국: 같은 어머니의 동생(親慈同生)
> 한국: 망부의 동생의 집으로 도망하여 돌아오지 않았다(因投於亡夫同生之家) <中宗實錄>

"동생(同生)"은 고어에서 "동싱"으로 나타난다. 이는 같은 부모의 형제자매, 곧 동기(同氣)와, 아우(弟)를 아울러 의미한다. 동기(同氣)의 뜻을 나타내는 "동싱"은 "친동생, 친누이, 친삼춘"을 의미한다. 이들 예를 보면 다음과 같다.

> A. 동싱형(親哥哥) <역어유해>
> 동싱 형데게 난 아츤 쫄 <노걸대언해>
> 한아버이와 동싱 삼촌의 복이라 <소학언해>
> B. 졀라도 동싱 형의 집의 가 의탁ᄒ엿더니 <신속삼강행실도>
> 뎐토와 집셰간늘 다 ᄂᆞ화 그 지아비 동싱을 주고 <신속삼강행실도>
> 사돈짓 어믜 겨집 동싱 <노걸대언해>

A는 "동싱"이 동기간, 친형제임을 나타내는 예이고, B는 그 의미가 변해 아우(弟)임을 나타내는 경우이다. B는 "동싱"이 동기(同氣)의 의미에서 아우(弟)의 의미로 변화한 것이다.

한어(漢語)에서는 동생(同生)이 동부(同父)·동기(同氣)를 의미한다. "동생"이 아우의 의미를 갖는 것은 그 의미가 변한 것이다. (2022.3.15.)

"맥고모자"와 "대팻밥모자"의 문화

"오월 그믐이라지만 한다는 모던보이도 맥고모자는 아직 쓸 생심을 못 하였는데 귀가 덮히게 머리털이 자란 병문이의 머리에는 여러 해 묵은 맥고모자가 용감하게 올라앉았다." <채만식, 농민의 회계보고>

여름날 더위를 피해 쓰는 모자에 맥고모자라는 것이 있다. 밀짚이나 보릿짚을 재료로 하여 만든 것으로, 위가 높고 둥글며 차양이 커다란 모자다. 그러기에 지난날 수필가 김진섭은 "맥고모자 하나 덮어 쓰면 한여름 잘 지내지 않나"라고 "인생예찬"에서 이를 찬양하고 있다.

"맥고모자"는 달리 "맥고모", 또는 "밀집모자"라고도 한다. 그렇다면 "맥고"의 어원은 무엇인가? 한자를 좀 아는 사람은 당장 그것도 질문이라고 하느냐고 타박을 할는지 모른다. 그러나 요새는 자기 이름도 한자로 못 쓰는 사람이 많다고 하니 쉬운 것이 아니라, 어려운 질문일는지도 모른다. 이는 "밀짚모자"의 "밀짚"이 그 단서를 제공한다. "맥고모자"의 "맥고"란 "보리 맥(麥), 짚 고(藁)"자를 그 어원으로 하는 말이다.

여기에 문제되는 것이 있다. 그것은 "맥(麥)"자가 "밀"이 아닌 "보리 맥(麥)"자라는 것이다. 이것도 아는 사람에게는 문제가 아니다. "밀"은 소맥(小麥)이라 한다. 따라서 같은 "보리 맥(麥)"자를 쓴다. 그리고 "맥고모자"는 "밀짚"으로만 만드는 것이 아니고 "보릿짚"으로도 만드는 것임에랴? 그러나 "볏짚"으로는 만들지 않는다. "볏짚"으로 만들면 비를 맞았을 때 금방 늘어져 모자

구실을 하지 못한다. 볏짚으로는 우의(雨衣) 도롱이를 만든다.

맥고모자의 기원은 분명치 않다 중국에는 "맥고모자(麥藁帽子)"라는 말이 없다. 따라서 맥고모자가 중국에서 비롯된 것이 아님은 분명하다. 일본에는 "무기와라보우시(麥藁帽子)"라 한다. 이로 보아 일본에서 들어온 것이 아닌가 한다. 우리나라에서는 호서지역의 강경(江景)과 영남지역의 안강(安康)에서 처음 만들기 시작했다고 한다. 맥고모자는 농립(農笠), 또는 "농립모(農笠帽)"라고도 한다. 주로 여름에 농사일을 할 때 썼기 때문이다. 영어에도 Boater라는 말이 있는데, 이는 단단한 밀짚으로 만든 모자(hard staw hat)로 주로 여름철에 보트족(族)이 쓰는 것이다.

맥고모자의 사촌이라 할 "대팻밥모자"는 농립모의 설명에서 이미 나왔듯, 대패질할 때 나오는 대팻밥처럼 나무를 얇게 깎아 꿰매어 만든 여름 모자를 말한다. 이는 밀짚모자의 전성시대를 좀 지나, 밀짚모자와 함께, 또는 그 뒤에 공장에서 대량 생산되며 유행하던 것이다.

대패는 톱으로 썬 나무를 곱게 밀어 깎는 목공의 연장이다. 대패로 대패질을 하게 되면 대패아가리에서 얇은 나무오리가 나오는데, 이를 대팻밥이라 한다. 이를 "대팻밥"이라 하는 것은 날이 있는 도구로 재료를 깎거나 자르거나, 갈거나 하는 작용을 "먹다"라 하므로, 대패질을 할 때 나온 부스러기를 이르는 것이다. 톱질할 때의 "톱밥", 끌질할 때의 "끌밥", 자귀질할 때의 "자귓밥", 줄질할 때의 "줄밥" 등이 모두 같은 발상에 의해 명명된 말이다.

"대패"는 훈몽자회 등에서 "디파"라 하고, 신증유합 등에서 "디패"라 하고 있다.

    * 鉋 글게 포 俗呼鉋子 又 디파 日推鉋 <훈몽자회>
       디파(推鉋) <역어유해>, <동문유해>
    * 디패 산(鏟) <신증유합>, 디패(推鉋) <물보>, 디패와 쓸과(退鉋) <박통
       사언해, 중간>

"대패밥"도 "디파밥"과 "디패ㅅ밥"의 두 가지 형태로 나타난다. "디파밥(鉋花)"<한청문감>, "디패ㅅ밥(鉋花)"<역어유해보>이 이의 용례다.

대패는 훈몽자회에 보이듯 고유어로는 "글게"라고 하였다. 이는 "긁-에"에 어원을 둔 것으로, 대패를 "긁는 기구"라 본 것이다.

"대패"는 문화적 산품이다. 따라서 이는 원시적 기구가 아니고, 멀지 않은 과거에 우리가 사용하기 시작한 기구이다. 따라서 그 어원도 그리 땅띔도 못할 정도의 것이리라고는 생각되지 않는다. 이는 중국에서 들어온 기구이고, 한어(漢語)를 차용한 말이다. "대패"는 한어 "퇴포(推鉋)"로 원음 차용한 말이다. "推鉋"의 중고음 이래의 시대적 발음은 다음과 같다.(藤堂明保, 1980)

推: 중고음 t'uəi   중세음 t'iəi   현대음 t'iəi (북경음 tui)
鉋: 중고음 bāu   중세음 pau   현대음 pau (북경음 bào)

이로 볼 때 "대패"는 한어 "퇴포(推鉋)"의 중고음 내지 그 이후의 음이 우리나라에 들어왔고, 이것이 "디파> 디패> 대패"로 변한 것이다. 이러한 견해는 일찍이 정약용(丁若鏞)이 아언각비(雅言覺非)에서 피력한바 있다. 그는 "퇴포(推鉋)"를 우리나라에서 잘못 "大牌"라 한다며, 중국의 "推鉋"의 발음이 "뒤퐈"로 대패와 비슷하다고 하였다(推鉋者削木使平器也. 東人誤飜爲大牌 華音推鉋本作뒤퐈 聲相近). "대패"는 이렇게 근대 한어 "推鉋"가 차용된 말이다.

"맥고모자(麥藁帽子)"는 밀짚모자가 그 어원이고, 이는 일본어에서 들어온 것으로 보인다. 이에 대해 "대팻밥모자"는 대패질을 할 때 나오는 대팻밥처럼 나무를 얇게 깎아 만든 여름 모자로, 이는 시대적으로 맥고모자를 뒤이어 나온 산품으로, 공장에서 양산되며 대중화된 것이다. 대패의 어원은 한어 "推鉋"의 원음을 차용한 한어의 외래어이다.

(2021.10.23.)

무당과 단골의 어원문화

김동리의 대표적인 작품에 "무녀도(巫女圖)"라는 것이 있다. 이는 우리의 재래적 토속신앙인 무속(巫俗)의 세계가 변화의 충격 앞에서 한 가정이 몰락하는 과정을 그린 소설이다.

이 소설은 소위 액자소설(額子小說)로 "무녀도"에 대한 이야기가 나온다. 그래서 제목이 "무녀도"가 되었다. 우리말에는 "무녀(巫女)"라는 말은 있으나, "무남(巫男)"이란 말은 없다. 남무(男巫)는 "박수"라 한다. "무녀(巫女)"는 "무당"이라고도 한다.

한어(漢語)에서 "무(巫)"는 "빌다·기원하다(祝)"를 뜻하는 말로, "강신(降神)을 하게 하여 남을 위해 기도하는 사람"을 가리킨다. 이는 남녀가 있는데 흔히는 "무(巫)"로써 남녀를 다 이르나, "무(巫)"는 "여자 무당(女巫)", "격(覡)"은 "남자 무당(男巫)", 곧 "박수"라고 하여 구분한다. "무(巫)"로써 남녀를 다 같이 이르는 말에는 "무속(巫俗), 무가(巫歌), 무가(巫家), 무속인(巫俗人)" 등이 있다. 이와 달리 남녀를 구분하는 것은 허신(許愼)이 지은 "설문(說文)"의 "격(覡)"자 풀이에서 분명히 나타난다. 그는 "격(覡)"자의 풀이에서 "격은 재를 올리고 신명을 잘 섬긴다. 남자는 격(覡), 여자는 "무(巫)라 한다(覡 能齋肅事神明也 在男曰覡 在女曰巫)"고 하고 있다. 무속신앙, Shamanism을 무격신앙(巫覡信仰)이라고 하는 것이 그것이다. 그러나 흔히는 "巫"로써 남녀를 다 같이 이른다.

우리는 귀신을 섬겨 길흉을 점치고, 굿하는 것을 업으로 하는 여자를 "무당"이라 한다. 이능화(李能和)는 "조선무속고(朝鮮巫俗考)"에서 "무당"에 "巫堂"

이라고 한자를 적용하고 있다(我語呼女巫曰巫堂). 그는 "당"에 "堂"이란 한자를 적용한 이유를 이렇게 말하고 있다.

우리는 巫堂을 무당(Mutang)이라 하며, 女巫가 신에게 제사 드리는 곳을 '堂'이라 한다. 예를 들면 國師堂, 城隍堂, 山神堂, 彌勒堂, 七星堂, 都堂, 및 神堂 등이 바로 그것이다. 이는 女眞의 師巫 薩滿이 神을 堂에서 모시는 풍속과 같은 근원일 것이다.

이렇게 하여 이능화는 "신에게 제사 드리는 곳(堂)"을 여무(女巫)를 이르는 말로 보고 있다. 이는 환유(換喩)에 의한 의미변화로 이러한 명명이 가능하나, 아무래도 어원속해(語源俗解)의 냄새가 짙다. "무당"의 용례를 고어에서 두어 개 보면 다음과 같다.

巫 무당 무 <훈몽자회>, <신증유합>
屢婆子 무당 <역어유해>
넝호 무당 어더 <계축일기>

우리말에 "단골"이란 말이 있다. 이는 늘 정해 놓고 거래를 하는 곳이거나, 손님을 이르는 말이다. 이는 각각 "단골집"과 "단골손님"이라 한다. "단골"은 이밖에 "단골무당"과 동의어로 본다. "단골"은 흔히 "당골"이 변한 말이라한다. 말을 바꾸면 "당골> 단골"이 정설이 되다시피 되어 있다. "당골"은 표준국어대사전에 의하면 "무당"의 전남 방언이다. "당집"이란 서낭당 국사당 따위와 같이 신을 모셔 두는 집을 이르는 말이다. 이 "당집"은 대체로 물이 흐르는 골짜기에 있어 "당이 있는 골짜기"란 의미로 "당골"이라 하였고, 이것이 나아가 무당, 더 나아서는 "단골무당"을 의미하게 되었다 하겠다.

그러나 여기에도 문제가 있다. "당골> 단골"은 음운변화의 원리로서는 설명이 안 된다. 오히려 "단골> 당골"이라면 설명이 가능하다. 그런데 이는 그 반대이다. 따라서 이는 음운변화가 아닌, 문화적 배경으로 설명해야 한다. 그것은 지난날에는 집안에 재앙이 있으면 무당을 불러다가 굿을 하고 푸닥거리를 했다. 이때 "당골네"를 "단골"로 불러다 하였다. 이러한 문화적 배경이 "당골"을 "단골"이라 하게 된 것이라 하겠다. 전남방언에는 무당을 구체적으로 "단골네"라 하기도 한다고 한다.　　　　　　　　　　(2022.5.20.)

"물고(物故)"의 의미

"저런 죽일 놈이… 내 당장에 찾아가 물고를 내리라. <이문열, 황제를 위하여>

우리말에 "물고(物故)"라는 말이 있다. 이 말은 중국의 한자어라 보기도 하고, 한국한자어라 보기도 한다. 좀 아리송한 말이다. 우선 사전에서 그 의미부터 보면 다음과 같다.

① 사회적으로 이름난 사람이 죽음.
② 죄를 지은 사람이 죽음. 또는 죄를 지은 사람을 죽임.
③ (북) 사람의 죽음을 완곡하게 이르는 말.

이들 세 가지 뜻 가운데 한국한자어라는 것은 "② 죄를 지은 사람이 죽음. 또는 죄를 지은 사람을 죽임"만이라 할 수 있다. 이는 형식과 개념의 연합 관계에 있어 일반적인 것이 아니고, 한국한자어에만 나타나기 때문이다. 나머지의 의미로는 중국의 한자어로도 쓰인다.

먼저 한어(漢語)의 경우를 보기로 한다. 모로바시(1965)는 "물고(物故)"의 의미를 두 가지 들고 있다.

첫째, 사람의 죽음을 의미한다. "물(物)"은 무(無), "고(故)"는 손(手)으로 다시 일을 능히 할 수 없음을 나타내고, 또 죽음(死)을 똑바로 말하지 아니하고 꺼릴 때 "물고(物故)"라 한다고 하고 있다. 그리고 그 예로 "석명(釋名)"의 "한 (漢) 이래 사(死)를 일러 물고(物故)라 한다. 사물이 썩기 때문이다(漢以來 謂死爲物 故 言其諸物 皆就朽故也)"를 용례로 들고 있다. 또 순자(荀子)에서 "부득불 질병이 있으면 물고지변이 일어난다(不得不有疾病 物故之變)"는 말도 인용하고 있다. 이 렇게 "물고(物故)"란 "죽음"을 이르는 한어(漢語)이다. 그것도 "사(死)"에 대한 휘어(諱語), 곧 완곡한 말이라 할 수 있다.

둘째, 사고를 의미한다. 이의 용례는 손이양한고(孫詒讓閒詁)에서 그 의미를 풀이한 "물고는 사고가 있다는 것을 말한다(物故猶言有事故)"라는 말을 인용하고 있다.

물고(物故)는 이렇게 본래는 한어의 한자어로, 죽음과 사고를 의미하는 말 이었다. 그런데 이것이 우리의 한자어에서는 "죄인을 죽이다"라는 특수한 상황에서도 쓰이게 되었다. 그리고 이 특수한 상황의 용례가 한국한자어인 것이다. 따라서 "한국한자어사전"의 "물고(物故)"에 대한 "죄를 짓거나 사고 등으로 인하여 사람이 죽음을 당하는 일"이란 풀이는 잘못된 것으로 교정되 어야 한다.

"물고"가 한국한자어로 쓰인 예는 물고(物故) 외에 "물고장(物故狀), 물고입 안(物故立案), 물고첩(物故牒)" 등도 있다. 먼저 "물고(物故)"의 용례부터 보면 "임진장초(壬辰狀草)"에 "各官良中 物故全絶戶乙良(각 관에 물고가 모두 없어지걸 랑)"의 "물고"가 그것이다. 물고장(物故狀)은 죄인을 죽인 사실을 보고하는 글 이다. "물고입안"은 관아에서 물고한 사실을 인증(認證)하는 서면이고, "물고 첩"은 물고한 사유를 적은 글을 말한다. 이렇게 물고(物故)라는 말 자체는 한어(漢語)이고, 죄인의 사형 집행을 의미하는 특수한 용례로서의 "물고(物故)" 는 한국한자어이다. 제목으로 내건 "물고를 낼 놈"이란 "죄를 져 사형을 집 행할 놈"이란 말이다. "물고가 나다"는 죽다, "물고를 올리다"는 명령에 따라 죄인을 죽이다를 뜻하는 말이다.

(2021.10.28.)

물시어인(勿施於人)의 교훈

　사람들의 본성(本性)은 모두가 다 비슷한 모양이다. 내가 좋아하는 것은 남도 좋아하고, 내가 싫어하는 것은 남도 싫어한다. 더구나 내가 하기 싫어하는 것은 남도 하기를 싫어한다. 소위 3D 업종이 이런 것이다. 여기서 나온 말이 "내가 싫어하는 것을 남에게 시키지 말라(勿施於人)"는 교훈(教訓)이다.

　"내가 싫어하는 것은 남에게 시키지 말라"는 말은 문자 그대로 만고의 진리라는 의미에서 "공자(孔子)의 말씀"일 뿐 아니라, 진짜 공자(孔子) 자신의 말이기도 하다. 이는 그의 제자 자공(子貢)의 질문을 받고 공자가 답한 말이다. 논어(論語) 위령공편(衛靈公篇)을 보면 자공이 공자에게 "한 마디 말로써 종신토록 행할 것이 있겠습니까?"라 질문을 한다. 그러자 공자는 답하기를 "그것은 용서(恕)한다는 것이다. 자기가 하고자 하지 않는 것을 남에게 하게 하지 않는 것이다(己所不欲 勿施於人)"라 하였다. 내가 하고자 하지 않는 것, 곧 싫어하는 것을 남에게 하게 하지 말라는 말이다. 내기 싫어하는 것은 남도 하기 싫어 할 것이니, 그것을 하라 하면 좋아할 리가 없다. 만고의 진리, 내가 하고자 하지 않는 것을 남에게 하게 하지 않도록 해야 한다. 물시어인(勿施於人)은 자공(子貢)을 통해 공자가 우리 인생에 평생 지켜야 할 교훈 하나를 선물한 것이다.

　공자의 가르침은 대인설법(對人說法)에 있다고 한다. 자공(子貢)은 앞의 논어 공야편(公冶篇)에서 공자에게 "저는 남이 좋아하지 않는 일을 나에게 하게 함을 원치 않는 것으로 미루어, 저도 또한 남에게 이런 일을 하게 하고자 하지 아니하옵니다(吾欲無加諸人)."라 말한 바 있다. 그래서 공자는 지난날의 자공의 말을 회상하며 "서(恕)", 곧 용서(容恕)를 먼저 언급한 것이다. 말하자면 공자는 자공이 남이 좋아하지 않는 것을 스스로 하고자 하지 않듯, 먼저 용서하라는 말을 한 것이다. 공자는 자공의 그러한 태도에 기초하여 개별교육, 소위 P.T.(Personal Teaching)를 한 것이다.

공자는 사상적인 면만이 아니라, 교육적인 면에서도 역시 선각자(先覺者)요, 성인이셨다. 그는 자공의 입장에서 개별적 교육을 한 것이다. 우리는 오늘날 개별교육을 강조한다. 집단교육, 대중교육이 아니라, 개성교육을 통해 진정한 교육을 하려한다. 참다운 교육은 개성교육을 통해 이루어지는 것이기 때문이다.

"물시어인(勿施於人)"의 "물(勿)"에 대해 보충 설명을 하기로 한다. 이는 "하지말라"는 금지사이며, "없다, 아니다"란 부정의 말이다. 이 "물(勿)"의 용례는 논어에도 몇 군데 보인다. 그 하나는 "학이편(學而篇)"에 보이는 "지나친 즉 고치기를 꺼리지 말라(過則勿憚改)"는 것이요, 다른 하나는 "선진편(先進篇)"에 보이는 "예가 아니면 보지를 말라(非禮勿視)"는 것이다. 이 두 가지도 우리가 가슴에 새겨 두어야 할 소중한 교훈이라 하겠다.

지나치면 과오(過誤)가 된다. 그래서 공자(孔子)는 고치기를 꺼리지 말라 하였다. 그리고 그는 좌씨전(左氏傳)에서 "능보과자군자(能補過者君子)"라고 과오를 고치는 사람은 "군자"라 할 수 있다고 하였다. 중국의 "국어(國語)"라는 고전에는 "과유대 이원유세(過由大而怨由細)"라 하고 있다. 과악(過惡)은 대신(大臣)이 저지르고, 원망은 세민(細民), 곧, 서민이 한다고 하고 있다. 위정자는 새겨 들어야 할 것이다.

(2021.5.10.)

"박수(拍手)"의 어원문화

"큰 박수를 부탁합니다."

　모임에서 흔히 들을 수 있는 말이다. "박수(拍手)"란 "두 손뼉을 마주 치는 것"을 말한다. 이는 흔히 환희, 찬성, 환영을 나타내거나, 장단을 맞추기 위해 두 손을 마주 치는 것이다. 모로바시(諸橋)는 "박수"의 동의어로 "박장(拍掌)·고장(鼓掌)·부장(拊掌)"을 들고 있다. "고장(鼓掌)·부장(拊掌)"과는 달리 "박수"와 "박장"이란 말은 우리도 일용어로 쓰는 말이다. 이들을 굳이 구별한다면 "박수"는 "손뼉"을 치는 것이고, "박장"은 "손바닥"을 치는 것이다. "손뼉"은 "손바닥과 손가락을 합친 전체의 바닥"을 의미한다. 따리서 "박수"를 하는 것이 "박장"을 하는 것에 비해 치는 표면이 더 넓다 하겠다.

　"박수"와 "박장"은 중국의 고전에도 쓰이던 말이다. "박수(拍手)"는 진서(晉書)에도 보인다. 그런데 우리의 경우는 이들 두 말 가운데 "박장"이 좀 더 예스러운 말이고, "박수"는 현대적인 말처럼 느낀다. 그것은 아마도 우리말에 "박장"이 일찍부터 들어와 보편적으로 사용된 데 비해, "박수"는 근대화 과정에서 수용된 데 연유한다 하겠다. 우리에게는 "박장대소(拍掌大笑)"라는 말이 일상용어로 쓰이는가 하면, "고장난명(孤掌難鳴)"이란 말도 일반화되어 있다. 이에 대해 일본에서는 "박수(拍手)"가 일상적으로 쓰이는 말이고, "박장(拍掌)"이란 말은 잘 쓰지 않는 것 같다. "박장대소"라는 성어도 보이지 않는다. 이로 보면 우리는 본래 중국에서 한어 "박장(拍掌)"을 일찍부터 수용하였고, 근대화하며 일본에서 많이 쓰는 "박수(拍手)"를 받아들이면서 일상어에서 "박장"이 "박수"로 바뀌었다 하겠다. 이는 우리말에서 한어가 근대 일본 한 자어로 바뀌는 현상과는 다르나, 이와 유사한 현상이라 하겠다.

그리고 여기 덧붙일 것이 두어 가지 있다. "박수"는 흔히 "환희, 찬성, 환영"을 나타내는 것이나, 사회주의 국가에서는 연대를 확인하기 위해 환영 을 받는 쪽에서도 박수를 한다는 것이다. 그리고 서두에 인용한 "큰 박수를 부탁합니다."의 "큰 박수"는 말이 안 된다는 것이다. "큰 박수"와 "작은 박수 "란 있을 수 없는 것이다. "손뼉을 크게 치느냐, 작게 치느냐?"의 문제다. "박수"라는 말을 쓴다면 "크게 박수를 해 주시기 바랍니다."라 해야 한다.

"크게 박수를 쳐 주시기 바랍니다."라 해도 안 된다. "박수(拍手)치다"는 바람직한 표현이 못된다. "박수(拍手)"의 "박(拍)"이 칠 박(拍)자이므로, 박수 자체가 손뼉을 치는 것인데, 여기에 또 "치다"를 쓰게 되면 동의반복의 이중 표현이 되기 때문이다. "박수치다"는 일용어로 많이 쓰는 말이다. 그러나 이는 동의반복의 잘못 쓰는 말이므로 이러한 표현은 삼가야 한다. "박수하 다"라 해야 한다. "박수·박장"의 "박(拍)"자는 "칠 박(拍)"자이다. "치다"라는 뜻의 말을 이중으로 쓰는 것은 바람직한 표현이 못된다.

"방물(方物)"과 "토산(土産)"의 문화

* 사신을 보내기는 꼭 보내야겠는데, 난리 통에 가지고 갈 <u>방물</u>이 없으니 어떻게 하면 좋단 말이냐. <박종화, 임진왜란>
* 종학이가 골 하인을 보낼 때마다 교하 외숙에게와 양주 꺽정이에게도 약간의 <u>토산</u>을 부치는데… <홍명희, 林巨正>

    안성 유기·한산 모시·성환 참외, 나주 배와 같이 지방에 따라서는 그 지방 특유의 산물로 유명한 것이 있다. 우리말에는 "그 지방에서 생산되는 물품", 곧 특산물을 이르는 말이 따로 있다. "방물"과 "토산"이라는 말이 그것이다. 이들은 물론 한자말이긴 하나, 즐겨 쓰는 말이었다. 위의 예문에 쓰인 "방물(方物)"과 "토산(土産)"이 그것이다. 그런데 이 말이 일상어로 잘 쓰이지 않으며, 작품 속에서나 대하게 되니 생소하게 느껴지기까지 한다. 이에 이들 말의 어원을 살펴보기로 한다.

    "방물(方物)"이란 "지방 산물(地方産物)"의 약어라 할 말이다. 이는 "채전(蔡傳)"의 "방물은 지방의 소생지물이다(方物 方土所生之物)"라 한 것이 그 의미이며, 서경(書經)의 "멀고 가까운 것이 아니라, 그 지방 물건을 바쳐야 한다(無有遠邇 畢獻方物)"는 이의 배경을 설명해 주고 있는 말이라 하겠다. 그런데 우리의 국어사전에는 이러한 기본적 의미는 풀이가 나와 있지 않다. 오히려 구체적 사례를 중심으로 풀이하고 있다. 표준국어대사전의 풀이는 다음과 같이 되어 있다.

① 관찰사나 수령이 임금에게 바치던 그 고장의 특산물.
② 조선시대에 명나라에 보내던 우리나라의 산물.

①은 문자 그대로 그 지방의 토산품을 가리키고, ②는 조선이라는 지역의 특산물을 의미하는 것이라 하겠다. 서두에 인용한 박종화의 "임진왜란"의 용례가 바로 이런 것이다. 풀이 ①의 예로는 "방물진상(方物進上)"이나 "방물포자(方物布子)"를 들 수 있다. 전자는 조선시대에 방물을 나라에 바치던 일을 의미하고, 뒤의 예는 방물로서 베와 무명을 바치던 일을 가리킨다. ②의 용례는 방물표(方物表)와 방물석자계(方物席子契), 방물압령통관(方物押領通官) 등이 이의 용례에 해당한다. "방물표"는 임금이 중국 황제에게 방물을 바칠 때에 올리는 표문(表文)을, "방물석자계"는 중국에 왕골이나 부들로 만든 돗자리인 인석(茵席)을 공물로 바치던 계를 의미한다. "방물압령통관"은 중국 황제에게 바치는 방물 호송을 맡은 통역관을 의미하였다.

"토산(土産)"은 그 토지의 산물을 의미한다. 그래서 이는 "토산물(土産物)"의 준말로 보기도 한다. "토산"은 토황(土黃), 또는 토물(土物)이라고도 한다. 당서(唐書), 이덕유전(李德裕傳)에는 "물품이 토산이 아니다(物非土産)"라는 용례가 보인다. "토산"의 용례는 위의 홍명희의 "林巨正"에 보이는 바와 같다. 일본에서는 "토산(土産)", 또는 "토산물(土産物)"을 "(오)미야게, 미야게모노"라고 하여 여행지에서 가지고 오는 그 지방의 산물"을 의미하는가 하면, 나아가 주고받는 선물이란 뜻까지 나타낸다. 우리말에서는 이들이 선물이란 의미로는 쓰이지 않는다.

끝으로 동음어 "방물"에 대한 이야기를 덧붙이기로 한다. 이는 여자들이 쓰는 화장품, 바느질기구, 패물 따위를 이르는 말이다. 이 "방물"은 토산을 이르는 "방물(方物)"과는 달리 사전에서 고유어로 보고 있다. 그러나 옥루몽(玉樓夢) 10회에 "파왈(婆曰) 노신방물상(老身方物商)"과 같이 "방물상(方物商)"이 보여 한어(漢語)로 보아야 할 것 같다. 우리의 "방물장수"란 방물을 팔러 다니는 여자, 아파(牙婆)로, 옥루몽의 방물상은 바로 이 "방물장수"라 하겠기 때문이다. "방물장사"는 여인들 소용의 잡화상을 말한다. 지난날 우리의 여인들은 집안에 갇혀 살았다. 그러기에 규중(閨中)의 여인들은 같은 여인인 방물장수를 맞아 비로소 필요한 규중의 물품들을 이것저것 접하고 구해야 했던 것이다.

방물장수의 용례를 문학작품에서 하나 보면 박경리의 "토지"에 다음과 같은 것이 보인다.

아직은 논바닥에 물이 질척히 괴어 있었는데 마을을 찾아드는 방물장수, 도부꾼들은 곡식을 바꾸기가 어렵게 되었고, 요기를 청하기에도 눈치를 보게 되었다.   (2021.12.19.)

"방석"의 정체와 문화

　상(賞)을 받으면 흔히 축하한다고 음식을 대접한다. 큰 상을 받게 되면 큰 상을 받았다고 하여 "방석집으로 모시겠다"는 제의를 하기도 한다. "방석집" 이란 요정을 속되게 이르는 말이다. "방석"에 앉아 술과 함께 성찬을 즐기기 때문이다.

　"방석"은 고어에서 "방셕"이리 하였다. 이는 15세기의 문헌인 석보상절에 보인다. "방셕 주어 안치시니라"가 그것이다. 이밖에 "방셕(坐褥)"<역어유해보·동문유해>, "두 방셕을 주어"<태평광기> 등의 예가 보인다. 이들 예에 "方席" 이란 한자는 쓰이지 않고 있다. 표준국어대사전에도 표제어에 "方席"이 병기 되어 있다.

　"방석"은 흔히 한자어로 보고 "모 방(方), 자리 석(席)"자를 써서 나타낸다. 이는 "앉을 때 밑에 까는 작은 깔개"로, 네모나거나 둥글게 만들어 흔히 바닥이 배기거나 찰 때 사용한다. 때로는 석보상절의 예에서처럼 손님을 대접하느라고 이를 권하기도 한다. "방석(方席)"이란 이와 달리 "무엇을 덮거 나, 널어서 말리기 위해 만든 물건"도 같이 의미한다. "시룻방석"은 시루를 덮는 것이고, "도래방석"은 주로 곡식을 널어 말리는 기구이다.

　그런데 "방석(方席)"이란 말엔 문제성이 있다. 앞에서 말한 바와 같이 이는 본래 네모나거나 둥글게 생긴 깔개다. 그런데 이에 "모 방(方), 자리 석(席)"자 를 쓴다는 것은 말이 안 된다. 더구나 "도래방석"은 짚으로 둥글게 짠 방석이 다. "도래"가 둥글다는 말이요, "방석"은 모난 자리라는 말이기 때문이다.

이는 "방석"의 어원이 "네모난 자리"라는 "방석(方席)"이란 말에 있지 아니한데 "모 방(方)-자리 석(席)"자를 써서 나타내고 있어서 생겨나는 문제이다. 본래 "방석(方席)"이란 한자말이 아니고, 이는 고유어이거나, 아니면 "방석(-席)"이란 혼종어였는데 여기에 "모 방(方)"자를 차자하여 대입하였기 때문에 문제가 생기게 된 것이겠다. "방석(方席)"이란 한자말은 중국이나 일본에는 없는 한국한자어이다. 이의 용례는 주자소 응행절목(鑄字所應行節目)이나, 탁지준절 석자(度支準折 席子)와 목민심서(牧民心書) 등에서 볼 수 있다.

* 만화방석 일장(滿花方席 一張) <탁지준절, 석자>
* 방석지기 십이행야(方席之記十二行也)(소석정방자왈방석(小席正方者曰方席))… 방석일장 본전팔전(方席一張 本錢八戔) <목민심서>

이밖에 똬리쇠를 이르는 "방석금(方席金)"과, 지위가 낮은 사람이 높은 사람에게 절하고 돌아와 방석에 앉을 때에 다시 머리를 숙여 읍하는 예, "방석예수(方席禮數)"도 이러한 한국한자어의 예이다.

"방석(方席)"은 이렇게 쓰인 한국한자어이다. 이는 한어로는 주오즈(墊子), 또는 주오디엔(坐墊)이라 한다. 일본어로는 자부돈(座布團)이라 한다.

우리말에는 "방석"과 결합된 복합어가 많다. "방석니·방석코"는 방석처럼 편평하거나, 둥글고 큰 것을 비유적으로 나타낸다. 이밖에 방석의 종류를 이르는 말이 많은데, "가맛방석, 널방석, 맷방석, 바늘방석, 비단방석, 살방석" 등은 용도와, "부들방석, 왕골방석, 줄방석, 짚방석, 털방석" 등은 자료와 관계가 있는 말이다. 이에 대해 "꽃방석, 도래방석, 수방석"은 모양과 관계가 있는 말이다.

"방석"은 우리의 고유어로 "모 방(方), 자리 석(席)"자를 쓰는 것은 한자를 차자한 것으로, 이는 한국한자어이다. 한어나 일본어에는 "방석(方席)"이란 말이 없다.

(2021.11.28.)

"배강(背講)"과 책상퇴물의 문화

지난날의 학습방법은 "온고이지신(溫故而知新)"이었다. 옛것을 복습하고 새 것을 배우는 것이다. "온고"의 대표적인 방법은 암송, 외우는 것이었다. 스승 앞에 배운 책장을 펼쳐 놓고, 돌아앉아 그것을 외는 것이다. 잘 외면 칭찬을 받고, 그렇지 않으면 회초리를 맞는다.

이렇게 책을 스승 앞에 펼쳐놓고 돌아앉아서 글을 외는 것을 "배강(背講)"이라 한다. 책을 등지고 앉아 글강을 바친다는 말이다. "글강"이나 "강(講)"이란 "경신년 글강 외듯"이란 속담에 보이듯, "서당이나 글방 같은 데서 배운 글을 선생이나 시관, 또는 웃어른 앞에서 외던 일"을 뜻한다. "배강"은 "배독(背讀), 배송(背誦)"이라고도 하였다. 역어유해와 노걸대언해에는 "배념(背念)"이란 말도 보인다.

"배강(背講)·배독(背讀)·배송(背誦)·배념(背念)"은 다 책을 등지고 앉아 읽거나, 암송한다는 말이다. 이들은 우리 한자말이 아니라, 다 한어의 한자어이다. 따라서 "책을 등지고 외는 것"은 중국문화로, 이 문화가 우리에게도 전해져 우리도 이런 언어문화를 갖게 된 것이다.

"배송(背誦)"이나 "배념(背念)"은 한어로, 역어유해의 "글 외다"와 같이 "외다, 암송하다"를 의미하는 말이다. "암송"의 "송(誦)"은 "외다, 암송하다, 의논하다"를, "배념"의 "念"은 "생각하다, 외다, 읊다"를 의미하는 말이다. 따라서 이들은 그 자체가 "책을 등지고 외다", 나아가 "암송하다, 외다"를 의미하는 말이다.

"암송하다"의 고유어는 고어에서 "외오다"라 하였고, 사동으로 표현하려면 "외오이다"라 하였다. "외오다"는 "외우다"로 변하였고, 이는 줄여 "외다"라고도 한다. "외우다"의 용례는 조선총독부의 조선어사전에 "외다"와 함께 표제어로 제시된 것을 볼 수 있다. "외우다"의 용례는 다음과 같이 보인다.

> 닑거나 외오거나 <월인석보>
> 白頭吟을 외오도다(誦白頭吟) <두시언해>
> 글 외오기 ᄒᆞ야(背念書) <노걸대언해>

"배강(背講)"에 대해 살펴보았으니, 다음에는 덤으로 "책상퇴물"에 대해 몇 마디 덧붙이기로 한다. "책상퇴물"이란 "책상(冊床)-퇴물(退物)"의 복합어로, 여기 쓰인 "퇴물"이란 퇴박맞은 물건을 의미한다. 이는 다른 말로 "책상물림"이라고도 한다. "책상-물림"의 "물림"이란 "상-물림"과 마찬가지로 이제 막 "책상을 물린 사람"을 의미한다. 따라서 "책상물림"이란 "책상퇴물"에 비하면 대우해 주고 있는, 점잖은 말이라 하겠다. 그러나 "퇴물"이나 "물림"이나 "글공부만 하여 세상 물정을 모르는 사람이라 낮잡아 하는 말"이란 점에서는 마찬가지다. 이는 달리 말하면 세상물정을 모르는 백면서생(白面書生)이란 말이다.

"책상퇴물"이나 "책상물림"은 인생사회에서 환대를 받지 못한다. 오늘의 사회는 능력위주의 사회다. 제 앞가림을 할 수 있어야 한다. 염상섭의 "삼대"의 주인공도 "덮어놓고 크게 되겠다는 공상도 가지고 있지 않으나, 책상물림의 뒷방 서방님으로 일생을 바치기도 싫었다."고 독백을 하고 있다. 허황한 꿈을 꾸거나, 책상퇴물이나 책상물림으로 인생을 시종해서는 안 된다. 차분하고 알찬 인생을 경영하도록 해야 한다. (2022.4.1.)

백정(白丁)과 포정의 어원문화

　　"백정(白丁)"이란 본래 천민을 의미하는 말이 아니었다. 이는 중국의 한자어로 관작(官爵)이 없는 사람을 이르는 말이었다. 자치통감(資治通鑑)의 "양기(梁記)" 주(注)에 "관작이 없는 것을 백민이라 하는데, 지금의 백정과 같다(身無官爵謂之白民 猶言白丁也)"고 한 것이 그것이다. 순자(荀子)의 注에는 "백은 흉도를 이르는데 지금의 백정이다(白謂匈徒 今之白丁也)"라 한 것도 보인다.

　　"백정(白丁)"이란 말은 이렇게 중국에서 쓰이던 말이 고려에 들어왔다. 그리고 이는 관직을 가질 수 없는 농민을 의미했다. 양인(良人)인 농민을 백정(白丁)이라 한 것은 문반(文班)이 문관직을, 무반(武班)이 무관직을 세습하는데 대해, 이들은 특정한 직역(職域)이 없어 이렇게 부른 것이다. 백정(白丁) 아래의 신분으로는 노비(奴婢)가 있었다.

　　고려시대에는 북방민족으로서 귀화한 사람이 많았다. 이들은 일반 민중과 융합하지 못하고 방랑생활을 하거나, 특수부락을 형성하고 살았다. 이들은 양수척(揚水尺), 혹은 화척(禾尺)이라 하였는데, 도축, 제혁(製革), 고리 제조 등을 업으로 하였다. 이에 조선조의 세종(世宗)은 이들을 가엾이 여겨, 차별을 없애고 평민으로 대접하기 위하여 "백정(白丁)"이라 부르게 하였다(세종실록 22년條). 일반민중은 이들을 "신백정(新白丁)"이라 불렀는데, 이들이 폐단이 될 많은 무리를 일으켜 이후 "백정"이란 명칭은 "신백정"을 가리키는 말로 변질되었다.

　　"백정"은 갑오경장 이후 제도상으로 신분의 평등권을 얻었으나 차별 받아

오던 오랜 습관은 간단히 사라지지 않았다. 그러다가 이들이 1923년 형평사(衡平社)를 조직, 자기들의 신분향상을 요구하는 한편 직업의 자유를 외치게 되었다. 오늘날은 도축업으로 인정받아 종전의 신분상의 차별은 사라지게 되었다.

이상 "백정(白丁)"의 어원과 문화로서의 한자말에 대해 살펴보았다. 다음에는 고어에 나타나는 "백정"에 대해 살펴보기로 한다. 우리의 옛글에는 "白丁"이 "빅뎡" 및 "빅댱"으로 나타난다. 이는 "빅뎡> 빅댱> 백정"으로 변하였다고 하겠다.

> 빅뎡: 빅뎡 됴밉산은 김셩현 사롬이라(白丁趙梅邑山 金城縣人) <신속삼강
> 행실도>
> 빅댱: 빅댱(屠戶) <역어유해>, <동문유해>
> 빅댱(屠牛的) <역어유해>
> 빅댱(宰牛的) <역어유해>

속담에도 쓰이는 "고리백장 내일 모레"라고 하는 "고리백장", 또는 "고리백정"이란 말은 고리를 겯던 "고리장이"를 낮잡아 이르는 말이다.

도축하는 사람 "백정"을 우리는 "포정(庖丁)"이라고도 한다. 표준국어대사전에는 "포정(庖丁)"이란 표제어에 "= 백정"이라 풀이하고 있다. 그런데 한자문화권에서는 이 "포정(庖丁)"을 약간 달리 보고 있다. 중국에서는 첫째, 옛날 중국의 유명한 요리인으로 본다. 장자(莊子)에 보이는 "포정해우(庖丁解牛)"가 그 예이다. 둘째 요리인을 의미한다. 일본에서는 이들 한어(漢語)의 뜻을 받아들이며, "요리에 사용하는 칼"도 같이 의미한다. 우리는 이를 도축하는 사람인 "백정"으로 본다. 같은 뿌리에서 비롯됐음에도 의미상 차이를 빚고 있다.

(2022.4.4.)

"보부상"과 "도붓장사"의 문화

지난날에는 사람들의 신분을 구별하였다. 사농공상(士農工商)이 그것이다. 오늘날에는 경제를 제일로 치는데, 지난날에는 사민(四民) 가운데 장사꾼을 그 끝으로 보았다.

장사꾼의 시발은 보부상(褓負商)이라 하겠다. "보부상"이란 봇짐장수와 등짐장수를 아울러 이르는 말이다. "보(褓)"는 "물건을 싸는 천"을 뜻하고, "부(負)"는 "짐, 지다"를 의미한다. 따라서 "보부상(褓負商)"이란 상품을 보따리에 싸거나, 등에 지고 다니며 팔던 사람을 뜻하는 말이다.

보부상의 기원은 오래 된 것으로 보인다. 등짐장사는 삼국시대 이전부터, 봇짐장사는 삼국시대부터 있었다. 백제의 노래로 알려지는 "정읍사(井邑詞)"에는 정읍(井邑)의 어느 보부상(褓負商)의 아내가 남편의 안위(安危)를 걱정하는 애절한 심정이 읊어져 있다.

 즌저재 녀러신고요/ 어긔야 즌 디를 드디욜셰라

"전주(全州) 시장에 가 계신가요? 아아 진 데를 디딜까 두렵습니다."라고 장시(場市)를 떠돌고 있는 남편이 혹시 좋지 않은 곳에 빠지지나 아니할까 걱정을 하고 있다 이렇게 일찍부터 보부상은 있었다. 그도 그럴 것이 모든 것을 자급자족할 수 없는 것이고 보면 물물교환을 하거나 사거나 해야 한다. 봇짐장사인 "보상(褓商)"은 세공위주(細工爲主)의 값진 사치품 등의 잡화를 팔았고, 등짐장사인 "부상(負商)"은 농산물 등 생활필수품을 지게에 지고 다니며 팔았다. 상단(商團)의 조직은 등짐장사의 경우 조선의 태조(太祖) 때부터 이루어졌으며, 봇짐장사의 경우는 분명치 않으나, 근세의 고종(高宗)때 전국적인 규모의 상단이 조직된 것만은 분명하다.

보부상은 국가 유사시에 동원되어 정치적 활동을 하였다. 그리고 그 대가로 국가에서 일정한 보호를 받기도 하였다. 이들 보부상은 일제 강점기에 현대적 상권에 밀려 활동이 위축되었고, 마침내 상단(商團)도 소멸되기에 이르렀다.

다음에는 "도붓장사"를 보기로 한다. 이는 형태적으로나 의미면에서나 "보부상"과 비슷해 보부상의 방언이 아닌가 생각되는 말이다. 그러나 이는 엄연히 사전에 표제어로 올라 있다. 사전에 의하면 이 말은 "이리 저리 돌아다니며 물건을 파는 일. 선장사. 여상(旅商). 행고(行賈). 행상(行商)"이라 풀이되어 있다. 그리고 표준국어대사전에 "도부"에는 "到付"라고 한자까지 병기하고 있다. 그리고 "도부(到付)"에 대해 "장사치가 물건을 가지고 이리 저리 돌아다니며 파는 것"을 의미한다고 풀이하고 있다.

그런데 "도붓장사"를 뜻하는 "도부(到付)"라는 말은 모로바시(諸橋)의 "한화대사전"에도, 한국한자어사전에도 표제어로 실려 있지 않다. 이로 볼 때 이는 우리의 고유어로 보인다. 사실 이는 한자어로 보기에는 구조적으로 이상하다. 억지로 해석한다면 "도부(到付)"는 "도착(到着)" 정도의 말이라 할 수 있다. 그래서 한국한자어사전에는 "도부(到付)"를 "① 공문이 도달함. 또는 도달한 공문을 수령함. ② 수령의 보고 내용에 대한 관찰사의 회답"이라 풀이하고 있다. 따라서 "도부(到付)"는 고유어로 보고, "도붓장사"는 "이리 저리 돌아다니며 물건을 파는 일. 행상(行商)"이라고 따로 표제어를 내거는 것이 바람직할 것이다.

"도부장사"라는 말은 "등짐장사"와 마찬가지로 고유어라 하겠다. "도부"에 한자를 적용한 것은 차자(借字)한 한국한자어라 할 것이다.　　(2022.4.2.)

부마(駙馬), 임금의 사위의 어원

임금의 사위를 부마(駙馬)라 한다. 왜 그렇게 부르는가? 그 어원은 어디에 있는가? 이 말은 중국에서 들어온 말이다.

우선 이 말의 조어부터 보기로 한다. "부마(駙馬)"란 말은 "곁말 부(駙)"자와 "말 마(馬)"자로 이루어진 한자말이다. "부(駙)"자는 마(馬)와 부(付)의 형성자로, 설문(說文)에 의하면 부마(副馬)를 의미한다. 그러면 또 "부마(副馬)"란 무엇인가? "부마(副馬)"는 설문(說文)의 단주(段注)에 의하면 정식의 수레가 아닌, 부거(副車), 곧 부마(副馬)를 의미하는 것으로(非正駕車 皆爲副馬) 되어 있다. "부거(副車)"나 "부마(副馬)"는 임금이 거동할 때 여벌로 따라가던 수레를 말한다. 부마(駙馬)는 정식으로 출동하는 "정가거(正駕車)"가 아니라, 여벌로 동원되던 수레를 뜻하던 말이다.

한(漢) 무제(武帝) 때 처음으로 부마도위(駙馬都尉)라는 직책이 신설되었다. 그리고 천자(天子)의 행차 때 여벌로 동원되던 부거(副車)를 관장하게 하였다. 이 제도는 여러 대에 걸쳐 이어졌다. 그런데 위(魏)·진(晉)의 두 나라 이후 부마도위는 반드시 공주의 배필이 되는 사람이 맡아 부거(副車)의 일을 관장하게 되었다. 이렇게 임금의 사위가 "부마도위"의 직책을 맡게 되므로, 임금의 사위는 부마도위이게 마련이었다. 그래서 자연히 임금의 사위를 "부마(駙馬)"라 하게 되었고, 마침내 이 말이 임금의 사위를 지칭하는 말이 되었다. 부마(駙馬)는 송대(宋代)에 분후(粉候), 청대(清代)에 "액부(額駙)"라 하기도 하였다.

"부마"란 호칭이나 지칭은 중국에서 우리나라에 들어왔다. 이 말이 처음 쓰인 것은 고구려 중천왕(中川王) 때인 256년의 일이다. 중천왕이 명림홀도(明臨笏覩)를 사위로 맞아 그에게 부마도위라는 칭호를 내린 것이 그것이다. 또 고려 때에는 왕이 원(元) 나라 황실의 부마가 되기도 하였다. 그리하여 흔히 고려를 "부마국(駙馬國)"이라 한다. 충렬왕(忠烈王) 이후 "충성 충(忠)"자가 들어가는 6대의 임금 "충선, 충숙, 충혜, 충목, 충정왕"이 그들이다. 조선조에 들어와서는 문종(文宗) 때에 부마의 호칭을 봉작받는 주(州) 현(縣)의 이름을 앞에 붙여 ○○위(尉)라 하였다. 세조 이후에는 품계가 없이 모두 "의빈(儀賓)"이라 하였다. 그 뒤 성종 때에 품계를 나누어 의빈 2품 이상은 위(尉), 3품 이상은 부위(副尉), 3품 당하에서 4품까지는 첨위(僉尉)라 하였다. 이는 경국대전(經國大典)에 기록으로 남아 전한다. 따라서 우리나라에서는 고려 때까지 임금의 사위를 공식적으로 "부마(駙馬)"라 하였고, 그 뒤 조선조에 와서는 "○○위(尉)"라 한 것이 된다. 따라서 우리의 "부마(駙馬)"라는 말은 한어의 영향을 받아 임금의 사위를 전통적으로 "부마(駙馬)"라 통칭하였다고 할 수 있다. 그러나 그 명칭은 조선조에 와서는 ○○위로 바뀌었다.

"부마(駙馬)"라는 말은 이렇게 한 무제(武帝) 때 처음 쓰이기 시작하여 그 뒤 임금의 사위를 이르게 된 말이다. 이는 우리나라나 일본에서도 같은 뜻으로 쓰게 되었다. 그러던 것이 조선조에 와서는 그 호칭을 달리하게 되었으나, 임금의 사위를 "부마"라 하는 통칭은 오늘날까지도 남아 쓰이고 있다. 중국에서는 "부마"라는 말이 "임금의 사위"에서 여서(女壻), 곧 사위를 이르는 의미로까지 확장되어 쓰이는 것으로 본다. 그러나 우리말이나 일본말에서는 아직 이러한 의미의 확장은 보이지 않는다. (2021.5.9.)

북망산(北邙山)과 미망인의 문화

흐르는 달의 흰 물결을 밀쳐/ 여윈 나무 그림자를 밟으며 /

北邙山을 향한 발걸음은 무거웁고/ 孤獨을 伴侶한 마음은 슬프기도 하다.

윤동주의 "달밤"이란 시다. 이 시에는 "북망산(北邙山)"이 노래 불리고 있
다. 우리의 "북망산"은 "공동묘지·무덤·죽음"을 상징한다. "북망산 가다"라
하면 거의 관용어처럼 쓰여 "죽다"를 의미한다.

이렇게 익숙한 "북망산"은 사실은 우리의 산이 아니고, 중국 하남성(河南省)
에 있는, 무덤이 많이 있던 산이다. 그런데 우리의 문화가 중국문화의 영향을
많이 받다보니 서울 "망우리(忘憂里)의 공동묘지"보다 낙양(洛陽)의 "북망산"
이 더 익숙한 말이 되어 쓰이고 있다.

북망산(北邙山)은 본래 망산(邙山)으로, 중국의 아홉 나라의 수도였던 낙양(洛
陽)의 북쪽에 있는 산이어 북망산(北邙山)이라 하였다. 이 산은 해발 256m의
낮으막한 산이나 산세는 고활(高闊)하였다. 그리고 풍수지리상 명당으로 알려
져. "소주(蘇州) 항주(杭州)에 살고, 죽어 북망에 묻힌다(生在蘇杭 死葬北邙)"고 할
정도로 북망산은 고대부터 죽은 뒤 안거(安居)할 낙토(樂土)라 생각했다. 이
북망(北邙)은 "총림(塚林)"이라 일컬어질 정도로 고대 중국의 가장 유명한 묘
원(墓園)이었다. 그래서 북망산에 묻힌다는 것은 가문의 영광이요, 후대를 위
해 다행한 일로 여겼다. 북망산에는 서주(西周) 이래 근대에 이르기까지 그
수, 만에 이르도록 많은 묘가 축조되었다. 현재는 이들을 발굴하여 "낙양

고묘박물관"으로 개조하여 운영하고 있으며, 고묘 및 유품들을 전시하고 있다("洛陽 古墓博物館").

북망산(北邙山)은 단순한 공동묘지가 아니다. 묘원의 성지(聖地)라 할 "총림"이라 불리는 중국 역대의 유명한 묘원이다. 그런데 이러한 "북망산"의 문화를 우리는 그 실상을 잘 알지 못하고 그저 단순한 "공동묘지"라는 형식으로 수용하는가 하면, 나아가 죽음이란 실상으로만 받아드리고 있다.

"미망인(未亡人)"이란 말을 보기로 한다. 이는 국어사전에 "아직 따라 죽지 못한 사람이란 뜻으로, 남편이 죽고 홀로 남은 여자를 이르는 말. '춘추좌씨전'의 '장공편(莊公篇)'에 나오는 말이다."라 풀이되고 있다.

위의 사전풀이는 낱말풀이로서는 무난하나, 활용을 생각할 때에는 부족한 풀이이다. 이는 "과부"라는 말의 별칭이라 할 정도의 풀이다. "미망인"은 자칭(自稱)의 표현이다. "저는 청상의 미망인입니다." 이렇게 쓰일 말이다. 자칭으로서의 의미는 위의 좌씨전의 "주(注)"에 "부인이 이미 과부가 되었을 때 자칭 미망인이라 한다(婦人旣寡 自稱未亡人)"가 구체적인 예다. 한어(漢語)에서는 이렇게 자칭(自稱) 아닌, 타칭(他稱)으로는 쓰이지 않는다.

그런데 우리말에서는 이 말이 자칭 아닌, 타칭으로 쓰인다. 이렇게 타칭(他稱)으로 쓰이는 것은 일본어의 영향이다. 일본에서는 "미망인"이란 말이 자칭 아닌, 타칭으로 쓰인다. 우리는 이 일본어를 수용한 것이다. 이의 용례는 20세기 초부터 나타난다. 따라서 한어(漢語)와, 일어 및 우리말의 "미망인"은 그 의미가 다른 말이다.

* 여러 해 전에 남편을 여힌 미망인(未亡人)이 확실ᄒ다. <태사문예신보, "愛(사랑)" 1918.11.29.>
* 50년이란 세월을 가티 즐기다가 갑자기 그 지아비를 잃어버린 늙은 미망인은 쓸쓸하기가 짝이 없엇습니다. <동광 제11호, "나물캐기", 1927.3.5.>

(2022.4.10.)

"비위(脾胃)"의 실체와 의미

"비위가 노래기 회 쳐 먹겠다"는 속담이 있다. 비위가 좋아 아니꼽고 싫은 것을 잘 견뎌낼 때 비유적으로 이르는 말이다. 이는 "비위(脾胃)"라 쓰는 한자 말이다. 그러나 이 말의 어원이 비장(脾臟)과 위장(胃臟)을 이르는 어두음에서 왔다는 사실을 떠올리는 사람은 많지 않을 것이다. 오히려 의외라고 생각할 것이다. 그러나 "비위(脾胃)"가 "비장"과 "위장"을 지칭하는 말임은 틀림없는 사실이다.

그러면 "비위(脾胃)"의 의미부터 살펴보기로 한다. 표준국어대사전은 이의 풀이를 다음과 같이 하고 있다.

① 지라와 위를 통틀어 이르는 말
② 어떤 음식물이나 일에 대하여 먹고 싶거나 하고 싶은 마음
③ 어떤 음식물이나 일을 삭여내거나 상대하여 내는 성미

①은 기술적(記述的) 의미이고, ②, ③은 비유적 의미다. 그렇다면 이 말이 중국이나 일본에서는 어떻게 쓰이는가? 중국에서는 기술적 의미와 비유적 의미로 다 사용된다. 이에 대해 일본에서는 "히이(脾胃)"라는 말이 따로 쓰이지 않는다. 비장과 위장을 따로 늘어놓는다.

중국에서는 "비위(脾胃)"가 비장과 위를 가리키고, "비위허(脾胃虛)"와 같이 위장이 허약한 것을 나타내는 병명으로 쓰이기도 한다. 그리고 중국의 現代

漢語詞典에서는 비유적 의미로 "사물에 대한 애호, 증오의 습성(對事物愛好憎惡的習性)"이라고 풀이하고 있다. 그리고 "두 사람의 비위가 서로 투합하다(兩人脾胃相投), 이 일은 그의 비위에 맞지 않는다(這事不合)他的脾胃)"의 두 예를 들고 있다. 이로 볼 때 한·중어의 "비위(脾胃)"라는 말은 같은 말로, 같은 용법으로 쓰이는 말이라 하겠다. 이러한 의미는 한어의 의미가 우리말에 유입된 것이라 조심스럽게 말할 수 있다.

그러면 어떻게 되어 비위(脾胃)가 이런 비유적 의미를 지니는가? 비위가 어떤 기능을 지니기 때문에 그런 비유적 의미기능을 하는가? "비장(脾臟)"은 오장(五臟)의 하나로, 이는 오행(五行)으로 볼 때 토(土), 오상(五常)으로 볼 때 신(信)을 나타낸다. 그리고 소의 위장을 나타내기도 한다. 그래서 이런 비유적 의미를 지니는 것으로 보인다. 실제로 한어의 "비기(脾氣)"라는 말은 "성벽, 성깔"을 나타내기까지 한다.

비위(脾胃)는 비장과 위장을 나타내는 외에, 이는 사람들의 "호오(好惡)의 습성"을 나타내는 말이다.

"비위(脾胃)"의 고유어를 보면 우선 "비장"은 사전의 풀이에도 나와 있듯 "지라"라 한다. 이의 고어는 "길혀"라 한 것으로 보인다. 북한에서 간행된 리서행 편의 "조선어고어사전(1965)"에 이 말이 표제어로 제시되어 있다. 그러나 출전은 밝혀져 있지 않다. 이밖에 훈몽자회에 "말하 비(脾)", 왜어유해에 "만하 비(脾)", 동문유해에 "만화 비(脾)"가 보인다. 흔히 설렁탕집에서 "마나"라 하는 것이 이것이다.

"위(胃)"는 "양, 밥통"이라 한다. "양"은 훈몽자회에 "양 위(胃)"라 풀이하고 있다. 사전에서는 표제어에 "양(胖)"이라고 한자를 병기하고 있다. 그러나 이 "양(胖)"자는 본래 중국의 자휘보(字彙補)에 "胖 羝羊也"라 되어 있는 수양을 가리키는 말로, 발음도 "양" 아닌, "子唐切"의 "장"으로 발음되는 말이다. 이 장(胖)자가 우리나라에서는 "소의 위(胃)"를 이르는 "양 양(胖)"자로 쓰인다. 따라서 "양 양(胖)"자란 한국한자어이다. "위장"을 "양(胖)"이라 한자어로 보고 있으나, 실은 "양"은 고유어인 것이다. 그리고 훈몽자회의 "양 위(胃)"는 양이 "위(胃)" 일반을 나타내는 말이고, 이것이 "우양(牛胖)"의 뜻으로 쓰이는 것은 그 의미가 축소된 것이다.

우리는 남의 집에 손님으로 갔을 때 밥을 남기면 "왜 밥을 남기느냐"고 나무라는 소리를 듣는다. 그러면 "저는 양이 작아서요."라 변명한다. 사실 이때 흔히는 "양"을 수량의 "양(量)"의 뜻으로 알고 쓰고 있으나, 사실은 위(胃)를 뜻하는 "양"으로 쓰고 있다고 할 수 있다. 위가 작아서 소식(小食)을 한다고 말하고 있는 것이다. 그리고 실제로 우리는 "수량"을 말할 때는 "양이 많다·적다"고 말하지만, 크기를 말할 때는 "양이 크다·작다"고 한다. "양(胃)이 작다"라는 말은 우리가 전통적으로 써 왔음을 의미한다. 다시 말하면 이런 경우 "양(胃)이 크다"거나 "양(胃)이 작다"라 표현해 왔다는 말이다. 그래서 "양이 작아서요"란 관용적 표현이 나온 것이라 할 수 있다.

"양"은 위(胃)를 의미하는 고유어이다. "양 양(胖)"과 같이 한자를 쓰는 것은 차자한 것이다. 그리고 양은 훈몽자회에 "양 위(胃)"가 보이듯 위(胃)를 나타내는 말로 "소의 밥통" 내지 설렁탕집에서 "소의 밥통 고기"를 의미하는 것은 의미가 축소된 것이다.   (2021.10.9.)

"사냥"과 "천렵"의 어원문화

　　원시인들은 삶을 위해 산에 가 짐승을 잡고, 강에 가 조개를 줍고, 고기를 잡았다. 우리는 이를 사냥과 천렵이라 한다.

　　그러면 수렵을 의미하는 "사냥"이란 말의 어원은 어떻게 되는가? "사냥"이란 말은 원시시대에 사람들이 가졌던 산에 대한 인식을 그대로 반영한다. 산은 짐승들이 사는 곳이고, 산에 간다는 것은 이들 짐승을 잡으러 가는 것이었다. 그래서 그들은 "사냥"을 "산행(山行)"이라 하였다. 저들은 오늘날의 우리들처럼 등산(登山)의 의미로는 쓰지 않았다. "산행(山行)"은 "사냥", "수렵"의 어원이다. "사냥"을 의미하는 "산행(山行)"의 예는 15세기의 용비어천가 등에서 "산힝·山行"으로 나타난다. 이들 예를 두어 개 보면 다음과 같다.

　　　* 洛水예 山行 가 이셔 하나빌 미드니잇가(洛表遊畋皇祖其侍) <용비어천가>
　　　* 산힝 슈(狩) <훈몽자회> / 산힝 녑(獵) <신증유합> / 산힝 렵(獵) <왜어유해>

　　그리고 이 "산힝"은 뒤에 "ㅎ"이 약화·탈락되어 "산영"이 되고, 이것이 다시 바뀌어 오늘의 "사냥"이 되었다. "산힝"이 "산영(山營)"으로 변화한 것은 그것이 "사냥(狩獵)"을 의미하는 말임을 나타내기 위해 유연성을 드러내려 그리한 것으로 보인다. "산영"의 예를 보면 다음과 같다.

샹해 고기 즈브며 산영 ᄒ야(常漁獵) <신속삼강행실도>

산영하다(打圍) <역어유해>

"산영"은 동문유해에 "산영개(香狗)"란 용례도 보여 준다. "사냥"은 한자말로는 "수렵(狩獵)·전렵(畋獵)이라 한다. 그리고 오늘날 "산행(山行)"의 사전풀이는 두어 가지 뜻으로 쓰이는 것으로 보는데, 첫째, "산에 가는 것", 둘째 "사냥하러 가는 일"이 그것이다. 그런데 둘째의 뜻으로는 거의 쓰이지 않는 것 같다.

다음에는 "산행(山行)"의 대가 되는 "천렵(川獵)"에 대해 살펴보기로 한다. "천렵"은 사전에서 "냇물에서 고기잡이 하는 일"이라 풀이하고 있다. 이는 쓰인 한자로 볼 때 당연하다 하겠다. 이의 옛말은 "천렵·천녑"이라 하였다. 삼강행실도의 "산힝과 천녑ᄒ여 뻐 만난 거슬 ᄀ초더니"가 그 예이다. "경신편언해"에도 "어(천렵) 렵(산영) 도(즘싱 잡는 것)호믈 보거든"이 보인다. 여기 쓰인 "어"는 "어(漁)", "렵"은 "렵(獵)", "도"는 "도(屠)"를 가리킨다.

한수산의 "유민"에 보이는 "땀에 전 몸을 끌고 나와 땀으로 번들거리는 몸으로 천렵을 하고, 그물을 걷어 올리는 아침이면 비늘을 번득이는 고기들을 그들의 손에 쥐어 주던 강"의 "천렵"은 비교적 위의 사전의 풀이와 같은 뜻으로 쓰인 것이라 하겠다. 그러나 요사이 "천렵"이란 말은 그 뜻이 바뀌어 "고기를 잡는 것" 그 자체보다 "여름날 물가에서 음식을 만들어 먹고 노는 것"이라는 의미로 뜻이 바뀌어 쓰이고 있다. 황석영의 소설 "섬섬옥수"의 "저 건너편은 섬이나 마찬가집니다. 천렵하기에 아주 좋지요."의 "천렵"은 "고기 잡기"에 좋다는 말이 아니라, "물놀이 하기에" 좋다는 뜻으로 쓰인 것이라 하겠다. 박완서의 소설 "미망"의 "아낙네가 빨래하고, 남정네가 천렵 하는 개울은 풍천내 하나였다."의 "천렵"도 마찬가지다. 여기 쓰인 "천렵"은 "고기잡이"가 아닌, "물가의 놀이"의 성격이 짙은 "천렵"이다. 고기잡이를 뜻하는 사전의 뜻풀이는 분화되어야 한다.

(2022.3.8.)

"삼물(三物)"과 "오맞이꾼"의 의미

　　숫자 3과 5가 들어간 말을 보기로 한다. "삼물(三物)"은 건축자재의 세 가지 물건 등 인생과 관련된 요긴한 것이고, "오맞이꾼"은 나들이에 여념이 없는 여인의 행실과 관련된 말로, 익살스러운 어희(語戲)의 말이다. 이에 바람직한 삶을 위해 이들 말을 살펴보기로 한다.

　　"삼물(三物)"이란 말은 세 가지 물건과 몇 가지 다른 사물을 의미한다. 첫째, 회삼물(灰三物)을 의미한다. 이는 석회와 황토, 세사(細沙)의 세 가지를 한데 섞어 반죽한 것이다. 쉽게 말하면 "콘크리트"와 비슷한 것이다. 이는 집을 짓거나 관(棺)의 언저리를 메우는 데 많이 쓰인다. 삼물과 콘크리트의 다른 점은 콘크리트란 시멘트에 모래와 자갈, 골재 따위를 적당히 섞고 물에 반죽한 혼합물이란 것이다. 따라서 삼물과 콘크리트는 비슷한 용도의 것으로, 그 차이는 삼물이 석회석의 백회(白灰)를 사용하는데, 콘크리트는 회색의 시멘트를 사용하는 것이라 하겠다.

　　"삼물"의 용례는 가례언해에 다음과 같이 보인다.

　　　　三物 섯거 고른 거시 아래 잇고
　　　　三物이 안히 잇게 ᄒᆞ야 미티 두틔 굳게 ᄒᆞ라

　　둘째는 백성을 가르치는 세 가지 일, 곧 육덕(六德), 육행(六行), 육예(六藝)의 세 가지를 가리킨다. 이는 주례(周禮)의 지관(地官) 대사도(大司徒)에 보이는 것이다. "육덕(六德)"이란 "육원덕(六元德)"이라 하는 것으로, 이는 사람이 마음에 갖추어야 할 여섯 가지 도의(道義)를 말한다. 지(知)·인(仁)·성(聖)·의(義)·충(忠)·화(和)가 그것으로, 향(鄕)에서 만민에게 가르친 것으로 되어 있다. 육행(六行)은 여섯 가지 덕행(德行)으로, "효(孝)·우(友)·목(睦)·인(婣)·임(任)·휼(恤)로, 이는 효도, 형제우애, 친족화목, 외척친목, 친구간의 믿음, 구휼(救恤)을 말한다. 육예(六藝)는 고대 중국에서 가르치던 여섯 교과로 "예(禮)·악(樂)·사(射)·어(御)·서(書)·수(數)"를 가리킨다.

셋째, 맹약(盟約)을 할 때 입에 바르거나, 마시는 피를 취하는 세 종류의 짐승을 삼물(三物)이라 한다. 이는 전(傳) 등에 돼지, 개, 닭으로 나타난다.

다음에는 "오맞이꾼"에 대해 살펴보기로 한다. 이의 사전풀이는 "집안 살림을 돌보기보다 나들이에 여념이 없는 여자를 놀림조로 이르는 말"이라 되어 있다. 그리고 구체적으로 다음과 같이 그 유래를 덧붙이고 있다.

> 물 맞으러 약수터에 갔다가 비에 젖고, 도둑 맞고, 서방 맞고, 집에 와서 매 맞았다는, 뜻이 다른 '맞다'가 다섯 번 들어 있는 민요조 사설에서 유래한다.

"오맞이꾼"의 "오맞이"란 민요조 사설에서 유래하는 것으로, 의미가 다른 동음어 "맞다"가 활용된 곁말이다. 따라서 이는 바람난 여인의 행실을 비난하기보다 웃기 위한 말장난, 곧 언어유희(言語遊戲)를 하고 있는 것이라 하겠다. 우리말에는 이러한 곁말에 의한 언어유희가 많다(박갑수, 재미있는 곁말 기행, 역락, 2018). 그런데 사전의 풀이에는 "맞다"가 네 번 밖에 쓰이고 있지 않다. 이는 "비에 젖고"가 "젖고"가 아닌 "맞고"가 돼야 할 것으로, "비에 맞고"가 돼야 할 말이다. 잘못 쓴 것이다.

"삼물(三物)"은 제대로 활용하고, "오맞이꾼"은 언어유희로 수용해야겠다.

(2022.2.20.)

"삼질"과 "명질(名日)"의 어원

　"이번 추석 <u>명질</u>에는 내려오지 말이라."

　추석에 떨어져 사는 아들 손자를 만나고 싶겠지만 코로나19를 걱정해 귀
성을 만류하는 시골 할머니의 당부다. 여기에는 "명질"이란 말이 쓰이고 있
다. 아마도 많은 사람이 이 말을 듣고는 시골의 무식한 할머니의 말이라고
단정하지 않을까 한다. 그러나 오히려 그렇게 단정하는 쪽이 무식한 사람이
다. "명질"은 명일(名日)을 이르는 말로, "명절(名節)"과 같은 뜻의 방언이 아닌,
표준어이다. "명절날"은 "명질", 또는 "명질날"이라 하여도 좋다.

　우리 한글은 초(初)·중(中)·종성(終聲)의 삼원체계로 이루어져 있다. 이렇듯
중국의 한자음은 성음(聲音), 운모(韻母), 자조(字調)의 삼원체계로 이루어져 있
다고 할 수 있다. 성음 곧 성모(聲母)는 글자의 첫소리를 말한다. 이는 대체로
자음으로 이루어진다. 이 성모에 대가 되는 것이 운모(韻母)로 중종성(中終聲)
을 말한다. 이에 대해 자음의 고저(高低) 승강(昇降)을 자조(字調)라 한다. 성모(聲
母)는 구체적으로 [ba'o(報)], [ga'o(告)]의 "b(ㅂ)", "g(ㄱ)"음을 말한다. 이런 성모
에 "일모(日母)"라는 것이 있다. 이는 "일(日)"의 초성을 이르는 말로, 오늘날의
"일"의 "ㅇ"이 아니라, "싈"의 "ㅿ"을 말한다. 이러한 일모(日母), 곧 반치음을
초성으로 하는 말에는 "이(二), 이(爾), 이(而), 아(兒)"와 "인(人), 일(日), 연(然)"과
같은 말이 있다. 이들은 우리의 고어에서 "ㅿㅣ, ㅿㅡ, ㅿㅣㄴ, ㅿㅣㄹ, ㅿㅕㄴ" 등으로 표기되
던 말이다.

"일모(日母)인 일(日)"자는 예를 들면 박통사언해에 "생일(生日)"을 "싱실"로 표기하였듯 "실"이라 발음하던 말이다. 따라서 "명일(名日)"도 "명실"이라 표기할 말이다. 불행히 "명실"의 용례는 보이지 않는다. 중국의 일모(日母)는 설면성(舌面性)을 지닌 [r]로, 이는 당시 조선사람에게 [z]음과 같이 들려 반치음으로 표기한 것이다. 이는 우리만이 아니고 일본 사람도 마찬가지였다. 견당사(遣唐使)로 장안(長安)을 다녀온 일인들도 한음을 "二 ジ, 兒 ジ, 人 ジン, 日 ジツ, 然 ゼン"이라고 [z]음으로 표기하였다.

이렇게 "일모"는 반치음(△)으로 발음하는 말이었다. 이 반치음은 일반적으로 약화 탈락하나 개중에는 오히려 강화되어 [ㅈ]음으로 실현되기도 한다. 그것이 "*명실"이 "명질"이 되는 경우이다. 이러한 강화는 또 다른 예도 볼 수 있다. 그것은 강남 갔던 제비가 돌아온다는 "삼월삼질"이 그것이다. 이는 "삼월삼실(三日)"이 "삼질"로 바뀐 말이다.

"사람 인(人)"자도 앞에서 제시한 바와 같이 일모(日母)이다. 그래서 박통사언해에는 "이 싱간의 도솔쳔이러라"와 같이 "인간(人間)"을 "싱간"이라 표기한 것을 볼 수 있다. 그런데 여자를 "여인(女人)"이라 하듯, 고어에서 남자, 또는 남편을 "男人"이라 하였는데 발음은 "남진"이라 하였다. 이의 예를 보면 다음과 같다.

남지늬 소리 겨지븨 소리 <석보상절>
寡婦는 남진 업슨 겨지비라 <능엄경언해>

"남진"은 "남인(男人)", 곧 "남신"을 이렇게 표기한 것이다. 이는 "명질"이나, "삼질"의 "실"의 반치음이 "ㅈ" 소리로 강화되듯, "신"이 "진"이 된 것이다. 반치음은 약화되는 것이 일반적인 음운변화의 경향이나, 이와는 달리 이렇게 강화되는 경우도 더러 있다.

이러한 예로는 "남혼여가(男婚女嫁)"를 뜻하는 말에 "남진(男人)얼다·남진얼이다"란 말이 많이 보인다.

* 嫁는 겨지비 남진어를 시오 娶는 남진이 겨집어를 시라 <내훈>
   나히 열여스세 남진어려뼈니 <삼강행실도>
* 겨집 남진얼이며 남진 겨집얼이노라 <불정심다라니경>
   홀는 제 어버이 과연 남진얼오려 흔더 <삼강행실도>
* 제 그 남진어리흐는 겨지비 돈 말과 됴흔 말로 <번역박통사>

마지막 박통사언해의 예 "남진어리ᄒ다"는 "서방질하다"를 뜻하는 말이
다.

끝으로 한자어의 일모(日母)가 아닌 고유어의 반치음이 "ㅈ"으로 강화되는
예를 하나 보기로 한다. 그것은 "혼자"의 어원에 관한 것이다. "홀로 독(獨)"
자에 해당한 말은 고어에서 "ᄒᄫᅡ"였고, 이는 "호ᅀᅡ> 호ᅀᅡ"로 변하는
말이다. 그런데 이와 다른 한 이형태는 "호ᅀᅡ> 호ᅀᅡ> 호자> 혼자"로
변화하는 것을 보여 준다. "호자"의 예는 정극인의 상춘곡(賞春曲)에 보인다.
"시냇까의 호자 안자"가 그 예다. 이는 고유어의 "ᅀ"이 "ㅈ"으로 강화된
예이다. "호자> 혼자"는 'ㄴ'음이 첨가된 경우이다. "우리 아기는 혼자서도
잘해요"의 "혼자"가 그것이다.   (2021.10.10.)

"선반(懸盤)"의 어원

여전히 뱅글뱅글 웃으면서 이 순실한 어머니 뱃속에서 나온 그대로 있는 듯한 촌뜨기를 뀐다. "그런 <u>선반</u>에서 떨어지는 떡 같은 장사가 있으면 하다뿐 이겠나요." 촌뜨기는 차차 침이 고여 오는 수작이다. <염상섭, 만세전>

위의 소설에는 "선반에서 떨어지는 떡"이라는 속담이 쓰이고 있다. 이는 힘들이지 않고 큰 이익을 보게 됨을 비유적으로 나타내는 말이다. "선반"은 물건을 얹어 두기 위하여 까치발을 받쳐서 벽에 달아 놓은 긴 널빤지를 가리 킨다. 널빤지 위의 떡을 먹기 위해서는 선반에서 끌어내려야 한다. 그런데 그것이 저절로 떨어졌다면 이 얼마나 불로소득의 복인가?

"선반"이란 말은 고어에서 "션반"이라 하였다. 역어유해와 동문유해의 "션반(閣板子)"과 한청문감의 "暗樓션반"이 그 예이다. 그러면 이 말의 어원은 어떻게 되는가? 표준국어대사전은 이 말의 어원을 한자어 "현반(懸盤)"으로 보고 있다. 그런데 학자에 따라서는 이와 달리 보는 사람도 있다. 필자는 "懸盤" 어원설을 지지하면서 그 근거를 밝혀 보기로 한다.

"현반(懸盤)"은 중국이나 일본에는 없는 말이다. 우리말에만 있는 것 같다. 이렇게 말하는 것은 한국한자어사전에는 "현반(懸盤)"을 표제어로 내걸고, 그 풀이를 "선반"이라고 하면서 용례는 제시하고 있지 않다. 고전의 용례가 마땅치 않아 그런 것이 아닌가 한다. 여하간 "선반"의 어원은 "懸盤"으로 추정된다. "현반"이 "선반"으로 변한 것은 "ㅎ"이 "ㅅ"으로 구개음화한 것이다. 이러한 구개음화는 우리말에 일반적인 현상이기도 하고, "매달 현(懸)" 자가 구체적으로 "ㅅ"으로 변한 예를 볼 수도 있다. "현령(懸鈴)"이 그것인데 이는 "방울을 닮"의 경우는 "현령"이라 하지만, "설렁·설렁줄"의 경우는 "현 령·현령줄"이 아닌 "설렁·설렁줄"이라 하는 것이 그것이다.

표준국어대사전은 표제어 "설렁"에 대해 "懸鈴"의 변한 말이라 보며, "처 마 끝 같은 곳에 달아 놓아 사람을 부를 때 줄을 당기면 소리를 내는 방울"이 라 풀이하고 있다. 그리고 "설렁줄"에 대해서는 "설렁을 울릴 때 잡아당기는 줄"이라 풀이하고 있다. "懸"이 "설"이 된 것은 구개음화한 것이고, "ㄴ" 받침이 "ㄹ"이 된 것은 동화작용에 의해 변음된 것이다. 이렇게 "현(懸)"이 구개음화한 예가 구체적으로 있으니 "현반(懸盤)"이 "선반"으로 변했다는 주 장은 설득력을 지니고도 남는다.

다음에는 "반(盤)"에 대해 살펴보기로 한다, 이는 "반"이 한자어냐, 고유어 냐 하는 것이 문제다. 한자라면 그것이 "盤"이냐, 아니면 "板"의 변음이냐 하는 것이 다시 문제가 된다.

"반"은 다음과 같이 가능한 네 가지 가설을 제기할 수 있다.

① 소반 반(盤)설: 쟁반(錚盤)·소반(小盤)·모반(-盤)·두리반(盤)
② 널빤지 판(板)설: 전판(剪板)·전판(翦板)·안판(安板·安盤)
③ 엮어 만든 반(盤)설: 채반(-盤), 삿반(-盤)
④ 반반한 조각 '반'설: 솜반, 핫반, 홑반

①은 소반과 같이 물건을 담을 수 있는 기구, 반(盤)을 상정한 것이고, ②는 널빤지를 뜻하는 판(板)이 "반"으로 변음되는 경우를 상정한 것이다. ③은 싸릿개비나 갈대 등으로 결은 가루를 유념한 것이고, ④는 고유어로 반반한 조각, 특히 반반한 솜조각을 유념한 것이다. 위의 네 가지 설 중 가장 어울리 는 것은 ②다. "선반"은 널빤지가 핵심이 된다. 게다가 "안반"의 경우처럼

한국고유의 한자어에서는 "안판(安板)"과 "안반(安盤)"이 같이 쓰이고 있다. "현판(懸板)"의 경우는 홍문관지(弘文館志)에 "御製懸板"에 보이듯, 선반이라기 보다 판액(板額)의 의미로 쓰이고 있으나, 한편에서는 이러한 의미가 아닌 "선반"의 의미로 쓰였을 것으로 추정된다. 그러한 "현판"이 "현반(懸盤)"으로 바뀌고 이것이 "선반"을 거쳐 "선반"으로 정착한 것이다.

이상 "선반"의 어원을 살펴보았다. "현판(懸板)"이 "현반(懸盤)"으로 바뀌고, 이 말이 다시 구개음화하여 "선반"이 되고, 이것이 다시 단모음화한 것이 "선반"이다.   (2021.12.1.)

"성공(成功)"이란 말의 의미변화

세 사람은 지리산의 노고단과 천왕봉을 종주하는 등산에 도전하여 <u>성공</u>하였다. <이원규, 훈장과 굴레>

사람들은 성공하고자 하고, 성공한 사람이 되길 원한다. 흔히 성공한 사람이란 "부(富)"와 "명예(名譽)"를 쟁취한 사람을 말한다. 사전은 "목적하는 바를 이루는 것"을 "성공(成功)"이라 하고 있다. 위의 이원규의 소설에 보이는 "성공"이 이러한 것이다. 부와 명예를 쟁취한 사람을 성공한 사람이라 보는 것은 사회적으로 이를 인생의 지상 목표로 보고 있기 때문에 그렇게 말하는 것이라 하겠다.

"성공(成功)"의 본래의 뜻은 그런 것이 아니다. 성공(成功)은 한자말이다. "성공"의 "성(成)"자는 형성자로, 도끼를 뜻하는 "월(戊)"자와 치다(打)를 뜻하는 "정(丁)"자로 이루어져 "완수하다·성취하다"를 의미하는 말이다. 그리고 "공(功)"자도 같은 형성자로, 이는 관청(公)을 의미하는 "공(工)"과 힘을 나타내는 "력(力)"으로 이루어져, "공사(工事)에 진력하다"를 의미하며, 나아가 "공훈(功勳)·공적(功績)"을 의미하는 말이다. 따라서 "성공(成功)"이란 "공사(工事)를 수행하다"가 기본적 의미이고, 나아가 "사업을 수행하다·공과(功果)를 드러내다"를 뜻하는 말이다. 논어 태백편(泰伯篇)은 이러한 "성공(成功)"의 예를 보여 준다.

아아, 거룩하도다. 요의 임금됨이여. 높고 높음은 오직 저 하늘이거늘 요 임금이 이를 준칙하였으니 그의 공덕이 넓어서 백성들은 무엇이라 말로 형언할 수 없도다. 아아, 거룩한 위업(成功)이여. 빛나는 문장(文章)이여.(巍巍乎其有 成功也).

여기서 "성공(成功)"이란 요 임금의 위대한 정사(政事)를 말한다. 이렇게 "성공(成功)"이란 정사(政事)를 이루어내는 것이고, 나아가 사업을 수행하는 것을 의미하였다. 이러한 의미는 "공성명취(功成名就), 공성자타(功成者墮), 공성명수신퇴 천지지도(功成名遂身退 天地之道)"란 숙어를 통해 확인할 수 있다. "공성명취(功成名就)"란 공을 세우고 이름을 날린다는 뜻의 말이고, "공성자타(功成者墮)"란 공을 이룬 자는 반드시 무너진다는 말이다. 그리고 "공성명수신퇴 천지지도(功成名遂身退 天地之道)"란 공을 이루고 이름을 날린 뒤에는 오래 그 자리에 머물러 있지 말고 물러나 그 몸을 지키는 것이 천도(天道)란 것이다. 여기서의 "공(功)"이란 모두 "공공(公共)의 사업", "공사(公事)"를 의미한다.

이러한 "성공(成功)"이 오늘날은 앞에서 언급한 바와 같이 "공적인 목적을 이루는 것"이 아니라, 개인의 영달(榮達), 곧 입신출세(立身出世), 입신양명(立身揚名)을 의미하는 말로 바뀌어 쓰이고 있다.

그러나 이러한 "입신출세"의 뜻으로 쓰는 것은 새로운 의미 변화 경향을 보이는 것으로 표준국어대사전(1988)의 풀이 "목적하는 바를 이루는 것"과도 다른 것이다. 표준국어대사전의 풀이는 20세기의 분기점에서 비롯된 것으로 보인다. 1987년에 Gale의 "한영ㅈ뎐"과, 1920년에 나온 조선총독부의 "조선어사전"에도 이러한 풀이가 보이기 때문이다. "한영ㅈ뎐"은 "셩공ㅎ다"에 대해 "To complete; to carry to a successful issue. To pray to Buddha"라 하고 있고, 조선어사전(1920)은 "성공(成功)"에 대해 "目的を達すること(목적을 달성하는 것)"라고 표준국어대사전과 같은 풀이를 하고 있다.　　　　(2022.3.5.)

"세수"와 "양치질"의 어원

사람들은 동물과는 달리 아침에 일어나서는 "세수"를 하고, "양치질"을 한다. "세수"와 "양치질"은 생활상의 기본어휘다. 그렇다면 이들의 어원은 어떻게 되는가?

"세수(洗手)"의 사전풀이는 "손이나 얼굴을 씻음"이라 하고, "세면(洗面)"과 동의어라 되어 있다. 이는 짝이 맞지 않는 풀이라는 느낌이 든다. "세수(洗手)"는 한자로 보아 손을 씻는 것이 되어야 하고, "세면(洗面)"은 낯을 씻는 것이 되어야 하기 때문이다. 따라서 "세수(洗手)=세면(洗面)"이란 말이 안 된다. 그런데 우리는 흔히 "세수"로 "손을 씻다"라기보다 "낯을 씻다"를 의미한다. 한 예로 "세숫대야"는 손을 씻는 대야가 아니라 낯을 씻는 대야다.

다음 박완서의 "도시의 흉년"의 일절을 보자. "나는 그가 쌀을 씻기 전에 그 물에 세수 먼저 했다." 이는 문자 그대로 "세수"를 했다는 말인지, "세면"을 했다는 말인지 아리송하다. 그러나 문맥으로 볼 때는 "세수(洗手)"를 했다는 것으로 보게 한다. 그러면 다음 한무숙의 "만남"의 "세수하고"는 어떤가? "얼음같은 물에 양치하고 세수하고 그들은 불을 밝힌 경상 앞에 앉았다"에서 "세수하고"는 "세수(洗手) 아닌, "세면(洗面)"임이 분명하다.

한자문화권에서는 이 "세수(洗手)"라는 말이 어떻게 쓰이는가? 한어(漢語)에서는 손을 씻는 것만 "세수(洗手)"라 하고 낯을 씻는 것은 "세렴(洗臉)", 또는 "세면(洗面)"이라 한다. "세검(洗臉)"의 "검(臉)"은 "뺨 검"자이어 "뺨을 씻다", 나아가 "얼굴을 씻다"라는 의미가 된다. 중국에서는 우리의 세숫대야도 "시엔리엔분(洗瞼盆)"이라 한다. "臉"의 한어 발음은 우리와 달리 [lien·염]이다. "세수"의 용례는 북사(北史)에 "세수분향(洗手焚香)"이 보이고, "세면"의 용례는 송사(宋史) 등에 보인다. 처사심처최씨(處士深妻崔氏)의 "낯을 씻음(頮面)"이라는 제목의 시에는 "홍화와 흰 눈을 취하여 아이의 얼굴을 씻으니 빛이 난다(取紅花取白雪 餘兒洗面作光悅)"란 "세면"의 용례가 보인다. 일본에서는 낯을 씻는 것을 "세면(洗面)", 또는 "세안(洗顔)"이라 한다. 그런데 우리는 "세수(洗手)"라는 말로 이들 두 가지 다른 개념을 다 함께 나타낸다. 이러한 현상은 우리말에만 나타나는 현상이다. 그러면 이러한 현상이 나타나는 이유는 무엇인가?

이는 추단컨대 조선시대의 "세수간(洗手間)"이란 역사적 궤도에 기인하는 것으로 보인다. 세수간(洗手間)은 액정서(掖庭署)의 한 분장으로, 왕과 왕비의 세숫물·목욕물·요강·타구 등에 관한 일을 맡아보던 기관이다. 경국대전(經國大典)에 보이는 "洗手·水賜間別監"이 그 예이다. 이러한 궁중의 기관 이름으로 말미암아 손을 씻는 것에서 낯을 씻는 것, 나아가 목욕하는 것에 이르기까지 "세수(洗手)"라 하게 된 것이다. 이러한 추단은 "세수의대(洗手衣襨)"라는 말이 한몫 거든다. 이는 "궁중에서 임금이나 왕비가 세수할 때에 입던 옷"을 말한다. 이는 소매가 짧고 길이는 허리까지 내려오는 옷이었다.

그리고 우리의 "세면(洗面)"이란 말에 대해 한두 마디 덧붙이기로 한다. "세면"은 중국 고전에도 쓰인 말이다. 그러나 오늘날 "세면기(洗面器)"를 위시하여 "세면대(洗面臺), 세면대(洗面袋), 세면도구(洗面道具)"와 같이 "세면(洗面)"이란 말이 많이 쓰이는 것은 중국 고전의 "세면(洗面)"이 전래된 것에 말미암는 것이 아니라, 일본의 영향으로 보인다는 것이다. 일본에서 "낯을 씻다"라는 의미로 "센멘(洗面)"이란 말이 많이 쓰이는가 하면, 오랜 동안 우리가 일본어의 세력권에 속해 있었기 때문이다.

다음에는 "양치질"에 대한 말의 변화를 보기로 한다. 이의 어원과 문화는 박갑수(2021)에서 논의한 바 있다. 그런데 거기에서는 변화과정을 제대로 언급하지 않았기에 여기서 보충하기로 한다. "양치질"의 "양치"는 "양지(楊枝)"가 변한 말이다. 불교도들은 버드나무 가지를 씹어 그 즙으로 이의 때를 제거하고, 혀를 문질러 입의 악취를 제거하였다. 이 "양지(楊枝)"가 변해 "양치질"의 "양치"가 되었다. "양지"의 예는 15세기 중반의 구급방언해에 처음 보이는데 이들의 예를 보면 다음과 같다.

양지ㅎ야 숨씨라 <구급방언해>, <구급간이방> / 噓 양지홀 수 <훈몽자회>
내 양지질ㅎ쟈(我噓口) <중간 박통사언해>
세슈ㅎ고 양짓믈ㅎ며 <소학언해> / 양짓믈ㅎ면 <구급간이방>

"양지"는 "양치"가 된다. 이는 유연성을 확보하려는 심리에서 "이 치(齒)"자의 "치"가 작용한 변화현상이라 하겠다. 이러한 현상은 17세기말의 역어유해에 나타나는 것을 비롯하여 18세기에 여러 문헌에 나타나며, 오늘날 "양치·양치질"로 정착하였다.

* 양지믈ㅎ다(噓口) <역어유해>, <동문유해>
* 噓 양치질홀 수 <왜어유해> / 양치질ㅎ다(噓口) <한청문감>
  셔슈ㅎ고 양치홈을 <여사서언해>   (2022.2.4.)

"속수(束脩)"에 얽힌 문화

보다 나은 삶을 추구하기 위해 가르침을 받고 배운다. 그러기 위해 학교가 생겼다. 의무교육이 행해지기 전에는 학교에 들어가자면 입학금을 내야했다. 일본에서는 이 입학금을 "속수(束脩)"라 하고, 매달 내는 학자금을 "월사금(月謝金)"이라 하였다고 한다. 우리는 학교에서 "속수(束脩)"라는 말은 쓴 것 같지 않고, 지난날 "월사금"이라는 말은 사용하였다.

우리의 표준국어대사전에 의하면 "속수(束脩)"의 의미를 이렇게 풀이하고 있다. "① 포개어 묶은 육포. 예전에 예물로 썼다. ② =속수지례. ③ 입학할 때에 내는 돈. ④ 예전에, 성인이 되어 의관을 갖추던 일". 이로 보면 우리말에서도 "속수(束脩)"란 분명히 "입학금"의 의미로도 쓰였다고 하겠다.

그러면 이 말의 어원은 어디 있는가? "속수(束脩)"란 말의 오랜 기록은 논어(論語) "술이(述而)"편에 보이는 공자의 말이다. "속수를 바친 이상 나는 지금까지 가르치지 않은 적이 없다(自行束脩以上 吾未嘗無誨焉)"고 한 것이 그것이다. "속수(束修)"란 "한 묶음의 육포(肉脯)"를 의미한다. "육포"란 고기를 얇게 저미어 말린 것, 포(脯)이다. "육포"의 용례를 현대 소설에서 하나 보면 황순원의 소설 "움직이는 성"에 다음과 같은 것이 보인다.

사실 이 날 변씨는 제법 술을 마셨다. 그러면서 민구가 잔에서 입을 뗄 때마다… 육포를 안주로 집어 주는 것이었다.

이렇게 공자는 제자를 맞이할 때 한 한 묶음의 육포를 선물로 받고 그를 제자로 맞아들였다. 여기에서 "속수(束脩)"라는 말은 입학금을 의미하게 된 것이다. "속수(束脩)"와 동의어인 "속수지례(束脩之禮)"라는 말은 제자기 되려고 스승을 처음 뵈올 때에 예물을 드리는 예를 의미한다. 이는 다름 아닌 육포를 드리는 예를 말한다.

김인겸의 "일동장유가"에는 이 "속수지례"의 얘기가 나온다. 일인(日人)들은 조선통신사(朝鮮通信使)들이 일본에 오게 되면 그들의 글을 한 폭 얻어 갖기가 소원이었다. 그러기에 일동장유가(日東壯遊歌)에는 "속수(束脩)"를 바치고 제자 되기를 자원하는 장면도 보인다.

"고쳐 써셔 흐온 말이(筆談을 의미함)/ 녜부터 성현네도/ 졔ᄌ의 속슈녜ᄂ/ 다 바다 겨오시니/ 소셩이 이거슬/ 폐빅으로 흐옵고셔/ 졔ᄌ되기 원흐ᄂ니/ 믈리치디 마오소셔"

이국의 문사(文士)가 김인겸(金仁謙)을 만나 그의 시재에 놀라 제자가 되기를 간청하는 장면이다. 그 문사는 차운(次韻)에 대한 대가로 속수지례의 예물로 은단(銀緞: 은화와 비단)을 바치고 제자가 되기를 간절히 청하였다. 그러나 김인겸은 "속수지례"란 포육(脯肉)으로 하는 것이라며 사양하였다.

예물로서의 "속수(束脩)"는 소금을 뿌려 말린 고기 열 장을 한 묶음으로 한 것이었다. 이는 누구에게나 같이 하는 것이 아니었다. 진상하는 사람의 계급에 따라 차이가 있었다. 경(卿)에게는 어린 양을, 대부(大夫)에게는 기러기를, 선비(士)에게는 꿩을, 서민들에게는 오리고기를 선물하였다.   (2021.8.11.)

"시(寺)"와 사(寺)의 어휘 문화

　절, 사찰(寺刹)을 이르는 말은 당연히 "사(寺)"라 생각할 것이다. 그러나 그렇지 않다. 이 "절 사(寺)"자는 본래 "사"음이 아닌 "시"음을 지닌 말이었으며, 그 대상도 절을 의미하는 말이 아니고 관서(官署)를 의미하는 말이었다. 이게 어찌 된 일인가?

　허신(許慎)의 설문은 이 "절 사(寺)"자에 대해 "조정(廷)으로 법도가 있는 것 (寺 廷也. 有法度者也)"이라 하고, 그 음은 "상리절(祥吏切)", 곧 [si]라 하고 있다. 탕가경(湯可敬)은 허신의 "寺"자의 해설을 "寺는 관부(官府) 조정(朝廷)이다. 법제적 지방(地方)이다"라 번역하고 있다. 광아(廣雅)는 "寺 官也"라고 직접 "시 (寺)는 관(官)"이라 하고 있다. 한서(漢書)는 사고(師古)의 말을 인용하여 "뭇 관조(官曹)의 기관을 통칭 시(寺)라 한다(諸官曹之所 通呼爲寺)."고 하고 있다. 한대(漢代)의 "사(寺)"는 관서(官署)를 의미하는 말이었다. 그리고 한대에는 구체적으로 태상시(太常寺), 광록시(光祿寺) 등 "구시(九寺)"라 이르는 중앙 관서가 있었다. 이렇게 지난날에는 시(寺)가 관서를 나타내는 말이었다.

　이뿐이 아니다. 시(寺)는 구경(九卿)이 정무를 보는 곳이기도 하였다. "소(疏)"에 의면 한(漢)나라 이래 삼공(三公)이 있는 곳을 부(府)라 하고, 구경이 있는 곳을 시(寺)라 한 것으로 되어 있다. 그리고 또 하나 시(寺)는 "시인(寺人)"을 의미하였다. 이는 임금을 곁에서 섬기는 소신(小臣)으로 후궁의 사무를 보았다. 시인은 바로 환관(宦官)을 의미하였다.

　불교는 후한(後漢) 명제(明帝) 때 중국에 전래되었다. 처음에 초청을 받아 중국에 온 섭마등(攝摩騰)과 축법란(竺法蘭) 등 서역의 중은 외국의 빈객을 접대하는 홍려시(鴻臚寺)에 머물렀다. 홍려시는 요즘의 외무부에 해당한 기관이다. 이로 말미암아 승려가 숙박할 건물에 이 "시(寺)"자를 쓰게 되어, 중국 최초의 절 이름은 "白馬寺"라 하였다. "白馬"는 선승 달마(達磨)가 42장경(藏經)과 석가의 입상(立像)을 백마에 싣고 낙양(洛陽)에 왔기 때문에 붙은 이름이다.

이렇게 중국에서 "시(寺)"는 한대(漢代) 이전에는 우선 환관(宦官)이라 의식되었고, 그 뒤 한대에는 관서를 의미하게 되었으며, 마침내 불교가 전해져 절을 의미하게 되어, 오늘날 "시(寺)"는 "절"이란 의미가 주류를 이루게 되었다.

이상 중국의 한자 "寺"의 음 [si]와 의미의 변화를 살펴보았다. 이러한 의미의 변화는 우리말에도 그대로 나타난다. 우리도 이 "절 사(寺)"자는 절을 의미하는 외에 관서를 의미하는 말이기도 하였다. 이 "절 사(寺)"자가 고려와 조선조에서 관서를 의미하는 말로 쓰였다. 고려 때에는 "전교시(典校寺)"를 비롯한 열 댓 개의 정부 기관에 이 절 사(寺)자가 붙어 있었다. 그런데 이때 이들 기관은 "사"라 발음하지 않고 "시"라 하였다. "전의시(典儀寺), 종부시(宗簿寺), 위위시(衛尉寺), 사복시(司僕寺)" 따위가 그것이다. 이는 허신이 "상리절(祥吏切)"이라 한 그 음 [si]로 발음한 것이다. 조선조에도 약 10개의 "시(寺)"자가 붙는 관서가 있었다. "봉상시(奉常寺), 사복시(司僕寺), 군기시(軍器寺), 내자시(內資寺), 예빈시(禮賓寺)" 따위가 그것이다. 이에 대해 절의 경우는 "절 사(寺)"자라 하듯 "사"라 발음했다. "신흥사, 법주사, 내장사"가 그 예다. 따라서 관서 이름은 옛 발음 그대로 나타내고, 절의 경우는 변음된 "사"음으로 나타낸 것이라 하겠다.

한·중의 "寺"자는 이렇게 볼 때 중국의 경우는 주로 의미 변화를 하고, 우리의 경우는 의미변화와 함께 음의 변화도 아울러 겪었다고 하겠다. 우리는 제도 자체가 없어진 것도 원인이라 하겠지만 관서, 곧 "시(寺)"자가 붙는 기관 이름을 거의 모르고 있다. 그래서 "절 사(寺)"자라고 이 한자를 "절"의 의미로만 수용하게 되었다. 지난날 이 "절 사(寺)"자는 우리도 "사" 아닌 "시"음으로 발음했으며, 관서 이름으로 많이 활용되었다는 사실을 기억해야 한다.

우리말의 경우 "寺"자는 "시인(寺人)"이나, 관서의 명칭을 나타낼 뿐 아니라, 그 음도 "시"로 실현되었다. 그리고 지금은 "절"이란 뜻으로 주로 쓰이며, 변음 "사"로 실현되고 있다. 그리하여 오늘날의 옥편(玉篇)은 "사(寺)"자에 대해 "寺 僧居 절 사, 官舍 마을 사, 宦寺 내관 시"라 풀이하고 있다. "시(侍)"는 "寺通"이라고 "寺"와 통한다고도 하고 있다. 그러나 오늘날 역시 주류를 이루는 의미는 "절"이고, 그 음은 "사"라 하겠다.

"절 사(寺)"자는 손을 의미하는 "우(又)"와 음과 부림(使)을 의미하는 "지(止)"로 이루어진 형성자로 "가지다"를 의미하는 말로 본다. 이 말이 전의되면서 "가지다"의 의미는 "寺"에 "손 수(扌)"를 더해 "지(持)"자로 나타내게 되었다. 그리고 "시(寺)"는 "일을 하다"를 뜻하는 말이 되었고, 나아가 한대(漢代)에는 "일을 하는 곳", 곧 관서(官署)를 의미하게 되었다.

"시(寺)"자를 음부로 하는 한자의 우리 발음이 "때 시(時), 모실 시(侍), 믿을 시(恃)"와 같이 그 음이 "시"라는 것을 보아도 허신이 이의 음을 [si]라 한 것은 수긍이 된다.

(2021.5.11.)

"안경(眼鏡)"의 어원과 문화

　　시력이 좋지 않은 사람이 잘 보이게 하거나, 바람 먼지 강한 햇빛 따위를 막기 위하여 눈에 쓰는 기구를 우리는 "안경(眼鏡)"이라 한다. 이는 실물과 함께 중국의 한자어가 우리말에 유입된 것이다. 일본에서는 "메가네(目矩)"라 하고, 영어로는 "glasses". 또는 "(a part of) spectacles"라 하는가 하면, 구어로 "specs"라 한다. "메가네(目矩)"란 "눈의 자(尺)"란 말이고, "glasses"는 안경의 재질로서의 "유리"를, "(a part of) spectacles"는 눈으로 보는 대상으로서의 "광경"을 의미한다.

　　"안경(眼鏡)"이란 "눈의 거울"이란 말이다. 이는 안경이 거울처럼 상대방이 거슬러 비치기 때문에 이러한 명명을 한 것이라 하겠다. "안경"은 "안경"이라 하는 외에 "금목(金目)·심목(深目)", 또는 "애체(靉靆)"라고도 하였다. "원순당필기(援鶉堂筆記)"의 "금목즉쾌사 주(金目則快射 注)"에 "금목, 심목, 즉금지안경(金目, 深目, 卽今之眼鏡)"이라 한 것이 "금목(金目), 심목(深目)"의 예이다. 이에 대해 "애체(靉靆)"라는 말은 해여총고, 안경(陔餘叢考, 眼鏡)에 그 예가 보인다. "손경장(孫景章)이 이르기를 양마(良馬)를 주고 서역 고호(賈胡)로부터 구했는데, 그 이름은 '애체(靉靆)', 또는 '낭영(郎瑛)'이라 한다."고 한 것이 그것이다. "애체(靉靆)"는 구름이 길게 낀 모양, 구름이 해를 가린 모양을 이르는 말로, 안경의 이칭으로 쓰이는 말이다. 동천청록(洞天淸錄)에 "애체"는 "노인들은 작은 글씨가 분별이 안 되는데, 이를 눈에 쓴 즉 분명하다."며, 애체(靉靆)는 "원나라 사람의 소설(小說)에 서역에서 나온다"고 한 기록이 보인다고 하고 있다. "애체"는 이렇게 "노안의 안경"을 이른 말이다. 그래서 그 이름을 구름이 낀 모양을 의미하는 "애체(靉靆)"라 한 것으로 보인다.

중국의 경우와 달리 우리나라에서는 "꺽다리안경, 개화경, 샐쭉안경" 등으로 일러지기도 하였다. "꺽다리안경"은 "학슬안경(鶴膝眼鏡)"을 달리 이른 말이고, "개화경(開化鏡)"은 근세의 개화기에 안경을 이르던 말이다. "샐쭉안경"은 타원형으로 된 여성용 안경을 멋들어지게 명명한 이름이다.

역사적으로 안경은 영국의 Bacon, L이 1268년 처음 고안하였고, 1280년경 세계적인 유리산업의 중심지였던 베니스에서 볼록렌즈를 사용한 안경을 제작, 수출하기 시작하였다 한다. 오목렌즈의 안경은 15세기말, 또는 16세기 초에 이르러 개발되었다. 중국에서는 이와는 달리 마르코 폴로의 동방견문록에 "원나라의 늙은 신하들이 가축의 등껍질로 만든 볼록렌즈를 끼고 있다"는 기록이 보여 서양의 안경의 연원과는 다른 것으로 보기도 한다. 서양의 안경이 중국에 들어온 것은 명나라 때이다. 우리나라에는 안경이 중국의 연경(燕京·북경)을 통해 임진왜란 전후 들어왔으며, 곧 수입이 되었고, 17세기 전반부터 안경방에서 수정안경을 만들었다. 그래서 18세기가 되면 안경은 더 이상 신기할 것이 없는 일상품이 된다.

한국의 지난날의 안경문화는 다른 나라나 민족과는 달리 독특한 면을 보여 준다. 그것은 존귀한 사람이나 연장자 앞이거나, 대중이 모인 자리 및 공식적인 자리, 또는 임금이 정사를 보는 자리 등에서는 안경을 끼지 않는다는 것이다. 이는 건방지게 보이거나, 우려를 낳게 한다는 것이었다. 하나의 관습으로 이는 관습법과 같은 구실을 하였다. 그래서 이는 명문화 한 법은 아니나, 지켜야 하는 예법이었다. 우리의 앞 세대만 하여도 어른에게 절을 할 때는 안경을 벗고 한 것은 이러한 관습을 이행하는 것이었다.

이러한 관습을 어겼을 때 빚어진, 웃지못할 대표적인 예화를 한두 개 소개하기로 한다.

첫째 예화는 조병구(趙秉龜)의 자결사건이다. 이조판서 조병구는 고도의 근시였다. 그래서 헌종(憲宗)이 오는 것을 모르고 안경을 쓰고 지나쳤다. 그래서 헌종의 진로를 샀다. 또 한번은 여동생인 신정왕후(神貞王后) 앞에서 안경을 쓰고 있다가 역시 헌종의 눈에 띄어 크게 책망을 들었다. 그래서 그는 죄책감과 두려움을 이기지 못하고 자결을 하였다.

둘째 예화는 일본의 전권공사 오이시마사미(大石正己)의 사건이다. 고종 26년(1891) 오이시가 안경을 낀 채 고종(高宗)을 알현하였다. 조정에서는 일본 정부에 항의하였으나 반응이 없었다. 이에 그 잘못의 원인을 통역 현영운(玄暎運)에게 넘겨 씌워 그에게 매를 가하게 하고 귀양 보냄으로 고종의 노여움을 달래려 하였다. 이는 두 나라의 안경문화가 다르기 때문에 빚어진 사건이라 하겠다.

이와는 다른 사건도 있다. 독일인 묄렌도르프(Moellendorf, Paul George von)는 고종을 알현하며 우선 안경을 벗고 삼배(三拜)하였다. 이에 고종의 호감을 샀고, 안경을 써도 좋다는 허락까지 받았다. 입경문속(入境問俗)이라고 한다. 다른 지경에 들어설 때는 그곳의 풍속을 물어야 한다. 인생만사가 새옹지마(塞翁之馬)이다.   (2021.9.14.)

"야심"과 "포식자"의 어원과 문화

"소년들이여 야망을 가져라(Boys be ambitious)"라는 말은 북해도 대학의 전신인 삿포로농학교(札幌農學校) 초대 교장을 지낸 William S. Clark가 한 말로 유명하다. 그런데 이 "야망(野望)"이란 말이 한어의 본고장인 중국에는 없다. 놀라운 일이다.

중국에서는 "야망"에 해당한 말을 "야심(野心)"이라 한다. 그것도 "야망"이란 뜻을 지니게 되는 것은 현대에 접어들어서인 것 같다. 이렇게 말하는 것은 중국의 사원(辭源)에는 "야망(野望)"이란 표제어가 없으며, "야심(野心)"이란 표제어에도 "야망"을 뜻하는 풀이는 보이지 않기 때문이다. 사원의 "야심(野心)"의 풀이는 다음과 같이 되어 있다.

　　① 마음이 방종하고 제어할 수 없는 것을 말한다(謂其心放縱 不可制也)
　　② 성격이 은일을 즐겨 전야에 사는 것을 좋아한다(謂性耽隱逸 樂居田野間也)

이렇게 "야심(野心)"의 의미를 "방종하고 제어할 수 없는 마음"이거나, 성품이 자연에 숨어 사는 것을 좋아하는 것으로 보고 있다. "야망"이란 뜻의 풀이는 보이지 않는다. 현대한어사전에 와서 비로소 "야망(野望)"의 의미가 드러난다. 이 사전은 "야심"의 의미를 "영토, 권력, 명리에 대한 큰 욕망"으로 보고 있다.(對領土, 權力或名利的大而非今的慾望)

야심의 기본적 의미는 사원의 "방종하고 제어할 수 없는 마음"이라 하겠다. "야심"이 이러한 의미를 지니는 것은 좌전(左傳)의 야심의 풀이 가운데 나오는 속언에 말미암은 것이다. "속담에 이르되 낭자야심(狼子野心), 이는 곧 늑대(狼)다"가 그것이다. 늑대새끼(狼子)는 야심을 가지고 있고, 이는 바로 늑대의 마음이란 것이다.

그러면 "야심(野心)"이란 무엇인가? 시랑(豺狼)의 새끼는 언제나 마음이 산야(山野)에 가 있어 길들이기가 어렵다는 말이다. 혹시 이를 길러도 반드시 사람을 해친다. 우리는 인면수심(人面獸心)의 대표적인 존재를 "늑대(狼)"라 한다. 이는 다름 아닌 늑대가 야성(野性)을 지니고 있다는 말이다. 이렇게 "야심"을 "방종한 마음"이라 풀이하자면 시랑, 특히 늑대의 야성을 달리 표현한 말이 야심이라 하겠다. 이러한 야성이 신분에 어울리지 않게 바라는 것이 다름 아닌 "야망(野望)"이다.

"야망(野望)"이란 말은 Ambition의 번역어로 근대에 접어들어 일본에서 만든 말로 보인다. 그러나 언제, 누가 처음 번역하였는지는 분명치 않다. 이러한 말을 중국과 달리, 우리는 수용해 쓰고 있다.

"야만(野蠻)·야욕(野慾)·야성(野性)"과 같이 순화되지 않은 동물적 속성은 대체로 부정적 의미로 사용된다. 이에 대해 "야심(野心)"과 "야망(野望)"은 그래도 순화되지 않은 동물적 속성이 긍정적 의미로 사용되는 경우이다. 언어는 이렇게 일률적 경향을 지니는 것이 아니다. 여기서 동물적 속성을 드러내는 대표적인 말을 하나 덤으로 살펴보기로 한다. 그것은 "포식(捕食)", "포식자(捕食者)"란 말이다.

동물의 야성을 대표하는 것은 종족번식과 약육강식(弱肉强食)이라 하겠다. 포식과 포식자란 말의 "포식(捕食)"은 "다른 동물을 잡아먹음"을 의미하는 말이다. 우리말 "잡아먹다"도 사전은 "동물을 죽여 그 고기를 먹다"로 풀이하고 있다. 그러나 "포(捕)"자는 "사로잡을 포"자이고, 우리의 "잡아먹다"의 "잡아-"는 "붙들어 손에 넣다"를 의미하는 말이다. 따라서 이들에는 "짐승을 죽이다"라는 뜻이 없다. 연쇄적 행동을 나타내면서 본래의 의미와는 달리, "사로잡을 포(捕)"의 "잡을-"과, "잡아먹다"의 "잡아-"가 "짐승을 죽이다"라는 의미도 갖게 되었다. 여기서는 "잡다"가 "잡을 집(執)"이 아닌, "죽일 살(殺)"의 뜻으로 쓰이는 것이다.

어휘는 분석적으로 보고, 그 어원을 따져 보아야 그 실체가 제대로 드러나고, 그 의미를 바로 알게 된다. "잡다"가 "죽이다"의 의미를 지니는 말을 두어 개 보면 다음과 같다.

* 개를 <u>잡아</u> 개장국을 끓인다.
* 호환(虎患)은 호랑이에게 <u>잡아먹히는</u> 것이다.
* 닭을 <u>잡아먹다</u>.

(2022.1.3.)

"억장(億丈)"의 어원과 의미

　박경리의 소설 "토지"에는 "그때 나는 강우규 어른이 돌아가셨다는 말을 듣고, 억장이 무너지고 온 천지가 새까맣게 보였는데…"라는 구절이 보인다. 우리는 이렇게 극심한 슬픔이나 절망 따위로 몹시 가슴이 아프고 괴로울 때 "억장이 무너진다"고 한다. 그렇다면 "억장"이란 무엇인가?

　사전의 풀이는 "억장(億丈)"을 표제어 아래, "썩 높은 것. 또는 그런 높이. q 억장이 막히다"라 풀이하고 있다. 그리고 관용어 "억장이 무너지다"를 들고 있다. 이 설명으로는 "억장이 막히다"나, "억장이 무너지다"를 제대로 설명할 수 없다. "억장(億丈)"이 막히거나, 무너지기 위해서는 "억장(億丈)"의 어떤 실체가 전제되어야 한다.

　한자어 "억장(億丈)"은 물론 "억 발"이란 말이니 이는 논리상 길이나 높이, 또는 깊이 등에 쓰일 수 있는 말이다. 억장의 밧줄이라거나, 억장의 높은 산, 억장의 깊은 바다와 같이 쓰이는 것이 그것이다. 그러나 이 말은 관용적으로 높이를 나타내는 데 주로 쓰였다. 한유(韓愈)의 "남산시(南山詩)"와 같은 것이 그것이다. 시인은 남산(南山)을 "햇빛이 높고 험준한 산에 비치고(曦曦照危巒) 억장이나 되는 산이 높이 뻗쳐 있다(億丈亙高袤)"라 노래하였다. 이런 "억장"이 사전 풀이의 "억장이 막히다"의 "억장"이라 하겠다.

　그러나 무엇보다 "억장"을 대표하는 말은 "억장지성(億丈之城)"이라 할 것이다. 이는 물론 억장이나 되는 높은 성을 말한다. 가의(賈誼)는 그의 "과진론(過秦論)"에서 "억장이나 되는 산성을 깊고 깊은 계곡에 견고하게 쌓았다(據億

丈之城 臨不測之谿 以爲固)"고 진(秦)나라의 성을 묘사하였다. "억장이 무너진다"
는 말은 이런 "억장지성(億丈之城)"이 무너지는 참담한 심경을 말하는 것이라
하겠다. 이에 "억장(億丈)"을 "억장지성(億丈之城)"의 준말이라 보기까지 한다.

그리고 여기에 "억장(億丈)"의 "발"에 대해 설명을 덧붙이기로 한다. 장(丈)
은 "어른 장", 또는 "한 길 장", "발 장(丈)"자라 한다. "발"이란 두 팔을 양
옆으로 벌린 길이를 말한다. 따라서 이는 팔과 밀접한 관계를 갖는다. "팔
(腕)"은 고어에서 "볼"이라 하였다. 훈민정음 해례본의 "볼爲臂"나, 두시언해
의 "볼 베오 누어(枕肘)"가 그것이다. 그리고 구체적으로 영조말의 한청문감
에 "한 발, 반 발"에 해당한 것을 "볼(庹), 반볼(半庹)"이라 쓰고 있는 것을
볼 수 있다 "탁(庹)"자는 "팔로 잴 탁, 두 팔 벌일 탁"자이다. 이렇게 "볼"은
팔(臂)을 의미하는가 하면 발(丈)을 의미하였다. 다만 이와는 달리 "볼(丈)"은
한청문감 이전인, 숙종 때의 박통사언해 중간본에 "발"이라 쓰인 것이 보이
고, 숙종 때의 중간 노걸대언해에도 같은 용례가 보인다는 것을 부기해 둔다.
그 예는 다음과 같다.

쉰 예슌 발 굴근 삼실로도(五六十托 麤麻綠也) <박통사언해>
ᄀ둑ᄒᆞᆫ 닐곱 발 남즉ᄒᆞ니(滿七托有餘) <노걸대언해>

(2021.6.23.)

"여관(女官)"과 "궁인(宮人)"의 문화

20대 대통령 선거가 끝났다. 이번 선거에서는 후보들의 인물과 함께 그 부인들에 대한 말이 많았다. 그리하여 당선인의 부인 호칭이 문제가 되고 있다. 이에 조선조의 내명부와 외명부의 문화와 호칭을 살펴보기로 한다.

내명부(內命婦)란 조선시대에 궁중에서 품계(品階)를 받은 여인을 통틀어 이른다. 내명부는 달리 나인(內人)이라고도 한다. 내명부에는 왕과 동궁(東宮)을 모시는 여관(女官)과, 일정한 직분을 맡은 상궁(尙宮) 등 궁인(宮官)이 있다. 임금을 모시던 여관(女官)으로는 정1품의 빈(嬪)을 위시하여, 종1품의 귀인(貴人), 정2품의 소의(昭儀), 종2품의 숙의(淑儀), 정3품의 소용(昭容), 종3품의 숙용(淑容), 정4품의 소원(昭媛), 종4품의 숙원(淑媛)에 이르는 여인들이 있다. 동궁을 모시던 여관으로는 종2품의 양제(良娣), 종3품의 양원(良媛), 종4품의 승휘(承徽), 종5품의 소훈(昭訓)이 있다.

소의(昭儀)는 숙의(淑儀)와 더불어 비례(妃禮)의 찬도(贊導)를 맡았고, 소용(昭容)은 숙용(淑容)과 더불어 제사와 빈객의 일을 맡았다. 소원(昭媛)과 숙원(淑媛)은 연침(燕寢)을 보살피고 고치 켜기에 관한 일을 맡아보았다.

궁인직(宮人職)에는 정5품의 상궁(尙宮)·상의(尙儀)를 비롯하여 종5품의 상복(尙服)·상식(尙食), 정6품의 상침(尙寢)·상공(尙功)이 있다. 또 종6품의 상정(尙正)·상기(尙記), 정7품의 전빈(典賓)·전의(典衣)·전선(典膳), 종7품의 전설(典設)·전제(典製)·전언(典言)이 있다. 정8품의 전찬(典贊)·전식(典飾)·전약(典藥), 종8품의 전등(典燈)·전채(典彩)·전정(典正), 정9품의 주궁(奏宮)·주상(奏商)·주각(奏角), 종9품의 주변치(奏變徵)·주치(奏徵)·주우(奏羽)·주변궁(奏變宮) 등도 있다. 동궁의 궁인 직에는 종7품의 수규(守閨)·수칙(守則)·장찬(掌饌)·장정(掌正), 종8품의 장서(掌書)·장봉(縫), 종9품의 장장(掌藏)·장식(掌食)·장의(掌醫) 등이 있었다.

정5, 6품 궁인들의 소임은 상궁(尙宮)은 왕비를 모시는 일을, 상의(尙儀)는 예절과 규례에 관한 일을, 상복(尙服)은 옷과 염색에 관한 것이었다. 상침(尙寢)은 임금의 진어(의복·음식을 올리는 일)를 담당했고, 상공(尙功)은 여공(女功: 길쌈하는 일)을 맡아 하였다.

외명부(外命婦)란 왕족과 종친의 딸과 아내, 및 문무관의 아내로서 남편의 품계에 따라 봉작(封爵)된 부인을 통틀어 이른다. 문무관의 아내는 위로 정경부인(貞敬夫人)에서 유인(孺人)에 이르는 열 가지 안팎으로 구별된다. 이들에 대해 간단히 살펴보면 다음과 같다.

정경부인(貞敬夫人)은 정1품과 종1품의 품계에 해당한 문무관의 아내에게 주던 봉작(封爵)이다. 26대 고종 때부터는 종친의 아내에게도 이 칭호를 주었다. 정부인(貞夫人)은 정·종(正從) 2품의 문무관의 부인에게 봉작하던 칭호이다. 고종 때에는 2품 종친의 아내에게도 이 칭호를 주었다. 숙부인(淑夫人)은 정3품인 당상관(堂上官)의 아내에게 주던 칭호이다. 이에 대해 숙인(淑人)이란 칭호는 종3품의 당하관의 부인에게 주었다. 영인(令人)은 정종(正從) 4품 문무관의 아내에게, 공인(恭人)은 정종 5품의 문무관의 아내에게, 선인(宣人)은 정종 6품 문무관의 아내에게 주던 칭호이다. 안인(安人)은 정종 7품의 문무관 아내에게, 단인(端人)은 정종 8품의 문무관 아내에게, 유인(孺人)은 정종 9품의 문무관의 아내에게 주던 칭호이다. 이런 봉작은 오늘날 제사 때 지방(紙榜)에 쓰이는 것을 볼 수 있다.

이상 대통령 당선인 부인의 호칭이 문제가 되어 내명부(內人)와 외명부의 문화를 살펴보았다. 아는 만큼 보인다는 말이 있다. 지난날의 문화라 외면하지 말고, 역사적인 사실을 좀 알아보아야 하겠다. 그래야 역사와 가족사에 눈이 뜨이게 된다.

(2022.3.11.)

"역린(逆鱗)"의 문화와 의미

사람은 감정의 동물이다. 따라서 언제나 우리의 주변에는 희로애락이 맴돈다. 지존(至尊)인 왕(王)이라 하여도 별로 다를 것이 없을 것 같다. 다만 기쁘고 즐거운 일이 서민들보다는 좀 더 많고, 노엽고 슬픈 일이 좀 더 적다는 것이 다른 것뿐일 것이다. "역린(逆鱗)"이란 이런 지존의 노여움과 관련이 있는 말이다.

"역린(逆鱗)"은 "임금의 분노를 이르는 말"이라고 사전은 풀이하고 있다. 용은 상상상의 동물로, 운종룡(雲從龍) 풍종호(風從虎)라고 비를 내리는 영물이며, 임금의 상징이다. 이 용에는 턱 아래에 거슬러 난 비늘이 하나 있는데, 이를 건드리면 용이 크게 노해 사람을 상하게 한다고 한다. 중국에는 용에 대한 이러한 전설이 많이 있는데, "역린"은 전국시대의 사상가인 한비자(韓非子)의 "세난편(說難編)"에 전하는 이야기다.

용은 순한 동물로, 길을 들이면 탈 수도 있다. 그러나 그의 턱 아래에 한 자 가량의 거슬러 난 비늘- 역린(逆鱗)이 있는데, 만약 이를 사람이 건드리면 반드시 그 사람을 죽인다(若人有嬰之者 必殺人). 임금도 또한 역린이 있는데, 의견을 말할 때는 이를 건드리지 않도록 조심하지 않으면 안 된다(人主亦有逆鱗 說者能無嬰).

이것이 역린(逆鱗)의 전거다. 이렇게 용과 왕에게는 역린이 있고, 이를 건드리면(嬰之) 노해 사람을 상하게 한다고 한다. 따라서 사람들은 이 역린을 건드리지 않도록 허여야 한다. 한비자(韓非子)에 의하면 이렇게 역린을 건드리는(嬰之) 것이 금기(禁忌)로 되어 있고, "역린" 자체는 중립성을 지니는 것으로 되어 있다. 그러나 오늘날은 "역린을 건드리다(嬰之)"가 아닌, "역린" 자체가 "노하는 것", "성을 내는 것"으로 의미가 변하였다. 우리 사전의 풀이도 이러하다. 이는 전염(傳染)에 의한 의미변화를 한 것이라 하겠다. "역린을 건드리다"와 "역린"의 용례로는 다음과 같은 것이 보인다.

> * 이제 때를 당하여 한 말씀 올리려니와, 행여 <u>역린을 건듦</u>이 있으면 길게 느린 늙은 목을 베소서. <이문열, 황제를 위하여>
> * 그들이 이번의 사건을 왕비께 아뢸 때에 왕비의 <u>역린</u>은 컸다. 당장에 이 활민과 및 그의 제자 전부를 잡아서 찢어 죽이라 하였다. <김동인, 젊은 그들>

그리고 이 "역린"은 오늘날 사전의 풀이처럼 "임금의 분노를 이르는 말"만이 아니고, 위에 보인 예처럼 왕비는 말할 것도 없고, 일반인의 경우도 윗사람의 분노를 사는 것을 뜻하는 말로 의미가 확장되어 쓰인다. 용례를 하나 보면 다음과 같다.

> "박 선생이 <u>역린(逆鱗)</u>을 건드린 모양인데, 눈치코치도 없이 위대한 성악가를 왜 소홀히 하시었소? 예술가 치고 자신을 천재 아니라 생각하는 사람 없고, 왕자(王者) 대접 받기를 원치 않는 사람 없소" <박경리, 토지>

(2021.5.14.)

열강(列强)의 한자어 이름

이 세상에는 약 200개 나라가 있다. 그리고 강한 여러 나라를 열강(列强)이라 한다. 이런 나라 가운데는 미·영·독·불·아(俄)·중·일 등이 있다. 그런데 이들 가운데 서양 나라의 한자 이름이 때로는 헛갈리기도 한다. "독불(獨佛)·덕법(德法), 아라(俄羅)" 같은 것이 그 예이다. 이에 이들 이름을 살펴보기로 한다.

한자로 된 서양의 나라 이름은 중국에서 명명한 것과 일본에서 명명한 것의 두 가지가 있다. 우선 중국에서 명명한 것을 보면 "미국(美國)·영국(英國)·덕국(德國)·법국(法國)·아국(俄國)"이 그것이다.

미국(美國)은 America의 음을 빌어 "아름다울 미(美)"자를 차용하고, 여기에 나라를 나타내는 "나라 국(國)"자를 붙인 것이다. 그러면 America를 어떻게 하여 "미(美)"자로 나타내게 되었는가? 그것은 America는 그 발음이 [əmeˊrikə]로 둘째 음절에 악센트가 있다. 그리하여 귀로만 듣던 중국인에게는 첫 음절 모음이 들리지 않고 둘째 음절의 [me]부터 들렸다. 그리하여 [meˊ]의 음으로 [mei]로 발음되는 "미(美)"자를 취해 둘째 음절 "미(美)"로 미국(美國)을 나타내게 된 것이다.

영국(英國)의 경우는 다소 엉뚱한 명명으로 생각될지 모른다. 그러나 그런 것이 아니다. "영국"의 "꽃부리 영(英)"자는 England의 "en"의 발음 [iŋ]을 표사한 것이다. "영(英)"자의 중국 발음은 [iŋ]인 것이다. 이에 England의 "En"에 "영(英)"자를 대입하고, 여기에 나라 국(國)자를 합성한 것이다.

덕국(德國)은 독일을 가리키는 말로, 이는 독일 Deutschland의 Deutsch를 "덕의지(德意志)"로 음차하고 그 첫 음절인 "큰 덕(德)"자에 나라를 뜻하는 "국(國)"자를 붙여 Deutschland를 나타낸 것이다. 이는 "대청회전(大淸會典)"에 그 용례가 보인다. 법국(法國)은 프랑스를 지칭하는 말로 역시 "대청회전(大淸會典)"에 용례가 보인다. France의 [f]음을 나타내기 위해 "법 법(法)"자를 활용한 것이다. "법(法)"자의 중국음은 [fa]이다.

아국(俄國)은 러시아를 가리킨다. 우리도 전에 러시아를 "아라사(俄羅斯)"라 하였다. "아라사(俄羅斯)"의 준말인 "갑자기 아(俄)"자는 고종의 "아관파천(俄館播遷)"이란 말에 쓰인 것을 볼 수 있다. 이렇게 중국에서는 러시아를 "아라사(俄羅斯)"라 하였고, 이를 줄여 "아국(俄國)"이라 하였다. "아라사(俄羅斯)"의 용례는 대청회전(大淸會典)에 보인다. 그러면 왜 러시아를 "아라사"라 하였는가? 그것은 Russia의 발음이 [rʌ'ʃə]와 같이 첫 음절에 악센트가 있어 그리 된 것이다. Russia의 [rʌ']의 발음을 강조하여 중국인의 귀에는 [rʌ'] 앞에 모음이 있는 것으로 들려 이에 모음을 첨가한 것이 "아(俄)"음이다. "아(俄)"는 [ə']음이다. 아메리카(America)의 경우는 제2음절에 악센트가 놓여 제1음절이 생략된 경우이고, 러시아(Russia)의 경우는 이와 반대로 첫 음절에 악센트가 있어 오히려 모음(俄)을 첨가한 것이다.

다음에는 일본에서의 명명을 보기로 한다. 미국의 경우는 이미 아메리카 주에서 본 바와 같이 "아메리카(亞米利加)"라 하였다. 이의 준말은 베이고쿠(米國)이다. 이는 중국어와 비교할 때 "쌀 미(米)"자를 쓰는 것이 큰 특징이다. American의 표기도 "미리켄(米利堅)"으로 하고 있는데, 이도 중국에서는 "미리치엔(美利堅)"으로 하고 있어 경향을 같이한다. 중일은 [me']의 한자 표기를 이와 같이 "미(美)"와 "미(米)"로 달리 한다. "영국(英國)"의 표기는 중국과 같다. 독일은 "도이쓰(獨逸)"라고 하는데, 이는 Deutsch를 일본 발음으로 음차한 것이다. 프랑스(France)는 "불란서(佛蘭西)"라 음차한다. 러시아(Russia)는 로시아(露西亞)라 음차하였다. 로시아(露西亞)는 중국의 "국사얼요(國史孼要)"에 용례를 보이기도 하나, 중국의 "사원(辭源)"은 아라사(阿羅斯)의 일본어라고 명시하고 있다. "아라사(俄羅斯)"의 "라(羅)"자는 우리의 발음 "라"와 달리 [rʌ']의 음을 표기한 것으로, 이의 중국음은 [luo']이다. Rome를 "羅馬"라 하고, Los-angeles 를 "羅城"이라 하는 것은 "羅"의 발음이 "로"로 나기 때문이다.

이상 중·일의 서양 열강의 한자로 된 나라 이름을 살펴보았다. 이러한 나라 이름을 우리는 어떻게 수용하고 있는가? 한마디로 지난날 중국의 영향을 많이 받을 때는 중국에서 명명한 나라 이름, 미(美)·영(英)·덕(德)·법(法)·아국(俄國)이라고 중국 한자어가 전래되어 사용되었다. 그리고 개화의 물결이 불어 일본이 근대화를 선도하며, 우리는 일본 한자어를 많이 수용하게 되었다. 그리고 이들 나라 이름도 일본식 한자어로 바뀌었다. 독일(獨逸), 불란서 (佛蘭西), 로시아(露西亞) 등으로 이르는 것이 그것이다. 다만 미국은 "미국(米國)"이 아닌, "미국(美國)"으로 계속 쓰고 있다.　　　　　　　　　(2021.4.18.)

"예"와 "예 황제 팔자"

우리말에 "예 황제 팔자"라거나, "예 황제 부럽지 않다"는 속담이 있다. 이는 아무것도 부러울 것이 없는 처지를 의미한다. 그런데 여기 쓰인 "예"의 의미는 과연 무엇인가?

성현(成俔)의 "용재총화"는 이 속담에 대해 이렇게 적고 있다. "일본에는 황제가 있고, 국왕이 있다. 황제는 궁중 깊숙이 파문혀 있고, 하는 일은 아침 저녁 하늘에 절하고, 해에 절하는 것뿐이다. 그래서 권력은 없으나, 존귀한 사람을 왜(倭) 황제라 한다. 국왕이 나라의 정치를 주관하고, 쟁송(爭訟)을 처리한다."

"예 황제"의 "예"는 "예/녜(昔)"가 아닌, "왜(倭)", "왜인"을 가리키는 우리의 옛말이다. 이 "예"는 "왜(倭)"의 수·당(隋唐) 시절의 한자음 [luě]에 연유하는 것으로 보인다. "황제"란 "천황", "국왕"이란 막부(幕府)의 "쇼군(將軍)"을 가리킨다. 천무천황(天武天皇)(677)은 엉뚱하게도 중국 황제로부터 "국왕(國王)" 책봉을 받은 신라의 "왕"보다 우위에 서려고 호칭을 "천황"이라 하였다고 한다. 이들 천황 가운데는 평안(平安)시대에 섭정과 관백(關白)에 의한 섭관정치(攝關政治)에 의해, 그리고 이어지는 막부(幕府)시대에 많은 천황이 막부에 의해 정치에서 소외되었다. 이들은 상징적 존재로, 조상신을 위한 의례(儀禮)와 시문(詩文) 짓는 일을 일과로 하였다. 그래서 "천황"은 속담에서처럼 부귀만 누리는 팔자 좋은 존재가 되었다.

언어란 사회·문화를 반영한다. 그러나 속담에도 나타나듯, 객관적 세계를 사실 그대로 반영하는 거울이 아니다. 이는 오히려 민족문화에 의해 굴절된 곡면체(曲面體)의 거울이다. 따라서 피사체를 그대로 보여 주지 않는다. 민족 문화에 의해 굴절된 문화를 반영한다.

일본의 유학자 아라이하쿠세키(新井白石)는 조선통신사 파견 시 조선에서의 "쇼군"의 호칭 "일본국대군(日本國大君)"을 "일본국왕(日本國王)"이라 해야 한다고 이의를 제기했다. "대군(大君)"이란 조선에서는 신하에게 쓰이는 말이며, 중국에서는 "천자(天子)"의 이칭(異稱)으로 다양한 의미를 지닌다는 것이다. 이는 동양 삼국의 어휘의 의미를 국제적인 언어문제로 제기한 것이라 하겠다.

이러한 민족어 문제를 현대어에서 한두 가지 들어 보면 "caution"에 해당한 한·중·일어는 각각 "조심(操心), 소심(小心), 주의(注意)"와 같이 달리 사용한다. 우리의 "바늘귀"는 영어로 "needle's eye"라 하여 한영(韓英) 사이에 귀와 눈의 차이를 보인다. "맵다, 뜨겁다"를 영어에서는 다 같이 "hot"이라 하고, 우리의 "맵다, 짜다"를 일본어에서는 똑같이 "からい"라 하여 한일어에 차이를 보인다. 서양과는 달리, 동양 삼국에서는 청색(靑色)과 녹색(綠色)을 구별하지 않는다.

언어는 피사체(被寫體)를 사실적으로 비추는 거울이 못 된다. 어휘는 민족 문화를 반영하는 곡면체의 거울이다. 따라서 이문화간(異文化間)의 커뮤니케이션을 하기 위해서는 민족어의 이러한 특성을 잘 알고 소통의 장에 나서야 한다. 세계가 지구촌화한 오늘이고 보면 소통과 친화를 위해 이러한 민족어의 특성은 보다 많은 이해를 필요로 한다.

오곡(五穀)과 쌀의 실체

생물은 먹어야 산다. 만물의 영장인 인간도 마찬가지다. 사람은 잡식동물(雜食動物)이다. 초식도 하고 육식도 한다. 우리 민족은 오곡(五穀)을 주식으로 하는 식생활을 해 왔다.

오곡에 대해서는 여러 가지 설이 있다. 흔히는 벼, 보리, 콩, 조, 기장을 든다. 전통적으로 벼는 여기에 포함시키지 않는다. 포함시켜서는 육곡(六穀)이라 하였다.

오곡이다, 육곡이다, 구곡(九穀)이다, 백곡(百穀)이다 하는 말은 우리 언어문화(言語文化)라기보다 중국의 언어문화라 할 수 있다. 이들은 중국의 문화와 사회를 반영한다. 이 말이 우리말에 유입된 것이다. 예기(禮記)에는 "마(麻), 서(黍), 직(稷), 맥(麥), 숙(菽)"을 오곡이라 하고 있다. "삼씨, 기장, 조, 보리, 콩"이 오곡이란 것이다. 주례(周禮)에는 육곡이 보이는데, "도(稻), 서(黍), 직(稷), 량(粱), 맥(麥), 고(苽)"가 그것이다. "양(粱)"은 고량, 곧 수수이고, "고(苽)"는 줄이다.

예기에 들고 있는 "마(麻)"는 원칙적으로 "삼씨"라 본다. 삼은 식용 작물이기보다 오히려 섬유를 채취하기 위한 작물로, 이로써 베를 짠다. 열매 열씨는 오늘날 주로 채유(採油)하는 데 쓰이나, 고대에는 이를 식용하였다. "마(麻)"는 깨(苴子)로 보기도 한다. "서(黍)"는 기장이다. "직(稷)"의 훈도 "기장"이나, "피"로 알려져 있는데 "조(粟)"로 비정된다. 허신(許愼)의 "설문해자(說文解字)"에서는 이를 "오곡지장(五穀之長)"이라 하였고, 탕가경(湯可敬)은 그의 "설문해

자금석(今釋)"에서 이를 구체적으로 "속미(粟米)"라 주석하고 있다. 설문해자의 단주(段注)에서는 이를 "소미(小米)"라 하였다. "소미(小米)"는 조(粟)를 이르는 한어(漢語)다. 이로 보아 "직(稷)"은 지시물 "조(粟)"를 가리키는 것으로 봄이 옳을 것이다.

그러면 왜 "조"를 "속(粟)"이라 하지 않고, "직(稷)"이라 하였는가 하는 의문이 제기될 수 있다. 그것은 "속(粟)"이 좋은 곡식(穀食)의 열매로, 단주(段注)에 보이듯 이는 "백곡 전체의 이름(百穀之總名)"을 나타내는 말이었기 때문이다. "속(粟)"은 단일 곡물명이 아니라, 곡물 일반의 명칭이었던 것이다. 그러던 것이 명(明)나라 이시진(李時珍)의 "본초강목(本草綱目)"에 보이듯, 후세 사람이 수수 알의 자잘한 것(粱之細者)을 지칭하게 된 것이다. 이렇듯 "속(粟)"은 본래 좋은 곡식(穀食)의 열매로, 백곡 전체를 지칭하는 말이어서 오곡 가운데 포함되지 않았다.

"직(稷)"과 "서(黍)", "양(粱)", "속(粟)"은 비슷한 밭작물이어 지시물 사이에 혼란이 일어나는가 하면 전의(轉義) 현상까지 보여 그 관계가 복잡하다. "직(稷)"은 "조"로 비정하였지만, 이는 우리가 "기장 직(稷)"자라 하듯, 본초강목에서는 서직(黍稷)을 같은 유(類)의 다른 종(種)으로 보고 있다. 서(黍)는 차진 기장이고, 직(稷)은 메진 기장이라 보는 것이다. 일본 모로바시(諸橋)의 "대한화사전(大漢和辭典)"에서는 중국의 "설문통훈정성(說文通訓定聲)"을 인용하여 직(稷)을 "고량(高粱)"으로 보고 있다. 따라서 "직(稷)"은 조에서 기장, 혹은 고량으로 그 의미가 변한 것으로 보게 한다. "양(粱)"은 설문해자에서 "미야(米也)"라 하고 있고, 본초강목에서 "속(粟)"을 "양지세자(粱之細者)"라 하고 있음은 앞에서 본 바와 같다. 탕가경(湯可敬)도 이를 "속미(粟米)", 곧 "좁쌀"이라 주석하고 있다. 이는 "속(粟)·양(粱)"을 동류로 본 것이다. 설문해자는 "수수"에 해당한 "출(秫)"을 "조의 차진 것(稷之黏者)"이라 본다. 그런데 "현대한어사전(現代漢語詞典)"은 이를 "고량(高粱)"으로 보고 있다. 여기에도 지시물의 변화가 보인다. 수수는 한어로 "촉서(蜀黍), 촉출(蜀秫), 촉촉(蜀薥), 출출(秫秫)", 또는

"당서(唐黍), 노제(蘆穄), 고량(高粱)"이라 하는데 "촉서(蜀黍)~출출(秫秫)"의 네 단어는 "shǔshǔ"로 읽혀지는 말로, 우리의 "수수"는 이들 한어를 차용한 외래어다. "촉서(蜀黍), 촉출(蜀秫)"은 수수가 중국의 촉(蜀), 곧 사천(四川) 지역을 통해 들어왔음을 알려 주는 언어문화다.

벼(稻)는 다른 곡물에 비해 중원(中原)에 늦게 전래되었다. 이는 약 7000년 전의 절강성(浙江省) 허무드(河姆渡) 문화 유적에서 최초로 발견되나, 이것이 중원(中原)에서 발견된 것은 약 4000년 전의 양사오(仰韶) 문화 유물에서다. 그런가 하면 은대(殷代)의 갑골문에는 "도(稻)"자가 보이지 않으며, 주대(周代)의 명문과 시경(詩經)에 비로소 이 글자가 보인다. "도(稻)"는 진시황 때 육곡(六穀)에 편입되었다.

우리는 쌀밥을 주식으로 한다. 그런데 이 쌀이야말로 제대로 알려지지 않은, 우리가 바로 알아야 할 대표적인 말이다. "쌀"을 나타내는 가장 오랜 기록은 계림유사(鷄林類事)의 "菩薩"이다. "白米曰 漢菩薩", "粟曰 田菩薩"이라 한 것이 그것이다. 백미는 "흰쌀", 조는 "밭쌀"이라 한 것이다. 여기 쓰인 쌀을 나내는 "菩薩"은 "ᄇᆞ슬" 쯤으로 재구될 말로, "ᄡᆞᆯ> ᄊᆞᆯ"을 거쳐 오늘날의 "쌀"이 되는 말이다. "쌀"은 흔히 "벼의 껍질을 벗긴 알맹이", 곧 "도정미(搗精米)"라고 생각한다. 그러나 "볍쌀(稻米)"만이 "쌀"이 아니다. 도정한 낟알은 모두가 "쌀"이다. 이는 "볍쌀" 외에 "보리쌀, 좁쌀"이 있는가 하면, "기장쌀, 수수쌀, 율무쌀, 핍쌀, 생동쌀(靑粱)" 등이 있다는 사실이 그 구체적 증거다. 더구나 쌀은 곡물만이 아닌, 도토리 알맹이까지 "상수리쌀"이라 하여 그 지시 범위가 곡물을 벗어나기까지 한다.

"쌀"의 이러한 어원적 의미는 우리말에만 한정되지 않는다. 한어 "米(미)"도 마찬가지다. 설문해자에는 "미 속실야(米 粟實也)"라 되어 있다. 우리가 "쌀미(米)"자라 하는 "米"자를 "조의 열매", 곧 "좁쌀"이라 풀이한 것이다. "단주(段注)"에서는 열매(實)는 알맹이(人·仁)가 있는데, 粟(속)은 겉껍질을 가지고 있는 것이고, 米(미)는 씨앗의 알맹이(人·仁)라 하였다. 이어서 粟(속)은 화서(禾黍),

곧 벼와 기장을 이른다고 전제하고 "껍질을 벗기고 남아 있는 씨앗의 알맹이를 미(米)라고 하는데, 벼, 조, 보리, 줄 또한 米라 한다"고 주석하고 있다. 이렇게 "粟"이란 껍질을 벗기지 않은 곡식을, "米"란 껍질을 벗긴 알맹이를 이르는 곡물의 범칭이었다. 속(粟)은 겉곡식을, 미(米)는 도정한 알곡을 가리켰다. "속미(粟米), 옥미(玉米), 소미(小米), 황미(黃米), 양미(粱米), 패자미(稗子米), 직미(稷米), 고미(苽米)" 등이 그 예다. 좁쌀인 "소미(小米)"에 대해 볍쌀은 "내미(大米)"라고도 한다. 그런데 오늘날엔 "米"나 "쌀"이 주로 도미(稻米), 곧 볍쌀만을 가리킨다. 이는 의미가 축소된 것이라 할 수 있다. 이러한 의미의 축소는 "볍쌀"이 쌀 가운데 대표적인 것이라, 이를 나타내기 위해 그 의미가 축소된 것이라 하겠다.

언어는 생명체라 한다. 언어는 태어나고, 변하고, 죽는다. 이는 지난날의 그 언어 운용자(運用者)의 문화와 사회적 배경을 반영한다. 우리는 그 언어를 통해 그 문화와 사회를 엿볼 수 있는가 하면, 그 문화와 사회를 통해 언어의 실체를 파악할 수 있다.

언어는 형태 및 의미의 면에서 유연성(有緣性)을 지닌다. 그런데 이는 세월이 흐르면서 소실된다. 그래서 유연성을 파악할 수 없는 경우가 많고, 이를 알 수 없어 언어의 실상을 파악할 수 없게 한다. 잊혀진 유연성이 밝혀질 때 그 말은 하나의 생명체로 우리에게 다가선다. 그래서 언어사(言語史)에 관심을 갖는 사람들은 오늘도 언어의 투명성(透明性)을 확보하기 위해 암중모색을 하는 것이다.

(2017.6.10.)

오대양(五大洋)과 육대주의 한자어 이름

이 지구는 오대양(五大洋)과 육대주(六大洲)로 어루어져 있다. 양(洋)은 큰 바다라는 말이며, 주(洲)는 큰 섬이란 말이다. 영어로는 각각 Ocean, Continental 이라 한다.

육대주에 비해 오대양은 그리 잘 알려져 있지 않다. 태평양, 대서양, 인도양까지는 알지만 그 다음은 잘 모른다. 남빙양(南氷洋), 북빙양(北氷洋)이다. 이들은 쉬운 말로 남극해(南極海), 북극해(北極海)라 한다. 좀 생소한 말로는 남수해(南水海), 북수해(北水海)라 한다.

태평양과 대서양에 대해서는 약간의 설명을 필요로 한다. "태평양(太平洋)"은 포르트갈인 마젤란이 최초로 태평한 바다라는 의미로 Pacific ocean이라 명명하였다. 그가 이 바다를 항해할 때 파도가 심히 일지 않고 의외로 조용하고 평화로웠다. 그리하여 평화롭고 온화한 바다라 하여 Pacific ocean이라 명명하였다고 한다. 그리고 이를 일본에서 번역한 것이 "태평양(太平洋)"이다. "대서양(大西洋)"은 원(元)나라 때 중국에서 세계를 동양과 서양으로 구별하던 것과 관련된다. 중국의 서쪽에 있는 큰 바다이기에 이를 서양(西洋)이라 하였고, 이를 일본에서 대서양(大西洋)이라 한 것이다. 이의 정식 이름은 Atlantic ocean으로, 서대양(西大洋)이란 말이다. 인도양(印度洋)은 인도의 앞 바다여서 인도양(印度洋)이라 한 것이다.

대륙은 오대주(五大洲), 또는 육대주(六大洲)라 한다. 오대주는 아시아 주, 구라파 주, 아메리카 주, 아프리카 주, 대양주의 다섯이다. 아메리카 주를 남북으로 나눈 것이 육대주(六大洲)이다. 중국에서는 이를 "아주(亞洲), 구주(歐洲), 남미주(南美洲), 북미주(北美洲), 비주(非洲), 해양주(海洋洲)"라 한다. 비주(非洲)는 아비리가주(阿非利加洲)를 생략한 말이다. 이는 "아비리가주(阿非利加洲)"의 제2음절 "비(非)"를 활용하여 여기에 주(洲)를 더한 것이다. 해양주는 대양주(大洋洲)라고도 하며, 호주(濠洲)라고도 한다. 호주(濠洲)는 Australia의 음역어 濠太剌利亞를 줄인 말이다. 해자 호(濠)의 발음은 상고음과 중고음은 각각 [ɦog-ɦau]이었다. "濠"는 원음차용한 것이다. 이들 대륙명의 특징은 대륙의 이름을 제1음절로 하고, 여기에 그것이 대륙, 혹은 큰 섬(洲)이라는 것을 나타내기 위하여 "큰 섬 주(洲)"자를 붙여 그 의미를 분명히 하였다는 것이다. 이는 중국의 외국어 번역상의 한 원칙이다.

이에 대해 일본에서는 오대주를 "아세아주(亞細亞洲), 구라파주(歐羅巴洲), 아미리가주(亞米利加洲), 아불리가주(阿·亞弗利加洲), 대양주(大洋洲)"라 하였다. 중국과의 명명상의 차이는 "대양주"를 제외한 모든 주의 이름을 원음대로 다 한자로 표기하였다는 것이다. 그리고 이들을 줄여서 나타낼 때에는 "아주(亞洲), 구주(歐洲), 미주(米洲), 아주(阿洲)"라고 하여 부분적으로 중국과 차이를 보인다. 그것은 아메리카 주를 중국에서는 "아미리가(亞美利加)"라 하였는데, 일본에서는 "아미리가(亞米利加)"라고 "아름다울 미(美)"자를 "쌀 미(米)"자로 바꾸었다. 아프리카주는 중국에서는 "아비리가(阿非利加)"라고 "아닐 비(非)"자를 쓰는데, 일본에서는 "아불리가(阿弗利加)"라고 "아닐 불(弗)"자를 쓰며, 이의 준말도 중국에서는 "비주(非洲)"라 하고, 일본에서는 "언덕 아(阿)"자를 써서 "아주(阿洲)"라 한다는 것이다.

이상 중국과 일본의 오대양과 육대주의 번역어를 살펴보았다. 오대양의 경우는 보다 의역을 한 경향을 보인다. 그리고 그것이 작은 바다(海)가 아니고 큰 바다(洋)임을 나타내고 있다. 이에 대해 대륙은 대체로 원음차용을 하고 있으며, 약어인 경우는 "큰 섬 주(洲)"자를 써서 그 대상이 육지(大陸)임을 알도록 배려한 것을 볼 수 있다.

우리는 이러한 양국의 번역어를 수용하고 있다. 오대양은 "태평양, 대서양, 인도양, 북빙양(북극해), 남빙양(남극해)"이라 한다. 이에 대해 육대주는 아세아주는 아주(亞洲), 구라파주는 구주(歐洲), 아프리카주는 아주(阿洲), 아메리카주는 미주(美洲), 대양주는 대양주(大洋洲)라 하고 있다("구라파"에 대해서는 上권 pp.447~448 참조). 따라서 이 가운데 "아주(阿洲)"는 일본어를, "미주(美洲)"는 중국어를 수용한 것이고, "대양주(大洋洲)"는 중국에서도 "해양주(海洋洲)" 외에 "대양주"라고도 하나 일본어 쪽이라 할 "대양주"를 취하고 있다.

다음에는 오대주의 본원적 어원을 풀이하기로 한다. 아시아(Asia)는 아시리아 어의 "날이 밝음, 일출, 빛"을 의미하는 말로, 이는 나아가 "해 뜨는 나라"를 의미하는 말이다. 유럽(Europe)은 같은 아시리아의 말로, "석암(夕闇), 해가짐, 암흑"을 의미하며 나아가 "해가 지는 나라"를 의미하는 "Erêb(日沒)"에 기원하는 말이다. 아메리카(America)는 1497년 남아메리카에 간 플로렌스의 항해가의 라틴어 이름 Americus Vesputius의 Americus에 연유한다. 아프리카(Africa)는 로마제국이 아프리카라는 속주(屬州)를 둔 데 말미암는다. 오세아니어(Oceania)는 희랍인들이 아프로-유라시아 대륙 주변을 감싸고 "흐르는 수역(水域)", 곧 대양이 있다고 믿고, 이를 Oceanus Fluvius라 하였는데 이 Oceanus에서 비롯되었다. 이 대양을 중심으로 동서양이 나뉘었는데, 서양을 의미하는 Oceanus Occidentalis는 Male Atlanticum으로 바뀌고, 동양을 의미하는 Oceanus Orientalis는 그대로 남아 쓰인다. (2021.4.17.)

"오징어"의 어원 오적어(烏賊魚)

실명씨(失名氏)의 사설시조에 자못 익살스러운 시조가 하나 있다. 고기들이 얽음뱅이를 그물로 알고 모두 도망갈 것이니 제발 고기 잡는 주변에 와 서 있지 말라고 당부하는 노래다. 이를 현대역으로 살펴보면 다음과 같다.

> 바둑 걸쇠같이 얽은 놈아, 제발 빌자 너에게
>
> 물가에는 오지 마라, 눈 큰 준치, 허리 긴 갈치, 둘쳐 메기, 츤츤 가물치, 문어(文魚)의 아들 낙제(落蹄), 넙치의 딸 가자미, 배부른 올챙이, 공지 겨레 많은 곤쟁이, 고독한 뱀장어, 집채 같은 고래와, 바늘 같은 송사리, 눈 긴 농게, 입 작은 병어(甁魚)가 그물로 여겨 풀풀 뛰어 다 달아나는데 열없이 생긴 <u>오적어(烏賊魚)</u> 둥개는데 그 놈의 손자 골독(骨獨)이 애쓰는데 비소같은 말거마리와 귀 영자(纓子) 같은 장고(杖鼓) 아비는 아무런 줄도 모르고 그 짓들만 한다.
>
> 아마도 너 곧 곁에 섰으면 고기 못 잡아 대사(大事)로다.

이 시조에는 여러 종류의 고기 이름이 열거되어 있다. 그 가운데 "오적어 (烏賊魚)"라는 것도 있다. 이는 오징어를 말한다, 오징어는 "오적어"가 변한 말이다. 우선 발음을 중심으로 설명을 하면 "어(魚)"가 아음(牙音) "어"로 발음 하는 말이기에 "적(賊)"의 발음이 "정"으로 바뀌었다. 그리고 이 "정"이 "증> 징"으로 바뀌어 "오징어가 되었다.

그러면 "오적어"라는 말은 어떻게 된 것인가? 이는 중국의 한자어이다.

"오적어(烏賊魚)"는 동양 삼국이 다 쓰는 말이다. 오징어는 중국의 본초강목에 의하면 오적(烏賊) 외에 오즉(烏鰂), 묵어(墨魚) 등이라고도 하였다. 그리고 "수경(水經)"에 의하면 석범산(石帆山)은 북쪽으로 큰 호수와 임하여 있는데, 그 깊이는 알 수 없이 깊다. 전하는 말로는 바다와 통한다고 한다. 그런데 이 호수에서는 오적어(烏賊魚)가 잡힌다고 한다. 바다와 통해 있다고는 하나 바다 아닌, 호수에서도 오징어가 잡히는 것으로 되어 있다.

"남월지(南越志)"는 지난날의 전설을 바탕으로 "오적어(烏賊魚)"의 어원을 밝히고 있다. "오적어는 항상 물 위에 떠 있다. 까마귀가 이를 죽은 것으로 알고 가서 쫀다. 그러면 오적어는 까마귀를 열 발로 감는다. 이로 말미암아 이 물고기를 까마귀의 적인 고기라 하여 오적어라 하게 되었다는 것이 그 내용이다. 오징어는 모사꾼으로 죽은 체 하고 떠 있다가 달려드는 까마귀를 낚아 채어 잡아 먹는다는 말이다. 요사이 같으면 상상할 수 없는, 까마귀와 오징어는 견원지간(犬猿之間)과 같은 상극의 관계를 설정한 것이다. 이렇게 오징어는 까마귀의 적이어서 "오적어(烏賊魚)"라 하였다는 것이다. 그리고 이 "오적어"가 "오징어"가 되었다는 말이다. 전설이니 사실여부는 알 수 없다. 그리고 이는 어원속해(語源俗解)일 가능성이 짙다. 그러나 한번쯤 생각해 볼 수는 있는 어원설이라 하겠다.

이와는 달리 현대적 해석을 가할 수도 있다. 그것은 오징어를 묵어(墨魚)라고도 하듯 적이 나타나면 검은 먹물을 뿜는 것이 오징어의 특성이다. 따라서 적에게 검은 물을 뿜는 물고기라 하여 오적어(烏賊魚)라 했다는 어원설이다. 적에게 검은 물을 뿜는 고기라는 말이다.   (2021.5.15.)

"옥편(玉篇)"이란 말의 언어문화

　말(語彙)에 대한 의미, 품사, 어원, 용법 등을 밝히고 풀이한 책을 "사전(辭典)"이라 한다. 이에 대해 한자의 음과 뜻, 자원(字源) 등을 밝힌 사전을 자전(字典)이라 한다. 그런데 우리는 이 "자전"을 흔히 "옥편(玉篇)"이라 한다. 이에 "옥편"이란 언어문화를 살펴보기로 한다.

　"옥편(玉篇)"은 우리말 사전풀이에 의하면 두 가지로 풀이하고 있다. 첫째는 자전(字典)과 동의어라는 것이고, 둘째는 543년에 중국의 양(梁)나라의 고야왕(顧野王)이 편찬한 책이란 것이다. 고야왕은 설문해자(說文解字)를 본떠 "옥편(玉篇)"을 만들었다. 부수는 542부로 하였다. 이는 그 뒤 당나라 손강(孫康)이 증보하였고, 송(宋)나라 진종(眞宗) 때 진팽년(陳彭年) 등이 왕명을 받들어 증수한 것이 현행의 옥편이다. 이는 "대광익회옥편(大廣益會玉篇)", 또는 "중정 옥편(重訂玉篇)"이라 하는데, 오늘날 30권이 전한다. 구옥편에는 158,641言이, 신옥편에는 51,129言이 증보되어 증정한 신옥편에는 20만 9770言이 수록되어 있다 한다.(諸橋)

　다음에는 고야왕의 책제 "옥편(玉篇)"의 자원을 살펴보기로 한다. "옥(玉)"은 끈에 꿴 서너 개의 옥을 상형한 상형자로, 아름다운 돌을 의미한다. "편(篇)"은 형성자로, 대(竹)와 실로 엮다를 뜻하는 편(扁)으로 이루어져 책을 가리킨다. 따라서 책의 제목으로서의 "옥편(玉篇)"이란 주옥 같은 글자를 모아 풀이한 책이란 의미를 지닌다. "옥편"이란 본래 고유명사로 이 세상에 태어났으나, 우리는 이를 보통명사로 사용하여 자전(字典) 일반을 이르고 있다.

이러한 "옥편"이란 말의 용법은 중국이나 일본에는 보이지 않는다. 우리만의 특수한 어휘 문화이다.

　중국의 이 "대광익회옥편(大廣益會玉篇)"은 한국과 일본에도 전래되었다. 그래서 이는 조선판과 일본판도 있는 것으로 알려진다<諸橋>. 그러면 우리나라의 옥편 편찬은 어떻게 이루어졌는가? 조선조의 세조 10년(1464)에 간행된 예부운략(禮部韻略)의 권말에 "신편직음예부운략옥편(新編直音禮部玉篇)"이 붙어 있는데 이것이 최초의 자전적 "옥편(玉篇)"으로 알려진다. 그 뒤 중종 31년(1536)에 최세진의 "운회옥편(韻會玉篇)" 등이 간행되었다. 이들은 특정 운서의 색인으로 출발했다는 특성을 지닌다. 그 뒤 정조 때 관(官)에서 "전운옥편(全韻玉篇)"을 간행하였는데, 이는 "규장전운(奎章全韻)"에 딸린 것으로, 운서의 색인 구실도 하나, 독자적으로 글자마다 음과 뜻을 달아 자전의 구실도 하게 한 것이었다.

　근대적 옥편(玉篇)으로는 지석영(池錫永)의 "자전석요(字典釋要)"가 있다. 이는 한글로 자음과 새김을 단 것이다. 이밖에 1910년 정익로(鄭益魯)가 편찬한 "국한문신옥편(國漢文新玉篇)"이 있고, 1915년 최남선이 간행한 "신자전(新字典)" 등도 있다. 이들은 종전의 운서 색인이 아니라, 명실상부한 자전(字典)으로서 현재 통용되고 있는 옥편의 규범이 되었다. 이밖에 좀 성격을 달리하는 "한자사전", 또는 "한한사전(漢韓辭典)"들이 있다. 이들은 표제의 한자를 풀이하고, 그 다음에 표제 한자가 선행하는 하는 어휘를 들고 풀이를 한 사전이다.

　옥편은 이렇게 본래 고야왕(顧野王)의 "옥편(玉篇)"에서 비롯된 말이다. 따라서 이는 본래는 고유명사였다. 그런데 이 말이 우리말에서는 "자전(字典)"이란 보통명사로 그 의미가 변해 쓰이고 있다. 그리고 우리의 "옥편"은 처음에 운서의 색인 구실을 하는 것으로 출발하여 자전(字典)의 성격을 지니는 것으로 발전하였다. 이것이 우리 "옥편(玉篇)"의 현주소이다. "자전(字典)"은 "자서(字書)·자림(字林)"이라고도 한다. (2022.2.22.)

"왜"와 "예", 일본의 다른 이름

　우리는 일본을 비하할 때 "왜국(倭國)"이라 하고, 일본인을 "왜놈"이라 한다. 통신사로 일본을 다녀와서 쓴 김인겸(金仁謙)의 "일동장유가(日東壯遊歌)"에는 이 "왜(倭)"라는 말이 무수하게 쓰이고 있다. 그런데 이 일동장유가에는 일본을 가리키는 "예"라는 말도 서너 군데 쓰이고 있다. 이 말은 그리 알려져 있지 않아 많은 사람이 잘 모른다.

　위지(魏志) 왜인전(倭人傳)에 의하면 왜인(倭人)은 대방(帶方)의 동남 대해 가운데 있고, 산도(山島)에 의지해 국읍(國邑)을 이루고 있다. 이들은 한(漢)나라 때 조공을 하는 자가 있었고, 지금 위(魏)나라에 사절이 오는 나라가 30개국이라하고 있다.

　그리고 후한서(後漢書)에 의하면 후한의 광무제(光武帝)가 일본 사신에게 도장을 주었다는 기록이 보이는데, 이 도장으로 보이는 금인(金印)이 1784년 규슈(九州)의 한 섬에서 발견되었다. 이 금인에는 "漢委奴國王"이라 다섯 글자가 음각으로 새겨져 있다. 이는 일본 학계에서 "한(漢)의 와(委)의 나(奴)의 국(國)의 왕(王)"이라 읽고 있다. 한(漢)나라의 속국인 왜(倭)의 나국(奴國) 왕(王)의 도장이라는 말이다. 이는 일본에는 한 나라 때 100여 개국이 있었는데, 그런 왜국(倭國) 가운데 조공을 하러 온 나국(奴國)을 한나라의 속국으로 인정하여 금인을 새겨 하사한 것이다.

　중국 사람이 보기에 일본 사람은 키가 작았다. 그리하여 저들을 "왜인(倭人)"이라 하고, 저들의 나라를 "왜국(倭國)"이라 한 것이다. 그런데 이 "왜(倭)"

자는 "난쟁이 왜(倭)"자로 바람직한 의미의 글자가 못 된다. 그래서 나라나 지명의 바람직하지 않은 글자를 좋은 의미의 한자로 바꾸게 되어 "왜(倭)"자는 "화(和)"자로 바뀌게 되었다. "위(委)"자도 이런 과정에서 바뀐 글자 가운데 하나로 보인다.

그러면 지난날 "왜(倭)"와 "위(委)"는 어떻게 발음되었는가? "왜(倭)"자는 두 가지로 발음된다. 이의 변화과정은 다음과 같다.(藤堂明保, 1985)

(A) 上古·uaɛɪ － 中古·ua － 中世·uo － 現代·uə(wö)

(B) 上古·ɪuaɪ － 中古·ɪuě － 中世·uəi － 現代·uəi(wēi)

따라서 일본에서 "와(和)"라 발음하는 것은 (A)의 한어 중고음을 수용한 것이라 하겠다. 이에 대해 금인(金印)에 "위(委)"로 나타낸 것은 한어 (B)의 중고음을 반영한 것이라 하겠다. 그것은 "위(委)"의 발음이 "ɪuaɪ － ɪuě － uəi － uəi(wēi·wēɪ)"로 변해 "위(委)"의 중고음(隋·唐音)이 "왜(倭)"의 중고음과 일치하기 때문이다. 이렇게 돼서 적어도 일본을 지칭하는 "왜(倭)"는 "ua"와 "ɪuě"의 두 가지로 발음되었던 것으로 추정된다.

우리말의 일본을 지칭하는 "왜"와 "예"의 두 가지 말은 이러한 일본을 지칭하는 두 가지 다른 발음에 연유하는 것으로 보인다. 이들 두 표현은 김인겸의 일동장유가(日東壯遊歌)의 용례에서 확인할 수 있다.

　*　<u>왜놈</u>의 우리 대접 극진타 하리로다.
　　　<u>왜왕</u>은 괴이하여 아무 일도 모르고서
　*　<u>예놈</u>의 아이들이 울 틈으로 엿보고
　　　무수한 <u>예</u> 선비 풍류 듣자 청하거늘

그런데 이렇게 일본을 나타내는 말은 적어도 "왜"와 "예"의 두 가지가 있는데 사람들은 "왜(倭)"만 알고, "예"를 모르고 있다. 그래서 심하게는 일동 장유가를 주석하고 있는 학자까지 오류를 범하고 있는 것을 볼 수 있다. 17세기 문헌에는 왜적(倭賊)을 이르는 "예도적" 등 "예"의 용례가 무수하게 보인다. "예 황제 팔자" 등 속담의 "예"도 마찬가지로 이 일본을 지칭하는 "예"이다. 일본을 가리키는 "왜"와 "예"는 다 같이 "왜(倭)"의 발음에서 연유하는 다른 말이라 하겠다.

17세기의 "예"의 용례를 몇 개 보면 다음과 같다.

> * 그 고디 간악훈 빅셩이 거줃 예 얼굴ᄒ고 겁틱ᄒ거눌 <동국신속삼강행
>   실도>
>   신우 삼년의 예 강화 짜히 도적ᄒ야 방즈히 주기거눌 <동국신속삼강행
>   실도>
> * 엇디훈디 예논 달호기를 잘못ᄒ여 이러ᄒ니 허믈 마르시오 <첩해신어>
>   요스이 일졀 예논 오디 아니ᄒ시니 <첩해신어>

(2022.3.8.)

"우편(郵便)"과 우편문화

우편(郵便)이라면 누구나 통신(通信) 수단을 머리에 떠올릴 것이다. 그러나 이는 통신 수단에 앞서 교통수단과 관계를 갖는 말이다. 통신과 교통이 밀접한 관련을 갖기 때문이다.

우리의 국어사전은 "우편"에 대해 "정보통신부의 관할 아래 서신이나 기타 물품을 국내나 전 세계에 보내는 일. =우체(郵遞)"라고 풀이하고 있다. 이는 현대적 해석이다. 연원을 따지자면 역사적으로 거슬러 올라가야 한다.

우편(郵便)의 "우(郵)"자는 "역참 우(郵)"자라고 훈을 "역참"이라 달고 있다. 사전은 "역참(驛站)"을 "관(館)" 9의 ⑤라 풀이하고 있고, "관(館)" 9의 ⑤는 "조선시대에, 관원이 공무로 다닐 때에 숙식을 제공하고 빈객을 접대하기 위하여 각 주(州)와 현(縣)에 둔 객사(客舍)"라 풀이하고 있다. 공무로 여행하는 사람이 숙식을 제공받을 수 있는 객사가 "우(郵)"다. 우리의 경우는 이렇게 주·현에 마련된 역참, 곧 역관(驛館)을 "우(郵)"라 한 것이다.

중국의 경우 "우(郵)"는 문서나 명령을 전달하기 위해 인마(人馬)를 바꾸거나, 발송하기 위해 원근을 따져 설치한 역정(驛亭)을 말한다. 광아(廣雅)에 보이는 "우 역야(郵驛也)"나, "한서(漢書)"의 주(注)에 보이는 "사고가 말하기를 우(郵)는 문서를 보내는 숙사다. 이는 지금의 역이고, 길을 가는 사람의 숙소다(師古 曰 郵 行書之舍 亦如今之驛 及 行道館舍也)"라 한 것이 그것이다. 일본의 경우도 우리나 중국과 같은 제도가 있었는데, 역관(驛館)에 해당한 것을 "슈쿠바(宿場)"라 하였다.

이에 대해 우편(郵便)의 "편(便)"은 "편지, 소식"을 의미한다. "편지(便紙), 신편(信便), 멱편(覓便), 진편(趁便)"의 "편(便)"과, 편지지를 이르는 "편전(便箋)", 또는 "편전지(便箋紙)"의 "편(便)"이 그것이다. 구체적 용례로는 육운(陸運)의 글 가운데 "길이 멀어 편지가 마뜩치 않다(道路悠遠 不値信便)"라 한 것이 보인다.

이렇게 "우편(郵便)"이란 역에서 역으로 문서·명령·하물(荷物)을 전달하는 것에서 시작하여 소식을 전하는 것을 의미하게 된 말이다. 이 말의 어원은 1870년 일본의 역체(驛遞) 수장인 마에지마 히소카(前島密)에 의해 조어된 것으로 알려진다. 마에지마는 우표를 이르는 "깃부(切符)"와 "깃데(切手)"라는 말도 만들어냈다. 우표는 1840년 영국사람 Rowland Hill에 의해 창시되었다.

통신사업을 하는 기구를 우리는 처음에 우정국(郵政局)이라 하였다. 우편의 정무를 보는 곳이란 말이다. 이것이 뒤에 우편국(郵便局)으로, 지금은 우체국(郵遞局)으로 바뀌었다. 우체국이란 배달과정에서 기관과 사람이 바뀌게 되는 것(遞)을 나타낸 것이다.

끝으로 신식(信息)을 이르는 어휘를 보기로 한다. 안부·소식·용무 따위를 적어 보내는 글을 우리는 편지(便紙)라 한다. 동양 삼국에 "편지"라고 하는 나라는 우리밖에 없다. 중국에서는 주로 신서(信書)라 하고, 일본에서는 수지(手紙), "데가미"라 한다. 다 같이 소식을 전하는 수단이고, 그것도 한자어로 나타내는 말인데 이렇게 서로 다르다. 신식(信息)을 전달하는 기원은 다 같은 과정을 밟고 발달하였으면서 전달 대상의 이름은 자못 다르다. 이것이 동양 삼국의 우편문화이다.

(2021.11.16.)

"월경(月經)"과 "생리"의 문화적 차이

성숙한 여인은 임신을 하지 않은 경우 자궁에서 주기적으로 출혈을 하는 생리작용을 한다. 이를 흔히 "월경(月經)", 또는 "생리(生理)"라 한다. 이와는 달리 "달거리, 몸, 몸엣것"이라 고유어로 이르기도 하고, 또 한자말로 "경도(經度), 경수(經水), 월객(月客), 월사(月事), 월수(月水), 월후(月候)"라고도 한다. 영어로 "멘스(mense)"라 하기도 한다. 겉으로 드러내 놓고 말하기 거북한 금기어(禁忌語)이다 보니 돌려서 말하는 완곡적 표현이 많다.

"월경(月經)"이란 말은 일찍부터 중국에서 쓰였다. 이시진(李時珍)은 본초강목(本草綱目)에서 "석명(釋名)"에 월경(月經), 천계(天癸), 홍연(紅鉛)이라 하고 있다며, 이는 달이 차고 이울 듯이 매달 한 번씩 일어난다고 하여 이를 "월신(月信), 월수(月水), 월경(月經)"이라 한다고 하고 있다. "월경(月經)"이란 이렇게 달이 만월이 되듯이 매월 나타나므로 이렇게 명명한 것이다. 이는 달이 지나가는 것, 곧 달에 매달 일어나는 것이란 의미로 붙여진 말이다. 말을 바꾸면 "달거리"란 말이다. 월경은 "달(月)"에 주기(週期)를 의미하는 "거리"란 접사가 붙은 "달거리"란 말이다.

"생리(生理)"라는 말은 근대화과정에서 새로 생겨난 말이다. 일본은 근대화과정에서 동식물의 생활현상을 연구하는 생물학의 한 분과인 physiology를 받아들였다. 그리고 이를 "생리학(生理學)"이라 번역하였다. 그리고 생물체의 생물학적 기능과 작용 가운데 하나인 여인의 월경을 특히 "생리(生理)"라고도 하였다. 이로 인해 우리는 전통적인 한어 "월경"의 문화와 함께 일본의 "생리"란 개화의 새로운, 두 문하를 수용하게 된 것이다. 중국에서는 신한자어로 "생리학"은 수용하고, 월경을 이르는 "생리(生理)"는 수용하지 않는 것으로 보인다. 그리고 여기 덧붙일 것은 우리에게는 "경도(經度)"라는 말도 있다는 것이다. 이는 생리(生理)를 달리 이르는 말인데, 이 말은 중국에서도 일본에서도 쓰지 않는 우리만의 한자어인 것 같다.

월경의 이칭으로는 앞에서 여러 가지를 들었으나, 이밖에도 달리 이르는 말이 더 있다. 그것은 한어에 쓰이는 "경행(經行), 월역(月役)"과 같은 말이 그것이다. "지날 경(經)"자는 월경과 관련된 말에 많이 쓰이다 보니 "경(經)"자 자체가 "월경"을 의미하게 되었으며, "월역(月役)"과 같이 "구실"로도 비유되었다. 동양문고본 "춘향전"에는 서답을 찬 춘향이가 나오는데, 여기서 월후를 "여자의 구실"이라 한 것을 볼 수 있다. 우리 고어에는 월인석보에 "더러본 이슬"이란 말도 보인다. 월경은 동서고금을 통해 부정(不淨)과 오예(汚穢)의 상징으로 받아들였다. 더구나 불교에서는 여성을 배척해 월경을 오예시하여 "더러본 이슬"이란 표현까지 한 것을 볼 수 있다.

이상 금기어라 할 "월경"과 "생리"에 대해 살펴보았다. "월경"은 옛날부터 쓰인 한자문화의 말이고, "생리"는 근대화 과정에서 일본에서 "생리(生理)"에 새로운 의미를 부여한, 근래에 신조된 어휘다. 우리는 "월경"과 "생리"란 시대적으로 다른 두 어휘 문화를 수용하고 있다. 그리고 우리에게는 월경을 뜻하는 "경도(經度)"라는 말이 있는데 이는 모로바시(諸橋)에도 보이지 않는다. 이는 아마도 우리만이 사용하는 한국한자어가 아닌가 한다. 이는 한국한자어사전에는 표제어로 올라 있지 않다.

(2021.12.31.)

월급(月給)과 녹봉의 문화

    일정한 기관에 매어 일을 하게 되면 그 대가로 매달 삯을 받는다. 이를 우리는 "월급(月給)"이라 한다. "달 월(月), 줄 급(給)", 달마다 삯을 급여한다는 말이다. 그렇다면 이 월급(月給) 제도는 언제부터 시작되었으며, 그 전에는 무엇이라 하였는가?

    봉급(俸給)을 주는 것은 오늘날 기업 등 사적인 기관에서도 하고 있다. 지난날에는 주로 나라에서 관리에게 이를 행하였다. 이를 "녹봉(祿俸)"이라 하였다. 조선조의 경국대전(經國大典)에 의하면 "녹(祿)"은 미곡을 의미하고, "봉(俸)"은 포백(布帛)을 가리킨다. 이는 녹봉으로서 미곡과 포백을 주었음을 의미한다. 곡식은 중미(中米: 깨끗이 쓿지 않은 중길의 쌀), 조미(糙米: 현미), 황두(黃豆)를, 포백은 명주, 정포(正布: 품질이 좋은 베)와 이밖에 저화(楮貨)를 광흥창(廣興倉)에서 지급하였다.

    녹봉은 1품에서 9품에 이르는 관원을 18과(科)로 나누어 지급하였다. 처음에는 6개월에 한 번씩 지급하다가, 세종 때부터는 1, 4, 7, 10월의 네 차례로 나누어 지급하였다. 이러한 제도는 그 뒤에 여러 차례 바뀌었다. 녹봉은 중앙 관원에게 국고에서 지급하는 관록(官祿)과, 지방 관원에게 지방 수입에서 주는 관황(官況)의 두 가지가 있었다.

    지급한 녹봉의 내역을 보면 제1과는 재내대군(在內大君), 정승 이상으로, 곡식 100섬과, 베 32필, 저화(楮貨) 10장으로 하였으며, 종9품인 18과는 곡식 14섬과 베 4필, 저화 1장으로 되어 있었다. 과(科)의 수와 녹봉액은 뒤에 조정되었다.

녹봉제도는 통일신라시대에 처음 기록이 보인다. 고려시대에는 녹봉제도
가 확립되었다. "고려사(高麗史)"에 의하면 녹봉을 지급하는 기관으로 좌창(左
倉)을 두었으며, 중앙의 비주(妃主), 종실, 백관, 지방의 3경, 주(州)·부(府)·군(郡)·
현(縣)의 관리에게 녹봉을 주어 염치를 기르게 하고, 잡직 서리와 공장(工匠)에
이르기까지 직역을 가진 자에게는 상봉(常俸)을 주어 농사를 대신케 하였다.
외관의 녹은 좌창에서 반을 지급하고, 반은 외읍에서 지급하게 하였다. 고려
시대에는 녹봉을 받는 벼슬아치들에게는 녹패(祿牌)라는 증표를 주었다. 그리
고 기억해 둘 말에 "녹전(祿轉)"이란 것이 있었는데, 이는 나라에서 벼슬아치
들에게 녹봉을 주기 위해 각 지방에서 거두어들이는 미곡을 이르는 말이었
다. 이러한 미곡을 실어 나르는 수레는 "녹전차(祿轉車)"라 하였다.

녹봉제도는 1894년 갑오경장(甲午更張)의 개혁을 통해 전통적 관료제도의
개혁과 함께 종전의 녹봉제도를 폐지하고, 그 이듬해부터 품계에 따라 월급
제도를 시행하였다. 이 때 곡식이나 포백이 아닌, 현금(現金)을 지급하게 하였
다. 이로 말미암아 통일신라 이후 현물로 지급하던 녹봉은 근대적인 화폐지
급 제도로 바뀌었다. 그리고 그 지급도 연봉제(年俸制)나 분기별 지급제 등에
서 매월 지급하는 월급제도로 바뀌었다.

개화기 이후의 월급제도는 일본의 영향을 많이 받았다. 일본의 경우도
에도시대(江戸時代)의 샐러리맨은 연봉제가 기본이었고, 지행취(知行取)의 무사
는 직접 지배하는 땅의 농민으로부터 연공(年貢)을 받아 이를 팔아 현금 수입
으로 하였다. 우리의 녹봉에 해당한 이 제도를 일본에서는 세록(歳祿)이라
하였다. 그런데 이러한 세록의 제도가 명치 4년(1871년) 9월에 월급제로 개편
되었다. 우리와 마찬가지로 개혁을 한 것이다. 이때 1등관인 대신의 월급은
재정난으로 일시불이 늦어지기도 하였고, 고등관은 다시 연봉제로 돌아갔으
나 지급은 매달 분할하여 집행하였다. 이렇게 일본에서는 1871년에 세록제
(歳祿制)에서 월급제로 바뀌었다. 당시 개화를 서두르던 대한제국은 이러한
일본의 제도를 20여 넌 뒤에 받아드렸다.

(2021.4.6.)

"유세(遊說)"의 발음과 의미

광복 전에는 잘 들을 수 없었던 말로, 광복 이후 자주 듣게 되는 말이 여럿 있다. 그 가운데 하나가 "유세(遊說)"라는 말이다. 이 말은 의미나 발음에 엉뚱한 면이 있어, 아는 사람이 아니고는 쉽게 이를 한자로 적을 수 있는 말이 아니다. 유세(遊說)의 의미는 대체로 다음과 같은 것으로 본다.

① 지방을 돌아다니며 정당의 주의 주장 및 자기 의견을 설득하는 것.
② 제후(諸侯)를 역방하며 자기의 주의 주장을 설득하는 것.
③ 유담(遊談). 또는 쓸데없는 이야기.

①은 오늘날의 유세의 의미이고, ②는 지난날, 특히 중국에서 군웅이 할거하던 춘추전국시대의 유세의 풀이라 하겠다. 춘추전국시대의 유세로는 천하를 주유하며 제후를 설득한 공자(孔子)가 있고, 합종연횡(合縱連橫)으로 유명한 소진(蘇秦) 장의(張儀)가 있다.

"유세(遊說)"라는 말은 앞에서 언급한 바와 같이 의미의 면에서 엉뚱한 데가 있다. 그것은 "유세"라는 말에 "놀 유(遊)"자가 쓰이고 있다는 것이다. 치국(治國)의 방책을 설득하려는 유세에 "놀 유(遊)"자는 어울리는 것으로 보이지 않기 때문이다.

"놀 유(遊)"자는 책받침(辶)과, 한가롭고 평온한 모양을 나타내는 유(斿)자로 이루어져 "한가롭게 길을 가다", 나아가 "놀다"를 뜻하는 말이다. 그런데 이 "놀다"는 여러 가지 의미로 분화되어, 그 가운데는 "여행하다, 취학하다, 설득하며 돌아다니다"란 뜻도 지닌다. "유세"의 "유(遊)"자는 바로 이 "설득하며 돌아다니다"란 뜻으로 쓰인 것이다. 따라서 알고 보면 엉뚱할 것이 없다. 맹자(孟子)에는 "오어자유(吾語子遊)"란 말이 보이고, 집주(集註)는 이에 대해 "유(遊)는 유세야(遊說也)"라 하고 있다. 맹자는 공자가 유세(遊說)한 것을 말한 것이다.

"유세(遊說)"의 "세(說)"는 발음이 엉뚱한 말이다. 이는 "설, 열, 세" 등으로 달리 발음된다. 집운(集韻)에는 이 글자에 네 개의 발음을 제시하고 있다. "수열절(輸熱切), 욕설절(欲雪切), 유세절(儒稅切), 수예절(輸芮切)"이 그것이다. 우리의 경우는 "辭也 말씀 설, 喜樂也 기쁠 열, 誘也 달랠 세"가 이에 대응된다. "담설(談說)"을 주의로 하는 "설(說)"자는 의미에 따라 그 음을 달리한다. "유세(遊說)"의 경우는 설득하는 것, 곧 달래는 것으로, 그 음이 "설"이나, "열"이 아닌 "세"이다. "설(說)"이 "꾀어" 자기 주장을 따르게 하는 것도 의미함은 증운(增韻)에 보인다. "세(說)는 설유(說誘)"라 하고, "말로써 남을 깨우쳐 자기를 따르게 하는 것(謂以言語論人使從己也)"이라 한 것이 그것이다.

"유세(遊說)"라는 말은 이상과 같이 "설득할 유(遊), 달랠 세(說)"자로 이루어져 상대방을 설득해 자기의 주장을 따르게 하기 위해 돌아다니는 것을 말한다. 이러한 "유세(遊說)"라는 말은 사마천(司馬遷)의 "사기(史記)"에 보이는 것이 이의 어원으로 보인다. 그리고 치국방책(治國方策)을 설득하기 위해 유세에 나선 논객은 앞에서 언급한 바와 같이 춘추시대의 공자(孔子)를 위시하여 진(秦)나라의 재상 이사(李斯), 전국시대의 소진(蘇秦), 장의(張儀) 같은 많은 사람을 들 수 있다.

(2021.11.15.)

인연(因緣)의 어원과 의미

동문회에서 수필집을 냈다. 이름하여 "인연(因緣)"이라 하였다. "인연"이란 말에는 전통적인 한어가 있는가 하면, 불교 용어로서의 말이 있다. 여기서는 어떤 뜻으로 쓰인 것일까?

우선 사전의 풀이를 보면 다음과 같이 되어 있다.

① 사람들 사이에서 맺어지는 관계. =연고(緣故). q 기이한 인연

② 어떤 사물과 관계되는 연줄. q 인연이 닿다

③ 내력 또는 이유.

④ [불] 인과 연을 아울러 이르는 말. 곧 결과를 만드는 직접적인 힘과 그를 돕는 외적이고 간접적인 힘이다. =유연(由緣)

⑤ [불] 원인이 되는 결과의 과정

이로 볼 때 수필집의 "인연(因緣)"은 ①과 ②의 뜻으로 쓰인 것이 아닌가 한다. 첫째 사람들 사이에 연고를 생각했을 것이고, 동학(同學)에서 학교라는 사물을 염두에 두어 이런 제목을 붙였을 것이다.

불교에서는 인과(因果), 곧 인과응보(因果應報)를 중시한다. 위의 ⑤의 풀이가 그것이다. 그리고 불교에서는 결과를 내는 원인으로 인(因)과 연(緣)을 구별한다. 위의 풀이 ④가 그것이다. 그런데 사실은 불교가 중국에 들어오기 전부터 인연(因緣)이란 말은 쓰였다. 이에 불교가 유입되기 전의 "인연(因緣)"

이란 한어(漢語)부터 살펴보기로 한다.

한어에서는 "인연(因緣)"이 다음과 같은 서너 가지 의미로 쓰였다. "① 연줄. 연고(緣故) 기회(機會), ② 의지하는 장소로 하다. 의거하다, ③ 불량한 관리가 불공정한 재량(裁量)을 하거나, 좋지 못한 짓을 행하다"가 그것이다.

첫째 뜻의 용례로는 흔히 사기(史記) "전숙전(田淑傳)"의 보기(補記)에 나오는 임안(任安)의 예를 든다. 임안은 어려서 고아가 되었다. 집이 가난하여 도시에 나가 조그만 관리라도 되고자 하였다. 그러나 여의치 않았다. 이를 사기는 "미유인연아(未有因緣也)"라 하고 있는데, 이 "인연"이 "연줄, 기회"를 의미한다는 것이다. 둘째 뜻의 용례는 "논형(論衡)"에 보이는 "인연석서(因緣昔書)"가 그것이다. 옛날 책에 의지한다는 말이다. 셋째 뜻의 용례는 후한서(後漢書)에 보이는 "인연위시(因緣爲市)"라는 말이 대변한다. 이는 재판을 할 때 관리가 사정(私情)을 두고 부정한 판결을 하는 것을 말한다. 여기 "인연"이란 뇌물을 의미하고 "시(市)"란 흥정을 가리킨다. 뇌물에 의해 형량이 바뀌는 것을 의미한다. 이렇게 불량한 관리가 법을 사사롭게 운용하여 이득을 취한다는 의미는 우리에게는 낯선 뜻이다.

전래된 불교 용어로서의 "인연(因緣)"에 대해서는 앞에서 개설한 바와 같다. 이를 불교의 차원에서 좀 더 구체적으로 살펴보면 다음과 같다.

인연은 산스크리트어 Hetu-pratyaya를 번역한 말이다. 원인에는 직접적인 원인과 간접적인 원인이 있는데, 직접적인 원인을 인(因), 간접작인 원인, 또는 조건을 연(緣)이라 한다. 인연에 의해 발생하는 것을 인연생(因緣生), 연생(緣生), 연기(緣起)라 한다. 인연은 또 인(因)이 되는 연(緣)이란 뜻도 지닌다. 또 결과를 내는 친인(親因)을 인(因), 결과를 내는 데 보조적인 것을 연(緣)이라 풀이하기도 한다. 한 불교용어 사전은 이를 쉽게 "쌀과 보리는 그 종자를 인(因)으로 하고, 노력·우로(雨露)·비료 등을 연으로 함."이라고 예를 들고 있다. "옷자락 한번 스치는 것도 전생의 인연"이라 한다. 우리는 인연으로 묶여 산다고 할 수 있다.

(2022.5.24.)

"일부당관 만부막개(一夫當關 萬夫莫開)"의 의미

　　요사이 "관문(關門)"이라면 대부분이 "입시(入試)의 관문"을 떠올리지 않을까 한다. 이렇게 "관문"이란 어떤 일을 하기 위해 반드시 거쳐야 하는 대목을 뜻하는 말로 생각한다. 그러나 이는 비유적인 의미다. "관문(關門)"은 국경이나 요새의 성문으로, 여기서 나아가 국경이나 요충지에서 사람이나 물품을 조사하는 문이란 것이 본래의 뜻이다. 곧 관소(關所)의 문을 의미한다.

　　한자 "관(關)"자는 형성자로 "문(門)"과, 음과 관(貫)의 의미를 나타내는 말로 이루어진 글자다. 이는 따라서 "문을 닫다"에서 "빗장", 관소(關所)의 의미를 지니게 된 말이다. 관소로서 잘 알려진 것은 중국의 "함곡관(函谷關)"이다. 이곳은 맹상군(孟嘗君)의 계명구도(鷄鳴狗盜)의 일화로도 유명한 곳으로, 장안(長安)과 낙양(洛陽) 사이에 있는 관문이다. 이 관문을 중심하여 서쪽이 관서(關西), 동쪽이 관동(關東)로 나뉜다. 우리도 대관령(大關嶺)의 동서를 관동과 관서라 한다.

　　함곡관과 더불어 중국에서 유명한 관소가 검각(劍閣)이다. 이곳은 높고 험한 것으로 유명한데, 좌사(左思)와 이백(李白)이란 양대 시인이 시를 지어 노래한 바람에 더욱 유명해진 곳이기도 하다. 이백의 시 "촉도난(蜀道難)"을 보면 다음과 같다.

　　　검각(劍閣)은 높으면서도 우뚝우뚝하다(劍閣崢嶸而崔嵬)
　　　한 사람이 문을 지켜도 만군이 열지 못한다(一夫當關 萬夫莫開)

이렇게 사천성(四川省) 성도(成都)의 북쪽에 있는 검각(劍閣)은 너무나 높고 험해 한 사람이 지키고 있어도 비록 만군이 쳐들어 오는 경우라도 이 관문을 열 수 없다고 노래한 것이다. 그만큼 험준한 관문이란 말이다.

이러한 이백의 시 "촉도난(蜀道難)"의 한 구절이 우리의 해학소설 "배비장전(裵裨將傳)"에 인용되어 희화화되고 있다. 그것도 외설적이요, 기막힌 비유로 쓰였다. 배비장전은 기생 애랑(愛娘)과 배 비장의 익살스러운 사랑을 그린 것이나, 시의 인용은 삽화(挿話)인 기생 애랑과 정 비장이 이별하는 장면에 보인다. 정 비장은 헤어지기 아쉬운 마음에 자기 몸에 지닌 노리개를 마음대로 달래라 한다. 그러자 그녀는 갖두루마기, 돈피(豚皮)·휘항(揮項) 철병도를 달라더니 이를 뽑아 달라 하고, 마침내는 남근(男根)을 줌반만 베어 달라고 한다. 이때의 장면에서다.

> 애랑이 여쭈오되, "나으리 가신 후에 독수공방 수심할 제 비워 두기 허하오니, 문지기 삼아 두었으면 일부당관에 만부막개라 어느 놈이 범하오리까?"

이별 후에 옥문관(玉門關)을 비워 두기 허하니 나으리의 남근(男根)으로써 번을 서게 하면 누가 감히 범하겠느냐고 "일부당관 만부막개(一夫當關 萬夫莫開)"라 한 것이다. 비록 외설적이나 기발한 발상의 비유로 이백의 시를 매우 적절하게 인용한 것이다. 아마도 배비장전을 읽는 독자는 이 대목에서 웃음을 금치 못할 것이다. 비유란 이런 엉뚱한 곳에서 위력을 발휘하기도 한다. 그리고 이런 것이 표현의 매력이다.

(2021.4.5.)

"일장공성(一將功成)"의 배후

"독불장군(獨不將軍)"이란 말이 있다. 우리는 무슨 일이든 자기 생각대로 혼자서 처리하는 사람을 "독불장군"이라 한다. 그러나 이 말의 원 뜻은 혼자서는 장군이 될 수 없다는 말로, 남과 의논하고 협조해야 함을 의미한다.

사람은 사회적인 동물이다. 홀로 세상을 살아갈 수 없다. 협동(協同)을 해야 한다. 특히 군대 조직과 같은 경우는 위로 장군에서부터 아래로 말단의 졸병에 이르기까지 모두가 한 마음 한 뜻으로 단합해야 한다. 그렇지 않으면 생명이 위태로운 전쟁터에서 살아남지 못한다. 따라서 서로 협동하고 상사의 명을 잘 받들어야 한다. 그렇게 되면 그 부대는 공을 세우고, 승전(勝戰)을 하게 될 것이다.

한 장군이 공을 이루려면 많은 병사가 희생되지 않으면 안 된다. 이는 당(唐)나라 시인 조송(曺訟)의 "기해세(己亥歲)"란 시의 한 구절이다. 우리는 겉으로 드러난 사실에만 주목하고 그 뒤에 숨겨진 사실을 간과하는 경우가 많다. 무슨무슨 "대첩(大捷)"이라 하여 크게 이긴 싸움의 경우 대장만이 그 이름이 드러나고, 희생이 된 많은 병졸은 대중의 관심조차 받지 못하고 덮여진다. 그들의 희생이 켜켜이 싸여 승전을 하게 되었는데도 말이다. 그런데 조송(曺松)은 사람들이 관심을 갖지 않는 사실에 주목하여 그들에게 따뜻한 위로의 눈길을 돌렸다.

이 시는 최치원(崔致遠)의 "토황소격문(討黃巢檄文)"으로 유명한 황소(黃巢)의 난을 배경으로 한 시다. 황소(黃巢)의 난이 난 시기가 "기해년(己亥年)"이다.

황소는 난을 일으켜 강소성(江蘇省)과 절강성(浙江省) 방면으로 침입해 들어왔다. 이때 민중들은 전란으로 말미암아 극도로 시달렸다. 그리하여 시인은 그 실상을 읊어 전쟁의 비참함을 심각하게 암시하였다. 이는 칠언절구(七言絶句)로, 우리의 논의의 대상이 되는 것은 전구(轉句)와 결구(結句)이다.

> 임금을 빙자해 제후 봉한 사실을 말하지 말라(憑君莫話封侯事)
> 한 장수가 공을 이루려면 일만 병사가 죽는다(一將功成萬骨枯)

앞에서 언급한 바와 같이 한 장수가 공을 이루려면 많은 병사가 죽게 되는데 장군의 공만 운위하고, 많은 무명용사의 죽음에 관해서는 관심을 갖지 않는 것이 관례다. 그런데 조송은 이들 무명의 희생자에게 따뜻한 위로의 손길을 보낸 것이다. 겉으로 드러난 사실 아닌, 그 뒤에 숨은 사실을 읊어 전쟁의 심각성을 드러낸 것이다. 이는 전란의 참상을 고발한 것이라 할 수 있다. 이렇게 겉으로 드러나지 않고, 이름도 없이 사라진 병사들은 이런 시인이 있어 비로소 조용히 눈을 감을 수 있을 것이다.

이런 전란의 참상을 읊은 것은 아니나, 춘향전(春香傳)에서 이 도령이 변사또의 생일 잔치에 참석해 지은 시는 도탄에 빠진 서민의 참상을 고발한 것이다. 드러나지 않은 서민의 삶을 조명한 것이다. 이로써 서민은 대리만족을 했을 것이다. 그 시는 다음과 같다.

> 좋은 독의 아름다운 술은 천 사람의 피요(金樽美酒는 千人血이요)
> 귀한 소반의 좋은 안주는 만 백성의 기름이다(玉盤佳肴는 萬姓膏라)
> 초의 눈물이 떨어질 때 백성들의 눈물이 떨어지고(燭淚落時엔 民淚落이요)
> 노래 소리 높은 곳엔 백성들의 원망 소리가 높다(歌聲高處엔 怨聲高라)

탐관오리(貪官汚吏)들이 마시는 술은 백성의 피요, 좋은 술안주는 또한 백성의 기름과 살이다. 그리고 연회 때 켜 놓은 촛불의 눈물은 바로 백성의 눈물이며, 잔치 때 부르는 노래 소리가 높을 때 백성들의 원성 또한 높다고 고발한 것이다.

시선이 가지 않는 곳, 소외된 곳에 관심을 가져야 한다. 그래야 외롭고 괴로운 사람이 위로를 받는다. 특히 위정자(爲政者)들은 이 점에 주의를 기울여야 한다. 이는 예나 지금이나 변함없는 진리이다.

일장이 공을 이루려면 일반 군사가 죽어야 한다. 미주와 가효는 많은 백성의 피요, 기름이고, 초의 눈물이 떨어질 때 백성의 피눈물이 흐르고, 흥겨워 노래 소리 높을 때 백성은 많은 원망을 하게 된다. 겉으로 드러나는 현상을 즐기기만 할 것이 아니라, 그 이면, 배후에 따뜻한 눈길을 보내야 한다.

(2021.4.9.)

전각(殿閣)과 경칭(敬稱)의 문화

"각하, 시원하시겠습니다."

지난날 어떤 장관이 이승만 대통령이 방구를 뀌자 이렇게 아첨을 하였다 하여 사회적으로 웃음까리가 된 적이 있다.

건물은 그 형태와 품계(品階)에 따라 여러 가지로 이름을 달리한다. 이러한 이름에 "전(殿)·궁(宮)·당(堂)·합(閤)·각(閣)·재(齋)·헌(軒)·누(樓)·정(亭)" 등이 있다. 그런데 이러한 전각이 거기에 거처하는 사람의 경칭으로 사용되는 경우가 있다. "대전(大殿)"이 임금을, "중전(中殿)"이 왕비를, "동궁(東宮)"이 왕세자를 지칭하는 경우가 그것이다. 그리고 이와는 달리 "폐하(陛下), 전하(殿下), 합하(閤下)", 및 위에 예로 든 "각하(閣下)"와 같이 건물을 나타내는 말에 "아래하(下)"자를 붙여 경칭으로 사용하기도 한다.

그러면 건물에 "아래 하(下)"자를 붙여 경칭으로 사용하는 말들이 어떻게 돼서 이렇게 사용되는지 살펴보기로 한다.

"폐하(陛下)"는 황제나 황후에 대한 경칭이다. "폐(陛)"자는 직접 전각을 나타내는 말은 아니다. 이는 흙으로 쌓은 계단, 층계를 의미한다. 특히 천자(天子)의 궁전의 계단을 의미한다. 따라서 "폐하"라는 말의 기본적 의미는 황제궁(皇帝宮)의 "계단 아래"라는 말이 된다. 이 말이 천자의 경칭이 된 것은 천자에게 아뢰기 위해서는 궁전의 계단 아래에 서서 아뢰거나, 업드려 아뢰는데서 연유한다. 곧 궁전의 섬돌 아래에서 아뢰어야 하는 높은 분이라는 말이다. 따라서 이 말은 상대방을 직접 높이는 말이 아니고, 오히려 화자가 자기 자신을 낮추는 겸양의 표현을 함으로 상대방, 천자를 높이는 말이다. 이는 중국의 진(秦)나라 때부터 사용된 것으로 알려진다. "황제 폐하, 만수무강하 옵소서." 이렇게 쓰이는 것이다.

"전하(殿下)"의 "전(殿)"의 자원(字源)은 "엉덩이를 때리다"를 의미하는 말이 었으나, 뒤에 토대가 높은 당(堂)을 의미하게 된 말이다. 이는 잘 아는 바와 같이 왕이나 왕비 등 궐 안의 어른이 계신 곳을 말한다. 불교에서는 부처, 유교에서는 공자를 모신 곳을 대웅전(大雄殿), 대성전(大成殿)과 같이 "전(殿)"이 라 한다. "전하"는 바로 왕과 왕비, 또는 왕족을 높여 부르는 말로, 이들을 "전하"라고 하는 것은 신하가 전각(殿閣) 아래에서 상주(上奏)를 하기 때문에 생긴 말이다.

"합하(閤下)"의 "합(閤)"은 본래의 뜻이 큰 문 옆의 작은 문, 쪽문(夾門)을 가리킨다. 그런데 이 말이 침전(寢殿), 어전(御殿)을 의미하고, 나아가 공무를 취급하는 관서(官署)까지 의미하게 되었다. 그래서 "합하"는 역사적으로 정1 품 벼슬아치를 높여 부르는 말로 쓰이게 되었다. 이 말도 역시 화자의 겸양 의 표현이 상대방에 대한 경칭이 된 것이다.

"각하(閣下)"의 "각(閣)"은 본래 문설주를 의미하는 말이나, 나아가 고각(高閣), 궁전 등을 의미하게 된 말이다. 그래서 "각하"는 특정한 고급 관료를 호칭하는 말로 쓰였다. 우리는 해방 후에 대통령을 위시하여 장관, 장성 등에 까지 한때 이 말을 남용하였으나, 그 뒤 사회적인 여론이 좋지 않아 근자에 는 거의 사용하지 않게 된 말이다.

이러한 전각 이름과 관련된 경칭 외에 우리말에는 또 "아래 하(下)"자가 붙어 상대방을 높이거나, 주로 편지글에서 이름 자 아래 "×하"라 쓰는 경칭 이 여럿 있다. "궤하(机下), 귀하(貴下), 안하(案下), 오하(梧下), 족하(足下), 존하(尊下), 좌하(座下)"가 그것이다. 다음에는 이들을 살펴보기로 한다.

"궤하(机下)"의 "궤(机)"는 책상, 또는 책상 위에 놓고 팔꿈치를 괴는 작은 방석을 의미하는 말이다. 우리는 책상을 "책상(冊床)"이라 하고 "책상 궤(机)"자를 잘 쓰지 않아 생소하게 느끼는 사람도 있을 것이다. 일본에서는 소학생도 아는 한자어이다. "궤하"는 책상 아래를 뜻한다. 그리고 이는 편지 겉봉에 받는 사람 이름 아래 붙여 써서 수신인을 높이는 말로 사용한다. "안하(案下)"도 마찬가지다. "안"자가 "책상 안(案)"자이다. "귀하(貴下)"나 "존하(尊下)"는 존귀한 분 아래라는 뜻으로 역시 편지 봉투에 쓰는 말이다. "귀하"나 "존하"는 듣는 이를 높여서 이르는 이인칭 대명사로도 사용된다. "귀하/존하의 배려에 감사드립니다."와 같이 쓰는 것이 그것이다. "오하(梧下)"는 오동나무 책상 아래라는 말로, "궤하·안하"와 같은 말이다. "족하(足下)"는 발 아래, "좌하(座下)"는 자리 아래라는 말로, 역시 겸양의 표현이다. "족하"는 같은 또래 사이에서 상대방을 높여 이르는 말이다.

이밖에 편지 봉투에 쓰는 경칭으로 "연북(硏北·硯北)"과 "오우(梧右)·오전(梧前)"이란 말도 쓰인다. "연북"은 "벼루 옆에"라는 말이 경칭이 된 것이며, "오우"와 "오전"은 각각 오동나무 책상 오른쪽과, 앞을 의미하는 말이 경칭으로 쓰이는 것이다. 편지 봉투나 편지글에서 전각 이름 아래 "아래 하(下)"자가 쓰이는 것은 그것을 전할 하인이 있다는 것이 전제된 표현이라 하겠다.

(2021.3.31.)

전답(田畓)에 대한 인식

보리밭 사잇길로/ 걸어가면은
어디서 누군가 부르는 소리 있어/ 길을 멈춘다.

잘 알려진 동요다. 이 시 속의 "보리밭"을 한자어로 바꾼다면 우리는 십중
팔구 "맥전(麥田)"이라 할 것이다. 이에 대해 일본인이라면 "맥전(麥畑)"이라
할 것이다. 이는 어찌된 현상인가?

한자 "밭 전(田)"자는 상형문자다. 논이나 밭의 모양을 본떠서 만들었다.
중국에서는 "전(田)"자가 밭과 논, 곧 경작지를 의미하는 말이다. 논과 밭을
구별하는 글자가 따로 없다. 중국의 사원(辭源)은 "전(田)"을 곡물을 심는 곳이
고, "전원(田園), 전리(田里)"와 같이 토지의 범칭(泛稱)이라 풀이하고 있다(①
樹穀曰田. ② 土地之泛稱如田園田里). 북경의 상무인서관에서 나온 "現代漢語詞典"
은 "田地(有的地區專指水田)"이라 풀이하고 있다. "田은 田地"로 어떤 지역에서
는 "水田"을 가리킨다고 하고 있다. 그리고 "수전(水田)/도전(稻田)/맥전(麥田)/
경전(耕田)"을 예로 들고 있다. 이렇게 한어 "전(田)"에는 원칙적으로 논과 밭
의 구별이 없다. 구별하기 위해서는 "수전(水田)", 또는 "한전(旱田)"이라 해야
한다.

우리는 "전(田)"을 "밭 전(田)"이라고 하며 논이 아닌, "밭"을 가리킨다. 예
로 든 "보리밭"의 "밭"이 그것이다. 이에 대해 "논"은 "수전(水田)"이라고도
하나, "논 답(畓)"자를 새로 만들어 쓰고 있다. "논 답(畓)"자는 한국한자, 우리

의 국자(國字)다. 그래서 논과 밭을 이를 때에는 "전답(田畓)"이라 한다.

이에 대해 일본에서는 우리의 "밭 전(田)"자를 "논 전(田)"자로 수용하였다. 그래서 일본에서는 논을 이르는 일본어 "다(た)"나, 이의 구어적 표현 "단보(だんぼ)"를 나타낼 때 이 "전(田)"자를 쓴다. 그 대신 밭을 지칭하는 한자는 새로 만들었다. "전(畑)"과 "창(畠)"이 그것이다. 전(畑)은 수전(水田)에 대해 화전(火田)이라 조자한 것이고, 창(畠)은 마른 땅이라 하여 "백전(白田)"이라 조자한 것이다. 이에 밭을 이르는 일본어 "하다(はた), 하다케(はたけ)"를 나타낼 때에는 이들 한자 "전(畑)"자와 "창(畠)"자를 사용한다. 이는 일본의 국자(國字)이다. 그리고 한자가 아닌, 일본의 고유어 "다(た)"는 "논"을 의미한다. 따라서 "다우에(田植ぇ)"는 "모내기, 이앙(移秧)"을 의미한다. "다우에우타(田植歌)"는 모내기 때 부르는 노동요를 말한다. "밭 전(田)"자란 우리 의식에 젖어 있으면 일본어의 사용에 있어 망신을 하기 쉽다. 주의를 요한다.

한자의 종주국인 중국에는 전답(田畓)을 구별하는 한자가 따로 없다. 논밭을 다 "밭 전(田)"자로 나타낸다. 예를 들면 "전업(田業)"은 밭일을 의미한다. 이에 대해 "전라(田螺)"는 논의 우렁이를 의미한다. 앞에서 본 현대한어사전에서와 같이 어떤 지역에서는 "田地"가 "水田"을 의미한다. 이렇게 한어에는 논밭의 구별이 없어 우리와 일본은 이에 대해 달리 대처하게 되었다. 우리는 "논"을 뜻하는 "답(畓)"자를 새로 만들고, 일본에서는 밭을 뜻하는 "전(畑)"과 "창(畠)"자를 새로 만들었다. 문화 수용의 방법은 이렇게 같은 것 같으면서도 차이를 보인다. 그리고 표현의 세계를 달리 한다.   (2021.3.9.)

제상(祭床) 진설의 언어문화

우리는 효(孝)를 중시하는 민족이다. 그래서 지난날에는 제사문제로 시비가 일고 마침내는 사화(士禍)가 빚어지기도 하였다. 요사이는 이 의례가 번잡한 흠이 있어 1969년 대통령령으로 "가정의례준칙"을 제정해 간소화하고 있다.

조선조의 초기에는 문무관의 6품 이상은 3대의, 7품 이하는 2대의, 서민은 부모의 제사만을 지내게 하였다. 그런데 명종(明宗) 이후 주자(朱子) 가례(家禮)에 따라 서민도 4대 봉사를 묵인하게 되었다. 사실 4대 봉사(封祀)는 중국에서도 사대부(士大夫)의 예절이었는데, 우리는 이를 명종 이후 서민에 이르기까지 치르게 한 것이다. 이에 "가정의례준칙"을 마련하여 2대조까지로 간소화하였다. 2대조까지라도 제사를 지내려면 제상을 차려야 한다. 이에 전통 제사상의 진설법과 관련된 몇 개 어휘와 그 문화를 살펴보기로 한다.

제상은 "홍동백서(紅東白西), 어동육서(魚東肉西), 좌포우혜(左脯右醯), 잔서접동(盞西楪東)" 등의 원칙에 따라 신위(神位) 앞에 진설한다. 그러면 이들 원칙부터 확인해 보기로 한다.

다른 것은 몰라도 "홍동백서(紅東白西)"가 제상 차림과 관련이 있다는 것은 들어서 어렴풋이 아는 사람이 꽤 있을 것이다. 이는 우리 문화의 특성을 반영하는 것이어 다른 나라, 예를 들면 중국이나 일본의 사전에는 없는 말이다. 이는 우리만의 제상 진설법이다. "홍동백서"란 붉은 과일은 동쪽에, 흰 과일은 서쪽에 차린다는 말이다. 붉은 과일이란 대추나 감 같은 것이고, 흰 과일이란 배나 사과 같은 것을 말한다. 그런데 여기에 문제되는 것이 있다.

그것은 동쪽과 서쪽이 과연 어느 방향이냐 하는 것이다.

그것은 제상 뒤로 둘러친 병풍을 바라보고 오른 쪽을 동쪽이라 하고, 왼쪽을 서쪽이라 한다. 병풍은 북쪽에 치게 되어 있고, 설령 그것이 북쪽이 아니라도 상관없다. 그 쪽을 북쪽으로 간주하는 것이다. 그래서 붉은 과일은 제상을 향해 오른 쪽에, 흰 과일은 왼쪽에 진설한다. 이는 그 의미를 좀 더 분명히 하기 위해 "홍동백서"앞에 "실과 과(菓)"자를 붙여 "과홍동백서(菓紅東白西)"라 하기도 한다.

"어동육서(魚東肉西)"는 물고기는 동쪽에, 집승고기는 서쪽에 진설한다는 말이다. 이 말은 한국한자어사전(단대 한국학연구원)에도 수록되어 있다. 따라서 이는 분명한 한국한자어로 인정받은 셈이다. 사실 제상의 진설 원칙으로 제시되는 사자성어(四字成語)는 모두 우리 고유의 한자어라 할 수 있다. 그것은 우리만의 고유한 전통적 진설 방식이기 때문이다.

"좌포우해(左脯右醢)"는 왼쪽에 육포(肉脯)를 오른 쪽에 젓갈을 놓는다는 말이다. 여기서 좌우는 물론 앞의 동서(東西)로 바꾸게 되면 "서포동해"라는 말이 되겠다. 마지막의 원칙 "잔서접동(盞西楪東)"은 술잔은 서쪽에 접시는 동쪽에 놓는다는 말이다. 이러한 원칙 아래 제수는 차려진다.

오늘날 제수는 넉 줄로 진설한다. 신위(神位)에서 제일 가까운 첫째 줄에는 갱반초잔(羹飯醋盞)이라고 국과 메(밥), 그리고 식초와 술잔을 벌여 놓는다. 그리고 둘째 줄에는 어육찬면(魚肉饌麵)이라고 물고기와 육고기 및 전과 국수를 차린다. 셋째 줄에는 소채포혜(蔬菜脯醢), 곧 나물과 포와 젓갈을 진설하고, 넷째 줄에는 과일을 홍동백서로 진열한다. 제수의 진설은 이렇게 일정한 격식이 있다.

이상 제상을 차리는 원칙과 구체적으로 제사 상차림을 살펴보았다. 이들 용어는 넉자로 된 한자 숙어로 되어 있다. 따라서 이를 배우고 익히게 되면 예법에 맞는 상차림도 할 수 있고, 우리의 문화도 알게 될 것이다. (2021.10.25.)

"조장(助長)"의 의미와 실체

"유통구조를 개선하여 농촌의 경제 발전을 조장(助長)한다."
"자본주의는 황금만능의 풍조를 조장(助長)하는 경향이 있다."

우리는 성장(成長)을 돕는 것을 "조장(助長)"이라 한다. 위의 두 예가 다 이런 것이다. "조장(助長)"의 의미를 표준국어대사전은 "힘을 도와서 더 자라게 함"이라 풀이하고 있다. 외부의 힘을 빌어서 성장을 돕거나, 또는 어떤 경향 따위가 현저하게 나타나도록 하는 것을 의미한다. 이의 어원(語源)은 맹자 공손축(公孫丑)의 다음과 같은 고사에 연유한다.

어떤 송나라 사람이 벼의 싹이 자라지 않는 것을 민망히 여겨 이의 줄기를 뽑고 들어와서는 집안사람에게 말했다. "아, 피로하다. 내가 벼의 싹(苗)이 자라는 것을 도와 주었다(予助苗長矣)." 아들이 달려 나가 본 즉 벼의 싹은 모두 말라 있었다.

그리고 맹자는 이렇게 말을 잇고 있다.

천하에 벼의 싹이 자라는 것을 돕지 않는 사람은 드물다. 유익하지 않다고 버려 두는 자는 김을 매지 않는 사람이다. 성장을 돕는 자는 벼의 싹을 뽑는 자이다. 이는 무익할 뿐 아니라, 이를 해치는 것이다.

맹자는 벼의 성장을 돕는다고 벼의 줄기를 뽑는 것은 유익하지 않을 뿐만 아니라, 오히려 성장을 해치는 것이라 하고 있다. 맹자가 아니라도 정상적인 사람이라면 다 그렇게 생각할 것이다. 이렇게 벼의 성장을 돕는 것, "조묘장의(助苗長矣)", 곧 "조장(助長)"은 바람직하지 않은 행동이다. 맹자는 호연지기(浩然之氣)를 키우는 방법을 설명하는 도중 반면교사(反面敎師)의 예로 벼의 줄기를 뽑는 "알묘조장(揠苗助長)"의 예를 들었다. 이 춘추전국 시대의 송나라 사람의 고사는 "알묘조정(揠苗助長)", "발묘조장(拔苗助長)"이라는 사자성어로까지 되어 쓰이고 있다.

이렇게 "알묘조정(揠苗助長)", "발묘조장(拔苗助長)"을 어원으로 하는 "조장(助長)"은 바람직하지 않은 것을 나타내는 말이다. 그런데 우리의 언어 현실은 반드시 그렇지만은 않다. 긍정적인 의미로도 쓴다. 서두에 인용한 "유통 구조를 개선하여 농촌의 경제 발전을 조장(助長)한다."가 그것이다. 그러면 이것은 어떻게 된 것인가? 그것은 아베(阿部吉雄)의 "漢和字典(旺文社, 1964)"이 그 궁금증을 해소해 준다. 아베(1964)는 "助長"의 풀이를 다음과 같이 하고 있다.

① 일의 속성을 바라 밖에서 힘을 가하는 것이 오히려 해롭게 하는 것.
② (國) 속(俗)으로 힘을 첨가하여 발달시킴.

"힘을 첨가하여 발달시킨다"는 긍정적인 뜻은 일본에서 속어로 쓰이게 된 것이라는 것이다. 우리의 경우는 일본에서 이 속어로 쓰이는 긍정적인 뜻이 들어와 쓰이는 것이라 하겠다. 이러한 "도와서 발달시킴"이란 긍정적인 의미는 모로바시(諸橋)에도 보인다. 이는 문천상(文天祥)의 "정기가서(正氣歌序)"에서 용례를 찾고 있다. 그러나 이는 반드시 긍정적인 의미는 아니라고 할 것이다. "첨음신찬 조장염학시 즉화기(簷陰薪爨 助長炎虐時 則爲火氣)"가 그것이다. 표준국어대사전에도 위의 풀이 외에 "주로 부정적 의미로 쓴다. 사행

심을 조장하다, 과소비를 조장하다, 허례허식을 조장하다"가 그 예로 들려 있다. 긍정적 의미로 쓰는 것이 바른 용법이 아님을 밝히고 있는 것이라 하겠다. "조장(助長)"은 "알묘조정(揠苗助長)", "발묘조장(拔苗助長)"을 어원으로 하는 말로 이는 바람직하지 않은 것을 나타내는 말로, 본래는 부정적 의미를 지니는 말이었다.   (2022.4.25.)

"주전자"와 약탕관의 문화

술을 담는 그릇이라면 우리는 우선 "주전자(酒煎子)"를 머리에 떠올린다. 중국에서는 주호(酒壺)를, 일본에서는 도쿠리(德利)를 떠올릴 것이다.

"주전자"라는 말은 동양 삼국에 통용되는 말이 아니다. 이는 "술 주(酒), 달일 전(煎), 아들 자(子)"자를 쓰는, 한국한자어이다. 따라서 이는 중국이나 일본에서는 쓰이지 않는 말이다. "아들 자(子)"자는 "의자(倚子), 모자(帽子), 책자(冊子)"와 같이 사물을 가리키는 접사로 쓰이는 말이다. 따라서 "주전자(酒煎子)"의 "전자(煎子)" 쯤의 한어(漢語)가 있을 법 하나, 이런 말은 보이지 않는다. 오히려 고문(古文) 백화(白話)에 "술을 데우는 병"을 나타내는 말이 있는데, 이를 "注子(zhùzi)"라 한다.

"주전자"에 대한 사전풀이는 "물이나 술 따위를 담아서 데우거나 따르게 만든 그릇"이라 되어 있다. "주전자"에 해당한 한어(漢語)는 "호(壺)", 또는 "주호(酒壺)"라 한다. 술항아리, 또는 술병이란 말이 된다. 일본어로는 "야칸(藥罐)"이라 한다. "야칸"은 우리의 "약탕관(藥湯罐)", 또는 "탕관(湯罐)"에 해당한 말이다. 우리의 "주전자"가 술에 초점이 맞추어진 명명인 데 대하여, 일본어 "야칸"은 약(藥)에 초점이 맞추어진 "관(罐)", 곧 항아리란 말이다. 따라서 이는 우리와 일본에서는 그 용도 다른 기구라 하겠다. 그리고 일본의 술병 "도쿠리"는 목이 길고 아가리가 좁은 술병, 조자(銚子)를 말한다. "덕리(德利)"라고 한자를 쓰는 것은 차자 표기를 한 것이라 본다. 이는 일본 고유어로 한자어가 아니라 본다. "도쿠리"는 "도쿠리 셔츠"라고 목이 긴 셔츠에 전용

되어 쓰인다. 술병 "도쿠리"가 긴 목을 지닌 병이기 때문에 이에 비유된
것이다. 우리도 이 말을 차용해 쓰기도 한다.

그러면 "주전자(酒煎子)"의 어원에 대해 살펴보기로 한다. 한자말에 "주전
(酒煎)"이란 말이 있다. 그러나 이는 "주전자"와는 전혀 관계가 없는 말이다.
이는 "육류와 야채류를, 술을 탄 국물로 조리는 것, 또는 그 조린 것"을 이르
는 말이다. "전자(煎子)"라는 말은 앞에서 말한 것처럼 따로 없다. 다만 "주전
자"라는 말이 있을 뿐이다. 이는 사전 풀이에서 "술이나 물을 담아 따르는
데 쓰는 그릇"이라 하고 있으나, 원래는 주기(酒器), 곧 술그릇을 의미하는
말이었다. 이러한 주전자가 일반화하여 물그릇이나 보리차를 끓이는 등, 다
양한 용도로 쓰이게 되어 그 의미가 확장되었다.

지난날의 주전자는 양은, 알루미늄 등으로 만든 것이 아니고, 자기나 사기
로 만든 것이었다. 그리고 여기에 술을 담아 데웠다. "주전자(酒煎子)"라 하지
만 이는 "술을 다리거나, 조리거나"하는 기구가 아니고, "데우는" 정도의
그릇이었다. 소위 "거냉(去冷)"하는 정도의 기구였다.

한국한자어 "주전자"의 용례는 "도산서원 장기(陶山書院 掌記)"에 "주전자
일(酒煎子一)"이 보이는가 하면, 송남잡지(松南雜識)에 "구리 쟁개비 곧 작두(勺
斗)로 지금의 주전자이다(銅銚卽勺斗 今酒煎子也)"라 한 기록 등을 볼 수 있다.
현대의 용례로는 최인호의 "지구인"에 "도석은 주전자를 기울여 잔에 술을
가득 채웠다."가 보인다. 술을 따르는 데도 법도가 있다. 일본에서는 "술은
철철 넘치게, 차는 7푼(酒はなみなみ, お茶は七分)"이라 한다. 우리는 많지도 적지
도 않게 적당히 따라야 하는 것으로 본다. 술을 따르다 차지 않으면 "딸을
낳겠다"하고, 더도 덜도 말고 딱 한 잔이 찰 때는 "아들을 낳겠다"고 한다.
술을 따르는 우리 문화가 반영된 말이라 하겠다.   (2021.5.16.)

"지기(知己)"와 "열기(悅己)"의 문화

　사람은 남이 나를 알아줄 때 기쁘고 살맛이 난다. 그렇지 않고 자기를 인정해 주지 않을 때에는 그 사람을 싫어하게 되고, 상종을 하고 싶지 않게 된다. 이렇게 자기를 알아주는 사람을 한자말로는 "지기(知己)"라 한다.

　우리의 표준국어대사전은 표제어 "지기(知己)"를 내걸고 그 풀이를 "=지기지우"라 하고 있다. 따로 "지기"에 대한 설명이 없다. 그리고 "지기지우(知己之友)"에 대해서는 "자기의 속마음을 참되게 알아주는 친구"라 풀이하고 있다. "지기"의 용례의 하나로는 심훈의 "상록수"에서 "비록 오늘 저녁 공석에서 처음 대면을 하였건만, 여러 해 사귀어 온 지기와 같이 피차에 반가웠던 것이다."가 인용되어 있다. 여기 쓰인 "지기"란 오래 사귄 잘 아는 친구라는 의미 정도로 쓰인 것이다.

　그러나 "지기(知己)"란 이런 정도의 말이 아니다. 이와는 달리 훨씬 깊은 의미를 지니는 말이다. 이는 "자기 마음을 잘 알아주는 사람", "자기의 진가, 참 마음을 알아주는 사람", "자기를 대우해 주는 사람", "뜻을 거스르지 않는 친한(莫逆) 친구" 등의 의미를 지닌다. 사기(史記) "안영전(晏嬰傳)"에 보이는 바와 같이 "자기를 인정해 주는 사람을 믿는 것(信知己者)"을 지기(知己)라 하겠다.

　"지기(知己)"의 잘 알려진 어원의 하나는 사기(史記) "자객전(刺客傳)"에 "열기(悅己)"와 대귀로 표현된 것이라 하겠다. "선비는 자기를 알아주는 사람을 위해 죽고, 여인은 자기를 기쁘게 해 주는 사람을 위해 꾸민다(士爲知己者死,

女爲悅己者容)"고 한 것이 그것이다. 남자는 자기를 인정해 주는 사람을 위해 죽고, 여자는 자기를 사랑해 주는 사람을 위해 치장한다는 말이다.

사기의 자객전(刺客傳)에 보이는 이 말은 자객 여양(予讓)의 말이다. 이는 다음과 같은 고사에서 연유한다. 여양은 진(晉)나라의 가로(家老) 지백(智伯)의 가신으로서 후한 대접을 받아 감격하고 있었다. 그런데 사이가 좋지 않았던 중신 조양자(趙襄子)가 지백을 박멸하여 그 두개골로 술잔을 만들었다. 이에 분개한 여양은 "선비는 자기를 알아주는 사람을 위해 죽고, 여인은 자기를 기쁘게 해 주는 사람을 위해 꾸민다고 한다. 지백은 나를 인정해 준 사람이다. 나는 꼭 그 원수를 갚고 죽겠다. 그러면 내 마음은 천지를 향해 부끄러움이 없을 것이다."라 외쳤다. 그리고 개명을 하고 전과자(刑餘)의 무리에 들어가 나병환자처럼 꾸미기도 하고, 바보 행세도 하며 조양자를 죽이려 노렸으나 매번 실패로 돌아갔다. 그리고 마침내 잡혀 자결(自決)하라는 명을 받았다. 이에 여양은 조양자에게 간청해 그의 의복을 받자 춤을 추며 그 옷을 베고, 그 칼로 마침내 자기 몸을 찔러 장렬하게 생을 마쳤다. "사위지기자사(士爲知己者死)"란 이러한 의로운 자객(刺客)의 고사를 배경으로 하는 말이다.

"여인은 자기를 기쁘게 해 주는 사람을 위해 꾸민다(女爲悅己者容)"고 하는 말은 여인들은 사랑을 중히 여긴다는 사실을 말한다. 여인들은 남자가 "지기(知己)"를 위해 죽듯이 "열기(悅己)"를 위해 죽기도 한다. 그러나 "열기(悅己)"는 여인의 사랑에만 쓰이는 말은 아니다. 이의 용례는 각정(卻正) 석기(釋譏)에 "우제(虞帝)의 면종(面從)보다 공성(孔聖)의 열기(悅己)가 더 낫다(虞帝以面從爲戒 孔聖以悅己爲尤)"고 한 것도 볼 수 있다. 여기서의 "열기"는 남이 나를 기쁘게 하고 좋아하는 것이라 하겠다.

(2022.3.19.)

"차(次)", 한국한자어의 의미

"차관(次官)", "차장(次長)"과 같이 다음 차례를 의미하는 "버금 차(次), 다음 차(次)"자는 몇 가지 다른 의미를 지닌다.

첫째, 주로 한자어 뒤에 쓰여 "번"이나 "차례"의 의미를 나타낸다. "제이 차 세계대전, 5, 6차 백두산 탐방". 둘째, "-던 차에", "-던 차이다" 꼴로 쓰여 어떠한 일을 하던 기회나 순간을 나타낸다. "식사하려던 차", "여행을 떠나던 차이다". 셋째, 수학의 방정식 따위에서 차수를 이른다. "이차방정식"이 그 예이다. 이밖에 "차(次)"가 접사로 쓰여 "연구차, 인사차, 사업차"와 같이 목적의 뜻을 더하기도 한다.

그런데 이 말(또는 글자)은 한국한자어로 독특한 의미를 나타내기도 한다.

첫째, 감, 재료를 의미한다. 신증유합에는 "차(次)"자를 "츠례 츠", "ᄀᆞ음 츠"라 풀이하고 있다. "차(次)"자는 이렇게 "차례"와 함께 "ᄀᆞ음"으로 풀이되기도 한다. 이 "ᄀᆞ음"은 같은 책에 "ᄀᆞ슴 ᄌᆞ(資)"라 풀이하고 있는 "ᄀᆞ슴"이 변한 말로 자료(資料)를 의미한다. "ᄀᆞ슴"은 "ᄀᆞ음> 가암> 감"으로 변하였다. "옷감, 횟감"의 "감"이 그 예다. "대통령 감, 신랑감"도 이 "감"이다. 이때 는 인재(人材)의 의미를 나타낸다.

"차(次)"가 "감"을 나타내는 구체적인 용례는 중종실록(中宗實錄)에 보인다. 중종 25년에 진상(進上)하는 옷은 모두 흰옷으로 하라고 하며, 옷감은 "흰색 감을 들이라고 상의원에 지시하였다(以白色次入內事 言于尙衣院)"고 한 것이 그 것이다. 이밖에 "次"자가 감, 자료를 의미하는 예로는 "의복감, 옷감"을 의미하는 "의복차(衣服次)·의대차(衣襨次)·의차(衣次)·치마차(次·치맛감)" 등이 있고, 또 덧문이나 다락문에 붙이는, 그림을 그리거나 글씨를 쓴 종이를 방문차(房門次)라 하고, 병풍을 꾸밀 그림이나 글씨, 또는 그러한 종이를 병풍차(屛風次)라 한 것도 같은 예이다.

둘째, 내어주거나 받아들여야 할 돈이나 물건을 의미한다. 내어 주어야 할 돈인 급차(給次), 심부름값인 신발차(次), 요기하라고 하인에게 주거나, 상여꾼에게 쉴 참마다 주는 돈 요기차(療飢次), 잔치 때 놀아 준 대가로 기생이나 악사에게 주는 돈이나 물건인 놀음차(次), 기생 창기 따위와 관계를 하고 그 대가로 주는 화대, 해우차(解憂次) 등이 이의 예다.

"차지(次知)"라는 말도 "감(資料)"을 뜻하는 "차(次)"와 관련이 있는 말이다. 이는 "ᄀ숨알이·ᄀ옴알이"를 뜻하는 말로, 이는 어떤 일을 책임지고 맡아 보거나, 그런 사람을 뜻한다. "차지(次知)"의 "차(次)"가 "ᄀ숨"이고, "지(知)"가 "알이"를 나타냄은 물론이다. "알이"는 "알(知)-이(접사)"의 구조로 된 말이다. 대명률직해에 주부군현(州府郡縣)의 차관(次官)을 차지(次知)라 한다고 한 것이 그것이다.

표준국어대사전에는 이 "차지(次知)"에 대해 좀 자세한 풀이를 하고 있다. "① 각 궁방(宮房)의 일을 맡아 보던 사람, ② 벼슬아치의 집일을 맡아보던 사람, ③ 상전을 대신하여 형벌을 받던 하인. 또는 남을 대신하여 대가를 받고 형벌을 받던 사람"이란 것이 그것이다. 마지막 풀이의 대상으로는 흥부전의 "흥부"를 들 수 있다. 비록 매는 못 맞았지만 그는 관영에 삯을 받고 매를 대신 맞으러 갔었다.

"주관하다"를 뜻하는 "가말다"는 그 어원을 "ᄀ숨알다"로 한다. 이는 "ᄀ숨알이"와 마찬가지로 "ᄀ숨(資)"에 "알다(知)"가 복합된 동사다. 이 말이 "가암알다> 가아말다> 가말다"로 변한 것이다. 그리고 그 의미도 "자료를 알다"에서 "일을 알다", 나아가 "주관(主管)하다"의 의미로 확장되었다. "차(次)"는 "ᄀ숨", 곧 감(資料·材料)을 의미하는 말이다.　　　　　　(2021.10.1.)

"철옹성"과 "금성탕지"의 어원문화

　우리는 난공불락의 성을 "철옹성(鐵甕城)"이라 한다. 쇠로 만든 독(甕)처럼 튼튼하게 쌓은 성이란 말이다. 이는 방비나 단결 따위가 견고한 사물이나, 상태를 비유적으로 이르는 말이기도 하다. 현진건의 "무영탑"의 "우리 무대가 입이 무겁기도 하고 철옹성이고"가 그 예다.

　그런데 이 말은 사실은 이렇게 쓰이는 보통명사가 아니라, 그 어원을 "철옹산성(鐵甕山城)"으로 하는 고유명사이다. 그것도 하나가 아닌 여러 "철옹성"이 있었다. 그 하나는 맹산에 있는 성이다. 이는 평안남도 맹산군 지덕면과 함경남도 영흥군 황천면 사이에 있는 1,085m의 철옹산에 축조된 것이다. 이 성은 고려 정종(定宗) 때 철옹진(鐵甕鎭)을 설치하고, 거란의 침입에 대비하기 위해 축조한 것이다.

　다른 하나는 평안북도 영변군 영변읍을 둘러싼 성으로, 이 산성에 대해서는 조선 "광해군일기"에 "영변의 철옹지성은 형세가 아주 좋으며, 확 트였고, 사면이 높고 중앙은 낮다(寧邊鐵甕之城 形勢則甚好 而占之大闊 且四面高中央下)"고 한 기록이 보인다. 성은 넓어 동서남북의 성이 적을 맞아 싸워도 서로 모를 지경으로 넓었다. 이 성은 내성과 외성이 있는데, 전해지는 이야기로 내성은 강감찬 장군이, 외성인 신성(新城)은 임경업 장군이 축조했다고 한다. 동국여지승람에 의하면 이 성 안에는 50개의 우물, 3개의 시내, 34개의 창고가 있었다 한다. 이 성은 일명 백마산성(白馬山城)이라고도 하는데, 그것은 임경업 장군이 성을 증축할 때 꿈에 백마가 나타나 축성할 자리를 일러준 데 연유한다고 한다.

또 다른 "철옹산성"은 충남 부여에 있는 것으로, 조선영조실록에 보인다. 지경연(知經筵) 송성명(宋成明)의 말로, "철옹산성을 주람하였고, … 이는 옛날 상신(相臣) 황희(黃喜)가 처음 축성하였다(臣周覽鐵甕山城… 昔相臣黃喜 始設此城)"고 한다.

우리의 "철옹성(鐵甕城)", 혹은 "철옹산성"이란 이렇게 고유명사에서 비롯되어 "견고한 성"이란 보통명사로 쓰이게 된 말이다. 중국에서도 "철옹(鐵甕)"이 쇠로 된 독을 의미한다. "철옹"이 고유명사로 쓰인 성도 있다. 그것은 강소성(江蘇省) 진강현(鎭江縣)의 자성(子城)으로, 진강부지(鎭江府志)에 의하면 이는 오 대제(吳大帝)가 축조한 것으로, 철옹성(鐵甕城)이라 하였다는 것이다. 도경(圖經)에 이르기를 옛 이름 철옹성은 그 견고함이 금성(金城)과 같기 때문이다라 하고 있다. "자성(子城)"이 견고해서 우리와 같이 "철옹성"이라 하였다는 것이다. 그러나 이는 고유명사로 쓰인 것이고, "철옹성"이 보통명사로 전환되지는 않았다.

보통명사 "철옹성"에 해당한 한어(漢語)는 "금성탕지(金城湯池)"이다. 이는 한서(漢書)에 보이는 말로, 성지(城池)가 공고함을 비유한 말이다. 금성(金城)이란 쇠와 같이 극히 견고한 성이란 말이고, 탕지(湯池)란 물이 끓어 사람이 가까이 할 수 없는 성지(城池)라는 말이다. 한서(漢書)에는 "모든 성이 금성탕지(金城湯池)로, 가히 공격할 수가 없다"란 용례가 보이고, 고사성어고(故事成語考)에는 "금성탕지"가 "성지의 공고함을 말한다(金城湯池 謂城地之鞏固)"고 풀이하고 있다.

금성탕지는 달리 "동장철벽(銅墻鐵壁)"이라고도 한다. 구리로 된 담장과 쇠로 된 벽이란 말이다. 이는 구리와 쇠로서 그 단단함을 비유한 것이다. 일본에서는 "금성철벽(金城鐵壁)", 또는 "금성탕지"라 한다. 이들 한자어는 우리도 사용하는 말이다. 그러나 앞에서 논의한 "철옹성(鐵甕城)", 또는 "철옹산성"이란 보통명사는 중국이나 일본에서는 사용하지 않는 우리만의 한국한자어이다.

(2022.2.27.)

"추파(秋波)"의 문화

춘선이가 추파를 보내는데도 경준은 못들은 체하고 그대로 앉았다. <이기영, 신개지>

"이성의 관심을 끌기 위하여 은근히 보내는 눈길"을 "추파(秋波)"라 한다. "추파"의 자의(字意)는 가을의 맑은 물결이고, 비유적인 의미는 미인의 아름다운 눈매를 말한다. 사원(辭源)의 "추파(秋波)"의 풀이 "여자의 아름다운 눈을 형상한 것으로, 추수(秋水)와 같이 맑은 것이다(狀好女子之目 淸如秋水也)"가 그것이다.

가을 물결같이 맑고 깨끗한 추수(秋水)를 의미하는 "추파(秋波)"는 그 뒤 다의화(多義化) 하였다. 그 가운데 대표적인 것이 위에 예시한 예문과 같이 이성의 관심을 끌기 위한, 섹시한 여자의 눈매이다. 우리의 표준국어대사전에는 이들 의미를 포함하여 "추파"에 대해 네 가지로 뜻풀이를 하고 있다. 참고로 이를 보면 다음과 같다.

① 가을의 잔잔하고 아름다운 물결
② 이성의 관심을 끌기 위하여 은근히 보내는 눈길
③ 환심을 사려고 아첨하는 태도나 기색
④ 맑고 아름다운 미인의 눈길

위의 풀이 ④의 용례로는 박종화의 "다정불심"에 다음과 같은 것이 보인다. "노국공주는 고개를 들어… 왕을 건너다본다. 맑고 어진 <u>추파</u>가 잠깐 흔들리다가 다시 호수처럼 가라앉는다."가 그것이다.

"추파"에 대한 중국과 일본의 사전풀이는 우리 사전풀이와는 달리 단순하다. 중국의 사원(辭源)은 위에 제시한 바와 같이 "추수와 같이 맑은 눈매" 하나만을 내걸고 있다. 이에 대해 일본의 광사원(廣辭苑)은 세 가지로 풀이하고 있다. "① 가을의 맑은 물결, ② 미인의 시원한 눈매, ③ 아양을 드러내는 눈매. 색목(色目)"이 그것이다.

그러면 중국에서는 다른 뜻으로는 쓰지 않는가 하면 그렇지는 않은 것 같다. ②의 뜻도 중국에서 다 쓰인다. "추파(秋波)"는 한·중·일 다 "맑은 물결"을 기본적 의미로 하고, "아름다운 여자의 눈매"를 비유하고, 마침내 "이성에게 보내는 연모의 눈매(媚目)"라는 의미로 확장하여 쓰고 있다. 이는 오히려 중국에서 이러한 의미확장이 일어나고, 이것이 한·일어에도 파급되었을 것으로 추론된다. 이들 예를 보면 다음과 같다.

먼저 중국의 경우를 보면 원(元) 나라의 나관중(羅貫中)이 쓴 "삼국지연의(三國志演義)"에 이의 용례가 보인다.

> 왕윤(王允)은 동탁(董卓)의 양아들 여포(呂布)를 불러 주연을 베풀면서 어느 정도 홍이 올랐을 때 초선(貂蟬)을 불러 술을 따르게 했다. 거나하게 술이 취한 여포는 선녀처럼 아리따운 초선을 보고 한눈에 반했다. 초선은 그런 여포에게 은근히 <u>추파</u>를 보내면서(暗送秋波) 연정에 불을 지폈다.

초선(貂蟬)은 중국 4대미녀의 하나로 왕윤의 가희(歌姬)였다. 그녀는 적진에 간첩으로 보내는 연환계(連環計)의 당사자가 되어 여포(呂布)를 꾀는가 하면, 그녀를 동탁(董卓)에게 받쳐 이에 분개한 여포가 동탁을 살해하고 초선을 취한다는 인물이다. 그런 그녀가 연환계에서 "은근히 추파를 보내(暗送秋波)"

여포를 사랑의 포로로 만들었다. 위의 예문은 초선이 이 추파를 보내는 장면 이다.

일본의 경우는 나쓰메소세키(夏目漱石)의 "노와키(野分)"에 그 예가 보인다.

흑축면(黑縮緬)에 세 개의 측백나무 문장(紋章)을 붙인, 기개 있는 예인(藝 人)과 스쳐지나갈 때 高柳군 쪽으로 한번 슬쩍 추파를 보냈다.

우리의 용례는 앞에서도 보았으나, 이광수의 "혁명가의 아내"에서 용례 하나를 더 보면 "또 군의 동정을 구하는 추파를 보낸 자기에게 성적 만족을 주지 못하였다는 것을 두고 하는 말이다."가 보인다.   (2022.5.15.)

"타작"과 한자의 병기

　조선 후기에 정학유(丁學游)가 지은 월령체의 노래에 "농가월령가(農家月令歌)"라는 것이 있다. 이 노래의 구월령(九月令)에는 추수를 마친 뒤 타작을 노래하고 있다. 그 장면은 이러하다.

　　벼 打作 마친 후에/ 틈나거든 두드리세/ 비단차조 이부끄리/ 매눈이콩 황부대를/ 이삭으로 먼저 잘라/ 후씨로 따로 두소./ 젊은이는 태질이요/ 계집 사람 낫질이라/

　타작마당의 즐겁고 분주한 모습은 그려져 있지 않다. 그리고 이어서 타작 마당의 점심 준비 과정을 노래하고 있다. "타작 점심하오리라/ 黃鷄 白酒 不足할가"로 이어지는 노래가 그것이다.

　"타작"이란 "곡식의 이삭을 떨어서 낟알을 거두는 일", 곧 바심을 뜻하는 말이다. 이 "타작"의 표기를 위의 농가월령가에서는 한군데는 한자로, 한군데는 한글로 표기하고 있다. 그렇다면 이 말의 어원은 한자어인가, 아니면 고유어인가?

　이 말의 어원은 고유어라 본다. 농사직설(農事直說)과 고금석림(古今釋林)의 기사가 이를 증거한다. 농사직설에서는 말리고 타작을 한다는 "수건수연(隨乾隨輾)"을 언급하며 "연(輾)"에 대해 주를 달아 풀이하고 있다. "연(輾)은 우리말로 타작이다(輾 鄕名打作)"라 하고 있다. 여기 "향명(鄕名)"이란 우리나라 이

름, 우리나라 말을 가리킨다. 고금석림에서는 "타작은 본조에서 속칭 타곡을
타작이라 한다(打作 本朝 俗稱打穀爲打作)"라 하고 있다. "타곡(打穀)"을 속칭 "타
작(打作)"이라 한다는 것이다. 여기서의 "속칭(俗稱)"의 "俗"도 "우리"를 가리
키는 말로, "俗稱"이란 우리말로는 "…라 한다"는 말이다. 이렇게 이들 두
문헌은 "타작"이 "打穀"을 의미하는 우리말이라 보고 있다. 이로 볼 때 오늘
날 비록 "타작"이란 말에 사전에서 "타작(打作)"이라 한자를 병기하고 있으
나, 한자어가 아닌 고유어로 보아야 한다.

　타작을 한자로 표기한 것은 송남잡지(松南雜識)의 "타작관(打作官)"에서도 볼
수 있다. "타작관"이란 소작인들이 타작하는 것을 감시하도록 지주가 보내
는 사람을 말한다. "오늘날 가을일을 살피는 사람을 타작관이라 한다(故今看
秋事者 謂打作官)"가 그것이다.

　"타작"은 이렇게 "打作"이라 한자로 적기도 하나 이는 본래 한자말이 아
니고 한자를 우리가 차자한 한국한자어이다. 따라서 "타작(打作)"이란 한자어
는 한어(漢語)나 일본어에는 없는 말이다. 그런데 이 말은 차자치고는 차자를
잘 한 것으로 보인다. 외래어를 원음차용(原音借用)할 때 한어에서는 그 의미
를 살려 음차(音借)하기도 한다. 코카콜라를 "可口可樂", 펩시콜라를 "百事可
樂" 따위로 번역하는 것이 그것이다.

　"타작"은 우리 고유어이다. 그런데 이를 "打作"이라 한자를 차자하였다.
전에는 탈곡이라면 주로 "두드리고 치는(打) 작업(作業)"으로 이루어졌다. 괘
상(掛床)에 볏단이나 보릿단을 쳤고, 콩과 팥은 도리깨로 쳐서 탈곡했다. 조는
농가월령가에도 보이듯 방망이로 "두드려서" 탈곡을 했다. 따라서 "칠 타
(打), 지을 작(作)"자를 빌어 "타작"을 음차했다는 것은 그 발상이 놀랍다.

　"타작"은 우리의 고유어다. 만부득이한 경우가 아니라면 한자를 빌어 쓸
필요가 없다. 한문으로 써야 할 경우가 아니라면 굳이 구차하게 한자를 빌어
쓰지 않는 것이 바람직하겠다. "타작"은 고유어로, 여기에 한자를 적용한
한국한자어라 하겠다.

(2021.12.3.)

"탄주지어(呑舟之魚)"의 현실과 문화

크나큰 사건 사고가 많이도 터진다. 그렇게 되면 원인을 밝히고 책임의 소재를 묻게 된다. 그런데 언제부터인가 우리는 이런 사건 사고의 몸통이 제대로 밝혀지지 않고 늘 송사리만 잡힌다는 말을 많이 듣게 되었다. 공명정대(公明正大)한 사회가 되기 위해서는 정치적 배후에 몸을 숨기는 일이 있어서는 안 된다. 사건 사고의 배후는 명명백백히 밝혀져야 하고, 배후의 거물, 곧 송사리 아닌 대어(大魚)는 밝혀지고 처단돼야 한다.

탄주지어(呑舟之魚)란 말이 있다. 이는 본래 배를 삼킬 정도의 대어를 뜻하는 말이다. 설원(說苑)의 "배를 삼키는 큰 고기는 못에서 놀지 않는다(呑舟之魚 不遊淵)"가 그것이다. 또 열자(列子)는 대조적 표현을 하여 이를 좀 더 구체적으로 나타내고 있다. "대어는 세류에서 놀지 않는다. 큰 기러기와 고니는 높이 날아 작은 못에 깃들이지 않는다(呑舟之魚 不遊枝流, 鴻鵠高飛不巢汙池)"라 한 것이 그것이다. 이는 현자가 고상한 뜻을 지녀 속세에서는 살지 않음을 의미한다.

그런데 "탄주지어"란 말이 우리의 사건 사고의 배후와 같은 상황을 나타내기도 한다. 그것은 사기 혹리전(史記 酷吏傳)에 말미암은 것이다. "배를 삼킬 큰 물고기는 그물을 빠져 나갔다. 혹독한 관리는 게을리 수리하였고, 혼란은 없었다(網漏於呑舟之魚 而吏治烝烝 不至於姦)"라 하고 있는 것이 그것이다. 배를 삼킬 만한 대어는 잡지를 못했고 관리는 그물을 게을리 수선하였으나, 이로 말미암은 혼란은 없었다는 말이다.

진(秦)나라는 상앙(商鞅)과 같은 엄한 법을 시행하는 재상을 중용해 민중은 공포에 떠는 생활을 하였다. 진 나라의 뒤를 이은 한(漢)나라는 공포정치에서 백성을 구하기 위해 모든 가혹한 법을 폐지하고, 왕도정치(王道政治)를 이상으로 하였다. 그래서 탄주(呑舟)의 큰 고기, 곧 큰 죄인도 관대하게 처벌하였다. 그래서 천하는 오히려 평안해졌고, 백성들의 생활도 안정되었다. 도의정치(道義政治)를 하여 천하를 안정시킨 것이다.

그러나 이 인정(仁政)도 악용하게 되면 곤란한 것이어 큰 범죄자는 법망에서 벗어났고, 작은 죄인만이 처벌을 받는 경우가 생겨나게 되었다. 이러한 상황은 영국의 철학자 베이컨(Bacon)에 의해서도 갈파된 바 있다. "사람이 만든 법은 거미의 그물과 같아, 작은 것은 이에 걸리나, 큰 것은 이를 뚫는다."고 한 것이 그것이다. 세계 도처에 나쁜 면으로 현명한 사람은 있게 마련이다. 그리고 그들이 사회를 혼란스럽게 한다.

"탄주지어(呑舟之魚)"라는 말은 본래 "배를 삼킬 정도의 대어"라는 말이다. 그런데 이 말이 "혹독한 관리의 전기 서(酷吏傳序)"에 "배를 삼킬 만한 큰 고기는 그물을 빠져 나갔다"고 "망루어탄주지어(網漏於呑舟之魚)"라고 쓰이면서 의미가 일부 변하게 되었다. 일종의 전염에 의한 의미변화를 한 것이다. 곧 "탄주지어(呑舟之魚)"라는 말은 "대죄를 지은 사람은 법망을 벗어나고, 오히려 작은 죄를 지은 사람만이 벌을 받는다."는 의미를 아울러 지니게 된 것이다.

세상은 요지경 속이다. 이상(理想)을 추구하게 되면 거기에는 흔히 마(魔)가 따른다. 그러나 그렇다고 이상을 추구하지 않을 수는 없는 노릇이다. 부지런히 개과천선(改過遷善)을 기약할 수밖에 없겠다. (2021.12.29.)

"태두(泰斗)"의 어원문화

어떤 분야에서 가장 권위 있는 사람, 제1인자를 태두(泰斗)라 한다. "국어학계의 태두"라거나, "상징주의 화단의 태두"라고 하는 따위가 그것이다. 그런데 이런 "태두(泰斗)"라는 말을 쓰는 사람도 그 어원을 대부분 잘 알지 못하고 쓰는 것 같다. 이에 "태두"의 어원과 문화에 대해 살펴보기로 한다.

"태두"란 우선 "태산북두(泰山北斗)"의 준말이다. 우러러 받들어야 할 대상을 비유적으로 나타낸다. "태산(泰山)"은 중국의 오악(五嶽) 가운데 하나이다. 중국에는 고래로 명산이라 일러지는 오악(五嶽)이 있는데, 동에 태산(泰山), 서에 화산(華山), 남에 형산(衡山), 혹은 곽산(霍山), 북에 항산(恒山), 중앙에 숭산(嵩山)이 있다. 태산은 동악(東嶽)이라고도 하는데, 이는 산동성(山東省) 태안현(泰安縣)에 있다. 중국에는 높은 산이 많이 있는데, 이 산은 그리 높지 않은 편으로 1524m에 불과하다. 그런데 이 산을 천하 명산, 성산(聖山)이라 하는 것은 이 산에서 봉선(封禪)이 행해지기 때문이다. "봉선"이란 천자(天子)가 제를 지내는 것을 말한다. "봉선(封禪)"의 "봉(封)"은 흙을 쌓아 제단을 만들고 하늘에 제를 지내는 것이고, "선(禪)"은 땅을 정히 하고 산천에 제를 지내는 것을 말한다.

"북두"는 북두칠성을 말한다. 이는 칠정(七政), 곧 제후를 이르기도 하고, 황제의 수레라고도 한다, 앞의 네 별을 괴(魁), 뒤의 세 별을 표(杓)라 하고 이들을 합쳐 두(斗)라 한다. 북두(北斗)란 북쪽에 있는 말(斗)과 같이 생긴 별, 두성(斗星)이라 하여 이렇게 부른다. 성경(星經)에 의하면 두성(斗星)은 임금의 호령의 주체로, 호령을 하고 시행하여 하늘의 한복판을 다스리고(布政), 천하에 군림하여 사방의 인민을 제어한다(斗爲人君號令之主 出號施令 布政天中 臨制四方)고 한다. 따라서 태산과 북두는 우러러 받드는 대상이다. 이에 "태두(泰斗)"가 제1인자, 대가, 권위자를 의미하게 된 것이다.

그러면 "태산북두(泰山北斗)"가 제1인자, 대가, 권위자를 의미하게 된 구체적 계기, 곧 어원은 무엇인가? 이는 "당서 한유전찬(唐書, 韓愈傳贊)"에서 비롯되는 것으로 본다. 한유(韓愈)는 육경(六經)의 문장을 부흥시켜 모든 유생(儒生)을 인도하였다. 그가 죽은 뒤 이 학문은 성행하였다. 그래서 "학자들은 그를 우러러 태산북두와 같다고 하였다(學者仰之如泰山北斗云)"고 하였다. 이것이 "태산북두(泰山北斗)", 곧 "태두(泰斗)"의 기원이다.

한유(韓愈)는 자를 퇴지(退之)라고 하는, 두보(杜甫), 이백(李白), 백거이(白居易) 등과 더불어 당대(唐代)의 사대시인(四大詩人) 가운데 하나이며, 또한 당송팔대가(唐宋八大家)의 하나이다. 당송팔대가는 당의 한유, 유종원고 송의 구양수, 왕안석, 증공, 소순, 소식, 소철을 이른다. 그가 당(唐)의 문학계에 등장하기 전에는 모두가 내용이 없고 수식이 승한 병문(騈文)을 추구하였다. 그는 이를 뜯어고쳐 내용이 있는 논리적 문장을 유행하게 하였다. 그는 인간미가 풍부한 이러한 문장을 고문(古文)이라 하였다. 앞에서 육경(六經)의 문장을 부흥시켜 유생들을 인도하였다고 한 것은 이런 고문을 추구하게 한 것을 가리킨다.

"태두(泰斗)"란 태산북두(泰山北斗)의 준말이며, 이의 기원은 당서(唐書) 한유전찬(韓愈傳贊)에 있고, 어원은 한퇴지(韓退之)의 학문을 기린 데 있다.

(2021.11.14.)

"파과(破瓜)"와 파천황의 어원

　"계집 녀(女)"변의 글자 쳐 넣고 좋은 뜻을 지닌 말은 없다고 한다. 그러나 사실은 그렇지 않다. 좋지 않은 뜻의 말이 많다는 것을 이렇게 표현한 것일 뿐이다. 이와 마찬가지로 "깨뜨릴 파(破)"자도 이런 부류에 속하는 글자라 하겠다. 그러나 좋은 뜻으로 쓰는 말도 더러 있다. "파과(破瓜), 파안(破顔), 파천황(破天荒), 파사(破邪), 파죽지세(破竹之勢)" 등이 이러한 것이다. 이번에는 이 가운데 "파과(破瓜)"와 "파천황(破天荒)"의 어원과 의미에 대해 살펴보기로 한다. "파과"나 "파천황"은 다 같이 "처음"이라는 면에서 공통점을 지닌다.

　"파과(破瓜)"를 우리 사전은 첫째, 성교에 의해 처녀막이 터지는 것을 의미하고, 둘째 "파과지년"을 의미하는 말이라 풀이하고 있다. 따라서 "파과"는 "파안대소(破顔大笑)"와 같이 좋은 의미를 지니는 말은 아니다. 그러나 파과(破瓜) 본래의 뜻과 같이 외가 익어 터지듯이 하나의 여인으로 성숙한 것을 의미한다는 면에서는 좋은 뜻의 말이라 하겠다.

　"파과(破瓜)"는 비유적인 의미를 지니는 말이다. 우리 사전의 첫째 풀이는 본래 없던 것이다. 한어(漢語)에서는 "파과지년(破瓜之年)"을 본래의 뜻으로 보고 있다. 통속편(通俗編)의 "부녀(婦女), 파과(破瓜)"조를 보면 "여자의 몸을 깨뜨리는 것이 파과가 아니다. 과(瓜)자를 파자(破字)하면 두 개의 팔자가 되는데 이팔 십육, 십육세를 말한다(女子破身爲破瓜 非也 瓜字破之爲 二八字 言其二八十六歲耳)"가 그것이다. "파과"는 "瓜"자를 파자한 16세를 의미하는 말이다. 또 수원시화(隨園詩話)에는 "파과는 월사(月事)로 풀이하기도 하는데 외가 깨뜨려지듯 처음 홍조(紅潮)를 보이는 것이 아니다. 종횡으로 파자하여 이팔이 되는 것이다(破瓜 或解以爲 月事初來如瓜破 則見紅潮者 非也 蓋瓜縱橫破之 成二八字)"라 하고 있다. 여기서는 월사(月事)도 아니며 역시 이팔(二八) 십육으로 청춘을 의미한다는 말이다.

파천황(破天荒)은 "천황(天荒)"을 깨뜨린다는 말이고, "천황(天荒)"이란 천지가 열리지 않은 때의 혼돈한 상태를 뜻한다. 따라서 "파천황"이란 "천지가 열리지 않았을 때의 혼돈한 상태를 깨뜨려 열다", "이전에 아무도 하지 못한 일을 처음으로 해내다"를 뜻하는 말이다.

이는 북몽쇄언(北夢瑣言)에 고사가 전한다. 중국 당나라의 형주(荊州)지방은 과거에 합격한 사람이 하나도 없어 천황(天荒)이라 불렸다. 그런데 유세(蛻劉)라는 사람이 처음으로 과거에 급제하게 되었다. 그래서 형주(荊州)는 천황을 깨뜨리게 되었다. 곧 파천황을 하게 되었다(荊解及第爲破天荒)는 데서 이 말이 나왔다는 것이다.

끝으로 "파과(破瓜)"가 나이와 관계가 있는 파자(破字)이니, 파자 내지 약자와 관계가 있는 나이와 관련이 있는 말을 서너 개 보기로 한다. "미수(米壽)"와 "백수(白壽)"는 파자와 관련된 말이다. "米壽"는 88세를 이르는 말이다. 이는 "쌀 미(米)"자가 "팔(八)-십(十)-팔(八)"로 파자되기 때문이다. "백수(白壽)"는 99세를 이르는 말이다. 이는 "일백 백(百)"자에서 위의 "한 일(一)"자를 빼면 "흰 백(白)"자가 되니 99세라는 것이다. "산수(傘壽)"와 "졸수(卒壽)"는 80세와 90세를 이르는 말로 "傘"자와 "卒"자를 약자를 쓸 때 "八十", 또는 "九十"을 세워서 연이어 쓰기 때문이다. 이는 일본어가 우리말에 들어온 것이다. 그래서 일상에서 통용되는 것과는 달리, 표준국어대사전에는 표제어로 올라 있지 않다. 끝으로 "희수(喜壽)"는 초서를 쓸 때 "七十七"이라 쓴 것처럼 보이기 때문에 77세를 이르게 된 말이다.

(2022.5.25.)

판관사령과 파부(怕婦)의 문화

　세상은 돌고 돈다. 전에는 남존여비(男尊女卑)라 하였는데, 요사이는 여존남비(女尊男卑)라 하여야 할 시대가 되었다. 가부장(家父長) 제도도 허울만 남아 있고, 이미 현실은 주도권이 어머니, 여인에게로 넘어가 있다. 그래서 남성들은 여인들의 위력 앞에 주눅이 들어 있다. 이러한 현상의 대표적인 것이 공처가(恐妻家) 인생이다.

　공처가(恐妻家)란 이미 밝힌 바와 같이 근자에 일본에서 새로 만든 말이다. 오오야케(大宅)의 조어로 알려진다. 종래 우리는 이를 "엄처시하(嚴妻侍下)"라거나, "판관사령(判官使令)"이라 하였다. "엄처시하(嚴妻侍下)"의 "엄처(嚴妻)"란 엄한 아내, 무서운 아내라는 말이요, "시하(侍下)"란 "(부모나 조부모를) 모시고 있는 처지, 또는 그런 처지에 있는 사람"을 뜻하는 말이다. 따라서 "엄처시하"란 말은 무서운 아내를 모시고 있는 처지, 또는 그런 처지에 있는 사람이란 말이다. 그래서 사전은 엄처시하를 "아내에게 쥐여사는 남편의 처지를 놀림조로 이르는 말"이라고 풀이하고 있다. 박경리의 소설 "토지"에는 이러한 "엄처시하"라는 말이 용례로 나와 있다.

　　여보시오 김 선생, 핑계 한번 좋소 부정 탈까봐 그러시오? <u>엄처시하</u>라 동정하오.

　"판관사령(判官使令)"은 감영이나 유수영(留守營)의 판관에 딸린 사령을 말한

다. 그러면 이러한 말이 공처가를 의미하게 된 것은 어찌된 일인가? 아내가
시키는 대로 잘 따르는 남자를 놀림조로 이르게 된 것은 어떻게 된 것인가?

판관(判官)은 고려와 조선 시대에 지방 장관 밑에서 민정을 보좌하던 벼슬
아치로, 관찰부(觀察府), 유수영(留守營) 및 주요 주(州)와 부(府)의 소재지에 두었
다. "사령(使令)"은 조선시대에 각 관아에서 심부름하던 사람이다. 따라서 "판
관사령"이란 판관에 딸린 심부름꾼이다. 쉬운 말로 하면 판관의 수족 같은,
수하의 사람이다. 그러니 무슨 일이나 판관이 시키는 대로 하게 마련이다.
"판관사령"은 이러한 신분의 사람이기 때문에 아내를 두려워하며 그녀가
시키는 대로 하는 남편, 곧 공처가에 비유되어 쓰이게 된 말이다.

판관사령이란 말의 용례는 이광수의 소설 "사랑"에 보인다. 박인원이 주
인공인 의사 안빈(安賓)을 "판관사령인게지."라 한다. 그러자 여주인공 석순
옥이 "판관사령이 무어요?"라고 묻는다. 그러면 마누라한테 눌려 지내는 사
내 말이라고 하는 대목이 나온다. 한어(漢語)에서는 이 공처가를 "파로파(怕老
婆), 또는 파파(怕婆), 파파아(怕婆兒)"라 한다. 이는 아내를 두려워하는 사람이
란 말이다. "파(怕)"자는 두려워할 파(怕)자이다. 이들은 한마디로 "내주장(內主
張)"을 하는 사람이다. "내주장"이란 물론 집안일에 대해 아내가 자기 주장을
내세우는 것을 말한다. 일본에서는 이런 내주장을 "가카아덴카(嬶天下)"라 한
다. "비천하"의 "비(嬶)"자는 "여편네 비"자로 아내를 비하하는 말이다. "가카
아"도 마찬가지다.

또한 한어로는 "질투가 심한 아내를 두려워하다"라는 말을 "파부(怕婦)"라
한다. 이는 당나라의 대부(大夫) 배담(裴談)의 고사에 연유하는 말이다. "본사
시(本事詩)"에 의하면 당 중종(中宗) 때 배담의 처가 사납고 투기가 심해 배담이
두려워하였다 한다(裴談妻悍妬 談畏之). 그래서 "파부(怕婦)"라는 말이 배담의 고사
에서 나왔다고 한다.

아내를 두려워하는 고사가 중국에는 많고 많다. 수 문제(隋文帝)도 이런
사람 가운데 하나이다. 독고(獨孤)황후는 나라를 통일하고 양견(楊堅)이 황제

가 되는 데 공을 세웠다. 그런데 문제가 궁중의 예쁜 소녀와 운우지정을 나누었다. 이를 안 황후는 노발대발하고 그 소녀를 죽였다. 이에 황제는 30리 밖으로 도망을 하였고, 신하의 설득 끝에 돌아왔다. 그리고 그 뒤엔 딴 생각을 전혀 못하고 아내의 말에 순종하였다고 한다.

당 태종(太宗) 때의 방현령(房玄齡)도 공처가로 알려진 인물이다. 현령의 아내는 투기가 심했다. 태종은 미녀 몇 명을 골라 주었으나 현령은 받지 않았다. 황후를 시켜 부인을 누그려 보았으나 허사였다. 태종은 화가 나 그녀에게 "미녀를 받아들이든지, 아니면 이 독배를 마시라"고 하였다. 그러자 그녀는 독배를 마셨다. 그러나 그것은 독배가 아닌 식초였다. 이렇게 되어 당태종이 오히려 겁을 먹었다고 한다. 그리고 "나도 이렇게 겁을 먹고 있는데 현령이야 말할 것이 있겠느냐?"고 했다 한다.

파부(怕婦)는 이렇게 그 근원이 시샘에서 비롯되는 경우가 많다. 남자들의 세계의 지기(知己), 여자들의 세계의 열기(悅己)를 다시 생각해 보게 한다.

(2022.2.12.)

"해우차(解憂次)"와 화대(花代)

　　세상을 살아가노라면 이런 저런 근심 걱정을 하게 마련이다. 그리고 그 해결 방법도 입장과 경우에 따라 여러 가지로 달리 나타난다. "해우(解憂)"란 이런 근심을 풀거나, 풀리는 것을 의미한다.

　　그런데 "해우(解憂)" 가운데는 좀 특별한 것이 있고, 이런 해우를 하기 위해 대금을 치러야 하는 "해웃값"이란 말도 있다. "해웃값"이란 "기생이나 창기 따위와 관계를 맺고 그 대가로 주는 돈"을 말한다. 이는 달리 꽃값, 해웃돈, 화대(花代)라고도 한다. "해웃값"은 "해우-ㅅ(사이시옷)-값(대금)"으로 분석될 수 있다. 따라서 이는 한자말과 고유어가 합성된 복합어이다. "꽃값"이나 "화대(花代)"라는 말은 다 같이 여자를 꽃에 비유해, 꽃을 산 값, 여자를 산 값이란 비유적 표현이다.

　　"해웃값"은 "놀음차", 또는 "해우차(解憂次)"라고도 한다. 여기 쓰인 "차"는 좀 독특한 말이다. 이는 이두(吏讀)라 일러지는 말로, 지난날 한자로 표기하던 우리말이다. "이두"는 주로 구실아치들이 공문에 많이 써 "관리(官吏)"라는 "이(吏)"자가 붙어 "이두(吏讀)"라 하는 말이다. "차"는 한자로 "버금 차(次)"자를 쓰는데, 이는 다음과 같은 두어 가지 의미를 지닌다.

　　첫째, 감, 재료를 의미한다. 옷감을 "의복차(衣服次)", 치맛감을 "치마차(次)", 그림을 그리거나 글씨를 써서 덧문이나 다락문 따위에 붙이는 종이를 "방문차(房門次)", 병풍을 꾸밀 그림이나 글씨, 또는 이를 위해 그리거나 글씨를 쓴 종이나 비단을 "병풍차(屛風次)"라 하는 것이 그것이다.

둘째, 재물, 돈, 또는 임금 따위를 의미한다. 심부름 값을 의미하는 "신발차(次)", 요기를 하고 주는 돈 "요기차(療飢次)", 잔치 때 기생이나 악사에게 놀아 준 대가로 주는 돈이나 물건을 뜻하는 "놀음차(次)", 그리고 예의 매소부(賣笑婦) 논다니를 상대하고 주는 돈 "해우차(解憂次)"가 여기에 속한다. "해우차"는 앞에서 언급한 바와 같이 "놀음차(次)"라고도 하는 것으로, 근심을 풀어준 대가로 주는 돈을 의미한다. 이는 "해우채(債)"라고도 하는데, 해우를 하느라고 빚을 진 사람에게 주는 돈, 곧 "빚 채(債)"자를 써 "해우채(解憂債)"라 한 것이다.

그러면 여자를 관계하고 주는 돈인 화대(花代), 또는 해우차(解憂次)란 말의 어원은 어디 있는가? 여인은 흔히 꽃에 비유된다. 그래서 여자를 가까이 하고 주는 돈을 화대(花代), 꽃값이라 한다. 그러나 여기에는 이 이상의 배경 설화가 있다. 그것은 개원천보유사(開元天寶遺事)에 전하는 당 현종(玄宗)과 양귀비(楊貴妃)에 얽힌 고사다.

> 당 현종은 총애하는 양귀비와 궁녀를 데리고 궁중에 있는 태액지(太液池)에 하나 가득 피어 있는 백련(白蓮)을 보고 있었다. 그는 좌우의 사람들에게 양귀비를 가리키며 "어떠냐? 못의 연꽃의 아름다움도, 이 말을 알아듣는 꽃에는 미치지 못하는도다!"라 하였다.

당 현종(玄宗)은 못에 하나 가득 피어 있는 흰 연꽃과 해어화(解語花) 양귀비를 비교하며 귀비(貴妃)를 극찬한 것이다. 규중처녀나 기녀가 아니라, 당 현종은 양귀비를 해어화에 비유하며, 백련(白蓮)의 아름다움이 그녀에 미치지 못한다고 칭찬하였다. 확실히 해어화인 여인은 아름다운 존재이다. 꽃에 비유될 만하다.   (2022.4.25.)

호색(好色)과 여색(女色)의 사회적 거리

　요즘 소학교의 여자 아이들도 "섹시하다"고 하면 좋아한다고 한다. 그만큼 성(性)이 일반화 하였다. 그러나 그 아이들에게 "성적(性的) 매력이 있다"고 하면 "섹시하다"고 했을 때처럼 좋아만 할까? 조금은 내키지 않아, 찜찜해 할 것 같다.

　우리말에 성적 매력과 관련이 있는 말에 "호색(好色)"과 "여색(女色)"이란 말이 있다. 이들은 같은 뜻의 말일까, 아니면 다른 뜻의 말일까? 국어사전은 유의어(類義語)로 보고 있다. 요샛말로 표현하면 비슷한 뜻의 말이나, "사회적 거리"가 있다 하겠다. 사전의 풀이는 다음과 같이 되어 있다.

> 호색(好色): 여색을 몹시 좋아함. ＝탐색(貪色)
> 여색(女色): ① 여자와의 육체적 관계. ＝호색(好色). ② 남성의 눈에 비치는
> 　　　　　 여성의 아름다운 자태

　그러면 한자의 본고장인 중국은 어떤가? 조금 다른 것 같다. 모로바시의 "한화대사전(漢和大辭典)"은 다음과 같이 풀이하고 있다.

> 호색(好色): ① 미색(美色)을 좋아하다. 여색을 좋아하다. 여색을 좋아함. 호
> 　　　　　 표(好嫖), 호내(好內). ② 아름다운 색. 미인(美人)
> 여색(女色): ① 여자의 색향(色香). 여자의 용모 ② 여자와의 관계. 여자와

의 정사. 연애.

그리고 "호색" ①②의 예로서 각각 논어(論語)와 맹자(孟子)의 구절을 인용하고 있다.

> ① 나는 아직 덕행 사랑하기를 미색을 사랑하는 것과 같이 하는 자를 보지 못했다.
> ② 미인을 좋아하는 것은 사람이 바라는 것이다. 순 임금이 요 임금의 두 딸을 아내로 맞았으나, 근심을 풀기에는 부족하였다.

중국에서는 우선 여자의 미모를 기본적 의미로 보고, 그 다음 색정(色情)을 의미하는 것으로 본다고 하겠다. 그리고 그 색정(色情)도 시경(詩經)의 국풍(國風)을 평하면서 "국풍(國風)은 호색이긴 하나 음란하지는 않다(國風好色而不淫)"고 한 것처럼 "호색(好色)"을 "음란(淫亂)"한 것으로 보지 않았다. 그런데 우리는 이와는 달리 "호색"을 "호색한(好色漢)"으로 대표되는 음란과 연계된 것으로 본다. 이는 일본어의 영향이 크다 하겠다.

일본의 이와나미(岩波), 國語辭典(1977)은 "호색(好色)"을 "색사(色事)를 좋아하는 것", "색을 탐하는 것(色好み)"이라 풀이하고 있다. "여색(女色)"은 "① 여성의 매력, ② 정사(情事). いろごと"라 풀이하고 있다. 이는 우리의 사전 풀이와 대동소이하다.

문학의 한 영역으로 호색문학(好色文學)이라는 것이 있다. 남녀의 정사를 노골적으로 묘사하는 문학으로서, 로마시대의 오비디우스의 "사랑의 기술", 루키아노의 "에피그람"이 그것이다. 중국에는 "잡사비신", "이연외전", "금병매" 따위가 그것이다. 일본에는 색(色)을 탐한다는 "이로고노미(色好み)"라는 말이 평안조(平安朝) 때부터 많이 쓰여 다케토리모노가타리(竹取物語), 곤자쿠모노가다리(今昔物語), 겐지모노가타리(源氏物語) 등에 쓰인 것을 볼 수 있다.

이러한 호색문학은 그 뒤 이노하라(井原西鶴)의 "호색일대남", "호색오인녀"를 비롯하여 이나가(爲永春水)의 작품 등으로 나타나는데 이들은 일본의 호색문학의 주옥편이라 일러진다.

일본어에는 이 색(色)을 의미하는 고유어 "이로(色)"라는 말이 많이 쓰인다. "이로고이(色戀), 이로고토(色事), 이로구루이(色狂い), 이로기치가이(色狂), 이로마치(色町), 이로바나시(色話), 이로아소비(色遊), 이로야도(色宿), 이로오토코(色男), 이로온나(色女), 이로우와사(色噂), 이로자토(色里), 이롯뽀이(色-)" 같은 말이 그것이다. 이는 성이 그만큼 개방되고, 자유로움을 말하는 것이라 하겠다. 이러한 현상은 그간 우리가 일본의 지배를 받고 있었기 때문에 알게 모르게 우리말에 영향을 미쳤다고 하겠다. 그래서 우리말 "호색"이나, "여색"은 일본의 영향을 많이 받아 보다 음란하거나 부도덕한 한 것을 의미하게 되었다 하겠다.

우리말의 "호색"과 "여색"은 유의어(類義語)로 사회적 거리가 있는 말이다. 이는 중국에서의 의미가 보다 객관적인 데 비해 좀 더 외설적인 데, 우리말은 일본어 용법의 영향을 받아 변한 것이라 하겠다. (2021.4.9.)

"혼인"의 몇 가지 이름

혼인(婚姻)은 인생의 대사(大事)라 한다. "대사"란 "큰일"이란 말이요, 대례(大禮)를 이르는 말이다. 혼사(婚事)란 그만큼 인생에 있어 중요한 일이다.

그런데 이러한 "혼인"이란 말에는 그 앞에 꾸미는 말이 붙는 몇 개의 말이 있다. "누비혼인, 덤불혼인, 구메혼인, 맞혼인, 첫혼인"과 같은 말이 그것이다. 다음에 이들의 의미와 어원이 무엇인지 살펴보기로 한다.

"누비혼인"이란 두 성(姓) 사이에 많이 겹쳐 하는 혼인을 말한다. 옛날에는 근친결혼을 많이 했다. 신라시대에는 골품제도(骨品制度)란 것이 있어 성골(聖骨)은 성골끼리 혼인하였다. 따라서 이런 사회에서는 누비혼인이 많을 수밖에 없다. 이런 혼인에는 "누이바꿈"이 많이 나타난다. 두 남자가 서로 상대편의 여자 형제와 결혼하는 것이다. 이를 "겹혼인"이라 한다. 이런 혼사는 사돈 관계에 있는 집안끼리 다시 결혼하는 것이다. 이러한 혼사는 "덤불혼인"이라고도 한다. 마구 얼크러진 수풀의 "덤불"처럼 인척 관계가 얼크러진 혼인이란 말이다.

그러면 "누비혼인"의 어원은 무엇인가? 표준국어대사전은 "누비"의 어원을 고유어로 보고 있는 것 같으나, "납의(衲衣)"란 한자어를 어원으로 보는 것이 바람직하다. "납의(衲衣)"란 본래 탐(貪)·진(嗔)·치(痴)의 삼독(三毒)을 없이 한다는 표장으로 걸치는 법의로, 이는 누덕누덕 기운 옷이라는 의미를 지닌다. 그리하여 중을 납자(衲子), 납승(衲僧)이라고도 한다. "누비"는 뒤에 이런 기운 옷이 줄이 지게 박은 옷을 의미하는 말로, 그 의미가 확장되었다. 이러한 사정은 정약용의 아언각비(雅言覺非)에서 엿볼 수 있다. 그는 "누비"를 "누비(縷飛)는 납의(納衣)의 잘못으로, 승려들이 오래 되어 해진 옷을 기워 입는 데서 비롯되었다"고 하고 있다. 이는 용비어천가에 "누비즁(納師)"과 한청문감에 "누비長衫(納頭)"이란 말이 있는 데서 확인된다.

"구메혼인"은 널리 알리지 않고 하는 혼인을 말한다. 언제부터 그렇게 됐는지 결혼식 초청장을 "고지서(告知書)"라고 할 정도로 남발하는 시대가 되었다. 이런 의미에서 "구메혼인"은 바람직한 혼인이라 하겠으나, 이는 그리 바람직한 혼인이 못 된다 하겠다. "구메혼인"이란 "굼(穴)-의(소유격)-혼인(婚姻)"이라 분석될 말로, "구멍가게"와 같은, "구멍-혼인"이란 말이니, 친척이나 알음이 없어 하객이 별로 없는 초라한 혼인을 말하기 때문이다. 홍명희의 "林巨正"에는 이러한 "구메혼인"의 예가 보인다.

혼인을 지내는 줄 알면 올 사람이 있을 터이지만 구메혼인하듯 소문 없이 혼인하는 까닭에 손님도 없고 구경꾼도 없었다.

"첫혼인"이란 초혼(初婚)을 의미한다. "초혼(初婚)"은 두 가지 의미를 지닌다. 그 하나는 처음으로 하는 혼인, 곧 재혼(再婚)의 상대적인 개념으로써의 혼인이다. 다른 하나는 집안의 여러 자녀 가운데 처음으로 혼인을 치르는 혼인을 말한다. 흔히는 맏아들이나 맏딸의 혼인을 이렇게 이른다. 이는 달리 개혼(開婚)이라고도 한다.

"맞혼인"은 혼인 자체를 의미하는 말이 아니다. 이는 오히려 결혼 비용과 관계되는 말이다. 이는 결혼 비용을 혼인하는 양가에서 똑같이 나누어 내는 혼인을 말한다. 이는 물론 "맞-혼인"으로 분석될 말로, "맞"은 일부의 명사에 붙어 "서로 어슷비슷한"을 의미하는 접두사이다. "맞교환(-交換), 맞선, 맞장기" 따위가 그 예이다.

(2022.2.14.)

"후보(候補)"의 어원과 의미

　대선(大選)이 얼마 남지 않았다. 그래서 각 당에서는 대선 후보를 작정하고, 곧 선거 유세에 돌입할 것 같다. 그런데 우리는 "후보", 또는 "후보자"라는 말을 제대로 알지 못하고 "후보, 후보!"하고 있는 것은 아닌지 모르겠다. "대선 후보"라면 "대통령이 되려고 나선 사람" 정도로만 인식한다. 사전의 풀이도 이런 정도로 하고 있다. "선거에서 어떤 직위나 신분을 얻으려고 일정한 자격을 갖추어 나섬. 또는 그런 사람"이란 풀이가 그것이다.

　우리는 대선의 경우만이 아니고, 국회의원 선거를 비롯해 각종 선거를 한다. 소학교에서도 어린이들이 반장 선거를 비롯해 여러 가지 선거를 한다. 따라서 기본적 생활 용어인 "후보"라는 말을 제대로 알고 써야 하겠다.

　"후보"는 "후보(候補)"라 쓰는 한자말이다. "후(候)"자는 옥편에 "伺望 바랄 후, 氣候 기후 후"라 되어 있다. 그러나 이러한 뜻만 있는 것이 아니다. 이는 참으로 많은 뜻을 지닌, 다의어이다. "묻다(問), 정탐하다, 망견(望見)하다, 점치다, 기다리다, 진찰하다, 가까이 모시다, 수호하다, 탐색하는 사람, 징조, 시후(時候), 시기(時期)" 등이 그것이다. "후보(候補)"라고 할 때의 "候"의 뜻은 "기다리다"라 하겠다.

　"후보(候補)"라고 할 때의 "補"자는 "보충하다, 깁다(縫), 수선하다, 고치다(改), 유치하다, 돕다, 관직을 수여하다, 보충, 명청(明淸)시대의 관복" 등을 나타낸다. "후보(候補)"라고 할 때의 "補"의 뜻은 "서관(敍官), 관직을 수여하다"이다.

따라서 "후보(候補)"라는 말의 뜻은 "어떠한 관직에 임명되기를 기다리는 것"이 된다. 그리고 이는 "후보자(候補者)"의 준말로서 "그런 사람"을 의미한다. 말을 바꾸면 관리가 자기의 임보(任補)를 기다리는 것을 의미한다. 이러한 구체적인 용례가 청국행정법범론(淸國行政法汎論)에 보인다. "지방관 후보인원은 즉용(卽用)과 후보(候補)로 나뉜다(凡地方官 候補人員 分爲二種 日卽用日候補)"라 한 것이 그것이다. 이렇게 후보(候補)란 어떠한 관직에 임보(任補)되는 것을 기다리거나, 기다리는 사람을 의미한다. 곧 어떤 관리(官吏)로 임명되고, 보직(補職)을 받고자 기다리는 사람이란 의미를 나타낸다.

"후보", 또는 "후보자"란 일정한 자격을 갖춘 관리가 자기의 임보(任補)를 기다리는 것이다. 이는 달리 후선(候選)이라고도 한다. 따라서 선거에 입후보하여 일정한 지위나 신분의 관리가 되고자 하는 것을 "후보(候補)"라 하는 것은 그 의미가 확장되어 쓰이는 것이다. 이러한 의미의 변화는 선거란 새로운 제도가 생겨나서 본래의 한어 "후보(候補)"라는 말에 의미의 변화가 생기게 된 것이다. 이러한 새로운 개념과 형식의 연합은 일본어에서 비롯되었고, 이 말이 우리에게 유입된 것이다.

이상 "후보(候補)"라는 말의 어원에 대해 살펴보았다. 사전의 풀이는 "후보"의 의미를 제대로 파악할 수 있게 되어 있지 않다. 이 말은 "관리가 임보(任補)를 기다림", 또는 그런 사람을 의미하는 말이었다. 그런데 선거라는 새로운 제도가 도입되어 이 말의 의미가 바뀌게 되었다. "후보"의 오늘날의 의미는 "선거에 의해 뽑혀 어떤 관직에 임명되고자 하는 사람"이라고 실속 있는 풀이를 해야 하겠다. 구렁이 담 넘어가는 듯한 풀이는 언어생활에 도움이 되지 않는다.

(2021.11.12.)

"훤화(喧譁)"와 "입씨름"의 문화

　　"쉿, 조용히! 훤화를 금한다. 조용히!" 먼저 깬 사람들은 만수가 시키는 대로 쉬, 쉬, 입술에 손가락을 대며…

　　현기영의 "변방에 우는 새"에는 이렇게 "훤화(喧譁)"라는 말이 쓰이고 있다. "훤화(喧譁)"란 말은 "시끄럽게 지껄이며 떠듦"을 의미하는 말로, "훤조(喧噪)"와 같은 뜻의 말이다. 이 말은 낯선 한자말이다. 따라서 어려운 한자말로 받아들여질는지도 모른다. 그러나 이 말은 야담서에도 곧잘 쓰이고, 현대의 역사소설에도 심심치 않게 등장하는 말이다. 현대의 역사소설의 예를 하나 더 들어보면, 황석영의 "장길산(張吉山)"에 다음과 같은 용례가 보인다.

　　결안을 하여 독칸에 따로이 가두었다가 명일 조례 전에 즉시 형조로 압송하라. 부장이 직접 숙직하면서 포교들로 하여금 차례로 번을 들게 하고, 일체 잡인과 훤화(喧譁)를 엄금시키라. 당직하는 자들을 포함하여 그 누구도 이자와 함부로 수작하면 태형 백도로 처치할 것이다.

　　"훤화(喧譁)"의 "훤(喧)"자는 "구(口)-선(宣)"의 형성자로, 시끄럽게 떠들다, 의젓하다, 놀라 소리치다를 뜻하는 말이며, "화(譁)"는 "화(譁)"와 같은 한자로 "시끄럽다"를 뜻하는 말이다. 따라서 "훤화"는 "시끄럽게 떠듦"이 본래의 뜻이다. 그런데 이 말을 일본에서는 본래의 뜻 외에 "겐카(けんか)"라 하여

"말다툼, 싸움"을 뜻하는 말로 사용하고 있다. 이는 일본어에서는 기초어휘에 속하는 일본한자어이다. 이는 우리나 중국과는 용법을 달리하는 것이다.

"말다툼"을 우리는 흔히 "입씨름"이라 한다. "입씨름"의 사전풀이는 "① 말로 애를 써서 하는 일= 말씨름 ②=말다툼"이라 되어 있다. ①의 의미는 그 풀이만으로는 그 의미를 제대로 알 수 없게 되어 있는데. 이는 달리 말하면 "논쟁(論爭)"을 의미한다. "말씨름"이나 "말다툼"을 이르는 고어는 "입힐훔", 또는 "입힐흠"이라 하였다. "입"은 물론 "입 구(口)"를 의미하고, "힐훔" 및 "힐흠"은 동사 "힐후다·힐흐다"에서 파생된 명사이다. 역사적으로 볼 때는 "힐후다"에서 "힐흐다"로 변화된 것으로 보게 한다(박갑수, 2021). "힐후다· 힐흐다"는 "힐난(詰難)하다"가 본래의 뜻이고, 여기서 나아가 "다투다·씨름하다"의 뜻까지 지니게 되었다. 이들의 용례를 보면 다음과 같다.

 * 당당히 힐후고(應難) <두시언해>

   世間에 힐후디 아니홀 씨라 <월인석보>
 * 므슴호려 입힐훔호료. <박통사언해>
 * 阿蘭若는… 입힐훔 업다 혼 뜨디니 <월인석보>

"입씨름"의 어원은 "입힐훔"이다. "씨름"은 "힐훔"이 구개음화하고, "ㅎ"이 약화·탈락하여 된 말이다. "훤화(喧譁)"는 시끄럽게 떠드는 것이나, 일본어에서는 "말다툼·싸움"이란 의미까지 나타낸다. 우리말이나 한어에서는 "훤화"라는 말로 육체적으로 힘이 가해지는 "싸움"을 의미하지는 않는다. "말싸움"을 일본어에서는 특히 "구치겐카(口喧譁)"라 하는데 우리는 이를 "입씨름"이라 한다. "입씨름"은 "입힐훔"이 변한 말이다. (2022.3.3.)

"휴서(休書)"와 "할금(割襟)"의 문화

"동물의 왕국"을 보면 동물들은 짝짓기와 종족 보존을 위해 이 세상에 태어난 것 같은 느낌이 든다. 수놈은 짝짓기를 위해 경쟁자와 죽기살기로 싸움을 한다. 사람은 이 본능적 삶에서는 다소 벗어난 것 같다. 그래서 요사이는 인구 감소를 걱정하고 있는 실정이다.

사람은 결연(結緣)을 하기도 하고 이연(離緣)을 하기도 한다. 남자가 여자에게 주던 이혼 증서를 "휴서(休書)"라 한다. 이는 말소리가 변해 "수세"라 하고 있다. 그런데 이 말은 흔히 "수세"라고 하여 우리말로 알고 있으나, 중국의 한자말이다. 한어(漢語)의 교습서인 역어유해의 "休書 계집 마는 글"이 그 구체적인 예다. 모로바시(諸橋)는 "명백입지휴서 임종개가(明白立紙休書 任從改嫁)"라고 수호전(水滸傳)에서 "休書"의 예를 인용하고 있기도 하다. "휴서(休書)"의 "휴(休)"자는 아내와 이별한다는 의미를 지닌다(阿部·諸橋).

"수세"는 "休書"를 원말로 하는 이연장(離緣狀)이다. 그런데 우리말에는 아내와 갈라서는 것을 뜻하는, "수세 베어주다"란 말이 따로 있다. 이는 옷고름을 베어 주는 것이다. 이는 지난날 글을 모르는 천한 계급의 사람이 그 아내와 이혼할 때 휴서(休書)를 주는 대신 옷고름을 베어 준 데서 말미암는 풍속이다(신기철, 한국문화대사전).

그런데 중국에서는 옷자락을 베어주는 것이 이혼 아닌, 결혼을 의미한다. 이는 역어유해에 보이는 "割襟 옷쟈락 버혀 혼인 뎡ᄒ다"가 그것이다. "할금(割襟·또는 割衿)"이란 "옷깃을 찢다, 옷깃을 베다, 옷고름을 자르다"를 뜻하는 말로, 지복혼(指腹婚)을 할 때 그 증거로 옷자락을 베어 주는 것을 의미한다. 이는 특히 적삼의 깃을 나누어 가졌다고 해서 할삼혼(割衫婚)이라고도 한다.

"지복혼(指腹婚)"이란 "지복위혼(指腹爲婚)"과 같은 말로, 배 속의 태아를 가리키며(指腹), 결혼을 약속하는 것을 의미한다. 쉽게 말해 아이가 태어나기 전, 배 속에 있을 때 혼인을 약속하는 것이다. 이러한 약속을 지복지약(指腹之約), 또는 지복지맹(指腹之盟)이라 한다. "지복지약"은 후한(後漢)의 광무제(光武帝)가 가복(賈復)의 며느리가 잉태했다는 말을 듣고 나의 아들과 결혼시키겠다고 한 고사를 지닌다. 지복혼(指腹婚)은 중국은 물론 우리나라에서도 행해졌다. 특히 친구 끼리 양쪽이 다 아내가 임신하였을 때 아이가 태어나기 전에 그 부모가 부부의 약속을 하는 것을 지복연혼(指腹連婚)이라 하는데, 이러한 예는 우리 설화에도 보이는 것이다.

이혼(離婚)이란 혼인관계를 해소하는 것이다. 봉건시대는 주로 추방이혼(追放離婚)이라 하여 남편의 일방적인 의사에 의하여 행해졌다. 이의 대표적인 것이 칠거(七去), 또는 칠출(七出)이라 하여 부부의 인연을 끊는 것이었다. 대대례(大戴禮)에 의하면 그것은 불순부모거(不順父母去), 무자거(無子去), 음거(淫去), 투거(妬去), 유악질거(有惡疾去), 구다언거(口多言去), 절도거(竊盜去)로 되어 있다. 이 가운데 특히 간통을 한 경우 돈을 내게 하여 그 관계를 인정하고 용서하여 이혼하는 것을 휴기(休棄)라 하였다.

할금(割襟)의 "襟"은 "금(衿)"과 통하는 글자로 할금(割衿)이라 하여 의령(衣領), "옷깃"을 다 같이 의미하기도 한다. 그리고 "衿"은 옷깃을 의미하는 외에 "결야의사(結也衣絲) 옷고름 금"을 의미하기도 한다. "옷고름"은 사성통해에 "옷고홈", 역어유해에 "옷골홈", 왜어유해에 "고름(襻)"으로 나타나는 것을 볼 수 있다.

(2022.1.30.)

Ⅲ

혼종어(混種語)의 장(章)

"괜찮다"의 어원 신론

"운전 솜씨가 괜찮은데."
"물건도 좋고 값도 괜찮은 편이다."

이렇게 어떤 사물이 나쁘지 않고 보통 이상인 경우 우리는 "괜찮다"고 한다. 그리고 이 말은 흔히 "공연(空然)하다"를 어원으로 하고, "공연하자 않다"가 준말로 본다. 과연 이렇게 볼 수 있는 것인가?

"괜찮다"는 그 어원을 "공연하지 않다", "관계하지 않다", "괘념하지 않다" 등으로 추정하고 있다. 그리고 이 가운데 "공연하지 않다"가 특히 사랑을 받는다. 그것은 우리말에 "괜하다"라는 말이 있기 때문이다. 사전에서는 "공연하다"를 "아무 까닭이나 실속이 없다. =괜하다"로 본다. 우리 속담에 "공연한 제사 지내고 어물 값에 졸린다"는 말이 있는데 여기에 쓰인 "공연한"이 그것이다. "까닭이나 실속"이 없는 제사를 지내고 어물(魚物) 값에 시달린다는 말이다. 이는 "괜한"으로 바꾸어 쓰일 수 있다.

"공연하다"와 "괜하다"는 형태가 매우 유사하다. 그런데 형태에 지나치게 신경을 쓰는 나머지 의미를 무시한 것이 아닌가 생각된다. 한자어 "공연(空然)"은 "빈 것"을 이르는 말이다. 장자(莊子)의 "숙시기상모(孰視其狀貌) 요연공연(窅然空然)"이 그 예다. "공연하지 않다"나 "괜치(<괜하지) 않다"는 "공연하다"나, "괜하다"를 부정하는 말이다. 따라서 이의 본래의 의미는 "까닭이나 실속이 없다"가 아니라, "까닭이나 실속이 있다"가 돼야 하는 말이다. 물론

"괜찮다"는 오늘날 의미가 변하여 표준국어대사전에는 "① 별로 나쁘지 않고 보통이다. ② ('-어도' 따위와 함께 쓰여) 탈이나 문제, 걱정되거나 꺼릴 것이 없다"를 뜻하는 말로 풀이되어 있다. 그러나 이것이 본래의 의미는 아닐 것이다.

"괜찮다"는 "관계하지 않는다"는 말이요, 여기서 나아가 그 어떤 상황에 대해 신경을 쓰지 않는다는 것이 본래의 의미다. "관계하다"는 "① 어떤 일에 종사하거나 교류를 가지다. ② (남의 일에) 참견하거나, 주의를 기울이다. ③ 남녀가 육체적 교섭을 가지다"를 뜻하는 말이다. "괜찮다"의 경우는 이 가운데 ②의 참견하거나 주의를 기울여도 관계가 없다는 말에 해당된다. 한어의 "메이관시(沒關係)가 바로 이것이다. 따라서 "관계하지 않다"를 그 어원으로 보면 좋겠으나, 이렇게 보기에는 음운변화를 설명하기에 문제가 너무 많다. 여기에 제기되는 문제 해결의 실마리가 "관(關)하다"란 동사의 상정이다.

"관하다"는 사전풀이에 의면 "('관한, 관하여'의 꼴로 쓰여) 말하거나 생각하는 대상으로 하다"라 되어 있다. 그러나 이는 축소된 용법이고, 이의 어휘 기능은 "관계하다. 상관하다"를 의미하는 말이다. 이러한 "관하다"는 부정어를 동반할 때 "관하지 않다"란 의미로 방언에 "관찮다"가 쓰이는 것을 볼 수 있는가 하면, "괘않다", 나아가 "개않다"가 쓰이는 것을 쉽게 볼 수 있다. 따라서 "괜찮다"의 어원은 "관계치 않다"란 의미의 "관하지 않다"에서 "관치않다> 괜치않다> 괜찮다"로 발전한 것이라 할 수 있다. 그리고 방언 "괘않다·개않다·갠찮다"는 여기서 더 발전한 형태라 하겠다.　　(2021.8.27.)

"권커니 잣거니"의 어원

술이 거나하게 취하게 되면 술판은 언제나 "권커니 잣거니"한다. "권커니 잣거니"를 사전에서는 "술 따위를 남에게 권하기도 하고, 자기도 받아 마시기도 하며 계속하여 먹는 모양"이라고 풀이하고 있다. 그리고 그 용례를 다음과 같이 들고 있다.

둘이 권커니잣거니 먹느라고 술을 너댓 병이나 더 내왔다. <홍명희, 林巨正>

1950년내의 한글학화의 큰사전은 이 말을 "권ᄒ거니 잡거니"라 하였고, 1960년대의 이희승의 국어대사전은 "권커니잣거니"라 하였고, 오늘날의 표준국어대사전은 이희승(1961)을 이어 받고 있다. "권커니"는 "권(勸)하거니"가 준 말이니 문제가 될 것이 없다. 그런데 "잣거니"는 많은 문제를 안고 있다. 우선 그 말의 실체부터 아리송하다.

"잣거니"는 앞에서 말한 바와 같이 큰사전에서는 "잡거니"라 보았다. 잔을 잡는다는 "집배(執杯)"의 의미로 본 것이다. 이에 대해 이희승(1961)은 아마도 "잣다"를 "자시다"의 의미를 지니는 말로 보고 "권커니잣거니"라 한 것이 아닌가 한다. 표준국어대사전에서는 "잣다"를 "'자시다'의 방안(평안)"이라 보고 있다. 이러한 추단은 금성판 국어대사전의 풀이가 단단한 뒷받침을 해준다. 김민수 외(1991)의 금성판은 이 "잣-"의 어원을 "자시-> 잣-"으로 보고 있다. "잣다"를 "자시다"의 준말로 본 것이다.

집배(執杯)나 음주(飲酒)나 맥락으로 보아 이는 가능한 추단이나, "잣거니"의 경우 매우 중요한 문제가 제기된다. 그것은 "잣다"가 "자시다"란 높임말이라는 것이다. "권커니잣거니"의 "-거니"란 "동사의 어간에 붙어 대립되는 두 동작이나 상태가 되풀이됨을 나타내는 연결어미"이다. 이는 원칙적으로 같은 주체의 대립되는 두 동작이나, 상태가 반복됨을 나타내는 말이다. 그래서 "금성판 국어대사전"은 "권커니잣거니(잡거니)"를 "술 따위를 남에게 권하기도 하고, 자기도 받아 마시기도 하며 계속하여 먹는 모양"이라고 풀이하고 있다. 이렇게 보면 권하는 사람과 "잣하는" 사람은 같은 사람이 되고, 결국 "잣하는" 사람은 본인 자신이 되어 해괴한 언어 표현이 된다. 물론 이는 "주거니 받거니"와 같이 권하는 것은 자기이고, "자시는" 것은 상대방이라고 양보할 수는 있다.

그리고 "잣거니"는 이밖에 "잣커니"나, "작커니"라는 또 다른 형태로도 쓰인다는 문제가 있다. 이는 "작커니"라 볼 때 문제가 해결된다. "작(酌)커니", 곧 "작(酌)하거니"가 준말이라 보는 것이다. 한자 "작(酌)"자는 "유(酉)-작(勺)"의 형성자로, "술을 푸다"가 본래의 뜻이고 행상(行觴), 곧 "잔질할 작(酌)"자로 "잔질하다"라는 의미를 지닌다. 우리말의 "잔질"이란 "잔에 술을 따르는 일"이요, "잔에 술을 따라 돌리는 일"을 뜻하는 말이다. 이렇게 "작커니"를 "작(酌)커니"라 보게 되면 이는 "술을 따르다"라는 말이니 의미의 문제가 해결되고, "작하거니"가 줄어 "작커니"가 되어 형태의 문제도 자연스럽게 해결된다. 이렇게 되면 채만식의 "탁류"에 쓰인 "권커니 잣커니 하면서"의 문제까지 해결이 된다.

"권커니잣거니"는 문제가 많은 말이다. 이는 "권커니작(酌)커니"라고 어원 풀이를 할 때 이런 문제들이 말끔이 해결된다. 그리고 운율적으로도 "-커니~ -커니"로 어울린다. 술잔을 주거니 받거니 하는 것을 한자어로는 권수(勸酬), 혹은 "권수(勸酬) 또는 권배(勸杯)"라 한다. (2021.7.3.)

"다홍치마" 주변 이야기

"내가 자네 아버님과 동창일세."

"뭐 어짜고 어째? 못된 놈."

자기 아버지와 동창이라는 친구의 말에 화를 발끈 내는 사람이 있다. 그러나 사실은 "동창(同窓)"이라는 말에 이렇게 화를 낼 일은 못 된다. 동기동창(同期同窓)이라고 하지 않았기 때문이다. 그러나 화를 내는 친구에게도 일리가 없는 것은 아니다. "동창"이 "동기동창"이란 말의 생략된 부분 "동기"의 뜻을 잔여 부분인 "동창"이란 말에 전염시켜 그 의미를 바꾸어 놓을 수 있기 때문이다. 우리는 "비액(鼻液)"이 흐를 때 꼭 "콧물"이 흐른다고 하지 않고, "코"가 흐른다고 하며, "아침밥"이 아닌, "아침"을 먹는다고 한다. 이렇게 생략된 말에는 생략된 잔여부분의 의미가 남아 쓰이기도 한다.

"사모님"은 이러한 의미가 변한 말 가운데 하나다. 이는 본래 스승의 부인을 이르는 말이나, 그 의미가 하락(下落)하여 다만 부인을 존대하는 호칭으로 쓰이게 된 것이다. 그리하여 친구의 부인까지 사모님이라 호칭하다가 농담 좋아하는 친구의 제자가 되기도 한다.

"청상(青裳)"이란 푸른 치마를 입은 여자, 곧 기생을 의미한다. 이는 청상(青裳)이란 형식과 기생(妓生)이란 내용이 인접(引接)되어 그 의미가 바뀌게 된 말이다. 기생(妓生)은 푸른 치마(青裳)를 입었기 때문에 이렇게 의미가 변한 것이다. 청상에 대해 "홍상(紅裳)", 곧 다홍치마란 "녹의홍상(綠衣紅裳)"을 입은 여자, 곧 처녀를 의미한다. "동가홍상(同價紅裳)"이란 "같은 값이면 다홍치마"라 하여 흔히 같은 값이면 좋은 것을 취한다는 뜻으로 이해하고 사용한다. 그러나 본래의 뜻은 같은 값이면 과부나 유부녀를 취하기보다 처녀를 취한다는 말이다. 따라서 시실은 이 말은 좀 야한 의미를 지니는 말이다. 그리고 "다홍치마"의 "다홍(大紅)"이란 이 말은 우리말이라기보다 중국 본토인 중국의 말, 한어(漢語)이다. 이는 "대홍(大紅)"이란 한어의 원음을 차용한 말이다. 그래서 "대홍", 아닌 "다홍"이라 하는 것이다.

우리 속담에는 "아내 행실은 다홍치맛 적부터 그루를 앉힌다"는 것이 있다. 여기 쓰인 "다홍치맛 적"도 다홍치마를 입은 새색시 적을 의미한다. 새색시 적에 행실을 잘 가르쳐야 한다는 말이다.

같은 속담으로 "아닌 밤중에 홍두깨"란 말도 있다. "홍두깨"란 옷감을 감아서 다듬질하는 데 쓰는 몽둥이 모양의 기구이나, 여기서는 상징적 의미로 "남성(男性)"을 나타낸다. 따라서 우리가 어떤 말을 언제나 어원적 의미를 생각하고 쓰는 것은 아니나, 교양 있는 사람이나, 여인들을 대상으로 하여 말하는 경우는 이런 말은 삼가 쓰지 않는 것이 바람직하다. 모르고 쓰는 것이긴 하겠지만 이런 속언을 여학생들을 앞에 놓고 무심히 하는 것을 듣게 될 때는 부끄러워 얼굴이 화끈 달아오름을 느끼게 된다. 이런 것을 두고 아는 것이 병이라 해야 할까?

"대목"의 어원은 큰 목

설이나 추석과 같은 명절을 앞두고는 명절을 쇠기 위해 경기가 활성화된다. 이때의 장을 "대목장"이라 한다. 그리고 이런 시기를 "설대목", "추석대목"과 같이 "대목"이라 한다. 이 "대목"이란 "큰 대(大)-목 경(頸)"이란 "큰 목"을 의미한다. 여기 쓰인 "목"은 "때·시기"를 의미한다. 사전에서는 이렇게 복합어로 보고 있지 않으나, 그런 것임에 틀림없다.

"대목"은 "경기가 가장 활발한 시기"라는 의미 외에 일의 특정한 부분이나 대상을 의미하기도 하고, 이야기나 글 따위의 특정 부분을 의미하기도 한다. 글의 단락인 "대문(大文)"의 뜻도 지닌다. "대목"을 "대(大)-목"이라 보려 할 때 대표적인 문제는 "큰 대(大)"자가 긴 소리인데, "대목"의 경우 "대"는 그 소리가 짧다는 것이다. 그러나 이는 큰 문제가 되지 않는다. 복합어를 이룰 때 음의 장단이 변동되기도 한다. "대(大)"의 경우도 "대문(大文)"의 경우만 하여도 음이 짧다. 고유어 "크다"도 "크"가 긴소리이나 "큰집"의 경우는 그 소리가 짧게 실현된다. 따라서 "대목"을 "대목(大-)"이라 보는 데는 문제가 없다.

"목"은 머리와 몸통을 이어 주는 잘록한 부분, 경부(頸部)를 이르는 말이다. 사전에는 이의 뜻을 일곱 가지로 보고 있다. 필자도 "목"의 의미를 정리하며 사전과는 달리 역시 일곱 가지로 본 바 있다(박갑수, 2014). 그것은 ① 신체 부위, ② 사물의 경부(頸部), ③ 주요 통로 및 부분, ④ 목숨·직책, ⑤ 곡물의 이삭, ⑥ 목소리, ⑦ 판소리의 창법"을 의미한다는 것이다. "목"은 형태적으로 볼 때 "목"이 어두(語頭)에 오는 것과 어말(語末)에 오는 양형(兩形)이 있다. 어두에 오는 경우는 의미면에서 볼 때 빈도가 위의 ①②③의 순서와 같다. 이에 대해 어말에 올 때는 ③②①의 순서를 보인다.

사전에서는 ③에 해당할 사전 풀이를 "⑤ 통로 가운데 다른 곳으로 빠져 나갈 수 없는 중요하고 좁은 곳"이라 풀이하고 있다. 이는 너무 좁은 뜻으로 본 것이다. "중요하고 좁은 곳"이란 풀이도 "중요한 곳이거나 좁은 곳"이라 해야 좀 더 "목"의 의미를 폭넓게 볼 수 있다. 저자의 경우도 "③ 주요 통로 및 부분"이라 하였지만 이는 보완할 필요가 있다. "목"이 어말음으로 쓰이는 경우 "길목, 중요한 곳, 일정한 장소, 골목길, 일정한 때·시기" 등을 의미하기 때문이다. 이에 "목"이 어말에 오는, 높은 빈도의 말을 좀 더 살펴보기로 한다.

첫째, 길목·어귀(於口)를 나타낸다. 이러한 말에는 "길목·외길목·외목(길목), 다릿목(다리가 놓여 있는 길목), 외통목(장기에서 외통장군을 부르는 길목)" 같은 말이 있다.

둘째, 중요한 곳을 의미한다. "긴한목·요긴목, 줄목(일의 진행과정에서 가장 중요한 대목)" 같은 말이 그것이다.

셋째, 일정한 지점·장소를 의미한다. "건널목(강이나 내 등을 건너다니게 된 일정한 곳, 또는 철도와 도로가 교차하는 곳), 물목(물이 흘러 들어오거나 나가는 어귀), 불목(온돌방 아랫목의 가장 따뜻한 자리), 안목(통로의 안쪽에 있는 자리), 여울목(여울물이 턱진 곳), 정탈목(활시위의 고부라진 부분), 지레목(산줄기가 끊어진 곳), 윗목·아랫목(방의 위쪽과 아래쪽)"이 그 예다. "윗목·아랫목"은 불의 길목과 관련시켜 풀이하는 방법도 있을 수도 있다.

넷째, 골목길 등 길을 의미한다. "골목(큰길에서 들어가는 골목길), 뒷골목(큰길 뒤의 좁은 골목), 외골목(어떤 곳으로 들어가는 단 하나의 골목)" 등이 그 예다.

다섯째, 일정한 때, 시기를 의미한다. "대목, 단대목, 단목"이 그것이다. "단(單)목·단(單)대목"은 "① 명절이나 큰일이 바싹 다가온 때, ② 어떤 일이나 고비에 가까워져서 매우 중요하게 된 기회나 자리"를 의미하는 말이다.

다음에는 "② 사물의 경부(脛部)"를 뜻하는 말을 좀 더 보기로 한다. 이는 "버선목(버선의 발목이 닿는 좁은 부분), 병목, 자라목(자라의 짧은 목), 조롱목(조롱박 모양의 물건의 잘록한 부분), 멍에목(말이나 소의 멍에가 닿는 목 부분), 보목·보뺄목(대들보가 기둥에 얹히는 부분), 상사목(두드러진 턱이 있고, 그 다음이 잘록하게 된 골짜기), 황새목(황새의 목처럼 만든 등롱을 거는 쇠)"가 그 예다.

"① 신체 부위"를 나타내는 말도 참고로 보면 "발목, 생목(소화되지 아니하고 입으로 올라오는 음식물이나 위액), 손목, 팔목, 회목(손목이나 발목의 잘록한 부분), 깍짓손회목, 발회목, 손회목, 팔회목" 등이 있다.

"대목"은 경기가 크게 활성화되는 때라는 "큰 목"을 의미하는 말이다.

(2021.3.26.)

"대수롭다"의 어원과 "일없다"의 의미

* 시어머니 남편을 업신여기는 여자가 자식이라고 <u>대수</u>로 여기겠어요?
  <박경리, 토지>
* 마리아는 좀 더 자세한 것을 묻고 싶었으나 이미 지나간 일이라 <u>대수로</u>
  울 것이 없어서 그냥 내버려 두었다. <김동리, 사반의 십자가>

  "대수롭다"는 어근을 "대수"로 하는 말이다. "대수"는 "대단한 일", "최상
의 일"을 의미한다. 그리고 "대수롭다"는 부정문이나 수사의문문에 쓰여
"중요하게 여길 만하다"의 의미를 나타낸다. 이들은 다 같이 "대사(大事)"를
어원으로 한다. "큰 일, 중대한 일"이란 의미를 기본으로 한다. 그래서 위에
인용한 박경리 소설의 "대수로"는 "대단한 일로", 또는 "중요한 일로"의 의
미를 나타내고, 김동리 소설의 "대수로울"은 "중요할"을 의미한다. 어원이
되는 "大事"는 가례언해에 "벼슬 올뭄과 믈읫 大事ㅣ어든"이 보인다. 대사(大
事)는 고어에서 "대亽"로 쓰였으며, 여기에 형용사를 만들어 주는 접사 "-롭
다"가 붙어 용언화하였다. "대亽롭다"의 용례는 인어대방(隣語大方)에 여러
예가 보인다.

  * 魚價米논 대亽롭지 아니ᄒᆞ니
  * 우리들이 時方 이리 대亽로이 구읍눈 거손
    道德이 잇논 사롬은 대亽로이 혜니

"대ᄉ> 대수"의 용례는 17세기의 문헌에 이르기까지 보이지 않는다. 그러나 명사 "대수(大事)", 형용사 "대수롭다", 부사 "대수로이"는 남북한은 물론, 재중 동포의 사전에까지 다 수록되어 그 사용을 실증하고 있다.

다음에는 "대수롭다"와 밀접한 관련이 있는 "일없다"를 보기로 한다. 이는 어원적으로는 한어(漢語) "메이살(沒事兒)"과 관련이 있는 것으로 추정된다. 이는 이미 15세기의 월인석보에 보이는데, 이때에는 오늘날과는 달리 "초연하다"의 의미를 지녔다. "善惠 對答ᄒᆞ샤디 내 조훈 힝뎌글 닷가 일업슨 道理를 救ᄒᆞ노니"가 그것이다.

이러한 "일없다"가 중국의 "조선말사전"에는 보이지 않고, 남북의 사전에는 표제어로 실려 있는데 그 의미에 차이가 보인다.

  * ① 소용이나 필요가 없다. ② 걱정하거나 개의할 필요가 없다. <표준국어대사전>
  * ① 거리끼거나 걱정하거나 할 필요가 없다. ② 필요 없거나 싫다. <조선말대사전>

중국의 "조선어사전"에는 "일없다"가 표제어로 올라 있지는 않으나, 일상 언어생활에서는 북의 용법으로 쓰고 있다. 그래서 사양하는 뜻으로 조선말대사전의 "② 필요 없거나 싫다"의 뜻으로 많이 쓰이고 있어 한국 사람은 이를 오해하는 경향이 있다. 현대어에 보이는 부정문이나 수사의문문에 한정된 "대수롭다"의 용법은 인어대방(隣語大方)에도 보인다. 긍정문에도 쓰인다. 이는 앞에 제시한 용례에도 들어 있다. 그러나 이러한 경향은 근대국어에 이르기까지 나타나지 않는 것으로 보인다. "일없다"의 의미상의 차이는 남북한의 언어 이질화현상을 빚어내는 바람직하지 않은 현상이라 하겠다.

(2021.11.20.)

바람병과 중풍·뇌졸중의 어원

중풍(中風)이란 뇌혈관의 장애로 갑자기 정신을 잃고 쓰러져 구안괘사(口眼喎斜), 반신불수(半身不隨), 언어 장애 따위의 후유증을 남기는 병이다. 구안괘사란 입과 눈이 한쪽으로 틀어지는 안면 신경 마비증상을, 반신불수란 반신이 마비되는 증상을 말한다. 중풍은 달리 졸중(卒中), 뇌졸중(腦卒中) 등으로 이르기도 한다. 우리 고어로는 "ᄇᆞ롬병", 또는 "ᄇᆞ롬 마즌병"이라 하였다.

그런데 이들 "중풍(中風)" 등의 병명은 다른 병명과는 달리 그 어원을 알기 어렵게 되어 있다. 이에 이들 중풍과 관련된 병의 어원을 살펴보기로 한다.

"중풍(中風)"이란 병명은 한·중·일이 공통으로 사용하는 말이다. 모로바시(諸橋)는 우리의 사전과는 달리 "① 중풍(中風)"을 "병명. 나쁜 바람을 맞아 일어나는 병의 뜻으로, 몸의 일부, 또는 반신이 마비되는 병. 중기(中氣), 뇌출혈, 졸중(卒中)"이라 풀이하고 있다. 그리고 이어서 "② 바람을 맞다. [集韻] 中 當也, [釋文] 中 適也"라 예를 들고 있다. 모로바시에서 "나쁜 바람을 맞아 일어나는 병의 뜻으로"라고 한 것은 "중풍(中風)"이란 말에 초점을 맞춘 풀이라 하겠다. 중국의 "사원(辭源)"은 현대적인 풀이를 하고, "구의학에서는 그 병이 바람에 말미암는다고 하여 중풍이라 한다(舊醫學謂其病因爲風 故曰中風)"고 덧붙이고 있다. 이렇게 구의학에서는 중풍을 "바람을 맞아 생기는" 병이라 보았다. 그래서 우리의 지난날의 문헌도 "중풍(中風)"을 "ᄇᆞ롬마즌병", 또는 "ᄇᆞ롬병"이라 한 것이다.

　　과ᄀ리 ᄇ룸 마존병(中風) <구급간이방 목록>
　　지아비 여러 ᄒᆡ ᄇ룸병 ᄒᆞ거늘(夫風疾累年) <신속삼강행실도>

　중풍을 "졸중(卒中)"이라 하는 것은 "ᄇ룸병"보다는 새로운 병명이라 하겠다. 이는 "졸중풍(卒中風)"의 준말이다. "졸중풍(卒中風)"이란 갑자기 중풍에 걸리다라는 뜻의 말이다. 중국의 의학강목(醫學綱目)에는 "졸중(卒中)"에 대해 이렇게 풀이하고 있다.

　　졸중(卒中)이란 것은 갑자기 인사불성이 되는 것으로(卒中者 卒然不省人事) 마치 시신과 같이 된다. 다만 숨은 끊어지지 않는다. 맥은 전과 같이 뛴다. 혹 맥이 불순하고, 혹 크게 뛰기도 하고 작게 뛰기도 한다. 혹 미세하나 끊이지 않는다.

　"졸중(卒中)"이란 "졸연(卒然)히 (바람을 맞아) 인사불성"이 되는 것이다. 이는 "갑자기(卒然) 온다는 것이 특징이다. 앞에서 인용한 구급간이방의 "과ᄀ리"도 "급거(急遽)"를 의미한다. 이런 특성 때문에 병명에 "졸(卒)"자가 붙었다. 사원에도 "이는 졸연히 훈도하는 병으로 통칭 중풍이라 한다(卒然暈倒之病 通稱中風)"고 하고 있다. "졸중(卒中)"이란 갑자기 쓰러지는 병으로 중풍이라 통칭한다는 말이다. "졸중(卒中)"의 "졸(卒)"은 이렇게 갑자기를 이르는 "졸연히·졸지에"의 "卒"을 나타낸다.
　"졸중(卒中)"의 "中"은 앞에서 본 "집운(集韻)"의 "中 當也"나, "석문(釋文)"의 "中 適也"에 해당한 말로, 우리의 구급간이방의 "ᄇ룸 마존병(中風)"의 "맞다·적중하다"를 뜻하는 말이다. 따라서 "졸중(卒中)"이나, "바람을 맞았다"는 말은 "중풍에 걸렸다", "중풍으로 쓰러졌다"는 말이다. 강희자전에 "몸이나 마음에 (바람을) 맞은 즉 병이 드는데, 의서에 중풍(中風)과 중서(中暑)가 이것이다"라 한 것도 이를 말하고 있는 것이다. 여기서는 더위 먹는 "중서(中暑)"를

"중풍"과 같이 다루고 있는 점이 흥미롭다. 그리고 중풍(中風)을 한어에서 "중기(中氣)"라고도 하는데, 이도 바람을 맞는다는 의미로 같은 뜻의 말이다. 졸중(卒中)은 "뇌혈중풍(腦血中風)"이라고도 한다.

끝으로 "뇌졸중"에 대해 한두마디 덧붙이기로 한다. 이는 뇌에 혈액 공급이 제대로 되지 않아 손발의 마비, 언어장애, 호흡 곤란 따위의 증상을 일으키는 것을 말한다. 이는 "뇌(腦)-졸중(卒中)"이 복합된 말이다. "뇌가 갑자기 나쁜 바람(耶風)을 맞다"라는 뜻의 말이다. 이는 일본한자어로 "뇌졸증(腦卒症)"으로 써서는 안 된다.

뇌혈관의 장애로 갑자기 정신을 잃고 혼수상태에 빠지는 증상을 중풍(中風)이라 한다. 이는 졸중(卒中)이라고도 하는데, "뇌졸중(腦卒中)"을 한방에서 이르는 말이다. 졸중(卒中)은 졸중풍(卒中風)의 준 말이다. 이는 "갑자기(卒然) 바람을 맞아 일어나는 병"이란 뜻을 나타낸다. 우리말에서는 "뇌졸중(腦卒中)·중풍(中風)"이란 말이 흔히 쓰이는데, 중국에서는 "졸중(卒中)·중풍(中風)"이라 한다. "뇌졸중"이란 일본어와 우리말에서만 쓰이는 말이다.   (2022.4.17.)

"반보기"와 보름보기의 어원문화

지난날에는 여인네들의 출입이 폐쇄적이었다. 오죽하면 여인들을 "계집"이라 했겠는가? "계집"이란 "겨(在)-집(家)"이 변한 말로, 집에 있는 사람을 의미한다. 그래서 양반가에서는 정초에 새해의 문안을 드리기 위하여 직접 왕래를 하는 것이 아니라, 소위 "문안비(問安婢)"를 보내어 인사를 나누었다.

여인들의 출입이 자유롭지 않았다 하는 것은 "반보기"라는 말이 실증해 준다. 이는 여인들의 한 생활 단면을 반영해 주는 언어화석(言語化石)이라 하겠다. 표준국어대사전은 "반보기"에 대해 다음과 같이 풀이하고 있다.

> ① 서로 멀리 떨어져 살아 오랫동안 만나지 못한 친척 부인네들이 두 집 사이의 중간쯤 되는 산이나 시냇가 등지에서 만나, 장만하여 온 음식을 나누어 먹으며 하루를 즐기는 일. =중로(中路)보기. 중로상봉(中路相逢)
> ② 갓 시집간 새색시끼리 만나보고 싶을 때 두 집 사이의 중간쯤 되는 곳에 나아가 만나보던 일. 중로보기. 중로상봉

오늘날 같으면 상상할 수 없는 부녀들의 생활문화이다. 이런 문화는 중부 이남(中部以南)의 문화였다. "반보기"란 "반(半)-보기"라 분석될 말로, 서로 "반(半)"쯤 되는 거리, 곧 중로(中路)에서 "만나보기"를 한다는 말이다. 그래야 서로 돌아가는 길이 부담이 안 될 테니까. "반(半)보기"란 한자어와 고유어가 복합된 혼종어다. "중로(中路)보기"도 혼종어이다. 이는 "반보기"에 비해 그

의미를 "중로(中路)"에서 "보기"라고 분명히 하고 있는 말이다. 이에 대해 "중로상봉(中路相逢)"은 "보기"까지 한자말로 바꾼 것이다. "반보기"의 용례를 문학작품에서 하나 보면 김성동의 "국수(國手)"에 다음과 같은 것이 보인다.

> 노부인과 아이들만 남아 있는 김사과댁은 적막하기만 하다. 전에 없이 서둘러 일찌감치 차례를 잡숫고 난 김사과 부자는 천 서방을 앞세워 성묘를 떠났고, 이씨 부인은 한산네의 부축을 받아 반보기를 갔으며, 차례상을 물리기 바쁘게 만둥이 또한 읍내로 가고 없다.

다음엔 "보름보기"를 보기로 한다. 이는 "애꾸눈이"를 놀림조로 이르는 말이다. 두 눈으로 보는 것이 아니라 외눈으로 보니까 한 달을 본대도 반밖에 못 봐, 보름밖에 못 보는 것이 돼 "보름보기"라 농의 말을 한 것이다. 이는 우리의 어희(語戱) 곁말을 한 것이다. 이러한 "보기"와의 복합어는 또 "어리보기"란 말도 있다. 이는 말이나 행동이 다부지지 못하고 어리석은 사람을 낮잡아 하는 말이다. 이는 "어리석다"란 의미를 나타내는 "어리(蒙)"에 "보기"가 결합된 말이다. "어리석게 보이는 것" 나아가 "몽매한 사람"을 나타낸다.

이밖에 "보기"가 붙어 복합어를 이르는 말에는 "풀보기"도 있다. 이는 "응장성식(凝粧盛飾)을 풀어버리고 간단한 예장으로 뵙는다는 뜻으로, 신부가 혼인한 며칠 뒤에 시부모를 뵈러 가는 일. 또는 그런 예식"을 말한다. 이는 "풀(解)-보기(見)"로 분석되는 말이나, 사실은 "풀-뵈기", 또는 "풀-뵙기"라 해야 할 말이다. 성장(盛裝)을 풀고 시부모를 뵙는 예를 의미하는 말이기 때문이다(박갑수, 2021). 한자어로는 "해현례(解見禮)"라 한다.   (2022.4.6.)

"반소매"와 "개구멍바지"의 어원

우리나라에 아열대 기후의 징후가 나타나고 있다고 한다. 그러나 아직은 사계절이 비교적 분명하다. 그래서 춘하추동 옷을 바꾸어 입는다. 이런 현상을 반영하는 대표적인 것에 "긴소매"를 입느냐, "반소매"를 입느냐 하는 말이 있다.

"반소매"는 소매가 팔꿈치 정도에까지 내려오는 짧은 소매의 옷을 말한다. 이보다 긴 소매의 옷은 "긴소매"라 한다. 우리는 반소매, 반수(半袖)와, 반소매의 옷을 다 같이 "반소매"라 하기로 하고 있다. 이는 바람직하지 않은 사정(査定)을 한 것이다. "반소매"의 옷은 "반소매옷"이라 구별해야 했다. 그래야 변별성이 있어 좋다. 더구나 "반팔"을 "반소매"와 동의어로 보고 있는데, 이 말이 반소매의 옷을 나타낸다는 것은 정말 어울리지 않는다. 소매가 없는 것은 "민소매"라 한다. "민"은 접두사로 "그것이 없는"을 나타내는 말이다.

북쪽과 중국의 조선족은 우리의 "반소매"를 "반소매"와 "반소매웃옷"으로 구별하고 있다. 이렇게 구분한 것은 잘 한 일이다. 그러나 "반소매웃옷"이라고 "웃옷"이라 한 것은 너무 했다. 소매는 웃옷에 붙어 있는 것이지, 바지에 붙어 있는 것은 아니기 때문이다.

그런데 이 반수(半袖)의 옷을 고어에서는 좀 엉뚱하게 불렀다. 물보(物譜)에 의하면 "풀버히옷(半臂)"이라 하고 있다. "풀-버히-옷"의 "풀"은 팔(腕), "버히"는 "베다"의 고어 "버히다"의 어간이며, "옷"은 물론 "옷(衣)"을 의미한다. 따라서 이 말을 직역을 하면 "팔을 벤 옷"이란 말이 된다. "소매" 아닌, "팔"

을 벤 옷이라니 좀 섬뜩한 느낌이 든다.

다음에는 "개구멍바지"라는 말의 어원을 보기로 한다. 이는 오줌이나 똥을 누기 편하게 밑을 터서 만든 어린이의 바지를 가리킨다. "개(犬)-구멍(穴)-바지(袴)"가 복합된 말이다. "개구멍"이란 개가 출입하는 구멍으로, 담이나 울타리, 또는 대문 아래에 개가 드나들도록 터놓은 작은 구멍을 말한다. 이는 바지 아래 터진 부분을 "개구멍"에 비유한 것이다. 이는 지난날 우리가 "워리워리"하며 개를 불러 똥을 먹이던 습관과도 어울린다. "개구멍바지"라는 말은 남북이 다 같이 표준어 내지 문화어로 보고 있다. 그런데 중국 조선족의 "조선말사전"(연변인민출판사, 1995)에서는 "개구멍바지"를 방언으로 보고, "짜개바지"를 표준으로 보며, "짝바지"를 동의어로 보고 있다. "짜개"는 분리를 뜻하는 "짜개다"의 어간이다.

"개구멍바지"라는 말은 고어에는 보이지 않는다. 그런데 "개구멍바지"로 오해하기 십상인 고어가 있다. 현대어에서 "뒤트기"라 하는 이 말은 고어에서 "뒤틈기", 또는 "뒤틈기옷"이라 하였다. "뒤틈기"는 "뒤(後)-틈(分離)-기(접사)"라 분석되어 "뒤를 타 놓은 것"이란 말이고, "뒤틈기-옷"은 여기에 "옷(衣)"이 붙은 말이다. 따라서 오해하기에 충분하다. 그러나 이는 그런 말이 어니고, "창의(氅衣)"를 속되게 이르는 말이다. "창의"란 지난날 벼슬어치가 평상시에 입던 웃옷으로, 소매가 넓고 뒤의 솔기가 갈라진 옷으로, 웃옷을 말한다. 창의나 도포(道袍)는 뒤의 솔기가 갈라져 있다. 이것을 막은 것이 두루마기이다. "두루마기"는 "두루(周)-막(防)-이(접사)"라 분석되는 말로, 창의나 도포와 달리, "두루 막은 옷"이란 말이다. 한자어로는 두루마기를 "주의(周衣)"라 한다.

이상 의상 가운데 "반소매"와 "개구멍바지"의 어원을 살펴보았다. "반소매"는 반수(半袖), 또는 반수의(半袖衣)를 뜻하는 말이며, "개구멍바지"란 밑이 터진 바지를 개구멍에 비유하여 이르는 말이다.   (2022.1.6.)

"사글세"와 "삭월세"의 정오

　남의 물건이나 건물 따위를 빌려 쓰고 그 대가로 치르는 돈을 "세(貰)"라 한다. 세차(貰車)나 셋집의 경우 "자동차세, 집세"라 하는 것이 이것이다.

　집세의 경우 그 지불하는 방법에 따라 "사글세"와 "전세"의 두 가지가 있다. "사글세"는 "삭월세"라고도 한다. 그러나 사회적으로 통용되는 것과는 달리 사전에서 "삭월세(朔月貰)"는 "'사글세'의 잘못"이라 풀이하고 있다. "사글세"의 풀이를 보면 다음과 같다.

　　남의 집이나 방을 빌려 쓰는 값으로 다달이 내는 세. 또는 집이나 방을 빌려 주고 받는 세. [朔月貰]

　"사글세"는 다달이 내는 월세(月貰)라는 말이다. 그러면 그 어원은 어떻게 되는가? "朔月貰"는 "사글세의 잘못"이라 하면서, 위의 풀이에서는 또 이를 "사글세"의 어원으로 보고 있다. 모순되는 풀이다. "삭월세(朔月貰)"를 "사글세"의 어원으로 보는 데에는 문제가 있다. "삭월(朔月)"은 음력 초하루의 달을 의미한다. 이는 나아가 "삭일(朔日)", 곧 초하루를 나타내는 말로 볼 수도 있다. 그렇게 되면 이는 "매달 초하룻날 내는 세이거나, 받는 세"가 된다. 월세(月貰)는 매달 초하룻날 내고 받는 것이 아니다. 원칙적으로 이사한 날을 기준으로 세를 낸다. 따라서 "삭월세(朔月貰)"라는 말 자체가 성립되지 않는다. 이 말을 "사글세"의 어원으로 보고, 사전에서 "사글세<朔月貰"라 보는 것은

문제다. 물론 비슷한 발음의 한자를 차자한 한국한자어라 볼 수도 있다. 따라서 한자 본래의 의미와 다를 수도 있다. 그러나 널리 통용되는 것과 달리 근본적인 문제가 있고 보면 이는 폐기 처분하는 것이 바람직하다.

그러면 "사글세"의 어원은 어떻게 볼 수 있는가? 이는 "사그라지다"라는 말에 그 어원이 있는 것으로 보인다. 사전은 "사그라지다"를 "삭아서 없어지다"로 풀이하고 있다. 그러나 "사그라지다"는 "삭아서 없어지다"란 의미만이 있는 것은 아니다.

> * 그네들의 흥분이 좀 사그라진 뒤에나 <이문열, 장한몽>
> * 달집 연기가 시나브로 사그라졌다. <김원일, 불의 제전>
> * 끓어올랐던 울분이 점차 사그라졌다. <표준국어대사전>
> * 불이 사그라져 재가 되었다. <표준국어대사전>

위의 예에 보이는 바와 같이 "사그라지다"는 "어떤 상태가 가라앉거나 없어지다"를 의미하는 말이다. 이는 또 "다 삭아서 못 쓰게 된 물건"인 "사그랑이"나, 다 삭은 주머니란 의미의 "사그랑주머니"의 경우처럼 "사그랑"이란 형태로 쓰인 것도 볼 수 있다. 이러한 예를 통해 "삭다"란 의미의 "사글다"를 재구할 수 있다. "사글세"의 "사글"은 바로 이러한 "사글다"의 어간으로 추정된다. 그러면 "사글세"란 어떤 뜻의 말인가? 이는 본래 "전세금"처럼 주인에게 일정한 돈을 건네고, 그것을 까나가는 세의 제도였던 것으로 보인다. 그래서 "셋돈"이 "사그라들다"라는 의미를 나타낸 것이다.

"사글세"는 "삭월세(朔月貰)"가 아닌 "사글-세(貰)"란 혼종어이다. 월세가 아닌 "전세"는 부동산을 소유한 주인에게 일정한 금액을 맡기고 그 부동산을 일정 기간 빌려 쓰는 것을 말한다. 이는 한자로 "전세(傳貰)"라 한다. "전세"란 일정한 액수의 돈을 부동산의 주인에게 "전(傳)"하고 이를 빌려 쓴다(貰)"는 의미의 말이라 하겠다. 이는 중국어나 일본어에는 보이지 않는 말이다. 우리말에만 있는 한국한자어이다. 그런데 동양학연구소의 한국한자어사전에는 웬일인지 이 말이 표제어로 올라 있지 않다. 누락된 것으로 보인다. 전세(傳貰)를 중국에서는 "조용(租用)" 등으로 이른다. 일본어에는 이런 말이 없다. "월세(月貰)"라는 말도 중국이나 일본의 사전들에는 보이지 않는 말이다.

사실은 우리말에도 옛말엔 보이지 않는다. 조선총독부의 "조선어사전"에도, Gale 이나 Underwood의 "한영주뎐"에도 이들 말이 보이지 않는다. 이는 근대에 들어와 쓰이기 시작한 것으로 보인다. 황석영의 "열애"에는 전세와 사글세의 두 용어가 쓰인 것을 보여준다.

공원으로 들어가서 십이 년 만에 공장 근처에 열일곱 평짜리 한옥 온채 전세를 들어 사글세로 두 집을 받고 있다.

그리고 여기 덧붙일 것은 "전세(傳貰)"와 동음어에 "전세(專貰)"란 말이 있다는 것이다. 이는 "계약에 의하여 일정 기간 동안 그 사람에게만 빌려주어 다른 사람의 사용을 금하는 일"을 뜻하는 말이다. 이의 대표적인 용례는 "전세 버스"에서 볼 수 있다. 이를 일본어로는 "카시키리(貸切)"라 한다. 이 외래어는 지금도 더러 사용되는 것을 들을 수 있다.   (2021.12.3.)

사발통문의 어원과 의미

크나큰 일인데 말로만 하나, 통문도 만들고 조합도 만들고 해서 물샐틈없이 일을 꾸며야지. <박완서, 미망>

기별을 보내어 알게 하는 것을 "통지(通知)"라 한다. 이것이 문서로 되어 있을 때는 "통지서(通知書)"라 한다. "통지문(通知文)"이라고도 하나, 이 말은 표준국어사전에 표제어로 실려 있지 않다. 전통적으로는 이를, 위에 예로 든 박완서의 소설에서처럼 "통문(通文)"이라 하였다. 통문(通文)을 국어사전은 "여러 사람의 성명을 적어 차례로 돌려 보는, 통지하는 문서"라 하고 있다. 요샛말로 하면 "회람(回覽)"에 해당한 말이다.

"통문(通文)"은 한자어로 되어 있으나 한어의 한자어가 아니다. 이는 우리의 한국한자어이다. 그래서 한어(漢語)나 일본어에는 이 말이 보이지 않는다. 이 말은 속대전(續大典)에 보인다. "유생들이 땅 주인에게 발악을 하고, 성묘(聖廟)나 관문(官門) 밖에서 모여 곡을 하는 경우에는 장형(杖刑) 100대를 가하고, 3000리 밖으로 유형에 처한다. 통문(通文)을 지참한 자는 도형(徒刑)에 처한다(只參通文者徒配)"고 한 것이 그것이다.

통문(通文)에는 "사발통문(沙鉢通文)"이란 것도 있다. 누가 주모자인지 알지 못하도록 서명을 순서대로 하는 것이 아니라, 이름을 사발 모양으로 둥글게 삥 돌려가며 적는 통문을 말한다. 최일남의 "그때 말이 있었네"에는 다음과 같은 용례가 보인다.

　　수감 학생의 어머니 하나가 돌린 사발통문에 의하면, 갇힌 시국사범 학생
들이 교도소 내의 처우 개선을 요구하며, 소동을 부리다…

　　이렇게 주모자가 드러나지 않게 서명을 한 것이 사발통문이다. 사발통문
의 구체적인 예는 동학혁명 때 전봉준(全琫準) 등 지도자 20여 명이 이를 작성
한 것으로 알려진다.

　　다음에는 "사발통문"의 어원을 살펴보기로 한다. 이는 "사발(沙鉢)-통문(通
文)"으로 분석된다. "사발"은 주로 밥을 퍼서 담는 그릇(식기류)을 말한다. 사
전에서는 "사기로 만든 국그릇이나 밥그릇. 위는 넓고 아래는 좁으며 굽이
있다."고 풀이되어 있다. 이의 풀이는 문제가 있다. "사발"은 모래를 원료로
하여 만든 사기(沙器)가 아니며, 용도 또한 "국그릇이나 밥그릇"이 아니다.
주로 "밥그릇"으로 사용하는 그릇이다. "밥사발"이라고 하지 "국사발"이란
말은 하지 않는다. 국은 오히려 사발 아닌 "대접"에 퍼 담는다.

　　"사발(沙鉢)"은 구급간이방에 보이는 "사그릇"의 일종이다. 구급간이방에
서는 "사그릇"을 "자기(瓷器)"라 하고 있다. "사-그릇"의 "사"의 의미는 분명
치 않으나, "사그릇"이 "자기"를 뜻하는 것으로 보아 이는 오지그릇과 관계
가 있을 것으로 보인다. 그리고 "사발"의 한자 표기 "沙鉢"의 "沙"는 한자를
가차(假借)한 것이다. "사그릇"은 모래 아닌, 고령토(白土)를 원료로 고온에서
구워 만드는 것이기 때문이다.

　　예로부터 우리말에서는 "자기(瓷器)"와 "사기(沙器)"를 구별하지 않고 사용
하였다. 청자(靑瓷)를 청사기(靑沙器), 백자(白瓷)를 백사기(白沙器)라 하고, 분청
자(紛靑瓷)를 분청사기, 청화백자(靑華白瓷)를 화사기(華沙器)라 한 것이 그것이
다. 이밖에 "사-", 또는 "사기"에 "오지그릇 자(瓷)"가 아닌, "자기 자(磁)"자를
대응시킨 예도 보인다. "사긔(磁)<한청문감>, 사긔(白磁器)<물명고>, 사뎝시(磁
楪子)<역어유해>, 사푼즛(磁粉)<동문유해>" 등이 그것이다.　　　　(2022.5.21.)

살수청과 육병풍의 어원문화

요사이는 들을 수 없지만 지난날에는 "수청"이란 말이 곧잘 쓰였다. 그것도 서민사회가 아닌 양반사회의 단골 메뉴였다.

일본통신사의 기행 가사(歌辭)인 "일동장유가(日東壯遊歌)"를 보면 이 가사에도 "수청"이란 말이 자주 등장한다. "수청(守廳)"이란 한자말로, 첫째 "높은 벼슬아치 밑에서 심부름하던 일"를 뜻하는 말이고, 둘째 "아녀자나 기생이 높은 벼슬아치에게 몸을 바쳐 시중을 들던 일"을 뜻하던 말이다. 물론 일동장유가에 보이는 "수청"이란 기생이 벼슬아치에게 몸을 바쳐 시중 드는 일을 뜻한다. 그것도 대단한 벼슬아치도 아닌 구실아치에 해당할 인물들에게이다.

우리말에는 이렇게 몸을 바쳐 시중드는 일을 뜻하는 말이 두어 개 있다. 그러나 이들 말은 표준국어대사전에 표제어로 올라 있지 않다. 품위 없는 말이라 하여 표제어로 올리지 않은 것으로 보인다. 이들은 문학작품 등에 구체적으로 쓰이고 있고, 속언에 곧잘 오르내린다. 이는 "살수청"이란 말과 "육보시"라는 말이다.

"살수청"이란 말은 김성동의 소설 "국수(國手)"에 쓰인 것으로 보인다. 그의 "국수사전- 아름다운 조선말"에 "살수청"을 표제어로 내걸고 "잠자리를 모시는 것"이라 풀이하고 있기 때문이다. "수청(守廳)"이란 한자말로, 이는 본래 높은 벼슬아치의 심부름을 하던 일을 뜻한다. "육보시"는 소설어사전(小說語辭典)에 완곡하게 풀이가 나와 있다. "몸 자체를 누군가에게 베푸는 것을 이르는 말"이라 한 것이 그것이다. 그리고 그 예로 사람 아닌, 구더기에게 몸을 보시하는 장면을 제시하고 있다.

"그리 됐어요… 그런데 거기다가 어느새 파리란 놈이 쉬를 깔렸는지 썩어 들어가는 살 속에 구더기가 끓기 시작한 거지지요. 의사 선생 말씀으로는 살이 깊어서 그런다는데. 이번에 내가 구더기들한테 생전 처음으로 그야말로 <u>육보시</u>를 한 셈이지요." <조정래, 태백산맥>

그러나 이와 달리 "육보시(肉布施)란 일반적으로 여자가 중에게 몸을 바치는 것을 의미한다. "보시"가 본래 불교 용어로 "불가에 재물을 연보하는 것"을 의미하니 이 말은 기막힌 발상의 명명(命名)이라 하겠다. 그리고 "보시"는 사실은 "포시(布施)"라 한자를 쓰는 말이다. 그런데 이 "베 포(布)"자는 중고의 수(隋)·당(唐) 음이 "보"로, 일찍이 우리가 이 말을 수용해 "포시" 아닌 "보시"라 되어 있는 것이다.

우리말에는 "육병풍(肉屛風)"이란 것도 있다. 이는 잘 알려져 있지 않은 말이나, 중국이나 일본에서는 잘 알려져 있는 말이다. 이는 "여자를 줄 세워서 병풍 대용으로 한 것"을 말한다. 이는 당(唐) 나라 현종 때 양귀비의 일족인 양국충(楊國忠)의 고사에 연유하는 말이다. 그는 재상으로써 극도의 호사스러운 생활을 하였다. 내객이 있을 때는 아름다운 여인들로 술시중을 들게 하였다. 이런 연회를 "육대반(肉臺盤)이라 하였다. 서언고사(書言故事)에 의하면 그는 겨울에는 많은 여인들로 하여금 주위를 에워싸게 하고, 이를 "육병풍(肉屛風)"이라 하였다. 첩들 가운데 비대한 자를 골라서는 앞에 세워 차가운 바람을 막게 하였다. 이를 "육장(肉障)", 또는 "육진(肉陣)"이라 하였다. 이런 고사에서 "육병풍"이란 말이 생겨났다. "육병풍"은 줄여 "육병(肉屛)"이라고도 한다. "병풍"의 "병(屛)"은 "가리다, 가리어 막다"의 뜻을 지닌다. 따라서 "병풍"이란 "바람을 막는 기구"라는 뜻으로, 방풍, 가리개, 장식용으로 사용하는 가구라 하겠다.

(2022.5.22.)

"삿대"와 "상앗대질"의 어원문화

"이 미친 놈아, 이 못난 놈아. 이 놈아. 이 놈아. 글쎄 낯바닥으루 네 처를
대하느냐? 흥, 그리구두 뻗대. 그리구 모른대. 어디 말 좀 해 보아라. 이놈아"
하고 한씨는 담뱃대로 아들을 향하여 <u>상앗대질</u>을 한다. <이광수, 사랑>

우리는 흔히 다투거나 감정이 격할 때 상대편의 얼굴을 향해 손이나, 막대
기 따위를 내지르는 동작을 한다. 이를 "삿대질", 또는 "상앗대질"이라 한다.
위의 보기에서는 노한 어머니가 아들을 향해 담뱃대를 휘두르고 있다. 그러
면 이 "삿대질", 또는 "상앗대질"이란 어떻게 된 말인가? 이는 물론 배질을
할 때 사용하는 긴 막대 "상앗대"에 행동을 나타내는 접사 "질"이 붙은 말이
다. "삿대"는 오늘날 사전에서 "상앗대"의 준말로 보고 있다.

"삿대"의 고어는 "사횟대", 또는 "사홧대", "사활대"로 나타난다. "사횟
대"는 중종 때의 문헌인 사성통해(1517)와 훈몽자회(1527)에 보인다.

* 藁 所以刺船竿 사횟대 <사성통해>

  사횟대 고(篙) <훈몽자회>

* 사홧대(撑子) <역어유해>

  사화ㅅ대 <동문유해>, <한청문감>

* 사활대 고(篙) <왜어유해>

"사횟대"는 그 뒤 "사홧대> 사앗대> 사엇대"로 변화한다. "사앗대"는 물보에 "사아때"를, "사엇대"는 청구영언에 "굿 모딘 사엇대를"가 보인다. "상횟대"와 "상홧대"는 "사앗대, 사엇대"와 같이 뒤에 "ㅎ"이 약화 탈락된다. 그리고 "상앗대, 상엇대"는 "삿대"로 축약된다.

"삿대"는 "사-ㅅ-대"로 분석되는데, "사"는 배꼬리(船尾), 또는 키를 의미하는 "소(艄)", 또는 이와 통하는 "나무 끝 소(梢)"의 한음 [shao]에서 왔을 것으로 추정된다. "대"는 물론 "장대 간(竿)"의 "대(竿)"다. 따라서 "삿대"는 표준국어대사전에서 보고 있는 바와 같이 "상앗대"의 준말이라 할 수 없다. 이는 오히려 "사앗대·사엇대·삿대"에 사이시옷이 쓰이기 전의 형태 "사아대"일 때 모음충돌(hiatus) 현상을 피하기 위해 자음 이응(ㅇ)이 첨가된 것이라 할 것이다.

그러면 본론으로 들어가 "삿대질", 내지 "상앗대질"의 어원문화를 살펴보기로 한다. "삿대질"의 본래의 뜻은 "상앗대를 써서 배를 밀어감. 또는 그런 일"을 뜻하는 말이다. "삿대질"은 "삿대"로 물 바닥을 찔러 배를 앞으로 나아가게 하는 것을 말한다. 따라서 배를 제대로 저어갈 수 있을 때까지는 "삿대질"을 계속 해야 한다. 삿대로 바닥을 찍고 미는 행동을 반복해야 한다. 삿대질의 이런 행동은 마치 말다툼을 할 때에 손을 내지르는 동작과 비슷하다. 그래서 "삿대질"은 이를 비유적으로 나타내게 된 것이다. 그리고 마침내 말다툼을 할 때 상대편 얼굴 쪽으로 손을 내지르는 동작을 "삿대질"이라 하게 된 것이다.

"삿대"는 그 어원을 "사횟대"로 하며, 이는 "사홧대> 사앗대> 상앗대> 삿대"로 변해 온 말이다. 이는 물론 한어 "梢(shao)"가 변한 말이다. "삿대질", 또는 "상앗대질"이란 이 "삿대"와 "상앗대"에 행동을 나타내는 접사 "질"이 결합된 말이다.

(2021.12.27.)

"설빔"과 "빗다(梳)"의 어원

대목장이라도 보고 온 것일까/

<u>설빔</u> 때때옷을 걸친 여무는 달이 막 샛강의 얼음 구덕에서/

떠오른다 <송수권, 回文里의 봄>

　새해를 맞으면 새로운 다짐도 하고, 옷가지도 새로 마련하여 입기도 한다. 이렇게 새해를 맞아 새로 장만하여 입는 옷과 신발 따위를 "설빔"이라 한다. 위의 시에서처럼 이때 어린이들은 때때옷을 입기도 한다.

　"설빔"은 "설(元旦)-빔(飾)"으로 분석되는 말이다. "설"의 어원은 대체로 "해 세(歲)"자의 고음에서 연유하는 것으로 본다. 그런데 이 "빔"이 또 일반 대중에게는 이해가 안 되는 말이다. 이 말은 투명성(透明性)이 낮은 말이다. 그러나 전문가에게는 그 유연성이 분명한 말이다.

　"설-빔"의 "빔"은 "꾸미다, 장식하다, 분장(扮裝)하다"를 뜻하는 "빗다"의 명사형에서 연유하는 말이다. 이 말은 고어에서 "비ᅀᅳ다"와 "빗다"를 기본형으로 보기도 하나, "빗다"를 기본형으로 보아야 할 말이다. "비ᅀᅳ다"의 형태는 유성음 사이에서 "ㅅ"이 "ㅿ"으로 변한 것이라 보아야 할 것이기 때문이다. 그러면 "빗다"를 기본형으로 하며, 분명히 시옷받침이 드러나는 용례를 두어 개 보면 다음과 같다.

　　좀 ᄇᆞ라고 빗어 莊嚴ᄒᆞ얫거든 <월인석보>

위두흔 오소로 빗이시고 <석보상절>

 이러한 "빗다"가 유성음 사이에서 "△"으로 변하고, 후대에는 제로화하여 "ㅇ"으로 나타난다. 이들의 용례를 각각 두 개씩 보면 다음과 같다.

* 고즈로 비스고(榮身) <월인천강지곡>
  ㄱ장 비서 됴훈 양호고 <월인석보>
* 다 비옴에 향내롤 호고 <소학언해>
  비온 거시 風流로와 보기 됴터라(扮的風流好看) <박통사신석언해>

 오늘날의 "설빔"의 "빔"은 "빗-음(명사형)"이 "비슴> 비슴> 비음> 빔"으로 변한 말이다. "빗다"의 명사형 "빗음"은 유성음화하여 "비음"이 되었는데, 이는 방언으로 보고, 이의 축약형인 "빔"을 표준어로 본다. 그것은 "비음"이 "꾸밈, 장식"이란 의미로 쓰이는 것을 볼 수 없고, "설빔, 추석빔"과 같이 "빔"으로 쓰이는 것만 조금 보이기 때문이다.
 다음에는 동음이의어(同音異議語)인 "빗다(梳)"를 보기로 한다. 이는 머리털을 매만지는 기구인 "빗(梳)"에서 파생된 말이다. 우리말의 특징의 하나가 명사에 서술격 조사 "이다"를 붙여 용언화하는 것인데, "빗다"는 이러한 말 가운데 하나다. 이의 예를 두어 개 들어 보면 두시언해의 "오눐 새배 내 머리롤 비소라(今晨梳我頭)"와, 박통사언해의 "얼에비소로 비서라"가 있다.
 "빗"에는 "얼레빗, 참빗, 면빗, 음양소" 따위가 있다. "얼레빗"은 빗살이 굵고 성긴 빗으로, 그 생긴 모양이 반달 같아서 "월소(月梳)"라 하기도 한다. "참빗"은 빗살이 가늘고 촘촘한 것으로, 진소(眞梳), 또는 세소(細梳)라 한다. "면빗"은 관자놀이와 귀 사이의 머리를 빗어 넘기는, 작은 얼레빗같이 생긴 빗을 말한다. 이는 한자어로 면소(面梳)라 한다. "음양소(陰陽梳)"는 빗살이 한쪽은 성기고, 한쪽은 촘촘한 빗을 가리킨다. (2021.11.1.)

"수박"과 "외"의 문화

여름날의 대표적인 과일의 하나는 "수박"이라 하겠다. 이는 과육에 수분이 많고, 생김새가 박과 같아 이런 이름을 붙인 것이다. 중국에서는 이를 서과(西瓜), 또는 한과(寒瓜)라 한다. 수박이 서쪽지방에서 들어온 외(瓜)의 일종이고, 이 과일이 성질이 찬 음식이라 이런 이름이 붙었을 것이다. 일본에서는 "스이카"라 하며 한자로는 "西瓜", 또는 "水瓜"라 쓴다.

"수박"은 수분이 많고 그 열매가 박과 같이 생겨 "수박"이라 하였다. 중국에서는 이를 "외"의 일종으로 보아 "외 과(瓜)"자를 쓴 것이 다른 점이다. 일본에서는 우리와 같이 수분이 많다는 것에 주목하면서도 "박"이 아닌 "외"로 보는 것이 다르다. 우리는 수박을 한자어로 "서과(西瓜)", 또는 "수과(水瓜)"라 한다. 중·일어의 단어 하나씩과만 형태를 같이 한다. 같은 사물의 이름이 발상의 차이에 따라 이렇게 다르다는 것이 놀랍다.

"수박"을 우리는 "박(匏)"으로 본다. 중국과 일본에서는 "외(瓜)"로 본다. 이는 꽤 달라 보이나 그렇게 다른 것만도 아니다. "박"을 중국에서는 "포과(匏瓜)"라고 "외"로 보기도 한다. 그뿐만이 아니라 호박을 "남과(南瓜)"라고도 한다. "박"과 "외"가 넘나든다. 그런데다 문제가 되는 것은 우리의 "외 과(瓜)"의 "외"를 "오이"로 보는 것이다. 표준국어대사전에서는 "외"를 "① '오이'의 준말, ② (방)'참외'의 방언"으로 보고 있다. "오이과(-瓜)"의 풀이도 "한자 부수의 하나. 호(瓠), 표(瓢) 등"이라고 "외"를 "오이"로 보고 있다.

"오이"는 "호과(胡瓜)"를 이르는 말이다. 이에 대해 첨과(甛瓜)는 "참외"라 한다. 그러나 그렇게 볼 일이 아니다. 호과(胡瓜)와 첨과(甛瓜)가 다 같이 "외"이고, 이들을 구별하기 위해 "물외"와 "참외"라는 말이 생겨났다고 보는 것이 옳다.

"참외"는 중국 화북지방을 원산지로 하며, 우리는 이를 삼국시대부터 재배해 온 것으로 보고 있다. "외"라는 말은 15세기의 문헌에서부터 보이며 17세기 문헌에 많이 나타난다.

> 소평이 외 시므듯 호리라(似邵平瓜) <두시언해>
> 다만 저린 외 이시니 <노걸대언해>
> 외 과(瓜) <훈몽자회>, <신증유합>
> 쟝에 돔은 외(醬瓜子) <역어유해>

이와는 달리 "춈외", "믈외"의 예도 보인다.

> 동화 슈박 춈외 즈른박 수세외 외 가지를 시므라 <박통사언해>
> 胡瓜 믈외 <유물>

"외"는 호과(胡瓜)와 첨과(甛瓜)를 아울러 이르는 말이고, 이들을 구별하기 위해 "물외"와 "참외"라는 신어(新語)가 조어되었다. 따라서 사전의 "오이과(-瓜)" 운운은 성립이 되지 않는다. 일본에서는 참외는 "막가(眞瓜)", 물외는 "기우리(黃瓜)"라 구별한다.

"오이과(-瓜)" 운운하는 "과(瓜)"에 대해 약간의 설명을 덧붙이기로 한다. 설문(說文)에는 "과(瓜)"에 대해 "과 나야 상형(瓜 蓏也 象形)"이라 하였고, 시경(詩經)에는 "칠월식과(七月食瓜)"라 하고 있다. 여기에서의 "과(瓜)"는 "오이" 아닌, 외과 식물의 과실을 총칭하는 말이라 하겠다. "과전이하(瓜田李下)"의 "과전(瓜田)"은 참외밭이고, "과전불납리(瓜田不納履)"는 "참외밭에서 신을 고쳐 신지 않는다"는 말이라 할 것이다.

(2021.3.29.)

"아우성"의 어원

여럿이 함께 기세를 올려 함성을 지르는 소리를 "아우성"이라 한다. 이의 용례는 문순태의 소설 "피아골"에 "피아골의 깊은 골짜기에서 밤을 찢는 듯한 아우성과 비명이 낭자하게 들려 왔다."라는 구절을 볼 수 있다. 이 "아우성"의 어원을 한 어원사전은 "아오(의성어)-聲"이라 보고 있다. 그리고 그 근거로 한진건(1903)을 들고 있다. 과연 이 말의 어원은 이런 것일까?

저자는 그렇게 생각하지 않는다. 이는 생소한 의성어 "아오"에 "성(聲)"이 복합된 것으로 볼 것이 아니라, 그 의미를 고려해 발상을 달리해 볼 필요가 있다. "아우성"의 고어는 "아오셩"이다. 삼한역어의 "북 치고 아오셩ᄒ니"와, 동문유해 및 한청문감의 "아오셩ᄒ다(吶喊)"가 그것이다. 이 "아오셩"이 "아우성"이 되었다.

그러면 "아오셩"이나, "아우성"의 어원을 어떻게 보면 좋겠는가? "아오셩"은 "아오-셩(聲)"으로 분석된다. "아오"란 "아올다(並)"의 어간이다. "아올다"는 오늘날의 "아우르다"에 해당한 말이다. 이는 "여럿을 모아 한 덩어리나 한 편이 되게 하다"를 의미하는 말이다. "아오르다"보다 일반적인 말은 "아우르다"이며, 이보다 더 일반적인 말은 "어우러지다"이다. "아우성"은 홀로 소리치는 것이 아니다. "여러 사람이 함께 기세를 올리기 위해 크게 부르짖는 소리"이다. 여러 사람이 함께 어우러져 한 덩어리가 되어 함성을 지르는 것이다. 이렇게 "아우성", 곧 고어의 "아오셩"은 "아올아 내는 소리", 곧 "아울어 내는 소리", 병합(並合)해 내는 소리다. 이러한 용례는 "아우내(並

川"에서 쉽게 볼 수 있다. "아우내"는 물줄기가 아울어지는 것을 의미한다. "아우성"도 이런 것이다. 개인 아닌, 대중인의 어울어 내는 소리라는 말이다. 이의 용례를 문학작품에서 구체적으로 보면 다음과 같은 것이 있다.

  * 먼저 도착한 가족들은 아들, 남편, 아버지의 이름을 부르며 생사여부를 알려고 아우성쳤다. <유현종, 들불>
  * 배식을 받으려는 난민들이 사로 먼저 타겠다고 아우성치며 장사진을 치고 있었다. <박영환, 머나먼 송바강>

"아올다"의 용례는 월인석보의 "兼온 아올 씨라"를 위시하여 신증유합의 "아올 병(竝)", 석봉천자문의 "아올 병(竝)" 등이 보인다. 따라서 아우성"은 고어에서 마땅히 "아올-셩"이 될 말이다. 우리말에는 광의의 마찰음(ㅅ, ㅈ, ㅊ)과 치경음(ㄷ, ㄴ) 앞에서 "ㄹ"이 탈락되는 현상이 있다. "불소시개> 부소시개, 불집게> 부집게"가 되거나, "달달이> 다달이, 버들나무> 버드나무"가 그 예다. "아우성"은 "아올-셩"이 마찰음 "ㅅ" 앞에서 "ㄹ"이 탈락된 것이다. 그리고 "아우내"는 "아올다"의 변형인 "아울다"가 치조음 "ㄴ"앞에서 탈락된 예이다. 앞에서 언급한 병천(竝川)을 의미하는 "아우내"가 그것이다.

동사 "아올다"는 어감 내지 어의(語義)를 달리 나타내기 위해 음상(音相)을 달리 하는, 상대적인 말로서 고어에 "어울다"의 예도 보여준다. 석보상절의 "둘히 어우러 精舍 밍ㄱ라"와 신증유합의 "믈 어울 혼(混)"이 그것이다. 그런데 "아올다"나 "어울다"는 오늘날 다 사어가 되었다. 그 대신 앞에서 잠시 언급한 바 있는 "아우르다"와 "어우르다", 또는 "어울어지다"가 바뀌어 쓰이고 있다.

(2021.6.27.)

"애꿎다"의 의미와 어원

　우리 속담에 "애꿎은 두꺼비 돌에 맞는다"란 말이 있다. 남의 분쟁이나 싸움에 휘말려 아무런 관계가 없는 사람이 뜻밖에 피해를 보게 됨을 비유적으로 이르는 말이다. 이 속담에는 "애꿎은"이란 형용사가 쓰이고 있다. 이 말의 어원은 조금 복잡하다.

　"애꿎다"의 사전풀이는 "① 아무런 잘못 없이 어떤 일을 당하여 억울하다, ② (주로 '애꿎은'의 꼴로 쓰여) 그 일과는 아무 상관이 없다"를 뜻하는 것으로 되어 있다. 이 "애꿎다"의 용례를 문학 작품에서 보면 채만식의 소설에 다음과 같은 것이 보인다.

　　오목가슴이 발딱거리지만 않으면 죽었는가 싶게 산 기운이 없어 보이는 어린 것의 입에다가 흐뭇한 젖퉁이 젖꼭지를 물려주면서 애꿎게 남편을 칭원하는 것이다. <貧… 제1장 제일과>

　이 소설의 "애꿎다"도 어린애가 사경을 헤맴이 남편과 아무런 관계가 없음에도 "칭원하고 있음"을 묘사한 것이다.

　그러면 이 "애꿎다"의 어원은 어떻게 되어 이런 의미를 나타내는가? 이 말은 중세국어에 "잊궂다"의 형태로 나타난다. 그 예를 보면 다음과 같다.

　　晦氣 잊궂다 믄會 上소 <역어유해>

경츈이 익굿다 ᄒ더라 <계축일기>

이로 볼 때 "애꿎다"의 어원은 "익(厄)-굿다(凶)"로 분석된다. "액(厄)이 흉 (凶)하다"는 말이다. 다시 말하면 "운수가 흉하다", "운수가 좋지 않다", "운 수가 사납다"는 말이다. "액(厄)"은 "모질고 사나운 운수"를 뜻한다. "익"의 용례로는 신증유합의 "眚 익 셩", 송강가사의 "우리 모든 익을 네 혼자 맛다 이셔"와, 역어유해보의 "禳災 익풀이ᄒ다" 등을 들 수 있다.

다음에는 "익-굿다"의 "굿다"를 보기로 한다. 이는 길흉(吉凶)의 흉(凶), 호 오(好惡)의 오(惡)를 의미하는 말이다. 이는 옛말에서 "굿다", 또는 "긋다"로 나타난다.

됴커나 긋거나 <석보상절>
ᄆᆞᅀᆞ미 긋게 ᄒᆞᄂᆞ다(惡悔抱) <두시언해>
구즐 흉(凶) <신증유합>

이상에서 알 수 있는 바와 같이 "익굿다"는 보술구조(補述構造)의 말로, 그 의미는 동의 반복을 하고 있는 것이라 할 수 있다. "모질고 사나운 운수"가 "흉하다", 또는 "나쁘다"란 말이기 때문이다. 이는 운수가 나쁨을 거듭 강조 한 말이라 하겠다.

"애꿎다"는 "액-굿다"를 어원으로 하는 혼종어(混種語)이다. 그리고 이는 "모질고 사나운 운수가 흉하다"는 말로, 동의반복의 말이라 하겠다. 운이 좋지 않음을 강조하기 위해, "시시각각", "시시때때로"와 같이 동의어를 반 복해서 쓴 어휘구조의 말이라 하겠다.   (2021.12.24.)

"애당초"와 아시팔자의 어원

그는 여자 도둑에게 이렇게 말을 하기는 하지만 별빛에 얼굴을 뜯어볼 생각은 <u>애초</u>에 하지도 않았다. <한승원, 해일>

한 사물에 같은 일을 반복할 때에 그 첫 번째 차례를 "애초"라 한다. 그런데 이렇게 반복되는 사실의 "처음, 시초"를 이르는 말은 "애초" 외에도, "애당초, 당초, 당최" 등이 쓰이는가 하면 방언으로 보는 "애시당초, 애시, 아시" 등이 쓰이기도 한다. 이들은 어휘 구조로 볼 때 "아시" 계통의 말과 "당초" 계통의 두 종류로 나누어 볼 수 있다.

그러면 먼저 "아시" 계통의 말부터 보기로 한다. "아시"는 "애벌", "애초"를 나타내는 말로, 이는 "아이", 또는 "애"의 어원이 되는 고어로, 방언으로 본다. 이의 용례는 심훈의 "상록수"에 "논에는 <u>아시</u> 두 번 호미질과 만물까지 하였고…"가 보인다. 이는 호미질, 곧 아시 김매기를 두 번 하고, 마지막 김매기를 하였다는 말이다. 이렇게 "아시"가 "애벌, 애초"를 뜻하는 말로는 "아시-빨래, 아시-방아, 아시팔자"와 같은 말도 있다. "아시빨래"는 "애벌빨래"라는 말이고, "아시-방아"는 "애벌-방아"라는 말이다. 그리고 "애벌팔자"란 "처음 팔자"라는 말로, 조정래의 "태백산맥"에 다음과 같은 용례가 보인다.

내 딸년 신세 저리 된 것이야 다 지 팔자 소관으로 치고, 앞일만 생각혀 보드락도 딸린 새끼가 있으니 재가가 지대로 될 것이며, 재가럴 헌다 혀도 <u>안시팔자</u> 그른 년이 무신 팔자 치레가 제대로 되겠어. 내 생각이나 지 생각이나 매일반인디 그려. 워쩌크름 뒤를 봐 줄 심산인지 자네 생각을 들어보세.

여기서의 "아시팔자"란 처음 시집가서 과부가 된 팔자를 말한다. 이렇게 "아시"는 "처음, 초(初)"를 뜻하는 말이다. 이 "아시"가 "아ㅅㅣ"로 변하고 "아이> 애"로 변해 오늘의 "애"에 이른다. 문헌상 고어의 형태는 "아ㅅㅣ-삐다"부터 나타난다. 훈몽자회의 "아ㅅㅣ-삘 분(饋)"이 그 예이다. "애초, 애당초"의 "애"는 이 "아시"가 변한 "애"인 것이다. "애-초"는 "아시-초(初)"가, "애-당초"는 "아시-당초(當初)"가 변한 말이다. 따라서 "애시"나, "애시-당초"는 "아시"가 "애"로 변하였는데, 여기에 다시 "시(始)"가 붙어 잘못된 말로 본다. 그래서 "애당초"가 표준어가 되었다.

다음에는 "당초(當初)"를 보기로 한다. "당초(當初)"는 물론 "일이 생기기 시작한 처음"을 뜻하는 말이다. 따라서 "아시"나 "애벌"과 같은 뜻의 말이다. 그래서 이미 살펴본 바와 같이 복합어의 경우 이들 두 말이 합성된 것을 볼 수 있다. "애-당초(當初)"가 그것이다. "당초(當初)"는 단일어로 쓰인 것이고, "당최"는 "당초(當初)-에"가 축약된 것이다. 이는 "당최> 당체"로 변음되기도 하나, "당체"는 표준어로 보지 않는다.

다음엔 "애벌"에 대한 보충 설명을 하기로 한다. "애-벌"의 경우도 "애"는 "아시> 아ㅅㅣ> 아이> 애"로 형태적 변화를 한 것이며, "벌"은 같은 일을 거듭할 때 거듭되는 하나하나를 세는 단위를 이르는 말이다. "번(番), 겹(重)"을 의미한다. "애벌 구이" "두세 벌 김을 매 주었다"와 같이 쓰는 것이 그것이다. "벌"은 고어에서 "벌"이 아닌, "불(番)"이라 하였다. 월인천강지곡의 "淨居天이 禮를 세 불올 갏도라놀"과, 석보상절의 "올훈 녀그로 닐굽 불 도슙고 合掌ㅎ야"가 그 예이다.

(2022.4.16.)

"옹기그릇"과 그 말의 문화

　음식을 담는 그릇은 그간 재료가 많이도 변했다. 전에는 사기와 놋쇠가 주류를 이루었는데, 요즘은 플라스틱과 스테인리스가 대세를 이루고 있다. 질그릇과 오지그릇은 점점 보기 어렵게 되었다. 그래서 이들을 모르는 세대가 나타날 날도 머지않은 것 같다.

　하긴 지금의 젊은 세대도 "질그릇"과 "오지그릇"을 잘 모른다. "질그릇"을 옛말로는 "딜그릇"이라 하였다. "질그릇"은 "질흙"을 원료로 하여 일정한 형태를 빚은 다음, 잿물을 올리지 않고 가마에 넣어 구운 그릇이다. 원료인 "질흙"이란 고어로 "딜흙"이라 하던 것으로, 쑥돌, 차돌, 조면암 등이 풍화되어 생긴 흙이다. "질그릇"은 지난날 흔히 사용하던 토기로 표면에 윤기가 없는 것이다. 이러한 것으로는 물동이, 항아리, 독, 시루 등이 있다.

　"오지그릇"은 붉은 질흙으로 일정한 형태를 빚은 다음 말려서 잿물(오짓물)을 입혀 구운 질그릇을 말한다. 이는 검붉은 윤이 나며, 질그릇에 비해 단단하다. "오지그릇"은 겉면에 잿물을 입혔기 때문에 새지 않아 저장 용기로 널리 쓰인다. 장독대의 장독들은 대개 오지그릇이다. 오지그릇에는 이밖에 항아리, 단지, 자배기 등이 있고, 연적, 필통 등의 문방구와, 요강, 풍로 등의 생활용구가 있다. "붉은 질흙"을 유희의 물명고(物名攷)에서는 "赤埴 붉근질"이라 하고 있고, 같은 책에서 홍자기(紅磁器)는 "붉은 오디"라 하고 있다. "오지"를 한자어로는 "오자(烏瓷)"라 한다.

　질그릇과 오지그릇은 통틀어 "옹기(甕器)", 또는 "옹기그릇"이라 한다. 이

어령(李御寧)은 "흙 속에 저 바람 속에"에서 "손길조차 닿지 않았던 것 같은 원시 그대로의 자연성이 있다. 옹기그릇 같은 것이 특히 그렇다."고 "옹기그릇"에 원시의 자연성이 있다고 보았다. 옹기는 "옹기가마, 옹기밥, 옹기솥, 옹기장수, 옹기장(甕器匠), 옹기장이" 등의 복합어가 있다. 여기 덧붙일 말은 표준국어대사전에서 "도기(陶器)= 오지그릇"이라 하고 있는데, 이는 "도기(陶器)=옹기그릇"이라고 교정돼야 한다. "도기(陶器)"는 "옹기장", "옹기장이", 곧 "도공(陶工)"이 빚어내는 "옹기그릇"이기 때문이다.

이제 어원인 "딜그릇"에 대해 살펴보기로 한다. 이는 물론 "딜-그릇"으로 분석될 말이다. "딜"은 훈몽자회에 "딜 부(缶), 딜 구을 도(陶)"에 보이듯, "딜" 자체가 "질그릇"을 의미하는 말이기도 하였다. 이는 자료인 "딜"이 오지그릇 자체를 의미한 것이다. 제유(提喩)에 의한 의미변화를 한 것이다. 그러나 "딜"은 본래 "딜 것<동문유해>, 딜그릇<두창경험방>, 딜흙<구급간이방>"과 같이 "것, 그릇, 흙"의 관형어로 쓰여 "재료"를 의미하는 말이었다. "딜"은 후대에 "질"로 구개음화하는 말이며, 유희(柳僖)의 물명고에 보이는 "埴 질"과 "赤埴 붉근 질"과 같이 "질"의 전차어(前次語)다. 따라서 "딜·질"은 "진흙, 찰흙, 점토"를 의미한다. 말을 바꾸면 옹기그릇의 재료가 되는 "질흙"을 의미하는 말이다. "그릇"은 모음조화에 의해 "그릇"으로 바뀌었다. "딜"이 옹기그릇 자체를 의미하는 것(상기 예 제외)과, "질흙" 내지 "옹기의"라는 관형어로 쓰인 예를 몇 개 보면 다음과 같다.

    * 딜 밍ᄀᆯ 전(甄) <신증유합>
    * 딜동히 <훈몽자회> / 瓦甄 딜시르 <구급간이방> / 딜항(瓦缸) <물보>

"딜"이 "질"로 변한 것 가운데 재료 아닌, "옹기" 자체를 나타내는 예는 보이지 않는다. 대부분의 경우 "질그릇, 질병, 질장구"와 같이 "질"이 관형어로 쓰여 자료를 나타낸다.

(2022.2.7.)

"을씨년스럽다"의 어원문화

머지않아 을씨년스런 겨울이 死神처럼/ 나를 데불고 떠날 것입니다. <박종해, 먼지>

위에 인용한 시에 쓰인 "을씨년스런"처럼, "을씨년스럽다"는 날씨나 분위기 따위가 몹시 스산하고 쓸쓸한 데가 있을 때 쓰는 말이다. 이 말은 또 "보기에 살림이 매우 가난한 데가 있다"의 뜻도 나타낸다.

이 말의 어원은 자못 이상한 데서 찾았다. "을사년(乙巳年)-스럽다"에서 찾고 있기 때문이다. 종전에는 흔히 이를 1905년의 을사년으로 보아, 을사조약(乙巳條約)과 관계를 지었다. 을사조약이란 일본이 한국의 외교권을 박탈하기 위하여 강제로 체결한 조약이다. 이 조약은 오조(五條)로 되어 있어 을사오조약이라고도 한다. 조약의 주요 내용은 첫째, 한국의 외국에 대한 관계 및 사무를 일본 외무성(外務省)이 통리 및 지휘한다는 것이고, 둘째, 한국 정부는 일본정부를 거치지 않고, 국제적 성격의 어떠한 조약이나, 약속도 하지 못한다는 것이다. 셋째, 일본이 한국의 외교에 관한 사항을 관리하기 위하여 한 명의 통감을 둔다는 것이었다. 이렇게 을사조약은 한국의 외교권을 박탈하는 것이었다. 을사년(乙巳年)은 이렇게 우리 민족에게 비통하고 암울한 해이다. 그래서 "을사년"에 접사 "스럽다"를 붙여 "을사년-스럽다"로 "날씨나 분위기가 심란하거나, 살림이 어려운 것"을 나타내게 되었다고 보았다.

저자는 이러한 설을 통속어원(通俗語源)이라 보아 인정하려 하지 않았다.

특히 "을사년스럽다"가 "을씨년스럽다"로 음운변화하는 과정을 제대로 설명할 수 없기 때문이었다. 그런데 J. S. Gale의 "한영ᄌ뎐"의 풀이를 보고 생각을 바꾸기로 하였다. 이는 1905년의 "을사년" 어원설에 동의한다는 말이 아니고, 1785년의 "을사년" 어원설에 동의한다는 뜻이다. 물론 이렇게 본다고 하여도 음운변화의 원리 설명이 가능해지는 것은 아니다. 다만 개념과 형식이 좀 더 부합하여 이러한 어원론의 가능성을 높여 주기 때문이다.

J. S. Gale의 "한영ᄌ뎐(1897)"의 표제어 "을ᄉ 乙巳"와 그 풀이를 보면 다음과 같다.

A year of famine[1875] — used now as an expression for poverty, suffering etc.
(기근의 해[1875] — 오늘날 곤궁, 고통의 표현으로 쓰인다)

위의 1905년은 외교권을 박탈당한 해로 "날씨나 분위기가 심란하거나, 산림이 어려운 것"을 나타내는 말, "을씨년스럽다"로 이를 표현하기에는 사건이 너무 엄청나다. "을씨년스럽다"는 흉년이 들어 굶주림에 허덕이거나 참담한 상황에 빠져 있는 것에나 오히려 어울릴 표현이다. 따라서 1905년이 아닌, 1875년의 을사년이 어울린다.

지난날에는 흉년이 자주 들었다. 그래서 대표적인 야담책인 어우야담(於于野談)을 보면 1785년 을사년 이야기는 아니나, 광해군 때와 선조(宣祖) 때에 흉년이 들어 굶주림에 허덕이는 이야기가 나온다. 같은 선조 때(1594)에는 임진왜란 뒤에 모든 사람이 굶주려, 서로 잡아먹는가 하면, 굶어 죽은 송장들이 길가에 서로 베고 누워 있다는 기록까지 보인다. 이렇게 흉년이 들면 기근으로 말미암아 민생은 참담하였다. 따라서 1875년 기근의 해도 예외가 아니었을 것이다. 이에 "을사년-스럽다"가 비유적으로 이런 상황을 나타내었을 것이다. 그리고 이는 후대에 유연성(有緣性)을 상실해 말이 "을씨년스럽다"로 바뀐 것이라 하겠다.

(2022.3.20.)

"인두겁"과 "붓두껍"의 이동(異同)

지난날에는 흔히 자식을 위한 숭고한 희생정신을 두고, 모성애(母性愛)라 칭송을 하였다. 그런데 요사이는 어머니가 자기 자식을 학대하는 것은 말할 것도 없고, 참혹하게 죽이는 사건이 비일비재하게 발생하고 있다. 그래서 "어떻게 인두겁을 쓰고 그럴 수 있느냐"고 사회적인 지탄이 대단하다. 이런 참상이 아니라도 인면수심(人面獸心)의 행동을 할 때에도 "인두겁"이란 말이 쓰인다. 홍명희의 "林巨正"에는 다음과 같은 용례가 보인다.

　　인두겁을 쓴 놈이 백주대로에서 개 같은 짓을 한단 말이냐?"와 같이 일갈 하는 것을 볼 수 있다.

"인두겁"이란 어떻게 된 말인가? 이의 사전풀이는 "사람의 형상이나 탈"이라 되어 있다. 외모는 사람이나 그 마음이나 인간됨이 사람이라 할 수 없고 짐승과 같은 존재를 말한다. 그러면 "인두겁"은 어떻게 되어 이런 의미를 갖는가?

이는 "인(人)-두겁(蓋)"으로 분석되는 말로, "인"은 "사람 인(人)"이고 "두겁"은 "뚜껑", "덮개"를 의미하는 말이다. 문자 그대로 사람에게 뒤집어쓴 덮개, 곧 사람의 가상(假像)이요 가면(假面)이 "인두겁"이다.

그러면 "두겁"은 어떻게 돼서 뚜껑·덮개(蓋)를 의미하는가? "두겁"은 "둗(蓋)-겁(皮質)"이 합성된 말이다. "둗-"은 "덮다"를 의미하는 "둗다"의 어간이다. "둔다"가 "덮다"를 의미한다는 것은 "눈두덩"에서 확인할 수 있다. "눈두 덩"은 "눈(眼)-둔(蓋)-엉(접사)"의 합성어로, "둔(蓋)-"은 "덮다"를 의미하는 "둗다(蓋)"의 어간이기 때문이다. 이러한 사실은 붓털을 보호하기 위해 덮어 씌우는 "붓뚜껑"을 "붓-두겁"이라 하는 데서 확인된다. "붓두겁"은 역어유 해 및 한청문감에서 "붓두겁(筆帽)"이란 예를 구체적으로 보여 준다.

이렇게 "인두겁"과 "붓두겁"은 "사람의 뚜껑, 또는 덮개", "붓의 뚜껑"을 의미하는 말이다. 그런데 오늘날 이들 두 말의 표기를 달리 하고 있다. "인두 겁"에 대해 "붓두겁"은 "붓두껍"을 표준어로 작정하고 있다. 이는 앞에서 살펴본 바와 같이 옛말에서 "붓두겁"이라 하던 말로, 달리 표기하여야 할 이유가 없는 말이다. 표준어를 잘못 사정한 것이다. "인두겁"과 같이 "붓두 껍"도 "붓두겁"이라 하거나, "붓두껍"과 같이 "인두겁"도 "두껍"으로 통일 해야 한다. 다만 물건 위에 뚜껑처럼 올려 놓는 돌을 "두껍돌"이라 하고 있고, 쇠붙이로 만든 두겁을 "쇠두겁"이라 하여 표준어로 보고 있으니, 이왕 이면 "붓두껍"도 "인두겁"과 마찬가지로 "붓두겁"이라 하는 것이 바람직할 것이다.

"인두겁"이나 "붓두겁"의 "두겁·두껍"은 "둗다(覆)"에서 파생된 파생명사 이다. 이는 "둔(蓋)-겁(皮質)"을 어원으로 하는 말이다. 그리고 이들 두 단어는 "인두겁"과 "붓두껍으로" 달리 표기해야 할 이유가 없는 말이다. 표기법의 장래를 위해 통일돼야 한다. 끝으로 다시 한번 "인두겁"의 용례를 박경리의 "토지"에서 인용해 둔다.

"개 같우 인사! 제 버릇 개 못 준다던가? 이년! 인두겁을 써도 분수가 있지!"

(2021.7.5.)

"지키다"의 어원문화

정자나무에는 '지킴(守護神)'이 붙어 있다고 옛적부터 일러 내려온다. <채만식, 정자나무 있는 삽화>

사람들은 강한 듯하면서도 연약한 존재들이다. 그래서 무엇인가 의지하려한다. 무엇인가가 자기를 지켜주기 바란다. 채만식의 소설의 정자나무처럼 동구(洞口)에 서 있는 거목은 마을을 지켜주는 신으로 생각한다.

재산이나 이익, 안전 따위를 보호하거나 감시하여 막는 것을 "지키다"라 한다. 이 말은 고유어 같으나 사실은 혼종어(混種語)이다. 이는 "딕(直)-ᄒ다"를 그 어원으로 한다. 이는 "지키다"를 뜻하는 말로, 이미 15세기에 쓰이고 있다. "딕ᄒ다"의 용례를 몇 개 보면 다음과 같다.

　　뷘 房올 딕ᄒ라 ᄒ시니 <월인천강지곡>
　　門 딕흔 사ᄅ미 <원각경언해>
　　오히려 빗머리 딕ᄒ욤과 엇데 ᄀ트리오 <남명천선사계송>

"곧을 직(直)"자의 자원은 형성자로, 눈 목(目)과 똑바르다는 十으로 이루어져 "똑바로 보다"를 의미하는 말이었다. 여기에 굽다(曲)를 뜻하는 "ㄴ"이 덧붙은 것이 오늘의 "直"자로, 이는 "굽은 것을 똑바로 하다"를 뜻한다. 그래서 "직(直)"자는 "고치다", "바루다", "곧다"를 의미하게 되었고, 나아가 "당하다·번(番)들다" 등의 의미도 가지게 되었다. 궁중이나 관청에 번을 든다는 용례로는 진서(晉書) 왕제전(王濟傳)에 "후기상직(候其上直)"이 보인다. 이밖에 오늘날의 용례로 "당직(當直)·일직(日直)·숙직(宿直)" 등에도 "직(直)"자가 쓰이고 있는 것을 볼 수 있다. 이 "곧을 직(直)"자의 음은 수(隋) 당(唐) 이전의 상고음이나 중고음이 [diek]으로, 한글 표기 [딕]과 마찬가지로 그 초성이 설단음(舌端音) "ㄷ"으로 되어 있다. 따라서 "딕ㅎ다"가 "直ㅎ다"임이 확인된다.

"딕ㅎ다"에 사동접사가 삽입되면 "딕희다"가 된다. 그래서 오늘날의 "지키다"와 근사한 어형이 된다. 이의 예는 15세기의 석보상절에 나타나는 것을 볼 수 있다. 그리고 이의 이형태로 "디킈다", "딕킈다"가 보이는데 "디킈다"의 용례는 "동국신속삼강행실도"에 무수하게 보인다. 이의 예를 보면 다음과 같다.

    各各 혼 쁴나 딕휜 神靈이 잇ᄂᆞ니라 <석보상절>
    셩만이ᄂᆞᆫ 아븨 무덤 딕킈고 <동국신속삼강행실도>

이들은 형태상으로 사동형이나, "딕ㅎ다"와 같은 의미로 쓰였다. 그리하여 "지키게 하다"를 나타내기 위해서는 "딕희오다·딕희우다"라는 형태가 따로 있었다. 이들의 용례는 다음과 같다.

    그 어미 이 ᄯᆞ니ᄆᆞᆯ 東山 딕희오고 <석보상절>
    門을 굳이ᄒᆞ야 고자로 딕킈워 <소학언해>

"지키다"의 어원은 "直ㅎ다"에 있으며, 이는 "딕희다, 디킈다, 딕킈다"의 사동사가 파생되었으나, 사동의 의미를 나타내지 않았다. 사동의 의미를 나타내기 위해서는 따로 "딕희오다·딕희우다"가 파생되었다. 17세기의 문헌에는 아직 "지키다"의 용례를 거의 볼 수 없다. 따라서 "딕킈다"가 구개음화하는 "지키다"는 18세기 이후 나타나는 것으로 보게 한다. (2022.3.9.)

"책상다리"와 "가부좌"의 상호관계

　말에는 동음이의어(同音異議語)도 있고, 이음동의어(異音同義語)도 있다. 쉽게 말해 발음이 같으면서 다른 뜻의 말도 있고, 발음은 다르나 같은 뜻을 나타내는 말도 있다. "책상다리"와 "가부좌"는 이런 이음동의어라 할 말이다.

　"선비는 단정히 책상다리를 하고 앉는다"의 "책상다리"와 "스님은 가부좌를 틀고 참선을 시작했다"의 "가부좌"는 같은 뜻의 말로 다른 뜻의 말이 아니다. 이런 말을 하면 불교신자는 무슨 불경한 말을 하느냐고 할는지 모른다. 그러나 이는 사실이다. "책상다리"는 일상어요, "가부좌(跏趺坐)"는 불교용어로 어려운 한자말이기 때문에 그 뜻을 잘 모르고, 그냥 "가부좌"라 해 왔기 때문에 모르고 지내온 것이다.

　그러면 여기서 두 말의 사전 풀이를 관련 사항만 대조해 보기로 한다.

　　책상다리: ① 한쪽 다리를 오그리고 다른 쪽 다리는 그 위에 포개어 얹고 앉은 자세.

　　　　② [불]부처나 중의 앉음새의 하나. 두 발을 구부려 각각 양쪽 허벅다리 위에 얹거나 한쪽 발만 얹고 앉는다. 결가부좌, 반가부좌 따위가 있다. =여래좌·연화보좌·연화좌·가부좌(跏趺坐)=결가부좌(結跏趺坐)

　　결가부좌(結跏趺坐): 부처의 좌법으로 좌선할 때 앉는 방법의 하나. 한쪽 발을 오른쪽 넓적다리 위에 놓고, 오른 쪽 발을 왼쪽 넓적다리 위에 놓고 앉는 것을 길상좌라 하고, 그 반대를 항마좌라 한다. 손은 왼손바닥을

오른손바닥 위에 겹쳐 배꼽 밑에 편안히 놓는다. =가부(跏趺)·전가(全
跏)·전가부좌(全跏趺坐)·전가좌(全跏坐)

비교도 하기 전에 "책상다리"가 "가부좌"를 그 의미영역으로 하고 있다.
따라서 약간의 설명으로 충분할 것이다. 가부좌의 "가부(跏趺)"는 각각 "도사
리고 앉을 가(跏), 도사리고 앉을 부(趺)"자이다. "좌(坐)"자는 "자리 좌"자이다.
"결가부좌"의 풀이의 손에 관한 설명은 가부좌의 설명이라기보다 부수적인
것이다. 따라서 "책상다리"와 "가부좌"는 동의어이다. 그런데 "가부"가 어려
운 한자어라 제대로 알아보지도 않은 것이다.

그리고 여기에 "반가부좌(半跏趺坐)"에 대한 설명을 덧붙여야겠다. 사전풀
이에 이 말의 풀이가 곁들여져 혼란이 빚어지고 있기 때문이다. "반가부좌"
는 가부좌를 반만 한다는 말이다. "한쪽 다리만을 구부려 다른 한쪽 다리의
허벅다리 위에 올려 놓고 앉는 자세"를 말한다. 줄여서 "반가·반가좌"라 한
다. 이의 대표적인 용례로는 "반가사유상(半跏思惟像)"이 있다. 이는 생각에
잠긴 부처의 상으로, 성도(成道) 전의 석가모니를 형상한 것이다.

"책상다리"란 책상에 앉을 때의 다리를 처리하는 자세를 나타낸 말이다.
이는 탁자(卓子)가 아닌 앉은뱅이책상을 전제로 한 자세를 말한다. 탁자에서
는 다리를 뻗고 앉는데 앉은뱅이책상에서는 문자 그대로 "책상다리"를 하고
앉아야 한다. 그래서 "책상다리"란 말이 생겨났다. 책상다리는 "호좌(胡坐)"
라고도 한다. 중국 북방의 이민족의 앉음새를 나나낸 말이다. 이는 또 "올방
자"라고도 한다. 북의 조선말사전이나 중국 동포의 조선말사전에도 표제어
로 올라 있다.

"책상다리"를 중심으로 "가부좌(跏趺坐)"와의 관계를 살펴보았다. 다 같이
앉음새를 나타내는 말인데, 저간에 그 상호관계가 너무 알려지지 않았다.
어원을 알게 되면 문화가 쉽게 이해된다.   (2021.11.28.)

"책씻이"와 "씻이" 문화

어떤 일을 오랫동안 계속하고 그 마무리를 짓는다는 것은 대견한 일임에 틀림없다. 학동(學童)이 어떤 책을 다 배우고 뗀다는 것은 이런 일에 속한다. 그래서 종래에 서당에서는 이런 경우 자축의 예를 행하였다. 이름하여 "세책례(洗冊禮), 책례(冊禮), 세서례(洗書禮)"라 하고, "책씻이"라 하였다. 달리는 "책걸이"라 하기도 하였다.

"세책례·세서례"란 글방 따위에서 서생들이 배우던 책 한 권을 다 떼거나, 다 베껴 쓰고 난 뒤에 스승과 동료들에게 한 턱을 내는 일을 뜻한다. 이들은 중국의 한자어가 아니고, 우리의 한자말이다. 여유당전서의 "아이들이 책을 다 떼고 떡을 먹는 것을 세서례라 한다(童稺讀書旣竟券 餉餠餌 名曰洗書禮)"고 한 것이 그 구체적 예이다.

그런데 이러한 예를 "씻을 세(洗)"자를 써서 "세책례"나 "세서례"라 하는 것은 좀 이상하다. 책 그것도 옛날의 한적(漢籍)이라면 물로 씻는다는 것은 생각할 수 없는 일이다. 이는 "세(洗)"자가 물로 씻는 것이 아니라, "깨끗하다"는 의미를 지니는 말이기 때문에 "깨끗이 하다"라는 의미로 보면 이해가 된다. 그러나 이들이 한국 한자어이고, 우리의 "씻다"를 생각하면 좀 더 이해가 잘 된다고 하겠다. 우리는 "씻을 세(洗)"자, 곧 영어의 Wash라는 말을 적어도 세 가지 다른 뜻을 지니는 것으로 본다. "씻다, 빨다, 닦다"가 그것이다. "손을 씻다, 빨래를 빨다, 눈물을 닦다"가 그 예다. 특히 "눈물을 닦다"의 경우는 "눈물을 씻다"라 하여 "닦다, 훔치다"의 뜻을 나타낸다. 이는 "밑씻

개, 밑을 씻다"라고 하는 말에서도 볼 수 있다. 따라서 "세책"이나, "세서", 또는 "책씻이"란 말의 "세(洗)·씻이"는 물로 씻는 것이 아니라, "깨끗이 닦는 것"을 뜻하는 말로 쓰인 것이라 할 수 있다. "책걸이"는 책을 떼었으니 이제 책을 말뚝에 걸어놓는다는 말로 "책씻이"와 동의어이다.

"책씻이"의 경우처럼 우리말에는 "씻이"가 붙는 말이 서너 개 있다. "손씻이, 입씻이, 호미씻이"가 그것이다. 이 가운데 "호미씻이"는 우리의 고유한 민속놀이이기도 하다. 이는 농가에서 농사일, 특히 논매기의 만물을 끝낸 음력 7월쯤에 날을 받아 하루를 즐겨 노는 일을 뜻하기 때문이다. 이는 달리 "머슴장원놀이, 세서연(洗鋤宴), 초연(草宴), 호미씻기"라고도 한다. "호미씻이"는 "호미씻기"와 함께 문자 그대로 "호미를 씻는 것"을 의미한다. 그리고 "세서연"은 "호미씻이"의 한자 표현 "세서(洗鋤)"에 놀이, 곧 잔치(宴)라고 "연(宴)"자를 쓴 것이다. "초연(草宴)"은 김매기를 끝낸 잔치라는 의미로 명명한 것이겠다. 해동죽지에는 구체적으로 "칠월 중순 교외 각지에서 벼 매기를 마치고 술과 떡으로 서로 즐기는데 이것을 '호미씨시'라 한다(舊俗七月中旬 自郊外遍于各地 鋤禾已畢 酒餠相樂 名之曰 호미씨시)"고 한 것을 보여 준다. 성호사설에는 그가 어렸을 때 세서연을 연말에 하는 것을 보았다(余小時里中人 歲末爲洗鋤宴 爲農已成也)고 한 색다른 증언을 하고 있는 것도 보여준다.

"손씻이"는 남의 수고에 보답하는 마음으로 작은 물건을 주거나, 이렇게 주는 물건을 의미한다. 이에 대해 "입씻이"는 입씻김으로 돈이나 물건을 주는 것을 의미한다. "입씻김"이란 비밀이나 자기에게 불리한 말을 못하도록 남몰래 돈이나 물건을 주는 것을 의미 한다. 달리는 "입막음"이라 한다. "입씻이"는 "입가심"이란 익미도 나타낸다. "입가심"은 입안을 개운하게 가시어 내는 것임은 물론이다.

"책씻이"는 대견한 일이요, "호미씻이"나 "손씻이"는 즐길 일이나, 부정을 무마하려는 "입씻이"는 반길 일이 못된다. 그러나 입을 가시는 "입씻이"는 환영할 문화라 하겠다.

(2021.5.8.)

척(隻)지다의 어원과 의미

웃고 지내도 주름이 잡힌다 하는데 이 짧은 세상에 서로 <u>척지고</u> 살 것은 없지. <이무영, 농민>

"서로 원한을 품어 반목하게 되는 것"을 "척(隻)지다"라 한다. 위에 인용한 소설의 대사처럼, 백년도 못 사는 인생에 원한을 품고 반목하며 살 필요는 없다. 그저 둥글둥글한 세상 둥글둥글하게 사는 것도 한 처세의 방법이 아닌가 한다.

"척(隻)지다"는 한자어 "척(隻)"에 고유어 접사 "지다"가 결합된 혼종어이다. 한자 "외짝 척(隻)"자는 회의(会意) 문자로 이의 자원은 새(隹)를 나타내는 말과 손(又)을 나타내는 말이 결합된 것으로, 손에 한 마리의 새를 가지고 있는 것을 나타내는 말이다. 따라서 이는 "하나"를 의미한다.

그런데 이 "척(隻)"이라는 한자어는 한어(漢語) 본래의 의미와는 달리 한어나 일본어에는 없는 우리만의 독특한 의미를 지닌다. 이른바 우리 고유의 한국한자어로 쓰이는 것이다. 이는 "소송을 당한 피고"를 이르는 말이다. 바꾸어 말하면 조선시대에 민사 소송을 당한 피고를 이르던 말이다. 조선조의 왕조실록 "태종실록"에는 이의 용례가 보인다. 곧 "원고로 하여금 공문(移文)을 척인(被告)이 살고 있는 고장의 관원에게 보내어(令元告者将移文隻人所在官到付)"에 보이는 "척인(隻人)"이 그것이다. 그리고 이는 또 원한을 품고 반목하는 사람들 사이에 서로 상대편을 가리키는 말로도 쓰였다. "중종실록"에 보

이는 "신손과 나는 전지 문제로 다투는 척이다(申孫与我 田地隻也)"라 한 것이
그 예이다.

　이는 또 수량 단위를 나타내는 수사(数詞)로도 쓰이기도 하였고 쓰이고 있
다. 배를 세는 단위로는 한·중·일이 다 같이 지금도 사용한다. "배 한 척,
군함 세 척"과 같이 쓰는 것이 그것이다. 그러나 우리말에서는 이 밖의 여러
가지 수량 단위를 나타내는 말로 쓰였다. 모자(帽子), 난간(欄干), 화살, 말, 소·
돼지의 다리나 갈비짝, 신짝, 의롱·바구니, 짐짝 등을 세는 단위로 쓴 것이
그것이다(한국한자어사전).

　다음에는 본론으로 들어가 "척(隻)"에 접사 "지다"가 붙은 파생 동사에
대해 살펴보기로 한다. 이에 대해서는 이미 언급한 바와 같이 "서로 원한을
품어 반목하게 되다"를 뜻하는 말이다. 소송을 벌이고 원고와 피고가 되어
다투게 되면 서로가 원한을 품어 반목하게 될 것임은 말할 것도 없다. 따라
서 "척을 지면" 원한을 품게 되어 결국 원수지간이 되게 마련이다. "척지다"
의 용례는 앞에서 이무영의 소설에서 본 바 있다. 다음에는 염상섭의 "대목
동티"에서 그 예를 하나 더 보기로 한다.

　　　우리가 여태껏 몇몇 해를 같이 지내봐야 말다툼 한 번 한 일이 있소? 무슨
　　<u>척질</u> 일이 있겠소?

　이는 소송 사건을 연상할 정도로 비교적 "척(隻)"의 원형에 가까운 용례이
다. "척지다"는 그 과정으로 볼 때 결과적인 상황을 나타내는 말이라 하겠다.
이와는 달리 발단을 나타내는 말도 따로 있다. "척-짓다"가 그것이다. 이는
"서로 원한을 품고 미워할 일을 만들다"를 뜻하는 말로, 대인관계를 악화하
는 것을 나타내는 말이다. "그들은 지금까지 척지은 적이 없다"나, "이웃
사촌이라고, 평생을 척짓고 살 일이 무어 있나?"와 같이 쓰는 "척짓다"가
그것이다. 인생은 "척짓거나", "척지고" 살 일이 아니다. 　　　(2022.6.29.)

"치마양반"과 치마 주변 문화

신분상승을 하자면 무엇보다 벼슬을 해야 한다. 그러기 위해 지난날의 선비들은 과거를 보았다. 그렇지 않은 경우는 혼맥(婚脈)을 이용하였고, 극단적으로는 벼슬을 샀다.

우리말에 "치마양반"이란 말이 있다. 이는 신분이 낮으면서 신분이 높은 집과 혼인함으로 사회적 지위를 얻게 된 양반을 이르는 말이다. 위에서 말한 혼맥을 이용한 신분상승을 말한다. 이러한 혼인에 의한 신분상승은 상민이 양반과 결혼함으로 신분이 상승된다. 그러나 이러한 방법의 가장 대표적인 것은 딸을 왕비로 들임으로 부마(駙馬)가 되는 것이다. 척신(戚臣)들의 세도는 사회적으로 드러나는 "치마양반"의 대표적 현상이라 할 것이다.

고려의 이자겸(李資謙)에서 구체적인 예를 볼 수 있다. 그는 딸을 예종(睿宗)의 비로 들여 그의 소생인 인종(仁宗)으로 하여금 왕위를 계승케 하였다. 그는 여기에 그치지 않았다. 인종에게도 그의 두 딸을 들여 중복되는 인척관계를 맺고 권세를 독차지하였다. 그의 일족과 일당은 모두 영달하였고, 사회의 지배적 지위를 차지하였다. 이것이 인주(仁州) 이(李)씨의 "치마양반"의 한 실상이다. 그러나 그는 왕이 되려는 야심을 품어 다행히 당대에 이 세도는 끝이 나고 말았다.

"치마양반"에 해당한 말이 중국에도 있다. 이를 "군대관(裙帶官)"이라 한다. "군대(裙帶)"란 치마끈, 또는 치마와 끈을 이르는 말이다. 따라서 이는 "치마끈 벼슬아치"라는 말로, 송나라 때 아내의 끗발로 벼슬한 것을 이르게 된 말이다. 구체적 용례는 송나라의 친왕(親王) 남반(南班)의 사위는 호를 유관(酉官)이라 하였는데 이 사람이 군마(郡馬)가 되어 이를 "군대관(裙帶官)", 또는 "군대두관(裙帶頭官)"이라 하였다는 것이 그것이다(酉官 又謂之裙帶官<池北偶談>). 공주를 아내로 맞아 벼슬을 하였다는 말이다.

우리말에 "녹의홍상(綠衣紅裳)"이란 말이 있다. 초록 저고리와 붉은 치마라는 말이다. 이는 한국한자어이다. 중국이나 일본에는 없는 말이다. 이는 우리들만의 처녀 옷차림에서 유래하는 말이다. 특히 "홍상(紅裳)"이란 말이 처녀를 상징한다. "같은 값이면 다홍치마"라는 뜻으로 우리는 "동가홍상(同價紅裳)"이란 말을 잘 쓴다. 이 말도 중국이나 일본에는 없는 말이다. 우리만이 쓰는 말이다. "동가홍상"이란 같은 값이라면 좋은 게 좋다는 말이고, 나아가 같은 값이면 처녀가 좋다는 말이다.

"녹의홍상(綠衣紅裳)"과는 달리 중국에는 "녹의황상(綠衣黃裳)"이란 말이 있다. 초록 저고리와 노랑 치마가 기본적인 의미이나, 다른 의미도 지닌다. 이는 시경(詩經)의 "녹의황리(綠衣黃裏)"와 더불어 고사를 배경으로 한 말이다. 녹색은 간색(間色)으로 천하고, 황색은 정색(正色)으로 존귀한 색이다. 따라서 이는 귀천을 달리하며 모순된 것을 나타낸다. 형(衛) 나라 장공(莊公)의 첩이 본처 장강(莊姜)의 자리를 넘보아 본처는 마침내 고심 끝에 물러났다. 이에 시에 나오는 "녹의황상"이나 "녹의황리"는 천첩이 적처(嫡妻)를 능멸하고 방자하게 구는 것을 나타낸다. 황색은 정색으로 존귀하고 녹색은 천한 것이다. 그런데 정색인 황색이 아래(치마)와 속(裏)에 쓰여 첩이 윗사람을 거짓으로 해치는 것을 노래한 것이라 본다.

우리는 또 "청상(靑裳)"을 푸른 치마를 입은 사람이란 뜻으로 특히 기생(妓生)을 비유적으로 나타낸다. 그러나 이러한 용법은 중국이나 일본에는 보이지 않는다. 그런 문화가 없기 때문이다. 이상 "치마"와 관련된 한·중·일의 어휘문화를 살펴보았다. 같은 한자문화권이라 하지만 이들 세 나라는 많은 차이를 지니고 있음을 보게 한다.

(2021.12.5.)

"팔찌"의 어휘 변화

사람들은 다른 동물과 달리 꾸미기를 좋아한다. 그래서 옛날부터 귀고리를 하고, 반지를 끼었으며 팔찌를 찼다.

"팔찌"는 선사시대의 조개문이에서 조개 껍데기로된 것의 흔적이 발견되는가 하면, 삼국시대에는 금·은·동과 같은 금속으로 된 것이 발굴되고 있다. 대표적인 신라의 유물로는 경주시 노서동 고분에서 출토된 용이 새겨진 굵직한 팔찌가 있고, 황남대총(皇南大塚)과 서봉총(瑞鳳塚) 등에서 유리 팔찌와 금팔찌가 출토된 바 있다. 백제의 유물로는 무령왕릉에서 출토된 크고 작은 금팔찌와 은팔찌가 있다. 이들의 형식은 신라의 것과 같은 것으로, 정교하고 예술적인 면에서 높이 평가된다. 고려시대에는 음각한 금팔찌와 은팔찌가 보인다. 조선조에서는 팔찌를 끼지 않아 유물이 존재하지 않는 것으로 알려진다.

"팔찌"의 어원은 거의 논의되고 있지 않다. "귀고리"는 귀에 거는 고리이고, "반지"는 "반지(斑指)", 또는 "반지(半指)"란 한자말이고, "가락지"는 "손가락에 끼는 지환(指環)"이라고 애벌 어원풀이를 할 수 있다. 그런데 "팔찌"는 "팔의 끼는 장식품"임에는 틀림없는데 "팔의 무엇"이라 쉽게 풀이가 안 된다. "팔찌"의 어원은 무엇일까?

"팔찌"는 한자어로는 "완천(腕釧)"이라 한다. "팔지 천(釧)"자의 훈의 변화는 이 말의 변화과정을 잘 알려준다. 이는 "불횟골회> 풀쇠> 팔쇠> 팔찌"로 변화한 말이다. "불횟골회"는 영가집언해(1464)에, "풀쇠"는 훈몽자회(1527)

및 신증유합(1576)에, "팔쇠"는 자전석요(1906) 및 자림보주(1921)에, "팔찌"는 신자전(1915)에 나타난다. 이로 보아 "팔찌"는 "팔의 고리"에서 "팔에 끼는 쇠(鐵)"를 거쳐 "팔찌"에 이르는 것을 확인할 수 있다. "팔찌"는 처음에 생긴 모양에 따라 "고리(環)"라 하다가, 자료에 따라 "쇠"라 한 것이다.

그리고 여기서 확인할 것은 팔(臂)의 고어는 "팔"이 아닌 "볼"이란 것이다. 이는 이미 살펴본 영가집언해의 "볼힛골회"가 그 예다. "발(足)"은 오늘날과 같이 발이라 하였다. "볼"이 "팔"이 된 것은 "·"의 소실로 발(足)과 동음어가 되자 무성의 평자음이 유기음화한 것이라 하겠다.

그러면 최남선의 신자전에 보이는 "팔찌"는 어떻게 된 것인가? 이는 "술위 띠 윤(輪)"의 "띠"가 변한 말이라 하겠다. 여기서의 "술위 띠"란 차륜(車輪), 곧 "수레바퀴"를 의미한다. 따라서 이는 "고리"와 마찬가지로 "둥근 것"을 가리킨다. "바퀴 윤(輪)"자가 고리를 의미하는 것은 반지를 이르는 "지륜(指輪)"에서도 볼 수 있다.

그러면 "띠"가 "바퀴 윤(輪)"을 의미하는 것은 어떻게 된 것인가? 이는 수레바퀴의 테를 띠(帶)로 본 것이다. 이는 물론 "대(帶)"가 "찌, 띠"가 된 것이고, 그 이전에 "관대(冠帶)"가 "관디"가 되듯이 "대> 디"의 변화를 한 것이며, "술위 띠"의 경우는 사이시옷의 첨가로 경음이 된 것이다. 이를 "대(帶)"의 변화라고 보는 것은 활을 쏠 때 팔의 소매를 걷어 올리는 띠를 같은 "팔찌"라고 하는 데서 확인할 수 있다. 이때의 "팔찌"는 그것이 띠(帶)라는 것이 보다 분명히 드러난다. 이렇게 "팔찌(腕釧)"는 "완대(腕帶)"의 의미에서 "완천(腕釧)"의 의미로 변한 것이다. "찌"는 "대(帶)"가 변한 말이다.

그리고 여기서 덧붙일 것은 천(釧)의 훈을 중심으로 "팔찌"의 변화를 "볼힛골회> 폴쇠> 팔쇠> 팔찌"라고 하였는데, 어휘변화로 볼 때는 변화과정에 "볼쇠"라는 단계가 또 하나 있다는 것이다. "볼힛골회> 볼쇠> 폴쇠> 팔쇠> 팔찌"가 된다. "볼쇠"의 용례는 두시언해에 보이는데 "볼쇠룰 자바(把釵釧)" 등이 그것이다.

(2022.1.15.)

"호랑이"와 범이란 말의 상호관계

동서양은 여러 가지로 대비된다. 백수(百獸)의 왕자도 다르다. 동양에서는 호랑이를 백수의 왕이라 하고 서양에서는 사자를 백수의 왕이라 한다. 이들은 사는 곳도 다르다. 호랑이는 한대(寒帶)의 산림에 살고, 사자는 열대의 사막에 산다.

우리말에는 호랑이를 가리키는 말에 두어 가지가 있다. "호랑이"와 "범"이 그것이다. 오늘날 우리는 "호(虎)"를 흔히 "호랑이"라 한다. 그러나 역사적으로 보면 "호랑이"라 하기 전에 우리는 "범"이라 하였다. 훈민정음이 창제되기 전에는 한자 "범 호(虎)"자로 나타내었고, 적어도 한글이 창제된 15세기에는 "호랑이" 아닌 "범"이라 하였다. 이의 용례는 훈민정음 해례본을 비롯하여 두시언해나 석보상절 등에 보인다. 이들 예를 보면 다음과 같다.

범 爲虎 <훈민정음 해례본>
모딘 버믄 누어 드들게 잇고(猛虎臥在岸) <두시언해>
獅子와 범과 일히와 <석보상절>

그런가 하면 17세기의 문헌에는 무수한 "범"의 용례가 보인다. 이에 대해 "호랑이"의 용례는 이른 시기의 문헌에 보이지 않는다. 15, 16세기는 물론, 17세기 자료에도 보이지 않는다. 겨우 18세기의 자료인 영조 때의 시조집 청구영언에 "호랑이 탄 오랑깨"가 보인다. 이로 보아 우리말에 "호(虎)"를

가리키는 말은 "범"이란 말만이 쓰였고, "호랑이"란 말은 없었던 것을 알수 있다. 이는 그 뒤 조선총독부의 "조선어사전"에 "호랑이[名] 虎·とら(범,
炳彪·大蟲·山君)"이라 나온다.

"호랑이"라는 말은 "호랑"이라고, "범 호(虎)"자와 "이리 낭(狼)"자를 써서
나타내는 한자어이다. 그런데 이 말은 한자문화권에서 "범"을 의미하는 말
이 아니고, "호랑이와 이리"를 가리킨다. 우리의 "호랑이"라는 말은 이러한
"호랑(虎狼)"에 접미사 "-이"가 붙어 "범"을 나타내고 있는 말이다. 따라서
어휘 구조나 중·일어의 의미장(意味場)을 고려할 때 바람직한 말이 못 된다.
그러나 언어란 사회적인 계약의 기호로, 언중이 수용하면 되는 것이므로
시비할 것은 못 된다.

우리말의 "범"은 한글 청제 이전에는 한자 "범 호(虎)"자로 나타내었다.
"맹호출림(猛虎出林)"의 "맹호(猛虎)"나 "호환(虎患)", "호피(虎皮)"의 "호(虎)"가
그것이다. 그런데 범과 같이 고양이과에 속하는 검은 반점의 맹수 "표(豹)"를
우리는 범의 일종으로 보아 "표범(豹-)"이라 한다. "표호(豹虎)"라고는 하지
않는다. 이렇게 되면 한자문화권에서는 "표범"이 아닌, "표범과 호랑이"로
받아들인다. 우리말에는 "표범"과 구별되는 말로, "칡범"이란 말도 있다. 이
는 몸에 칡덩굴 같은 어룽어룽한 줄무늬가 있는 범이다. "칡범"은 "갈범"이
라고도 하는데 이는 "칡 갈(葛)"자를 써 나타낸 말이다. 칡범을 "갈호(葛虎)"라
고는 하지 않는다. 고어에서는 "갈험"이라고도 하였다. "갈범"은 "갈웜"이라
고도 하였는데, 이는 "범"의 "ㅂ"이 원순모음화한 것이다. 이들의 용례를
보면 다음과 같다.

* 虎 갈범 <유씨물보> / 갈범의 뼈(虎骨) <동의보감>
* 갈험의 허리를 가로 무러 추혀들고 <청구영언>
* 갈웜 호(虎) <훈몽자회>

(2022.1.16.)

"화투"와 "하나부타"의 문화

한때 망국병(亡國病)이라 할 정도로 즐기던 화투놀이가 있었다. 그런데 그것도 유행이었던지 언제 그랬느냐는 듯이 사라졌다. 요사이는 핸드폰에 의한 게임에 정신이 없다.

화투는 일본서 들어온 외래문화다. 그러나 이는 일본문화라고만 할 수도 없다. 그것은 일본의 근대화 과정에 영향을 끼친 포르투갈의 카드놀이를 본 떠 일본에서 만든 것이기 때문이다. 일본에서 이를 흔히 "하나부타(花札)"라 하나 본래는 "하나(花)가루다"라 하던 것이다. "가루다"란 포르투갈어 "carta"로, 이는 영어 "card"를 뜻하는 말이다. 이 "하나가루다"가 "하나부타(花札)"가 된 것은 "가루다"를 "표 찰(札)"자의 일본어 "후타"로 바꾼 것이다.

일본의 "하나부타"는 역사적으로 무로마치(室町) 시대(1338~1572) 말기에 포르투갈 상인을 통해 들어와 "天正가루다"라 하던 것이 에도(江戶)시대(1603~1861)에 현재의 "하나부타"가 된 것이라 본다.

우리나라에 화투가 들어온 것은 개화기다. 이렇게 들어오면서 "하나부타(花札)"가 "화투(花鬪)"로 이름이 바뀌었다. 이는 놀이의 수단만이 아닌 노름의 도구이기도 하여 당시 노름의 도구의 하나였던 "투전(鬪牋)"의 "투(鬪)"자에 이끌려 "花札"이 "花鬪"가 된 것이라 하겠다. 오늘날 이는 흔히 "화투", 아닌 "화토"라 일러진다.

"화투"는 일본에서 "하나가루다"라 하였듯, "꽃의 카드"로 모두가 꽃을 그린 것이다. 그래서 이는 아예 "꽃", "하나(花)"라고까지 하였다. 꽃은 1월에서 12월에 걸쳐 그 달의 대표적인 것이 그려져 있다. 그런데 이 하나부타가 우리나라에 들어오면서 꽃이 바뀌고 패의 이름이 바뀐 것도 있다. 이는 의도적으로 바꾼 것이 아니다. 오히려 잘 몰라서 바뀐 것으로 보인다.

"하나(花)가루다"에 대해 일본의 국어사전인 신촌출(新村出)의 "광사원(廣辭苑)"은 다음과 같이 풀이하고 있다.

> 꽃을 맞추는 데 사용하는 카드. 송(松), 매(梅), 앵(櫻), 등(藤), 연자화(燕子花·제비꽃), 목단(牧丹), 추(萩), 박(薄)(참억새)·달(月), 국(菊), 홍엽(紅葉), 유(柳)·비(雨), 동(桐)의 12종이 각 4매씩으로, 이 그림에 의해 점수의 고저가 있다. 화찰(花札). 화(花)

이렇게 1월에서 12월에 걸친 화초나 꽃나무의 이름을 들고 있는데, 4월의 "등(藤)", 5월의 "연자화(燕子花)"가 우리의 화투에서는 "흑싸리"와 "난초"로 바뀌었다. 그리고 8월의 공산(空山)과 11월의 비(雨)에 일본의 하나부타는 "스스키(薄)·참억새"와, "야나기(柳)·버들"로 되어 있다. 이밖에도 차이가 나는 것이 보인다. 이들에 대해서는 아래에서 구체적으로 살펴질 것이다.

그러면 4, 5월의 꽃 이름부터 보기로 한다. 우리는 4월 "흑싸리"라고 한다. 그러나 "흑싸리"란 이 세상에 없다. 등(藤)나무를 "흑싸리"로 잘못 받아들인 것이다. 일본에는 등나무가 흔하다. 이 나무는 음력 4월에 보랏빛 꽃을 피운다. 그래서 4월에 등나무를 그려 넣은 것이다. 우리는 그림의 잎을 보고 이를 "싸리"로 잘못 안 것이다. 7월에 또 싸리(홍싸리)가 있다. 그래서 있지도 않은 "흑싸리"로 잘못 알고 패를 만든 것이다.

우리는 5월 "난초(蘭草)"라 한다. 이는 난초가 아닌, 연자화(燕子花)다. 연자화란 "제비꽃", 곧 "제비붓꽃"을 말한다. 이는 붓꽃과의 여러해살이풀로, 높이는 50~70cm이고 잎은 칼 모양이며, 5~6월에 진한 자주색 꽃이 핀다. 이는 난초와 비슷하나 난초가 아니다.

패의 이름이 다르고 그림이 다른 8월의 스스키(薄)와, 11월(우리 화투는 12월의 비)의 야나기(柳)를 보기로 한다. 8월의 "스스키(薄)"란 참억새를 말한다. 일본의 공산(空山), 또는 월명공산(月明空山: 스무 끗의 공산은 진짜 공산이 아니라 참억새로 가득하다. 우리는 그냥 시커멓게만 그려 놓아 진짜 빈산, 공산(空山)이 되어 있다. 일본 화투에는 시커먼 산에 황금빛으로 억새가 그려져 있다. "참억새"는 억새의 원종으로 높이 1.5~2m이며, 9월 곧 음력 8월 노란 색을 띤 갈색, 또는 자주색을 띤 갈색 꽃이 원추(圓錐) 꽃차례로 핀다. 이에 참억새가 8월을 상징한 것이다. 그런데 우리는 "8월 공산(空山)"이라고 빈 산으로 수용하고, 지금도 이러한 것으로만 수용하고 있다.

하나부타의 "11월의 야나기(柳)", 우리의 "12월의 비(雨)"에는 버드나무는 빠지고, 비 광(光)패에 우산을 쓰고 있는 사람의 모습만 보인다. 이 패는 일본의 유명한 시인이며 서도가인 小野道風의 고사를 그린 것이다. 고노(小野)는 비오는 날 개구리가 계속 뛰어 올라 마침내 버드나무에 매달리는 것을 보았다. 그리고 성공을 위해서는 끝까지 노력해야 한다는 것을 깨달았다. 이런 고사를 그린 것이 비 광(光)패이다. 그래서 버드나무 아래에는 개구리도 한 마리 그려져 있다. 이렇게 비의 패는 비가 주체가 아닌 유서(柳絮)가 날리는 버드나무에 초점이 놓인다. 그런데 화투에서는 비 패(牌)에서 버드나무를 떠올리는 사람은 100에 하나도 없는 것이 아닌가 한다.

다음에는 7월의 하기(萩), 10월의 고우요우(紅葉), 12월의 기리(桐)에 대해 간단히 언급하기로 한다. 하기(萩)에 대해서는 앞에서 잠시 언급한 바 있다. "하기(萩)"는 싸리로, 이는 콩과의 낙엽 관목으로 7월에 짙은 자색이나, 홍자색 꽃이 총상(總狀) 꽃차례로 핀다. 이에 싸리가 7월을 대표하는 꽃이 된 것이다. "7월 홍싸리"라는 말은 홍싸리가 따로 있는 것이 아니다. 우리의 "홍싸리"란 4월 "흑싸리"와 대조시켜 잎을 붉게 그린 것이다. 꽃은 자색 혹은 홍자색이다. 10월의 고우요우(紅葉)는 울긋불긋 잎이 물드는 단풍을 이르기도 하나, 단풍나무 곧 "신나무(楓)"를 이르는 말이다. 단풍나무는 "가에데(かえ

て)", 또는 "모미지(もみじ)"라고도 한다. 화투에서 11월, 하나부타(花札)에서 12월을 이르는 "기리(桐)"는 벽오동을 이른다. 우리는 흔히 이를 "똥"이라 한다. 봉황(鳳凰)은 벽오동 나무에 깃들이고, 오동 열매만 먹는다고 하는 상상상의 새다. 오동 광(光)에 그려져 있는 새는 봉황이다.

다음에는 화투놀이와 관련된 두어 개의 말을 보기로 한다. 그것은 단(短)과 야쿠(役)란 말이다. 단(短)은 단책(短冊), 단적(短籍), 단척(短尺) 등 "단자쿠(だんじゃく)"의 준말이다. 이는 "① 글자를 쓰거나 사물을 묶어두는 조붓한 종이, ② 비튼 글(拈書, 捻文). ③ 와카(和歌)를 쓰는 데 사용하는 용지(料紙)" 등을 뜻하는 말이다. 여기서는 "글을 써 늘어뜨린 조붓한 종이"란 말이 되겠다. 하나부타에서 단(短)은 "아카단(赤短)", 아오단(青短)이라 하여 우리의 "홍단·청단"과는 형태상 차이가 있다. 그러나 화투에서도 "단"은 단(短)이라 한다.

"야쿠(役)"는 우리의 "약"을 이르는 말이다. 이에 대해서는 정설이 없다. 앞의 新村出의 廣辭苑이나 岩波의 국어사전에도 이에 대한 풀이가 따로 없다. 다만 일본의 하나부타 설명서에는 "득점을 정해 놓은 패"라는 뜻으로 보고 있다. 이 "야쿠"를 우리는 "약(約)"이라 한다. 그리고 그 의미를 사전은 "특별한 끗수를 얻을 수 있는 특권이 생기는 일. 또는 그 특권"이라 풀이하고 있다. 이는 결과적인 해석으로 그렇게 보는 전거는 보이지 않는다.

이상 화투(花鬪)와 하나부타(花札)의 문화를 살펴보았다. 문화는 교류하는 것이다. 우리의 "화투(花鬪)"는 "하나부타(花札)"의 "화(花)"에 "투전(鬪牋)"의 "투(鬪)"자가 결함된 말이다.

(2021.10.26.)

"흘떼기장기"와 윷진아비의 발상과 명명

　사람들은 놀이를 좋아한다. 그리고 지는 것을 싫어한다. 그래서 무엇한 놀이에서 지면 곧잘 앙앙거리고 성을 낸다. 더구나 그것이 내기라도 하는 것이고 보면 더욱 그러하다. 우리의 대표적인 민속놀이에 장기와 윷놀이가 있다. 이런 놀이에서도 마찬가지다. 다음에는 이런 승부와 관련이 있는 "흘떼기장기"와 "윷진아비"라는 말의 명명과 발상에 대해 살펴보기로 한다.

　"흘떼기장기"란 뻔히 질 것을 알면서도 지지 않으려고 떼를 써 가면서 끈질기게 이어 두는 장기를 말한다. "악한 사람은 단념을 빨리 한다"고 한다. 이런 면에서 보면 선한 사람일 것 같기도 하다. 그러나 알고 보면 질긴 사람이고, 사람을 질리게 하는 사람이다.

　"흘떼기장기"가 이러한 뜻을 지니게 된 것은 무엇 때문인가? "흘떼기장기"는 "흘떼기"와 "장기"가 복합된 말이다. 문제는 "흘떼기"에 있다. "흘떼기"는 좀 생소한 말로, 짐승의 고기를 이르는 말이다. 곧 "짐승의 힘줄이나 근육 사이에 박힌 살"을 가리킨다. 이 고기는 얇은 껍질이 많이 섞여 있어 질기다. 이러한 고기의 질긴 성질이 뻔히 질 것을 알면서 끈질기게 늘어지는 사람의 성격에 빗대어진 것이다. 그래서 끈질기게 지지 않겠다고 늘어지는 사람을 "흘떼기"에 비유한다. "흘떼기-장기"란 이렇게 질기게 늘어지면서 지지 않겠다고 두는 장기를 의미한다.

　"윷진아비"는 내기나 경쟁에서 자꾸 지면서도 다시 하자고 달려드는 사람을 비유적으로 이르는 말이다. 지는 것은 싫다. 어떻게든지 한 번 이겨서 이겼다는 소리를 듣고 싶은 것이다. "윷진아비"는 "윷-진-아비"로 분석된다. "윷놀이에서 진 남자"라는 말이다. 앞에서도 말했지만 사람들은 본능적으로 지는 것을 싫어한다. 원시사회에서는 서로 충돌했을 때 죽기 아니면 살기로 결판을 내야 한다. 승패는 곧 생사다. 그러니 승부에 집착할 수밖에 없다. 이런 DNA가 오늘날에도 남아 있어 놀이나 내기에 발동되는 것이겠다.

딱 "윷놀이"만이 아니다. 장기도 그렇고, 바둑도 그렇다. 지지 않겠다고, 이겨야겠다고 물리자 안 된다, 물리자 안 된다를 반복하다가 마침내 파국에 이른다. 승부를 내게 되면 다행이다. 그러면 그것으로 끝이 나니까. 그러나 대개의 경우는 다시 "한 판" 하자고 하게 된다. 한 판이 두 판이 되고, 두 판이 세 판이 된다. 그래서 바둑을 두다 보면 "지팡이 썩는 줄 모른다"고 하거니와 모든 놀이나 내기가 다 마찬가지로 한정 없이 늘어진다.

"윷진-아비"의 "윷-진"은 "윷에 진", 곧 "윷놀이에 진"이란 의미를 나타낸다. "진"은 "지다(負)"의 관형형이다. 이에 대해 "아비"는 "아비 부(父)"가 아닌 "지아비 부(夫)"에 해당한 말로, 이는 남자를 가리키는 말이다. "함진아비, 기럭아비, 홀아비, 핫아비" 등의 "아비"가 그것이다. 따라서 "윷진아비"란 "윷놀이에서 진 남자"라는 의미구조의 말이다. 그런데 이렇게 놀이에 진 사람은 어떻게든지 이겨 보겠다고 떼를 쓰는 경향이 있다. 그래서 "윷진아비"는 내기나 경쟁에서 자꾸 지면서 다시 하자고 달려드는 사람을 비유적으로 이르는 말이 되었다.

"홀떼기장기"란 뻔히 질 것을 알면서 떼를 쓰며 질질 끄는 장기를 말한다. "윷진아비"는 놀이나 내기에 지면서 다시 한 판 하자고 덤벼드는 사람을 말한다. "홀떼기장기"를 두자는 사람이나, 한 판 더 하지는 "윷진아비"의 근성(根性)은 좋은지 모르나 사람을 질리게 한다는 점에서 이들은 가까이 할 친구는 못 되는 것 같다.

(2021.4.6.)

IV

외래어(外來語)의 장(章)

"각본(脚本)", "각색"의 본적

　우리말에는 연극과 관련이 있는 말로 "다리 각(脚)"자가 들어가는 말이 몇 개 있다. "각본(脚本)", "각색(脚色)", "각광(脚光)"이 그것이다. 이들 세 단어의 어원과 의미를 살펴보기로 한다.

　"각본(脚本)"은 극본(劇本)과 동의어로, 연극이나 영화를 만들기 위해 쓰인 글이나 책을 말한다. 여기에는 배우의 동작이나, 대사, 무대장치 따위가 구체적으로 적혀 있다. 이 말은 일본에서 명치시대에 쓰기 시작하였다. 그 전에는 "정본(正本)", 또는 "근본"이라 하였다. "대본(臺本)"은 "각본"보다도 새롭게 만들어진 말로 본다(山口佳紀, 1998). "각본(脚本)"에 "다리 각(脚)"자가 쓰인 것은 전체를 지탱하는 "근본·대본(大本)"이기 때문이라는 설과, 책(本)을 살려 배우에게 발(脚)로 연출하게 한다는 의미에서라는 설이 있다.

　"각색(脚色)"이란 서사시나 소설 따위 문학작품을 희곡이나 시나리오로 고쳐 쓰는 것을 말한다. 그러나 이는 본래 연극이나 영화와 관련이 있는 말이 아니었다. 이는 한어(漢語)에 예로부터 있던 말로, 한마디로 신분증명서요, 벼슬길에 나갈(出仕) 때의 이력서를 뜻하는 말이었다. 양반추우명수필(兩般秋雨盦隨筆)에 보이는 "오늘날의 이력이 옛날의 각색이다(今之履歷 古之脚色也)"라 한 것이 그것이다. 조야유요(朝野類要)에는 "처음에 벼슬할(入仕) 때 반드시 향관(鄕貫)과 삼대(三代)의 이름과 나이를 적어 내야 하는데, 이를 각색(脚色)이라 한다"고 한 것은 좀 더 "각색"을 보충 설명을 한 것이다.

　이러한 "각색(脚色)"은 그 의미가 변화하였다. 원(元)나라와 명(明)나라 이후 처음 연극과 관련을 갖게 되는데, "연극의 배우(演員)", 또는 "배우의 역할"이 란 의미를 가지게 되었다. 그리고 이는 나아가 의류, 안색 등의 분장과, 연극 의 줄거리를 의미하게 되었다. 일본에서는 "각색(脚色)"이란 말이 중국의 영 향을 받아 명치 시대에 "원작을 희곡화하는 것"이란 의미로 쓰이게 되었다. 그리하여 연극용어로서의 "각색(脚色)"이란 말은 한어(漢語)라 보기도 하고 일 본 한자어라 보기도 한다. "각색(脚色)"이란 말은 본래 한어(漢語)이나, "극본 화 하는 것"이란 의미로 쓰는 것은 일본에서 처음 썼기 때문이다.

우리는 "각색"을 지난날의 의미로는 쓰지 않는다. 연극 용어로 "원작을 극본화하는 것"이란 의미로 쓴다. 우리의 "각색"은 일본어의 차용어라 하겠 다. "각색"의 초기의 예를 한두 개 보면 다음과 같다(이한섭, 2015).

* 文辭의 綺麗를 尙하고 脚色의 여하를 不顧하는 中國에 在하야는 돌이어
  卓絶한 것이 잇도다. <개벽, 1921>
* 最小限度의 生活保障만 된다면 作者, 脚色家, 監督, 俳優, 技術者가 나올 것이
  틀님없고 女俳優란 일흠은 賣春婦의 別名으로 알지만 <별건곤, 1928>

다음에는 "각광(脚光)"을 보기로 한다. 이는 "무대의 앞쪽 아래에 장치하여 배우를 비추는 광선"을 말한다. 이는 영어 footlight를 일본에서 번역한 말이 다. 이 말은 의미가 확대되어 오늘날엔 흔히 "주목. 사회적 관심이나 흥미"라 는 의미로 쓰인다. "각광"은 우리말과 한어에 다 차용어로 들어가 쓰이고 있다. "각광"의 초기 예를 하나 보면 다음과 같은 것이 있다.

그가 한번 무대에 올나서서 보드라온 각광(脚光)을 밟을 때에 그의 연한 팔 에는 조선의 괴로움이 아련히 백혀 보이고 그의 고흔 다리에서는 조선사람의 설움이 매듸매듸 숨여난다. <별건곤, 1931>

(2021.11.11.)

"공처가(恐妻家)"의 생성 배경

"공처가(恐妻家)는 일본어에서 들어온 외래어다."

이런 말을 들으면 많은 사람이 놀랄 것이다. 우리에게 익숙한 이 말은 일본의 근대화 과정에서 만들어진 신어(新語)도 아니다. 6·25 이후, 1952년에 신조된 말이다. 이런 말을 들으면 "어찌 그런 말이…"라고 하며 또 한 번 놀랄 것이다.

일본에서 "공처가(恐妻家)"라는 말이 생성된 배경에는 일화가 하나 있다. 평론가 오오야케(大宅壯一)는 1952년 군마현(群馬縣)의 관광 상징물을 생각해 봐 달라는 청을 받았다. 그는 이 현(縣)이 내주장으로 유명하고, 나중에 일본 방송협회(NHK)의 회장이 된 아베(阿部眞之助)가 이 현 출신으로 아내에게 시달린다는 것을 생각하고, "공처비(恐妻碑)" 건립을 제안하였다. 비석 옆에서는 애벌구이 접시를 팔게 한다. 그리고 아내에게 머리를 들지 못하는 사내들로 하여금 아내 이름을 접시에 써서 그것을 비석에 부딪쳐 깨뜨리는 관광상품을 만든다는 것이었다. 공처가 회장은 아베(阿部)가 맡기로 하였다. 이 안은 이 지역의 부녀회의 반대로 실현되지 못하였다. 그러나 "공처(恐妻)·공처가(恐妻家)"라는 말은 오오야케(大宅)와 아베(阿部), 그리고 겐지(源氏鷄太)의 소설 "삼등중역(三等重役)"을 통해 널리 퍼졌다.

"공처(恐妻)", "공처가(恐妻家)"라는 말은 이렇게 일본에서 태어났다. 그리고 이 말이 우리말에 들어왔다. 공처가는 옛날부터 있었을 것이다. 조선조의 개국 공신으로 여러 번 절제사(節制使)를 지낸 최운해(崔雲海)는 이런 사람 가운데 하나였다(박갑수, 2018). 그러나 이런 사람을 "공처가"라고는 하지 않았다. "내주장, 엄처시하(嚴妻侍下)"라는 간접적 표현을 하였을 뿐이다. 중국에서는 "구내(懼內)", 또는 "파노파(적)(怕老婆(的))"이라 한다. "구(懼)·파(怕)"는 다 같이 "두려워하다"를 뜻하는 말이다.

그런대 공처가들은 대부분 제 스스로는 공처가라고는 하지 않는다. 남자의 자존심 때문에 그런지도 모른다. 그들은 공처가가 아니라 애처가, 아니면 경처가일 뿐이라 한다. 이렇게 말하는 것은 후환을 두려워하여 그러는지도 모른다. 장한종(張漢宗)의 "어수신화(禦睡新話)"에는 이런 이야기가 보인다.

한 고을 원이 지아비의 얼굴에 상처를 낸 본처를 신문하는데, "곤장으로 몹시 치라"고 했다. 그러자 지아비는 문짝에 엎어져 상처가 난 것이라 변명한다. 이는 확실히 후환을 두려워 변명한 것임에 틀림없다. 그런데 치죄 장면을 숨어서 보고 있던 수령의 부인이 "기생에게 혹한 남편을 친 것은 이상할 것이 없는데, 그릇 판결을 하니 통탄함을 금치 못하겠다"고 분개한 목소리가 사또의 귀에까지 들린다. 그러자 사또는 "저 여인을 엄히 다스리다가는 우리 문짝이 엎어지겠으니 어이구 두려워라."하며 여인의 치죄를 단념했다. 이는 두 지아비의 공처 의식을 대조 표현함으로 그들의 지어미에 대한 두려움을 드러낸 것이다.

그리고 여기 덧붙일 것은 언어교류의 신속함이다. "공처가"가 1952년 조어된 말인데 마치 옛날부터 사용하던 말과 같이 우리말에 들어와 쓰이고 있다. "공해(公害)"라는 말도 1960년대의 일본어사전에만 표제어로 올라 있었으나, 오늘날 우리 사전에도 실리게 되었다. 사실 이때 일본의 하늘은 공해로 뿌옇었으나, 우리는 맑고 깨끗한 하늘이었다. "제비족"이란 말은 소화시대(昭和時代)에 유행한 말이고, "원조교제(援助交際)"는 최근에 신조된 말로, 우리말에도 들어와 한 때 유행한 바 있다. 이들 일본어들은 외형이 한자어이어 쉽게 들어와 쓰인다고 하겠다. 언어문화의 교류를 인위적으로 통제한다는 것은 어려운 일이나 순화하려는 노력은 있어야 하겠다. (2021.3.17.)

"관록(貫祿)"의 문화적 배경

"관록 있는 정치가들이 대거 후보로 나섰다."

"실력과, 관록을 자랑하는 선수들이 많이 참가한다."

"관록(貫祿)"의 사전 풀이는 "어떤 일에 대하여 쌓은 상당한 경력과 그에 따라 갖추어진 위엄이나 권위"라 되어 있다. "관록"이란 어떤 일에 대하여 몸에 붙은 위엄이나 권위를 나타낸다. 이 말은 그 외형으로 볼 때 꽤나 유교 문화를 배경으로 할 것 같은 말이다. 그런데 사실은 그렇지 않다. 이는 놀랍게도 한어(漢語)가 아닌 일본 한자어이다. 이와나미(岩波) "日中辭典"에는 이를 "weiyan(威嚴)"이라 풀이하고 있다. 우리의 한중사전은 "paitou(派頭), jiazi(架子), weiyan(威嚴)" 등으로 풀이하고 있다. 중국에서는 "관록(貫祿)"이란 말이 쓰이지 않는다는 말이다. 우리는 "관록"이란 말을 쓰고 있다. 그것도 사람을 평가하는 중요한 요소로 쓰인다. 그래서 "그 사람은 관록이 어떠니, 저쩌니…"하며 떠들어댄다. 일본어로는 "간로쿠(貫祿)"라 한다. 우리는 이 "간로쿠"라는 일본어를 외래어로 수용해 쓰고 있는 것이다.

그러면 이 말은 어떻게 된 말인가? 일본에서 "관(貫)"은 중세 이후 전지(田地)에 사용하는 단위 명사로, 이는 수확고를 돈으로 환산하여 나타내는 말이었다. 무로마치(室町)시대에는 무가(武家)의 지행고(知行高)를 표시하는 데 쓰였다. 여기서 "지행(知行)"이란 "지행일치(知行一致)"와 같이 쓰이는 "지식과 행위"를 의미하는 말이 아니다. 이는 봉건시대에 무사들에게 지급되던 봉토(封

土), 또는 봉록(俸祿)을 의미하는 말이다. "관(貫)"은 용적으로는 "10석(石)"을 의미하였는데 "석(石)"은 "고쿠"라 하여 우리의 섬(石)과 같은 양이다. 약 0.18㎘에 해당한다. 이에 대해 "록(祿)"은 "녹(祿), 녹봉(祿俸)"을 의미하는 말로, 무사들에게 주는 급여를 의미하였다. 이렇게 "관록(貫祿)"이란 본래 일본에서 무사의 영지의 크기나, 급료의 액수 등 무사의 값어치를 나타내는 말이었다. 이에 강대하고 급여가 많은 사람이 관록이 있는 사람을 의미하게 되었다. 이러한 "관록"이 오늘날 그 의미가 확대되어 경력과 그에 따라 갖추어진 권위를 의미하게 된 것이다.

"관록(貫祿)"의 용례를 문학작품에서 하나 보기로 한다. 박완서의 소설 "미망"에는 이런 구절이 보인다.

"대갓집 살림을 오랫동안 주관해 온 안방마님다운 관록이 몸에 배어 아랫 것들을 함부로 욕하는 소리에조차 위엄이 서렸던 홍씨가…"

"관록"에는 "관록(貫祿)"과 혼란이 빚어질, 동음어가 있다. "관록(官祿)"이란 말이다. 이는 역사적인 말로, "관원에게 주던 봉급, 녹봉"을 의미하는 말이다. 다른 말로는 관봉(官俸), 관질(官秩)이라고도 한다. 지난날에는 오늘의 월급과는 달리 "관록(官祿)"이 아닌, 입신출세(立身出世)에 좀 더 의미를 두었다고 할 것이다.

"관록(貫祿)"이란 위에서 살펴본 바와 같이 중국의 한자어가 아니다. 이는 본래 일본에서 무사들에게 주던 봉토(封土), 또는 녹봉(祿俸)을 의미하던 "간로쿠(貫祿)"란 말이다. 이 말이 오늘날 우리말에 "몸에 붙은 위엄이나 권위"를 뜻하는 외래어로 수용된 것이다. 이는 전통적 유교사상이 아니라, 일본 무사도(武士道)를 배경으로 한 말이다.

"꼭두각시"와 "꼭두각시놀음"의 어원

　우리는 남의 앞잡이, 괴뢰(傀儡)를 "꼭두각시"라 한다. 이는 우리의 민속 인형극 "꼭두각시놀음"의 주인공 "꼭두각시"에서 연유하는 말이다.

　"꼭두각시놀음"이란 중요문화재 제3호로 지정된, 우리의 유일한 전래의 민속인형극이다. 이는 일명 "박첨지(朴僉知)놀음", "홍동지(洪同知)놀음"이라고도 한다. 꼭두각시놀음은 채록본에 따라 다소 차이가 있으나, 그 내용은 대체로 7내지 10막으로 되어 있다.

　박첨지의 본처인 "꼭두각시"는 갈색 바탕의 얼굴에 거무스름한 점이 있는 못 생긴 여인으로, 흰 저고리와 검정 치마를 입었다. "꼭두각시놀음"은 박첨지의 일대기적 성격을 지니는 것으로, 박첨지 일가의 파탄과 구원을 일관된 줄거리로 한다. 그리고 이는 파계승에 대한 풍자, 어지러운 세상 풍자, 가부장제의 모순 고발, 지배계급에 대한 풍자와 조롱, 종교적 갈등 등을 그 내용으로 하고 있다고 볼 수 있다.

　"꼭두각시"가 등장하는 것은 제5막으로, 그녀는 남편을 찾아 헤맨다. 그러다가 팔도강산을 유람하고 남사당패에 끼여든 박 첨지를 만난다. 그런데 첩을 동반하고 있다. 첩과 대판 싸움을 하고, 꼭두각시는 세간을 갈라 달라고 청한다. 그러나 푸대접을 당하고 쫓겨나는가 하면, 마침내 이시미라는 상상상의 동물에게 잡아먹히는 운명이 된다.

　이상 "꼭두각시놀음"의 문화적 배경을 살펴보았다. 다음에는 "꼭두각시"의 어원을 살펴보기로 한다. 이는 물론 "곡두"와 "각시"가 복합된 말이다.

이 가운데 "곡두"는 15세기에는 "곡도"라 하였고, 이는 "괴뢰(傀儡)·허깨비·가면(假面)"을 의미하는 말이었다.

> 곡도 곧ᄒᆞ며 <석보상절>
> 곡도 놀요몰 보라(弄傀儡) <금강경삼가해>

"곡도"는 뒤에 물보(物譜)에 보이는 바와 같이 "곡독각시(傀儡伎)"와 같이 "곡독"으로 변하였다. 그리고 이는 어두음이 경음화 하여 오늘날의 '꼭두'가 된다.

"각시"는 아내, 새색시를 이르는 말로 여기서는 여자 인형을 가리키는 말로 쓰였다. "각시"는 한자를 빌어 "閣氏"로 적기도 한다. 이는 고어에서 "갓"이라 하였다. "갓"의 용례는 월인석보의 "그릿 가시 ᄃᆞ외아지라"와 석보상절의 "하마 갓 얼이고" 등 15세기 문헌에 나타나는 것을 볼 수 있다.

"꼭두각시"는 그 동안 흔히 괴뢰(傀儡)를 이르는 "곽독(郭禿)"이란 한자어를 그 어원으로 보았다. 이는 안씨가훈(顔氏家訓)의 "속명 괴뢰자 곽독(或間 俗名 傀儡子爲郭禿者)" 등에 그 예가 보인다. 그리고 안씨가훈은 풍속통(風俗通)을 인용해 그 어원을 곽씨(郭氏) 성을 가진 사람이 머리가 빠지는 병에 걸렸고, 골계 희학(戲謔)을 잘해 그에게서 "곽독(郭禿)"이란 말과 탈의 형상이 연유하는 것으로 풀이하고 있다. 그러나 이는 어원속해라 하겠다. 악부잡록(樂府雜錄)의 어원설도 마찬가지다.

"꼭두"는 중국어가 아닌, 몽고어가 그 어원인 것으로 보인다. 그것은 "qodoɣcin"으로, 이는 "괴물의 면(面)", "가면"을 의미하는 말이다. 그리고 이 말의 어근인 "qodoɣ-"이 한어 "郭禿"에 가차된 것이다. "郭禿"의 중고음은 [kuak-tʼuk]이다. 따라서 우리의 "꼭두"라는 말은 "qodoɣ-> 郭禿> 꼭두"의 변화 과정을 겪었다 하겠다. 일본어에서는 인형 조종자를 "구구쓰"라 하는데, 이 말도 "郭禿"에서 유래하는 말로 보나, 우리의 "꼭두"가 변한 것이란 견해가 유력하다.

(2022.3.4.)

"넥타이"와 하돈(河豚)의 명명

지난날 우리는 맨상투로 다니는 일이 없었다. 옷을 갖추어 입고서는 꼭 갓을 써야 했다. 이를 의관을 정제한다고 하였다. 서양에서는 넥타이를 매야 한다. 이번에는 엉뚱한 명명의 예로 "넥타이"와 복어 "하돈(河豚)"을 살펴보기로 한다.

"넥타이"란 양복을 입을 때 와이셔츠 깃 밑으로 둘러서 매듭을 지어 앞으로 늘어뜨리는 천이나, 나비 모양의 매듭을 목에 다는 것을 말한다. 이는 영어 necktie를 원음 차용한 말이다. 중국에는 이를 의역하여 "영대(領帶)"라 한다. 그러나 우리나 일본에서는 의역한 말은 거의 쓰이지 않고, 외래어 "넥타이"만이 주로 사용된다.

넥타이를 불어로 "크라아트(cravate)"라 한다. 이는 "넥타이(necktie)"를 직역한 말도 의역한 말도 아니다. 오히려 엉뚱하게도 크로아티아인을 의미하는 Croate에 연유하는 말이다. 이 말의 기원은 프랑스의 루이 14세 시대로 거슬러 올라간다. 루이 14세는 수도를 베르사유로 옮긴 뒤 연일 호화로운 무도회(舞踏會)를 열었다. 국내의 귀족과 관료 등 상류층 인사와 함께 외국 사신이 초대되었다.

이때 때때로 크로아티아인이 참석하였고, 그들은 목에 가늘고 긴 천을 감고 나타났다. 이는 루이 14세가 보기에 좋았다. 그래서 그것이 무어냐고 물었더니. 시종은 그가 누구냐고 묻는 줄 알고 크로아티아인이라고 대답하였다. 왕은 다음날부터 이 가늘고 긴 천을 목에 감고 무도장에 나타났다.

궁정 사람들은 다 왕을 따라 타이를 하게 되었다. 그리하여 이는 마침내 양복에는 빠질 수 없는, 반드시 갖추어야하는 형식으로 정착하게 되었다.

목에 걸치는 이 치장을 왕은 계속해서 "크로아트"라고 믿고 있었다. 이에 신하들도 "크로아티아인"이라는 말과 비슷한 이 말을 쓰게 되었다. 그래서 이 말은 마침내 불어로 넥타이를 이르는 말이 되었다.

다음은 비늘이 없는 바닷물고기 복어를 하돈(河豚)이라 하게 된 연유를 살펴보기로 한다. 복어의 "복"은 고유어로 보나 그 어원은 분명치 않다. 일본에서는 "전복 복(鰒)"자를 복어를 나타내는 말로 쓰고 있다. 복어는 한자어로는 "하돈(河豚)"이라 한다. 하돈은 하마(河馬)처럼 생김새에 따른 명명이라 하나, 별로 돼지 같다고는 생각되지 않는다. 돼지 같다는 것은 우는 소리와 이때의 모습이 돼지 같다 하여 "돼지 돈(豚)"자가 쓰인 것이라 본다.

그런데 문제는 "물 하(河)"자가 붙은 것이다. 어류니까 당연히 "물"과 관계가 있을 것이나, 이는 강이 아닌 바다의 어류이니 "해돈(海豚)"이라 하지 않고 왜, 하돈(河豚)이라 하느냐 하는 것이 문제다. 그것은 "해돈(海豚)"은 따로 있기 때문이다. 돌고래가 그것이다. 그러니 해돈이라 할 수 없었을 것이다.

그러면 그런 것으로 넘어갈 수 있다. 그러나 하돈(河豚)이라 한 진짜 이유는 딴 데 있는 것으로 본다. 중국의 복어는 바다와 강의 양쪽에서 산다. 회귀성(回歸性) 어류가 아니라 생태 자체가 바다와 강의 양쪽에 산다. 그래서 황하나 양자강에서 낚시를 하게 되면 제법 복어가 잡힌다 한다. 이로 말미암아 해돈(海豚)이란 이름은 이미 돌고래에 빼앗겼으니 "하돈(河豚)"이라 하게 된 것이라는 것이다. 기구한 운명의 명명이다.

(2021.4.18.)

"말(馬)·메(山)·뭇(衆)"의 형태와 의미

　우리말에는 어떤 말이 많은 복합어를 이루는 경우가 있다. 말(馬)·메(山)·뭇(群) 등은 고유어로서 이러한 기능을 가진 말들이다. 이들은 형태 및 의미도 많이 변한 것을 볼 수 있다.

　한어(漢語)의 경우 크고 작은 것은 "대소(大小)"로 나타낸다. "大"의 경우는 사람이 네 활개를 펴고 누운 모습을, "小"의 경우는 세 방울의 빗방울을 상형한 것이다. "小"의 경우는 그렇다 치더라도 "大"의 겨우는 좀 심하다는 느낌이 든다. 그러나 예를 들어 손발(手足)에 비하면 네 활개를 펴고 있는 모습은 커도 많이 큰 것이다. 모든 것은 생각하기에 따라 달라진다.

　"말(馬)"은 집과 산처럼 크지는 않지만 짐승 치고는 큰 짐승이다. 그래서 이는 "크다"는 의미를 나타낸다. "말개미·말매미·말벌"과 같이 접두사로 쓰여 큰 것을 나타낸다. 이렇게 "말"이 크다는 의미의 접두사로 쓰이는 파생어는 꽤나 많다. 그 예를 몇 개 들어보면 다음과 같다.

　　말거머리(큰거머리), 말거미(왕거미), 말곰(큰곰), 말나리(큰 나리), 말냉이(큰 냉이), 말덫(큰 덫), 말매미(馬蟬), 말메주(큰 메주), 말박(큰 바가지), 말벌(왕벌), 말승냥이(큰 승냥이), 말잠자리(왕잠자리), 말전복(큰 전복), 말조개(馬蛤), 말쥐치(긴 쥐치)

　"말"이 큰 것에 비유되는 것은 한어(漢語)에도 나타난다. 위의 보기 가운데

"마조(馬蜩), 마합(馬蛤)" 외에 "마봉(馬蜂), 마의(馬蟻), 마황(馬蟥)" 등이 그것이다. "크다"는 의미는 "하다(大)"의 관형형 "한"에 의해서도 나타내진다. "한소(黃牛), 한새(황새), 한박꽃(芍藥)" 등이 그것이다.

우리 고어에서 "산(山)"은 고유어로 "뫼"라 하였다. 그런데 이 말이 형태적으로 "메"로 바뀌어 역시 많은 복합어를 만들어 낸다. "메"는 들을 뜻하는 "미(野)"와 혼동되기도 한다. 산(山)을 의미하는 "메"의 예를 몇 개 보면 다음과 은 것이 있다.

메까치, 메아리, 멧갓, 멧고추잠자리, 멧나물, 멧누에, 멧누에고치, 멧누에나비, 멧대추, 멧돼지, 멧두릅, 멧미나리, 멧박쥐, 멧부리, 멧부엉이, 멧불, 멧비둘기, 멧새, 멧짐승

사람이나 짐승이 뭉친 동아리를 "무리(群)"라 한다. 김동인의 "젊은 그들"에는 이의 용례로, "아첨하기를 좋아하는 무당 판수와 소인의 무리가 세력을 잡기 시작했다."가 보인다. 이 "무리"는 고어에서 "므리"라 하였고, 이것이 "무리"로 변하였다.

特은 ᄂᆞ미 므리예 ᄣᅩ로 다ᄅᆞᆯ씨라 <석보상절>
曹操의 빅만 여러흘 내 보니 가야미 므리 ᄀᆞᆺᄒᆞ다 <삼역총해>

그런데 이 "므리"나 "무리"는 복합어를 이루거나, 품사의 전성을 할 때 어말음 " ㅣ "가 탈락하여 "믈·물"로 실현되는 경향이 있다.

* ᄂᆞᄂᆞᆫ 새 ᄣᅥ러디며 믌즁싱이 다 기피 들씨라 <월인석보>
* 衆人이 怒ᄒᆞ며 물사ᄅᆞ미 믜여 두리 ᄋᆞᆺᄂᆞ라 <내훈>
* 先生은 진죄 믌사ᄅᆞ미게 절등ᄒᆞ도다(先生藝絶倫) <두시언해>

이 "믈, 물"은 뒤에 사이시옷이 오는 "믌, 묽"의 경우 "ㄹ"이 탈락되어 "믓, 뭇"이 되어 관형사가 되기도 한다. 다음의 예가 이러한 것이다.

  * 樹 믄 나모 슈(* 믓나모> 믄나모) <신증유합>
  * 뭇 매로 티다(亂棍打) <역어유해>
    뭇 지위 고자 자 들고 헤쓰다가 말려니 <송강가사>

우리말에서 이러한 관형사 "뭇"은 다른 명사와 결합하여 많은 복합어를 생성해 낸다. "뭇까마귀, 뭇꽃, 뭇나무, 뭇년, 뭇놈, 뭇눈, 뭇떡닢, 뭇매, 뭇바리, 뭇발, 뭇발길, 뭇별, 뭇사람, 뭇생각, 뭇설움, 뭇소리, 뭇시선, 뭇웃음, 뭇입, 뭇짐승, 뭇칼질"이 이런 것이다.

"말(馬)"의 어종은 morin이란 몽고어이다. 따라서 외래어에서 다루게 하였다. "메(山)·뭇(群)"은 고유어이다.   (2022.3.25.)

"무명(木棉)"과 "명주"의 어원

　우리는 목화의 실로 짠 피륙을 "무명"이라 한다. "무명실"은 솜을 자아 만든 실이다. 그런데 이 "무명"이라는 말은 고유어 같은 한자말이다. "목면(木棉)"을 어원으로 한다. "무명"과 "목면"은 발음상 차이가 크다. 이것이 어찌 된 일인가?

　한자어 "무명(木棉)"은 단순한 한자어가 아니요, 한어(漢語)가 차용된 것이다. 이는 송·원·명(宋元明)의 중세 이래 [mù-mián]으로 발음되던 말이다. 이 말이 우리말에 들어왔고, 이는 특히 "면(綿)"의 발음 [mián]이 [명]으로 바뀌었다. 그리고 덧붙일 것은 형태만이 아니고, "mu-mian(木棉)"은 우리의 "무명(木棉)"과는 그 의미도 달라졌다.

　중국의 "mù-mián(木棉)"은 목면과(木棉科)의 식물로, 나무와 풀의 두 종류가 있다. 나무는 고패(古貝)라 하고, 풀은 고종(古終)이라 구별한다. 이들은 다같이 열매에 연모(軟毛), 곧 솜이 들어 있다. 그래서 한어 "목면(木棉)"은 "솜"이나, "무명실"을 의미하기도 한다. 우리와 같이 무명실로 짠 피륙이 주된 의미가 아니다. 중국의 "하학집(下學集)"에는 "역의류야(亦衣類也)"라고도 하고 있으나, 역시 이는 주의(主意)가 아니다. 따라서 우리의 "무명(木棉)"을 중국에서는 우리와 같이 "mù-mián(木棉)"이라 하지 않고, "목면직(木綿織)", 또는 "면포(綿布)"라 한다.

　우리말의 "무명(木棉)"은 솜을 의미하는 한어 "목면(木棉)"이 들어와 그 뜻이 무명실로 짠 피륙의 의미로 바뀌고, 그 발음도 [mù-mián]서 "무명"으로 바뀐 말이다.

이러한 발음의 변화는 명주실로 무늬 없이 짠 "명주(綿紬)"라는 말에도 나타나는 것을 볼 수 있다. "명주 자루에 개똥 들었다"는 속담의 "명주"가 그것이다. 우리의 국어사전에는 "면주(綿紬)=명주(明紬)"라고 풀이하고 있으나, 사실은 "명주(明紬)"는 "명주"의 차음 표기라 할 수 있다. 한어에는 "명주(明紬)"란 말이 따로 없다. 한국한자어이다. 이는 조선시대에 육주비전의 하나로, 명주를 팔던 가게를 "명주전(明紬廛)"이라 하던 데서도 그 구체적 용례를 볼 수 있다.

중국에서는 "면주(綿紬)"를 "면주(綿綢)"라고도 하여 동의어로 본다. "명주(紬)"자는 본래는 고치에서 섬유를 뽑아내어 실을 만드는 것을 의미하는 말로, 나아가 "명주", 곧 견포(絹布)를 의미한다. 이에 대해 "면주(綿綢)"의 "주(綢)"는 "얽을 주"자로, 나아가 "명주"를 의미하는 말이다.

여기서 한 가지를 덧붙이기로 한다. 그것은 "베(布)"의 어원이 "베 포(布)"의 "포(布)"라는 사실이다. "포(布)"의 중고음은 [po]이고, 그 뒤의 음은 [pu]이다. 우리의 "포(布)"는 이 한어의 중고음 [뵈]가 유기음으로 변한 것이고, 이것이 마포(麻布)를 의미할 때는 "뵈〉베"로 바뀌었다. 이를 "마포(麻布)"라 특칭한 것은 설문해자에서 단옥재의 주(注)에 보이듯, 중국이나 우리의 지난날의 피륙이란 마포와 갈포밖에 없었던 것이다(古者今之木棉 但有麻布及葛布而已). 따라서 지난날의 "뵈옷"이나 "베옷"은 "마의(麻衣)"를 가리킨다. "포의(布衣)"의 경우도 마찬가지다. "포의거사(布衣居士)"란 삼베옷을 걸친 선비란 말이다. 따라서 조식(曺植)의 "嚴冬에 뵈옷 닙고 巖穴에 눈비 마자"란 시조의 "뵈옷"도 삼베옷, 곧 마의(麻衣)임은 말할 것도 없다.

(2021.9.28.)

바바리코트와 포크레인
-제품과 제조회사 이름의 전용

　말은 의미가 바뀌기도 한다. 의미변화의 양식 가운데 생산자 이름이 생산품에 전이되는 경우가 있다. 소위 환유(換喩)에 의한 의미 변화이다. "바리캉, 바바리코트, 지엠씨, 클랙슨, 포클레인" 등이 이러한 것이다. 우리는 이들을 제품으로서 받아들인다. 그런데 사실은 이들은 제품이 아니라 회사 이름이다. 따라서 회사 이름이 제품 이름으로 전용되었으니 이는 의미가 변한 말이다. 이번에는 이러한 의미 변화가 일어난 말의 어원을 살펴보기로 한다.

　봄과 가을에 입는 코트에 "바바리코트"라는 것이 있다. "바바리코트"란 본래 비옷을 이르는 말이다. 그런데 우리는 이를 봄가을에 바람이나 추위를 막기 위해 입는 겉옷을 주로 이렇게 이르고 있다.

　"바바리"는 버버리코트란 우비를 만드는 "버버리 회사(Burberry Co.)"라는 회사 이름이다. 그런데 이 제품이 하도 유명하다보니, 이러한 종류의 제품을 일반화하여 "바바리코트"라 하게 된 것이다. 따라서 모양이 같고, 기능이 같다 하여 버버리 회사 제품이 아닌 코트를, 특정회사 이름을 써 "바바리코트"라 할 수는 없다. 이러한 종류의 코트는 영어로 "트렌치코트(Trench coat)"라 한다. "트렌치코트"가 이러한 코트를 이르는 영어의 보통명사이다. 따라서 종로나 명동에서 만든 트렌치코트도 바바리코트가 아니다.

　흔히 대형 군용트럭을 "지엠씨"라 한다. "지엠씨"는 미국의 "제너럴 자동차회사"의 영어 이름 "General Motorcar Corporation"의 어두문자를 딴 것으로 특정 자동차 회사이름이다. 이 회사에서는 군용 트럭을 많이 생산하여, 이

회사의 트럭을 회사 이름 "지엠씨(GMC)"로 나타내게 된 것이다.

"포클레인(Poclain)"이란 공사장에서 주로 흙을 파낼 때 사용하는 중장비를 말한다. 이는 흔히 굴착기(掘鑿機)라 한다. 표준국어대사전에는 이를 "삽차"와 같은 말로 보고 있는데, 이는 "포클레인"이나, "굴착기"를 순화한 말이라 하겠다. "삽차"에는 "유압을 이용하여 기계 삽으로 땅을 파내는 차"라고 풀이하고 있다. "포클레인"은 일본에서 "포크레인"이라 하는 말을 우리가 수용한 것이다. 일본에서 "포쿠레인(ポクレイン)"이라 한 것은 제조회사명 "Poclain"을 전용한 것이고, "굴착기"를 "굴삭기(掘削機)"라 하는 것은 "굴착기"의 "뚫을 착(鑿)"자가 일본의 상용한자가 아니기 때문에 동음어인 "깎을 삭(削)"자로 바꾸어 쓰고 있는 것이다. 따라서 우리말은 "굴착기"와 "굴삭기"는 동음어가 아니니 "굴삭기(掘削機)"라 하면 안 된다.

"바리캉"은 머리를 깎는 기계다. 두 개의 톱날이 교차하면서 머리를 깎게 되어 있는 기계로, 지난날 삭발을 할 때는 의례 이를 사용하였다. 그런데 요사이는 머리를 기르기 때문에 "바리캉" 대신 가위를 많이 이용한다. 그러나 요즘도 옆머리나 뒷머리의 아랫부분을 깎을 때는 이 "바리캉"으로 처리한다.

그런데, 이 "바리캉"이란 말도 "Bariquant et Marre"라는 제작소 이름의 앞 부분으로 이발기를 이르는 말이다. 이발 기계를 프랑스에서는 "말의 털을 깎는 가위"라는 이름의 "tondeuse a' cheveux"라 하고, 영어로는 "clipper"라 한다. 이 바리캉은 1883년 일본에 최초로 전래되었고, 그 뒤 자국에서 이를 생산하게 되었다. 그리하여 일본에는 소위 "중대가리"라는 독특한 두발형(頭髮型)을 유행하게 하였다. 우리에게는 일제(日製)의 이발기계가 개발되며 이 "머리를 깎는 가위"인 "바리캉"이 들어와 왜정시대에는 모두 삭발을 한 바 있다. 그리고 우리의 "단발령(斷髮令)"이란 역사적 사건도 겪은 바 있다.

경적을 의미하는 "클랙슨"도 제조 회사명 클랙슨(Klaxon)에서 유래하는 말이다. 이 회사에서는 자동차의 경적을 생산하였다. 그리하여 이 회사에서 생산한 경적을 "클랙슨"이라 하게 되었고, 경적 일반을 "클랙슨"이라 하게 되었다. "샤프", 또는 "샤프펜슬"도 여기 덧붙일 수 있다. 이는 다 아는 바와 같이 가는 심을 넣고 축의 끝부분을 돌리거나 눌러 심을 조금씩 내어 쓰는 필기기구이다. 오토매틱 펜슬(Automatic pencil)이라고도 하는 것이다. 이는 19 세기 중반 미국의 에버샤프(Eversharp) 회사에서 이 제품을 만들어 심이 언제 나 뾰족하다 하여 "Eversharp"라는 이름으로 판매하였다. 그런데 이것을 일 본에서 제작하며 "Eversharp"의 "Sharp"를 따 "샤프", 또는 샤프펜슬"이라 하게 된 것이다. 따라서 이는 한 단계 건너 뛰어 부분적으로 제조회사 이름 이 제품 이름이 된 것이라 하겠다.

우리의 경우는 조금 성질을 달리하는 것이나, "미원(味元)"이란 회사명을 조미료의 이름으로 전용함으로, "미원(味元)"이 곧 "조미료"라는 의미로 쓰이 게 된 것이 생산자와 제품이 전용된 구체적 예라 하겠다.   (2022.6.27.)

"사돈"의 어원과 의미

　"사돈의 팔촌", "사돈네 남의 말 한다", "사돈집과 뒷간은 멀수록 좋다" 등 우리말에는 "사돈"과 관련된 속담이 많다. 첫째 속담은 소원한 관계를, 둘째는 남의 일에 참견함을, 셋째는 사돈집 사이는 말이 많고, 뒷간은 고약한 냄새가 나기 때문에 멀리 떨어져 있는 것이 좋다는 것을 비유해 나타내는 말이다.

　그런데 이렇게 속담에 많이 쓰이는 "사돈"이란 말이 엉뚱하게도 우리의 고유어가 아니고, 외래어다. 그것도 외형은 한자어로 되어 있으나 한자어도 아닌 만주어이다. 만주어사전은 "sadun"을 "딸의 시집, 혹은 아들의 처가"라 풀이하고 있다. "sadun"은 혼가(婚家)와 인가(姻家)를 의미한다.

　표준국어대사전은 "사돈"을 다음과 같이 풀이하고 있다.

> ① 혼인한 두 집안의 부모들 사이 또는 그 집안의 같은 항렬이 되는 사람들 사이에서 서로 상대편을 이르는 말.
> ② 혼인으로 맺어진 관계, 또는 혼인 관계로 척분(戚分)이 있는 사람. =인친(姻親) [사돈<정속-이><(만) sadun]

　"사돈"은 만주어가 일찍부터 외래어로 들어와 쓰였다. 우리와 만주는 지리적으로 인접해 있을 뿐 아니라, 북쪽에서 민족적으로 교류도 많았다. 그래서 그 영향을 받은 것이다. 이런 면에서는 몽고와 좀 더 밀접한 관계를 지닌다. 고려말에 우리나라는 몽고의 부마국(駙馬國)이었다. 따라서 몽골어는 우리말에 많이 들어와 있다. 몽골어 "sadun"은 "친척"을 의미하는데, 이 말도 우리말에 들어와 쓰였을 것이다. 몽골에서는 우리나라를 "sadun의 나라"라 한다. 몽고와 고려가 "형제의 맹약"을 맺은 역사적 사실을 바탕으로 한 표현이라 하겠다.

　그러면 "사돈"이란 말의 고어 용례를 몇 개 보기로 한다.

> * 婚 사돈 혼 婦家又婦之父曰婚, 姻 사돈 인 壻家父曰姻 <훈몽자회>
> * 사돈(親家) <노걸대언해>, <역어유해> / 사돈짓아비(親家公) <노걸대언해>
> * 사돈(婚家) <동문유해>, <한청문감>
> * 사돈짓다(結親) <한청문감> / ㄖ 사돈 되어신 제 <계축일기>

　우리말에서 "사돈"이란 말은 일찍부터 만주어에서와 같이 혼가(婚家)와 인가(姻家)를 의미하였고, 나아가 훈몽자회에 보이듯 며느리의 아비(婦之父)와 사위의 아비(壻之父)까지 의미하였다. 이러한 사실은 조선왕조실록에도 명문화되어 있는 것을 볼 수 있다.

> 속이혼가 상위위사돈(俗以婚家 相謂爲查頓) <숙종실록, 4>
> 부지부 부지부 상위왈사돈(夫之父 婦之父 相謂曰查頓) <명종실록, 26>

　따라서 어형이나 의미로 보아 만주어 "sadun"이 우리말에 차용되었음이 분명하다. 그리고 한청문감의 "사돈 짓다"나, 계축일기의 "사돈 되어신 제"는 "결친(結親)"을 의미해 몽골어의 의미 확장을 엿보게 한다.

　끝으로 표기 문제에 대해 살펴보기로 한다. 지금까지 살펴본 바와 같이 "사돈"은 만주어, 혹은 몽골어를 원음차용한 말이다. 한자어 표기도 마찬가지다. 혹 "사(査)"자를 "부목(浮木)"이라 하고 "돈(頓)"을 "돈수(頓首)"라 보아 사목에 걸터앉아 돈수 권작(勸酌)하였다는 데서 "사돈(査頓)"이라 하였다는 호사가의 어원 해석이 있으나, 이는 속해(俗解)한 것이다. "사돈"은 "sadun"의 원음차용어다. 따라서 "사돈(査頓)"이란 말의 한자는 한어나 일본어에는 없는 말로, 한국한자어이다. 이는 원음차용어이면서 "사돈(査頓)"이란 한자를 취음하는가 하면, "사(査)"자만으로 사돈(査頓)을 의미하기도 한다. "사가(査家), 사형(査兄), 사제(査弟)"가 그것이다. "사돈집과 뒷간은 멀수록 좋다"를 "사가여측 유원유호(査家與廁愈遠愈好)"<성호전서>라 하는 것 같은 것이 그것이다.

(2021.7.8.)

"선입견"과 선입지어의 문화

　어떤 대상에 대하여 이미 마음 속에 가지고 있는 고정적인 관념이나 관점을 선입관(先入觀), 또는 선입견(先入見)이라 한다. 이는 우리에게는 일상생활 속에서 흔히 쓰는 기초적인 말이다. 그런데 중국의 사원(辭源)이나 현대한어사전(現代漢語詞典)에는 이 말이 표제어로 실려 있지 않다. 오히려 이 말의 어원이라 할 "선입지어(先入之語)"만이 실려 있다. 이게 어떻게 된 것인가? "선입지어"는 한서(漢書) "식부궁전(息夫躬伝)"에 고사가 전한다.

　　한(漢) 나라의 11대 황제인 애제는 인재 등용에 서투른가 하면 판단력도 변변차 않았다. 하루는 식부궁(息夫躬)이 흉노가 곧 침략해 올 것이라며, 상소를 올렸다. 애제는 그럴싸하게 여겨 승상인 왕가에게 대책을 세우도록 지시하였다. 왕가는 그렇지 않다고 조목조목 따져 지적한 다음 이렇게 말하였다.

　　진나라 목공은 현신 백리해와 건숙의 말을 듣지 않고, 정나라를 치려다가 낭패를 보았습니다. 그러나 뒤에 목공은 이를 뉘우치고 원로의 말을 존중하여 훌륭한 군주가 되었습니다. 폐하께서는 이 교훈을 생각해 보시기 바랍니다. 그리고 앞서 들으신 말(先入之語)에 구애되시지 말기 바랍니다.

　선입지어(先入之語), 곧 먼저 귀에 들어온 말은 선입견을 가지게 한다. 그래서 중국에서는 "선입위주(先入爲主)"라는 4자숙어도 생겨났다. 먼저 귀에 들어온 것이 주가 되어 중시하게 된다는 말이다. 같은 "식부궁전"에는 이와 달리 "먼저 들은 것을 주가 되게 하는 일이 없었다(無入先入之語為主)"고 선입견을 배제한 사실도 기록에 전한다.

앞에서 중국의 사전에는 선입관이나 선입견이란 말이 보이지 않는다고 하였다. 우리의 한중사전이나, 일본 이와나미(岩波)의 일중사전은 "선입관"에 대해 "선견(先見)", 또는 "선입지견(先入之見)"을 제시하고 있다. 중국만이 아니라 한일의 사전도 다 같이 한어에는 "선입관"이나 "선입견"이란 말이 쓰이지 않음을 나타내고 있는 것이라 하겠다.

"선입관"이나 "선입견"이란 말이 없는 대신 "선입(先入)"이란 말은 따로 쓰이고 있다. 이는 두어 가지 뜻으로 쓰인다. "①먼저 들어가다, 남보다 먼저 들어가다. ②먼저 들은 것. 먼저 기억하다, ③오랫동안 한 곳에 있는 것"을 의미한다. 어떤 하나의 일에 길들다가 그것이다. 위의 "선입위주"는 ②의 용례에 해당된다. "선입(先入)"은 두어 개의 복합어를 이루기도 한다. "선입관념(先入観念), 선입사상(先入思想)"이 그것이다. 이들은 최초로 뇌리에 각인된 관념이나 사상을 이르는 말이다.

우리말에는 한어(漢語)에 쓰이지 않는 "선입견"이니 "선입관"이란 말이 일상용어로 쓰인다. 이는 일본어에서도 "센뉴켄(先入見), 센뉴칸(先入観)"이라고 일상적으로 쓰이는 말이다. 따라서 우리의 "선입견"이나, "선입관"이란 말은 일본어에서 유입된 외래어라 하겠다. 이와는 달리 한어에는 이 말이 유입되지 않아 쓰이지 않는 것이다.   (2022.5.14.)

"순대"와 "푸줏간"의 어원문화

　서민의 대표적인 식품 가운데 "순대"가 있다. 그런데 이 식품은 서민들이 즐겨 먹는 것과는 달리 외래 식품이다. "순대"라는 말도 외래어이다. "순대"라는 말의 사전풀이부터 보기로 한다.

　　① 돼지의 창자 속에 고기붙이, 두부, 숙주나물, 파, 선지, 당면, 표고버섯 따위를 이겨서 양념을 하여 넣고 양쪽 끝을 동여매고 삶아 익힌 음식.
　　② 오징어, 명태, 가지 같은 것에 양념한 속을 넣고 찐 음식.

　이렇게 두 가지 뜻으로 풀이하나, 흔히는 주로 ①의 뜻으로 쓰인다.
　"순대"는 고어에서 "순타, 순디, 살골찝" 등으로 나타난다. 이의 용례는 다음과 같다.

　　* 小肉帒 盛肉帒 순타 <한청문감>
　　* 순디 sausage <Gale, 한영ᄌ뎐>
　　* 살골찝 豚の腸の中に肉を詰めて蒸燒としたるもの(돼지의 장에 고기를 채워 증소한 것) <조선어사전, 1920>

　"순대"는 앞에서 이미 외래어라고 하였듯. 한청문감에 "순타"가 보이듯, 이는 만주어 "suntha"를 차용한 것이다. 근세 한어(漢語)가 차용되어, 19세기

후반에 "순디"로 변했다. "순타"가 "순디"가 된 것은 그것이 전대 모양의 자루에 여러 가지 속을 넣어 삶은 것이기에 "전대 대(帒)"에 이끌려 "타"가 "대"로 변한 것으로 보인다. 조선총독부에서 편찬한 "조선어사전"의 표제어 "살골썹"이란 별칭은 "살골-ㅅ-집"으로 분석될 말이다. 이는 "살골의 집", 곧 "살골(肉)"을 속에 넣은 것이란 의미로 해석된다. 방언에 "피창"이란 말도 보이는데, 이는 창자에 피를 넣어 "피(血)-창(腸)"이 합성된 복합어라 하겠다. "순대"와의 복합어로는 "순대찜, 순댓국" 등이 있다.

다음에는 소고기와 돼지고기 따위를 파는 가게 "푸주, 푸줏간"을 살펴보기로 한다. 이는 그 어원을 "포주(庖廚)", 또는 "포주간(庖廚間)"으로 하는 말이다. 그런데 한자어와 일용어는 발음상 차이를 보이는데, 이는 한어(漢語)의 원음을 차용한 데 연유한다.

포주(庖廚)의 발음은 다음과 같이 상고음-중고음-중세음-현대음이 바뀌었다. "bög-bǎu-p'au-p'au(p'ao)", "dıug-dıu-tş'ıu-tş'u(chú)". 이로 볼 때 "포주(庖廚)"는 적어도 [p'au-dıu]에 가까운 발음이 수용되어 "포듀"로 발음되다가 "포쥬> 푸주"로 변한 말이라 하겠다. "부엌 주(廚)"자가 "듀"로 발음되었음은 신증유합의 "주(廚)"의 발음을 "졍듀 듀"라 한 것으로 확인된다.

"포주(庖廚)"는 본래 요리하는 곳, 부엌을 의미하는 말이었다. 중국에서는 식품을 갖추어 놓고 필요에 따라 꺼내오는 부엌을 의미하였다. 이러한 포주(庖廚)는 맹자(孟子)에도 보이듯 군자가 멀리 해야 할 곳(君子遠庖廚也)이라 생각했다. 우리의 경우는 이 포주(庖廚)가 소고기와 돼지고기 따위를 파는 가게로 그 의미가 바뀌었다. J. S. Gale의 "한영ᄌ뎐"(1897)에도 이미 "포주간 庖廚"란 표제어에 "A slaughter house; a butcher shope"라고 "도살장, 고깃간"이란 풀이가 붙어 있다.("포주(庖廚)"의 자세한 설명은 상권(2021, p.346) 참조)

(2022.3.24.)

외래어의 수용과 어원

외래어의 수용방법에는 여러 가지가 있다. 우선 크게 원음차용(原音借用)과 번역차용(飜譯借用)의 두 방법이 있다. 원음차용은 다시 전음(全音) 차용과 부분(部分) 차용으로 나뉜다. 번역차용도 의역(意譯)과 직역(直譯)의 두 가지 방법이 있다. 이들 차용방법에 따라 어원 탐구의 방법도 달라진다. 여기서는 원음차용을 중심으로 어원의 문제를 살펴보기로 한다.

외국어의 원음을 차용하되 전음을 다 차용하는 것이 전음차용이다. 이는 전음을 차용하였으나, 원음이 아닌, 다른 음을 차용해 문제가 되기도 한다. 예를 들면 쇠를 의미하는 영어 "아이언(iron)"이 "아이론"으로 수용되어 문제가 되는 것이 그것이다. 예를 들어 "머리를 아이론으로 파마를 한다."와 같이 쓰는 것이 그것이다. 일본어 "뗑뗑이"도 마찬가지다. 이는 "점점(点点)"을 의미하는 "뗀뗀(点点)"을 "뗑뗑이"라 하여 문제가 되는 것이다. 이밖에 "구라파(歐羅巴)"와 같이 본래는 "우로바"를 음차한 것이나, 우리가 속음으로 발음하여 원음과 차이가 나 "europa"를 상기할 수 없는 것도 있다.

전음차용에서 또 하나 문제가 되는 것은 그것이 본래의 의미와 다른 뜻으로 쓰이는 것이다. 대표적인 예는 영어 "사이다(cider)"란 본래 사과주(沙果酒)를 의미하는 말인데, 이를 우리와 일본에서는 탄산이 들어간 청량음료를 의미해 문제가 된다. 이러한 청량음료를 영어로는 "사이다"가 아니라, "soda pop"이라 한다. 불어 "아베크(avec)"도 마찬가지다. 이는 영어 "with"에 해당한 말로, "남녀 동반"을 의미하지 않는다. 비슷한 예로 영어 "데이트(date)"도 마찬가지다. "데이트"는 이성 교제를 위해 만나는 일을 뜻하지 않는다.

부분차용어는 생략과 절단의 두 방법이 있다. 생략(省略)은 복합어의 경우 하나의 말을 줄이는 것이다. "샤프펜슬(sharp-pencil)"을 "샤프", 전후파 "아프레게르(apre'-guerre)"를 "아프레", 재봉틀을 쏘우잉 머신(sewing-machine)을 미싱이라 하는 것이 이런 것이다.

절단(切斷)의 대표적인 예는 낱말을 잘라 전반부분과, 후반부분만을 각각 이용하는 것이다. 먼저 단절한 전반부분을 이용하는 대표적인 예로는 "아지트푼크트(러·agitpu'nkt)를 아지트, 월경 멘슈트루아치온(독·Menstruation)을 멘스, 현지보고 르뽀르따쥬(reportage)를 르뽀, 회계를 의미하는 레지스터(영·register)를 레지라 하는 따위가 이런 것이다. 이에 대해 후반부를 이용하는 예로는 부업을 의미하는 아르바이트(Arbeit)의 바이트, 폭약 다이나마이트(dynamite)를 마이트, 모포 브랑켓(영·blanket)"을 켓이라고 하는 따위가 이런 예이다.

이밖에 복합어의 앞 말의 후반부와 뒷말의 후반부를 생략하여 앞뒤말의 전반부를 이용하는, 전위운동을 의미하는 "under-ground"를 "언그라", 선발(先発) 멤버를 의미하는 "starting member"를 "스타멤", 총동맹파업을 의미하는 "geneal strike"를 "제네스트"라 하는 것이 이러한 예이다. 녹음·재생하는 "테이프 레코더(영·tape recorder)"를 "테레코"라 하는 것도 이러한 예이다. 이에 대해 앞말의 후반부와 뒷말의 전반부를 생략하여 앞말의 전반부와 뒷말의 후반부를 이용하는, 천의 한 종류를 의미하는 "corded velveteen"을 "골덴"이라 하기도 한다. 이밖에 앞말이나 뒷말의 후반부를 생략하고 전반부를 이용하는 말로 "멀티초이스(multiple-choice)"를 "멀초이"라 하기도 한다.

이상 원음차용에 의한 외래어의 수용 형태와 문제를 살펴보았다. 이들의 어원을 밝히기 위해서는 외래어의 수용 구조를 바로 알아야 한다. 이의 구조를 제대로 파악하지 않으면 그 어원도 바로 파악할 수 없게 된다.

(2022.6.20.)

"원(圓)"과 돈의 단위, 그리고 "회사(會社)"

돈의 단위는 시대에 따라 변한다. 우리는 "양·돈(兩屯), 분·전(分錢), 환·원(圜圓)" 등으로 달리 일러 왔다. "양"이나 "돈"은 금은(金銀)을 무게로 달아 계산하던 때의 화폐 단위이고, "원(圓)"과 "환(圜)"은 지난날의 엽전의 모양이 둥글게 생겨 이로 말미암은 것이다. 그런데 이 "원(圓)"이라는 화폐의 단위는 실로 엉뚱한 발상에 의해 일본에서 처음 만들어진 말이다.

일본에서는 줄곧 쇄국정책(鎖國政策)을 펴 왔다. 근세의 막번(幕藩) 체제하에서만 하더라도 그러하였다. 에도(江戶) 막부에서는 문화적으로는 중국과 조선(朝鮮), 통상은 포르투갈과 홀란드와만 교류하였다. 명치(明治)시대에 들어와 비로소 새로운 정부가 들어서며 문호를 개방하고, 적극적으로 서양 문화를 수용하였다. 이른바 개화(開化)를 적극적으로 단행한 것이다. 이때 통화(通貨) 제도도 개혁하였고, 그 단위도 새로 정하게 되었다. 돈의 단위에 대해서는 중론이 백출하였으나, 결정적인 묘안이 없었다. 이때 뒤에 총리가 된 대우중신(大隈重信)이 독창적인 의견을 내어놓았다.

"엄지와 인지로 동그라미를 만들면 누구나 돈을 의미한다는 것을 안다. 둥근 것은 '원(圓)'이 아닌가? 새로운 통화 단위를 '원(圓)'으로 하면 좋지 않겠는가?"

이렇게 하여 일본의 화폐 통화 단위는 "엔(圓)"으로 정해졌다. 그리고 우리는 이를 수용하였다. 뒤의 돈의 단위가 된 환(圜)도 마찬가지다. 이 "圜"도 "둥글다"를 의미하는 말이어 같은 통화 단위의 명칭이 된 것이다.

다음에는 "회사(會社)"라는 말을 보기로 한다. 상행위(商行爲)나 그 밖의 영리행위를 목적으로 설립한 기구를 회사(會社)라 한다. 그런데 이 회사(會社)라는 말도 엉뚱한 발상에 의해 일본에서 만들어진 말이다. 역시 에도(江戶)막부를 끝내고 개화를 지향하는 명치(明治)시대를 맞아서였다. 이때 처음으로 회사를 세우게 되는데, 정부가 식산(殖産) 흥업(興業)을 장려하기 위해 반관반민(半官半民)의 증권회사와 통상회사를 동경을 비롯한 주요 도시에 설립하게 되었다. 그래서 새로 이 기구의 이름을 붙이게 되는데 일본의 정론가(政論家)로 알려진 복지원일랑(福地源一郎)의 제안을 받아들여 "회사(會社)"라 하게 되었다.

당시 일본에는 Society라는 말이 새로 들어와 고심 끝에 "사회(社會)"라 번역하였다. 이를 뒤집어서 "회사(會社)"라 하자는 것이 福地의 주장이었고, 이 말이 받아들여진 것이다. 그리고 그는 이를 "동경일일신문(東京日日新聞)"의 사설로 다루었다. 이렇게 엉뚱한 발상에 의해 "회사"라는 말은 세상에 햇빛을 보게 되었고, 우리는 이 말을 수용하였다.

사실 이는 엉뚱한 발상이라 하였지만 그런 것만은 아니다. 이는 교호배열법(交互配列法: chiasmus)이라는 수사법의 하나이다. 세익스피어에도 이 수사법이 쓰였다. 시인 송욱도 "하여가(何如歌)"에서 "會社 같은 社會"라고 이 수사법을 쓰고 있다. 이는 "會社"라는 말에 쓰이고 있는 "會"자와 "社"자를 바꾸어 배열한 것이다. 이는 달리 말하면 바로 "회사(會社)"라는 말을 탄생시킨 원리이기도 하다. 그리고 이 수사법은 시에 쓰여 각각 Society와 Company를 나타내게 됨으로 표현효과를 드러낸 것이다. 교호배열법이라는 수사법은 이렇게 엉뚱한 발상에 의해 상행위의 주요 기관인 "회사(會社)"라는 집합명사를 만들어내게 하였고, 이런 기관을 만들어 내었다.   (2021.4.13.)

"원탁회의"의 시말과 어원

탁자(卓子)에는 모난 것과 둥근 것이 있다. 둥근 탁자를 원탁(圓卓)이라 한다.
그리고 이 둥근 탁자에 앉아 회의하는 것을 특히 "원탁회의(圓卓會議)"라 한다.
이 말의 어원은 한자문화권에서 조어되었다기보다 영어의 번역어로서 사용
되게 되었다. 이는 영어 Round table discussion, 또는 Round table conference를
번역한 말이기 때문이다.

원탁회의의 사전풀이는 "둥근 테이블에 둘러앉아서 하는 회의. 윗자리와
아랫자리의 구분이나 자리의 순서가 없으므로 국제회의에서 많이 이루어지
는 형식이다."라 되어 있다. 이는 모난 테이블에 앉아 형식을 중시하는 회의
가 아니라, 당사자들이, 또는 조정자와 함께 부드러운 분위기에서 마음을
터놓고 문제를 해결하고자 하는 회의를 말한다. 따라서 이는 반드시 둥근
탁자만이 아닌, 둥글게 늘어놓은, 상하의 구분 없이, 민주적인 방식으로 문제
를 해결해 나가고자 하는 형식의 회의를 의미한다.

원탁은 서양에서 옛날부터 상하의 차별까지 없이 행하던 무례강(無禮講)
등에 사용되었다. 5세기 중반 영국의 전설적인 아더왕은 "원탁의 기사"로
잘 알려진 기사와 원탁을 같이 해 기사들의 충성을 받게 된 것으로 유명하다.
그는 휘하의 기사들을 대리석으로 만든 둥근 탁자에 앉게 하였다. 테이블이
원형이면 상석(上席)과 말석(末席)의 구별이 없고, 모든 참석자는 평등이 된다.
이렇게 상하 신분의 구별을 없애고, 마음속에 감추어둔 의견을 기탄없이
솔직하게 말하게 하였다. 아더왕의 "원탁의 기사"들은 원탁의 평등한 입장

에서 이미 중세에 의견을 주고받은 사람들이다.

"원탁회의"라 불리는 최초의 회의는 영국에서 개최되었다. 1887년 1월 당시의 수상 그래드스톤은 반대당 조세프 챔바렌과 원탁회의를 하였다. 주제는 당시의 영국 최대의 문제인 아일랜드 자치에 대해 의견을 교환한 것이다. 그 뒤 이러한 명칭이 붙은 것으로는 "영인원탁회의(英印圓卓會議)"가 있다. 당시 영국의 식민지였던 인도는 간디가 지도하는 비폭력불복종운동이 한창 드세었다. 게다가 1929년 세계공황으로 영국의 경제는 타격을 입어 식민지의 문제를 손보아야 했다. 그래서 1930년부터 1932년까지 세 차례에 걸쳐 영국과 인도 사이에 원탁회의가 개최되었다. 2차에는 간디가 참석하였다. 영국측에서는 평등한 입장에서 원탁에 앉으려 하였으나, 지배받는 인도의 입장을 충분히 이해하고 있지 못하였다. 그래서 제3차 회의는 인도의 국민회의가 보이콧하였다.

이상 "원탁(圓卓)" 내지, "원탁회의(圓卓會議)"란 말의 시말과 용례를 살펴보았다. 다음에는 이 말의 어원을 살펴보기로 한다. "원탁(圓卓)"이나 "원탁회의(圓卓會議)"라는 말은 중국의 "사원(辭源)"에는 표제어로 실려 있지 않다. 모로바시(諸橋)에는 표제어로는 나와 있으나 예문이 보이지 않는다. 이는 한어(漢語)가 아니라, 일본어라는 것을 의미하는 것으로 보인다. 이에 대해 중국의 "현대한어사전(現代漢語詞典)"은 이들을 모두 표제어로 내걸고 있다. 이는 일본어를 차용해 현대 한어로 쓰고 있음을 의미한다 하겠다. "원탁(圓卓)" 내지 "원탁회의(圓卓會議)"라는 말은 일본에서 "Round table"을 "원탁"이라 번역하고, "Round table discussion", 또는 "Round table conference"를 "원탁회의"라 번역한 것이라 하겠다. 따라서 이들을 나타내는 우리말의 어원은 일본에서 영어를 번역한 것으로 중국과 마찬가지로 이를 차용한 것이라 하겠다.

(2022.1.2.)

인(引)·도(渡)·수(手), 일본 훈독어의 정체

　　우리말에는 일본의 훈독어(訓読語)가 한자어로 많이 수용되고 있다. 예를 들어 "사모할 연(戀)"자가 들어가는 일본어 "고이비도·하쓰고이·가타고이"가 우리말에서는 "연인(戀人)·초련(初恋)·편련(片恋)"과같이 한자어가 되어 있다. 이렇게 훈독하는 일본어로 우리말에 들어와 한자어가 되어 있는 대표적인 한자로는 "도(渡)·생(生)·수(手)·인(引)·적(積)·절(切)·취(取)·하(荷)" 등의 말이 있다. 이들 한자와 다른 한자가 조합이 된 훈독어를 2회에 걸쳐 살펴보기로 한다. 이는 곧 한자어의 하나의 어원에 대한 고찰이 된다.

　　"끌 인(引)"자의 "끌다"라는 말은 우리말에서는 본래 "혀다"라고 하던 말이다. 이는 "켜다·써다"로 바뀌어 "켜다"는 "불을 켜다"와 같이 쓰이고 있고, "써다"는 "썰물(潮水)"에 쓰이고 있는 것을 볼 수 있다. 그러나 이의 변화의 큰 흐름은 "쓰스다> 끌다"로 대체되었다고 할 수 있다. 이런 "끌다"를 일본어로는 "히쿠(ヒク·引)"라 한다. 그런데 이 "끌다"를 의미하는 "히쿠(引)"가, 훈이 아닌 "인(引)"이란 음으로 쓰이는 일본어가 우리말에 많이 들어와 쓰이고 있다. 훈독하는 말이 한자어로 둔갑을 하고 있다. "인계(引継)·인도(引渡)·인상(引上)·인수(引受)·인양(引揚)·인출(引出)·인하(引下)·할인(割引)·저인망(底引網)" 따위가 그것이다. 이들은 "히키쓰기·히키와타시·히키아게…"와 같이 "히키"라 발음하거나, "와리비키(割引)·소코비키아미(底引網)"라고 "비키"라고 탁음화 하여 발음하는 일본말이다. 그런데 우리는 이들을 모두 한자음으로 수용하고, 이를 한자어로 받아들이고 있다.

"건널 도(渡)"의 훈은 "와타루(ワタル·渡る)"라 한다. 이는 "건너다, 건네다, 나루(津)" 등의 의미를 지니는 말이다. 그런데 이는 일본한자어로는 별도로 "㉠건너다 ①살아가다, 지내다. '渡世' ②가다·오다·있다의 존경어. ③외국에 가다. '渡美' ④전하다. 옮기다. ㉡건네다 ①손으로 건네다 ②전하다 ㉢나루터. 교섭. 'わたりをつける'"(阿部, 1975)라는 의미를 지니는 것으로 본다. 훈독어가 우리말에서 한자어로 된 것은 "매도(売渡)·명도(明渡)·양도(譲渡)·언도(言渡)·인도(引渡)" 등이 있다. 이들은 "우리와타시·아케와타시·유즈리와타시·이이와타시·히키와타시"라 하는 일본말이다. "양도(譲渡), 언도(言渡)" 등이 특히 일본한자어의 의미를 지니는 것으로 볼 수 있을 것이다.

"날 생(生)"자는 "낳다"가 아닌, "날것"이란 의미로 쓰일 때 "나마(なま·生)"라 훈독한다. 그런데 우리말에는 이 훈독어가 한자어로 변한 경우가 많다. "나마미즈(生水)·나마바나(生花)·나마비루(生麦酒)·나마주케이(生中継)·나마지(生血)·나마카시(生菓子)·나마호우소우(生放送)" 따위가 그것이다. 이 가운데 "나마주케이(生中継)·나마지(生血)·나마카시(生菓子)·나마호우소우(生放送)"는 온전한 훈독어가 아니고, 혼종어이다.

"손 수(手)"자는 "데(で·手)"라고 훈독하는 말이다. 이런 훈독어도 많다. 이러한 예로는 "데하이(手配)·데스우료우(手数料)·데사교(手作業)·데쥰(手順)·데이레(手入)·데쓰즈키(手続)·데세이(手製)·데우치(手打)" 따위가 있다. 이들 가운데 "데하이(手配)·데스우료우(手数料)·데사교(手作業)·데쥰(手順)·데세이(手製)"는 혼종어에 속할 말이다. 이에 대해 "데이레(手入)·데쓰즈키(手続)·데우치(手打)"는 완전한 훈독어에 속할 말이다. 우리말에는 이와 같이 "손 수(手)"자가 훈독어로 쓰인 일본어 가운데 일부 혼종어와 훈독어가 한자어로 수용되고 있다.

우리말에는 훈독어로 쓰인 "인(引)·도(渡)·생(生)·수(手)"이 한자어의 복합어를 이루어 많이 쓰인다.   (2022.6.3.)

"장본인(張本人)"의 의미변화의 실체

"사회적 소요의 장본인"

"6·25전쟁을 일으킨 장본인"

이렇게 우리는 어떤 사단(事端)의 주체를 "장본인(張本人)"이라 한다. 그런데 이 "장본인(張本人)"이란 말을 쓰면서 우리는 그 행위의 좋고 나쁨을 문제 삼아 왔다. 이는 종전의 국어사전의 풀이를 보면 쉽게 알 수 있다.

이희승 편, 제3판 국어대사전, 민중서림(1997)

　①나쁜 일을 일으킨 주동자. 발두인(發頭人) q. 난동의 ~

　②일의 근본이 되는 사람. (준)장본

김민수 외 편, 금성판 국어대사전, 금성출판사(1991)

　나쁜 일을 빚어낸 바로 그 사람. q. 물의를 일으킨 ~

이렇게 "장본인"은 "나쁜 일을 저지른 사람"을 의미했다. 그런데 국립국어연구원의 "표준국어대사전(1999)"에는 이런 색채가 사라지고 중간항(middle term)으로서 기술되고 있다.

어떤 일을 꾀하여 일으킨 바로 그 사람. =장본(張本)② q. 결혼할 장본인들은 가만히 있는데 왜 주위에서 야단들이오? 이렇게 되기까지 그 사단을 일으킨 장본인은 김강보였다.

"표준국어대사전"에 따르면 앞에 든 예들 "사회적 소요"나, "6·25전쟁"의 "장본인"은 "나쁜 사람"이 아닌 중립적 "당사자"가 된다. 그러면 이렇게 의미가 변화한 것은 무엇 때문인가? 그것도 언어생활의 규범이 될 사전 풀이가 바뀌게 된 것은 어떻게 된 것인가?

저자는 이를 "장본인"이란 말이 일본말에서 우리말로 전래되면서 그 의미가 바뀐 것이라 본다. "장본인"은 어디 한 군데 일본어라고 명기된 것은 과문한 탓이나 보이지 않는다. 그러나 이는 분명히 일본어이다.

우선 "장본인(張本人)"이란 말은 한어사전에는 표제어로 나와 있지 않다. 일중사전(日中辭典)은 "장본인"을 "자오스런(肇事人)·자오스저(肇事者)"라 한다. "사건·사고·소동을 일으킨 사람"이라는 것이다. 한중사전(韓中辭典)도 마찬가지다. 모로바시(諸橋)는 "장본인(張本人)"에 대해 "악사(惡事) 등을 꾀해 주창한 사람. 악사의 발두인(発頭人). 수모자(首謀者)"라 하고 있다. 이는 "장본인"을 한어가 아닌, 일본 한자어로 보아 이렇게 설명한 것이겠다. 모로바시는 "장본(張本)"의 뜻의 하나도 "악사 등을 주창하여 일으키는 것. 또는 그 사람"이라 하고 있다. 이렇게 일본에서는 "장본", 또는 "장본인"을 "악사(惡事)", 곧 "나쁜 일"과 관련짓고 있다. 이러한 일본어의 의미를 수용한 것이 종전의 "장본인"의 풀이이다.

이에 대해 중립적인 풀이는 "장본인"을 고전에 나오는 "장본(張本)"의 의미를 반영한 것이라 하겠다. 중국의 사원(辭源)은 "후래의 것을 위해 미리 하는 것을 장본이라 한다(凡予為後来之地曰張本)"고 하고 있다. 용례는 좌전(左伝)에 있다 하고 있다. 이는 우리의 국어사전이 "어떤 일이 크게 벌어지게 되는 근원"이라 풀이한 것과 같은 의미라 하겠다. "장본인"은 이러한 "장본"의 의미에서 좋고 나쁨과 관계없이 어떤 사상(事象)의 근원적인 사람을 의미하게 된 것이다. 그런데 그간 일본어의 영향을 받아 이는 나쁜 일에 주로 쓰였다.

그러나 문학작품에서는 이러한 부정적 의미가 아닌 표현도 여럿 보인다.

　　* 이렇게 되기까지 그 사달을 일으킨 장본인은 김강보였다. ≪김원일, 불
　의 제전≫
　　* 그 이듬해 봄, 다시 또 험한 일이 벌어졌는데 마을을 이토록 쑥밭을 만든
　장본인인 그 대학생은 그 돈을 쥐고 한번 마을을 나간 뒤 전혀 소식이 없었
　다. ≪송기숙, 자랏골의 비가≫

　사전의 "장본인"이란 말의 풀이가 달라진 것은 처음에는 일본의 사전풀이
를 수용한 것이고, 뒤의 중립적인 풀이는 "장본(張本)" 본래의 한어의 의미를
받아들인 것이라 하겠다.　　　　　　　　　　　　　　　　　(2022.6.26.)

절(切)·취(取)·하(荷)·합(合), 일본어 훈독어의 정체

"인(引)·도(渡)·생(生)·수(手)"란 일본의 훈독어의 정체를 살펴보았다. 다음에는 다 같이 많이 쓰이는 "절(切)·적(積)·취(取)·하(荷)·합(合)"이란 훈독어를 살펴보기로 한다.

"끊을 절(切)"자는 일본어의 훈이 동사는 "기루(きる·切る)"이고, 명사는 "기리(きり·切り)"이다. "가시키리(貸切)·기리아게(きりあげ·切上)·깃테(きって·切手)·기리토리(きりとり·切取)·기리사게(きりさげ·切下)·시나기레(しなぎれ·品切)·손기리우리(そんぎりうり·損切売)"가 그 예이다. "기리"는 유성음 아래에서는 탁음으로 발음되는가 하면 "깃테(きって·切手)"와 같이 특수한 형태로 나타나기도 한다. 이들은 우리말에서 모두 "절상(切上)·절하(切下)·절수(切手)"와 같이 음독하는 한자어로 쓰인다.

"쌓을 적(積)"자도 많은 복합명사를 이루는 훈독어이다. "노쓰미(のづみ·野積)·쓰미타테(つみたて·積立)·쓰미니(つみに·積荷)·쓰미이시즈카(つみいしづか·積石塚)·쓰미카에(つみかえ·積換)"가 이들 예다. "積"은 일본어로 "つみ"라 훈독하며 유성음 아래에서 "쓰미(づみ)"라는 탁음(濁音)이 된다.

"취할 취(取)"자의 일본어 훈은 "도리(とり)"이다. "도리"가 쓰인 복합어도 많다. "기리토리(きりとり·切取)·도리아쓰카이(取扱)·도리케시(取消)·도리히키(とりひき·取引)·도리히키지요(とりひきじょ·取引所)·도리시라베(取調)·도리시마리(取締)·도리시마리야쿠(取締役)·도리사게(とりさげ·取下)" 등이 그것이다.

"하(荷)"자는 "연꽃 하"자라 한다. "짐 하(荷)"자라고도 한다. 본래 "어찌

하(何)"자가 "짊어지다"를 의미하였는데, 이 글자가 "어찌"의 뜻을 나타내게 되어 동음의 "연꽃 하(荷)"자로, "짊어지다"를 나타내게 되었다. 일본어에서는 여기에 더해 "짐", 또는 "장애물, 방해물"까지 지칭한다. 우리가 "연꽃 하(荷)"자로 "짐"을 나타내는 것은 이 일본어의 영향이다.

"하(荷)"자의 일본어 훈은 "니(に·荷)"이다. 그래서 일본어에서는 "荷"의 독음 "가(か)"로 발음하는 외에, "니모쓰(にもつ·荷物)"와 같이 "니(に)"로 쓰인다. 말을 바꾸면 독음 아닌 훈독도 한다. "하물(荷物)"을 한자어권에서는 "화(貨)·화물(貨物)·행리(行李)"라고도 한다. 하물(荷物)은 일본어계, 화물(貨物)은 한어계(漢語系)의 말이라 하겠다. "니(荷)"계의 어휘를 보면 "니모쓰(にもつ·荷物)·니야쿠(にやく·荷役)·데니모쓰(てにつ·手荷物)·니누시(にぬし·荷主)·니오키바(におきば·荷置場)·쓰미니(つみに·積荷)·쓰미니바(つみにば·積荷場)"와 같은 말이 있다.

끝으로 "합할 합(合)"자를 보기로 한다. "합(合)"자는 본래 "답(答)하다"를 뜻하는 말이었으나, "만나다·합하다"를 뜻하는 말이 되었다. 이의 일본어 훈은 "아이(あい)"이다. 훈 "아이"와 결합하는 말도 상당히 많다. "세리아이(せりあい·競合)·구미아이(くみあい·組合)·기아이(きあい·気合)·마치아이(まち·待合)·마치아이시쓰(まちあいしつ·待合室)·다모치아이(たもちあい·保合)·노리아이(のりあい·乗合)·아이노리(あいのり·合乗)·우치아와세(うちあわせ·打合)·아이키도우(あいきどう·合気道)"가 그것이다. 이들은 모두 우리말에서는 음독하는 한자어이다. 이와 달리 선보기를 의미하는 "미아이(みあい·見合)"는 일본어가 외래어로 들어온 말이다. 따라서 이는 "미아이"라 하지 "견합(見合)"이라고는 하지 않는다. 전에는 "미아이 사진(写真)"이라든가, "미아이 사진결혼"이란 말도 있었다. 흘러간 세월을 반영하는 말이다.

(2022.6.10.)

"초승·보름·그믐"의 어원

음력으로 그 달의 처음 며칠을 "초승"이라 하고, 15일은 "보름"이라 하며, 월말은 "그믐"이라 한다. 그리고 그때 떠오르는 달을 각각 "초생달", "보름달", "그믐달"이라 한다.

"초승"은 그 달의 초하루부터 처음 며칠을 이르는 말이다. 이는 "초생(初生)"이란 한자어가 변한 말이다. 표준국어대사전은 "초생(初生)"을 중국어에는 존재하지 않는 우리만의 "초승"의 원어로 보고 있다. 그리고 "初生"은 "초승"의 잘못된 말로 본다. "초승"을 의미하는 "初生"의 예는 박통사언해에 보인다.

　　五月 初生에 출관ᄒ리라 <박통사언해>
　　八月 初生애 긔동홀러라 <박통사언해>

그러나 이러한 "初生"과는 달리 "초승"은 우리의 옛글에서 흔히 "초싱(月初)·월아(月芽)·초두(月初頭)" 등으로 나타난다. 역어유해의 "초싱(月初)", 역어유해보의 "초싱둘(月芽)", 노걸대언해의 "칠월초싱(七月初頭)"이 그것이다.

우리는 오늘날 "初生"을 "초생" 아닌, "초승"이라 한다. "날 생(生)"자를 "승"으로 발음한다. 이런 말은 몇 개 더 있다. "이승(此生), 저승(彼生)"과 "짐승(衆生)"의 경우가 그것이다. 이들은 한어의 원음과 관계가 있을 것으로 보인다. "생(生)"의 중고음이 "shʌng", 중세음이 "shəng"이다. "초(初)"의 음은 중고음이 "chio"이다. 따라서 이는 중세 이후의 한어 [chioshəng] 정도가 [초승]으로 바뀐 것으로 보게 한다.

"보름"의 어원은 현재로서는 미상이라 하겠다. 그러나 어원을 추리해 본다면 이렇게 볼 수 있지 않을까 한다. 보름은 "보름"이라 하는 외에 "정월 대보름", "팔월 한가위"라 하듯, "만월(滿月)"과 "망월(望月)"을 의미한다. 달이 점점 불어나 둥글어졌을 때를 말한다. 따라서 이는 "불-음", 곧 침윤(浸潤)이나 포만(飽滿)을 의미하는 "블다"와 관련이 있을 것으로 추단된다. 보름의 고어는 월인천강지곡의 "七月 보롬애 천하(天下)애 ᄂᆞ리시니"나, 훈몽자회의 "보롬 망(望)"에 보이듯 "보롬"이라 하였다.

"침윤(浸潤)"을 의미하는 말은 "윤(潤)"자의 훈(訓)에 보인다. 신증유합의 "부를 윤(潤)", 자류주석과 정몽유어의 "불을 윤(潤)"이 그것이다. "부를 윤"이나 "불을 윤"은 같은 것으로 "블다"를 기본형으로 하는 말이다. "물릴 포(飽)"의 훈은 "브르다"와 "블다"의 두 가지로 나타나는데, "블다"가 "브르다"의 축약된 형태라 하겠다. 이들의 예를 보면 다음과 같다.

  * 빗 블오ᄆᆞᆯ 구ᄒᆞ맨 <두시언해>
    흔적 블오미 永히 블어 다시 골ᄑᆞ디 아니ᄒᆞ야 <남명집언해>
  * 됴ᄒᆞᆫ 차바ᄂᆞ로 비브르긔 ᄒᆞ고사 <석보상절>
    골폰 빈도 브르며 헌 옷도 새 ᄀᆞᆮᄒᆞ리니 <월인석보>

그런데 아쉽게도 "볼다"의 용례는 보이지 않는다. 그러나 "블다"란 이형태는 쉽게 상정할 수 있다. 그것은 우리말에서 음상(音相)을 달리 하여 의미 내지 어감을 달리 표현하는 것은 매우 일반적인 현상이기 때문이다.

다음엔 "그믐"의 어원을 보기로 한다. "그믐(晦日)"은 고어에서 "그믐", 또는 "그뭄"의 두 형태로 나타난다.

* 그믐나래 쏘 시르믈 더으랏다(晦日更添愁) <두시언해>

　그믐 회(晦) <훈몽자회>

* 그몴바미 <월인석보>

　그무메 가 주그리라 <삼강행실도>

　"그믐", 또는 "그뭄"은 "어두워지다"를 뜻하는 "그믈다"에서 파생된 명사이다. 이는 고어에서 "그무다·그모다·그믈다" 등으로 나타난다. 이들의 예를 하나씩만 보면 동문유해의 "둘 그무다(月盡)" 유씨물보의 "그몸끠(這月盡頭)", 태산집요의 "그 둘이 그믈거든" 같은 것이 그것이다.

　끝으로 초생달·보름달·그믐달이 다 나오는 나도향(羅稻香)의 "그믐달"을 제시하여 참고하기로 한다.

　　그믐달은 요염하여 감히 손을 댈 수도 없고, 말을 붙일 수도 없이 깜찍하게 예쁜 계집 같은 달인 동시에 가슴이 저리고 쓰리도록 가련한 달이다.

　　… 초승달은 세상을 후려삼키려는 毒婦가 아니면 철모르는 처녀 같은 달이지마는, 그믐달은 세상의 갖은 풍상을 다 겪고, 나중에는 그 무슨 원한을 품고서 애처롭게 쓰러지는 원부와 같이 애절하고 애절한 맛이 있다.

　　보름에 둥근 달은 모든 영화와 끝없는 숭배를 받는 女王과 같은 달이지마는, 그믐달은 애인을 잃고 쫓겨남을 당한 공주와 같은 달이다.

(2022.1.13.)

"초야(初夜)"와 "첫날밤"의 문화

그녀는 마치 <u>첫날밤</u>을 맞은 신부처럼 가지런한 몸짓으로 말없이 방문을 들어섰다. <이청준, 이어도>

우리말에는 "첫날밤"이란 말이 있다. 결혼식 당일의 밤을 이르는 말인데, 이는 단순한 "초야(初夜)"가 아니고 특별한 의미를 지닌다. 사전은 "결혼한 신랑과 신부가 처음으로 함께 자는 밤"이라 풀이하고 "초야(初夜)"와 동의어라 하고 있다. 이 말에 특별한 의미가 있다고 하는 것은 그 의미를 "결혼한 신랑 신부가 처음으로 맞는 밤"이라 하지 않고, "함께 자는 밤"이라 한 것이 그것이다. 이는 합방(合房)을 의미하고, 나아가 신부가 지금까지의 처녀(處女)를 마감하고, 부인(婦人)으로서의 생을 시작한다는 것을 의미한다. 그래서 이는 평범한 "첫날밤"이 아니라, 특정한 의미의 "첫날밤"인 것이다. 이는 북에서 "결혼식날 신부가 입는 옷"을 "첫날옷"이라 하는 것과도 맥을 같이한다.

사전의 풀이에서 이미 보았듯 "초야(初夜)"는 "첫날밤"과 같은 뜻의 말이다. 그러나 이 말의 기본적인 의미는 "초저녁"이다. 중국의 사원은 통감(通鑑)을 인용하고, 그 주(注)를 들어 "초야 갑야야(初夜甲夜也)"라 하고 있다. 초야(初夜)는 갑야(甲夜)라는 것이다. "갑야(甲夜)"는 술시(戌時)로, 지금의 오후 8시경을 이르는 말이다. 그리고 "초야(初夜)"에 대한 더 이상의 풀이가 없다. 이에 대해 현대한어사전은 두 가지 의미를 들고 있다. 첫째는 "밤으로 접어들어 그리 오래지 않은 때를 이른다."라는 것이고, 둘째는 "신혼의 첫 번째 밤을 가리킨다(指新婚第一夜)"고 한 것이 그것이다. 이렇게 "초야(初夜)"라는 말은 "초저녁"이란 말이며, 본래 "신혼 초야"라는 의미는 없었고, 뒤에 이러한 의미도 갖게 된 것이다. 그러면 이는 어떻게 되어 이렇게 된 것인가?

아베(阿部)의 한화사전(漢和辭典)은 저간의 사정을 해명해 준다. 아베는 "초야"의 의미 세 가지를 들고 있다. 첫째는 갑야(甲夜)의 뜻을 지닌다는 것이고, 둘째는 후야(後夜)의 대어로서의 초야(初夜)라는 것이며, 셋째는 일본 한자어로, "결혼 첫째 날 밤"을 가리킨다는 것이다. "결혼 초야"를 의미하는 것은 중국 한자어가 아니라, 일본 한자어라는 것이다. 따라서 현대한어사전(2010)의 두 번째 뜻 "신혼의 첫 번째 밤을 가리킨다"고 한 것은 일본의 의미를 차용한 것이다. 중국에서 신혼 첫날밤을 "추예(初夜)"라 하는 것은 일본어의 차용을 의미한다.

결혼 첫날밤을 의미하는 "초야(初夜)"는 "초야권(初夜權)"이란 말에도 쓰이고 있다. 이는 "초야"에 "권세 권(權)"가 결합된 복합어로, "결혼할 때 추장, 영수, 승려, 사제 등이 신랑보다 먼저 신부와 잠자리를 같이 하는 권리"를 의미한다. 이 말은 물론 일본에서 조어한 것으로, 역시 사원(辭源)에는 보이지 않고, 현대한어사전에만 표제어로 실려 있다.

그러면 우리말에서의 "첫날밤"과 "초야", 및 "초야권"은 어떻게 볼 수 있는가? "첫날밤"의 용례는 고어에 보이지 않는다. 그렇다고 이를 우리말이 아니라고 할 수는 없다. 우리는 첫날밤에 신방을 엿보는 풍습이 있다. 이로 볼 때 "첫날밤"이란 말은 고유어로서 존재하였을 것이다. 이는 "첫날밤"이란 말로, "초야(初夜)"를 번역한 "첫밤"도 아니기 때문에 더욱 그러하다. "결혼 첫날밤"을 의미하는 "초야", 내지 "초야권"은 근대적 학술용어로서 일본어에서 우리말에 들어온 것이라 하겠다.

이상 결혼과 관련된 "첫날밤"과 "초야" 및 "초야권"에 대해 살펴보았다. "첫날밤"은 우리 고유의 말이고, "초야", 내지 "초야권"은 일본에서 만든 신한어라 하겠다. 이 신한어는 우리와 중국어에 차용어로서 유입되었다 할 것이다.

끝으로 오상순(吳相淳)의 "첫날밤"이란 시를 살펴봄으로, 신혼 "첫날밤"의 이해를 돕기로 한다.

어어 밤은 깊어/ 華燭 洞房의 燭불은 꺼졌다/ 虛榮의 衣裳은 그림자마저 사라지고—//

그 靑春의 알몸이/ 깊은 어둠바다 속에서/ 魚族인양 노니는데/ 홀연 그윽히 들리는 소리 있어//

아야… 야!//

太初의 生命의 神秘 터지는 소리/ 한 生命 無窮한 生命으로 通하는 소리/ 涅槃의 門 열리는 소리/ 오오 久遠의 聖母 玄牝이여!//

머언 하늘 뭇 星座는/ 이 밤을 위하여 새로 빛날진저!//

밤은 새벽을 배(孕胎)고/ 駸駸이 깊어간다//

(2022.1.4.)

"출마(出馬)"라는 말의 본적

사람을 등용하는 방법에는 세 가지가 있다. 그 하나가 시험(科擧)을 치르는 것이고, 다른 하나가 선거(選擧)를 하는 것이며, 또 하나는 천거(薦擧)하는 것이다. 이러한 삼거(三擧)의 방법 가운데 선거는 "출마(出馬)"와 불가분(不可分)의 관계를 갖는다. 이에 다음에는 이 "출마(出馬)"의 어원을 살펴보기로 한다.

"출마(出馬)"란 "날 출(出). 말 마(馬)"자를 쓰는 한자어이다. 따라서 중국의 사원(辭源)에 표제어로 나올 법하나 보이지 않는다. 이게 어찌 된 것일가?

아베(阿部)의 한화사전에는 "출마(出馬)"라는 표제어를 내걸고, 그 풀이 앞에 국자(國字)라고 "國"이라 표시한 뒤에 여섯 가지 풀이를 들고 있다. 이를 보면 다음과 같다.

> ① 전장에 나가다. 출진(出陣). ② 말을 타고 나가다. ③ 스스로 현장에 나가다. ④ 실제의 일에 관계하다. ⑤ 선거에 나가다. ⑥ 경마에 나가는 말.

이에 대해 모로바시(諸橋)의 한화대사전엔 네 가지 뜻을 제시하고 있다.

> ① 말을 내다. [左氏] 使皇邨命校正出馬, [漢書]往時令民共出馬 其止勿出, ② 전장에 나가다. 출진(出陣). [일본어의 예], ③ 말을 타고 외출하다. 전(轉)하여 나가다, 책임지에 도착하다. [일본어의 예], ④ ch'uma' 의사가 왕진하다. 출진 (出診)

모로바시가 아베와 다른 점은 "말을 타고 나가다"에 중국 용례를 들고
이를 한어(漢語)라 본 것이다. "말을 타고 나가다"라는 뜻의 "出馬"를 모로바
시는 한어(漢語)로 아베(阿部)는 문장으로 본 것이 아닌가 한다.

일본에서는 근대화 과정에 이 "출마(出馬)"라는 말이 활발히 쓰여 다의화
하였다. 그것은 앞에서 본 아베의 한화사전의 의미가 중국의 용법이라기보
다 일본에서의 용법이라 할 것이기 때문이다. 그래서 아베는 풀이 앞에 "國"
자를 일부러 박은 것이라 하겠다.

이는 중국 현대한어사전의 "출마(出馬)"라는 표제어의 풀이를 볼 때 분명
히 확인된다. 이 사전은 두 가지 뜻을 제시하고 있다. 첫째, 원래는 진을
치고 작전하는 것을 의미하였는데, 지금은 주로 "작업현장에 나가다"를 가
리킨다며 "노장출마 일개예량(老將出馬 一介預倆)"을 그 예로 들고 있다. 노련한
사람이 일을 시작하면 혼자서 두 몫을 한다는 말이다. 둘째 뜻은 방언에서
"출진(出診)"을 의미한다고 하였다. 따라서 "出馬"가 "① 작전, ② 작업 현장
에 나가는 것, ③ 출진"의 세 가지 뜻을 지니는 것이라 하겠다.

"출마(出馬)"는 본래 한어(漢語)이던 말이 일본어에서 근대화 과정을 통해
다의화 하였다고 하겠다. 이러한 일본의 신한자어인 "출마"라는 말은 우
리말에 유입되었다. 우리의 경우는 이 말이 개화기 이래 수입되어 "선거에
나가다"라는 의미를 지니게 되었다. 이 용례는 일찍부터 보인다.

* 政府가 召集하는 議會에 議員으로 出馬하지 아니할 것 <별건곤, 1927>

"출마(出馬)"라는 말의 원적은 중국이다. 그러나 "선거에 나가다" 뜻하는
"출마"의 본적은 일본이다. 우리는 이를 일본어에서 수용하였다.

(2021.11.13.)

"타합(打合)"과 중절모(中折帽)의 어원

> 아주머니는 무슨 일인지 모른다면서 어떻게 원만한 <u>타합</u>을 볼 것이라고 장담을 합니까. <이병주, 행복어 사전>

사람의 마음은 한결같지 않다. 그러기에 차착이 생긴다. 사색(四色) 당파가 그렇고, 남북의 문제만 해도 그렇다. 통일이 되어 같이 살면 세계에 유수한 나라가 될 텐데 그게 잘 되지 않는다. 서로 배려하고, 타협(安協)을 하고 타합(打合)을 보아야 한다.

우리말에는 위의 이병주의 소설에 쓰인 것처럼, 그리고 바로 앞의 저자의 말처럼 "타합(打合)"이란 말이 있다. "어떤 일에 대하여 서로 좋게 합의함"을 뜻하는 말이다. 이 말은 유의어 "타협(安協)"에 밀리어 소설에나 쓰일 뿐 거의 사어가 되었다는 느낌이다. 그러나 "타협"과 "타합"은 다른 말이다. "타협"은 "서로 양보하여 협의함"을 뜻하는 말로, "타합"처럼 합의에 도달하는 것이 아니다. "타협"을 하고 "타합"을 보아야 일이 타결된다.

그런데 이 "타합(打合)"이란 말은 중국 한자어가 아니다. 일본의 훈독어를 우리가 한자어로 수용한 것이다. 이는 일본의 아악(雅樂)에서 유래하는 말이다. 아악의 연주는 생황(笙) 피리 등의 관악기와 비파 아쟁(箏) 등의 현악기만의 합주로서는 안 되고, 북(鼓)·징(鉦鼓)·갈고(羯鼓) 등의 삼고(三鼓)의 타악기가 어우러지지 않으면 안 된다. 이 타악기를 쳐서 박자를 맞추어야 한다. 여기에서 "쳐서 맞춘다"는 의미의 "우치아와세(打ち合せ)"라는 말이 나왔다. 이는 뒤에 일이 원만히 이루어지는 것을 의미하게 되었다. 이러한 "우치아와세(打ち合せ)"라는 말을 한자말로 수용한 것이 우리의 "타합(打合)"이다. 그리고 우리는 이로써 "좋게 합의함"을 이르고 있다. 따라서 이는 비록 일본의 훈독어이나, 우리말에 없는 말이고, 우리가 필요로 하는 말이니 생기를 불어 넣어 살려 썼으면 좋을 말이다.

이번에는 잘 쓰이지 않는 "타합"이란 말과 달리 많이 쓰이는 일본어의 훈독어 "중절모(中折帽)"에 대해 살펴보기로 한다. "중절모"란 흔히 신사들의 정장에 쓰는 모자로, 모자 꼭지 가운데를 눌러 쓰는 것이다. "중절모(中折帽)"의 "중절(中折)"이란 바로 "가운데 중(中), 꺾을 절(折)"자로 모자 꼭대기의 가운데를 꺾어서 들어가게 하였다는 말이니, 중절모(中折帽)란 꼭지 가운데를 눌러 들어가게 하여 쓰는 모자란 말이다. 이렇게 일본어로는 "중절(中折)"을 "나카오리"라 하고, "중절모"를 "나카오리보우", 또는 "나카오리보우시"라 한다. 이 "나카오리"를 우리는 "중절(中折)"이란 한자어로 수용하였다. 일본어로는 모(帽)와 모자를 생략하고 "나카오리"라 하기도 한다.

모자 이야기를 하던 김이니 양테가 없는 모자 이야기도 덧붙이기로 한다. 흔히 헌팅캡(hunting cap)이라 하는 것으로 일본어로는 역시 훈독어인 "도리우치보우(鳥打帽)", 뜨는 줄여 "도리우치(鳥打)"라 하는 것이 있다. 새총으로 새를 쏘아 잡는 사람이 쓰는 모자라는 말이다. 그런데 이를 한어로는 "야셰마오(鴨舌帽)"라 한다. 운두가 없고 둥글납작하게 생겨 오리 주둥이 같이 생긴 모자란 말이다. 우리는 이를 그 동안 일본어 그대로 "도리우치"라 하였다. 최근 이 모자는 중절모 못지않게 신사들의 사랑을 받고 있다. 그런데 이를 지칭하는 말이 따로 없다. 지난날에는 "개똥모자"라 하기도 하였는데, 이 말이나, 헌팅캡의 번역어라 할 "사냥모"라는 말도 사전에 실려 있지 않다. 그래서 흔히 "캡(cap)"이라 한다. 무엇인가 이름을 붙여 주었으면 좋겠다. 많이 쓰고 있는 모자에 대한 대접이 아니다. (2022.5.23.)

"팁"의 어원과 문화

외국 여행을 할 때 신경을 쓰는 한 가지에 팁의 문제가 있다. 이 나라는 팁을 주는 문화인가, 아닌가? 준다면 얼마나 주어야 하는가?

시중을 드는 사람에게 고맙다는 뜻으로 약간의 금품을 주는 것을 팁이라 한다. 우리는 지난날 기생이나 재인(才人)들의 놀이에 이른바 "행하(行下)"라는 것을 하였다. 이 "행하(行下)"란 부리거나 시중을 드는 사람에게 주는 돈이나 물건을 의미한다. 이는 오늘날의 "팁"에 해당한다. 그러나 서양의 "팁"이란 개념과는 차이가 있다. 장비석의 "비석과 금강산의 대화"의 다음 구절은 저간의 사정을 잘 설명해 준다.

음식점에서 장사꾼에게 음식을 먹고도 1할 정도의 팁을 꼭 주어야 한다니 세상에 이처럼 이해하기 힘든 일은 없는 것 같아요.

"행하"가 마음의 표시라면 "팁"은 제도에 의한 행위라는 느낌이 든다. 다음의 외국여행 안내서의 "여행자의 유의 사항"은 더욱 이러한 느낌을 갖게 한다.

'팁'은 외국여행의 성가신 일 가운데 하나이나, 요금의 일부라 생각하고, 서비스에 대한 당연한 사례로 지불합시다. 호텔이나 레스토랑의 종업원은 '팁'에 의한 수입이 생활을 지탱하여 주므로 지불하지 않으면 청구하는 경우도 있습니다.

그러면 "팁"을 주는 풍습은 어떻게 생겨났는가? 이는 이발소에서 처음 시작되었다고 본다. 빨강, 파랑, 하양의 삼선이 화전하는 이발소의 표지(標識)는 동맥, 정맥 붕대를 나타낸다. 옛날에 영국의 이발소에서는 간단한 수술을 하였기 때문에 이런 표지를 이발소에 하게 되었다. 여기서의 수술은 환자의 나쁜 피를 사혈하는 것으로 정해진 치료비는 없었다. "tip"이라 쓰인 상자가 놓여 있을 뿐이었다. 환자는 자기가 지불할 만한 액수, 또는 받은 수술에 상당한 액수의 돈을 그 상자에 넣었다. 이것이 팁을 주게 된 기원이라 한다.

그러면 "팁"의 어원은 어떻게 되는가? 우리는 보통 "팁"을 "tip"이란 하나의 영어 단어로 인식하고 있다. 그러나 그런 것이 아니다. 이는 어두문자(語頭文字)의 조합으로 이루어진 말이다. "To insure promptness", 곧 "민첩을 보증하기 위하여"라는 말의 어두문자 "T·I·P"를 조합하여 "tip"이란 하나의 단어를 신조한 것이다.

서양 풍습에 따른 "팁"의 문화는 명치(明治)시대에 일본의 호텔과 레스토랑에 처음 들어온 것으로 알려진다. 이러한 문화가 우리에게는 일본을 통해 들어왔다고 할 수 있다. 우리의 "팁"의 문화는 본래 "행하(行下)" 문화가 있었고, 여기에 사양문화가 겹쳐진 것이라 하겠다. 그리고 우리는 오늘날 국제화의 추세에 따라 국제적인 여행을 많이 하게 되었고, 우리나라에도 많은 관광객이 찾고 있다. 따라서 우리는 점점 "팁"의 문화를 정착해야 할 환경에 접어들고 있다 하겠다.   (2021.5.19.)

"파마·알바, 앙코르" 등의 어원

　우리말에는 외래어가 많이 들어와 있다. 그 가운데는 생소한 것도 있고, 경우에 따라서는 익숙한 말도 있다. 그러나 이러한 익숙한 말도 어원을 따지려면 아리송한 것도 많다. 이번에는 이러한 익숙한 외래어 가운데 영·독·불어와 관련이 있는 "파마·알바·앙코르·아이롱" 등의 원말과 변한 말, 그리고 원의(原義)와 변의(變義)를 살펴보기로 한다.

　"파마"는 전열기나 화학 약품 등으로 머리칼을 물결 모양으로 구불구불하게 하는 손질을 말한다. 이는 흔히 "빠마"라고 일러지던 것으로, 이는 일본어의 영향을 받은 것이고, 요사이는 영어식으로 "파마"라 하고 있다. "파마"는 표준국어대사전에는 [<-permanent]라 표제어에 병기되어 있다. "파마"가 영어 "permanent"에서 온 말임을 밝히고 있는 것이다.

　그러나 이는 그렇게 볼 수 없다. "파마"는 "permanent wave"의 준말이기 때문이다. 사전의 풀이에도 나오듯, 이는 "오랫동안" 물결 모양을 유지하도록 미장을 한 것이다. "파마"는 일제 외래어다. 이의 어원은 "permanent wave"이고, "wave"를 생략한 것이다. 그리고 "permanent"의 "nent"를 절단(切斷)하였다. 그리하여 "perma"가 "빠마"가 되고, "파마"가 된 것이다. 이는 핵심어가 빠진, 주객이 전도된 말이다. 이는 "영원한 물결무늬", "영원한 파상(波狀)"을 의미하는 말이 "영원한, 영원"만으로 끝나 버린 말이다.

　다음엔 "알바"를 보기로 한다. 부업(副業)이란 뜻으로 전에는 "아르바이트"라 하였다. 이는 독일어에서 온 외래어다. 그러나 "아르바이트(Arbeit)"에는 부업이란 뜻이 없다. 이는 "노동·작업·일" 등을 뜻하는 말이다. 부업이라 하자면 "Nebenarbeit"라 해야 한다. "Neben"이란 "나란한, 곁의, 부(副)"를 나타내는 말이다. 이 말이 전에는 "아르바이트"의 뒷부분만 따서 "바이트"라 하더니, 근자에는 정체도 알 수 없는 "알바"라는 말로 변하였다.

"앙코르"는 재청한다는 말이다. 예정된 연주가 끝나게 되면 청중은 "앙코르, 앙코르!"라고 "앙코르"를 연호한다. "재청(再請)"한다는 말이다. 이렇게 연주나 노래, 춤을 "재청(再請)"할 때 우리는 "앙코르"라 한다. "앙코르(encore)"는 불어로, "게다가, 또, 좀 더, 다시" 등의 의미를 지니는가 하면, 감탄사로 "한 번 더"라는 의미도 지니는 말이다. 그러나 우리처럼 프랑스인은 "재청"을 외칠 때에 "앙코르"라는 말을 사용하지는 않는다. "비스(bis)!"라 한다. "Bis"는 부사어로, "다시, 한 번 더"의 의미를 나타내는 말이어 "앙코르"가 아닌, "비스(Bis)!"를 외친다는 것이다.

그러면 일본이나 우리가 "앙크르"를 외치는 것은 어떻게 된 것인가? 이는 이 말이 영어를 통해 일본에 들어온 데 말미암는 것으로 본다. 영어권에서 "재청(再請)"요청할 때 "앙코르"라 하는 것이다. 이러한 언어문화가 일본에 들어왔고, 이것이 우리나라에 다시 들어와 우리도 "앙코르"를 외치게 된 것이다. "앙코르"는 "앵콜"이라 하기도 하나, 이는 바른 말이 아니다. 영어의 발음은 ['aŋkɔ:r/ ɒŋkɔ':r]라 한다.

끝으로 "아이론"에 대해 덧붙이기로 한다. "아이론"이란 "양식 다리미, 머리인두"를 뜻하는 말이다. 옷을 다리거나 머리칼을 지지는 것도 "이이론"이라 한다. 이는 영어 "Iron"이 변한 말로, 일본에서 표기 그대로 발음한 것이다. 이들은 제유(提喩)에 의해 의미가 변한 말이다. 양식 다리미나 인두는 철제이기 때문에 영어 "아이언"이 이들을 의미하게 되었다. 쇠를 의미하는 독일어 "아이젠(Eisen)"은 겨울 등산 장비인 철제 스파이크 모양의 등산용구를 지칭하기도 한다. 이는 "등반철(登攀鉄)"이라 할 "슈타이게아이젠(Sreigeeisen)"이 생략된 말이다. 우리는 "이이론"과 "아이젠"을 다 같이 외래어로 수용하고 있다.   (2022.5.15.)

"팬데믹"과 코로나19

"<u>팬데믹</u> 시대 美의 글로벌 리더십 시험대" (동아, 21.5.17.)

난데없이 코로나19라는 괴질이 전세계를 강타하고 있다. 세계인의 건강을 위협하는 것은 물론 경제계도 큰 혼란에 빠뜨리고 있다. 그리고 이는 우리 언어생활에 낯선 단어 하나를 도입하여 유행하게 만들고 있다. "팬데믹"이란 말이다.

세계적 보건기구인 WHO, 곧 Woeld Health Organization은 코로나 19의 팬데믹을 선언하였다. 그리하여 위에 제시한 동아일보의 표제에서처럼 곳곳에 "팬데믹"이란 말이 유행하게 하고 있다. 이 말은 아직 외래어가 아닌 외국어의 상태라 할 것이다. 표준국어대사전에도 표제어로 올라 있지 않다. 그럼에도 알파벳은 보이지 않고, 한글로만 "팬데믹"이라 쓰고 있다. 그래서 더구나 그 의미도 확인하기 어려워 언어생활에 장애를 초래하고 있다.

"팬데믹"은 "Pandemic"이라 표기하는 영어로, 형용사, 또는 명사로 쓰이는 말이다. 그 뜻은 "a. 전국(세계)적 유행의(cf Endemic, Epidemic); 육욕(肉慾)의 (sensuous) ― n. 전국(세계)적 유행병"으로 되어 있다. 따라서 위의 표제 "팬데믹 시대"란 "세계적 유행병의 시대"라는 말이라 할 수 있다. 표제 전문(前文)은 "세계적 유행병의 시대에 미국의 세계적 지도력 시험대"란 뜻의 말이 된다.

그러면 이 낯선 "Pandemic"이란 말을 제대로 알기 위해 그 어원을 살펴보기로 한다. 이 말은 희랍어에서 영어에 차용된 말로, 이는 "Pan"과 "demic"으로 나뉘는 말이다. "Pan"은 접두사로 "모든(凡)"을 뜻하고, "demic"은 "사람들"을 의미한다. 그래서 이는 나아가 "역병이 모든 사람 사이에 퍼지는 것"을 의미한다.

접두사 "Pan"이 들어가는 말은 우리에게도 일상 상용하는, 익숙한 몇 개 단어가 있다. 파노라마(panorama), 판테온 신전의 판테온(pantheon) 같은 말이 그것이다. "panorama"는 "pan"과 "horama"가 합성된 말로, "horama"는 "광경(光景)·보는 것"을 의미하는 말이므로, 이는 합해서 "전경(全景)", 또는 "연속하여 변하는 광경"을 의미한다. "pantheon"은 "pan"과 신(神)들을 의미하는 "theion"이 변한 "theon"이 합성된 말이다. 따라서 그 의미는 "모든 신들"을 의미하고, 이것은 나아가 희랍의 유명한 "the Pantheon" 신전을 가리킨다. 따라서 이는 "여러 신의 제전"이란 말이다.

그리고 여기 덧붙일 것은 "Pan"이 "범(汎)", 또는 범(泛)이란 한자어로 번역되기도 한다는 것이다. 이는 "Pan"을 음차(音借) 내지 음훈차(音訓借) 한 것으로, "범(汎)"은 일본에서, 범(泛)은 중국에서 번역한 말이다. Pan-Asian을 "범아시아(汎亞細亞), Pan-American"을 "범미(汎美)", Pan-Korea를 "범한국(汎韓國)"이라 하는 따위가 그것이다. 이는 지역을 망라하는 말만이 아니고, pantheism을 "범신론(汎神論)"이라 하듯 일반 명사에도 쓰이는 것을 볼 수 있다. 그리고 "범(汎)"과 범(泛)은 다 같이 "모든"을 의미하는 말이나, 근대 일본어의 영향으로 우리는 "무릇 범(汎)"자를 많이 쓰고 있는 것을 볼 수 있다. (2021.5.19.)

"팬티"와 쓰봉의 정체

"빤쓰"와 "팬츠(pants)"는 같은 말일까, 아니면 다른 말일까? 같다고 하는 사람과 다르다고 하는 사람으로 나뉠 것이다. 보는 각도에 따라 다를 것이기 때문이다.

많은 사람들이 "빤쓰"를 일본말이라고 생각하지 않을까 한다. 그러나 그렇지 않다. 이는 본래 영어 "pants"로, 일본어의 외래어가 되면서 형태와 의미가 다 바뀐 말이다. 그러니 원어로 보면 같은 말이고, 형태와 의미가 변했다는 면에서 보면 다른 말이라고 할 수밖에 없다. 그리고 우리는 이 말을 일본의 외래어 "빤쓰(パンツ)"에서 받아들여 영어 "팬츠"와는 그 의미가 사뭇 다르게 사용하고 있다.

영어 "Pants"는 O.U.P.의 The Advanced Learner's Dictionary of Current English에 의하면 "바지. 긴, 몸에 착 붙는 속옷(trousers. (in trade use) long tight-fitting drawers)"으로 되어 있다. 우리처럼 바짓가랑이가 짧은 속바지를 의미하는 말이 아니다. 우리는 "팬츠"를 "팬티"와 동의어로 쓰고 있다.

"팬티"도 그 의미가 변한 말이다. 같은 O.U.P.의 사전에 의하면 "Panties" 란 "아이들이 입는 팬츠. (부인과 여자들의) 밀착되는 짧은 속옷((colloq.) pants worn by children; (woman's or girl's) close-fitting short knickers)"이라 풀이하고 있다. "팬티"란 여자들의 짧은 속바지란 것이다. 따라서 내의(內衣) "빤쓰"란 말은 그냥 "팬츠"라고 하면 안 되고, 여자들의 속옷을 지칭하는 경우에만 "팬티" 라 할 수 있을 뿐이다. 우리가 "바짓가랑이가 짧은 내의"를 "빤쓰"라 하는

것은 원의와는 달리, 일본에서 의미가 변한 일본 외래어 "빤쓰(パンツ)"를 수용한 데 말미암는다. 남자의 반바지나 속옷은 영어로는 "쇼츠(shorts)"라 한다.

다음에는 하의(下衣)를 이르는 "쓰봉"에 대해 보기로 한다. 우리는 하의를 흔히 "쓰봉"이라 한다. 영어로는 O.U.P. 사전의 "Pants"의 풀이에 보이듯 "트라우저(trousers.)"라 한다. 그러나 이 말은 우리말에서 아직 귀화한 외래어의 단계에는 이르지 않은 것으로 보인다. 그러기에 표준국어대사전에도 표제어로 등재되어 있지 아니하다. 일용어로는 "트라우저"가 아닌 "쓰봉"이란 말이 쓰인다.

"쓰봉"은 표준국어대사전에서 일본어 [jubon]에서 온 것으로 보고 있다. 불어 "jupon"에서 온 말이다. 이는 불어 "jupon"에서 왔다고 보기에는 그 음과 의미가 너무 변해 일본 외래어 "빤쓰(パンツ)"가 들어온 것이라 본 것이라 하겠다. 이 일본어 "ズボン(즈봉)"이 되고, 우리가 이를 "쓰봉"으로 받아들인 것이다. 우리말은 외래어 유성음을 경음으로 수용하는 경향이 있다. 이는 일본어에서 들어온 외래어로 보아 사전에서는 "양복바지로 순화"라 하고 있기까지 하다.

불어 "jupon"은 "즈봉"이라 발음하는 말로, 이는 사전에 의하면 "페치코트"와 "스코틀랜드 사람의 짧은 스커트"를 의미하는 것으로 되어 있다. 따라서 "쓰봉"의 어원 "즈봉"은 "빤쓰"와 마찬가지로, 형태와 의미의 면에서 엄청난 변화를 한 것이다. 형태, 곧 발음은 역사적인 변화를 한 것이라 하겠으나, "여인의 스커트"에서 "남자의 바지"로 바뀐 것은 상상의 영역을 벗어나는 것이라 하겠다. 이러한 일본의 "즈봉(ズボン)"이 우리말에 들어와 "쓰봉"이 되었다. 이는 앞에서 말한 바와 같이 유성음의 경음화로, 일본어 탁음(濁音)이 경음으로 수용되는 일반적 변화현상에 말미암은 것이다. 이러한 변화현상은 "걍구(ギャング)·바스(バス)·단스(ダンス)"가 "깽·뻐스·땐스"로 바뀌는 현상에서 확인할 수 있다.

(2022.5.15.)

"플러스-알파"와 파이팅의 정용(正用)

　우리의 외래어 가운데 대표적인 오용에 속할 것에 "플러스 알파"와 "파이팅"이 있다. "플러스-알파"는 형태상 문제가 있는 것이고, "파이팅"은 의미에 문제가 있는 것이다. 이들은 다 일본의 외래어와 관련이 있는 말이다.

　"플러스-알파"는 "얼마를 더하는 일. 또는 그 더한 것"이라 사전은 풀이하고 있다. "플러스(plus)"는 더한다는 말이고, "알파(α)"란 그리스 문자의 첫째 자모이나, 여기서는 어떤 사물의 뜻으로 쓰였다고 하겠다. 따라서 "플러스-알파"는 "알파를 더하다"란 의미의 말이다.

　그런데 이는 일본에서 오독(誤讀)으로 말미암아 탄생한 말로 본다. "x"를 "α"로 잘못 읽었다는 것이다. 일본에 야구가 처음 들어왔을 때의 일이다. 9회 말의 스코어보드에는 엑스(x)란 자가 떴다. 이것을 알파(α)로 잘 못 본 것이다. 엑스(x)란 앞으로의 스코어가 어떻게 나오는지 모르겠다는 의미로 엑스(x)를 쓴 것인데, 이것이 엑스(x) 아닌, 알파(α)로 보아 잘못 읽은 것이다.

　이는 마땅히 "플러스 엑스(plus x)"라 할 상황이었다. 그런데 이를 "플러스 알파(plus α)"라 한 것이다. 이것이 굳어져 일본의 관용어 "프라스 알파"가 되었다. 우리는 이 말을 수용한 것이다. 일본의 오용이 우리말까지 오염시킨 것이다. 이런 경우 정식 영어라면 "plus something"이라 한다. "플러스-알파"는 "plus something"이라 해야 바른 표현이 된다.

　플러스 알파의 경우는 다음과 같은 상황이라 생각하면 된다.

(동아일보 22.7.26.)

위의 도표는 9회 말까지 끝난 스코어판의 모습인데, 9회 후반의 스코어를 알 수 없어서 score판에 0 대신 "엑스(X)"가 뜬 것을 생각하면 된다.

운동선수들끼리 싸우자거나, 혹은 잘 싸우라는 응원의 말을 "파이팅"이라 한다. 이는 "힘내자"는 의미로 애용되는 말이다. 요샛말로 하면 "국민용어"라고 할 정도로 애용된다. 그러나 이는 잘못 쓰는 말이다. 번역문학가 안정효는 그의 "가짜 영어 사전"에서 "필자의 생각으로는 이것이 가장 대표적인 대한민국의 이상한 영어이다… 이 사전 전체에서 다른 항목을 하나도 읽지 않더라도 "화이팅"만큼은 누구에게나 읽어 보도록 권하고 싶다."고 쓰고 있을 정도다. 그렇게 엉뚱한 말이다.

"파이팅"을 외쳐야 할 상황일 때 영어권에서는 "Come on!"이라 한다. 이는 영어사전(시사영어사)에도 관용어로 수록되어 있다 "Come on: [명령법] 자 가자. 자 덤벼라(I defy you.)."가 그것이다. 이렇게 우리가 "파이팅!"을 외쳐야 할 자리에 영어권에서는 "Come on!"이라 한다. "파이팅"이라고는 하지 않는다. 일본에서는 "화이또"라 한다. 우리가 "fighting"이라는 "싸움, 전투"라고 명사적 표현을 하는데 대해, 일본에서는 "fight!"라고 "싸우자. 싸워라"와 같이 동사적 표현을 한다. 명사냐, 동사냐가 다를 뿐 "싸움"을 이른다는 면에서는 마찬가지다.

"파이팅"이나, "파이트"는 "싸움", 또는 "싸우다"를 뜻하는 말이다. 운동경기는 물론 승부를 겨루는 것이다. 승부를 내는 것이다. 따라서 그 성격이 비슷한 면이 있다. 그러나 경기는 경기로, "투쟁(鬪爭)·쟁투(爭鬪)"와 같은 싸움은 아니다. 경기와 난투극(亂鬪劇)은 구별된다. 시합을 하다가 싸움이 벌어질 수는 있다. 그러나 시합과 난투극은 다르다. 따라서 경기를 하며 "싸움·투쟁"이라거나 "싸우자"고 외치는 것은 바람직한 것이 못 된다. 더구나 어떤 선수는 "화이팅이 좋다"와 같은 표현도 쓰고 있는데, 이 경우는 더구나 어울리지 않는다. 이때는 투혼(鬪魂), 곧 "fighting spirit" 정도의 "spirit"이 생략된 말이라 하겠다.

　"파이팅"을 외칠 자리에 "Come on!"이라는 말 대신에 격려의 차원에서 서양에서는 또 "Go! Go!"라는 말을 쓰기도 한다. "열심히 하라!"는 정도의 말이라 하겠다. "파이팅!"이란 말은 아무래도 살벌하다. 　　　　(2022.5.10.)

"피리"와 노구의 어원

　우리말에는 한자 어휘가 많다. 전체 어휘의 반수를 훨씬 넘는다. 그런데 이들은 두 종류가 있다 하겠다. 하나는 준국어(準国語)라 할 한자어이고, 다른 하나는 외래어로서 한어(漢語)를 차용한 것이다. "내장(內腸)"이 한자어인데 대해 "창자(腸子)"는 외래어인 한어인 것이 그것이다. 이번에는 이러한 외래어로서의 구화(菊花)·노구(鑼鍋)·보리(玻璨)·퉁소(銅簫)·피리(觱篥) 등 한어의 어원을 살펴보기로 한다.

　충절을 상징하기도 하는 대표적인 가을꽃에 국화(菊花)가 있다. 이는 고어에서 "국화"라고 하는 외에 "구화"라고도 하였다. 훈몽자회와 신증유합에 "菊 구화 국"이라 한 것이 그것이다. 우리말에는 입성(入声) 운미(韻尾)가 생략된 근대 한어가 많이 들어와 있다. "구화(菊花)"도 이런 예의 하나다. 오구라(小倉進平)는 이를 "kuk"의 입성 "K"가 탈락된 중국음을 받아들인 것이라 보고 있다(小倉). "노각(鹿角)·모과(木瓜)·황초(黃燭)"가 이런 예이다. 도우토우(藤堂明保)는 "국(菊)"의 발음을 상고음 kiok, 중고음 kiuk, 중세음 kiu, 현대음 tsu(ju')이라 본다(藤堂明保, 1980).

　놋쇠나 구리쇠로 만든 작은 솥을 "노구"라 한다. 이는 고어에서 "노고", 또는 "노구"로 나타난다.

　　노고(鑼鍋) <노걸대언해>
　　鏊 노고 오 <훈몽자회>, <왜어유해>

훈 노굿 더운 므레(一鍋湯) <법어>

　"노고"는 노걸대언해에 "노고(鑼鍋)"라 보이듯 근대 한어 "로궈(鑼鍋)"를 차용한 말이다. 역어유해보에는 "퉁노고(銅鍋)"의, 한청문감에는 "퉁노고(銅銷子)"의 용례가 보인다. 구리로 된 노구솥이란 말이다.

　보리(玻瓈)는 수정(水晶), 또는 유리(硝子)를 이르는 말이다. 아언각비(雅言覚非)에는 이런 재미있는 기사가 보인다. "우리나라에서는 맥(麦)을 보리라 한다. 그래서 파려안경을 맥경이라 한다. 그 오용이 이와 같다(吾東麦曰菩里 故玻瓈眼鏡俗謂之麦鏡 其転輾訛誤如此)" 이는 수정, 또는 유리를 "보리"라 하여 수정 안경을 "맥경(麦鏡)"이라 잘못 쓰고 있는 것을 지적한 것이다. 수정 또는 유리는 한자로 "파려(玻瓈)", 또는 "파리(玻璃)"라 하였는데, 이는 근대어 이래 한음(漢音)이 [bo-li]이다. 이 말이 우리말에 유입되어 혼란이 빚어진 것이다.

　"피리"는 대로 만든, 흔히 "피리 적(笛)"자로 나타내지는 목관악기이다. 이는 고어에서 다음과 같이 나타난다.

　　비로수 嬴女ㅣ 피리 잘 부로몰 알와라(始知嬴女善吹簫) <두시언해>
　　觱 피리 필, 篥 피리 률 觱篥九孔 <훈몽자회>

　이밖에 두시언해에서는 생간(笙竽)을 "피리"라 하고, 화이역어에서는 쇄납(鎖納)을 "必利"라 하고 있고, 아언각비에서는 "觱篥誤翻爲皮里"라 하고 있는 것도 볼 수 있다. 이렇게 볼 때 목관악기 피리는 "필률(觱篥)", 또는 "필률(觱栗)"이란 근대한어에서 변음된 것으로 보인다. 본래 "觱"은 [piet], "篥·栗"은 [liet]과 같이 한어 중고음이 입성이던 것이 약화·탈락하여 [pi], [li]로 변한 말이다.
　　　　　　　　　　　　　　　　　　　　　　　　　(2022.6.21.)

"하마평"의 어원과 문화

　개각 때가 되면 무슨 장관에는 누구, 누구가 기용될 것이라는 추측 기사와 풍문이 난무한다. 이렇게 관직에 임명될 후보자에 대한 세상에 떠도는 풍설을 "하마평(下馬評)"이라 한다. 이에 대한 사전풀이는 다음과 같다.

　　관직의 인사이동이나 관직에 임명될 후보자에 관하여 세상에 떠도는 풍설. 예전에 관리들을 태워 기지고 온 마부들이 상전들이 말에서 내려 관아에 들어가 일을 보는 사이에 상전들에 대하여 서로 평하였다는 데서 유래한다. ¶ 새 정부 구성을 앞두고 하마평이 무성하다.

　"하마(下馬)"는 말에 올라탐을 의미하는 "상마(上馬)"의 대가 되는 말이다. "하마(下馬)"의 대표적인 용례로는 "하마비(下馬碑), 하마석(下馬石)" 따위가 있다. "하마비"란 누구든지 그 앞을 지날 때에 말에서 내리라는 뜻으로 돌비석을 세운 것이다. 이는 동양 삼국에 다 있는데, 우리도 조선시대에 이 하마비(下馬碑)를 궁가, 종묘, 문묘 앞에 세웠는데, "대소인원 개하마(大小人員皆下馬)"라 새겨진 비석이다. "하마석(下馬石)"이란 노둣돌과 같은 뜻의 말이다.

　"하마평(下馬評)"이란 이 하마(下馬)와 관련된 말이다. 사전의 풀이처럼, 주인은 말에서 내리면 관아에 들어가고, 시종들은 대기소에서 주인이 나오기를 기다려야 하였다. 이때 시종들은 이런저런 잡담과 평정(評定)을 하였다. 그런데 이 "하마평(下馬評)"이란 말은 일본에서 조어(造語)된 것으로, 일본어라 본다. 일본에서 만든 일본 한자어라는 말이다. 이와나미(岩波)의 "일중사전(日中辭典)"은 "하마평(下馬評)"을 "여론(輿論)"이라 번역해 놓고 있다. 이러한 일본어가 사실은 동양 삼국에 쓰이고 있다. 그리하여 모로바시(諸橋)는 "하마평(下馬評)"에 대해 이렇게 풀이하고 있다.

① 덕천(德川)시대 에도성(江戶城)의 하마찰(下馬札) 주변에서 아랫사람이 장군 등의 비평을 한 것. 또는 그의 평판. ② 비전문가의 비평. 문외한의 비평

모로바시는 "하마평"이란 말을 에도막부(江戶幕府) 때 에도성(江戶城)에서 만들어진 말로 보고 있다. 에도성(江戶城) 이야기를 좀 부연하면 이러하다. 17세기 에도성(江戶城)의 정문인 오테몬(大手門) 앞에는 말에서 내리라는 하마찰(下馬札)이 서 있었다. 말에서 내려 주인은 성 안으로 들어가고, 시종들은 대기소에서 주인이 나올 때까지 기다려야 했다. 이때 시종들은 지루함을 달래기 위해 이런 저런 이야기를 나누었다. 화제는 성안 사람들의 이야기거나, 장군들의 이야기였고, 자기의 상상과 평이 깃들어진 것이었다. 이러한 이야기를 "하마평(下馬評)"이라 했다. "하마(下馬)"란 앞에서 설명한 바와 같이 말에서 내린다는 말이고, "평(評)"이란 "평정(評定)한다"는 말이다. 이렇게 "하마평"이란 일본의 에도막부 때 에도성(江戶城) 앞에서 주인을 기다릴 때 대기소에서 시종들이 나눈 이런 저런 이야기이거나, 평정(評定)이다. 이러한 "하마평(下馬評)"을 오늘날은 "관직의 인사이동이나, 관직에 임명될 후보자에 관한 풍설"이란 의미로 쓰고 있다. 의미가 변한 것이다.

오늘도 매스컴은 새 정부의 "하마평"을 무성하게 쏟아낸다. "하마평"의 성격도 많이 달라졌다. 오늘날은 국민의 알 권리를 위해 매스컴이 "하마평"을 기사화한다는 느낌이다. (2022.4.24.)

화(靴)·혜(鞋)·기(屐)의 의미 변별

　사람들은 다른 동물과 달리 발에 신을 신는다. 이는 가죽·고무·비닐·헝겊·나무·짚·삼 따위를 재료로 하여 만들며, 모양과 용도에 따라 여러 가지로 나뉜다. "신"은 고려속요 처용가(處容歌)에도 "샐리 나 내 신고홀 미어라"가 보인다. 이의 어원은 분명치 않다. "신"은 "신발"이라고도 한다. 발에 신는 신이란 말이다.

　신은 한자로 나타낼 때 "화(靴)·혜(鞋)·기(屐)"로 대별된다. 우리는 본래 화(靴)와 혜(鞋)를 구별해 썼으나, 오늘날은 거의 "화(靴)"로 통일해 쓰고 있다는 느낌이다. 이에 "화(靴)·혜(鞋)·기(屐)"의 어원을 밝혀 그 의미상의 차이를 드러내 보기로 한다.

　"화(靴)"의 자원은 혁(革)과 음을 나타내는 화(化)로 이루어진 형성자이다. 이는 흉노들이 신는 가죽으로 된 목이 긴 신을 의미한다. 이러한 사실은 수서(隋書)에 의해 확인된다. "승마할 때의 바지를 입고 화(靴)를 신는데, 화는 신(履)이다. 일하기 편하게, 융복(戎服)에 신는 것이다(惟褶服以靴 靴履也. 取便於事 施於戎服)."가 그것이다. 일본어로는 신을 "구쓰(くつ)"라 하는데, 이 말도 흉노족의 말로 본다. 흉노족의 화(靴)는 검은 칠을 한 금속으로 된 띠가 있는, 승마용의 신이다. 화대(靴帶)라고 하는, 금속의 띠가 있는 이러한 신발은 오늘날도 몽고인들이 착용하고 있는 것을 볼 수 있다. "화(靴)"가 승마용 신발이란 것은 고금주(古今注)를 통해서도 확인된다. "선비의 아내는 장부의 화삼(靴衫)을 입고 편모(鞭帽)를 썼다(士人之妻 著丈夫靴衫鞭帽)."라 한 것이 그것이다.

우리도 지난날 관대(冠帶)를 갖출 때 이런 긴 목의 신발을 신었다. 그러나 오늘날에는 이 "화(靴)"의 "장화(長靴)"라는 의미는 사라지고 신발 일반을 이르는 말이 되었다. 운동화, 등산화, 양화(洋靴)라 하는 따위가 이런 것이다.

혜(鞋)의 자원은 혁(革)과, 규(圭)와 같이 끝이 뾰족함을 뜻하는 "규(圭)"로 이루어진 형성자이다. 이는 가죽으로 된 끝이 뾰족한 신을 의미한다. 이는 운두가 높지 않은 신이다. 수혜(繡鞋)·운혜(雲鞋)·당혜(唐鞋) 따위가 이런 것이다. 앞에서 "화(靴)"가 신발 일반을 가리키는 말이 되었다고 하였거니와, 혜(鞋)는 오늘날 우리말에서는 잘 쓰이고 있지 않다. 단화(短靴)도 다 화(靴)라 한다.

끝으로 기(屐)를 보면, 이의 자원은 이(履)의 생략형에 음을 나타내는 지(支)가 결합된 형성자로 신발, 특히 나막신을 의미한다. 이는 나무토막을 파서 만들었는데 이를 특히 목기(木屐)라 하였다. "기(屐)"와 복합어를 이루는 말로는 "목기(木屐)" 외에 "면기(綿屐)·초기(草屐)·경기(輕屐)·이기(履屐)"와 같은 것이 있다.

나막신은 고어에서 "격지"라 하였다. 두시언해의 "楚ㅅ두들게 ㄱ술 격지 시너 스ᄆ차 오나눌(楚岸通秋屐)"과, 역어유해의 "木屐 격지"가 그 예이다. 이 말의 어원은 "기자(屐子)"로 볼 수 있다. "기(屐)"의 중고 이전의 음이 "gǐɐk-giʌk"이다. "자(子)"의 중세음은 "ᄌᆞ[tsi]"이고, 이는 우리말에서 "지"로 변한 용례를 더러 보여 준다. "가지(茄子)·장지(障子)"가 그 예다.

이상 신을 나타내는 한자어 "화(靴)·혜(鞋)·기(屐)"에 대해 살펴보았다. 화(靴)는 흉노의 신발을 기원으로 하는 승마용 장화이고, 혜(鞋)는 단화를 의미하는 말이다. 그러던 것이 우리말에서는 오늘날 화(靴)로 통합되었다는 인상이 짙다. "기(屐)"는 나막신, 짚신, 베신(布鞋) 등을 일렀으나 주로 나막신을 이르는 말이었다. 나막신은 고어에서 "격지"라고 하였는데 이는 "기자(屐子)"라는 한자말을 그 어원으로 한다.

(2022.3.21.)

"횡령"이란 일본어의 수용

　요사이 신문의 사회면을 보면 인간의 정체가 자못 의심스럽다. 고대부터 성선설(性善說)과 성악설(性惡說)이 있어 왔지만, 인간의 본성은 악한 것이 아닌가 하는 생각을 지울 수가 없다. 환경에 의한 인성의 변화를 믿고 싶으나, 소위 DNA의 본체가 또 의아해진다.

　인두겁을 쓰고서는 자행하지 못할 살인사건이 날이 멀다하고 빚어지는가 하면, 사기·횡령 사건은 부지기수라 매거하기가 힘들 정도이다. 이런 이야기를 하는 것은 "횡령(橫領)"이란 말의 어원을 살펴보기 위해서다.

　사전에는 "횡령(橫領)"을 "공금이나 남의 재물을 불법으로 차지하여 가짐"이라 풀이하고 있다. 사유재산은 법으로 보호받게 되어 있다. 그런 것을 불법으로 남이 차지하려 하는 것이 "횡령"이요, 범죄다. 이른바 "횡령죄(橫領罪)"라 하는 것이 그것이다.

　그런데 이 "횡령(橫領)"이란 말은 일본에서 조어된 말로, 중국에서는 쓰이지 않고, 일본과 우리만이 쓰는 것이다. 그래서 중국의 "사원(辭源)"이나, "현대한어사전(現代漢語詞典)"에는 이 말이 수록되어 있지 않다. 일본의 모로바시(諸橋) 한화대사전에는 표제어로 올려 있기는 하나 용례 없이 풀이만 해 놓고 있다. 이는 한어(漢語)가 아닌, 한자어로서 제시한 것이라 하겠다. 그리고 "횡령(橫領)"에 대해 중일사전은 "탐오(貪汚)"를, 한중사전은 "비법점유(非法占有), 사탄(私呑), 탐오(貪汚)"를 각각 그 역어로 제시해 놓고 있다. 이렇게 "횡령(橫領)"은 한어가 아니다.

그러면 일본에서는 이 "횡령(橫領)"이란 한자말을 어떻게 돼서 쓰게 되었는가? 그 어원은 무엇인가? 고대 일본에는 "압령사(押領使)"라는 관직이 있었다. 이때의 "압령(押領)"이란 군사를 통솔한다는 의미의 말이다. 그런데 이말이 헤이안시대(平安時代)부터 남의 영지(領地)를 마구 빼앗는다는 의미로 쓰이게 되었고, 그 뒤 차츰 남의 물건을 빼앗는다(奪取)는 뜻으로 바뀌었다. 그리고 명치(明治)시대에 이 "압령(押領)"에 "오우료우"라는 동음어 "횡령(橫領)"을 대치하여 쓰게 되었다. "횡(橫)"자에는 "부정함(邪), 제멋대로, 방자하게" 등의 뜻이 있고, "령(領)"자에는 "단속하다, 점유하다, 받다" 등의 뜻이 있어, "억지로 점유하다"라는 의미에 부합하기 때문이다. 그리고 "횡령"이란 말은 "가로채다"라는 뜻의 말 "요코도리(橫取)"라는 말도 있어 이에 유추되었을 가능성도 점쳐진다.

"횡령"이란 이렇게 "압령(押領)"을 어원으로 하여 일본에서 명치(明治)시대에 생성된 말이다. 우리말 "횡령"은 물론 이 일본말을 수용하여 사용하고 있는 것이다. 그러니 "횡령"이란 말은 그 생성과정이 결코 우리가 "횡령(橫領)"해 쓸 만한 말이 못 된다. 끝으로 "횡령"의 예를 문학작품에서 하나 인용하기로 한다. 출전은 염상섭의 "삼대"이다.

세 번씩 놓았다는 전보가 한 장도 들어오지 않은 것도 이상하거니와, 돈 부친 것까지 중간에서 <u>횡령</u>을 당하지 않았나 의심이 드는 것이었다.

(2021.5.17.)

"흑막(黑幕)"의 정체

"내동 반대하던사람이 왜 지지한대?"
"무슨 흑막이 있는 거 아냐?"

　우리말에는 "흑막(黑幕)"이란 말이 있다. 이는 물론 "검은 막"이란 것이 기본적 의미이고, 이와는 달리 "겉으로 드러나지 아니한 음흉한 내막"을 비유적으로 나타낸다. 이 말이 이런 뜻을 나타내게 된 배경은 무엇인가? "흑막"의 "검은" 빛깔 때문인가? 아니면 다른 이유가 있는 것인가? 다음에 이 말의 어원과 정체를 살펴보기로 한다.

　"흑막"의 비유적 의미는 물론 "검은" 빛깔도 작용하지만, "흑막(黑幕)"이란 막의 용도에서 비롯된 것이다. 이는 한자어의 탈을 썼지만 한자어가 아니고, "검은 막"이란 의미의 "구로 마쿠(黑幕)"란 일본어의 혼종어이다. 이는 연극의 무대에서 장면전환용으로 사용하는 검은 막이다. 이의 기원은 에도막부(江戸幕府) 시대로 거슬러 올라간다. 1664년 곧 에도시대 중반 이마무라좌(今村座)라는 극장에서는 "금촌인차(今村忍車)"라는 가부키(歌舞伎)가 상연되었다. 이 때 장면을 구분하기 위해 흑막(黑幕)이 사용되었다.

　흑막은 연극에서 사용하는 막으로, 가부키(歌舞伎)의 무대 전환 및 어둠의 표상으로 사용하였다. 배후의 어둠 속에서는 대사와 연기를 지휘하거나, 인형을 조종하였다. 그래서 이는 나아가 흑두건(黑頭巾)을 쓰고 어둠 속에 숨어 갖가지 명령을 하거나, 남이 알지 못하게 이면에서 끈을 조종하는 보스나

거물을 지시하는 말로 사용되게 되었다.

이렇게 일본에서는 "흑막(黑幕)"이 "검은 막"에서 겉으로 드러나지 않고 뒤에서 남을 조종하는 보스나, 거물, 또는 그런 행동을 의미하게 되었다. 이는 우리말에 들어와서 뒤에서 남을 조종하는 거물이 아닌, "음흉한 내막"을 의미하는 말로 쓰이게 되었다. "정계의 흑막"이란 많이 쓰이는 이 말의 용례 가운데 하나이다. "흑막"의 예를 문학작품에서 하나 보면, 김승옥의 "다산성"에 "굼벵이 같던 영감이 빠르기도 한 게 아무래도 무슨 흑막이 있는 것만 같았다."가 있다.

이 말은 일본에서 17세기에 쓰인 말이니, 근대어라 할 수 있다. 이는 일본어에서 개화기에 우리말에 차용된 것으로 보인다. 이의 용례는 1907년의 태극학보에 쓰이고 있고, 1910년 내지 1920년대에 여기저기 쓰인 것이 보인다. 여기에서는 1920년의 "개벽"지와 1931년의 "동광"지의 용례를 보기로 한다.

> * 여차한 "필링"을 얻고야 余는 余의 오분 고통의 흑막을 出함 같은 희열이 생겼다. <"개벽" 제1호, '愚思', 1920>
> * 어모리 보아도 그 이면에는 숨은 별다른 黑幕이 잇다는 것을 表한다. <"內外大觀, 批判보다 解說 贊同이 아니요. 1931>

"흑막"은 이렇게 검은 막을 의미하는 일본어에서 우리말에 들어온 말로, 남을 조종하는 기술의 의미에서, "음흉한 내막"을 의미하는 말로 쓰이게 된 일본어의 외래어이다.

(2022.1.1.)

● 저자의 약력

성명   (한글) 박갑수

           (한자) 朴甲洙

           (영문) PARK KAP SOO

생년월일   1934년 8월 20일

학력

기간	학교명
1950년 3월–1953년 2월	淸州高等學校 졸업
1954년 3월–1958년 2월	서울대학교 사범대학 國語科 졸업
1958년 3월–1965년 8월	서울대학교 대학원 國語國文學科(석사과정) 졸업
1969년 9월–1971년 3월	日本 天理大學 親里硏究所에서 文體論 연구
1975년 3월–1980년 8월	서울대학교 대학원 國語國文學科(박사과정) 修了

경력 및 활동

	기간	경력 및 활동
경력	1958년 3월–1967년 2월	梨花女子高等學校 및 서울 사대 附屬高等學校 교사
	1965년 9월–1968년 2월	서울師大, 淑明女大, 國際大學 강사
	1968년 3월–1968년 12월	淸州女子大學 조교수
	1969년 3월–1975년 2월	서울대학교 사범대학 전임강사·조교수
	1975년 3월–1977년 2월	서울대학교 인문대학 조교수
	1977년 3월–1984년 3월	서울대학교 사범대학 조교수·부교수
	1980년 4월–1981년 3월	日本 筑波大學 초빙교수
	1984년 4월–1999년 8월	서울대학교 사범대학 교수
	1987년 4월–1988년 3월	日本 天理大學 초빙교수
	1995년 12월–1999년 3월	서울대학교 국어교육연구소 소장

	1997년 3월–1999년 8월	서울대 사대 韓國語敎育 지도자과정 주임교수
	1999년 10월–현재	서울대학교 사범대학 명예교수
	2001년 11월–현재	中國 延邊科學技術大學 겸직교수
	2004년 9월–2005년 8월	中國 洛陽外國語大學 초빙교수
	2009년 9월–2011년 8월	培材大學校 초빙교수
	2013년 9월–현재	서울사대 한국어교육 지도자과정 고문
사회 활동	1977년–1999년	敎育部 1종도서 심의위원 및 위원장
	1981년–1988년	法制處 정책자문위원회 위원
	1983년–1999년	敎育部 교육과정 심의위원
	1987년–2000년	文化部 국어심의위원회 위원
	1988년–1993년	放送審議委員會(보도·교양, 연예·오락 등) 위원
	1990년–1991년	방송위원회 放送言語 심의위원회 위원장
	1992년–2000년	방송위원회 放送言語 특별위원회 위원
	1993년–1994년	공익광고 협의회 위원
	1996년–2004년	한국어能力試驗 자문위원장
	1999년–2004년	바른 언어생활 실천연합 공동대표
	2000년–2004년	한국어 世界化財團 이사
	2001년–2013년	在外同胞 교육진흥재단 이사, 공동대표, 상임대표
	2003년–2020년	(사) 韓國語文會 이사
	2007년–2021년	(사) 전국 한자교육추진 총연합회 이사
	2008년–2013년	한국어세계화포럼 이사장
	2011년–현재	(사) 한국문화국제교류운동본부 이사·이사장·고문
학회 활동	1970년–1985년	한국 국어교육연구회 이사 및 감사
	1978년–1993년	한국 어문교육연구회 이사
	1982년–2009년	KBS 한국어연구회 자문위원
	1983년–1999년	한국어연구회 회장
	1983년–1993년	二重言語學會 이사
	1993년–현재	국어교육학회 고문
	1997년–현재	이중언어학회 회장·고문
	2003년–현재	한국 언어문화교육학회 회장·고문

수상 경력

연도	수상 내용	수여기관
1985년 12월 5일	제17주년 국민교육헌장선포기념 표창	문교부장관
1988년 10월 15일	서울대학교 20주년 근속 표창	서울대 총장
1998년 10월 15일	서울대학교 30주년 근속 표창	서울대 총장
1999년 8월 31일	국민훈장모란장	대통령
2015년 5월 15일	세종문화상(학술부문)	대통령
2016년 3월 11일	청관대상 공로상	서울사대 동창회장
2019년 10월 6일	대한민국 세계화 봉사대상 (교육행정부문)	세계한인여성협회
2020년 12월 15일	자랑스러운 사범대인상	서울대 사범대학장

● 저자의 대표적 논저

단독 자서가 33종, 37권이고, 논문이 약 270여 편 된다. 이 밖에 공저·편저가 15종 약 30권 있고, 중고 교재가 14종 20여 권이 있다. 여기에는 단독 저서만 제시하기로 한다.

1. 文體論의 理論과 實際　　　　　　　　1977. 世運文化社
2. 사라진 말, 살아 남는 말　　　　　　　1979. 瑞來軒
3. 우리말의 虛像과 實像　　　　　　　　1983. 韓國放送事業團
4. 放送言語의 問題點과 改善方案 硏究　　1983. 放送調査硏究 報告書4, 放送委員會
5. 國語의 誤用과 醇化　　　　　　　　　1984. 韓國放送事業團
6. 國語의 表現과 醇化論　　　　　　　　1984. 志學社
7. 放送言語論　　　　　　　　　　　　　1987. 文化放送
8. 광고언어의 사용의 기준　　　　　　　1993. 공보처
9. 제2 논설집, 우리말 사랑 이야기　　　　1994. 한샘출판사
10. 제3 논설집, 올바른 언어생활　　　　　1994. 한샘출판사
11. 우리말 바로 써야 한다 1, 2, 3　　　　1995. 집문당
12. 韓國 放送言語論　　　　　　　　　　1996. 집문당
13. 民事訴訟法의 醇化硏究　　　　　　　1997. 大法院 報告書
14. 현대문학의 문체와 표현　　　　　　　1998. 집문당
15. 신문·광고의 문체와 표현　　　　　　1998. 집문당
16. 일반국어의 문체와 표현　　　　　　　1998. 집문당
17. 제4 논설집, 아름다운 우리말 가꾸기　　1999. 집문당
18. 국어교육과 한국어교육의 성찰　　　　2005. 서울대학교 출판부
19. 고전문학의 문체와 표현　　　　　　　2005. 집문당

20. 한국어교육학총서 1, 한국어교육의 원리와 방법 　2012. 역락

21. 한국어교육학총서 2, 한국어교육과 언어문화 교육 　2013. 역락

22. 한국어교육학총서 3, 재외동포 교육과 한국어교육 　2013. 역락

23. 한국인과 한국어의 발상과 표현 　2014. 역락

24. 우리말 우리 문화, 上, 下 　2014. 역락

25. 재미있는 속담과 인생 　2015. 역락

26. 교양인을 위한 언어·문학·문화, 그리고 교육 이야기 　2015 역락

27. 국어순화와 법률 문장의 순화 　2016. 역락

28. 한국어교육학총서 4, 언어·문화, 그리고 한국어교육 　2017. 역락

29. 재미있는 곁말 기행, 上, 下 　2018. 역락

30. 한국어교육학총서 5. 통일 대비 국어교육과 한국어교육 　2019. 역락

31. 신문·방송의 언어와 표현론 　2020. 역락

32. 우리말의 어원과 그 문화 　2021. 역락

33. 우리말의 어원과 그 문화(下) 　2024. 역락(본서)

우리말의 어원과 그 문화(下)

─ 우리말의 어원사전

초판 1쇄 인쇄 2024년 6월 14일
초판 1쇄 발행 2024년 6월 28일
저   자 박갑수
펴낸이 이대현
편집 이태곤 권분옥 임애정 강윤경
디자인 안혜진 최선주 이경진
마케팅 박태훈 한주영
펴낸곳 도서출판 역락 | **등록** 1999년 4월 19일 제303-2002-000014호
주소 서울시 서초구 동광로46길 6-6 문창빌딩 2층(우06589)
전화 02-3409-2060(편집부), 2058(영업부) | **팩스** 02-3409-2059
전자우편 youkrack@hanmail.net | **홈페이지** www.youkrackbooks.com

ISBN 979-11-6742-407-5 93710